U0132344

中國香港 增訂版

CHINA'S
HONG KONG

REVISED
AND
ENLARGED
EDITION

THE NEW FRONTIER
BETWEEN
CIVILIZATIONS

文明視野中的新邊疆

強世功 著

CONTENTS

目
録

第一編　香港的深層秩序　　047

第二編　帝國秩序中的香港 191

"新邊疆"：以香港為方法

在香港回歸十週年之際，我在《讀書》雜誌上連載"香江邊上的思考"系列，隨後於 2009 年出版《中國香港》。那時，中央為了回應 2003 年香港大遊行所引發的政局變化，採取了一系列有效措施穩定香港政局，包括採取"公務員治港"來推動"強政勵治"，出臺諸多"送大禮"的惠港政策，尤其於 2007 年底給出"普選時間表"，滿足了香港社會爭取"雙普選"的訴求。一時間，香港經濟繁榮，政通人和，愛國愛港陣營在 2008年 9 月的立法會選舉中取得了重大勝利。在立法會選舉結果公佈的第二天，我結束了香港的工作生涯，趕回北京上新學期的課程。那時，大多數人對香港問題的理解要麼是在冷戰話語下強調社會主義與資本主義的"兩制"對立，要麼是在基本法話語下強調中央與特區關係的建構（比如人大釋法、23 條立法、行政主導的爭議等）。然而，在《中國香港》一書中，我試圖超越冷戰意識形態視野，打開更大的文明視野，看到"一國兩制"在"十七條協議"以及中國古典邊疆治理中的"一國多制"傳統，並試圖超越主流的民族國家理論以及傳統轉型的現代化理論，採用帝國的理論視角來解讀香港在兩種不同帝國秩序碰撞中的獨特地位和作用。由此，我提出香港政制發展面臨的深層難題乃是"去殖民化"所引發的人心回歸問題。香港在法律意義上已回歸中國，可在政治認同和文化認同上依然未能回歸祖國。因此，我對香港未來政制發展可能引爆的深層矛盾充滿擔憂，並用《中國香港》的最後一章"中國的憂鬱"來回顧香港民主發展的歷程及其所面臨的深層文化政治矛盾，來表達我對香港乃至對中國前途走向的憂慮。因為那時不僅香港面臨政制發展的爭論，中國內地也在爭論政治體制改革問題，二者共同體現了中國在現代轉型中面臨的文化政治難題。

此後，香港政局不斷惡化。一方面，隨著 2007 年中央給出香港普選的"時間表"和"路線圖"，香港追求普選的願望更加迫切，政治矛盾更加尖銳，以至於政治撕裂和社會撕裂更加嚴重；另一方面，隨著 2008 年北京奧運會標誌的"中國崛起"，美國採取"重返亞洲"戰略以遏制中國崛起，而香港恰恰成為美國遏制中國崛起的重要支點。在這種背景下，香港本土主義思潮興起，"香港城邦論"乃至"港獨"思潮蔓延，從 2014年"公民抗命"背景下的"佔中"運動發起"雨傘革命"，到 2019 年"修例風波"演變為"反中亂港"的暴亂，"一國兩制"遭受嚴峻考驗。對於這些重大事件，我並不覺得驚訝，只是沒有想到來得這麼快，這麼猛烈。從文明的大歷史觀看，這無疑是中美博弈的一部分，而我研究的注意力也因此轉向中美關係和全球變局。[1] 於是，我們看到中國政府在經受住美國特朗普政府發起的"貿易戰"考驗之後，在香港問題上不畏美國制裁果斷出手，通過國安立法和選舉制度修改一舉扭轉香港政局，在憲制層面上完善了"一國兩制"的制度建構，推動香港實現由亂到治的歷史性轉折。

2022 年 7 月 1 日，正值香港"一國兩制"五十年不變的中期節點，習近平主席在紀念香港回歸 25 週年典禮上發表的重要講話中，將香港納入到中華文明史、近代史和黨史的敘事框架裏，鄭重宣佈"一國兩制"制度"沒有任何理由改變，必須長期堅持"。可以說，這是自鄧小平宣佈香港"一國兩制"五十年不變之後，國家最高領導人進一步做出"一國兩制"將長期不變的政治承諾。那麼，我們應當如何理解這種"長期堅持"的承諾呢？

從鄧小平當年提出"一國兩制"五十年不變的背景看，他主要是為了解決香港回歸的"信心"問題。因為當時內地的制度和法治不完備，中央的路線方針政策往往隨著領導人意志的變化而變化，因此香港對內地制度的穩定性缺乏信心，只要內地出現政治波動，香港就擔心中央對港政策發生變化，從而影響到香港政局的穩定。正是為了穩定香港的政局，鄧小平才幾次在不同場合提出"一國兩制"方針政策"五十年不變"。然而，"五十年之後"怎麼辦？雖然鄧小平當年提出"五十年之後也不會變"，但畢竟只是一個期望，而沒有變成正式承諾，以至於隨著"五十年不變"中期的到來，香港社會開始不斷爭論"五十年之後怎麼辦"。這種預期的不確定所引發的對香港前途及個人家庭命運的擔憂，不時衝擊著香港人的內心，加劇了香港在"借來的地方，借來的時間"中形成的"海外遊子"的漂泊感。特別是中央採取霹靂手段迅速結束香港亂局，在香港社會引發

1　相關研究參見強世功：《中美"關鍵十年"：新羅馬帝國與新的偉大鬥爭》，《東方學刊》2020 年第 9 期；強世功：《文明終結與世界帝國：美國建構的全球法秩序》，香港：三聯書店（香港）有限公司 2021 年版。

巨大震動，不少香港人因為不瞭解中央政策而出現情緒波動乃至移民國外，再加上疫情肆虐、兩地無法通關和香港經濟下行的悲觀情緒，有人甚至認為中央會逐漸用"一國一制"來取代"一國兩制"。從這個角度看，習近平主席在此時釋放"一國兩制""必須長期堅持"的信號，無疑有助於穩定香港政局，推動香港實現由亂到治、由治及興的歷史性飛躍。

然而，習近平主席從中國文明史來看待香港及"一國兩制"，顯然不僅僅是著眼於解決香港當下的政治疑慮，更是從大歷史的高度將"一國兩制"理解為一項長期國策。事實上，從新中國確立"長期打算，充分利用"的對港政策以來，中央始終從戰略高度強調發揮香港的獨特優勢；後來的"一國兩制"也是這種戰略的產物，即充分利用香港與全球資本主義經濟體系的緊密聯繫，發揮其引進西方資金、技術、知識和經驗並輸出中國產品的"通道"作用。我們唯有從全球地緣戰略格局出發，認識到香港處於中國從陸地邁向海洋的邊疆地帶這個地緣優勢，才能真正理解香港獨特的歷史進程及其在國家戰略中的獨特定位。本書之所以取名《中國香港》，不僅意在表明香港屬於中國的一部分，更重要的是試圖把香港問題作為理解中國問題的"鑰匙"或"索引"。我們唯有從香港這個邊疆地帶入手，才能真正思考一個完整的中國，因為中國不是單純的民族國家，而是內含文明秩序的超大型政治實體。這次增訂，會更加突出從"跨文明"（trans-civilization）的視角來理解香港歷史，強調香港作為"能動的新邊疆"對中國現代文明建構的重要意義。從這個角度看，香港不是作為"問題"，而是作為一種"方法"，即思考香港作為新邊疆，在未來如何對中國崛起並參與全球治理賦予特殊意義。

一、主權的裂隙：香港的"人心回歸"問題

　　從 2003 年中央提出香港要注意解決"深層次問題"以來，香港社會為此爭論不休。有人認為這是指香港的經濟民生問題，有人認為是指國家安全立法問題，有人認為是指政制發展問題，有人認為是指兩制衝突問題。這些說法都沒有抓住要害。如果說經濟問題乃至政治的上層建築問題是可見的表層問題，那麼真正的深層問題乃是文化價值觀念的意識形態問題，用流行術語來說，就是所謂的"政治認同"、"文化認同"以及由此而來的"身份認同"問題。本書提出從"文化政治"的視野來理解香港問題，意在矯正單純從主權暴力和法律強制的支配視角來理解政治的慣常做法，提出要從思想信仰和價值觀念的文教視角來理解政治的新思路，不僅關注香港在法律上的回歸，而且關注人們通常所說的"人心回歸"。由此來看，香港的"深層次問題"無疑是涉及到"去殖民化"的人心回歸問題。

　　人心問題涉及到人們的信仰、價值、意義、認同乃至情感，以及由此所奠定的政治活動的正當性問題。"政者，正也。""名不正則言不順，言不順則事不成。"政治之正，首要在於正名，確立人們對政治統治行動（包括國家暴力）正當性的認可，這無疑是建立統治與服從的人心問題。國家之所以壟斷暴力，不僅是因為它有壟斷暴力的能力，更在於它擁有行使暴力權力的正當性，即統治已經獲得認可。可見，對政治秩序的認可這一人心問題才是真正的政治問題，禮樂教化才是政治之根本，德主刑輔，禮樂先行並輔之刑政才能建立起正當穩固的秩序。葛蘭西將此歸結為與"政治統治權"相對應的"文化領導權"，[2] 約瑟夫·奈將此歸結為與"硬實力"相對應的"軟實力"，[3] 無疑都是試圖彌合西方現代政治傳統強調政治與道德相分離所引發的問題。儘管如此，他們依然強調後者對於前者的輔助意義，而忽略了宗教信仰和文化教育才是政治的根本問題。

2　〔意〕葛蘭西：《獄中書簡》，田時綱譯，北京：人民出版社 2007 年版。

3　〔美〕約瑟夫·奈：《軟實力》，馬娟娟譯，北京：中信出版社 2013 年版。

在漢語中，"政治"這個概念生動地將"政"與"治"結合在一起，由此產生"政權"與"治權"這兩個概念。在香港問題上，我們經常用"主權"與"治權"兩個概念，其實"主權"就是"政權"。（參見第一章）遺憾的是，我們對"主權"概念的理解往往從法律視角出發，強調行使暴力的絕對性，從而簡單理解為駐軍、外交等權力行使，而忽略了"主權"概念若從文化的視角看，意味著擁有對真理問題乃至宗教價值觀問題的最高裁斷權。如果從這個角度看，在"一國兩制"的憲制結構中，"主權"或"政權"出現了分叉。一方面中央有權在香港行使其法律主權（駐軍、外交和非經常性的釋法、立法等），而另一方面香港有關核心價值的社會文化再生產體制則繼續保持不變，並未受到中央主權的影響。這就意味著香港發達的"市民社會"掌握著關於"正當性"再生產的"文化領導權"（或"軟實力"），這就是香港輿論中經常提到的對中央在香港特區行使權力乃至特區政府行使權力的"認受性"問題。而這種關於評判"認受性"的"文化領導權"不斷衝擊著中央在香港依法行使主權權力（比如人大釋法、政制發展決定權等）的正當性，有關"香港核心價值"的爭論以及由此引發的衝突，必然引發香港社會內部在文化政治上的分裂，從而抵觸中央在香港行使政治統治權，甚至逐漸發展到極端，產生"港獨"的分離主義思潮。

　　可見，所謂中央與特區的衝突、"兩制"之間的衝突歸根結底乃是"一國兩制"這種獨特的國家建構形態在主權內留下的裂隙，就像在"利維坦"圖像中，寶劍與牧杖無法完全掌握在一個人手中，從而出現內在的緊張。[4] 然而，回過頭來看，之所以採取"一國兩制"這種主權內部包含著裂隙和分歧的制度結構，恰恰是由於近代以來，香港與內地在政治認同乃至文化認同上存在著意識形態分歧，這種分歧隨著後冷戰以來"歷史終結"意識形態在全球的傳播而導致香港擁有了意識形態的文化領導權，並以此來對抗中央在香港的權力行使。"一國兩制"在臨近後冷戰的歷史中形成，從某種意義上默認了香港所分享的全球意識形態的話語權。在全球化時代，中國已經被整合在美國主導的世界帝國體系中，中國作為主權國

4　〔英〕霍布斯：《利維坦》，黎思復、黎廷弼譯，北京：商務印書館 1985 年版。

家在法律上擁有政治統治權，但在話語權上始終受制於世界帝國體系的文化領導權。在這個意義上，香港出現的問題其實是整個中國面臨的根本問題，只不過在內地強有力的政治領導遏制了這種潛在的分歧和裂隙，而在香港這個問題卻暴露出來並被強化放大了。

2008 年以來，中國在經濟上開始崛起，這種崛起必然引發對政治和文化領導權的爭奪，這種爭奪在香港與內地同樣進行。然而，儘管中國在經濟和政治上強勢崛起，世界格局也因此發生巨變，中國主流的文化知識人卻依然處在冷戰思維中，希望推動 "歷史終結" 的到來，希望成為世界帝國的臣民。本書初版中提出的 "中國的憂鬱" 問題即由此而來。由此，我們看到，2008 年以來香港圍繞政制發展的政治鬥爭始終伴隨著文化鬥爭，從 "本土主義" 的興起到 "國教風波" 的紛擾，從 "全面管治權" 的爭議到 "城邦自治論" 的出現，從 "普選" 概念的爭論到 "愛國者" 概念的界定，都集中在文教意識形態領域，都圍繞著文化領導權的爭奪而展開。同樣，在內地的學術界，也產生圍繞改革開放前三十年與後三十年的爭論，圍繞歷史終結與中國道路乃至中國模式的爭論，圍繞歷史書寫中虛無主義、新清史、西方中心主義論述及中國文明傳統重建的爭論。而在文化藝術領域，也有關於 "民國風" 與紅色傳統的爭論，關於 "瞇瞇眼" 乃至 "毒教材" 的爭論，以及網絡上關於 "公知"、"恨國黨" 與 "自乾五"、"小粉紅" 的爭論等等。可以說，無論國際上發生的大事，還是中國國內發生的小事，都會在文化政治領域引發類似的分歧爭論。

在香港，面對這些文化政治的衝突，儘管中央通過頒佈香港國安法和修改選舉制度的方法（"寶劍"）來加以解決，但這實際上也賦予了中央更多的文化領導權（"牧杖"），即中央可以對香港的教育文化和傳媒領域的意識形態再生產行使國家安全審查，從而改變香港的輿論生態乃至政治生態。儘管如此，面對全球話語權的基本格局，中央依然需要一套新的理論和話語，使其可以在香港開展爭取人心的工作，讓其在香港的 "政權" 穩步扎根於 "人心" 之中。可見，香港問題雖然發生在香港，但其癥結卻在中國、在全球，香港反而成為我們思考中國問題和全球問題的 "索引"，乃至成為一種 "方法"。

二、文明的衝突與融合：香港深層次矛盾的兩個面向

　　政治正當性或文化領導權問題隱含著"文化政治"這個主題。[5] 這些問題最終凝結到信仰和價值觀問題上，從而構成"文明"概念的核心內涵。亨廷頓正是從這個角度理解"文明"概念，將全球秩序理解為文明之間的衝突，尤其是非西方傳統文明與西方主導的現代文明之間的衝突。在他看來，人類文明未來面臨的最大衝突就是復興的中華儒教文明與現行的西方基督教文明之間的衝突，中國文明會成為西方基督教文明主宰的現代世界秩序的最大挑戰者，以至於他甚至預測中美之間會圍繞臺灣問題發生衝突並引發第三次世界大戰。可見，臺港澳地區作為中國文明面向海洋世界的新邊疆，恰恰處在與從海洋世界而來的基督教文明衝突對抗的最前線，這些地區乃至整個南洋地區恰恰構成亨廷頓所說的"文明的斷層線"。[6] 香港在政治認同、人心回歸問題上出現的深層次矛盾恰恰源於不同文明秩序之間的衝突。

　　亨廷頓是從國際關係的現實主義視角來理解"文明"的。他的理論超越了傳統現實主義理論只關注國家權力的局限，而從"文明"、"文化認同"的角度來重新理解國際關係的權力格局，他實際上是將價值觀念和文化認同這樣的"軟權力"問題納入到對"權力"的理解中，從而構成了新現實主義理論。然而，無論是現實主義關注的國家權力，還是新現實主義關注的文明力量，都將國家關係、文明關係或背後的權力關係理解為一種機械物理運動的力量衝突、一種單向度的支配作用、一種此消彼長的零和博弈，從而只看到文化價值觀念作為"知識—權力"下的支配關係的一面，而忽略了文化價值觀念可以相互交流、溝通、吸收並形成共識乃至實現相互融合、共同提高，從而促進人類文明不斷發展的一面。無論在文明

5　關於"文化政治"的討論，參見張旭東：《文化政治與中國道路》，上海：上海人民出版社 2021 年版。

6　〔美〕塞繆爾・亨廷頓：《文明的衝突與世界秩序的重建》，周琪、劉緋、張立平、王圓譯，北京：新華出版社 2010 年版。

問題上，還是在權力問題上，我們都應當採取 "關係主義" 的思考模式，將 "權力" 理解為一種 "關係"，那麼，文明之間的相互碰撞乃至衝突就構成一種"挑戰—應戰"格局，[7] 就不是簡單的支配和消滅的關係，而是一種彼此吸收、融合發展的關係。在這種挑戰—應戰關係中，每一種文明必然要認識對方、研究對方乃至自覺不自覺地將對方納入到自己的世界中，從而激發文明之間彼此學習的能力和自我成長更新的生命力。由此，每一次文明衝突不僅僅是彼此的摧毀和損傷，更包含著彼此的吸收、豐富和更新。文明衝突與文明更新乃是互動的兩面，我們唯有全面把握二者的辯證關係，才能理解人類文明發展演化的歷史趨勢。

正是從文明衝突與文明融合的雙向運動中，我們看到臺港澳乃至南洋地區作為新邊疆，一方面，這裏是中國人與西方人展開衝突博弈的前線。比如明代圍繞海洋貿易和海盜清剿，這裏成為中國、西方列強（西班牙、葡萄牙、荷蘭、英國等）乃至日本展開博弈衝突的地帶。鴉片戰爭以來圍繞海洋新邊疆展開的一系列反抗外來侵略的戰爭，諸如甲午戰爭、八國聯軍侵華戰爭乃至抗日戰爭、抗美援朝戰爭和抗美援越戰爭等，都可以看成是 "文明衝突" 的表現。正是在圍繞新邊疆展開的一系列衝突中，我們看到地理大發現以來，西方文明不斷走向強盛並向全球展開擴張，最後從陸地和海洋對中國文明構成了全面包圍。與此同時，我們看到中國文明從宋明時代開始在大陸方向出現收縮擴張的波動，但在海洋方向則進行了全面擴張，從而推動清代早期形成大陸和海洋的同時擴張，將中國農業文明推進到歷史高峰，而最終必須面臨西方工業文明的壓力，陷入到從長城地帶的舊邊疆到琉球、臺港澳至南洋的新邊疆的全面危機。我們唯有從不同文明互動的全球格局中才能理解中國文明處於鼎盛時期的擴張景象和走向全面收縮的衰落景象。換句話說，我們唯有從全球史視野看待文明與文明的互動關係，才能真正理解中國史。

另一方面，臺港澳新邊疆既是西方人瞭解、研究乃至學習中國文明的 "窗口"（比如耶穌會就通過澳門這個窗口進入中國來瞭解和學習中國文

7　關於文明之間 "挑戰—應戰" 關係的論述，參見〔英〕阿諾德·湯因比：《歷史研究》，劉北成譯，上海：上海人民出版社 2005 年版。

明），同時也是中國人瞭解、研究乃至學習西方文明的"窗口"（天主教在中國的傳播也由此開始）。晚清以來中國人正是通過香港這個窗口"睜眼看世界"。香港從一個荒蠻小島變成了一個繁華的現代商業城市，以最直觀的方式將西方文明的形象展現在中國人面前，對中國人產生的衝擊效果乃至學習效果遠遠超過文字閱讀所產生的想象。從早期提出"師夷長技以制夷"的魏源到創辦媒體傳播西方文化、推動中國改良變法的王韜，從以香港作為基地來發動辛亥革命的孫中山，到將香港作為儲蓄、流轉革命力量的"第三空間"的中國共產黨，近代以來的香港始終是中國人學習西方知識、文化並探索救亡圖存道理的啟蒙學校，始終是中國人推動傳統文明轉向現代文明的革命性力量（參見第二章）。由此，在中國的話語敘述中，香港一方面在文明衝突的背景下成為中國文明被西方文明打敗從而進入近代中國屈辱歷史的開端，以至於"鴉片戰爭以來……"的敘述模式已成為我們理解近代歷史的標準語式，另一方面在文明融合的背景下則成為中國文明學習西方文明並推動中國從傳統邁向現代的起點，以至於香港成為中國文明保持開放、吸納其他文明並推動自我更新、自我成長的符號象徵。這兩種不同的理解方式纏鬥在一起，構成中國人深層的意識形態密碼。

因此，近代以來的中國革命（包括商業的、政治的和文化觀念的）不僅出現了從南到北、從海洋世界向大陸世界的北伐潮流，當然也出現了從北到南、從大陸世界向海洋世界的南征趨勢。這種南北相互激盪的格局恰恰是中國人學習西方文明來革新重建中國文明的歷史進程在地理空間中的展現。在這個意義上，近代以來中國從經濟、政治到文化層面的越來越深入、越來越激進的變法圖強的革新運動固然是文明衝突背景下的產物，但也是中國人在文明互鑒、文明融合、文明更新的歷史進程中學習西方文明、展開文明創造和文明重建的積極能動的歷史進程，更是中國人在全球文明秩序中逐漸成長為能動的政治主體的歷史進程。五四運動乃至中國共產黨推動形成的現代中國，無疑是在接受、學習和消化西方現代文明的基礎上成長起來的。如果沒有西方文明從東南新邊疆的刺激和挑戰，就不可能有新中國；如果沒有近代以來中國人不斷學習、吸收、消化西方文明所激發出的自我更新的強大生命力，就不可能有今天文明復興的新中國。

　　在這個意義上，我們可以說，近代以來的中國史一方面是傳統文明衰落從而不斷被西方文明所摧毀的屈辱歷史，但另一方面也是努力學習、推動傳統文明邁向現代從而使現代文明在中國扎根並生機勃勃不斷成長的歷史。今天人們圍繞近代史的理解之所以產生巨大的分歧和爭論，很大程度上是由於我們在對待這種文明衝突與文明更新相互交織的歷史中，僅僅看到了其中一面而忽略了另外一面。比如，從文明衝突的政治化視角將西方文明看作是需要排斥甚至消滅的外部敵人而忽略它是我們要學習的對象，只看到五口通商殖民的一面而忽略後來主動創辦特區引進外資學習、更新的一面。同樣，文明融合的去政治化視角則將西方現代文明看作是中國未來發展的方向和目標，而未能看到這種去政治化的理論視角隱含了世界帝國的政治意識形態。事實上，這兩種彼此矛盾的面向有機地交織在一起，從不同的角度共同推動了中國的成長，沒有被打敗的屈辱往往沒有學習的動力，而沒有虛心學習實現自我更新就不可能戰勝對方。正是在這種文明衝突與文明融合的有機互動中，我們才能真正理解香港問題的複雜性和多面性。可見，香港回歸後面臨的真正的 "深層次問題" 需要在文明層面去探尋，尤其要看到在中國文明與西方文明衝突和融合的進程中，在近現代推動中國傳統文化思想向不同方向展開創造性轉化的進程中，香港在政治發展道路和政治認同上形成的深層分歧和衝突。

三、兩種文化政治："大都會"、"文化沙漠"與 "海外遊子"

鴉片戰爭以來，西方現代文明對中國古典文明構成巨大衝擊，尤其是威斯特伐利亞條約體系對中國古典朝貢天下體系構成毀滅性打擊，中國邊疆體系中的藩屬國（外藩）在西方的衝擊下紛紛脫離朝貢體系而被納入到西方殖民體系中。然而，西方文明的力量不僅在於器物技術層面和制度層面，更重要的是，西方將這套器物技術和制度的優勢建立在一套區分"文明"和"野蠻"的文化體系這一精神層面之上。因此，"文明衝突"不僅僅展現在炮艦戰爭這些器物層面及其背後的制度層面，更表現在文化價值的人心層面，即作為"文明"核心的區分"文明"與"野蠻"的價值尺度之間發生了衝突。在這場衝突中，曾經用來建構朝貢天下體系的、也讓中國作為"文明人"倍感自豪的道德禮儀，在西方人的眼中被看作是"愚昧"，而曾經讓我們認為屬於"小人"作為的錙銖必較的利益計算以及屬於"野蠻人"作風的暴力崇拜，在西方建構的條約體系中卻被看作是"文明"的自由契約。[8] 因此，當中國人在器物、制度和觀念層面不斷學習和吸收西方文明時，就會自覺不自覺地接受這一套關於"文明"與"野蠻"的價值尺度，從而不斷按照西方文明的標準去推動中國文明的創造性轉化，尤其戊戌變法和辛亥革命試圖按照西方標準將中國建構為自由憲政的主權國家，希望被納入到西方列強所建構的"文明"的國際社會中。可以說，近代以來不斷學習西方文明並以西方文明為尺度來推動中國傳統文明的創造性轉化，構成了近代以來持續不斷、或隱或顯的"承認政治"這條主線。（參見第五章）

五四運動毫無疑問是按照西方的"文明"尺度，對淪為愚昧野蠻的中國文明展開的一場激烈批判乃至全盤否定的思想啟蒙運動。如果把中國傳統儒家文明理解為將政治與思想融為一體的政教體系（"儒教"），五四運動毫無疑問類似於西方的宗教改革運動，試圖將儒家文化、王朝政治乃

8　關於近代以來文明─野蠻制度的顛倒，參見強世功：《文明終結與世界帝國：美國建構的全球法秩序》，香港：三聯書店（香港）有限公司 2021 年版，緒論。

至朝貢天下體系從中國的政治建構中剝離出去，改造為現代西方科學意義上的學術思想，從而形成 "文化" 與 "政治" 的相對分離。由此，不同的政治主張也必然會形成不同的文化主張，政治場域中的分歧也會發展為文化場域中的分歧，"文化政治" 問題也由此而來。

五四運動以來，現代中國出現了兩條 "文化政治" 上的道路分歧。一種是以西方資本主義文明作為典範和樣板的 "承認政治"，圍繞這種政治就形成了自由主義的文化政治，將西方資本主義的價值體系確立為人類精神的永恆目標，從而形成 "歷史終結" 的意識形態；另一種是同樣源自西方的社會主義 / 共產主義的文化政治主張，它推動 "革命政治" 以建立人類文明的新形態。這兩種不同的現代性構思都試圖在中國傳統文化中尋找其根源，並推動中國傳統文化在這兩個不同的理論路徑上展開其創造性轉化。前者形成與自由主義觀念相融合的右翼儒家解釋傳統，推崇私有財產制度、禮儀等級秩序、士紳商業文化精英的價值觀念以及君相共治的憲制秩序等等，二者（自由主義、右翼儒家）結合在一起，共同服務於 "承認政治"；後者形成與共產主義理念相互生發的左翼儒家解釋傳統，推崇 "公而忘私" 的新民理念、民貴君輕的民本思想乃至平等觀念、順應天命的變法乃至革命思想、"天下大同" 的政治理想等等。這兩種 "文化政治" 傳統支撐著兩條不同的政治道路：國民黨的 "承認政治" 道路認同西方資本主義確立的文明標準，服從於西方建立的世界帝國秩序，而共產黨的 "革命政治" 致力於推翻資本主義、帝國主義和殖民主義的世界帝國體系，並以主人的姿態建立平等的國際政治經濟新秩序。這兩條道路隨後與全球冷戰格局結合在一起，對應著中國從傳統文明邁向現代文明的核心問題，即究竟是以奴隸心態臣服於西方建立的世界帝國體系，還是以革命立場打碎一切壓迫制度，以主人的自由精神走出一條符合中國實際的現代化道路。這對中國人是否真正具有現代自由精神提出了深刻考驗。如果說現代自由精神基於獨立、自由的主人精神，那麼在西方資本主義構建的世界帝國體系中，對於後發達國家而言，"革命政治" 無疑才真正貫穿了現代自由精神。（參見第五章）

五四運動以來兩種文化政治的衝突及其所支撐的政治道路的分歧，在香港就集中體現在如何面對西方文明主導的殖民主義問題。港英政府為了抵制五四運動以來的革命思潮對其殖民統治的衝擊，開始在香港大力推動傳統儒家教育，試圖利用溫和的儒家思想來抵制洶湧的革命思潮。在此背景下，從"承認政治"的視角看，香港一直是中國人學習西方文明的典範，是中國人眼中代表現代文明的"洋氣"的"大都會"形象，中國人論述中的"洋"與"土"、文明與愚昧、先進與落後、現代與傳統、工商業與農業的文明等級秩序也由此逐漸確立起來。然而，從五四運動引發的"革命政治"的視角看，整個中國都經過了反帝、反封建的文化政治洗禮，而身處殖民統治的香港剛好將儒家禮教的等級觀念和殖民統治的等級觀念勾結在一起，共同抵制先進的革命思潮，維護腐朽的殖民統治，以至於內地已經採用平民主義的白話文，而香港依然保留文言文。在以魯迅為代表的五四一代眼中，香港的商業大都會反而成為燈紅酒綠、紙醉金迷、腐敗沉淪的形象，未經革命新文化洗禮的香港就變成"文化沙漠"，成為"漂泊兒童"（聞一多語）。隨著新中國的建立，雙重國籍被取消，香港與內地的邊境管理越來越嚴格，兩地的政治、文化漸行漸遠，香港慢慢成為"海外遊子"。（參見第二章）

新中國成立之後，美國圍繞中國內地建立了"華盛頓—臺北—香港"軸心的"文化冷戰"戰略，而香港因為毗鄰東南亞而成為籠絡海外華人的重要支點。為此，美國專門支持錢穆、唐君毅在香港創辦"新亞書院"，利用右翼儒家的理念來籠絡海外華人群體，從而抵制共產主義的革命思潮；專門支持張愛玲的文學寫作，利用她對情感與欲望交織的"夜生活"的書寫來抵消共產主義沒有夜晚只有"白天"的革命激情。由此，在西方自由主義以及右翼儒家教育下培養出來的華人精英群體恰恰成為殖民體制的捍衛者。他們和殖民者合作，致力於"條約下的共治"。費正清提出的"條約下的共治"概念，就是強調將中國納入到西方用不平等條約建立起來的殖民帝國體系中，用西方人和西方文明馴化的高等華人精英共同治理中國，其邏輯乃是：既然儒家知識分子可以和滿清統治者合作，也就自然可以和英美殖民者合作，香港就是這種"條約共治"的典範。[9] 正是在這種"共治"

9　〔美〕費正清：《條約下的共治》，載費正清編：《中國的思想與制度》，郭曉兵等譯，北京：世界知識出版社 2008 年版。

理念的指引下，金耀基用 "行政吸納政治" 這個概念生動地展現了高等華人精英如何與港英殖民者結成一種 "勾結式殖民主義" [10]。（參見第一章）

在文明衝突的背景下，港英殖民統治的核心乃是用英文教育取代中文教育。然而，恰恰是香港高等華人群體呼籲港英政府推行全英文的 "深度教育"，反對推行中文教育。被港英政府 "吸納" 到立法局的第一任華人議員、後來成為民國外交精英的伍廷芳在港英立法局中留下的經典名言乃是中文教育純屬 "浪費時間"。同樣，當港英政府試圖通過香港中文大學來收編新亞書院，提出用科學專業教育來取代中國文明教育、用英文教育來取代中文教育的時候，右翼儒家對這種殖民統治沒有任何批判和反抗能力，只能妥協並最後繳械投降。因此，海外儒學逐漸淪落為國際化的英文知識體系的文化多元點綴，落入到 "花果飄零" 的境地。[11]（參見第三章）

唯有在這種殖民主義與右翼儒家相互勾結的 "文化政治" 背景下，我們才能理解 1967 年香港激進左翼的反英抗議運動的歷史意義，即以 "革命政治" 來挑戰這種 "勾結式殖民主義"。雖然這場革命運動被港英殖民統治者鎮壓了，但它卻點燃了 1970 年代香港的左翼學生運動，使其成為 1970 年代全球反抗帝國主義和殖民主義的 "火紅革命歲月" 的重要組成部分，尤其是 "保釣運動" 和 "法定中文語言運動" 在海外華人群體中激發出巨大的愛國熱情和中華民族認同。在此基礎上，香港青年一代率先提出了 "回歸" 的政治主題，試圖將 "文化" 與 "政治" 進行新的連接，不僅認同右翼新儒家所論述的 "文化中國" 傳統，而且認同新中國所奠定的 "政治中國" 傳統。然而，正是在 1970 年代，工業化起飛的香港逐步形成了一種不同於內地的本土文化、本土政治乃至本土的生活方式。"香港是我家" 的身份認同開始出現，國際化大都市的優越意識也在滋生。"認識祖國，關心社會" 成為一代香港新人的共同政治主題。正是在 1970 這種左翼革命傳統中，臺港澳地區以及海外的華人在《龍的傳人》和《我的中國心》的傳唱中迎來 1980 年代中央推動的 "香港回歸"。（參見第三章）

10　羅永生：《勾結共謀的殖民權力》，香港：牛津大學出版社 2015 年版。

11　周愛靈：《花果飄零：冷戰時期殖民地的新亞書院》，羅美嫻譯，香港：商務印書館（香港）有限公司 2010 年版。

四、"勾結式殖民主義"："去殖民化" 的三種路徑

　　1970 年代的香港左翼運動將 1960 年代對殖民主義的批判從政治領域延伸到文化領域，無疑觸及到 "去殖民化" 問題並推動形成了 "民主回歸" 思潮。然而，1980 年代全球右翼保守主義的回歸、中國的 "去革命化" 進程以及 "一國兩制" 政策在相當程度上抑制了香港的 "去殖民化" 主題。港英的政治傳統在 "保持不變"、"能不變就不變" 的策略中作為 "一國兩制" 的有機組成部分被名正言順地保留下來。香港的英文 "深度教育" 體系繼續生產著效忠殖民體系的精英群體，他們從殖民統治者變成了特區政府管治者；與殖民者勾結的高等華人精英成為身份顯赫的愛國統戰對象；曾經被他們鎮壓的革命左派則依然受到主流社會的排擠；內地對 "文革" 的否定與清算直接打擊了香港 "認祖關社" 運動中的 "國粹派"，以至於香港本土的 "社會派" 在 "民主回歸" 進程中成長為社會中堅力量。米字旗、女皇像等殖民外在符號被取消了，但殖民地的文化精神秩序非但沒有改變，反而在全球化中強化了其優越性。香港變成了 "沒有殖民者的殖民地"，只不過它有了一個更為中性美好的名稱 —— "國際大都市"。更重要的是，內地的改革開放與 "告別革命" 推動的 "與世界接軌" 意識，導致民國時代的 "承認政治" 復歸，而香港從 "文化沙漠" 變成 "東方明珠"，成為國家發展的典範甚至目標。

　　在這樣的精神秩序中，"一國兩制"、"港人治港" 和高度自治的口號以及由此而來的持續不斷的香港政治運動，將 1970 年代滋生的 "香港人" 的身份意識鍛造為一種政治身份認同，而 "兩制" 的制度性隔離讓這種政治身份認同與內地產生了天然的隔離。"香港人" 由此成為與 "中國人" 對應的概念，在爭取普選的每一次政治運動中其政治主體意識被不斷塑造並強化。我們唯有理解香港深層的文化政治矛盾，唯有理解改革開放之後全球保守主義的興起和中國內地從 "革命政治" 向 "承認政治" 的回歸，才能理解特區管治隊伍、公民黨、工商界、民建聯和民主黨等香港政

治力量的精神起源及其在香港政治秩序中扮演的角色，才能理解為什麼香港政制發展議題最終會推動香港本土主義的發展和"港獨"思潮的興起。

解決香港回歸後面臨的深層文化政治矛盾，無疑會觸及到人心回歸引發的"去殖民化"問題。從字面意思看，在香港討論"去殖民化"顯然就是要清除港英殖民統治所建立起來的文化精神秩序，那麼香港新的精神秩序應該由誰來提供，這種精神秩序的起源應該追溯到哪裏？香港的老左派或許希望追溯到 1967 年代香港反英抗議運動並由此上溯到五四運動，這就意味著必須為香港提供社會主義的精神秩序，但這顯然不符合圍繞香港回歸中央提出的"一國兩制"理論，因此這種"去殖民化"的論述從一開始就被遏制了。另一邊，香港社會的本土力量則希望回到 1970 年代香港本土社會的興起以及右翼新儒家的"文化中國"論述，並與西方自由主義相結合，共同抵制社會主義的文化政治論述。在這種關於"去殖民化"的論述中，"一國兩制"所肯定的放任自由的資本主義、廉潔高效的港英公務員體制乃至行政主導和功能團體選舉制度都是香港需要"去殖民化"的對象，最終建立他們所期待的普選制度和立法主導體制。正是從香港本土社會的立場出發，這種論述潛在地將香港回歸看作是香港從英國殖民地變成"中國殖民地"，最多承認中央擁有駐軍和外交權力，除此之外的"剩餘權力"都屬於香港的城邦自治範疇，由此，香港在中國憲制秩序中的地位類似於英聯邦體系中的"自治領"。因此，在他們的論述中，"去殖民化"的目的不是實現對祖國的"人心回歸"，而是讓香港獲得政治上和精神上的"獨立自主"。因此，恰恰是在香港本土主義氾濫和"港獨"興起的背景下，香港"去殖民化"研究的全貌才真正浮出水面。[12] 如果我們不能理解從 1970 年代香港本土"社會派"的精神起源及其"民主回歸"理想，就不能理解長期隱含但直到最近一些年才爆發出來的本土主義乃至"港獨"思潮的論述，也就實際上無法真正理解困擾香港的"深層次問題"。

討論香港的"去殖民化"問題，最終是要解決"人心回歸"問題，從

12　參見羅永生：《殖民家國外》，香港：牛津大學出版社 2014 年版。

而為"一國兩制"奠定與其相匹配的文化精神基礎。然而,"一國兩制"的制度結構不僅要解決社會主義與資本主義兩種論述的矛盾,而且要解決左翼儒家與右翼儒家的矛盾,從而將中國文明傳統、資本主義傳統以及社會主義傳統融為一體。從這裏看,"一國兩制"恰恰試圖從文明融合的視角消弭冷戰的意識形態衝突及其背後的文明衝突,而這種文明融合的視角無疑要在更大的範圍內打通中國古典文明傳統、資本主義文明傳統和社會主義文明傳統(所謂的"通三統")。[13] 這就意味著要推動中國傳統文明在吸收西方文明(包括資本主義與社會主義)的基礎上實現"創造性轉化",推動形成現代中國文明的新形態。這就意味著我們不能在"文明衝突"的話語體系中來討論香港的"去殖民化",狹隘地將"去殖民化"理解為清除港英時期形成的文化政治傳統。相反,必須在文明互鑒、文明融合乃至文明更新的意義上,充分吸收西方資本主義文明的有益要素來豐富和發展中國文明。由此,我們才能理解習近平主席在講話中高度肯定香港普通法對於保持香港國際金融、航運和貿易中心的重要意義。香港原本就是中西文明交融的產物,並沒有什麼真正屬於香港"本土"的東西。在這個意義上,"去殖民化"並不是為了探尋香港純真的"本土"實質而去除"殖民遺產",也不是為了回歸中國歷史而去除外來文明,而是要去除對西方"歷史終結"意識形態的幻想,去除對西方建立的世界帝國體系的尾隨依附心態,樹立作為中國人的政治主體性和文明自信心,再以開放包容的心態來吸納西方文明以及所有偉大人類文明的優秀成果,從而推動中國文明的偉大復興,推動形成人類文明新形態。在這個意義上,香港開展"去殖民化"運動,與其追溯歷史,不如著眼於展望更好的未來,並努力開闢出這個未來。這意味著我們必須超越單純的主權國家理論,回望歷史上的帝國,展望未來復興的文明。

13　甘陽:《通三統》,北京:生活·讀書·新知三聯書店 2007 年版。

五、回望帝國與文明：從舊邊疆到新邊疆

　　香港的"去殖民化"問題引發了"一國兩制"內在的文化矛盾，如何消化冷戰的文化衝突乃至文明衝突的遺產，成為"一國兩制"未來發展的關鍵。從法學理論看，"一國兩制"實際上是一種獨特的主權建構理論，通過起草基本法這個社會契約的重建過程，將中國的國家主權秩序延伸到香港，從而形成一種獨特的憲制結構。（參見第七章）然而，不同於西方理論建構出來的均質性的主權國家，中國作為一個內涵文明的超大型政治實體，本身即內在地包含著中心與邊疆的複雜關係，顯然無法用基於西方歷史經驗的主權國家理論來理解。西方主權國家是在羅馬帝國崩潰之後基於單一民族建構起來的，而類似中國這樣包含多元族群和複雜廣闊地理空間的超大型帝國顯然無法被囊括在西方主權國家的理論範式中，以至於在孟德斯鳩的理論中，歐洲只有小共和國與較大一點的君主國，而東方則有"專制主義"的超大型帝國。中國作為超大型政治實體，雖然通常被用"帝國"來稱呼，但又不能完全等於西方意義上的帝國，這是因為"中國"作為一個內涵文明的家國天下體系有其特殊性。這樣的"中國"從一開始就內含著"一國多制"的天下格局。"一國兩制"放在西方的主權國家理論中是一個特殊的主權建構，而放在中國"一國多制"的格局中，恰恰體現了中國"多元一體"的政治風貌。（參見第六章）

　　這就意味著，對"一國兩制"的理解必須超越西方主權國家（民族國家）理論，採用帝國的理論視角。每一種帝國建構都隱含著一種文明建構，而每一種文明的形成也必須藉助帝國的政治力量，亨廷頓將這種推動文明形成和擴張的帝國力量稱之為"核心國家"。如果說"文化政治"側重於"帝國—文明"範式中的"文明"向度，那麼"統治政治"則側重於"帝國—文明"範式中的"帝國"向度。如果說我在《中國香港》的初版中用"帝國"的政治想象來矯正主流的"國家"理論，那麼在這次增訂版中，我更強調帝國建構中的文明力量。（參見第四章）香港之所以能夠成為理解中國問題的"鑰匙"或"索引"，是因為處在中國文明與西方

文明秩序互動的邊疆地帶，它既是帝國爭奪或文明衝突的"前線"或"斷層線"，又是文明互鑒和文明融合的典範或結晶。唯有從邊疆入手才能真正理解帝國或文明的中心，同樣，唯有從這種"跨文明"或"跨帝國"的理論視角入手，邊疆問題才會從邊緣問題轉化為中心問題。

　　如果從全球地理空間看，香港地處麥金德所說的內新月地帶與外新月（島嶼）地帶，或東亞大陸邊緣地帶與海洋世界的過渡地帶上，處在中國內陸富庶的江南地區與南洋世界乃至西洋世界溝通的要道上。古代中國的華夏中原向江南擴展，形成了農耕定居的生活方式，而在這個廣闊的地理空間中，黃河流域中原地帶和江淮流域的江南地區構成了支撐中國經濟命脈的"關鍵經濟區"（key economic areas）。[14] 這些地區也成為華夏民族繁衍生息的核心區域，控制這些地區就可以推動中國的統一，而這個中心地帶可以說就是原初作為"中央之國"的"中國"，也是在王朝衰微時期所能保持的"小中國"或者"核心中國"。圍繞這個中心地區會形成兩個邊疆地帶。第一就是春秋戰國以來，為應對西北高原和北方草原上馬背民族的游牧生活方式的衝擊，而在古代歷史上長期形成的圍繞"長城地帶"的西北邊疆。第二則是宋明以來，特別是晚清以來，為應對海洋民族以商船炮艦為代表的工商業生活方式的衝擊，圍繞琉球、臺灣、香港、澳門以及南洋地區所形成的東南新邊疆。我們唯有從西北大陸邊疆、中心華夏核心區與東南海洋邊疆的三分地理格局及其背後的游牧文明、農業文明和工商業文明三種文明的互動關係中，才能理解中國的歷史演化與興衰命運。如果說"長城地帶"是理解中國古代歷史演化的鑰匙，那麼臺港澳地區所代表的東南海洋新邊疆則隱含了近代中國命運的秘密。

　　按照人類文明發展規律看，從游牧文明、農耕文明向工商業文明的發展通常被理解為人類文明發展的一般歷史趨勢。這意味著人類文明演化的基本規律就是從簡單的文明系統向越來越複雜的文明系統演化。正因為文明系統越來越複雜，文明所建構的帝國體系的能力也就越來越強大，建構起的帝國空間也就越來越遼闊，以至於人類文明的歷史經歷了從古典農耕

14　冀朝鼎：《中國歷史上的基本經濟區與水利事業的發展》，朱詩鼇譯，北京：中國社會科學出版社1981年版。

時代的 "區域性文明帝國"〔比如儒教文明帝國、印度教文明帝國、伊斯蘭教文明帝國、基督教（包括天主教、東正教）文明帝國等〕向現代工商業時代的世界帝國（現代文明）的演化。[15] 農耕時代的區域性文明帝國分佈在不同的大陸空間中，而唯有工商業帝國通過海洋將整個世界連接起來，建構為 "世界" 帝國。正因為人類文明的發展根據不同的建構能力而處在不同的發展階段上，所以後者對前者構成 "降維打擊"，從而推動人類文明向前發展。

早期的游牧文明依靠大陸心臟地帶的廣闊草原和騎兵的機動性和衝擊性對大陸邊緣地帶的農耕文明構成了巨大的軍事壓力和衝擊，由此在東亞中國上演了 "長城故事"。然而，這些邊疆游牧少數民族入主中原之後，不得不接受農耕民族建立起來的更高、更複雜的文明體系，推動中原農耕文明不斷向邊疆游牧地區擴張，由此圍繞長城形成了文明融合和文明擴張的緩慢移動的邊疆。因此，恰恰是蒙元和滿清兩個邊疆民族入主中原之後，才將中國歷史上長期處於邊疆的 "長城地帶" 納入為中華文明的內地版圖，從而將中國文明的邊疆大幅度向外擴張，以至於才有今天的 "新疆" 這個概念。正因為中國將農耕文明發展到極致，所以宋明以來，中國通過東南沿海邊疆向外發展海洋貿易，甚至將中國主導的東亞貿易圈發展為一種全球貿易的世界經濟體系——白銀資本體系。[16]

然而，隨著地理大發現以來歐洲加入到東亞貿易體系，中國實現了從農業文明向工商業文明的飛躍。這種依靠船堅炮利的工商業文明相對農業文明處於更高維度，由此我們看到鴉片戰爭以來，歐洲列強——甚至是處於中華文明邊緣地帶的小國日本，經過工業化提升改造之後，都可以對中華文明乃至所有東方的超大型帝國構成降維打擊。由此，琉球、臺港澳地區以及南洋不再是中國文明向外擴張的新邊疆，而變成了需要防守高等文明入侵的海防 "前哨"。整個香港的歷史必須放在大陸與海洋兩種文明互動的新邊疆這個定位中來理解，以至於香港的 "佔領中環" 顏色革命必

15　強世功：《超大型政治實體的內在邏輯："帝國" 與世界秩序》，《文化縱橫》2019 年第 2 期。

16　〔德〕貢德·弗蘭克：《白銀資本：重視經濟全球化中的東方》，劉北成譯，北京：中央編譯出版社 2008 年版。

須和臺灣的"太陽花運動"放在一起來理解,香港的"修例風波"暴亂必須和美國今天在臺灣發起的一系列挑釁放在一起來理解。進一步講,無論是香港的"去殖民化"進程還是"一國兩制"對西方文明的肯定和包容,都必須放在中國文明與西方文明的衝突推動中國文明吸收西方現代文明,從而邁向現代文明這個歷史大背景下來理解。

如果說西北舊邊疆面臨的是宗教、民族這些傳統文明面臨的根本問題,那麼東南新邊疆所面臨的卻是科技、資本主義、自由民主制度和意識形態等現代文明的根本問題。我們唯有把兩個邊疆問題放在一起來思考,相互參照對比,才能發現兩個邊疆面臨的共同問題就是如何在"多元"基礎上構建"一體",這無疑是政治的核心。新中國的建立將新邊疆和舊邊疆整合在國家主權法律秩序中(雖然目前臺灣還未完成整合,但在國際法上已經屬於中國的一部分),不僅成為聯合國體系中的常任理事國,而且成為全球秩序"大三角"關係中的重要一角;改革開放以來又將舊邊疆和新邊疆進一步整合在國家經濟秩序中,建構起全國統一大市場,並融入世界體系中,成為全球經濟增長的引擎和經濟全球化的推動者;進入新時代以來,中國面臨的重大使命則是將舊邊疆和新邊疆整合在國家的文教秩序中,從而在各大文明和而不同的基礎上為人類命運共同體奠定文明新秩序。無論是臺灣面臨的"台獨"問題,還是香港面臨的"去殖民化"問題或人心回歸問題,無論是新疆面臨的"三股勢力"問題,還是西藏面臨的政教關係問題,都屬於精神層面的思想文化問題。而唯有"政治"這個總概念才能將法律秩序—經濟秩序—文化秩序統合在一起,才構成完整的"主權"或者"政權"。在這個意義上,新中國的政治秩序或政權建設始終處在不斷的建構進程中,是一個"未完成的規劃"(unfinished project)。對中國而言,這並非主權國家建構或民族國家建構,而是一項複雜的"帝國—文明"建構。"帝國"概念更突出政治秩序中法律暴力的一面,而"文明"概念更突出政治秩序中精神教化的一面,我們唯有從"帝國—文明"視野才能理解香港新邊疆的戰略意義。

六、"跨文明"或"跨帝國":"以邊疆為方法"

　　大凡文明都是圍繞偉大的帝國所形成的,由此必然形成一種歷史論述的"自我中心主義",即某一種文明都自詡為是全人類唯一正確、高貴的文明。在這個意義上,每一種"帝國─文明"都是自我中心主義的,都是普適主義的。西方文明中幾大宗教的一神教傳統為了證明自己的神是宇宙間唯一最高的神,展開了至今都難以消弭的宗教戰爭,而東方中國文明幾千年來一直認為自己才是"普天之下"的宇宙中心,從而是"中央之國"。由此,每一種文明關於自身的論述乃至對其他文明的關注,都圍繞文明的中心展開。在這種"文明中心主義"的敘述模式中,邊疆無疑處於次要的邊緣位置,甚至被置於"他者"位置上。就像中國古代文獻詳細記錄和論述中原王朝的故事,而邊疆族群只有影響到中原王朝時才偶有記載,甚至有很多邊疆故事只有在地理志中才會提到。目前邊疆考古發現大量文明古跡,但卻無法找到相應的文獻記錄。在這個意義上,我們現在所說的"文明"主要是通過書寫和經典傳承下來。偉大的文明都創造自己的文字和經典來記載自己的光輝歷史,而沒有文字的文明或缺乏經典的文明則很容易淹沒在歷史的塵埃中。

　　然而,地理大發現以來,當全人類不同文明展現在全球地理空間中時,所有這些古代帝國/文明的普遍主義論述都變成了"地方性的"。這些古典帝國之所以被稱之為"區域性文明帝國",一方面是強調這些帝國在地理空間上的"區域性",另一方面則是強調古典帝國形態藉助宗教力量來塑造"文明"形態,畢竟有其輻射的極限,而不同於現代世界帝國更多藉助科技力量(航運、飛機、鐵路、電報、互聯網)、商業資本的力量和法律的力量(條約和國際法),是普世通用的。對於世界帝國秩序的締造者來說,地理大發現所展現的多元文明格局打破了基督教對人類歷史的描述,並由此瓦解了基督教奠定的帝國文明秩序,這就需要創造一種新的帝國文明秩序來適應全人類共同生活的格局。這無疑最先刺激了西方人思考如何建構新的全球普適文明。西方崛起與這種現代新文明的建構緊密結合在一起。這就意味著需要一種能夠將"區域性文明"納入人類新文明發展的"普遍歷史"書寫。這種普遍歷史的書寫必然以全球各大文明的比較為基礎。可以說，從黑格爾的歷史哲學、湯因比的歷史研究，到阿爾弗雷德‧韋伯（Alfred Weber）和斯賓格勒（Oswald Spengler）的文化類型學乃至當代亨廷頓的文明衝突論，都在探索不同文明之間如何建構出適用於全人類的普適文明。同樣，涂爾幹、韋伯和馬克思為代表的現代社會理論家以及由此而來的西方人類學論述，都是在不同文明比較研究的基礎上試圖建構出適用於全人類的現代社會，並建構出這種現代生活從古到今的發展演化譜系。這無疑是在為全人類的"大一統"敘事提供理論嘗試和知識儲備。

由於現代文明的建構源於西方，西方崛起所建構的新型世界帝國秩序也是由西方文明所推動的，以至於無論是全人類普遍歷史敘事，還是現代文明構想，都是以西方文明為基礎發展起來的，必然受到"西方中心主義"的影響。隨著全球化的推進，尤其是非西方世界的發展、反抗和自我敘述的展開，這種西方中心主義的論述受到越來越多的批評，一種多元主義的歷史書寫模式開始興起。當下全球史寫作的主旨就在於打破普遍歷史敘事中建構起來的西方中心主義，一方面關注為人類文明的互動提供更為基礎性的、能夠跨越不同文明的全球性要素，比如氣候、地理等因素，另一方面也關注物種、物產、技術、工藝、制度、觀念、思想等構成人類文明的各種要素在全球的流動，從而體現文明之間相互影響的歷史趨勢。然而，這種越來越碎片化的全球史寫作遮蔽了這些要素流動的文明衝突和融合的背景，即非西方傳統文明遭遇西方現代文明所帶來的衝突和融合，不僅推動了非西方文明的現代化進程，也反過來改變了西方文明，從而共同塑造了人類現代文明發展的曲折歷程。

可見，無論是古典文明秩序中形成的"自我中心主義"或"文明中心主義"的思考方式，還是現代文明興起之後形成的"西方中心主義"，這種"中心主義"的理論思考很容易帶來政治上的"文明衝突"，就像西方文明中的一神教信仰必然帶來善惡對立的宗教戰爭一樣。而要破除這種文明衝突論，就需要將這種本質主義的、"自我中心主義"的思考方式轉變為一種"關係主義"的思考模式，[17]從而關注不同帝國之間和不同文明之間的互動所形成的秩序，尤其是相互借鑒、相互學習、相互融合從而推動建立人類新文明的歷史趨勢，就像西方借力東方文明而崛起一樣，東方文明也借力西方文明而復興。正如湯因比在《歷史研究》中所展現的那樣，人類歷史上眾多的文明都在挑戰和應戰中消失融合在更大的文明之中。我們今天所關注的幾大區域性文明帝國不過是歷史上融合眾多文明的產物，而人類文明在未來進一步融合也是歷史的必然趨勢。

由此，我們不僅要反思西方啟蒙史學影響下的民族國家書寫對文明互動歷史的裁割，以便"從民族國家中拯救歷史"[18]，而且要反思歷史上基於文明"自我中心主義"形成的歷史書寫。前者用當下民族國家的地理邊界來裁割歷史上帝國時代文明互動的整體歷史，後者過分關注其中心地帶的主體民族所形成的核心制度和核心價值觀念，而忽略了邊疆以及其他文明通過邊疆對這種文明所產生的積極影響。在這種文明自我中心主義的視角中，邊疆往往是無關緊要的，因為處在文明的邊緣地帶甚至遠離文明馴化的"蠻夷"之地，即使對邊疆有所論述，也恰恰是作為反面的鏡子（他者）反過來強化中心的主體地位，就像西方人類學對非西方民族的研究往往是為了強化西方文明的主體性一樣。在這個意義上，邊疆意味著對中心的偏離，不僅是價值觀念和生活方式的偏離，而且也從主體民族變成了邊疆少數民族。這種思考方法或許適用於解釋古典時代區域性文明帝國初興的"軸心時代"，在文明的邊疆之外很可能就是無限的荒蠻之地。事實上，特納（Frederick J. Turner）的邊疆理論就建立在北美向西無限延伸的荒漠的擴張想象之上，由此邊疆就成為中心向外無限擴張所遭遇到的地理極限，這對中心無限擴張的自由精神而言，邊疆的出現就意味著自由精神的衰亡。[19]而西方人類學研究差不多與此接近，西方文明在這些地方的擴

---

17 趙汀陽在基於中國思想來建構"天下主義"的過程中，特別強調中國古典中"關係主義"的思考模式，並以此來批判西方中心主義背後的原子主義、本質主義的思維方式。參見趙汀陽：《天下的正當性：世界秩序的實踐與想象》，北京：中信出版社 2016 年版。

18 〔美〕杜贊奇：《從民族國家拯救歷史》，王憲明等譯，南京：江蘇人民出版社 2009 年版。

19 〔美〕弗里德里克·傑克遜·特納：《美國邊疆論》，董敏、胡曉凱譯，北京：中國對外翻譯出版公司 2012 年版。

張遭遇到的都是初級文明，歐洲人在這裏遭遇到的往往是"沒有歷史的人民"。[20]

然而，隨著區域性文明向外擴張，邊疆就不再是荒蠻之地。特別是地理大發現以來，西方文明的崛起並在全球範圍內與幾大區域性文明之間的互動，使得邊疆成為傳統文明與現代文明之間衝突和交融的前沿地帶。就像西方文明與東方文明圍繞小亞細亞展開漫長的互動，以至於今天的土耳其可以看作是伊斯蘭文明與歐洲文明衝突和交融的邊疆地帶。同樣，臺港澳新邊疆在唐宋時代或許還可以說是荒蠻之地，然而在明清時代尤其是鴉片戰爭之後則不再是荒蠻之地，而是東西方文明衝突和交融的邊疆地帶。在這場傳統文明向現代文明的大轉型中，曾經作為邊疆地帶的香港甚至變成了比內地更加發達、更加文明的國際大都市，以至於基於傳統文明秩序建立起來的中心與邊緣關係被顛倒過來。如果從西方現代工商業文明的角度看，香港作為國際大都市就是世界金融中心（之一），而中國廣闊的內陸反而成為現代工商業生活方式不斷拓展的邊疆。（參見第三章）近些年中國經濟發展從東南沿海向內陸不斷擴張，推動了"中部崛起"，然而對於更遠的東北和大西北來說，"投資不過山海關"的現實恰恰說明了區分中心與邊緣標識的這種不同視角。這種中心與邊緣的顛倒無疑增加了香港"去殖民化"問題的複雜性。可見，唯有從"關係主義"的視角審視全球各大文明之間的關係，關注"跨文明"的問題，尤其是關注文明之間衝突和交融的邊疆地帶，才能打破文明自我中心主義的陷阱，理解不同文明秩序的內在機理，比較不同文明秩序之間的優劣，從而推動文明之間相互借鑒吸收，最終推動人類文明不斷融合和發展。

事實上，隨著後現代思潮對本質主義思考方法的解構，"關係主義"越來越成為理論思考的出發點，由此推動了交叉學科的興起以及由此形成的種種"跨界"的行動和研究。這種"跨"意味著擺脫學科劃分形成的研究對象的牢籠，上升到對更大範圍的、更為整全的問題的關注。就像在傳統社會理論中，一旦跨出對具體社會形態的研究，關注不同社會形態和不

20　〔美〕埃里克·沃爾夫：《歐洲與沒有歷史的人民》，趙丙祥、劉玉珠、楊玉靜譯，上海：上海人民出版社 2006 年版。

同社會體系之間的互動，必然上升到更大範圍的 "文明" 的研究，必然會去呈現不同 "社會體系" 之間互動的 "跨社會體系" 或 "超社會體系"。[21] 因此，經典社會理論都包含著對不同社會形態進行比較研究，並關注社會形態的發展和轉化的文明問題。[22] 儘管如此，我這裏推出 "跨文明" 的研究思路，不是簡單地提倡帝國或文明間的比較研究，而是希望對帝國和文明的研究能夠將目光從中心地帶轉向邊疆地帶，形成 "以邊疆為方法" 的研究範式。這並不意味著要用邊疆研究來取代對中心地帶的研究，而是強調一種研究策略的改變，就像地緣政治中提出的 "邊緣地帶戰略" 一樣，[23] 邊疆研究的目的是為了更好地研究中心地帶以及不同文明的中心地帶通過邊疆如何展開互動，並由此改變文明原來的面貌。在這個意義上，"以邊疆為方法" 恰恰包含著認識事物真理的方法論。就像社會理論唯有通過對 "失範" 的研究才能理解社會秩序的內在機理，[24] 政治理論唯有通過對例外狀態的研究才能認識常規秩序一樣，[25] 我們唯有通過研究邊疆才能真正理解帝國或文明的中心。唯有從不同帝國或文明在邊疆的衝突和融合的進程中，我們才能理解每個文明的內在屬性，才能展現這種文明的內在力量，甚至在這種衝擊—反應中檢驗帝國或文明的生命力。更重要的是，唯有 "以邊疆為方法"，才能真正意識到邊疆地帶並非文明中心向外擴張的剩餘物，邊疆並非消極疏離的力量，而是積極能動的力量，甚至能成為推動中心文明更新的革命性力量。

21　關於對 "跨社會體系" 與 "文明" 問題的研究，參見王銘銘：《超社會體系：文明與中國》，北京：生活・讀書・新知三聯書店 2015 年版；汪暉：《跨體系社會與區域作為方法》，載汪暉：《東西之間的 "西藏問題"》，北京：生活・讀書・新知三聯書店 2011 年版。

22　渠敬東：《作為文明研究的社會學》，《中國社會科學》2021 年第 12 期。

23　〔美〕尼古拉斯・斯皮格曼：《和平地理學：邊緣地帶的戰略》，俞海傑譯，北京：商務印書館 2016 年版。

24　〔法〕埃米爾・涂爾幹：《社會分工論》，渠敬東譯，北京：生活・讀書・新知三聯書店 2000 年版。

25　〔德〕卡爾・施米特：《政治的神學》，劉宗坤、吳增定等譯，上海：上海人民出版社 2015 年版。

七、邊疆的居間性："通道"與"聯絡人"的兩面性

在歷史上，促進技術、物種、制度、觀念、文化在不同文明之間相互交流有各種方式。比如戰爭征服推動的大規模人口遷徙和移民乃至政權統治無疑是最直接有效的，西方歷史上的殖民開拓就是典型例子。然而，邊疆之所以出現，恰恰是兩種文明力量在相當長的時間裏形成了勢均力敵的穩定狀態，從而在相對和平穩定的時期內成為文明交融地帶，發揮著"通道"的作用。不過，邊疆僅僅是一個地理概念，在歷史上真正承擔起居間聯繫和文明傳播作用的主體往往是商人群體、傳教士、遊吟詩人等等。其中，流動的商人組織在邊疆地帶形成一些商業城市，並圍繞這些商業城市構成一個居間溝通的網絡。比如古代絲綢之路上，陸地上的粟特人和海洋上的阿拉伯商人就成為著名的溝通東西方文明的居間性力量，他們連接起東方的中國商人和西方的歐洲商人，在陸地和海上絲綢之路上形成不同文明之間交流融合的邊疆商業城市。正是這一個一個邊疆商業城市將歐亞大陸的各大文明串聯起來，組成一個全球化的商業網絡。

可見，全球化的推動力量雖然來自文明的中心，但真正起關鍵作用的恰恰是這些在邊疆地帶發揮居間功能的商業城市。這些城市雖然處在區域性文明的邊疆，但恰恰是在這裏，首先誕生了一種域外意識，一種跨文明意識，甚至是關注全球的世界意識。這些邊疆地帶躍出了每個區域性文明的束縛，甚至變成推動全球化的支點和中心力量。地理大發現以來，西方崛起所推動的現代工商業文明進一步強化了這些邊緣地帶的商業城市在推動全球化中的"通道"作用和"支點"功能，以至於將整個世界分成平行的兩個世界：下層世界就是區域性文明的世界，而上層世界則是這些邊疆地帶的商業城市之間相互連接而構成的全球化世界。所謂"世界是平的"就是用來描述這個上層世界的。借用布羅代爾的理論，這個下層世界遵循的是自由市場的商業交換法則，這些邊緣地帶的商業城市不斷推動著中心地帶的物產資源之間進行市場交換。然而，在這些商業城市所建構起來的

上層網絡中，遵循的卻是資本集中壟斷的法則，它能夠有效利用分散在全球各地的下層世界間相互分割的信息不對稱，而賺取比商品市場交換更人的利潤。這就是布羅代爾所說的 "資本主義"。[26]

這種上層世界與下層世界的劃分恰恰說明，古典區域性文明帝國往往是藉助有形的領土控制和統治而建立起來的，這就是所謂的 "有形帝國"（formal empire），而上層資本主義世界帝國已經不需要吃力不討好地控制這些有形的領土了，而是需要採用更為複雜和精緻的手段來控制全球的科技、金融、法律、文化意識形態，並通過這些超級商業城市作為節點來控制全球，構築起 "無形帝國"（informal empire）。在這個意義上，資本主義全球化就建立在以邊疆地帶的超級城市為中心所構成的網絡中，由此紐約、華盛頓、洛杉磯、倫敦、巴黎、新加坡、香港、上海、北京、東京等國際大都市建構起資本主義世界帝國的 "超級版圖"。[27] 這個世界帝國形成了自己的中心與邊緣結構，對應這些邊疆城市所代表的國家、帝國乃至文明在世界帝國秩序中的地位。世界金融中心紐約就是世界帝國的中心，代表美國在世界帝國中的主導地位，其他超級商業城市無疑處在相對邊緣的地位上，倫敦、新加坡和香港雖然是國家或地區的金融中心，可依然要依附於紐約。由此，今天全球化與逆全球化的鬥爭乃至中美之間的鬥爭，實際上是超級商業城市建構的上層資本主義世界帝國體系與下層古老的區域性文明帝國秩序之間的鬥爭，也可以說是下層古老的區域性文明爭奪上層資本主義世界帝國體系的控制權的鬥爭，某種意義上也是處於邊疆地帶的超級商業城市之間為爭奪上層世界 "超級版圖" 的中心地位所展開的鬥爭。我們唯有在這樣的文明圖景中，才能真正理解香港的歷史乃至香港的未來。

在中國文明向海洋世界的擴展進程中，一開始重要的商業城市不是香港，而是寧波、泉州和廣州等等。這些城市連接起日本、琉球、臺灣、馬尼拉、新加坡等邊疆地帶的商業城市，從而連通印度洋乃至地中海世界，與葡萄牙人、西班牙人共同推動了第一波商業貿易的全球化。然而，隨著

26　〔法〕費爾南·布羅代爾：《資本主義的動力》，楊起譯，北京：生活·讀書·新知三聯書店 1997 年版。

27　〔美〕帕拉格·康納：《超級版圖》，崔傳剛、周大昕譯，北京：中信出版社 2016 年版。

西方世界加入東方貿易圈，特別是英國崛起，戰勝拿破崙帝國，取得全球商業統治權，並開始建構其世界商業帝國的時候，打開中國大門就成為其首要任務，而香港意外地成為英國商業進入中國的"通道"。由此，英國建構的現代世界帝國及其背後的威斯特伐利亞體系就與中國文明所構建的天下朝貢體系展開了競爭和較量，而香港的歷史恰恰是這種較量的產物。（參見第四章）由於語言、文化和所掌握的信息的差異，英國人意識到沒有華人作為商業上的中介人和聯絡人，對華貿易根本無法開展。為此，港英政府制定一系列政策吸引富有的華商來香港定居，並給予其優厚的待遇以成為商業合作夥伴。這樣的政策一開始並不成功，但恰恰是太平天國運動、辛亥革命、連綿不斷的戰爭乃至新中國成立後的各種運動，一波又一波地將中國內地的資本家、企業家和勞動力驅趕到香港，從而促成了英國人與華人資本家的合作。正是華商的合作，將英國人的商業貿易納入到在漫長歷史上已經形成的海外華人的商業網絡中。正是由於華人商業網絡的加入，香港才真正使大英帝國如虎添翼，其自身也從英國進入中國的"前哨站"變成名副其實的跨國商業網絡中心，成為西方建構的世界帝國超級版圖中重要的戰略支點——國際金融中心、國際貿易中心和國際航運中心。

由此，香港毫無疑問發揮著中國內陸與西方世界聯繫溝通的"通道"作用，它不僅是推動大英帝國進入維多利亞鼎盛時代的重要力量，而且成為推動中國現代化的重要力量。而香港要發揮這種"通道"作用，就必須有承擔居間功能的"聯絡人"，那就是既熟悉中國又熟悉西方、既有中國網絡資源又加入到西方網絡中的精英群體，尤其是那些被吸納進港英體制的香港華人精英。他們早期是被看作"洋買辦"的大商家，到 1970 年代又進一步擴展到香港的中產專業人士。地處同樣地理空間、同樣制度下的澳門雖然也具有"通道"功能，但卻無法發揮出類似香港的積極作用，原因就在於香港人的背後乃是遍佈歐美、澳洲、東南亞、印度洋乃至非洲的整個海外華人網絡，而這個人才流動網絡在漫長的歷史上已經融入到英美主導的上層資本主義世界超級版圖中。比較之下，澳門人融入的葡語網絡已經衰落，無法進入到上層資本主義世界超級版圖中。因此，當中國打開香港的大門，就意味著可以利用世界超級版圖的網絡將全球的資本、技術、人才和最新的觀念引入到中國，用作推動中國文明復興的力量；而當中國關閉香港的大門，則意味著自己被封閉在區域性秩序的下層世界中。由此，近代中國的經濟方式、政治觀念和文化思想的革新都是通過香港的"口岸知識分子"和"買辦商人"這些"聯絡人"推動的。同樣，秉持反帝反封建的"革命政治"使命的新中國，竟然在建國之後保留下香港這塊殖民主義與封建主義相勾結的獨特區域，而在改革開放之後又率先拋棄冷戰觀念搞出"一國兩制"來保留這塊殖民統治的遺產，無疑是看重香港在世界帝國超級版圖中所形成的網絡。鄧小平在設計"一國兩制"的時候，就明確指出我們要"再造幾個香港"，實際上就是強調中國需要更多能夠進入到世界超級版圖的國際大都市。如今中央將上海定位為國際金融中心，將北京定位為國際政治中心和文化中心，將深圳定位為國際科技創新中心，無疑是要藉助中國崛起的力量來使中國更多地融入世界超級版圖，並改變世界超級版圖的結構。

因此，重要的並非"閉關鎖國"還是"改革開放"，而是能不能加入到這個世界超級版圖的網絡中。拉美、非洲早就改革開放幾百年了，但卻始終無法加入其中。同樣是"一國兩制"的澳門也無法加入其中。世界超級版圖並非從虛空中產生的，而是扎根在下層區域性文明秩序中。唯有具有強大經濟和政治能力的區域性文明，才有能力塑造這個世界超級版圖。近代以來，中國之所以能夠加入其中，無論是上海，還是香港，根源在於中國豐富的物產、發達的經濟和廣闊的市場。改革開放之後，香港、上海、北京之所以能夠迅速加入世界超級版圖，首先是由於新中國強大的政治能力能夠在全球地緣格局中幫助美國贏得冷戰，隨後則是因為中國強大的工業製造能力能夠持續為這個超級版圖所在的上層資本主義世界創造更大的財富。當中國經濟崛起開始改變西方劃定的世界超級版圖，並試圖重塑世界超級版圖時，中美經濟摩擦乃至貿易戰就爆發了。因此，中美下層秩序之間的鬥爭必然演變為爭奪世界超級版圖的鬥爭，基於此，美國必然制裁香港並打擊香港在世界超級版圖中的地位。所謂"中美脫鉤"，實際上是美國試圖利用其優勢，將中國逐漸剔除出世界超級版圖，遏制全球資本、技術和人才向中國的流動。

在下層區域性本土秩序與上層世界超級版圖的互動中，香港人要真正發揮"聯絡人"的居間作用，就必須掌握上層世界所通行的觀念和法則。比如接受英文的"深度教育"，認同自由主義意識形態和價值觀念。當他們努力將這些價值觀念、生活準則和行為方式內化到身體中去的時候，就會自覺不自覺地產生出"去中國化"的心態，從而脫離下層的中國世界。而隨著時間的推移，他們漸漸失去了對下層世界的感知，忘記了上層世界帝國體系根植於西方文明的下層世界中，忘記了中國革命乃至中國崛起是要通過改變下層世界而去改變上層世界帝國體系的結構。更重要的是，隨著中國的全面開放，諸如北京、上海、深圳、廣州等更多的內地城市逐漸進入世界超級版圖中，香港作為通道的"聯絡人"優勢不斷被削弱。某種意義上，香港人恰恰是為了在這個相對失落的時代努力保住自己的優勢地位，才從商業轉向政治，推動香港成為美國對中國推動"顏色革命"的基地或者橋頭堡，從而鞏固美國在世界超級版圖中的優勢地位。由此，我們看到居間"聯絡人"的兩面性，他們既有服務於中國戰略的一面，又有服務於西方戰略的一面。當雙方利益一致時，"聯絡人"就會成為雙方的座上賓而左右逢源，甚至左右通吃。然而，一旦雙方發生利益分歧乃至出現分裂鬥爭時，"聯絡人"很容易被雙方無法信任而成為被拋棄的對象，就像今年美軍逃離喀布爾時，再現了當年逃離西貢的一幕，從美國飛機上摔下來的都是這種居間聯絡人。(參見第四章)

八、邊疆的革命性：“跳板”與自由的兩面性

邊疆的居間性凸顯了兩種文明在和平時期的相互影響和交流，尤其是商業貿易、文化觀念和生活方式的互通有無。然而，從長遠歷史看，這種文明相互交流往往是不對稱的，即強勢文明或文明中某種強勢的因素對弱勢文明或文明中的弱勢因素施加了更大的影響，尤其在游牧文明、農業文明和工商業文明出現維度差異的情況下，文明間的互動更是以一種文明對另一種文明實施毀滅並進行重組的方式展現出來，也就是我們經常在文明的衝突中看到的情況。就像今天的“長城地帶”已經不再是邊疆，而是被穩固地納入到中國的中心地帶，農耕定居乃至工業化的城市生活已經成為主要的生活方式，即使放牧生活也不再是歷史上的馬背傳統，而是被機械化車輛乃至無人機所取代，馬背傳統更多與草原牧歌一樣作為文化記憶保留下來。因此，邊疆從來都是高維度文明取代低維度文明或興盛文明征服衰落文明的“基地”或“跳板”。長城地帶不僅是農耕民族防禦游牧民族入侵的防線，也是農耕生活向草原拓展的後方基地。同樣，香港作為新邊疆，始終是西方資本主義文明征服中華文明的基地。從大英帝國的海洋帝國戰略看，以香港為中心能夠輻射到整個江南地區，就像南非、印度一樣，香港成為大英帝國主導的全球資本主義從海洋向歐亞大陸擴張的跳板，用麥金德的話來說，就是大英帝國包圍大陸所精心選擇的島嶼或半島。[28] 大英帝國之所以成為“島嶼收藏家”，恰恰是為了將其作為基地和跳板來進入此前對其封閉的大陸。

從這個角度看，邊疆的形象就不再是中心文明的消極偏離，而是成為改變甚至毀滅文明中心的積極能動的力量，成為推動文明中心實現變革的革命性力量。希臘文明最終被邊疆的少數民族所毀滅，但由此促成希臘文明向東方擴張，而進入到所謂的“希臘化時代”。從希臘文明的中心主義視角看，東方人通常被描述為野蠻人，與希臘文明展開漫長衝突和競爭的

28　〔英〕哈福德·麥金德：《民主的理想與現實：重建的政治學之研究》，王鼎傑譯，上海：上海人民出版社 2016 年版。

波斯帝國也被看作是專制體制，與希臘城邦的共和國體制構成對照，以至於在希臘文明的敘述中最早生產了一種對後來影響巨大的思維，即自由政體與專制政體的差異被看作是區分文明與野蠻的重要標誌，希臘打敗波斯的希波戰爭被看作是自由戰勝專制的象徵。儘管如此，歷史學家希羅多德在以希波戰爭為主線的《歷史》中，第一次克服了"希臘中心主義"，最先展現出一種真正的"跨文明"的視野，客觀、平等地記述了希臘文明、埃及北非文明與東方小亞細亞乃至波斯文明之間互動交流的歷史圖景。書中以波斯君主討論政體的口吻，比較了希臘自由政體與波斯專制政體的不同，認為前者適用於領土狹小且臨海的希臘城邦，而後者適用於波斯這樣龐大的大陸帝國，由此，自由政體和專制政體不是文明與野蠻的區分，而是兩種不同文明形態的區分。儘管如此，波斯文明未能將古代文明成就記載下來，更沒有產生自己的文明聖經，或者即便產生了自己的歷史記述和文明經典，也被後來文明衝突的戰火所毀滅，以至於我們今天看到的對波斯文明的記載，不少仍來自西方文明塑造的野蠻人形象。

希臘文明乃至羅馬文明都是文明維度較高的文明，其之所以被邊疆野蠻文明所毀滅，恰恰在於希臘和羅馬這些高級文明處於衰落停滯階段，而邊疆的野蠻文明正處於勃興的階段。更何況這些邊疆野蠻文明因佔據了大陸心臟地帶，擁有草原騎兵的機動性優勢，從而在軍事上領先於處於大陸邊緣地帶的歐洲文明乃至中國文明。通過長城地帶入侵中國的游牧民族與毀滅羅馬的邊疆蠻族都來自大陸心臟地帶。可以說，大陸心臟地帶草原游牧部落的騎兵優勢和地理優勢，抵消了他們在文化創造上的劣勢。從挑戰—應戰關係看，文明不僅包括人造的人文世界，而且包括它所依託的自然地理空間。人類早期文明都是在適合人類居住生活的溫帶平原上誕生，甚至都依託大河、湖泊的養育才成長起來。歐亞大陸邊緣地帶從西向東分佈著基督教文明、阿拉伯文明、印度文明和中國文明，就像圍繞在大陸心臟地帶上的珍珠項鍊。因此，大陸心臟地帶與大陸邊緣地帶之間的地理分界線，始終是文明之間衝突和交融的邊疆地帶。今天發生在烏克蘭的俄烏戰爭就像歷史上發生在中國長城地帶的故事一樣，屬於發生在"文明斷裂帶"上的邊疆故事。在這個文明斷裂帶上，邊疆的能動性和革命性動力源於心臟地帶的文明興衰，因此來自邊疆的衝擊就像潮汐一樣間歇性地漲落。

然而，對於文明而言，重要的不僅僅是人為創造的器物、技術、制度、文化等外在的、僵死的、定型的呈現，更重要的是一種生機勃勃的、能動自由的、充滿創造性的精神力量。文明不僅是已經存在的"已成之物"，更是有待創造生成的"未成之物"。在客觀必然的自然世界和人為創造的人文世界之上，還有自由創造的精神世界，這才是文明形成、發展和變革的源頭活水。當器物、技術、經濟方式、制度和文化以"文明"的方式展現出來時，恰恰意味著精神創造的定型化，也同時意味著文明的僵化和衰亡。如斯賓格勒所言，"文明是一種發展了的人性所能達到的最外在的和最人為的狀態。它們是一種結論，是繼生成之物而來的已成之物，是生命完結後的死亡，是擴張之後的僵化。"[29] 這個人造的文明世界一旦像自然世界一樣成為一種必然性的約束力量，就會像自然地理一樣成為僵死不變的東西，這種僵死不變的文明就意味著停滯和死亡。在這種情況下，就需要一種外在力量來摧毀這種已經不適應時代發展的文明形態，創造出一種新的文明形態。就像乾隆皇帝將馬嘎爾尼使團看作是野蠻人，而在後者的眼裏，大清帝國已經陷入文明僵死的停滯狀態中一樣。這就需要新的觀念、新的精神、新的文化表達以生機勃勃的旺盛生命力來掃除衰朽，涅槃重生。

因此，從"跨文明"的文明互動視角看，或者從文明生成演變的動態歷史視角看，按照文明自我中心主義敘述所形成的文明與野蠻、中心與邊疆的等級關係或許可以顛倒過來，即文明的中心作為一種既成的創造可能陷入僵化、衰落和死亡，反而野蠻的邊疆所誕生的自由精神和活潑旺盛的生命力代表著創造、未來和希望。"文明"是對野蠻進行馴化和養育的結果，而"野蠻"也孕育著文明成長的生命種子。這無疑構成了文明與野蠻、中心與邊疆的辯證法。"禮失求諸野"。中心與邊疆在文明的生成、興盛、衰亡、轉化、再生的動態歷史進程中有機地交織在一起的。"質勝

29　〔德〕奧斯瓦爾德·斯賓格勒：《西方的沒落》第一卷，吳瓊譯，上海：上海三聯書店 2006 年版，第 30 頁。

文則野，文勝質則史"。文明生生不息的變化發展恰恰是基於文明與野蠻、中心與邊緣相互轉化的辯證法。由此，文明和野蠻就不再是單純的高低等級秩序，反而可以成為相互顛倒的陰陽兩極。

中國歷史上的華夷之辨不僅是文明野蠻的文化等級之辨，也是文明演化進程中的文質之辨，更是"內中國、外夷狄"的中心與邊緣的內外空間秩序之辨，以及中心漢族與邊緣少數民族的政治關係之辨。文化政治、統治秩序和族裔身份在王朝更迭、文明演化的歷史中交織在一起，構成了複雜的政治圖景。而這場漫長的歷史爭論實際上包含著以"內中國"為尺度的"小中國"想象和中心與邊緣內外結合的"大中國"想象。以"小中國"為尺度的中原王朝觀很容易在文明自我中心主義的基礎上，強調中原與夷狄內外之別的"非我族類、其心必異"的"文明衝突論"，由此邊疆夷狄被看作是對中心華夏文明的偏離和挑戰。這種理論盛行的時候，往往是邊疆少數民族處於強盛而對相對衰弱的中心華夏王朝構成威脅的階段，比如宋代、晚明，其目的無非是凝聚華夏王朝的內在共識，以共同對抗邊疆少數民族的入侵。然而，以"大中國"為尺度的天下秩序觀往往具有一種"跨文明"的意味，強調"以夏變夷"的文明融合論，以至於將邊疆少數民族的文明也納入到中華文明的正統敘事中，主張"天下一統，華夷一家"，並致力於建構多元一體的"大一統"政治秩序。可見，圍繞邊疆所展開的華夷之辨，實際上是文明互動的背景下，圍繞"小中國"與"大中國"兩種政治格局的辯論。（參見第五章）

如果從"小中國"與"大中國"辯論的歷史興衰看，中國文明不斷更新發展的動力或源頭當然來自華夏中心地帶的文明創造，但在文明中心地帶陷入腐朽衰落之際，反而需要藉助邊疆地區野蠻能動的生命力來激活中心地帶，促使文明的革新和再生。由此，我們看到，無論秦漢、隋唐還是明清，都是藉助西北和東北內陸邊疆的能動力量才建構起多元一體的"大中國"格局。晚清以來，傳統農業文明發展到巔峰而陷入停滯之際，也是來自新舊邊疆的挑戰，不僅成為破壞性力量（比如南方基督教傳播帶來的太平天國運動，西北則是伊斯蘭極端主義宗教勢力挑起的西北大叛亂），而且成為革命性力量，尤其是來自香港新邊疆地帶的革命性力量推動了西方資本主義文明在經濟、政治和文化思想上全面"北伐"，從而推動了中國傳統文明實現"創造性轉化"的現代革新。

當然，新邊疆的新的革命性力量不是傳統的馬背民族，也不是近代以來的商人群體，而是晚清以來留學海外的知識分子。正是他們，從精神、理念的"文化"源頭發起了對既成的、僵化的"文明"的毀滅性革命。對中國傳統的儒家文明秩序而言，掌握新文化的知識分子就如同"洪水猛獸"一般的"野蠻人"。整個五四運動的精神、思想和文化的源頭活水都是從"野蠻"的邊疆而來，無論是從舊邊疆傳入的共產主義還是從新邊疆傳入的自由主義。我們唯有從"跨文明"的視野，把歐美資本主義文明與蘇俄（聯）的社會主義文明同時納入到與中國文明互動的視野中，唯有從能動邊疆的革命性入手，才能理解中國文明從死亡到再生的創造性轉化。

不同於舊邊疆馬背民族帶來的尚武精神，也不同於新邊疆商人群體帶來的理性精神，推動新文化的知識分子帶來的是現代自由精神。我們都知道，現代精神或現代文化的核心乃是"自由"，然而，我們不能忘記，現代的自由精神恰恰來源於邊疆的野蠻人。從歷史上看，正是源自歐洲文明的邊疆 —— 北歐的維京海盜，不僅最先發現了海洋，而且通過海上劫掠衝擊著歐洲中心的羅馬文明，而這些海盜的後裔進入大陸後又變成日耳曼森林中的野蠻人。正是這群來自邊疆的野蠻人摧毀了羅馬帝國，將歐洲帶入到封建自治的混亂秩序中。孟德斯鳩盛讚這群野蠻人的自由精神，認為來自北方寒冷地帶的、具有勇敢和自由精神的野蠻人摧毀了羅馬帝國奴役的鎖鏈。如果說孟德斯鳩對這種邊疆野蠻人的自由精神的讚揚基於歐洲歷史經驗的總結，尤其痛陳羅馬帝國作為文明的中心陷入花天酒地、紙醉金迷的腐敗墮落，那他對英格蘭自由政體表達嚮往的同時，也在強調日耳曼森林的野蠻人帶來的自治。這就意味著，自由精神同時也包含著對自我同意的法律秩序的服從，法治精神便由此而來。

這樣我們就看到現代自由精神的兩面：桀驁不馴、征服搏殺的一面與理性計算、同意服從的一面。從某種意義上講，大英帝國的興起不僅獲益於其在全球海洋上的海盜劫掠傳統及對這種海盜精神的繼承，而且獲益於理性化計算所推動的科技革命和商業積累。所謂"仗劍經商"的說法，恰恰同時結合了現代自由精神的兩面，"仗劍"體現了邊疆民族尚武征服的一面，"經商"則體現了理性化的精明計算的一面。（參見第四章）後來的霍布斯進一步將這種"野蠻人精神"賦予了哲學上的"自由"意義："自由"精神一方面就是邊疆野蠻人的精神狀態，即像野獸（狼）一樣生死搏鬥的精神，但另一方面就是商人精明計算的精神狀態，即面對死亡威脅而達成社會契約並服從契約的一面。現代自由精神的這兩面，被後來的黑格爾進一步區分為"主人人格"與"奴隸人格"，而在尼采哲學中則上升為"超人"與"末人"的區分。

如果我們從現代自由精神的兩面性來看待五四新文化運動引入的現代自由精神，就會發現這種自由精神推動形成了中國的兩種文化政治。一種就是近代以來從南方新邊疆傳入的現代資本主義工商業文化，由於東南沿海新邊疆的居間性，其與西方主導的資本主義世界帝國秩序融為一體，認同自由市場和法治為基礎的資本主義文明秩序，並以此為利器展開"北伐"。這種文化政治可以稱之為"承認政治"，即以西方資本主義文明為標尺來改造中國，從而獲得西方世界的承認。這種"承認政治"的自由精神更多是基於理性計算並服從西方建立起來的世界帝國秩序。無論是香港華人精英被吸納到港英殖民統治秩序中，還是國民黨在內戰期間通過簽署一系列不平等條約重新將中國置於美國的殖民保護之下，表面上是服從契約的自由精神從而形成了"條約共治"，但實質上恰恰反映了其奴隸人格，因為"條約共治"的結果是西方人作為主人統治中國人。另一種就是從北方舊邊疆的蘇俄（聯）傳入的共產主義的"革命政治"，其不僅推翻帝國主義和殖民主義的壓迫，而且要推翻作為其根基和基礎的資本主義，並以毫不妥協的革命精神推進自由理想的實現，最終建立人人自由平等的社會。這種"革命政治"將現代自由精神發揮到極致，不僅用暴力革命推翻一切"既成"的不平等文明秩序，而且要展開前所未有的自由創造："在一張白紙上畫出最新最美的圖畫"。這種自由精神無疑繼承了來自舊邊疆的桀驁不馴的尚武精神。由此，五四運動之後，國民黨和共產黨所代表的兩種"文化政治"的鬥爭，不僅與當時形成的資本主義和社會主義兩條政治道路的鬥爭交織在一起，而且與北方大陸舊邊疆的社會主義陣營和南方海洋新邊疆的英美資本主義陣營的冷戰格局交織在一起。更重要的是，在中國的地理格局中，這不僅與中國新邊疆塑造的南方商業理性和舊邊疆塑造的北方質樸尚武的人格品質差異交織在一起，而且與國民黨秉持新的"華夷之辨"並最終定都南京的"小中國"想象和共產黨秉持民族平等、世界人民大團結的"天下一家"理念並最終定都北京的"大中國"想象交織在一起。（參見第五章）

可見，古代中國文明是在北方邊疆作為積極能動的力量參與下推動塑造的，同樣，現代中國文明也是在南北邊疆作為兩種積極能動的力量參與下、從而使現代自由精神的兩面相互激盪而共同塑造的。從南方新邊疆而來的資本主義文明推翻了傳統帝制，但卻依然未能解決"條約共治"的殖民主義問題，而從北方舊邊疆而來的社會主義文明推動中國實現了人民當家作主的政治獨立，並完成了工業化的重任，改革開放後重新藉助南方商業理性精神融入到資本主義世界體系中從而實現經濟崛起，而今天又重新藉助北方鬥爭精神與英美世界帝國秩序展開全球超級版圖的爭奪。在這樣的歷史中，香港既是西方文明向近代中國輸入商業、民主和資本主義文化的"基地"和"跳板"，同樣也是新中國在前三十年向西方輸出革命、在改革開放以後向西方輸出商品、而在新時代開闢的未來向西方發動全方位挑戰的"基地"和"跳板"。當西方文明的崛起陷入大陸帝國與海洋帝國的爭奪時，唯有中國在地緣政治上能夠同時藉助南北兩個邊疆的力量，將大陸世界與海洋世界融為一體。可以說，中國文明不斷成長、壯大，恰恰是來自於南北邊疆的力量的相互接力，使中國在多元開放中向外拓展，在整合夯實中不斷壯大。這不僅是現代自由精神的兩面互動的辯證法，也是文明演化的質文互動的辯證法。

九、香港：從"問題"到"方法"

在關於香港的主流論述中，經常出現"香港問題"這個表述。這不僅是作為一個研究討論的議題（issue），更重要的是作為一個需要在理論和實踐中解決的問題（problem）。比如近代以來，香港問題主要在於如何結束其殖民統治；建國之後，香港問題就成為中央對香港採取怎樣的政策；改革開放之後，香港問題則變成如何實現回歸同時保持香港繁榮穩定；回歸之後，需要解決的香港問題變得越來越多，包括經濟發展問題、管治權威問題、民生問題、"兩制"衝突問題、國民教育問題、"雙普選"問題乃至隱藏在背後的"深層次問題"。這些問題越來越多，越來越嚴重，甚至發展出"港獨"思潮和暴亂衝擊，以至於在不少人的論述中，香港這個"海外遊子"在回歸之後似乎變成了一個頑劣淘氣的"問題兒童"。在這個意義上，不少人將中央頒佈國安法和修改選舉法看作是"出重手"教育一下香港；隨著中美較量的全面展開，面對"大人"們的爭鬥，"小孩子"就應該躲在一邊；香港依然會面臨需要解決的問題，但香港本身已經不再是問題，香港政治不會再起波浪。

這種將香港作為"問題"（problem）的思考方式，顯然是從中心視角看待邊疆。然而，假如從邊疆的視角去看中心，那可能就是另外一番景象。香港被割讓給英國是由於清政府腐敗無能，由於傳統秩序應付不了現代資本主義的挑戰。國民黨想收回香港，但因為丘吉爾不答應也就無能為力。解放軍大舉南下，香港的人民群眾翹首盼望紅旗，但大軍勒馬羅湖邊境，卻要香港的人民群眾做好被殖民壓迫的"長期打算"，因為國家的現代化建設要"充分利用"香港的資本主義。剛說好要"長期打算"，可突然要求展開革命鬥爭，將反帝、反殖的革命運動推向全球。然而在革命運動被殘酷鎮壓之後，卻回過頭來批評香港左派的冒險盲動主義。好不容易熬過艱難歲月，變成了"亞洲四小龍"，國家因看重香港這隻"會下金蛋的鵝"而採取"一國兩制"。香港人希望"民主回歸"，但中央提出"港人治港"，將香港人的地域身份和文化身份變為一種政治身份。香港基本法也是中央主導起草的，無論"雙普選"還是國家安全立法都是基本法載明的。既然基本法規定香港實行"港人治港"和高度自治，而且要保持資本主義生活方式基本不變，那就意味著香港應當按照資本主義的內在邏輯來運作。無論競爭性選舉還是司法覆核，無論言論自由還是遊行示威，都已成為香港資本主義社會的基本生活方式。在這個意義上，香港的歷史和今天的模樣都是由中心力量塑造的，雖然香港作為能動的主體參與了這個塑造過程。（參見第三編）"愛人不親反其仁，治人不治反其智，禮人不答反其敬。行有不得者，皆反求諸己，其身正而天下歸之。"[30] 中央治港出現問題，首先應當反求諸己，而不去抱怨香港反對派，更不應責怪境外勢力。文明不可能人為隔絕，文明間的衝突與互動就像颱風下雨一樣屬於自然規律。因此，"不是風動，也不是旗動，而是心在動"，如果說存在什麼"香港問題"（problem），那不是"香港的問題"，而不過是"發生在香港的問題"；與其說那是香港的"問題"，不如說那是整個國家的"問題"；病症或許在香港，但病根卻在國家，在全球文明之間的互動。我們唯有反求諸己，理解中心與邊緣的文質互動對塑造中國文明的意義，才能真正讀懂香港"人心"，才能真正理解香港人的話語言說中所隱含的"無言的憂怨"。（參見第二章）

2008 年之後，從"雙非"兒童引發的"蝗蟲論"到"一泡童子尿"引發的全民爭議，原來屬於香港內部的問題以及中央與特區的關係問題，變成了"兩制"系統隔離下所引發的香港人與內地人的衝突問題。互聯網激發的民粹主義導致兩地一代相互攻訐謾罵，尤其"佔中"運動和"港獨"思潮更是引發內地年輕一代對香港的不滿。在內地，對改革開放這一代人而言，香港作為國際大都會曾經是心目中的聖地；而對於中國崛起這一代人而言，香港則成為日益平庸的地方性城市，需要融入國家發展戰略來尋找自己的出路。從改革開放一代人面對香港的自卑，到中國崛起一代人對香港的傲慢，這種態度的反差很大程度上是由於我們未能在觀念上和理論上處理好中心與邊緣的有機關係，始終從中心的角度看邊疆，以至於形成

30　《孟子·離婁章句上》。

居於中心即傲慢、落入邊緣即自卑的心態。

由此，我們發現“一國兩制”的制度安排與“一國兩制”的觀念理論之間形成一種明顯的斷裂。“一國兩制”的制度安排以及中央對港方針政策高度重視香港，始終將香港問題（issue）上升到國家戰略高度來思考。然而，在“一國兩制”的主流理論表述中，要麼基於民族國家理論，要麼基於文明自我中心主義，始終是以國家中心的尺度來提出香港“問題”，以“一國”中心的社會主義觀念來看待“兩制”下香港邊疆的資本主義，從而不斷批評、指責發生在香港的故事。無論是兩制衝突，還是人心回歸，始終將問題歸結在香港身上，將香港對中心社會主義制度的偏離看作是“問題”（problem），看作是有待克服和解決的消極因素，甚至提出等待“五十年之後”採取“一國一制”，認為香港的“一國兩制”對臺灣已經喪失了示範意義。這種思維方式和理論主張顯然不符合中央對香港的“一國兩制”定位和長遠發展戰略。在這個意義上，習近平主席在紀念香港回歸 25 週年的重要講話中突出強調“一國兩制”將“長期保持不變”，提出充分利用香港的特殊優勢，這不僅是對處於焦慮中的香港人講的，更是對所有持上述觀念和理論的中央治港決策者乃至所有內地人講的。

可見，要形成一種與“一國兩制”制度安排相匹配的“一國兩制”觀念、理論和文化，就必須秉持一種“跨文明”的視角，必須“以作為邊疆方法”。文明自我中心主義將邊疆理解為消極的邊疆，必然會形成對邊疆進行封閉、傲視、批評乃至整合同化的衝動，強調將香港融入內地秩序中。而以邊疆為中心的“跨文明”視野則將邊疆理解為積極能動的事物，必然會形成對邊疆進行尊重、理解、包容乃至學習融合的努力，不是單純的以自己為尺度來要求他人，而是在相互學習中改變自己。在這個意義上，粵港澳大灣區建設就不僅僅是港澳在某些方面向內地看齊，並融入國家體系中，而且是內地在很多方面要向港澳看齊，從而推動大灣區形成更大的對外開放格局，將粵港澳大灣區打造為全新的對外開放區，用它來影響和帶動整個 RCEP 地區的經濟發展。這才是真正的“融入國家發展戰略”。

這兩種對待邊疆問題的不同理論和視角導致我們對“一國兩制”形成

兩種不同的理解，究竟是在 "一國" 的社會主義主體制度外附加港澳臺資本主義的另一制，還是內地社會主義和港澳臺資本主義共同建構為 "一國"？這兩種理論和視野歸根結底取決於我們對正在建構中的 "一國" 秉持怎樣的政治想象，即 "一國兩制" 中作為根本的 "一國" 只是內地社會主義 "小中國"，還是包容臺港澳邊疆資本主義體系在內的 "大中國"，甚至還包括對海外華人展開統一戰線工作的 "大中華"。當年，國共內戰時期，面對北方蘇聯的社會主義現實及其在中國的傳播，中國圍繞定都南北的話題展開大討論，形成共產黨的包容西北邊疆以連通蘇聯社會主義體系的 "大中國" 論述，以及國民黨的新的 "華夷之辨" 下的 "小中國" 論述。而今天，面對臺港澳新邊疆及其背後的資本主義體系，我們對 "一國兩制" 的思考方法和理論建構究竟是基於以民族國家和社會主義制度為基礎的 "小中國" 想象，還是基於建構文明秩序、吸納資本主義乃至關心全球發展的 "大中華" 想象，我們又面臨一個重要抉擇。

如果從 "大中國" 的想象看，香港作為邊疆顯然不是 "問題"（problem），反而是我們思考 "問題"（issue）的 "方法"，即在 "跨文明" 的背景下思考香港作為新邊疆，既是中國瞭解和學習西方文明的窗口，同樣也是中國向外輸出的 "跳板"——曾經向外輸出革命，現在向外輸出商品和貨幣，未來當然可以向外輸出思想和文化。因此，講香港問題不反思中國問題，那是沒有腦子；講中國崛起不思量香港貢獻，那是沒有良心。

改革開放之後，中國內地藉助香港的 "一國兩制" 實踐學會了如何駕馭全球資本主義經濟體系；如今，隨著 "一國兩制" 進入新時代，伴隨中國崛起和中美全球競爭這個百年大變局的到來，如何在全球治理中學會駕馭全球資本主義自由民主政治，在全球自由輿論環境下掌握國際話語權，無疑成為中國崛起必須完成的 "必修課"。由此，對中國內地來說，香港的競爭性選舉、普通法體系、司法覆核制度以及自由傳媒體制並非作為 "問題"（problem）的 "負資產"，反而能成為中國內地學習駕馭全球資本主義政治和文教體系的訓練基地，成為對海外華人開展 "大統戰" 的重要平臺，成為中國積極參與全球治理的重要窗口。在這種文明共存、文明互鑒、文明融合的基礎上，中國文明的復興無疑需要藉助臺港澳新邊疆的力量，推動建立一個內部中國特色社會主義制度而外部資本主義制度的新型體系，從而為全球治理提供中國智慧或中國方案。（參見第九章）

　　無論在一般意義上講 "以邊疆為方法"，還是具體講 "以香港為方法"，人們都會想到柯文（Paul A. Cohen）提出的 "在中國發現歷史"[31]，或溝口雄三提出的 "以中國為方法"[32]。的確，"以中國為方法" 是在強調中國領土的廣闊性、族群和文化的多樣性和文明建構的複雜性，從而以中國為常態來回應西方中心主義視角對中國的裁剪。然而，我在此強調 "以邊疆作為方法" 或 "以香港作為方法"，重點在於提倡在 "跨文明" 的視角下關注中國文明的演變過程中乃至全球文明的交流互動格局中邊疆與中心之間的質文互動關係。19 世紀以來，西方為中心的全球現代文明秩序開始成型，然而無論是冷戰中社會主義陣營的出現、第三世界反帝反殖革命運動的興起還是今天中國的崛起，實際上都是邊疆地帶對西方文明中心的挑戰。在這個意義上，正是由於作為人類現代文明秩序中心的西方資本主義世界的腐敗、墮落和停滯，才為中國文明崛起提供了歷史性機會，而如何在吸收西方現代文明有益要素的基礎上，建構面向人類未來的、更美好的文明新形態，無疑是中國文明崛起所必須承擔的歷史天命。

　　由此，"以邊疆為方法" 或 "以香港為方法"，恰恰是強調一種質文互動的文明演進歷史觀，[33] 強調 "苟日新，日日新" 的現代自由精神。現代自由精神從本質上就是一種革命精神，一種不服從任何外在壓迫、打破一切既定文明秩序的革命精神。如果把古代和現代文明對比來看，古代文明試圖一勞永逸地建構出一種永恆不變的生活秩序，而這種生活秩序最終通過道德或宗教的方式展現出來，由此形成穩定的區域性文明帝國秩序，而現代自由精神則意味著變化、創造和發展，意味著對任何穩定生活秩序的潛在否定，這樣才能摧毀區域性邊疆帝國而建構更大的世界帝國。在這

31　〔美〕柯文：《在中國發現歷史》，林同奇譯，北京：中華書局 2002 年版。

32　〔日〕溝口雄三：《作為方法的中國》，孫軍悅譯，北京：生活・讀書・新知三聯書店 2011 年版。

33　關於質文史觀的討論，參見柯小剛：《從文質史觀來看世俗社會與超越精神問題》，載許紀霖主編：《世俗時代與超越精神》，南京：江蘇人民出版社 2009 年版；柯小剛：《從文質史觀看現代性問題：彌合革命遺產和文化復興之間的矛盾》，載柯小剛：《道學導論（外篇）》，上海：華東師範大學出版社 2010 年版。

個意義上，古代文明就意味著中心對邊疆的優勝、多數對少數的壓迫、主流對偏離的排斥，意味著對野蠻精神的馴化從而使其服從中心的文明教化和既定的（甚至僵死的）文明秩序，以至於從現代文明的視角看，古典文明的教化是在培養馴服的奴隸，宗教虔誠和道德順從便是這種奴隸人格的集中體現。相反，現代自由精神則意味著對偏離主流的多樣化追求，意味著精神人格的 "野蠻化"，因為野蠻的邊疆不僅意味著對中心的摧毀，而且意味著自由創新的可能性。因此，現代性就是一項永遠無法完成的不斷創造。科技進步對所有可能的既定生活方式都會構成顛覆，以至於資本主義還未完全成型，就出現了推翻資本主義的社會主義理念，現代秩序還未完全建立，就出現了後現代秩序。從商業社會、工業化社會、互聯網社會到人工智能社會乃至 "三體社會"，人類社會的生活方式隨著自由精神的創造而不斷加速發展、飛躍上升，從動物向人類、從人類向智能人、從智能人到 "三體人" 的演化，似乎成為不可逆轉的歷史命運。

"我們的征途是星辰大海。" 這句極其現代性的口號標識出人類從陸地邁向海洋、進而邁向太空的歷史進程，而香港新邊疆的重要意義就在於，它能推動中國文明從大陸世界邁向海洋世界，並最終融入到全球之中。而 "以香港為方法" 的精神實質就在於意識到這一現代進程的未完成性和現代精神的生生不息的創造性，人類終究要以地球作為整體而出現在浩瀚的宇宙中。在這個現代性推動的歷史進程中，"以香港為方法" 就是在 "跨文明" 的文明融合道路上，徹底終結西方文明內在於其精神層面的 "文明衝突論"，推動 "世界人民大團結"，推動人類命運共同體建設，建構新的 "天下一家"。這無疑是現代中國文明的歷史使命。

PART I

第一編

香港的深層秩序

第一章

"行政吸納政治" 的反思

關於港英時期香港的政治體制，有各種各樣的概括。比如劉兆佳教授稱之為"仁慈獨裁制"，這種體制形成了"隔離的官僚政治形態"；英定國（G. B. Endecott）稱之為"諮詢性政府"；夏利斯（Peter Harris）則稱之為"無政黨的行政國家"；金耀基教授稱之為"行政吸納政治"；關信基教授則乾脆稱之為"非政治化的政治體制"。在這些不同的概括中，最有影響的恐怕要數金耀基的"行政吸納政治"之說。這個概括不僅影響了後來許多人對港英政治體制的認識，而且影響到對中國內地政治體制的認識。比如康曉光就用"行政吸納政治"來解讀中國內地的政治體制運作。如果熟悉香港歷史，就會明白這無疑是一場美麗的誤會。

一、何種 "政治"，誰來 "吸納"？

金耀基教授是華人世界中卓有聲望的社會學家和人類學家。正因為他對中國社會發展脈絡有準確的把握，他對中國政治也自然有獨到理解。他的《中國政治與文化》一書就是作為其《中國社會與文化》的姊妹篇出版的。從這兩本書的書名就可以看得出先生用心良苦：即在學術上是從文化的角度來把握中國的政治與社會，在政治上試圖從政治與社會兩個途徑來重建面向世界的中國文化和中國文明。這樣的構思亦反映在他對《中國政治與文化》這本論文集的精心編排中。這本書的前三篇論述香港的政治體制及其轉型，第四篇講中國知識分子與中國內地政治的演變，接下來兩篇講臺灣政治體制的轉型，然後再講儒學與亞洲的民主問題，最後一篇則直接冠名 "中國現代文明秩序的建構"。從兩岸三地到亞洲、再到世界，實際上講傳統中國如何應對現代性的挑戰，尤其是面對民主化的挑戰，並由此重建中國文明秩序。在這樣的總體思路中，"行政吸納政治" 作為對港英政治體制的概括，反過來更能說明香港回歸後在 "一國兩制" 的憲制框架下，香港的 "政治"（可簡單概括為民主參與訴求）才有了根本性的發展。這樣一種對香港政治的理解與關信基教授提出的 "非政治化的政治體制" 之說，有著同樣的現實關懷，即香港在港英時期並沒有 "政治"，香港的 "政治" 是從中央推動香港回歸才開啟的。

一旦意識到金耀基先生的理論訴求和政治關懷，我們就要對 "行政吸納政治" 之說給予特別的關注。首先要考慮的是，"行政吸納政治" 所說的 "行政" 是什麼，"政治" 又是什麼。儘管金耀基先生並沒有給出完整的定義，但通觀全文，他所說的 "行政" 是指政府管理體制，而 "政治" 就是指大眾（尤其是社會精英）的民主參與。如果說現代政治體制是基於代議制的大眾民主參與體制，那麼港英政治體制的特殊性就在於它成功地壓制了代議制民主的發展，但卻通過開放行政管理體制的方式把大眾參與的民主政治吸納進行政管理系統中來。因此，"行政吸納政治" 實際上就成為一種特殊的政治體制或政治安排，它成功地解決了西方政治理論關於民主政治從市民社會發達的大都市中產生這個普遍命題在香港面臨的困境，即香港是一個市民社會高度發達的大都市，但卻沒有發展出民主政治。正是基於上述思考，金耀基先生系統地梳理了港英政府立法局、行政局吸納社會精英參與政治的情況、公務員體系向華人精英開放的情況，以及市政局和地方社區吸納草根階層的情況等等。

"行政吸納政治"之說的確把握住了港英政治體制的精髓。但如果我們追問這種政治體制何以成為可能，就會發現這一解釋模式將港英政府一百多年來漫長的政治統治歷史壓縮到一個平面的並列敘述中，彷彿這些"吸納"是在同時發生的。可事實上，這些不同的"吸納"是因應不同歷史階段的特殊政治要求產生的。比如對草根階層的廣泛吸納是在 1960-1970 年代出現的；對公務員系統的吸納是從二戰後開始的；而對街坊會之類社區組織的吸納，差不多從 1840 年代以來一直保持下來。如果省略掉這些具體的歷史演變，就看不到這種不同的"吸納"背後隱藏的真正"政治"問題，而這個"政治"剛好是港英政府的"行政"所吸納不了的。換句話說，這種非歷史化的社會學描述，實際上將"行政吸納政治"作了相應的"去政治化"處理，以至於"行政"所吸納的"政治"也就具有了特別的政治意含。

問題是，當金耀基先生把立法局、行政局、公務員體系、市政局等港英政府獨特的體制統統稱之為"行政"時，不僅忽略了這些部門與港英香港政治體制之間的內在關聯，而且忽略了一個根本問題：港英政府的"政治"到哪裏去了？政治學的基本常識就是"政治"統領"行政"，如果說"政治"被"行政"所吸納的話，這個"行政"又由誰來統領呢？"行政吸納政治"這個動賓結構句式缺少了一個主語。我們只有把這個主語找出來，才能把真正的政治問題揭示出來。

在中文中，"政治"這個概念實際上是將"政"與"治"兩個含義結合在一起，準確地反映了政治生活中兩個不可分割的維度。其一就是"政"。"政者，正也"。而"正"的反義詞就是"偏"、"斜"。在這個意義上，政治首先就在於正當、公正、正義，即在共同體的公共生活中確立起來正當、公正和正義的秩序。而關於什麼是正當、公正和正義的共同體生活，恰恰是古今中外政治哲學、政治神學爭論的焦點所在。無論是君權神授的君主制、天下為公的皇帝制，還是政教合一的神權制、人民主權的民主制，都試圖為共同體的政治統治秩序奠定正當性基礎。現代社會中意識形態辯論的"諸神之爭"，實際上就是圍繞"政"展開的。無論是"歷史終結"，還是"文明衝突"，始終都是政治中的核心內容。由此，從"政"的角度來理解"政治"（the political），就是強調統治或權力支配的正當性，強調政治生活乃是圍繞正當性原則凝聚起來共同體，而這恰恰是人群與動物群體的最大區別所在。由此，對整個政治共同體的最高統治權、教化權（宗教和文化教育主導權）以及圍繞統治權和教化權爭議而行使的最高裁判權（暴力征伐、司法權和教義裁判權等）就可以被稱之為"政權"。這其實也就是霍布斯在其利維坦形象中將"寶劍"所代表的世俗權與"權杖"所代表的宗教文化權合二為一的"主權"。

其二就是"治"。就是強調按照規律來調教、管理、治理、處置和修正，從而使得事物秩序恢復到它本來應該的那個樣子。從這個意義上，政治就是按照正當、正義和公正的原則行使公共權力，並按照社會本身的內在邏輯和規律進行治理，從而使社會處於正當、公正和正義的狀態中。在這個意義上，"治"乃是權力行使的技藝，就是通過權力行使在現實生活中盡可能實現"政"。因此，從"治"的角度來理解"政治"（politics），實際上就是強調權力行使的規律性、強制性和有效性，尤其是共同體中不同利益群體圍繞利益分配展開的博弈鬥爭過程。這就意味著理念層面正當的"政"一旦落入到現實生活中，就必須符合現實世界內在的規律性。正是在這個意義上，《理想國》將圍繞"政"展開的哲學意義上的理念世界看作是光明世界，而將現實生活中的利益分配和政治鬥爭看作是"洞穴"中的黑暗世界。正因為如此，我們今天所理解的圍繞"政"展開的諸神之政也往往要服務於現實政治生活中的利益分配，為各種利益分配提供正當性依據。無論如何，"治"強調政治生活必須圍繞公共生活內在的規律展開。比如按照事物的屬性將公共權力分為立法、行政、司法三類權力，在經濟生活中如何處理政府與市場的關係，在公共治理中如何合理分配不同群體的利益，文化教育、司法運行無不遵循其內在的規律性。人們常說的

"專家治國"就是凸顯治理所遵循的內在規律性。這樣的權力行使就可以稱之為"治權"。

金耀基所說的"行政"無疑屬於這裏所說的"治權",但是他所說的"政治"並不是指向"政權",因為"政權"問題就是主權問題,即香港應該由中國人行使主權,還是英國人行使主權,這才是香港政治問題的關鍵所在。無論是在中文裏,還是在英文裏,當我們將香港稱之為"殖民地"時,就意味著英國人在香港的統治缺乏正當性,可以說英國人在香港擁有的"政權"其實就是沒有正當性的"偽政權"。這也是香港最終能夠回歸中國的法理依據。那麼,對於這種的"政"問題,港英政府的"治"是不是能夠吸納呢?這恰恰是金耀基先生論文中非常微妙的問題。行政所要吸納的"政治"就是金耀基先生所說的參與諮詢、吸納意見、從而照顧華人利益,以便讓英國人在香港的殖民統治更加科學有效,增加英國人統治香港的穩固性。這無疑是利益分配的政治(politics),屬於我們上面所說的"治權",然而,金耀基試圖探討的是為什麼這種"治權"範疇中的吸納竟然起到增加了香港人對港英殖民政權正當性的認可程度,從而產生了贏得"政權"的效果。這無疑屬於帝國技藝中最為精妙的核心問題。如果港督統領下的行政不能吸納這種利益政治的話,那就變成了完全獨裁的殖民政治,因為完全無法考慮和照顧華人的想法而變成了暴虐的統治,這無疑會增加殖民統治的風險,就像 1967 年爆發的反殖民統治運動一樣。正因為吸納了這種"政治",港英在香港的殖民統治才變成了劉兆佳所謂的"仁慈獨裁",從而獲得更多的正當性認可。可見,金耀基所說的行政要吸納的"政治",雖然屬於目前公共行政中為增加決策的科學性、有效性設置的"參與政治"或"諮詢政治",但卻能夠鞏固港英殖民統治的正當性,從而變成了涉及到"政權"問題的"支配政治"。在關於"政"與"治"、"政權"與"治權"、支配政治與參與政治的區分背後,實質上涉及到英國人與中國人在香港殖民政治體系中的根本區分,即英國人獨掌主權、政權、統治權和支配權,而少數中國精英只能享受日常治理的立法或行政過程中的決策諮詢建議權。香港政治的殖民性質就在於英國人支配、統治著中國人,而通過適度開放行政管理系統來吸納中國人的參與決策諮

詢。中國人在香港完全喪失了主權、政權、支配權和統治權。在這個意義
上，英國教授英定國的 "諮詢性政府" 其實更準確地揭示了港英政治體制
的實質，即英國人在香港政治統治過程中，僅僅象徵性地諮詢中國人的意
見，由此區別於完全忽略中國人意見的赤裸裸的獨裁專制，從而使得這種
殖民主義的支配和統治顯得更加 "仁慈"。

由此，"行政吸納政治" 的準確表述應當是 "港督（英國人）通過行
政吸納（中國人的）政治參與"。英國人是主語，中國人不過是賓語前的
修飾語。正如吳增定所言："英國才是香港真正的 '主權者'，香港人既
不能、也沒有必要關心自己的政治。儘管極少數華人富商巨賈和權勢人物
有可能幸運地獲得參政、議政的資格，但絕大多數華人則被排除在政治之
外，淪為純粹 '經濟的動物'。所謂 '行政吸納政治' 不過是說，政治在
香港已經變成了一種經濟管理，一種地地道道的 '家政'（economy）。" [1]
而要理解這一點，就要理解香港的總督體制。離開港督來談論香港的政治
體制，所看到的不過是沒有靈魂的僵屍，就像離開政權、主權和支配問題
談論政治，看到的多數不過是表象。因此，要真正理解金耀基所說的 "行
政吸納政治"，就需要理解體現大英帝國治理藝術的 "總督制"，以及港
英時期圍繞香港統治權展開的支配與被支配的鬥爭。

1　吳增定：《行政的歸行政，政治的歸政治》，《二十一世紀》2002 年第 12 期。

二、總督制：帝國憲制的樞紐

　　邁因納斯（Norman Miners）曾把港英的政治制度看作是 "早期帝國政治的活化石" [2]，因為港英的政治制度從 1840 年以來經歷了 100 多年幾乎保持不變。這種政體的設計反映了大英帝國治理殖民地的政治技藝。概括說來，大英帝國在香港建立的憲政體制，受到三方面的影響。

　　其一是英國本土政治的經驗。一方面就是對國王作為國家乃至帝國的 "尊榮的部分"（the dignity part）的崇敬；另一方面就是基於代議政治的議會制以及相應的分權體制，其中特別重要的就是在普通法基礎上形成的司法治理。一個獨立的、專業化的司法體系在某種意義上分享了國家意識形態和文化價值的領導權，甚至在這方面與主權者構成競爭。只要閱讀霍布斯的經典著作《一位哲學家與英格蘭普通法學家的對話》，就會明白在普通法傳統中，法官因為擁有對體現最高價值的 "法"（自然法、道法、禮法、神法等）和 "律"（議會和政府通過的法律乃至國王發佈的命令等）的解釋權而分享了主權。也就是說，在利維坦的形象中，主權主要擁有寶劍，而代表文化價值主導權的權杖則部分地被法官所擁有，這就是霍布斯所擔心的政教分裂的雙頭政治。好在，由於英國普通法中法院並不擁有違憲審查權，且法官作為法袍貴族被充分吸納在資產階級的治理體系中，因此普通法中的法官從來不準備在政治上挑戰國家主權和政府。托克維爾敏銳地觀察到普通法體系下法官主導的法律人群體的保守性與大陸法體系下法學家主導的法律人群體的革命性的區別。[3] 無論如何，普通法的治理是一項獨特的政治技藝。它能夠給帝國的殖民統治披上合法的外衣，從而形成一個穩定、連續的治理歷史。更重要的是，它能適度制約殖民政治的暴虐和恣意，讓殖民地人民的抱怨有一條尋求救濟的舒緩渠道，從而有效地緩和殖民地人民的反抗。因此，殖民地人民可能對總督乃至殖民政府的日

2　〔英〕諾曼・J・邁因納斯：《香港的政府與政治》，伍秀珊等譯，上海：上海翻譯出版公司 1986 年版，第 1 頁。

3　〔法〕托克維爾：《論美國的民主（上卷）》，董果良譯，北京：商務印書館 1989 年版。

常治理充滿抱怨乃至仇恨，但對女皇和法官所代表的 "政" 總是懷有期待，哪怕是往往會落空的期待。

其二是大英第一帝國（the First British Empire）的歷史教訓。從某種意義上講，北美殖民地是殖民者自己建立起來的。今天往往被稱為美國憲法前身的《五月花號公約》，其起因是弗吉尼亞公司要求租船到北美的人將其 7 年收入交給弗吉尼亞公司作為租金。為了防止這些人到了北美之後如鳥獸逃散，管理層要求每個人簽訂契約，將他們組織為一個整體。由此，"公約" 就以上帝名義，要求每個人絕對服從其契約和法律。這樣，一個原本是基於商業目標的經濟組織到了北美之後就變成了政治實體。雖然這些殖民地基於法律來源的不同而形成了皇家殖民地、業主殖民地和自治殖民地等不同形態，但殖民地非常重視以公開明示的契約或者根本法作為將其組織起來的依據，由此每個殖民地差不多都有自己的憲法或根本法，這奠定了美國後來開創的成文憲法的歷史基礎。由於這種歷史傳統，殖民地通過議會治理既是由於英國的歷史傳統，也是殖民地治理的現實需要。雖然後來英國任命了總督來治理，但殖民地議會擁有立法權（雖然不能與英國法律相抵觸）和財政權等諸多類似英國議會的權力，而且不同於英國本土議會，殖民地議會的權力集中在下議院。這就賦予殖民地本土的資產階級和民眾更多的權力。更重要的是，議會的辯論主導著殖民地的公共輿論，天然地成為殖民地人民的代表。雖然在法律上，殖民地總督擁有大權，但議會議員的選舉乃至公開辯論成為殖民地輿論動員的中心。在北美從帝國分離的過程中，圍繞英國議會要不要增加來自北美的代表的爭論，北美殖民地議會基於英國 "無代表不納稅"（no taxation without representation）的政治傳統，動員北美民眾改變北美的殖民地地位，並以此抵抗來自國王和帝國議會的命令。可以說，正是由於殖民地議會的政治動員，北美殖民地走向了與帝國分離的獨立道路，並最終導致大英第一帝國的解體。帝國解體的歷史教訓讓英國人意識到，不能按照英國本土的議會政治制度來設計殖民地的體制，要提防殖民地人民的政治參與，並對這種政治參與進行吸納和誘導。從此，大英帝國在殖民地治理中不再推行代議政治，而是都設立依附於總督的立法局，將立法局定位為總督的諮詢機構，這樣既給了殖民地本地精英參與政治的機會，又可以遏制其爭取政治統治權。

其三是大英帝國統治印度殖民地的經驗。按照英國帝國史學家西萊（John Robert Seeley）的說法，英國是 "在心不在焉中獲得了一個帝國"。這很大程度上是由於英國的帝國擴張是從商業貿易開始的，這種通過商業貿易網絡建立起來的帝國支配和統治模式無疑是一種 "無形帝國"（informal empire）。相對於將 "帝國" 概念理解為古典時代通過軍事征服和政府機構所建立起來的、類似羅馬帝國這樣的 "有形帝國"（formal empire）而言，圍繞商業貿易和金融網絡所建立起來的新型帝國秩序顯然是在 "心不在焉" 中建立起來的。如果說大英第一帝國在北美殖民地的治理是在 "心不在焉" 的狀態中本能地照搬了英國本土的政治制度，那麼進入大英第二帝國（the Second British Empire）之後，一方面是為了汲取第一帝國失敗的教訓，另一方面也面臨著統治人口眾多的非英國人的現實需要，大英帝國開始從商業貿易的 "無形帝國" 轉向征服、直接統治和榨取的 "有形帝國"，其中最重要的就是對東方印度的殖民。面對地域廣袤、人口眾多、民族宗教複雜且有漫長帝國治理體系的印度，大英帝國從一開始就基於軍事征服和直接統治，尤其在廢除東印度公司的管理體制之後，大英帝國有意識地建構一套全新的治理殖民地的政治體制。除了在軍事征服和直接統治進行利益榨取之外，還試圖將原來的治理體系嫁接到大英帝國的殖民體系中，透過當地人原有的政治體系進行治理。比如宣佈英女皇為印度女皇，就是藉助印度歷史上的君主制傳統；保留印度本地的政治社會建制，比如土族的酋長制，透過這些建制力量實行所謂的 "間接統治"（indirect rule）；著力培養和訓練接受英國價值觀念並對女皇效忠的新型印度本土精英，讓他們也參與到殖民統治秩序中。

可以說，當大英帝國進入中國時，已經積累起豐富的殖民地治理經驗。英國在香港實施的總督制實際上就是上述這三種政治經驗的總結。香港的憲制框架模仿了英國的政府結構，但採取總督獨裁制，而後來採取的 "行政吸納政治" 也可以說借鑒了 "間接統治" 的經驗。

香港遭受殖民統治源於中英之間的三個不平等條約。但條約是兩個主權國家之間簽訂的法律文件，香港憲制秩序則被認為是"英國主權內部事務"。因此，條約簽訂之後要由英女皇會同樞密院發佈一項敕令，表示取得的土地為"英國的領土"，因為在英國法中佔領領土和放棄領土都屬於君主的特權，議會無權對此作出處置。由此，這三個不平等條約以及基於這三個條約發佈的三項敕令構成香港殖民統治的憲制基礎。當然，這些敕令僅僅規定香港的領土範圍和統治權限，而香港殖民政府的組織結構則由《英皇制誥》（Letters Patent）和《皇室訓令》（Royal Instructions）加以具體規定。這兩個法律文件都由樞密院通過，前者是以英國女皇的名義加蓋國璽後頒發給香港總督的一種特別證書，後者是經英國女皇御筆簽署並加蓋國璽後頒發給港督或港英政府的命令。[4]可見，香港憲制秩序始終以英國君主制作為基礎，殖民地的憲制始終要體現的是大英帝國"尊榮的一面"。

從法律淵源上講，《皇室訓令》是根據《英皇制誥》的第 2 條頒發的。《英皇制誥》強調的是需要維護女皇陛下政府對殖民統治地區的各項權益。1843 年的《英皇制誥》確立了香港實行總督制，規定了總督的絕對權力，並確立了行政局和立法局的組織形式和職權，還規定英國對香港統治的絕對權力。隨後，英國殖民地大臣向港督璞鼎查致函，命令其組織港英政府，並授權港督制訂法律，這就是《致璞鼎查訓令》，法律性質上屬於《皇室訓令》。和《英皇制誥》一樣，《皇室訓令》也不斷修改，後者規定了行政局和立法局的具體運作程序，以及英國對香港制定法律的控制權。此外，英國女皇通過外交部或殖民地部（1968 年之後改為"聯邦事務部"）對所有殖民地總督發佈行政指示，被稱為《殖民地規例》（Colonial Regulations），其中包括總督的任命、薪俸、休假、衣著、禮儀規矩等，以及殖民地官員的委任程序、資歷、操守、紀律和退休等。它與《英皇制誥》和《皇室訓令》一併奠定了香港的憲制秩序。

因此，當時的香港憲制秩序要放在大英帝國憲制秩序中才能理解。而帝國憲制秩序的核心就是處理英國政府與香港之間的權力關係，在此基礎

4　〔英〕諾曼·J·邁因納斯：《香港的政府與政治》，伍秀珊等譯，上海：上海翻譯出版公司 1986 年版，第 78-80 頁。

上，殖民政府與當地人民的關係才被納入到考慮之中。正是基於大英第一帝國解體的教訓，帝國強化了對殖民地的絕對控制權，即採用總督制來取代北美殖民地議會制。總督在香港擁有絕對權力，而大英帝國在香港具有至高無上的權力，港英政府必須聽命於總督，總督必須聽命於英國女皇，從而確保帝國對殖民地的絕對控制。

總督制的核心在於港督具有多重身份。他既是英女皇在香港的代表，行使皇室特權授予的權力，又非正式地成為香港地區在大英帝國的代表。他既是港英政府的首長，又是整個香港地區的首長。也就是說，港督既代表英國對香港行使所謂的 "主權"，又代表港英政府行使 "治權"，而且從某種意義上還代表整個香港地區，從而把大英帝國、香港地區和港英政府三個不同身份結合於一身。

如果說整個帝國體系是通過英國女皇凝聚起來的，那麼總督就是英女皇凝聚香港地區的紐帶，也是帝國政府治理香港地區的權力中樞。因此，港督在香港擁有絕對的最高權力，"是向女王負責並代表女王的獨一無二的最高權威。"（《殖民地規例》第 105 條）它享受巨大的行政權和立法權，有權組織行政局和立法局這兩個行政和立法機構，不僅有權任命兩局的議員，而且擔任兩局的主席，對行政局和立法局具有絕對的控制權。比如根據《皇室訓令》的規定，駐港英軍總司令、布政司、律政司、財政司的負責人在其任內是立法局的當然議員。在港督與行政局議員意見不一致的情況下，可以否決行政局議員的意見。同樣，為了控制立法局，立法局的官守議員和非官守議員都由總督任命，不僅議案的提出要經過港督批准，而且立法活動要由港督決定。在法案表決過程中，港督雖然擁有普通的一票，但在出現支持和反對平局時可再投決定性的一票，同時，港督還擁有緊急立法權和解散立法局的權力。而且為了保證立法與行政的一致性，行政局中的當然官守議員同時是立法局中的當然官守議員，行政局的非官守議員也從立法局的非官守議員中挑選（即所謂的 "兩局議員"）。此外，港督兼任三軍總司令，並享有外事方面的權力。可見，整個香港殖民政府的憲制權力結構設計就在於強化總督對整個政府的絕對控制權。"港督的法定權力可以達到這樣的程度：如果他願意行使其全部權力的話，他可以使自己成為一名小小的獨裁者。"[5] 為了強化總督的權威，《殖民地規例》對於港督抵港的象徵性儀式也都有明確規定。比如總督上任抵港或休假後抵港或任滿離港，軍艦和炮臺都要鳴炮十七響向他致敬；只有總督才有資格穿頭等白色制服，戴有羽式的三角帽；總督出席公眾集會時要奏英國的國歌。"所有這一切使他身上充滿威嚴的、高不可攀的氣氛，這是殖民地政治生活中的一個要素。"[6]

但是，如果我們意識到殖民統治下的香港乃是帝國憲制體系的有機組成部分，那麼就會注意到，奠定香港政體的憲法性文件能夠確保港督對大英帝國的絕對忠誠。在權力淵源上，港督是由英國皇室任命，港督的直接上司就是英國殖民地大臣。《英皇制誥》明確規定港督上任必須進行"效忠宣誓、受任宣誓和司法宣誓"，必須遵守《英皇制誥》、《皇室訓令》和樞密院敕令等這些法律文件的規定。在外交軍事等主權性權力上，港督雖然是英國在香港的代表，但不能對外代表香港簽署外交文件；雖然是三軍總司令，但無權直接指揮駐港英軍。在法律權力上，港督通過立法局制定的法律不得與英國的法律和殖民地大臣的訓令相抵觸，英國政府如果認為某一香港法律不當，有權否決其一部分或者全部；英國法律除與香港無關者，全部適用於香港；英國國會甚至有權替香港立法。在行政權力上，港督任命官員（包括行政局和立法局議員）須經英國政府的認可，英國保持對主要官員的任命權；港督應向英國政府報告工作，重大問題需向英國政府請示。在司法權上，香港法院採取普通法制度，司法終審權在倫敦。雖然在英國議會制傳統中，法院不能行使違憲審查權，香港法院也不例外。但根據《殖民地法律有效權法》的規定，任何法例，凡是意圖修改女皇或樞密院所頒佈的敕令，修改《英皇制誥》或《皇室訓令》的條款，香港法院可以宣佈其無效。鑒於香港司法體系被牢牢地掌握在倫敦的手中，因此這成為制約港督權力的重要手段。雖然這樣的手段和英女皇可以否決香港

5　〔英〕諾曼·J·邁因納斯：《香港的政府與政治》，伍秀珊等譯，上海：上海翻譯出版公司1986年版，第94頁。

6　〔英〕馬丁·懷特：《立法局的發展》，轉引自余繩武、劉蜀永：《20世紀的香港》，香港：麒麟書業有限公司1995年版，第6頁。

立法一樣，從來沒有被使用過，而這種備而不用的權力恰恰說明了帝國憲制體系的有效運轉。此外，香港的情報系統、司法系統和公務員系統都是獨立的，隸屬於英國政府，其實也在制約著港督的權力。

這樣一種獨特的總督體制，既保證了大英帝國的殖民政府對當地的絕對控制，也保證了大英帝國對殖民政府的絕對控制。這一點對於香港尤其如此，因為大英帝國侵佔香港的目的，"不是著眼於殖民，而是為了外交、軍事和商業目的"[7]，所以，早期港督甚至擁有對華政策的決策權。1859 年中英《天津條約》簽署後，英國外交公使駐紮在北京，對華政策的決策權也從香港轉移到北京。由此，從第五任港督起，港督就不再兼任駐華全權代表，而且港督也開始從英國殖民地部所屬的各殖民地區的官員中選拔。相應地，港英政府也不再受外交部的領導，而接受殖民地部的領導，專心致力於香港本地的治理，港英政府的治理也日益常規化。表面上看起來總督制是圍繞總督形成的獨裁體制，但這套體制的設計很大程度上是對英國憲制的挪用或者改造。比如港督就結合了英國皇室和內閣首相的職能，而行政局就類似於內閣，立法局就相當於議會，司法體系自然相對獨立。正是由於總督制的需要，行政局的定位就比較尷尬，既類似英國內閣是一個權力決策機構，但又類似港督的決策諮詢機構。由此，行政局議員既有行政執行部門的首腦（稱為官守議員），但又有商界和社會精英的代表（稱為非官守議員）。與此相似，立法局是一個立法機構，但在立法方面受到英國的約束和制約，而且受到總督的制約，成為一個"審議性會議"，港督與立法局一起共同構成其立法機構。而立法局並不享受英國議會或者其他國家立法機關所享有的決策權、行政權、彈劾權等等，由此它又成為港英政府轄下的一個諮詢機構。正因為總督制是對英國憲制的挪用和改造，英國殖民統治的地區在獲得自治或者獨立之後，大體上都可以將其改造為英國政體模式，這也導致它們在自治或獨立後依然在政治上與英國保持著千絲萬縷的聯繫，尤其是司法體系依然在英國的司法體系中。

7　這是 1983 年殖民地大臣給港督的信中所說的。轉引自余繩武、劉存寬主編：《十九世紀的香港》，香港：麒麟書業有限公司 1993 年版，第 156 頁。

三、"政治"鬥爭推動"行政"吸納

對於港英政府中的立法局和行政局，通常的論述強調港督對立法和行政的絕對控制權，以防止立法局變成代表民意的政治中心而對帝國的政治統治的正當性構成挑戰。因此，立法局並非代議機構，總督以及他所任命的官守議員牢牢把握著立法局的多數，非官守議員不可能自行決定政府的政策並進行立法。"立法局的議事程序在性質上，更多的是屬於統治者和被統治者代表之間的對話和交談；在對話和交談中政府提出它的政策並解釋採用這些政策的理由，而非官守議員則加以指出說，他們發現這些政策沒有效能、不適應或引起反對之處。"[8] 正是利用這個機構的"對話和交談"性質，港英政府通過向社會精英開放立法局和行政局的非官守議員，實際上將行政局和立法局這兩個諮詢性和審議性的機構賦予了某些代議制的政治功能，從而在名義上壟斷香港的民意，成功地抵制港英憲制向代議制發展，有效地防止香港出現反殖民主義的傾向。然而，正如福柯（Micheal Foucault）所言，權力問題的關鍵不在於佔有，而在於使用。在立法局和行政局的運作中，一方面我們會看到港督的絕對權力在透過兩局運行時，會使這種絕對權力變得靈活而富有彈性，能夠巧妙地回應社會發展和民意的變化，但另一方面，我們也會看到民意也會逐漸將立法局看作是與港督展開對話、協商的平臺，也會因此推動它從一個諮詢機構發展為代議機構的變種。其根本原因就在於這一套獨裁的殖民體制從一開始就缺乏正當性。特別是港督的權力來自英國政府自上而下的授權，並沒有經過香港本地社會精英或民眾自下而上的授權。由此，港英政府面對政治正當性的挑戰而設計的立法局，必然使得立法局在回應正當性挑戰中發生改變。這種合法性挑戰一開始並不是來自香港華人，而是來自英國商人。

基於"無議席不納稅"的憲政傳統，在香港的英國商人為了自己的商業利益，不斷上書英國政府，對總督集權的合法性提出挑戰，提出在香

---

8 〔英〕諾曼·J·邁因納斯：《香港的政府與政治》，伍秀珊等譯，上海：上海翻譯出版公司1986年版，第198-199頁。關於立法局中非官守議員發揮的作用以及局限性，參見該書第十一章。

港實行政制改革。比如他們在 1849 年提出成立經選舉產生的市議會；在 1855 年提出開放立法局，增加民選議員；在 1894 年提出香港實行自治，由選舉產生非官守議員。這些請願無一例外都被英國殖民地部駁回，因為這種政制改革方案不符合大英帝國控制香港的殖民憲制秩序。正如殖民地大臣在 1856 年給港督的信中明確指出的，英國統治香港不是為了當地的利益，而是為了發展英帝國與中國的關係，為了推動英國在東方的商業利益和文化進步，因此，必須維持英國對香港的直接統治。而殖民地大臣在 1894 年給港督的信中，進一步指出，在華人佔多數的情況下，英國要想保持對香港的殖民地位，就絕不能採取選舉。不過，在否決這些政制改革要求的同時，港英政府也被迫開始向英國商人開放立法局和行政局。1850 年起港英政府開始任命英資大財團出任立法局的非官守議員。1896 年港英政府又開放行政局，為英資財團委任了 2 名非官守議員。

在 19 世紀末，香港的華資財團獲得了迅速發展。比如在 1881 年香港納稅 3000 元以上的業主共有 20 家，其中華商佔 17 家，英資只有 3 家。因此，華商在政治上也提出參與公共事務管理的要求。這就意味著要廢除港英政府早期形成的對華人採取的野蠻的種族主義隔離政策。第八任港督軒尼詩（John Pope Hennessy）已經意識到華人 "顯然對於英國商業利益極為重要"，因為沒有華人的合作就沒有香港的繁榮，也不利於英國的利益。因此，在他看來，對華人種族歧視的種種限制，"間接地也是對曼徹斯特工廠主們的限制，後者需要在香港有最便宜、最佳的經理人，以便把他們的貨物投放中國市場。" [9] 正是出於對維持英國殖民者利益的長遠考慮，軒尼詩不顧大多數港英政府官員和英國商人的反對，認為長期以來將華人看作二等公民的殖民政策已經不合時宜。為此，他取消對華人在英人區（如中環）購置物業的禁令，容許香港華人歸化為英國公民，廢除對華人採取的肉刑等。他還提議任命華人伍才為第一位立法局非官守議員，但這種提議受到英國殖民地大臣的反對，後來被任命為臨時議員。伍才後來辭去臨時議員的職務，成為中華民國的首任外交部長，他就是近代史上為

9　《軒尼詩關於人口調查和香港進展的報告》，轉引自余繩武、劉存寬主編：《十九世紀的香港》，香港：麒麟書業有限公司 1993 年版，第 160 頁。

人熟知的伍廷芳。但是，這項任命創立了臨時議員制度，即一名議員離港不能開會，由其代理議員參加會議。這一制度也成為港督考察華人議員的重要渠道，只有在代理議員期間表現良好的才有可能被任命為正式議員，該制度直到 1971 年才被取消。

到了 20 世紀初期，中國反帝、反封建運動風起雲湧，尤其是 1925 年的"省港大罷工"對港英政府構成沉重打擊，使得港英政府意識到，沒有華人的合作難以維持殖民統治。在這種背景下，1926 年港英政府又對華人開放行政局，委任周壽臣為第一位華人非官守議員，以安撫中國人的反英情緒，鼓勵香港華人對港英政府保持忠誠。尤其是在二次世界大戰之後，隨著華人在香港經濟地位的上升以及英國非殖民化部署的展開，中國人在立法局和行政局的參與逐漸增加。特別是"六七抗議運動"之後，港英政府大幅度增加非官守議員的席位，華人的非官守議員數量也隨之增加。比如立法局的非官守議員，1966 年為 13 人，其中 9 人是華人；1976 年增加到 22 人，華人增加到 17 人。

委任非官守議員就是金耀基先生所說的通過開放兩局議員"吸納"社會精英，實際上就是通過立法局這種變形的代議制使華人精英依附於港督。儘管如此，這種行政吸納也是在 19 世紀末以來中國革命的浪潮中才出現的，是中國人積極參與反抗殖民統治的政治鬥爭所取得的成果。但是，隨著政治鬥爭的發展，僅僅在立法局和行政局象徵性地安排幾個華人非官守議員並不能從根本上解決殖民統治的問題。港英政府的憲制安排必須回應華人更為廣泛的政治訴求。在全球不斷掀起反殖民主義、爭取民族獨立解放運動的背景下，這種狀況不僅出現在香港，而且普遍出現在英國的其他殖民統治地區。

事實上，在大英帝國長期的殖民統治中，已經形成了一套成熟的處理英國殖民統治者與當地社會精英關係的政治藝術。這就是前述著名的"間接統治"。曾經擔任第十四任港督、並創立香港大學的盧押（Frederick Lugard）在其總結英國殖民統治的經典著作《英屬赤道非洲的雙重委任》中有詳細的論述，其核心在於強調殖民統治下的英國官員與本地首領或精英之間如何整合，在一個帝國體系中共同完成統治：

正如我所說話的，如果權力保持連續和權力下放是維持有效管治的第一重要的條件，那麼，合作就是獲得成功的基調，從首長到低級辦事員的每個環節上要持續不斷地採用合作，即政府與商業共同體的合作，以及首要的是省級官員與當地統治者的合作。

正如米納爵士（Lord Milner）所宣佈的，英國統治臣服種族的政策是通過這些種族自己的首領進行統治。這個政策通常受到讚許，但這個原則轉化為實踐的方式卻允許有完全不同的觀念和方法。

這種制度的基本特徵（正如我在就職演說中所寫到的）就在於本地首領要成為完整行政機器的一部分。不是英國人和本地人作為兩批統治者相互獨立地或相互合作地發揮作用，而是由一個統一的政府來發揮作用，其中本地首領的職責被明確地加以規定，而且要承認他們與英國官員具有平等的身份。英國人與本地人的職責決不應衝突，也盡可能不要重疊。他們之間應當相互補充，而且首領們本人必須理解，除非他能恰當地服務於這個國家，否則他沒有權利擁有這個職位和權力。

統治階層不再是半人半神，也不再是掠奪當地社區的寄生蟲。他們必須為他們所享受的薪俸和職位而工作。[10]

基於這種合作的考慮，英國殖民者一般採取的辦法就是循序漸進地推進地方自治，讓地方首領既接受當地人的委託和信任，又接受英國殖民政府的委託和絕對控制，從而將本地首領或本地精英整合在殖民政府中，對當地行使間接統治。這種治理思路在香港就轉化成港英政府與華人上層精英如何合作的問題。由於香港是一個城市，使得地方自治的治理模式雖然不斷有人提出但最終難以實際實施，也難以採取 "雙重委託" 的治理模式。儘管如此，港英政府依然按照這種間接統治的思路，對港英政府的體制進行了改革。這就是 Stewart Lockhart 的改革，他被看作是 "新的殖民

10　Frederick Lugard, *The Dual Mandate in British Tropical Africa*, Routledge, Frank Cass Publishers, 1965, pp. 193, 204.

地權威結構的主要設計師"[11]。改革的主要思路就是成立各種社會組織，吸納更多的華人地區精英協助其管治。比如 1887 年成立的衛生委員會，就委任 6 名非官守議員參與該委員會，其中華人就佔 4 名。後來港英政府將這些社會組織行政化，於 1936 年成立了市政局，承擔衛生、醫療、民政、社會福利等工作。同時港英政府還將新界鄉民保護其土地利益的民間組織新界鄉議局，納入到港英政府的體制中，將其變成法定的諮詢組織。港英政府還將社會下層的整合任務交給華人社區，由他們自己建立各種非政治性的組織，比如東華三院、保良局、街坊會和同鄉會等。這些社會組織的領袖承擔著類似中國古代士紳之類的地方精英的功能，在"政治"與"社會"之間扮演著"邊緣角色"，港英政府把他們作為立法局和行政局提取意見的社會渠道，並給他們頒封"太平紳士"、"爵士"之類的榮譽頭銜，把他們從普通大眾中標識出來，納入到港英殖民體制中，強化其對港英政府的政治忠誠。因此這種改革的重要意義不僅在於"把華人社區領袖整合進管治體系中，而且同樣重要的是，維持了行政主導"[12]。

而在 1970 年代，由於 1967 年反英抗議運動，港英政府意識到要維持統治必須承擔起更多的社會職能，為此港英政府成立了各種諮詢委員會，以強化社區對草根精英的吸納。這種諮詢委員會的目的在於增強港英政府統治的正當性，因為一個殖民地的政府缺乏來自政權的正當性，只能通過政策制定過程中對民意的吸納來獲得實質上的授權：

> 政策的轉變不是一名帝國主子隨心所欲所做出的命令，而是與最可能受到影響的那些集團進行了盡可能充分的討論的結果。據宣稱，人民參與政策的制定不是通過投票選舉候選人，而是通過在政府設立的議會及諮詢委員會內他們的集團發言人。因此這些委員會"實際上代表了"人民的利益，而經過這些磋商獲得同意的政策應當得到群眾

---

11 Ian Scott, *Political Change and the Crisis of Legitimacy in Hong Kong*, Hong Kong: Oxford University Press, 1989, p. 60.

12 Ian Scott, *Political Change and the Crisis of Legitimacy in Hong Kong*, Hong Kong: Oxford University Press, 1989, p. 61.

的支持。從這個觀點來看，政府取得合法地位，並不是通過投票箱，而是通過由那些團體領袖傳達的公眾的同意。[13]

可見，所謂"行政吸納政治"實際上就是廣大華人反抗殖民統治的"政治"鬥爭不斷推動了港英政府通過"行政"吸納華人參與到港英政府的政策諮詢和決策中。在這個意義上，被吸納到港英政府統治體系中的華人精英就成為帝國的"政治"象徵。從帝國的角度看，華人精英參與治理似乎象徵著殖民統治獲得了正當性，而從香港華人的角度看，華人精英參與治理似乎象徵著港英政府能夠成為"我們的"政府。在這個意義上，華人精英參與港英政府治理就成為帝國政治不可或缺的樞紐。

---

13 〔英〕諾曼·J·邁因納斯：《香港的政府與政治》，伍秀珊等譯，上海：上海翻譯出版公司 1986 年版，第 311 頁。

四、政治問題行政化：行政主導體制的精髓

通過委任非官守議員向社會精英上層開放立法局和行政局，以及吸納華人精英區域性的社會組織或諮詢組織，英國殖民者成功地將少數華人上層精英納入其體制中，成為港英管治的協助力量。與此同時，港英政府於1962年在香港開始推行公務員制度，通過公開考試選拔公務員，通過這個渠道進一步把華人精英納入到港英管治隊伍中。英國的公務員制度來自對殖民地統治藝術的思考，其實是學習中國的科舉制度。第四任港督寶寧（Bowring）向英國政府介紹了中國科舉制度，而且認為滿清之所以能長期盤踞中國的帝座，完全是因為採用了考試方法得到民眾擁護的緣故。為此，1853年英國議會通過法案，在東印度公司採取考試辦法來選拔任職官員。後來，這種殖民地統治的技藝也被納入到英國本土的政治制度中，1870年，英國在全國推行根據文化考試來錄用公務員的文官制度。

公務員制度屬於現代官僚政治的一部分，其核心在於強調"政"與"治"的分離。誠如韋伯所言，在政治處於"諸神之爭"的時代中，"政"由政黨政治負責，而"治"由官僚制負責，特別是理性社會的複雜化導致官僚的理性化治理成為政治生活日益重要的內容，官僚科層制恰恰成為現代政治的根本特徵，即政治的技術化、程序化、中立化和專業化，其實也就是政治的非政治化或政治的隱蔽化。香港公務員制度對於港英憲制秩序的最大政治功能在於它將香港政權的主權歸屬這個殖民統治的核心政治問題遮蔽起來，從而將香港殖民統治的政治問題變成了一個如何有效管理的行政問題，這無疑也是"行政吸納政治"的秘訣之一。而這個制度的關鍵就在於公務員制度中的政務官設置。

按照英國的公務員傳統，公務員分為"政務官"和"常任文官"或所謂的"事務官"，分別承擔政府中的政治功能與行政功能。前者因政黨選舉而產生，他們與內閣共進退，他們承擔著政黨政治與公務員制度的紐帶橋樑作用，按照政黨的意志在政府中提出政治方針、制定政策、進行戰略規劃，並向立法機會和社會大眾解釋和宣傳政策；後者主要負責政策的協

調、執行和監督。香港沒有政黨代議政制，就沒有政治意義上的政務官。這就抹煞了香港公務員中政務官與常人文官的政治區分，由此導致香港政務官一身二任，既要承擔政治決策的角色（比如布政司、財政司、律政司為立法局和行政局的當然官守議員），又要擔負起西方國家常任文官所發揮的行政管理職能。政務官的雙重角色及其終身任職淡化了政務官的政治角色，在香港公務員制度中，政務官實際上承擔著政治角色，可是卻表現為行政決策。尤其是公務員堅持的"政治中立"的職業倫理和宣誓效忠的盡職盡責精神，更是遮蔽了政務官的政治角色。

因此，香港複雜的行政科層體制和公務員制度承擔了大量的政治職能，這種"政治的行政化"或"行政的政治化"的特殊制度安排意義就在於將港英的殖民主義政治隱蔽在形式主義的科層化、官僚化、技術化和專業化的外衣之下。因為公務員的專業角色、程序主義以及政治中立的倫理原則使其成為一種表面上非政治化的組織機構。但這種政治的行政化或者政治的"非政治化"是一種高明的政治，遮蔽了殖民主義這個根本的政治內容，從而將政治問題限制在常規的政策決策層面。正如金耀基所言，"'政治行政化'的另一面是'行政的政治化'；也即行政系統被賦予了政治的功能，使行政體系承擔及發揮純技術性專業性之行政以外的功能。"[14]"行政人（官僚一字有貶義，故不用），特別是上層不自覺地扮演了政治人的角色。"[15] 由於立法局和行政局的相對弱小，公務員隊伍在港英政府中的地位就顯得特別突出，從而使得公務員支持下的港督制凸顯了港英政府"行政主導"的政體模式。

龐大的行政體系通過公開考試招聘公務員，就為吸納華人進入港英管治隊伍提供了重要的渠道，但是華人真正開始進入公務員體系，是從二戰後英國開始實施"非殖民化"政策、推廣殖民地政府的"本地化"開始的。1946 年，港英政府提出了公務員本地化政策："盡可能招聘本地具備香港資格及才能卓越人士為公務員。當所需求之人才不能在香港招聘，政府方能以海外僱員條件招聘海外人員。"當然，港英政府始終把公務員中

14　金耀基：《中國政治與文化》（增訂版），香港：牛津大學出版社 2013 年版，第 242 頁。

15　金耀基：《中國政治與文化》（增訂版），香港：牛津大學出版社 2013 年版，第 243 頁。

最重要的職位保留給英國人：「從英國招聘或保留若干海外人員擔任香港已設立之職位乃香港政府之政策。此類職位大多在政務官及在皇家香港警務處。」[16] 由此，港英政府推行公務員「本地化」以來，儘管華人在公務員隊伍中的絕對數量不斷上升，但是即使根據 1979 年的統計，外籍公務員在首長級職位中佔 59.5%；根據 1978 年的統計，政務官中外籍人士佔 59%，其中司級政務官和甲級政務官沒有一個華人。此外，警務處、司法機關、海關等核心政治部門基本上華人不得染指。由此，金耀基在強調英國人與中國人「共治」的時候，也特別提到這種「共治」是「不等邊、不等力的」。

這裏我們要特別注意香港公務員隊伍所秉持的「政治中立」原則。這個概念強調公務員秉持獨立中立、不偏不倚的專業精神。在西方政黨政治下，由於政黨輪流執政，政府的政策會隨著政黨的變化而變化，由此政治官員會與執政黨共進退。然而，公務員終身供職於政府，因此他們不能參加任何黨派活動，不能在選舉中成為公職候選人。在香港，雖然沒有政黨代議政制，但公務員也秉持這個原則。比如未經英國國務大臣或港督許可，不得以口頭或書面形式發表政治性言論。但是，香港公務員必須宣誓效忠英女皇、英國政府和港督，這種效忠僅僅宣誓就有服膺宣誓、效忠宣誓、司法宣誓、就職宣誓、保密宣誓五種。這種政治效忠其實就是我們所說的「政權」意義上的政治，即從價值層面上發自內心認可殖民統治的正當性。在這個意義上，「政治中立」其實僅僅是在「治權」層面上表明香港公務員對香港本地的利益集團、派系或政黨保持中立，但卻在「政權」層面上對大英帝國和港英殖民政府保持高度的政治忠誠。

進入 20 世紀之後，政黨活動進入香港。國民黨和共產黨都在香港展開政治活動，港英公務員隊伍基於「政治中立」原則對這兩個黨派在香港的活動保持中立，由此更加凸顯對倫敦和港英政府的忠誠。香港回歸過程中，中央明確提出「愛國者治港」的政治原則，實際上就是強調香港管治團隊，包括公務員隊伍以及參與政治選舉的政團，在政治上要成為「愛國

16　參見《香港薪俸調查委員會報告書》，轉引自劉曼容：《港英政府政治制度論》，北京：社會科學文獻出版社 2001 年版，第 336 頁。

愛港者"。這無疑隱含著要求公務員隊伍對中央的政治忠誠。然而，"愛國愛港"是一個寬泛的統一戰線概念，以至於何為"愛國愛港"始終有不同理解。在香港選舉政治中，"愛國愛港"這個概念通常被狹隘地用來指稱與反對派陣營（即所謂的"泛民"陣營）相對立的建制派陣營。由此，香港公務員就用政治中立原則來表示自己對於愛國愛港陣營與反對派陣營一視同仁，從而拒絕將自己劃入"愛國愛港陣營"。由於香港愛國愛港陣營起源於 1967 年反抗港英政府統治的愛國左派，他們與港英公務員隊伍在歷史上的恩怨自然帶入到回歸之後的香港政治中，由此香港公務員隊伍整體上對"愛國愛港陣營"保持疏離態度。相反，在香港回歸歷程的政治鬥爭中，反對派陣營與港英政府屬於政治同盟，與中央及其支持的愛國愛港陣營展開長期的政治對抗。在這種背景下，我們就能理解香港回歸之後，公務員隊伍面臨的尷尬境地，其意識形態和個人情感上更傾向於反對派陣營，但其屬於管治團隊的政治身份必然要求其對中央和特區政府負責。在這種背景下，公務員隊伍不斷強調政治中立原則，一方面是用這個原則強調自己對中央政府、特區政府和行政長官承擔的責任，但另一方面則試圖用這個概念來應對黨派政治，從而名正言順地與愛國愛港陣營保持距離。可以說，由於香港回歸之後，中央未能著力解決香港公務員隊伍的政治效忠問題，未能填補英國人撤退後留下的政治文化的真空，以至於香港公務員隊伍本能地繼續認同港英政府曾經的做法，依然保持對倫敦的政治情感乃至忠誠。我們只要看看特區政府公務員子女上學的國家、假期全家旅遊度假的地方，甚至他們在日常生活交往中喝白酒還是紅酒的細微區別，就能明白了，生活方式的不同有時也能反映政治立場的不同。

因此，香港回歸之後，有公務員事務局局長在媒體上公開批評行政長官施政，這在港英時期是完全不可想象的。而在後來香港發生"反國教"、"佔中"和"反修例"等一系列挑戰中央權威的政治運動，甚至發展為"暴恐"事件中，不少公務員公開支持並參與到這些運動中，甚至因此觸犯了相關法律。當中央通過《香港國安法》之後，特區政府要求在職公務員宣誓或簽署聲明。儘管聲明的內容僅僅是要求他們擁護基本法、效忠香港特區，並沒有提出效忠中央的政治要求，可竟然有超過百名公務人員拒絕簽署聲明，甚至有些公務員寧願辭職也不簽署聲明。由此可見，香港公務員隊伍在"政治中立"原則背後培養起來一種根深蒂固的政治意識形態，而這種意識形態就源於港英時期針對香港公務員隊伍的政治設計。

由此可見，行政吸納政治這種"間接統治"的關鍵並非簡單地吸納香港華人精英參與港英決策諮詢或行政過程，從而成為港英政府開展殖民統治的夥伴，而在於如何培養其香港本地華人精英對港英政府乃至大英帝國的政治忠誠。因此，如何從文化價值和道德情感上馴服華人，建立起葛蘭西所謂的"文化霸權"，培養起香港華人對大英帝國在信仰價值層面上的忠誠，才是殖民統治的關鍵所在。為此，港英政府在香港全面推廣的文化馴服計劃。對上層精英，通過英國留學教育，控制香港的教育、媒體和文化傳播，重點培養少數精英人才（尤其公務員和法律精英），建立複雜多樣的帝國榮譽體系等方式，從小開始系統培養華人上層精英對英國的忠誠。對社會下層則通過搞新潮舞會、開放賭博（尤其賭馬和六合彩）等培養一種無政治意識的娛樂性的大眾文化。然而，這些技術性手段有賴於文教系統的根本性轉換。

其一，基督教通過教育體系迅速成為精英階層的信仰，因為西方文明的價值根基建立在基督教之上。從明代開始，西方耶穌會就想盡一切辦法在中國展開艱難的傳教活動，他們不僅包裝在西方的科技知識中來吸引中國的士大夫階層，而且通過對中國儒家經典的重新闡釋來推動基督教。然而，中國明清的統治者非常清楚，中國文明的根基乃是儒家文化，因此對基督教的傳播非常警惕。然而，鴉片戰爭之後，在中國境內自由傳教已成為條約規定的內容。而這些自由傳教活動甚至引發了後來的太平天國運動。因此，香港就成為基督教向中國內地傳播的橋頭堡。在香港，教會不僅創辦學校，而且創辦媒體，從事學術翻譯出版工作，從某種意義上掌握著香港文化教育的主導權，以至於從香港教育體系中培養出來的華人精英自然而然成為基督徒。

其二，與這種基督教相匹配，西方人基於基督徒和異教徒的區別建構出一套"文明"與"野蠻"的話語體系，而隨著西方的崛起，尤其工業革命之後的現代社會興起，將西方現代體系建構為"文明"，而將非西方的文明（包括在“軸心時代”與西方並駕齊驅的所有其他文明）建構為“野蠻”。而一旦香港華人精英通過教育接受了這套“文明”與“野蠻”的話語體系，就會立刻拋棄象徵“野蠻”的長袍馬褂乃至四書五經，換上象徵“文明”的西裝革履乃至洋文聖經。由此，在香港、上海這些最先對西方開放的口岸，這些率先從野蠻邁向文明的商業—文化買辦階層，就成為西方殖民者的合作者，作為高等華人在中國肩負起啟蒙的責任。這項責任被吉卜林（Joseph Rudyard Kipling）看作是西方對殖民地野蠻人承擔起道德教化的重任，即“白人的負重”。（參見第三章）

五、殖民政治的秘訣："條約下的精英共治"？

"行政吸納政治"是一個緩慢的歷史進程，而行政"吸納"都源於"政治鬥爭"。可以說，沒有"政治"鬥爭，就不會有"行政"吸納。大英帝國的"間接統治"手法也是針對殖民地人民的反抗中逐漸發展出來的，它是一種分化和瓦解殖民地反抗的柔性治理手段。當年英國殖民者進入新界之後遭遇到當地華人的激烈反抗，港英政府被迫允許新界地區採用清朝的法律來進行自我治理，以至於新界成為比較法學者研究中國傳統習慣法制度的一個活標本。實際上，通過街坊會、同鄉會、甚至保良局這些傳統社會組織進行吸納，在香港殖民地早期就出現了，因為港英殖民統治根本就不承擔香港的任何社會治理，涉及到華人生老病死的諸多問題，只能由華人自己來解決。而香港又是一個移民社會，內地各地方的移民融入香港的最好手段就是同鄉會，通過同鄉會的網絡來相互扶持。因此香港的同鄉會是最多也最複雜的，甚至廣東某些鄉鎮、村莊都會在香港建立自己的同鄉會。而對華人開放立法局和行政局，則是 19 世紀末期華人商業力量增長和 20 世紀中國革命的產物。至於建立更為廣泛的基層社會組織，對基層社會展開全面吸納，則是由於 1967 年反英抗議運動之後，港英政府開始介入到香港社會治理中。至於對華人公務員的吸納，則是二戰後，英國開始部署殖民地撤退計劃的一部分，即在不可避免放棄"主權"的情況下，試圖將治權交給英國人培養起來的華人精英，從而繼續保持英國對香港的實際控制。香港回歸之後形成的"公務員治港"就源於此。

因此，在"行政吸納政治"的過程中，我們恰恰看到"政權"與"治權"、英國人與中國人、主權政治與參與政治、精英華人與草根華人之間互動的複雜圖景，而其中的主線則是英國人吸納精英華人來削弱草根華人的反抗。在這個意義上，恰恰是草根華人的反抗乃至犧牲才為精英華人換來了被吸納到港英統治隊伍者的機會和可能性。如果沒有 1967 年香港草根左派在反英抗議運動付出巨大犧牲與代價，港英政府怎麼會將華人精英吸納到港英政府中呢？如果沒有中國革命的勝利和香港不可避免回歸中國的現實，港英政府怎麼可能開放公務員體系吸納華人參與呢？香港公務員隊伍或許不明白，他們之所以能夠加入港英政府的統治行列並非英國人的仁慈或恩賜，而是"香港左派"在歷史上付出巨大鮮血生命代價為他們換來的，而在"香港左派"的背後乃是 1840 年以來中國人民為了反對內外敵人，爭取民族獨立和人民自由幸福，在歷次鬥爭做出的巨大犧牲。

需要注意的是，金耀基的這篇論文並不是要概括港英時期的香港政治體制（這也是人們常常忽略的地方），他其實要探討這樣一個問題：

> 作為一個都市化的政治體，香港之長期的政治安定性是一個令人迷惑並想解開的謎，本文的中心旨趣即在對這個謎提供一個可能的解釋。在相當程度上，我認為香港過去一百年，特別是過去三十年來，政治的安定可歸之於"行政吸納政治"模式的成功運作。在這個行政吸納政治模式運作中，英國的統治精英把政府外的，非英國的，特別是中國的社會經濟的精英，及時地吸納進不斷擴大的行政的決策機構中去，從而，一方面達到了"精英的整合"的效果，一方面取得了政治權威的合法性。以是，在政府之外，香港始終沒有出現過具有威脅性的反對性的政治力量，這是香港政治模式的特性，也是它政治安定的一個根本性的原因。[17]

可見，在金耀基先生的眼裏，"行政吸納政治"實際上是一種政治統治的手法，因此他在文章的副標題中稱之為一種"政治模式"，是一種港英政府面對政治壓力不斷重建正當性的手法。由此，金耀基先生從各個層面來闡述這種政治手法，這也是他拋開歷史演變，把立法行政兩局、公務員體系和市政局等區域組織這些承擔不同政府職能的機構放在一起討論的原因。他的結論非常明確：恰恰是由於港英政府採取"行政吸納政治"的精英整合機制，以至於"香港始終沒有出現過具有威脅性的反對性的政治力量"，從而實現了"政治安定"。他甚至將這種治理模式理解為"香港

17　金耀基：《中國政治與文化》（增訂版），香港：牛津大學出版社 2013 年版，第 251-252 頁。

政治模式的特性"。在這裏，需要我們討論兩個問題：

其一，就"行政吸納政治"而言，與其說這是"香港政治模式的特性"，不如說這是大英帝國"殖民政治模式的特徵"。金耀基先生雖然沒有援引關於大英帝國殖民治理的文獻，也沒有討論"間接統治"這樣的政治手法。但他對港英政治的深入觀察，實際上揭示出大英帝國採取的"間接統治"的精髓，即通過行政吸納政治而實現"精英整合"，從而使得殖民地政治呈現出"共治"局面：

> 要掌握香港政府的政治藝術和本質，"共治"（synarchy）是一個鎖鑰性的概念。共治在本文是指英國統治者與非英國的（絕大多數為中國人）精英共同分擔決策角色的行政體系，共治表現之於政治上的是一種精英構成的共識性政府的形式（a form of elite consensual government）。可以說，這是香港政府回應"政治整合"（political integration）問題所採取的一種可名之為"草尖式"（grass tops）的途徑〔別於"草根式"（grass roots）的途徑〕，英國統治香港自覺地或不自覺地建立在這個共識原則上。[18]

金耀基在注釋中特別點明，他所使用的"共治"概念來自費正清在中國研究中提出"條約下的共治"這個觀點。費正清認為 1840 年以來西方與晚清政府簽訂的一系列不平等條約使得西方的政治權力逐漸成為中國國家權力結構的基本組成部分，從而使得西方人成為統治中國的合作者，由此形成"中西共同統治"的局面。費正清進一步指出，這種條約下的中西"共治"並非西方的創造，而是對中國傳統的承襲。中國歷史上曾經出現過"滿漢共治"局面，不僅邊疆少數民族可以入主中原，從而與漢族的士紳、科舉文官階層"共治"中國，而且中國的大一統秩序通過朝貢體系將周邊的夷狄納入統治秩序中，形成漢人與夷狄的"共治"局面。現在，西方人進入中國則用條約體制取代朝貢制度，實際上是把外國人也納入到中

國大一統秩序中，實現了中外"共治"。[19]

費正清敏銳地注意到朝貢體系與條約制度中存在的共治局面，但這個理論的錯誤首先在於混淆了中國古典思想中對"亡國"與"亡天下"的區別，即滿清和蒙元入主中原對於中國而言，僅僅是王朝變更的"亡國"，但儒家大一統的天下秩序依然存在。這兩個王朝不僅捍衛中國的儒家大一統的文明秩序，而且將這個秩序大大地向外擴張，將歷史上處於四夷之地的滿蒙藏疆等地區納入到大一統秩序中。然而，西方列強通過條約體制進入中國雖然未能導致直接"亡國"，但卻面臨著"亡天下"的危機。這種"亡天下"不單單是指儒家文明秩序的現代轉型，更重要的在於西方列強通過條約大量肢解藩屬、割佔中國領土並掀起瓜分中國的狂潮，最終造成了分裂割據的中國，而非大一統的中國。雖然新中國結束了軍閥割據的歷史，大體上保住了晚清政府留下來的領土，但中國版圖卻從"秋海棠"變成"雄雞"，而且臺灣至今未能實現統一。這無疑是條約體系取代朝貢體系帶來的產物。

更重要的是，如果說條約制度是對朝貢體制的延續，條約制度具有"共治"的政治特徵，那麼為什麼條約體系帶來的是西方人在中國參與統治中國的共治，而不是中國人在西方參與統治西方的共治局面？若條約制度帶來中國人參與英國人對英倫三島的治理，或中國人參與美國人對北美的治理，這才真正符合儒家大一統的邏輯。顯然，這才是費正清迴避的關鍵問題所在。因此，條約制度創造的不是"共治"的這種治理形式，而是誰統治，統治誰，在共治中誰主導，誰從屬。這些問題才是"政權"問題的實質。條約制度之所以導致的是西方人參與對中國人的共治，而不是中國人參與對西方人的共治，歸根到底是由於這個條約是西方列強通過船堅利炮強加給中國人的，因此這樣的條約才被稱之為"不平等條約"，也就意味著這種"條約共治"缺乏政治上的正當性。這種條約是將中國變成殖民地或半殖民地的條約，絕非承襲將蠻夷納入到天下秩序的中國傳統，反而是西方列強通過條約將中國納入到西方主導的世界帝國體系中，這才是

---

19 陶文釗選編：《費正清集》，林海、符致興等譯，天津：天津人民出版社 1992 年版，第三、四章。

"三千年未有之大變局"的根本所在。因此,條約體系取代朝貢體系雖然出現類似的"共治"現象,但絕非表明儒家大一統秩序的連續性,反而是天下秩序遭遇到的斷裂性。

對這些問題,費正清其實非常清楚。他也認識到條約的"不平等性",因此也承認不平等條約制度是把朝貢體系"顛倒過來","朝貢意味著中國的優勢,而條約則象徵著外國統治的新階段"。但他也承認,這些不平等條約只是邁向平等條約的"過渡"。作為美國的學術精英,費正清的論述無疑是為了強化不平等條約以及由此帶來的西方人在中國擁有統治權甚至治外法權的正當性。他用這種"共治"的理論恰恰是為了回應中國革命中興起的民族主義思潮以及由此展開的對不平等條約背後的殖民主義和帝國主義的批判,從而強調不平等條約下的中西共治才是中國歷史上的傳統。"條約下的共治"理論顯然無法獲得中國的民族主義者或馬克思主義者的認同,但卻成為金耀基理解港英政治秩序的理論前提,因為港英統治的憲制基礎就在於三個不平等條約。金耀基雖然指出"香港政治體系的憲制結構是典型的殖民模式",但他並不準備質疑這種政治體系,而是追問這種政治體系之所以穩固的秘密。所不同的是,他在這裏特別強調這種條約的"共治"其實是"精英共治",即這種"共治"僅僅是西方殖民者與中國本土精英之間的"政治整合",他甚至稱之為"草尖式"整合,以區別於"草根式"整合。

那麼,為什麼中國精英能夠很容易地被整合在殖民政治中?費正清認為,一個重要原因是中國的地主紳士—士大夫階層能夠照例享有特殊優惠的特權,他們脫離農民群眾。"這個農業官僚國家可以由滿人來領導,甚至還可以由盎格魯—撒克遜人輔助滿人,只要中國的地主—士大夫階級能保持慣有的地位即可。"[20] 同樣,在金耀基看來,那些被港英政府通過立法局吸納到殖民政治中非官守議員"過去是,現在也是,香港的世家大族或新冒出來的社會經濟上的精英(直至最近幾年,一些專業人士也獲得委任了),他們關心香港的秩序與繁榮多過一切,並來自廣大人口中很

---

20 陶文釗選編:《費正清集》,林海、符致興等譯,天津:天津人民出版社 1992 年版,第 58 頁。

狹窄的階層"[21]。因此，"香港持續性的安定與香港統治層之不斷吸納新冒出的社會精英，因而不斷改變，擴大統治精英圈的意願與能力有關。"[22]換句話說，香港華人工商精英和知識分子中產專業精英之所以樂於被吸納，就像中國歷史上的地主士紳階層和文人集團一樣，其實內心中並不關心誰來統治香港，他們要的是保證他們的財富、地位和特權，只要英國人能滿足這些條件，他們就樂於為殖民統治效力。在這個意義上，"行政吸納"實際上英國殖民者與香港華人的工商精英和中產專業精英之間相互保證的契約，由此他們就達成了共同利益，那就是"香港的秩序和繁榮"，任何來自華人底層的抱怨、反抗乃至革命，就成為他們共同的敵人。在這個意義上，被英國人吸納進體制的華人精英對華人草根大眾的恐懼，要遠遠超過港英殖民者的恐懼，他們與港英殖民者之間利益上的共同點，遠遠超過他們與華人草根大眾的在血緣和民族上的共同點，以至於他們更樂於藉助殖民者的吸納而凌駕於華人草根大眾之上，似乎成為草根大眾的主人。正如金耀基先生所承認的，"香港英國人與非英國人之間的'溝距'（gap）實不如精英與大眾間的'溝距'的問題之嚴重。"[23] 這無疑構成香港華人精英與港英政府合作的政治基礎。

正因為如此，傳統封建的等級文化與殖民主義等級文化巧妙地結合在一起，由此，儒家文化訓練出來的傳統華人精英——無論是工商精英和文化精英——結合在一起形成的新型士紳階層，剛好與大英帝國殖民地治理中的"間接統治"無縫隙地結合在一起。中國封建制度下的奴性統治傳統也就直接嫁接到殖民主義的奴性統治上。正如新文化運動的旗手魯迅對香港的觀感："香港雖只一島，卻活畫著中國許多地方現在和將來的小照：中央幾位洋主子，手下卻是若干歌功頌德的'高等華人'和一夥作倀的奴氣同胞。此外即全是默默吃苦的'土人'，能耐的死在洋場上，耐不住的逃亡深山中，苗瑤是我們的前輩。"[24] 由此我們就可以理解，為什麼

21　金耀基：《中國政治與文化》（增訂版），香港：牛津大學出版社 2013 年版，第 238 頁。

22　金耀基：《中國政治與文化》（增訂版），香港：牛津大學出版社 2013 年版，第 246 頁。

23　金耀基：《中國政治與文化》（增訂版），香港：牛津大學出版社 2013 年版，第 247 頁。

24　魯迅：《再談香港》，載《而已集》，北京：人民文學出版社 2006 年版。

新文化運動以來，必須將反對帝國主義、殖民主義和反對封建主義結合起來，因為殖民主義和封建主義都屬於一種壓迫普羅大眾的奴役的政治結構。而在魯迅生活的時代，在反滿的民族革命背景下，滿清政府和洋人的統治類似，都可以看作是異族的殖民統治。如果我們將金耀基先生的區分精英與大眾的社會學理論向前推進一小步，無疑就是馬克思主義的階級理論。全世界的資產階級包括附庸的文化專業階層在利益上和價值理念上已經聯合起來了，可無產階級、小生產者、農民卻分散在世界各地，未能有效組織起來。然而，香港華人精英（資產階級或中產階級）樂於作為諮詢對象被整合吸納到殖民體系中，恰恰反映出中國資產階級的軟弱性和妥協性，即他們滿足於成為殖民者的附庸，滿足於這種"不等邊、不等力"的共治局面，根本沒將殖民者趕出中國從而當家作主的決心，更不可能具有通過條約將自己的統治權擴展到西方世界從而實現與西方人真正"共治"的雄心。這一點我們從金耀基先生對待殖民統治和 1967 年反英抗議運動的態度就能看出來。

其二，金耀基先生的論文關注的是港英政府如何在香港獲得"政權"的正當性問題，在他看來這種正當性就建立在"行政吸納政治"的"精英共治"基礎上。"由於'共治'原則的運用，非英國人的精英，特別是中國人的精英，逐次被吸納進行政決策結構中，從而，在行政體系之外，很少有與這個體系站在對抗的立場和政治的人；即使有，其政治影響力也大都是微弱無力的。" [25] 然而，港英政府通過這種"共治"僅僅獲得香港華人精英的認可，而草根大眾並非都認可這種政治權威。在香港歷史上，尤其是 20 世紀以來在中國革命浪潮的影響下，不斷爆發反殖民主義的政治抗議運動。最典型的就是香港左派在 1967 年發起的聲勢浩大的反英抗議運動。而在金耀基的論述中顯然有意無意地忽略了這場政治運動曾經對港英殖民統治始終構成的威脅。在此，我們可以將其與香港大學的英國學者斯科特（Ian Scott）的相關論述做一個比較。

與金耀基先生的研究類似，斯科特教授在其《香港的政治變遷與正當

---

25 金耀基：《中國政治與文化》（增訂版），香港：牛津大學出版社 2013 年版，第 236 頁。

性危機》一書中討論了港英政府"如何獲得、維持和喪失正當性,如何為自己的統治權進行辯護,以及人民是否接受這種辯護",因為"殖民政權就其性質已經引發了正當性問題"[26]。這無疑是涉及到"政權"的問題。所不同的是,斯科特從殖民地統治者解決正當性危機的角度出發,展現了殖民統治者的政治意志、政治智慧和政治手法。在他看來"行政吸納政治"不過是殖民者的統治策略。金耀基也承認"行政吸納政治"是港英政府重建政治正當性的手段:"'行政吸納政治'是指一個過程,在這個過程中,政府把社會中精英或精英團體(elite group)所代表的政治力量,吸收進行政決策結構,因而獲致某一層次的'精英整合'(elite integration),此一過程,賦予了統治權力以合法性。"[27]但是,他更強調"行政吸納政治"是一種制度化的、體制化的精英整合機制和政治參與模式,其目的是來回應韋伯以來關於民主源於都市化的政治理論,來解釋為什麼都市化的香港沒有出現民主政治這個問題。因此,他更多是從中性的社會整合的角度來看待"行政吸納政治"問題。如果是說港英政府在歷史上通過吸納上層華人精英參與政治這種"精英整合"模式來維護政治穩定,那麼1960年代之後社會下層動員的出現,這種精英整合模式面臨著困難,因此,他認為需要解決"精英與大眾"的整合難題,才能實現政治穩定。要說清楚這個問題,必須理解1967年的反英抗議運動。

斯科特用了專門一章來討論1960年代的"政治動亂"。他清醒地認識到,這場"政治動亂"的根本問題在於香港的統治權究竟掌握在誰的手中。由此,他特別關注香港人的反殖民主義情緒,並認為核心問題是英國統治者與中國臣民之間的關係。英國人不採取民主選舉政治,而採取"行政吸納政治"手段,組織各種諮詢委員會,不過是平息華人憤怒的一種手法。正如1971年後來的港督麥理浩(Murray McLehose)對香港推行民主選舉制度的警告:"如果共產主義者贏得選舉,那將是香港的末日。如果國民黨分子贏得選舉,那將會把共產主義者引入香港。"當然,這裏所謂

26　Ian Scott, *Political Change and the Crisis of Legitimacy in Hong Kong*, Hong Kong: Oxford University Press, 1989, p. 36.

27　金耀基:《中國政治與文化》,香港:牛津大學出版社1997年版,第31頁。

"香港的末日"首先是英國統治香港的末日。由此，1960 年代末期以來，港英政府建立廣泛的諮詢委員會和各種組織群眾，開始面向基層和草根的"行政吸納政治"，必須放在港英政府殘酷鎮壓 1967 年反對英國殖民統治的抗議運動的背景上來理解。而這場反英抗議運動不僅是近代中國革命的延續，而是二戰後世界範圍內興起的反帝國主義、反殖民主義運動的重要組成部分。其時，"毛主席語錄"隨著中國革命的勝利和"文化大革命"的開展風靡全世界。而港英政府正是在殘酷鎮壓香港左派發起的反英抗議運動之後，才意識到爭取群眾，開始從過去的精英整合轉向面向基層草根大眾的吸納。為此，英國殖民者把毛澤東強調的"軍民魚水情"看作是他們自己的政治格言，以便從中找到共產黨取勝的秘密，即組織群眾、發動群眾。英國殖民者正是學習運用這種手段，在鎮壓了 1960 年代馬來亞共產黨的起義之後，找到了獲得認同的思路，即進一步爭取基層精英的認同。同時，新加坡國父李光耀在其自傳中也專門講述自己如何學習共產黨的群眾路線，與新加坡的共產黨展開組織群眾和爭取群眾的競爭，並最終取得勝利。而其時，港英政府也曾專門派人到新加坡學習李光耀創立的"人民協會"及"市民諮詢委員會"制度等，並學習共產黨組織群眾的辦法，成立各種各樣的諮詢組織、發起形形色色的社會運動，從而把群眾爭取到自己的一邊。[28] 為此，港英政府 1972 年推出"社區組織計劃"（the Community Involvement Plan），鼓勵群眾參與地方事務，正式在港九地區設立十個"民政區委員會"，下面再劃分 74 個小區，每個區大約有四萬五千人。這些地區委員會發起了"清潔香港運動"、"撲滅罪惡運動"和"改善屋宇環境運動"等，取得相當的成效。可見，港英政府之所以發起針對基層草根的"行政吸納政治"，恰恰是為了配合鎮壓了中國人反對港英殖民統治的政治。這些改革雖然"創設了新的結構，但有沒有真正改變權力的分配或現存機構履行的功能，它為現存問題的解決提供了一個誘導性的解決辦法"[29]。也就是說，"行政吸納政治"並沒有改變香港殖民統治

28　李光耀：《李光耀回憶錄》，新加坡：聯合早報 1965 年版。

29　Ian Scott, *Political Change and the Crisis of Legitimacy in Hong Kong,* Hong Kong: Oxford University Press, 1989, p. 110.

的根本政權分配格局。可見，並非"香港始終沒有出現過具有威脅性的反對性的政治力量"，而是這些具有威脅性的反對派的政治力量被殘酷鎮壓了。正是在這種暴力鎮壓的基礎上，才能讓"行政吸納"有效地展開。因此，暴力鎮壓乃是"香港政治模式的特性，也是它政治安定的一個根本性的原因"，而行政吸納政治不過是一個輔助性的誘導而已。由此，不理解1967年的反英抗議運動，不理解中國革命和"文化大革命"在世界史上的重要意義，不理解港英政府對反殖民主義運動的殘酷鎮壓，就無法真正理解"行政吸納政治"的真實含義。（參見第二章）

　　然而，這段"政治動亂"，在金耀基先生的論文中只作為背景一筆帶過，他沿用港英政府的說法，認為"動亂"的產生是由於港英政府與社會下層"溝通的失敗"，從而認為"動亂"的產生是由於"整合危機"，即港英統治者在成功地整合精英階層時，沒能實現對草根階層的整合。由此，一場針對"政權"的主權政治鬥爭，一場涉及政治權威正當性的反對帝國主義和殖民主義的政治鬥爭，在金耀基先生的筆下變成了一個社會治理問題，即精英與大眾的整合問題。一個嚴肅的政治問題被徹底社會化、中立化、形式化了，"精英"與"大眾"也變成無面目的、無歷史感的抽象社會主體。正是這種在事實與價值分離的社會學方法論的基礎上，金耀基先生對港英政治體制採取的這種"去政治化"的社會學研究產生了難以估量的政治效果，它以一種客觀的、學術的面目掩蓋了港英殖民統治的政治核心，掩蓋了港英統治的殖民主義性質，以及反殖民主義政治運動的正當性。

　　進一步講，如果按照這種"去政治化"或者"去主體化"的社會科學方法對中國文化和中國文明進行重建，那麼，唯一的結局就是在自由、法治和民主概念下對中國文明"香港化"。這其實已經不是"中國"的文化和文明重建，而是（西方的）文化和文明"在中國"的重建。"中國"不經意地從主語再次變成了賓語的修飾詞，從一個本身具有文明意含的概念變成了一個地理概念。一句話，中國文明的現代轉向必須以西方現代文明為標準，邁向"歷史終結"之境。這其實是金耀基先生所代表的港臺一大批被整合在英美殖民統治中實現"精英共治"知識分子或中產專業人士的共同心聲。比較之下，斯科特教授雖然是英國人，但能夠看到1967年反英抗議運動中反殖民主義的政治訴求，他對中國人民反殖民主義的情緒有更多的同情理解。反而長期生活在香港的金耀基先生竟然對香港同胞的生活處境、政治理念乃至冒死反抗缺乏足夠的同情理解，把這場反殖民主義的政治運動看作是精英與大眾"溝通失敗"的社會整合問題。這種微妙的差別不僅在於政治學與社會學在學科研究的方法論上的區別，更重要的恐怕在於殖民統治背景下的不同心態。斯科特作為英國人始終以"主人"的心態看世界，因此他才能夠理解反殖民主義運動的背後乃是同樣的主人心態。事實上，唯有主人之間才會展開殖民與反殖民的政治鬥爭，主人之間才能理解這種圍繞"政權"和政治正當性乃至人生意義展開的冒死鬥爭的意義所在。因此，英國人雖然鎮壓了香港左派的反殖民主義運動，但對香港左派有一種發自內心的惺惺相惜的尊敬，那其實是對英國人作為主人征服世界的精神氣質的自我尊敬。相反，不少中國精英一旦被馴化之後，就會以仰視的態度看待西方人乃至西方文明，並努力按照西方人的標準來塑造自己以便獲得主人的承認，而香港殖民地乃至臺灣就成為獲得西方人承認的生活樣板。當然，他們滿足於作為西方人的附庸，更因為他們擔心喪失自己的財產、地位和作為"高等華人"的特權。然而，在西方人眼中，他們不過是貪戀財富和地位這樣的舒適生活，依然未能擺脫動物式的怕死的本能而已。因此，如果我們想要恢復金耀基先生用社會學方法過濾掉的政治色彩，那麼"行政吸納政治"的真正含義並不是單純的無條件的"精英整合"，而是港英殖民統治在用暴力鎮壓了那些希望當家作主而不服從殖民支配的反殖民主義者後，將那些甘心或違心接受殖民統治的精英或草根下層整合到殖民體制中。這不過是殖民統治"間接統治"所形成的"以華之華"精緻效果而已。由此我們才能理解，"行政吸納政治"這個概念在前面討論"政"與"治"的區分過程中最為弔詭的地方，即通過行政吸納了"治權"意義上的"利益政治"之後，竟然能夠起到了"政權"意義上的正當性。那是因為，在"政權"意義上質疑、挑戰和反抗殖民統治正當性的中國人被鎮壓了，只有通過暴力鎮壓解決了"政權"問題之後，沒有人再敢質疑港英統治權威的正當性時，才有了通過"行政吸納政治"確立港英政治權威正當性的問題。

六、尾聲：殖民統治下的學術與教育

　　金耀基先生寫作這篇論文的 1970 年（該文的英文版發表於 1975 年）正是香港大學學生運動風起雲湧的歲月，先生執教的香港中文大學也不例外。1973 年 2 月香港中文大學學生報刊《中大學生報》刊登了 "誰在操縱著中大的命運" 的社論，猛烈批評政府的大學資助計劃："政府的計劃是如何實行殖民統治的計劃！大學的計劃與活動是如何施行奴化教育、培養洋奴的計劃與活動；公正的專家意見是如何為英國老家打算、不認識香港現狀的洋專家意見。" 更激進的批評指出，"殖民者不免豢養一小撮出賣人民權益、甘心幫兇的所謂 '高等華人'。在一般市民的眼光中，他們在政治上社會上的地位，無疑是 '高人一等'。可是，如果以實際的政治力量而言，卻是卑不足道的，他們中除了小部分可以再用來點綴 '殖民地式民主'、討論市政中最枝節的問題外，大體上都是殖民者的順民兼應聲蟲而已。" [30]

　　這樣的言論無疑帶有青年學生慣有的激進特徵，但在這些激進言論中點出了 "殖民政治" 的主題，這也反映了支配政治在文化教育領域的激烈鬥爭。在港英殖民統治下，香港的教育和學術研究也自覺不自覺承擔起為殖民主義辯護的功能，這恰恰構成在香港學術界的 "高等華人" 在無形中承擔的責任。"當時，金耀基的 '行政吸納政治' 論，劉兆佳的 '低度整合社會' 論，都是從維護殖民管治架構這個角度出發，形成一種具殖民色彩的思想視野。在一個政治研究和討論被嚴重壓抑的殖民時代，上述這些有著濃厚的親殖民建制色彩的理論，在一段時間內，成為暗合殖民真實管治利益的主導論述框架。這些論述將香港人描繪為政治冷感、沒有主體意識的難民，又論證香港殖民政府已經成功地通過吸納機制，將社會精英籠絡過來，為平穩的殖民政治服務。……上述的理論論述，大體上都是英國殖民大將盧押 '間接管治' 原則的引申和細緻化，也就是一種本土華

30　毛蘭友：《香港青年學生運動總檢討》，《七〇年代》1973 年 8 月。

人精英為殖民主義辯護的學術產物。"[31] 具有諷刺意味著的是,港英政府推動幾所著名的學院合併為"香港中文大學"之後,這個自稱延續中國傳統文化命脈的大學竟要以英文作為教學和學術語言。而港英政府不斷推出的教育計劃無非是想通過教育這個精英再生產機制,強化港英政府的精英"整合"體制。1978 年,港英政府推出了學制改革計劃,以政府經濟資助和升格為大學為誘餌,迫使當時的樹仁、嶺南和浸會三所專上學院接受與英國接軌的學制。(參見第三章)嶺南和浸會接受了港英政府的資助,早已升格為大學,而胡鴻烈大律師與夫人鍾期榮傾畢生心血創辦的"樹仁學院",堅決不接受港英政府的條件,堅持與中國內地教育體制接軌的四年制,致使其艱苦創業十幾年。直到 2006 年香港回歸祖國近十年之際,這個身份可疑的"紅色學院"才被特區政府升格為大學,且頗為低調。香港教育文化領域中的殖民傳統由此可見一斑。其實,"一國"之"兩制"不僅僅是經濟、政治的制度分野,更在於思想、作為思想載體的語言以及思想和語言所表達的人心的分野。說到底,香港的部分知識精英在內心中認同的是英文以及英文所代表的整個西方世界。而以英文為教學語言不僅折磨著香港中文大學,其實也折磨著整個香港教育,使其在中國崛起的過程中茫然若失。不願認同普通話及由此形成的漢語學界,而甘願在英語學界處於末流,正是香港在經濟方面、最終會在思想文化方面迅速被邊緣化的根源。

1970 年代香港的學生運動無疑是中國香港人的一次政治自覺。它直接延續了 1967 年反英抗議運動(包括內地的"文化大革命")的精神。後者的主體是左派工人和知識分子,並與內地有著政治上和組織上的聯繫,而前者的主體是青年學子,他們與內地只有文化精神上的內在聯繫。香港回歸之後,活躍在香港的政壇上的重要人物,無論是親政府的曾鈺成,還是反政府的梁國雄,其實都像王朔所說的那樣,都是 70 年代成長起來的"毛主席的好學生"。然而,由於港英政府"行政吸納政治"的成功,尤其 1980 年代以來世界範圍內共產主義趨於低潮,香港人如何看

31　羅永生:《殖民家國外》,香港:牛津大學出版社 2014 年版,第 9 頁。

待 1967 年的反英抗議運動，如何看待 1970 年代的精神自覺，就變成了撕裂香港人內心世界的痛苦傷疤。在香港左派的話語中，這次運動被看作是 "反英抗暴" 鬥爭，是一次反對帝國主義和殖民主義的偉大愛國運動，可在港英政府以及被港英 "吸納" 的香港精英階層所掌握的西方話語體系中，這次運動被定義為 "政治動亂"，甚至是一種 "政治恐怖"。在金耀基先生的論文中，用的就是 "政治動亂" 這個概念。一旦把 1967 年反英抗議運動定義為 "政治動亂"，其原因就很容易被歸結為社會經濟原因（比如 "溝通的失敗"）或者外部政治因素的挑動（比如中國內地的 "文化大革命"），從而把殖民統治這個政治主題巧妙地遮蔽起來，這實際上反映了殖民統治下培養起來的主流精英階層的普遍心態。這其實也是香港乃至內地長期不願意觸及 1967 年反英抗議運動的原因。大家似乎都願意輕鬆地躍過這個沉重的歷史話題，享受全球化時代的愉悅和快樂。

由此，要真正理解 "行政吸納政治" 這種政治模式，理解金耀基先生這篇著名論文的意義，就無法逃脫 1967 年的那場 "政治動亂" 及其對香港人思想結構和深層心態的深遠影響，更無法逃脫對 20 世紀全球史或人類文明史的通盤考量。隨著香港回歸從政治法律層面逐漸深入到文化精神層面的人心回歸問題，我們似乎有必要揭開這塊烙在中國人心靈上的傷疤，解讀癒結在傷疤中的思想密碼。

第二章

無言的幽怨：
中國革命在香港

　　在中英關於香港回歸交接儀式的談判中，英方主張交接儀式放在中環露天大球場，意在於讓所有參加交接儀式的人目送英國最後撤離的軍艦，以彰顯其“光榮撤退”。中方則主張交接儀式放在新建的會展中心，據說因為中心的外形設計是一隻北飛的大雁，象徵著香港心向祖國。可從太平山頂看，會展中心的外形似乎更像一隻巨龜，象徵著香港人心回歸的緩慢。在談判中，中方給英方提供了香港四十年的水文資料，證明7月1日前後香港處於暴雨多發季節，交接儀式不宜露天舉行。果不其然，當香港回歸交接儀式在會展中心舉行之際，整個香港傾盆大雨，相信天道自然的中國人都認為這是蒼天有眼，用淚水刷洗中華民族的歷史恥辱。因為香港作為第一塊被殖民統治的領土，成為近代中國被殖民歷史的象徵，一直是中華民族心靈上的傷痛。

一、"睜眼看世界"的窗口

　　當年大英帝國侵華時，在選擇香港還是舟山群島作為殖民地上曾經有過辯論。從軍事角度看，選擇舟山群島更適宜對清王朝進行戰略包圍，從而徹底征服清政府。可從商業角度看，選擇香港更有利於在廣州進行商業貿易。畢竟在當時，廣州是大清帝國對外展開全球商業貿易的門戶，是名副其實的全球貿易中心。最終，英國選擇了香港。這不僅是因為其意識到英國沒有能力武裝征服清政府，更重要的是由於英國政府本身就是英國商人"武裝的保鏢"，商業利益高於一切。因此，英國佔領香港從一開始就不同於傳統帝國採取的殖民策略，而是為了通過商業貿易獲取經濟利益。因此，與在美洲的殖民行動不同，英國當時對割佔中國領土並沒有特別的興趣。在 1842 年佔領了荒無人煙的香港島之後，十幾年之後才佔領了九龍半島，再過近 40 年時間，才在歐洲列強掀起的瓜分全球的狂潮中，乘機租借了新界。由於英國佔領香港的目的不是殖民，加之英國人認識到香港與內地在種族和文化上融為一體，難以殖民，於是，當九龍和新界居民對英軍佔領構成強烈抵抗時，英國人也沒有完全採取殖民屠殺政策，而是採取"間接統治"思路容忍了一定程度的自治。由此，儘管香港淪為英國的殖民地，但香港歷史從來都是中國歷史的有機組成部分，不理解中國歷史就無法理解香港歷史。一些香港學者通過撰寫香港自己的歷史來構建香港人獨立的身份認同，試圖把香港人與中國人割裂開來，顯然忘記了香港人作為中國人的基本事實。

　　香港地處古代中國的南部邊疆地帶，獨特的地理位置就決定其成為中國文化與西方文化、大陸地帶與海洋世界交融的新邊疆。鴉片戰爭之後，香港逐步成為西方治理下的樣板，成為融合中西方文化的大城市，因此也成為晚清中國"睜眼看世界"的最前線。從此，"世界"就指向海洋世界、西方世界及其背後的現代世界。比如，作為"睜眼看世界"的第一代人，魏源曾參與到鴉片戰爭中。他根據被俘英國軍官的敘述撰寫了《英吉利小記》，介紹英國的歷史、地理、殖民貿易和宗教文化等，甚至提醒人們重視研究英國的國情，成為中國人研究英國的早期文獻。這位科舉屢試不中的儒家知識分子，不屑於當時文人集團熱衷的詩詞歌賦和考據之學，而是關注王朝面臨的財政、漕運、軍事、科技、邊疆經略之類的現實問題，探求革新除弊、富國強兵的經世致用之道。而此時的清王朝在經歷了18世紀輝煌的巔峰之後，面臨著人口高速增長帶來的資源緊張和生存壓力，而鴉片貿易導致國庫空虛、財政緊張，再加之黃河常年氾濫，歷史上導致王朝覆滅的饑荒和流民已大規模出現。傳統文人官僚集團日趨封閉和腐敗，要麼視而不見，要麼束手無策。而此時的歐洲則越過了工業革命的門檻，將人類社會的發展帶入到一個新的境地。一個衰落的舊王朝遭遇一個正在崛起的新帝國，這就是香港故事的開端。

鴉片戰爭失敗後，魏源集中精力編著《聖武記》和《海國圖志》。前者追溯大清王朝崛起時代在內外戰爭中創造的輝煌戰績，既是追溯歷史上的功績，也是總結經驗並針對現實弊端提出革新方案。後者，在林則徐收集翻譯的《四洲志》等文獻的基礎上，成為中國人第一部系統、全面地認識西方世界的著作，"師夷長技以制夷"成為其核心思想。這兩部著作從陸疆到海疆，從清王朝的崛起到面臨的重重危機，試圖探求全球歷史大變革時代的興衰之道。1848年，魏源路過香港，被香港的繁榮景象所震撼。當年簽署《穿鼻草約》時不過是千人的小漁村，清王朝並沒有重視，而今竟然"化為雄城如大都會"。"幻矣哉！擴我奇懷，醒我塵夢，生平未有也。"在他的眼中，英國殖民下的香港就像神話中的蓬萊仙境，"豈蓬萊宮闕秦漢所不得見，而忽離立於海濱。"

從此，中國一代又一代"睜眼看世界"的人都會將香港看作是認識西方世界的窗口乃至樣板。香港不僅是中西方商業貿易、金融往來的樞紐，也成為西方觀念、思想進入中國內地的通道。這裏不僅是培養瞭解西方、熟悉西方現代化人才的文化搖籃，培養出一大批所謂的"口岸知識分子"，而且是推動中國內地走向共和的革命基地，我們甚至可以說培養了一大批"口岸革命家"。香港如此，第一次鴉片戰爭以來對外開放的其他通商口岸也是如此。這些口岸之間形成面向全球商業和西方文化的互動網絡，甚至形成柯文（Paul A. Cohen）所謂的"香港—上海走廊"，二者都

處在兩種文化衝突的前哨。正如柯文所言，

> 自 1842 年以後，沿海與內地的反差逐漸顯著了。西方人首先在
> 中國沿海建立據點，後來又擴展到長江沿岸。在這些據點及周圍地
> 區，逐漸發展出一種文化：它在經濟基礎上是商業超過農業；在行政
> 和社會管理方面是現代性多於傳統性；其思想傾向是西方的（基督教）
> 壓倒中國的（儒教）；它在全球傾向和事物方面更是外向而非內向。
> 中國文化的重心仍然牢固地植根於內地。但隨著時間的推移，沿海日
> 益重要地成為內地變革的促進因素，就像細菌學上的 "酵母" 一樣。
> 中國近代史上的一些重要任務都是新的河海文化的產物。[1]

如果我們從一個更大的世界圖景上看，西方文化就是隨著海洋上的商業貿
易和資本擴張而來，海洋文化首先就是商業貿易的文化。西方世界通過控
制海洋控制著全球商業貿易網絡，並由此建立起世界體系，而大陸廣闊的
地域就像被海洋包圍起來的島嶼，而這些海洋和河道邊上的口岸就成為西
方通過商業貿易而進入大陸的通道。由此，口岸生活就成為大陸地域與海
洋世界的交匯點。而發揮這種 "酵母" 作用的就是商業上的 "買辦階級"、
文化上的 "口岸知識分子" 乃至政治上的 "口岸革命家" 或 "口岸政治組
織"——現代政黨。對於香港乃至廣州、上海的買辦資產階層我們已經很
熟悉了，但更要關注這些將商業觀念和商業力量轉變成政治力量的 "口岸
知識分子" 和 "口岸革命家"。我們只需要舉中國近代史上兩個著名的例
子就非常清楚了。

就香港的 "口岸知識分子" 而言，不能不提到中國近代媒體的創始人
王韜。他從內地到香港避難期間，一開始繼續內地的文化事業，協助外國
人將中國重要典籍翻譯為英文，並用英文撰寫文章介紹中國文化和儒家思
想，這種翻譯和寫作很大程度是基於對中國文明的自信，希望西方人瞭解
中國文明。然而，正是在香港，他的思想開始發生了轉變，逐漸放棄了早

1　〔美〕柯文：《在傳統與現代性之間：王韜與晚清改革》，雷頤、羅檢秋譯，南京：江蘇人民出版社
　　1995 年第 1 版，第 217 頁。

期接受的內地洋務派的 "中學為體，西學為用" 思想，而開始認識到中國要實現自強，就必須向西方學習，並因此後來被看作是 "西化論者"。也正是通過香港，王韜遊歷了歐洲，尤其在英國與社會各界進行廣泛交遊，這就更加堅定了他的看法。期間，他不僅形成了國家平等的近代民族國家的觀念，更是將英國看作是心目中的理想國度。為此，他在返回香港之後，在香港商業力量的支持下，選擇報紙這種對中國人而言還很陌生的現代傳播媒介，並由此開啟對中國的文化思想啟蒙。他將創辦的報紙取名《循環日報》就是寓意盛衰循環、生生不息，強調通過文化思想啟蒙來推動經濟、社會、文化乃至政治的變革，最終實現國家強大，成為一份通過香港面向中國人的報紙。"以中國人論中國事"，"凡時事之利弊，中外之機宜，皆得縱談，無所拘制。" 由此，這份報紙成為最早的政論性報紙。報紙開創了後來的報紙所廣泛採用的 "社論" 模式，評論國內外的重大新聞事件並發表專門的政論文章。其中，大多數社論都出自他的手筆。他在社論介紹西學，評論時政，抨擊時弊，宣傳變法，在香港和海外的華人中間以及內地洋務派的官員、商業人和文化人中間產生了巨大的影響。王韜不僅成為中國第一代著名媒體人，也成為第一代著名政論家，以至於開啟了 "中國知識分子新的事業模式"（柯文語），即不再通過科舉做大官但卻依然能做大事。從某種意義上，後來影響更大的梁啟超可以說是王韜開創的這項事業的繼承者。

就 "口岸革命家" 而言，我們不能不提到孫中山領導的辛亥革命。隨著清代展開洋務運動，最先在香港發展起來的商業買辦階層積極參與到這場 "自強運動" 中，並從中獲得巨大利益，並因此在香港的經濟地位不斷上升。可以說，香港工商業買辦階層恰恰是利用內地洋務運動開發的巨大市場發展起來的，他們最先接受了西方政治理念，意識到中國要能夠實現自強就必須走向共和。因此，這個階層不僅支持向內地輸入西方科學理念、民主共和的思想，而且贊助在內地推動共和革命力量。孫中山正是在香港求學期間，接受了現代西方的科學理念和民主共和思想，從而認為西方文明比中國文明優越，並立志革新國家，尋求救國之道。因此，孫中山將香港看作是自己的 "知識誕生地"，並認為他的 "革命思想完全得之香港”。但香港不僅是為孫中山播種革命思想的發源地，更是他組織政黨、策劃革命的大本營。孫中山雖然在檀香山成立興中會，但真正的活動基地在香港，興中會成立後隨即回到香港成立香港分會。也正是在香港的興中會成立大會上，孫中山提出了“驅逐韃虜，恢復中華，創立合眾政府”的革命宗旨。同樣，後來的同盟會雖然在日本成立，但孫中山迅速在香港成立了分會，並在香港創辦了同盟會的機關報紙《中國日報》，並利用這份報紙與變法保皇派展開了論戰，成為宣傳革命思想的輿論陣地。可見，孫中山的基本策略就是在海外成立革命政黨組織，網羅在海外留學的新型知識分子，並利用西方媒體展開國際宣傳，從而尋求國際輿論的支持，但真正開展政治活動的基地卻選在香港，因為毗鄰內地的香港更適合組織革命。因此，很多在內地的起義都是在香港策劃，而且起義的地點也選擇沿海地區，而一旦起義失敗也相對容易撤退到香港。比如著名的黃花崗起義就是在香港策劃的，而革命志士在起義失敗後也往往流亡香港，並聚集在香港繼續策劃起義。

　　可見，香港的便利條件不僅在於香港處在英國人主導的思想觀念和輿論環境中，在這種輿論環境中成長起來的中國人天然地傾向於支持民主共和理念，更重要的在於，香港成為接受西方教育的新式精英遊走於內地與西方世界之間的通道或者樞紐，而且他們很容易在香港這個地方相互熟悉並結下革命友誼。而香港作為英國殖民統治之地，處在中央政府鞭長莫及的管轄之外，以至於一切無法在內地合法存在的觀念、組織或勢力，都可以在香港找到自己的生存土壤。由此，作為化外之地的香港恰恰為內地存儲了革新的種子和力量，香港也因此成為網羅內地的各種反叛或革命力量的重要樞紐。

二、"第三空間"：革命網絡中的樞紐

辛亥革命的核心力量口岸商業階層和口岸知識分子漂浮在海外，甚至始終以香港作為革命基地，這也導致辛亥革命一旦在內陸腹地武漢爆發，海外革命力量實際上無法掌控革命進程，以至於整個中華民國建構過程中，海外政治力量僅僅擁有符號性權威，而政治權力卻掌握在原來清王朝內部改旗易幟的建制派力量手中，這就成為後來所說的北洋政府。因此，孫中山後來改組國民黨甚至採取聯俄聯共的政策，就是希望將革命的力量從漂浮在海外力量轉變為扎根中國大地的本土力量，甚至扎根於作為社會大多數的工人和農民之中。

在這個過程中，"五四運動"和新文化運動成為中國革命的轉折點。在理論話語宣傳上，有了"民主"與"科學"這兩個更具有革命性的新理論來凝聚革命主張，且白話文運動將觀念革新和輿論動員從"口岸"推向更廣闊的內陸。而五四運動之後，革命力量也從口岸商業階層轉向工農大眾，從口岸知識分子轉向本土知識分子，類似北京大學這些新式大學教育出源源不斷的革命新人。五四新文化運動，差不多是中國在春秋戰國之後面臨的第二個禮崩樂壞、百家爭鳴的大時代，各種理論思潮噴湧而出，自由主義、共產主義、無政府主義、保守主義等等，不同的理論主張形成不同的政黨，從而構想出不同的政治理想，並推動相應的政治改革或政治革命的努力。中國革命的大本營從香港這樣的通商口岸轉移到整個內陸，呈現出燎原之勢。這時也剛好迎來了世界革命大勢，近代以來踐踏中國的老牌歐洲殖民帝國被削弱，而新興帝國開始登上歷史舞臺，包括"脫亞入歐"的日本、從美洲進入亞洲並開始邁向世界帝國的美國以及用共產主義理論武裝起來的新型俄國。這些老牌殖民帝國與新興帝國的力量與中國革命的各種力量交織在一起，在改變中國政治面貌的同時，也在深刻地改變世界的政治面貌。在這樣的革命背景下，香港就從革命基地變成了革命網絡中人員、資源、信息、觀念進行流動的樞紐，這一點尤其體現在中國共產黨對香港這種獨特地位的充分運用中。

　　不同於普通政黨，共產黨這個組織從一開始就是一個信念共同體，是圍繞馬克思主義所揭示的共產主義信仰而凝聚起來的先鋒隊組織，其目的不僅僅建立“人間的國”，而是要推翻幾千年人類歷史形成的不平等的、壓迫性的國家政治法律制度，甚至消滅國家、政黨本身，將全人類推進到共產主義這個“天上的國”。正因為其顛覆性的激進政治理念，共產黨組織在全球資本主義體系中始終處於被迫害的狀態，成為漂浮的“幽靈”，以至於唯有依靠堅定信仰和不斷推動的革命運動才能在嚴酷環境中生存下來，所以共產黨人被看作是“特殊材料製成的人”。在這個意義上，共產主義運動在歐洲更類似於一種在資本主義工業化擴張帶來的普遍苦難中致力於拯救的宗教運動。而這種運動在俄國第一次變成了擁有武裝力量並奪取政權的革命政黨，類似“武裝的先知”，擁有了改變世界的政權力量和物質力量。因此，俄國十月革命給全世界所有被資本主義、殖民主義和帝國主義壓迫的國家和人民帶來獲得解放的曙光。

　　五四運動期間馬克思主義的傳播和十月革命的影響就迎來了中國共產黨的誕生。中國共產黨從成立起就不僅具有救民於水火的崇高道德感和神聖使命感的獨特精神氣質，而且具有嚴守秘密的高度紀律性和處於地下狀態的行動方式。中國共產黨在推動中國革命的過程中，一半是公開的政黨，而另一半卻是採用秘密式行動方式的地下組織。這種方式即使在國共合作時期，共產黨一半公開地活躍在革命的政治舞臺上，但另一半始終處於地下隱蔽狀態。而在國共分裂、國民黨對共產黨進行徹底的屠殺清洗之後，這種狀況就更為明顯。由此，在中國革命的版圖中，中國共產黨分為兩個部分，一個部分就是“紅區”，就是共產黨公開執政統治的“紅色根據地”；另一部分“白區”，就是共產黨處於秘密隱蔽地下狀態的“國統區”。由於國民黨佔據著絕大多數的地區，而“紅色根據地”如同“星星之火”分散在內陸。由此，中國共產黨要在分散的根據地之間建立聯繫，就需要在各個關鍵點上建立“秘密交通站”，從而形成了“秘密交通線”。而香港由於其特殊地理位置和政治環境，使得其成為紅色根據地之間形成網絡的樞紐環節。

　　在新文化運動中，香港就已有了共產主義小組，中國共產黨成立之初就在香港建立了隱蔽的組織體系，其中香港人蘇兆徵、林偉民等就成為 1925 年省港大罷工的組織者。大革命失敗之後，中國共產黨在內地的組織體系遭到重創，很多黨和軍隊的領導人，包括周恩來、鄧小平、葉劍英、陳毅、劉伯承、賀龍、徐向前、聶榮臻、李富春、陳賡等要麼避難到香港，要麼通過香港這個樞紐奔赴各個根據地加強對革命的領導，當然也有通過香港奔赴蘇聯。其中，蔡和森就是作為中央特派員從上海派遣到廣東領導革命工作中，途經香港被捕並引渡給廣州的國民黨政府遇害的。當然，在這個交通線的網絡中不僅運送黨政負責人，而且運送根據地急需的藥品、電器、緊缺物資等。正是由於香港的這種樞紐地位，中共很早就在香港建立起秘密電臺，中共中央在上海的電臺要通過香港這個樞紐才能轉到中央蘇區根據地。延安時期也是通過香港這個樞紐轉向華南各個根據地。而 1929 年來香港創建電臺的李強後來擔任國家經貿部部長，他是個"文革"之後中央第一個赴香港的高級官員，也就是他邀請港督麥理浩訪問北京，開啟了香港回歸祖國的歷程。可見，遭受到大革命失敗和黨內極左路線的衝擊，中國共產黨在香港的活動未能充分得到發展，但也絕非完全停頓、銷聲匿跡，並非"從無到有、從有到無"。[2]

在經歷第五次反圍剿失敗之後，中共在 1935 年的遵義會議總結了白區工作的經驗教訓，提出轉變白區工作的方式。1937 年在延安專門召開了白區工作會議，提出黨的白區工作的一系列政策和策略，直到 1940 年 12 月中共中央發表《論政策》的黨內指示，提出了白區工作十六字方針："隱蔽精幹，長期埋伏，積蓄力量，以待時機"。而這個時期正是抗日戰爭時期，民族矛盾壓倒了階級矛盾，加之國共合作為共產黨在白區開展工作提供有利的環境。這個時期，中共在白區工作的重要任務就是就建立抗日"統一戰線"，爭取和團結革命的中間力量和進步力量，以便在政治上孤立消極抗日積極反共的反對力量。可以說，從抗戰以來，香港就成中共宣傳抗戰和建國理念的基地和爭取愛國民主人士、海外華人和國際友人，開展統一戰線的大舞臺。甚至早在 1935 年中共就推動福建事變後逃難香

2　"從無到有、從有到無"是陳劉潔貞的書名。Chan Lau Kit-ching: *From Nothing to Nothing — The Chinese Communist Movement and Hong Kong 1921-1936*, London: Hurst & Company, 1999.

港的李濟深等在香港組織了"中華民族革命大同盟"。1936 年，中共派廖承志等來香港領導香港工作，整個香港工作由周恩來負責的南方局直接領導。周恩來為白區地下工作制定了"三勤"（勤業、勤學和勤交友）和"三化"（社會化、職業化和合法化）的工作方針，使得中共在香港不但重新扎穩腳跟，而且迅速發展壯大。

在全球反法西斯主義的二戰背景下，英美需要中國來牽制日本在東方的擴張，再加上國共合作的背景，港英政府默許了中共在香港的公開活動，允許中共在香港公開成立了八路軍和新四軍辦事處，為中共抗戰募集資金和物資。而中共在香港也不再搞早期激進的反殖、反資的工人運動，將工作重心轉向爭取凝聚中間抗日力量的文化活動，特別是深入到學校中爭取青年學生投奔延安，同時也爭取工商界支持。中共與港英之間這種心照不宣的互動，給中共在香港活動爭取到更大的空間。特別是在皖南事變之後，國民黨消極抗日、積極反共，導致國統區大批愛國民主人士、文化界人士受到打壓，而中共將他們組織撤退到香港，並在中共的秘密支持下，創辦了大量的報紙和期刊。比如范長江主持的《華商報》、梁漱溟主持的《光明報》、鄒韜奮主持的《大眾生活》、宋慶齡主持的《保衛中國大同盟》（英文半月刊）、茅盾主持的《筆談》等等，而在文藝、電影領域，活躍著夏衍領導的"旅港劇人協會"劇團等。而隨著日本攻佔廣州和香港之後，中共又利用自己的地下網絡通道，全力營救這些被困在香港的民主人士和文化界人士，使得他們成為支持中共的中堅力量。1947 年，中共在香港建立新華社香港分社（簡稱香港新華社），從此中共以新聞機構的名義履行在香港的政治領導工作，喬冠華擔任首任新華社社長，直到香港回歸後的 2000 年才正式更名為今天的中聯辦。1948 年中共提出建國方案之後，又是在香港推動這批民主黨派和知識分子秘密北上，參加建國。可以說，這批民主黨派和知識分子就是在這個時候、在香港這個因緣際會的舞臺上，團結了中共的周圍。

抗戰結束之後，白區工作就成為中共開展的"第二戰場"。"香港是英國殖民地，不屬於國統區。由於港英政府在政治活動和輿論宣傳上給予一定的自由度，香港成為中共從事秘密革命活動的基地、華南地區的指揮中心。宣傳、策反、起義、叛變、暗殺、罷工、北上，是這個時代的政治主旋律。"[3] 隨著中共制定"向北發展、向南防禦"的戰略，香港就成為中共領導整個華南工作的基地。1946 年，中共在香港成立了"港粵工作委員會"，後來簡稱為"香港工委"，統領南方很多省份、港澳和南洋的黨組織。而中央大規模派往"香港工委"工作的"幾乎清一色是文化人"，比較有名的如夏衍、喬冠華、許滌新、潘漢年、龔澎、馮乃超、廖沫沙、胡繩、周而復、林默涵等。以前創辦的報刊不僅紛紛復刊，而且創辦了很多新的報刊和圖書出版公司。恢復並組建了新的文藝團體，這些劇社竟然將延安的《白毛女》編排上演，甚至邀請到港督葛量洪觀看演出。與此同時，中共在香港推動創辦學校，其中著名的中學如香島中學、培僑中學和漢華中學一直保留到現在。值得一提的是 1946 年創辦的達德學院，該學校有一半的學生都是中共黨員，而且很多來自東南亞的華僑，成為培養東南亞革命領袖的基地。港英政府對此非常警覺，在 1948 年關閉了該學校，其中在港督葛量洪給英國政府的報告中，特別提到該學校的"目的是進行極左性質的共產黨政治訓練和宣傳"。"學生忠實地遵循共產黨的路線，情感上強烈反蔣反美。"[4]

中共之所以在香港開展如此規模宏大的文化工作，一方面是為了打破國民黨在內地的新聞封鎖，爭取外界力量支持。在這種情況下，中國共產黨迫切需要向社會各界乃至整個世界宣傳自己的政治立場和主張，並以香港為基地輻射廣州、上海等國民黨統治區。另一方面，更重要的是，國共內戰是兩種革命政治理念和兩種建國方略的競爭，這不僅僅是軍事上的較量，更是一場爭取人心、爭奪文化領導權的較量，由此演變為兩種政治正當性敘述的較量。這就涉及到馬克思主義如何中國化的問題，即源於歐洲社會歷史經驗的共產主義學說如何與中國本土的歷史文化傳統相融合的問題。國民黨雖然秉持西方自由主義立場，但始終以儒家文化的正統自居，並推動西方自由主義理念與儒家文化相結合，而共產主義學說從一開始就秉持了一種激進的反傳統立場。這場爭奪文化領導權的較量早在抗戰之前

3　江關生：《中共在香港（1921-1949）》上卷，香港：天地圖書有限公司 2012 年版，第 203 頁。

4　江關生：《中共在香港（1921-1949）》上卷，香港：天地圖書有限公司 2012 年版，第 227 頁。

就已經開始。比如圍繞中國社會性質的大辯論看起來是學術討論，實際上是對革命道路正當性的討論，因為對中國社會性質的不同理解就會給出不同的革命道路和解決方案。由此我們才能理解中共在白區的統戰工作尤其集中在精英知識分子群體，而他們組建的民主黨派成為中共統一戰線的重要組成部分，並最終參加到民主協商的建國大業中。比較而言，國民黨過分迷信軍事力量，甚至採取特務統治的方式來脅迫進步的精英知識分子，尤其是 1946 年槍殺李公樸和聞一多，解散民盟之類的中間進步黨派，使得大批主張走"第三條道路"的中間政治力量紛紛避難香港，成為中共在香港統戰的重點對象。

如果從精英和大眾的視角看，國民黨通常被看作是一個精英黨，普遍教育程度高，而且有大批留洋博士在政府裏任職，比較之下中共長期扎根在沒有多少文化的工農大眾中，很自然被稱之為"土共"。然而，這種"洋"與"土"的區別不僅是漂泊的口岸知識分子與扎根大地的本土知識分子的差異，而且在於何為真知的不同判斷。"洋"或許意味著他們的知識僅僅是書本上以教條的方式呈現出來的，而"土"則意味著他們掌握的知識是在實踐中總結出來的。如果說科學知識是普遍的，是以公理的方式寫在教科書中，那麼關於政治社會的知識往往都是地方性的，需要在特定歷史條件下政治實踐中來把握。事實上，在中共內部不乏留"洋"的知識分子，留學蘇聯的王明就可以把馬列著作倒背如流，然而這些知識用在政治實踐中帶來的卻是災難。恰恰是從來在沒有留洋的中共領袖毛澤東卻成為真正的大思想家、大知識分子。在延安整風運動中，毛澤東撰寫的《矛盾論》和《實踐論》就是在哲學認識論的層面上討論究竟什麼樣的知識才是真正科學的知識，他既批判"食洋不化"迷信書本知識的教條主義，也批判迷信經驗的經驗主義，而是提出在理論與實踐之間辯證互動的"實事求是"，從而將中國哲學傳統精神與西方現代哲學思想融為一體，成為現代中國偉大的哲學家。政治不僅是知識，更重要的是行動。一旦進入到政治實踐中，那麼重要的就是明瞭行動的目的、意義和價值以及完成任務所具備的策略和執行策略的行動能力，而這恰恰屬於共產黨最擅長的政治教育。"國民黨的稅多，共產黨的會多。"這句俗語形象地說明國民黨更加強調工具理性化，通過經濟利益將大家聚攏在一起，而共產黨則更強調倫理理性化，通過理想信念和政治共識將大家凝聚在一起。因此，共產黨人的優勢並非掌握多少書本上的教條或者標籤化的文憑，而是一種領悟並推動世界發展大勢的能力，一種嚴以律己、忘我奉獻的高尚道德情操，一種扎根大地、在實踐中尋求解決辦法的務實態度。正像民主黨派領袖黃炎培在訪問延安的觀感中，首先看到的就是這種精神風貌的不同：

> 我願意先談談延安的民眾。……公教人員或他們的家屬，……不論男女都是制服，女子學生裝短髮，都代表十足的朝氣。當地老百姓，衣服也都很整潔，衣料是藍或白的土布。絕對沒有襤褸污穢的流浪者。女子皆天足。此等人士，是代表樸實和體格的健全，卻從沒有發現過紳士式的男子，和塗脂抹粉、灑香水、高跟鞋等摩登裝束的女子。
>
> 至於中共重要人物毛澤東先生，依我看來是一位思想豐富而敏銳又勇於執行者。朱德先生一望而知為長者。此外，轟轟烈烈的賀龍、彭德懷、聶榮臻、林彪、劉伯承……諸位先生在一般人想象中，一定脫不了飛揚跋扈的姿態。料不到，這幾位先生都是從沉靜篤實中帶著些文雅，一點沒有粗狂傲慢的樣子。真是出於意外。……
>
> 就所看到的，只覺得一切設施都切合乎一般的要求，而絕對不唱高調，求理論上的好看好聽。……毛先生（指毛澤東——引者）說：我們要打倒主觀主義和宗派主義。我們要向老百姓學習。工農分子的知識有時倒比知識分子多一點。讀了馬克思主義，沒有能根據他來研究中國的歷史實際，創出合乎中國實際需要的自己的理論，做了中國共產黨黨員，看不見中國，只看見書架上的革命文獻。這種馬克思主義理論家，還是少一點好。他主張有些書本知識的人，快回到實際工作裏去。這就是中共三年來的新方針。至於執行的比較徹底，不馬虎，在延安的幾天裏，隨處可以見到，這是事事有組織、人人有訓練

的緣故。[5]

　　"樸實和體格的健全"，"沉靜篤實中帶著些文雅"，"要向老百姓學習"，"事事有組織、人人有訓練"，這無疑是很傳神的概括。這表明中共主張的政治哲學擺脫了從"五四運動"以來將"主義"與"問題"割裂開來的意識形態政治，而是將"主義"與"問題"結合起來，將理論與實踐結合起來，從而回到"求真務實"、"實事求是"的中國哲學傳統。因此，中共領導人極其善於統戰，善於爭取人心，不僅是因為其新穎的世界觀和政治理念所具有的吸引力，更重要的是他們在領悟和執行其政治理念中展現出來的人格魅力。中共基層雖然是工農大眾的"土共"，但也都具有禮賢下士、忘我犧牲的精神。就像在香港工委地下工作中，護送這些民主黨派和文化精英安全出入香港的都是這些默默無聞冒著生命危險完成任務的"土共"。因此，在第三空間的香港舞臺上，主要的演員都是這些政治賢達、文化名流，而支持這個舞臺的大多數就是這些從事幕後工作的默默無聞的"土共"。從某種意義上，正是由於中共善於做爭取人心的工作，最終在這場爭取人心的鬥爭中，進步精英知識分子和青年學生站在了中共一邊，國民黨也因此逐步喪失了文化領導權，以至於面對軍事戰爭的失敗就立刻土崩瓦解。這或許是由於中共從一開始就是致力於思想信仰的新式精英政黨，而國民黨從一開始就是迷信暴力的舊式秘密會社。

5　黃炎培：《八十年來》，北京：文史資料出版社 1982 年版，第 114-116 頁。

三、"未完成的革命"：香港左翼運動溯源

　　1949 年新中國成立，受到這個消息激勵的香港工會組織以維持最低生活為由舉行了電車工人的罷工活動。資方未能滿足罷工要求，而左派團體大力支持並展開持續的抗議活動，最終與香港警方發生衝突，釀成了"羅素街血案"。這起事件固然有經濟問題，但這顯然不是工人自發的罷工行動，無疑有香港地下黨委的背後支持。在全國迎來解放的大背景下，香港黨員和革命群眾希望早日結束這種被壓迫的地下工作狀態，迎來革命解放，因此他們在香港工作中不免越來越大膽，越來越激進。而他們激進革命行動自然會獲得廣東基層黨組織和群眾的支持，兩地組織和革命群眾的互動最後引發了 1951 年的"三一事件"，即廣東群眾組織起來慰問香港災民被港英政府禁止入境，這引發前來歡迎內地同胞的香港群眾的不滿抗議，遭到了香港警察鎮壓，發生流血衝突。在這起事件中，香港愛國媒體無疑發揮著激勵和推動作用。香港《大公報》甚至轉載了《人民日報》的評論員文章，譴責"英帝國主義順從美國的意旨，蓄意迫害香港的我國居民，以圖實現其把香港變為帝國主義侵犯我們的基地的陰謀"。而港英政府隨後查封《大公報》、《文匯報》和《新晚報》這些愛國報紙，並將參與事件的一些香港工會負責人解送出境。這又反過來引發了中央對英國施加外交壓力，迫使港英政府取消對《大公報》的出版禁令。

　　建國前後發生在香港的這一系列事件引發了中央的高度重視。早在電車罷工事件中，中央就明確要求中央華南分局和香港黨委對工人的鬥爭加以"策略指導"，要求"不要提出政治要求，只作經濟要求"，"不牽扯到政治上去為宜"，尤其特別要求"共產黨不要公開援助香港罷工"。而在1950 年朝鮮戰爭爆發後，廣東省委專門召開香港工作會議，明確提出香港工作要按照中央的指示"一切應從長期打算"著眼，"做好國際宣傳、購買物資、統一戰線"三項工作。針對港英政府的高壓要做好隱蔽工作，會議特別提出，"在港的大公、文匯兩家報紙近來尤其突出，有被孤立的危險，我們正考慮新聞線上保存第二、三線的戰鬥力量，並且要他們的言

論不要太激烈，要照顧和爭取全市的多數市民。"會議最後明確提出，"香港今後的工作主要是如何開展與加強統戰工作，如何保存我們自己，壯大自己的力量。所以在鬥爭上不適宜採取'左'的辦法。而應該採取團結方法，長期鬥爭的方法，這樣我們才能夠創造條件在將來運用不通過流血戰爭的辦法接收香港。"[6]

如果我們從會議文件看，中共中央、廣東省委乃至香港黨委對於"長期打算"、"統一戰線"的重要性有所明確，且點明要求香港愛國媒體在輿論上有所收斂，防止被打壓。既然如此，怎麼還會發生"三一事件"中，媒體的激進報道導致報紙遭到查封、工會領袖被逮捕解押出境的"極左"情況呢？可以說，建國之後中共中央香港工作面臨的最大問題其實就在於不斷出現極左傾向的破壞。對於這個問題，長期以來的主流解釋認為是由於中央採取的政策越來越左傾，這種解釋在宏觀傾向上有很大的合理性，因為我們很容易看到中央極左政策對香港的影響，然而在具體的微觀事件中卻往往是不成立的。就像在上面這個案例所看到的那樣，中央政策明確要求香港要防止"左傾"，甚至點名要求大公、文匯兩家媒體不要激進，可事實上並非如此。在這個意義上，從 1949 年到 1951 年香港發生的一系列激進抗議運動並非由於中央政策或立場太左傾，而是香港前方不斷在偏離中央的政策。事實上，後來爆發的六七抗議運動乃至香港回歸之後的一系列事件表明，香港前方的行動往往會偏離中央的政策，而且偏離的傾向往往更傾向於"左傾"而非"右傾"。這就意味著我們需要對香港的這種規律性的左傾行動傾向給出一個合理的解釋。

事實上，主流的解釋之所以將香港愛國群體的左傾傾向歸之於中共中央左傾政策，一個重要理論假定就是香港愛國組織都是不折不扣地執行中央政策，因為香港愛國行動都是在中共的領導下，而中共又是一個按照民主集中制原則建立起來的強有力的行動政黨。這種解釋在邏輯上是正確的，然而在事實上，中國是一個龐大的國家，中共也是一個龐大的政黨，尤其在建國之前的根據地時代，中國共產黨是在各個根據地中生長出來

6　轉引自江關生：《中共在香港（1921-1949）》下卷，香港：天地圖書有限公司 2012 年版，第 60-61 頁。

的，他們分享共同的價值和理念，然而由於地區之間在經濟、社會、民族、語言文化等方面存在差異，尤其是面對不同的政治環境，每個地區的黨組織面臨的任務和行動方式會有很大的不同。不僅有我們說的"紅區"和"白區"的區別，同樣是"白區"，殖民統治下的香港與國統區的上海等地也會有很大的差異。同樣是紅色根據地，陝甘寧和鄂豫皖也有很大的不同。而中國共產黨之所以如此強調意識形態的統一和政治紀律的統一，恰恰是因為中共始終面臨著分散在不同地域的不同黨組織區域本地化和多樣化的壓力。因此對於中共而言，如何防止出現"山頭主義"，如何防止出現"黨內有黨"的派系鬥爭，如何建成一個強有力的、令行禁止的行動政黨，始終是中共作為一個大黨治理一個複雜的大國所面臨的難題和挑戰，而黨內的政治鬥爭和組織鬥爭也往往圍繞這個問題展開。這就意味著我們必須將地方黨委看作是一個相對獨立的行動主體，那麼如何理解黨的政策並執行黨的政策就成為處理中央與地方黨委、戰略全局與地方利益、原則性與靈活性關係的重要主題。

如果從這個角度看，1949 年的新中國成立給香港帶來一個結構性難題，那就是一個主張反帝、反殖、反封建的革命政黨為什麼不解放香港。早在抗戰期間中央高層就確定了暫時不考慮收回香港，然而對大多數香港基層黨員和群眾來說，他們並不知悉中央高層這個決定，更重要的是，他們也不一定能從全球政治格局來理解這個決定。香港如此，與香港連為一體的廣東基層黨員和群眾也同樣如此。從香港基層黨員群眾的角度看，內地同胞揚眉吐氣地解放了，可他們依然生活在港英政府的殖民統治之下，依然要隱姓埋名從事艱苦的地下工作，他們以及他們子孫後代無法光明正大地在香港當家作主，無法進入香港建制的社會主流，而要承受港英政府打壓，在整個香港政治、經濟和文化秩序長期處於邊緣化的地位上。正因為如此，香港基層黨員群眾本能地傾向於左傾激進主張，傾向於早日推翻港英殖民統治，掌握香港政權，成為香港社會的主人，成為香港社會主流。如果說解放前的左傾冒險會遭到殘酷鎮壓，那麼新中國成立之後，這種左傾傾向會有強大國家在背後撐腰，所要冒的風險和付出的代價並不大。就像港英政府在"三一事件"中，由於中央出面與港英政府交涉，港英政府雖然經過司法審判來處理《大公報》，但最後依然不得不妥協，以至於在後來更為激進的六七抗議運動中，港英政府也並沒有處理《大公報》，而是處理一些外圍的左傾媒體。在這個意義上，我們可以說，建國之後乃至香港回歸之後的歷史進程中，往往是香港前方的積極主張迫使中央不得不為香港的激進後果背書，甚至承擔相應的政治責任。

然而，中共中央難道就不能控制香港前方的行為嗎？中央強有力的組織體系無疑在領導著香港工作，但所謂領導也只能局限在政策教育引導、策略指定、人事任免等方面，中央不可能事無巨細為香港前方做出安排，瞬息萬變的政治活動必然要求香港前方擁有相當大的判斷權和自主決策權，否則只要香港前方採取消極怠工的態度，那麼由此承擔的後果最終主要還是由中央來承擔。而在當時的信息交通不便的情況下，香港前方擁有非常大的自主決策權，甚至中央對香港政治形勢的評估和判斷也要來自香港前方的對形勢的把握和判斷。因此，香港工作的日常判斷、決策和行動主體乃是香港地方的黨組織。特別是中共從內地進入香港之後，隨著時間的推移，香港工作的領導幹部越來越本地化，中央在香港的工作須依賴熟悉香港情況的本地幹部，至少需要由熟悉粵語的廣東人來擔任，這也是廖承志長期協助周恩來主持香港工作的原因。換句話說，這是由事物的客觀性質決定的，甚至是不以個人意志為轉移的。在這樣一個組織體系中，中央和地方之間需要上下打通，同時調動雙方的積極性，達成協調一致的平衡，若中央太強勢有可能因不熟悉地方情況而形成教條主義，而地方太強勢則有可能陷入地方利益和經驗主義，無法適應全國一盤棋的宏觀戰略構想。因此，政治乃是組合各種力量的藝術，就是協調各種觀念、各方利益、各個階層使其形成合力來實現某個具體的目標。領導的政治水平往往就取決於這種協調組合的能力。

然而，在中央領導香港的政治工作中，面臨的一個結構性的矛盾就是香港前方基於意識形態和自我利益考慮的左傾傾向與中央後方基於全球戰略和國家利益的實用主義策略之間的持續緊張，而這個結構性緊張的深層根源乃是由於中國革命在內地已經完成，而在香港始終是一場"未完成的革命"，對於香港前方來講，他們的主張和利益天然地指向解放香港，而不是"長期打算"，他們更希望革命之後執政，而不是採取統一戰線，滿足資本家的利益。在中央的戰略方針和政策宣傳中，對於臺灣有"我們一定要解放臺灣"的主張，然而香港前方卻從來沒有聽到的"解放香港"的政策指示和政治宣傳動員，反而聽到的是"長期打算"乃至"和平解決"的指示，在香港前方基層的黨員和左派群眾看來，這種"長期打算"和"和平解決"實際上就是承認了港英殖民者、大資本家以及香港右派的利益，是反過來是以犧牲他們的利益為代價的。因此，他們從香港左派的本位立場來思考問題，天然地對這種"長期打算"的和平解決思路有所抵觸，這就需要中央做大量耐心的思想教育工作，讓他們著眼於國家大局，著眼於革命的大局，做出相應的犧牲。事實上，當香港問題和平解決之後，香港回歸之後的二十幾年來，香港政治經濟文化的舞臺上香港左派始終處於邊緣地位，而中心地位則留給了曾經剝削他們、鎮壓他們的資本家和前殖民地官員。

我們唯有理解"未完成的革命"所帶來的這種結構性矛盾，理解香港的愛國力量這種迫切獲得解放並在香港當家作主的渴望，理解他們在日常行動中的利益訴求以及由此引導甚至塑造中央對港政策的強大能力，才能理解為什麼建國之後的香港政策日趨左傾。無論在電車罷工事件中，還是在"三一事件"中，中央的指示和政策都是非常謹慎，希望將問題局限在"經濟問題"，然而香港前方激進行動後果實際上將其變成"政治問題"，從而將中央"拉下水"。在這種木已成舟、"生米煮成熟飯"的狀況下，中央也只能是"站在河裏不怕濕"，不得不採取強硬立場來為香港的左傾行動背書。無論這是否出於中央的本意，中央基於其革命意識形態立場和大局考慮，也不能坐視不理，更不能因此向港英政府妥協。因為在這種狀況下，一旦中央坐視不理或採取妥協策略，勢必會犧牲到香港前方利益，導致前方的抱怨和不滿，甚至挫傷前方工作積極性，帶來消極怠工局面。在這種情況下，香港的愛國力量非但無法繼續發展，反而面臨退讓萎縮的可能。而中央在香港落實其大政方針，又必須依賴香港前方的力量，依賴香港愛國力量的發展壯大。"又想馬兒跑，又讓馬兒不吃草"，這顯然是不可能的。正是基於這種邏輯，中央政策雖然要求香港前方要加強統一戰線，防止左傾，但最終又不得不為香港左傾冒險行動背書，從而造成了中央支持左傾立場的客觀效果。而中央對這種立場的每一次背書又會無形中激勵香港前方下次採取更激進的舉動。這種邏輯循環會形成共振效果，導致香港前方的政治行動越來越激進，最終發展為 1967 年的"六七抗議運動"。香港回歸之後，同樣的政治組織邏輯依然在發揮著作用，香港左派無形中捆綁著中央的行動，導致中央期待的"大統戰"始終難以實現，香港社會的兩極化越來越嚴重，最終導致 2019 年的"修例風波"。這兩場類似運動其主角有所變化，結果也有所不同，那是由於從 1967 年到 2019 年英美與中國的力量對比發生了根本性變化。

如福柯所言，"權力不是佔有，而是運用"。中央雖然擁有對香港愛國力量的政策指揮權，然而香港前方擁有"運用"這種政策的權力，最終在相當程度上也就意味著擁有了"佔有"決定香港政策的權力。在中央與地方關係的組織邏輯中，中央要掌握香港工作的大局，避免被香港前方的左傾激進行動所捆綁，就必須任命既熟悉香港情況又能堅定貫穿中央政策的幹部，從而加強中央對地方黨委的領導。"路線決定之後，幹部就是關鍵因素。"作為組織大師，毛澤東早就意識到要管理如此龐大的政治組織，必須培養合格的政治領導人才並能將合適的人才運用到合適的崗位上，從而使得黨中央的政治中樞能夠如臂使指地駕馭這個龐大的黨組織，這剛好是毛澤東總結的中國革命勝利的三大法寶之一：黨的建設。在建國之前，中共在香港的統戰工作之所以搞得如此成功，一個重要原因是在於香港前方工作都是由中央高層直接指揮，周恩來直接分管統戰工作，而廖承志直接領導香港統戰，而在香港前方還有夏衍、喬冠華等一批知名的政治家從事具體的領導工作。然而，從解放戰爭開始，中央提出"向北發展、向南防禦"的戰略方針之後，香港工作被劃歸中央華南分局，廖承志、喬冠華、方方等一批熟悉香港統戰工作的領導幹部進入中央高層或返回內地。而香港工委前方領導幹部越來越由廣東地方幹部組成。直到改革開放之後，中共中央才重新委任能夠貫徹中央治港方針戰略的高級官員進入香港前方，開啟新一輪的統戰工作。

四、香港左翼運動的高潮："六七抗議運動"

香港工作日趨左傾化是由多方面因素推動的。其中最大的外部原因乃是冷戰之後中國外部的國際局勢日趨複雜分化，香港又處於冷戰交鋒的最前線。在這種背景下，從 1957 年反右派運動、1958 年大躍進運動乃至1966 年 "文化大革命" 的爆發，中央高層路線日趨左傾，並引發了兩條路線的政治鬥爭。中央高層的這種政治分裂給香港地方黨組織日趨左傾化提供了契機，即香港地方黨組織往往直接尋求中央高層左派力量的支持，二者相互促進，共同打壓在香港開展統戰工作的黨內高層的主張。比如在 1958 年之後，香港前方工作進入第二次左傾運動，香港愛國學校公開掛國旗、唱國歌，並在香港發起十大鬥爭，批右派，批保守，而在文化藝術領域也越來越激進，搞大批判、大字報，在中資企業甚至起義的國民黨企業中也開展 "坦白從寬，抗拒從嚴" 的極左行動。這些活動組織和工作方案並沒有提前向中央高層周恩來和分管港澳的廖承志彙報。直到港英政府鎮壓愛國力量，中央外交部提出抗議，周恩來和外交部長陳毅才專門聽取香港前方的工作彙報。在這次彙報中，也是性格耿直的陳毅嚴肅批評他們沒有向中央彙報請示，自作主張，批判他們將內地政策搬到香港，背離了中央對香港的方針政策，批評他們 "'左'的可愛，'左'的可恨"。可實際上，他們一定給中央的左派報告了，只是沒有給周恩來彙報。然而在這次談話中，周恩來更多是沉默，因為在此前不久中央召開的南寧會議上，周恩來就被批評為 "離右派只有五十米"。[7]

當然，我們不能忽略的是，1949 年之後的香港社會環境處前所未有的混亂局面，為香港的左傾激進活動提供了有利的社會土壤。隨著國民黨逃離大陸以及國內贖買資產階級工商業政策的展開，大批國民黨的官員以及上海、江浙、廣州的資本家紛紛逃往香港。國民黨與共產黨在內地不共戴天的階級仇恨自然也轉移到了香港。早在 1956 年，雙方就因為慶祝

7　參見錢竹偉：《廖承志傳》，北京：人民出版社 1998 年版，第 348 頁。

國民黨"雙十節"發生暴力衝突，港英政府自然對愛國左派採取鎮壓態度。而當時香港的警察、黑社會和工廠老闆往往勾結在一起，工人與資本家哪怕發生微小的勞資糾紛，工廠老闆馬上叫警察前來維持秩序，由此階級矛盾就與民族矛盾交織在一起。尤其是隨著內地大躍進和人民公社化政策的推行以及三年自然災害的影響，內地老百姓大規模偷渡到香港，使香港淪為不折不扣的"難民社會"。長期以來港英政府對香港採取"統而不治"的殖民政策和自由放任的經濟政策，致力於在香港賺錢，但不想承擔治理香港的責任，從而使香港社會的貧富分化和階級矛盾空前激化。尤其重要的是，港英政府採取土地公有、政府拍賣的政策，使得成千上無的人無家可歸。據港英政府 1970 年代的統計，當時大約有 300 萬人沒有住房。可以說，1960 年代的香港，階級矛盾和民族矛盾處在一觸即發的臨界點上。香港就像佈滿了乾柴，一點零星的火苗就可以點燃。

　　1966 年 4 月 4 日，香港中環天星碼頭的小輪公司僅僅因為船票加價一毛錢，就引發大規模騷亂。可這次抗議實際上是自發事件，香港新華社似乎並沒有在背後組織推動。連港英政府在鎮壓騷亂後的調查中也承認，沒有看到有組織預謀的跡象，但認為騷亂中潛伏著民族主義的情緒和青年人的不滿。而此時，國際局勢發生了逆轉，中國和蘇聯推動的世界"反帝反殖民"運動在印尼、馬來西華、越南、泰國等東南亞地區如火如荼地展開。美國為了確保其在東南亞的政治勢力，構築封鎖中國和蘇聯的"島鏈"，也與英國聯手鎮壓東南亞共產黨發起的反殖民運動。香港既是美國進入越南的軍事基地，同時也是東南亞華人和共產黨與內地聯繫的秘密通道。後來，為了應付中蘇關係的破裂導致在國際政治中面臨美蘇兩個超級大國的壓力，毛澤東發起激進的反帝、反殖、反修的"文化大革命"。這場革命又通過香港迅速波及到東南亞的地區乃至世界。在這樣的歷史大背景下，香港就像驚濤駭浪中的一葉小舟，隨時有被掀翻的可能。

　　如前所述，中央對香港的政策始終很明確，那就是"長期打算、充分利用"、"暫不解放香港"，1958 年香港搞的左傾激進活動遭到了周恩來和陳毅的批評，然而"樹欲靜而風不止"，國際國內政治大環境、香港社會小環境以及香港愛國力量的情緒，造成了一種更大規模的政治革命的時勢。而 1966 年 5 月 "文化大革命" 的爆發進一步刺激著香港愛國力量的革命情緒，以至於香港新華社在一個月前天星碼頭騷亂事件中還保持低調，而一個月後則開始考慮如何跟得上 "文化大革命" 爆發的新形勢。面對內地 "文化大革命" 帶來的政策衝擊，1966 年 8 月，周恩來特地通過廖承志向香港新華社發佈了指示："香港不能照搬國內，內外有別，香港不搞無產階級文化大革命。在宣傳上千萬不要使香港同胞以為無產階級文化大革命也將席捲香港。至於我們黨政企業組織內部，不搞大字報、不搞群眾運動，不搞揭發批判。……務必避免我們在香港的黨組織和各企業機構自己內部大鬥，發生大亂子，毀掉香港長期工作的深厚基礎和戰略部署。"[8] 然而，隨著 "文革" 的展開，國內紅衛兵運動透過各種渠道與香港左派形成互動，而澳門的 "一二·三事件" 則成為推動香港抗議運動的導火索。

1966 年 12 月 3 日，澳葡政府與群眾之間發生了衝突，面對群眾抗議，澳葡政府採取了鎮壓行為，引發流血衝突。澳門愛國團體舉行抗議活動，並獲得內地廣東有關部門積極配合，採取禁止內地供應糧食和用水等行動。廣東省外事部門直接介入，迫使澳葡政府屈服，接受廣東省外事部門和澳門愛國團體提出的各項要求，尤其是將國民黨在澳門機構全部趕出澳門。澳門隨之成了 "半個解放區"。澳門左派的勝利直接刺激著倍受港英政府打壓的香港左派，他們產生了巨大的鼓舞和激勵作用。因為在這個運動中，香港派了很多人到澳門觀摩取經，而且廣州、澳門與香港之間原本就有著密切互動，這些左翼政治力量更是在這場運動中相互團結在一起。後來擔任立法會議員的民建聯負責人葉國謙當時還是漢華中學學生，就在工聯會安排下與同學們一起到澳門取經。香港左派報章將這次運動宣傳為 "毛澤東思想的偉大勝利"，"兩條半毛主席語錄鬥垮了澳葡"，這更進一步激發了香港左派的鬥志。到了 1967 年初，負責港澳事務的中央外事辦被造反派奪權，周恩來的外事權受到限制，廖承志則完全失去權力。在這種情況下，香港左派內部激進勢力開始抬頭，中央確立的港澳長期政

8　轉引自張家偉：《六七暴動：香港戰後歷史的分水嶺》，香港：香港大學出版社 2012 年版，第 32 頁。

策實際上被一種激進的"解放香港"路線所取代。

　　1967 年，各地零星的勞資糾紛引發的罷工運動在左派組織的領導下，不斷升級，慢慢聚會起來。工聯會則將各地零星發生的勞資糾紛上升到一個全新的政治高度，認為港英的鎮壓是"香港已成為美帝加緊利用的侵越軍事基地，帝、修、反各種各樣的反華活動接連不斷的發生，顯然港英當局有組織、有計劃、有預謀一手炮製出來的"。"我們是偉大的毛澤東時代的中國工人，用毛澤東思想武裝起來的人是不怕任何鎮壓的，帝國主義對於革命人民所進行的種種迫害，是絕對動搖不了我們堅強的鬥爭意志的。"[9] "工聯會"的全面介入徹底地扭轉了香港勞資糾紛的政治性質，即從階級鬥爭轉化為民族鬥爭，從香港局部問題轉化為中國全局問題，轉化為中國工人階級與英美帝國主義的關係問題，由此賦予香港左派抗議運動的世界史意義。而此時的港英政府體制極其僵化，除了警察鎮壓和軍艦示威，沒有任何其他的途徑和方法來化解這些問題，但每一次鎮壓最終會進一步激化矛盾，愈加強化香港左派政治鬥爭的正當性。激進左派與僵硬的港英政府之間缺乏任何溝通和妥協的機制，矛盾只能不斷升級。

　　香港左派的政治抗議運動不斷得到了內地官方和民間的呼應，各地紅衛兵運動紛紛予以支持。中央文革小組控制的外交部於 1966 年 5 月 15 日在京召見英國駐華使館代辦，對港英政府的鎮壓表示強烈抗議，並發表聲明指出："中國政府莊嚴宣告，中國政府和七億中國人民堅決支持香港中國同胞的英勇、正義的鬥爭，並且堅決做他們的強大後盾。"《人民日報》當天的評論員文章也讚揚香港左派"表現了中國人民的大無畏氣概，是毛澤東思想教育出來的祖國好兒女。" 在國內支持下，香港左派成立了"港九各界反對港英迫害鬥爭委員會"，和國內的紅衛兵運動一樣，他們手持毛主席語錄，佩戴毛主席像章，採用貼大字報、搞批判會和鬥爭會的形式，正式向港英政府發起了全面的思想政治鬥爭。隨著港英鎮壓導致的矛盾不斷升級，6 月 2 日《人民日報》評論員文章指出："英帝國主義越是瘋狂鎮壓我愛國同胞，它在香港的末日也就越是臨近。我香港愛國同

9　轉引自張家偉：《六七暴動：香港戰後歷史的分水嶺》，香港：香港大學出版社 2012 年版，第 51 頁。

胞在七億祖國人民的支持下，一定要像英帝國主義索還血債。一定要判處英帝國主義的死刑！這個歷史性的日子一定會到來的。"這差不多等於發出了解放香港的號召。第二天，在《人民日報》題為"堅決反擊英帝國主義挑釁"的社論中明確指出，"這一場鬥爭，主要地應依靠香港的工人階級，他們是革命的主力軍。還應當充分地發動廣大的青年學生，使青年學生運動同工人運動結合起來。以香港的工人階級為核心，發動香港廣泛階層的愛國同胞，把鬥爭矛頭集中地指向英美帝國主義，首先是指向直接統治香港的英帝國主義。"為此，社論進一步呼籲："港九愛國同胞們，進一步動員起來，組織起來，勇猛地向著萬惡的英帝國主義展開鬥爭吧！隨時響應偉大祖國的號召，粉碎英帝國主義的反動統治！……港九愛國同胞們，英勇地戰鬥吧！在無產階級文化大革命中取得了偉大勝利的祖國千萬紅衛兵支持著你們。億萬革命群眾支持著你們。用毛澤東思想武裝起來的七億中國人民，誓作香港愛國同胞的強大後盾。"[10] 這兩篇社論，從組織上、思想上和目標上都為香港左派抗議運動指明了方向。從這些社論判斷，香港左派誤認為中央已做出了解放香港的決策。與此同時，廣東各界左派團體紛紛予以聲援，甚至在深圳羅湖橋邊界發生內地民兵與香港警察的流血衝突事件，而北京造反派更惹出了"火燒英國代辦處"的外交事件。

早在 1949 年新中國成立之前，美英情報部門就研究分析中國對香港政策，其基本結論就是中國政府不會立即解放香港。（參見第五章）二戰期間港英政府面對日本的入侵毫無抵抗就投降，使其在香港的管治權威受到嚴重打擊。而隨著新中國的成立，港英政府已經感受到香港左翼運動對其管治權威構成的衝擊。在這種背景下，港英政府始終堅持強硬立場來對待香港左翼運動，因為擔心越來越激進的左翼運動挑戰其殖民統治。因此，每一次香港激進左翼運動發起，港英政府都會採取高壓態勢，給左翼運動帶來的巨大危害。其實，中央之所以批評香港愛國運動為"左傾"，就在於每次抗議運動都遭受到港英政府的鎮壓，關閉取締報紙、關閉學校

10　上述內容皆轉引自張家偉的《六七暴動：香港戰後歷史的分水嶺》一書。

並將負責人解送出境，這無疑是在削弱革命力量。在澳門發生"一二・三事件"之後，港英政府已經感受到香港愛國力量試圖將香港"澳門化"的壓力。然而，不同於處於沒落階段的葡萄牙帝國，大英帝國雖然在二戰中被削弱，但在戰後依然擁有龐大的殖民地並與新興的美國捆綁在一起，成為冷戰的積極推動者，因此在香港問題上不可能採取退讓策略，因為一旦採取退讓策略，那麼不僅失去在香港的統治權威，更重要的是在失去對整個東南亞乃至東亞遏制共產主義的能力。在這個意義上，我們可以說，香港左翼政治越來越走向激進，不僅是因為中國內地的革命形勢的推動，也是由於港英在香港採取一種僵硬的、暴力鎮壓的思路引發的激烈反彈，而直到這種暴力鎮壓引發六七抗議運動之後，港英政府才開始反思其治理香港的策略，推出了"行政吸納政治"的懷柔政治模式。

因此，當香港左派試圖採取澳門左派的"大批判"式的文化鬥爭模式時，非但未能鬥垮港英政府，相反港英政府卻剛好以恢復法治秩序為名，緊急通過一系列立法進行鎮壓。比如在港英政府通過的《公安法例》就明確規定，三人以上"聚在一起"，只要"意圖破壞安定"、使人恐懼"會破壞安定"或"煽動他人破壞安定"，就構成了"非法集會"。而這種"白色恐怖"的嚴酷鎮壓使得矛盾進一步激化。香港左派動用全部力量發動罷工、罷市和罷課的"三罷"行動，意圖模仿 1925 年的"省港大罷工"，將香港變成"死港"、"臭港"。然而，港英政府非但沒有妥協，而是進一步升級暴力鎮壓，這就迫使香港左派抗議發展為極端化的"武鬥"和"飛行集會"，甚至發展為所謂的"反英抗暴"鬥爭。而港英政府在採取不斷升級的鎮壓行動時，始終關注中國政府是否有武裝香港的意圖。而這個問題恰恰涉及到中央高層內部資本主義與社會主義兩條路線的鬥爭，這種鬥爭雖然受到國際形勢影響，特別要考慮冷戰背景下中國與蘇聯關係走向決裂帶來的政策大調整，但就毛澤東而言，他對香港的定位非常清晰，從來沒有武裝收回香港的想法。因此，中央高層主張對香港的最大影響只能局限在"文鬥"層面，而不可能發展為"武鬥"。而一旦港英政府確知北京沒有武裝收回香港的意圖後，那就肆無忌憚地採取了全面的鎮壓行動，查封左派報紙、關閉左派學校並大規模地逮捕左派人士，一時間香港陷入白色恐

怖。在這種僵局中，周恩來重新掌舵，召集香港各方面領導人於 1967 年
11 月到 1968 年 1 月到北京開會，糾正這次抗議運動的極端擴大化，傳達
了毛主席關於"不動武"的指示。在這種情況下，六七抗議運動逐步趨於
平息。而此時內地陷入到"文革"亂局中，根本顧不了香港，新華社香港
分社也基本上處於停滯狀態。香港愛國左派既沒有國內政治力量支持，又
喪失了香港民眾的支持，且備受港英政府的打壓，只能在孤立無援、自我
封閉和風雨悽慘中度過了漫長的 1970 年代。

五、"洗腦贏心"與"麥理浩治港"

　　"六七抗議運動"給香港左派和北京都帶來了災難性的影響，使香港左派的力量和影響力降到了低谷。在港英政府支持下，香港資本家大批解僱左派工人，致使左派工人大批失業，全家陷入頓困。"工聯會"以及其屬下的愛國工會不僅人員流失，而且喪失了政治威信、凝聚力和動員力。而在"三罷"鬥爭中，港資和外資公司迅速佔領市場，導致大量中資公司和左派公司倒閉，直接影響到內地賺取外匯的能力。香港左派不僅失去對下層群眾的影響力，更重要的在於喪失了對文化界的影響力。

　　從抗戰以來，中國共產黨在香港針對文化知識界和工商界展開了卓有成效的統戰工作，從而使得中國共產黨牢牢掌握著文化領導權。二戰後世界範圍內民族解放運動也在推動整個世界思潮向左轉。在這種背景下，中國共產黨在香港一手組織工人階級隊伍，一手抓文化統戰，香港左派的發展形勢可謂欣欣向榮。比如在文藝領域中的電影，左派電影公司新聯、長城、鳳凰網羅了一批當時香港著名的影星，拍攝了大量反映中國歷史和新中國成就、揭示階級矛盾、民族矛盾的電影，撐起香港電影業的半壁江山。其中長城電影公司從 1949 年開始到 1970 年代拍攝的 "黃飛鴻系列" 共 80 多部，批判殖民主義，宣揚愛國主義，在香港和東南亞華人中產生了巨大影響。再比如傳媒領域的報紙，被國民黨勒令停刊的民主黨派報紙《大公報》和《文匯報》轉移到香港後，在新華社香港分社領導下，按照統一戰線思路，辦得有聲有色。兩大報刊還辦起了《新晚報》、《香港商報》和《晶報》等立場中間的報紙，增加大量副刊，刊登香港人喜愛的馬經、狗經、武俠和色情內容。梁羽生和金庸的武俠小說最先是在《新晚報》上刊登出來，此後大公、文匯也刊登了武俠小說，一時間出現了武俠小說擂臺賽，開香港新派武俠小說的先河。受新華社香港分社領導或影響的報紙發行量佔香港報紙發行量近三分之二。然而，由於受到極左思潮的影響，這些報紙都走向 "反英抗暴" 前線，並且取消了副刊、武俠、馬經這些 "封、資、修" 的內容，再加上港英政府的打壓，導致銷量大跌。最終《商報》被收購、《晶報》等淒然停刊，而大公和文匯雖苦苦支撐，但在香港市民中幾乎沒有影響力，更談不上統戰功能。而《明報》和後來的《東方日報》等中間報紙乘勢而起，搶佔了市場份額。同樣，左派電影公司及其經營的影院在極左文藝路線下也紛紛倒閉。當年周恩來擔心"毀掉香港長期工作的深厚基礎和戰略部署"，不幸被言中了。然而，比起這種有形政治力量的損失，更為深遠的負面影響是港英政府鎮壓六七抗議運動奠定了後來香港人基本的心態結構和深層的文化無意識，從而成為香港殖民歷史的重大轉折點。

近代以來，香港雖然割讓給英國，可香港人從來都認為自己是中國人，並相信總有一天會回歸祖國。因此，香港人比內地人抱著更為強烈的愛國心，就像失散海外的遊子格外思念和眷戀祖國母親。近代中國雖處亂局，香港人也像無根的浮萍處在漂泊之中，但絕大多數香港人對國家獨立和解放給予了毫無保留的支持。比如霍英東等老一輩港商在朝鮮戰爭期間冒著巨大危險為內地運輸緊缺物資，不僅是出於商業考慮，更重要的是愛國情懷使然。2006 年霍老仙逝，中央稱之為中國共產黨的"親密朋友"，香港各派都給予很高的評價，媒體更稱之為"標誌著一個時代的結束"。可以想見，新中國剛成立時那種生機勃勃的景象使得香港左派獲得了強大的政治能量。然而，這一切都隨著新中國的成立，尤其是六七抗議運動以及由此以來港英政府採取的"洗腦贏心"工程，使得香港發生了根本性的逆轉。

新中國成立之後，內地展開了旨在加速工業化並鞏固社會主義的各種政治運動，而香港本地資本也迎來了前所未有的發展機遇。因為隨著新中國的成立以及內地工商業改造運動的展開，上海、江浙和廣州的資本家紛紛逃難香港，由此帶來了資金、技術和人才，而與此同時，內地不斷湧入的偷渡者變成廉價勞動力。再加上，朝鮮戰爭以來美國為首的西方世界對中國的經濟制裁使香港成了與內地貿易和走私的秘密渠道，以及二戰後東南亞政治亂局使南洋華人紛紛將資本遷移香港。可以說，在冷戰地緣政治格局中，從韓國、日本、臺灣、香港到新加坡構成了美國為首的西方世界對蘇聯為首的社會主義陣營開展遏制戰略的最前線——第一島鏈。雖然，美國在東亞並沒有像在歐洲那樣推出"馬歇爾計劃"，但是在朝鮮戰爭之後，推動第一島鏈的經濟發展，在經濟上大規模援助韓國、日本乃至臺灣，推動這些地區的工業化，形成對社會主義國家的經濟優勢，始終是美國贏得冷戰的重要戰略。而這些地區的經濟發展也必然帶動香港的經濟增長。所有這一切因素促成了香港經濟從 1950 年代開始迅速發展起來。

因此，我們必須看到 1949 年之後處於混亂狀態的香港始終交織這兩條重要線索：一條就是香港作為難民社會就像佈滿了乾柴，一丁點火星就可能點燃火焰，就像天星渡輪增加一點票價就會引發騷亂。這樣的社會環境為這場"未完成的革命"提供了繼續革命的社會條件，由此，香港的階級矛盾和民族矛盾空前激烈，以至於內地的革命熱潮迅速點燃了香港的革命熱情，爆發了六七抗議運動。但另一個線索就是香港經濟以前所未有的速度在加速發展中，尤其是香港除了貿易也開始發展自己的工業，哪怕是輕工業，也意味著為更多的人提供了就業、發達的機會。這兩條相互交織的線索實際上處於此消彼長的雙向運動中。階級矛盾激烈從工人的角度看意味著剝削，但從資本家的角度看則意味著積累和擴大再生產；民族矛盾從工人的角度看意味著壓迫，但從資本家的角度看則意味著庇護和安全。因此，當我們看到 1949 年之後的香港，絕不能僅僅看表面上熱鬧的政治運動，也必須同時關注這場靜悄悄的經濟革命推動的高速增長。而這兩條線索此消彼長的轉折點就是六七反英抗議運動。在這個輝煌的頂點之後，革命遭到鎮壓，革命熱潮也在香港開始逐漸衰退，只剩下 1970 年代學生運動的餘波。而與此同時，香港經濟增長的效果開始顯現出來。在政治革命消失之後，越來越多的人將其生命的熱情投入到商業活動中，導致後來人們常說的香港人"政治冷感"，成為賺錢的經濟動物。特別是進入 1970 年代，香港的經濟發展剛好趕上美英西方科技革命所推動的低端製造業向東亞轉移，韓國、日本、臺灣、香港和新加坡剛好承接了這一次全球範圍內的產業轉移，從而使得香港在 1980 年代成為著名的"亞洲四小龍"。而在香港經濟增長的時候，內地的經濟因為"大躍進"、"文化大革命"而陷入困難。由此，在 1980 年代這個節點上，內地與香港在經濟上形成了巨大的反差，以至於非但"未完成的革命"在香港就此擱淺，反而內地開始採取改革開放，發展市場經濟，利用香港這個面向全球資本主義的通道，開始一場反向的"革命"運動。而在這種此消彼長的雙向運動中，如果說香港經濟增長獲益於全球市場經濟分工的內在調整，獲益於背靠廣闊內地大陸的特殊地緣優勢，那麼最值得關注的是港英政府的政治改革，即在鎮壓香港左派的革命運動之後，採取"洗腦贏心"的文化戰略和"行政吸納政治"的政治戰略，最終徹底改變了香港的政治文化生態。

在 1960 年代，儘管由於內地的"大躍進"，大量的難民湧入香港，香港人也開始大包小包給內地的家人、親戚郵寄食品衣物，但絕大多數香港人對內地並沒有敵意，而且在"反對殖民主義"的愛國旗幟下參與、支持或同情香港左派發起的抗議運動。可是，當左派抗議運動極端化，發展到"三罷"鬥爭最後發展到"飛行集會"時，這無疑嚴重影響到了香港人的日常生活，自然引發了市民對左派不滿，甚至恐懼。在觀念上、輿論上、情感上反對殖民主義、支持左派發對的抗議運動是一回事情，但讓他們無法正常地上班打工、賺錢養家那就成了另一回事情。對普通人而言，日常生活擁有比觀念更強大的力量。因此，當香港左派的抗議運動向極端化發展的時候，不僅香港右翼的上層精英開始尋求港英殖民政府的庇護，而且連曾經高呼反殖民主義口號的普通市民也反過來投靠港英政府，尋求港英政府的庇護。從英國在香港開始殖民的百年來，港英政府從來沒有獲得香港市民的正當性認可，而恰恰是在這種激進的反殖民主義的革命運動背景下，港英政府卻意外地獲得了香港市民對其殖民統治的默許。港英政府正是利用鎮壓六七抗議運動這個千載難逢的機會，開始實施"洗腦贏心"（winning the hearts and minds）工程，將其對香港人對港英殖民統治的消極默許變成了積極認同。

"洗腦贏心"這個概念是由大英帝國在馬來亞的高級專員泰普勒將軍（General Templer）在鎮壓馬來亞共產黨的反殖民運動中發明的。它專指大英帝國和殖民政府運用新聞宣傳手段來進行"新聞管理"，通過新聞、報告、演講、研究等各種官方話語渠道將殖民統治下的起義和暴動描繪為"恐怖主義"，從而塑造公共觀念，製造"恐怖主義的氧氣"（oxygen of terrorism），加劇普通民眾對這種反殖民主義的革命和抗議運動的心理恐懼，以配合殖民者的武力鎮壓，起到穩定政治秩序的效果。這是因為，"在政治和意識形態的鬥爭中，語詞就是武器，而不是分析的工具。……使用'恐怖主義'定義就宣佈所指的政治暴亂是非法的。所以，究竟是使用這個詞，不使用這個詞，或對使用這個詞有所猶豫，都取決於政治暴亂可能持續的時間有多長，將要付出的生命代價有多少。"[11] 英國的 BBC 對如何使用"恐怖分子"、"游擊隊"和"自由戰士"這些詞都有政治上的指導方針，因為選擇使用這些不同的詞語來描述會影響到受眾對其合法性的理解，如果說"游擊隊"帶有中性的色彩，那麼"自由戰士"就成了褒獎和鼓勵，相反使用"恐怖分子"不僅意味著非法，更重要的是一種發自內心情感的排斥和抵制。由此，對用"恐怖主義"和"恐怖分子"這樣的語詞和概念來系統地描述殖民地下革命反抗運動，就成為大英帝國在二戰之後鎮壓巴勒斯坦猶太復國主義起義（1944-1947）、馬來亞政治危機（1948-1965）、肯尼亞矛矛黨人起義（1952-1960）和塞浦路斯奧愛卡（EOKA）運動（1955-1959）中反復使用的有效政治武器。[12]

"恐怖主義"這個概念的政治運用起源於法國大革命所開啟的意識形態政治，二戰中由於德國宣傳機器而有所強化，在冷戰中又得到持續的運用，成為大英帝國抵制蘇聯擴展全球共產主義運動的意識形態武器，而在 911 事件之後又成為美國建立全球帝國的有效武器。大英帝國意識到，"冷戰"終究是一場爭奪人心、爭奪"思想領地"的戰爭。而在這場戰爭中，最重要的武器就是思想觀念和價值認同。

在"冷戰"期間，整個西方資本主義殖民體系遭遇兩種反抗：一方面就是被壓迫民族反對帝國主義、反對殖民主義，爭取民族獨立解放的革命鬥爭；另一方面就是反對資本主義的階級壓迫，爭取走社會主義的現代化道路的革命鬥爭。可以說，以大英帝國為代表的歐洲老牌殖民帝國同時反

11　C. C. O'Brien, "Terrorism under Democratic Conditions: The Case of the IRA", in M. Crenshaw (ed.), *Terrorism, Legitimacy and Power: The Consequences of Political Violence*, Wesleyan University Press, 1983, pp. 93-94. 轉引自 Susan L. Carruthers, *Winning Hearts and Minds: British Governments, the Media and Colonial Counter-Insurgency (1944-1960)*, London and New York: Lelcester University Press, 1995, p. 13.

12　Susan L. Carruthers, *Winning Hearts and Minds: British Governments, the Media and Colonial Counter-Insurgency (1944-1960)*, London and New York: Lelcester University Press, 1995.

對這兩種鬥爭，而以蘇聯為代表的社會主義國家同時支持這兩種革命鬥爭。而美國作為一個新興的資本主義國家，原本就是從大英帝國殖民統治下獨立出來的，因此其價值理念至少在宣傳層面上主張與歐洲殖民主義的"舊世界"徹底決裂。早在一戰期間，美國總統威爾遜就提出"民族自決"主張，無疑反對殖民主義，支持民族獨立解放運動。同樣，由於受到歐美的共和主義以及歐洲的社會主義等進步觀念影響，歐洲國家很多進步力量也都反對殖民主義，同情並支持民族獨立解放，畢竟西方政治理論的正當性基礎建立在主權國家獨立平等的威斯特伐利亞體系之上。然而，美國作為資本主義自由世界的代表，卻比歐洲更加堅決地反對共產主義運動。尤其在西方主導的資本體系中，共產主義主張廢除私有制的激進言論被系統地塑造為"恐怖主義"的洪水猛獸。面對這種複雜的局面，大英帝國為了抵禦殖民地人民爭取民族獨立解放運動，就在思想觀念和輿論宣傳上將上述兩種不同的政治思潮進行深度"捆綁"，即將殖民地人民爭取民族獨立解放的運動系統地描繪為推進共產主義革命運動的"恐怖政治"。在這個意義上，大英帝國不愧是運用"軟實力"的政治高手，主動地設置了"恐怖政治"議題，並以此混淆這兩種革命運動，從而將鎮壓反殖民運動看作是抵制共產主義擴張。更重要的是，通過這樣的議題設置，大英帝國實際上也深度"捆綁"了美國，使得美國為了在地緣政治上防止共產主義勢力的擴張，不得不維護大英帝國在全球的殖民統治。事實上，"冷戰"的意識形態開端就是從丘吉爾的"鐵幕"演說開始的，而這個演說也恰恰是丘吉爾推動美國與蘇聯從二戰中的合作走向相互猜忌的"冷戰"，而一旦"冷戰"爆發，美國也不得不依賴英國這個得力助手，從而維持了大英帝國的殖民體系。而今天，我們看到英國與歐盟脫鉤，並非常積極地推動俄烏衝突，恰恰是藉助北約與俄羅斯的衝突來深化英國與美國的同盟關係，從而藉助美國的力量來鞏固和深化英聯邦內部的緊密合作，在全球範圍內鞏固盎格魯—撒克遜聯盟。由此，我們可以領略大英帝國幾百年來的政治算計。

總而言之，大英帝國的政治家們在政治話語上成功地把鎮壓殖民統治地區人民起義與反對共產主義的"冷戰""捆綁"在一起，把反帝反殖民的民族解放運動與共產主義意識形態“捆綁”在一起，通過把共產主義宣傳為“恐怖主義”，從而抹黑、歪曲和醜化反帝反殖民運動，把鎮壓殖民地人民的起義宣傳為針對“共產主義恐怖”的戰爭。只有在這個背景下，我們才能理解為什麼《古拉格群島》受到西方世界的青睞，並被授予諾威爾文學獎。早在 1947 年，英國外交部秘密成立了信息研究部（Information Research Department），為了應對馬來亞的起義，信息研究部於 1949 年在新加坡成立了區域信息辦公室，作為其在東南亞地區的前哨，成為鞏固東南亞殖民運動的輿論司令部。在這些輿論宣傳中，不僅要把起義力量描繪為“恐怖分子”，也必然要在意識形態上美化殖民統治。由此，大英帝國與英聯邦和殖民地的關係就在政治、思想和學術上被美化為利益互惠關係。大英帝國由此被塑造為一個仁慈的統治者，一個不情願的殖民者。隨著這種政治話語的成功建構，大英帝國維持殖民統治的理論基礎也發生了轉變，即從 17、18 世紀種族主義的文明傳播論和 19 世紀社會達爾文主義的適者生存論，發展為 20 世紀的道義責任論：即大英帝國要擔負起保護殖民地人民免受共產主義恐怖專制的道德責任。只有在這樣的背景上，我們也才能理解為什麼從撒切爾夫人到彭定康的語彙中，頻頻出現所謂“對香港的道義責任”這樣的概念。

港英政府在鎮壓左派的反英抗議運動中，也成立了專門的宣傳委員會，並在英國成立了“香港心戰室”（Hong Kong Working Group），專門負責輿論宣傳。其宣傳要旨就是通過政府文件、媒體採訪和新聞報道等，採用焦點放大等手法，系統地將這場抗議運動描述為“暴亂”和“恐怖主義”，從而從政治話語中將“左派”、“中國”、“文化大革命”、“蘇聯共產主義”、“古拉格群島”和“共產主義恐怖政治”等等聯繫起來，描繪出一幅恐怖的政治圖景，製造出恐怖的心理效果。[13] 而港英政府鎮壓“暴亂”的主要對象也是左派報紙和學校，其目的也是為了徹底剝奪香港左派在香港的政治話語權。港英政府採取系統的“洗腦贏心”工程，徹底改變了香港人的深層意識和心理結構，形成了港人對“左派”、“共產黨”、

13　梁家權等：《六七暴動秘辛》，香港：經濟日報出版社 2001 年版。

"內地"、"社會主義"的極度恐懼心理。這種恐懼心理與內地逃往香港的國民黨達官顯貴、大資本家和右派知識分子的"仇共"心理相呼應,使得"恐共"、"仇共"成為香港市民的基本民情。從此,香港雖然在國際法上屬於中國領土的一部分,然而主流社會已經在文化心理的領土上,開始與祖國逐漸分離。這無疑增加了香港市民對後來回歸祖國的排斥心理,也增加了人心回歸中國的難度。1997 年香港回歸之後面臨的人心回歸難題,實際上就是三十年前這場反英抗議運動播下的種子。如果說法律的制定和廢止可以瞬間完成,那麼觀念的改變卻需要漫長的時間,它會成為一種意蒂牢結(ideology),年代越久扎根越深,非經一代人生命的徹底更換無法根除。香港左派喪失的不僅是基層組織的動員力量,而且是群眾的支持;喪失的不僅是政治力量,而且是道德力量。正如斯科特教授所言,"據有諷刺意味的是,就共產主義者的目標而言,這次騷亂的最終結果反而是增強了對既存港英統治秩序的支持和正當性。當面對"文化大革命"這種共產主義的變種與當時還沒有改革的殖民資本主義國家,多數人選擇了他們都知道充滿著罪惡的這一邊。"[14] 用劉兆佳教授的話來說,"六七暴動加深了香港市民對中國共產黨及左派分子的恐懼與不滿,並損害了香港同胞與中國政府的關係。香港同胞對中國政府的不信任,至今仍未消除。這種對中央的逆反心態,不單使香港回歸中國的過程充滿曲折,而且亦對回歸後香港同胞與中央建立和洽關係增添困難。"[15]

然而,要增加港人對英國人統治的歸屬感,單靠暴力鎮壓、"贏心洗腦"工程和"行政吸納政治"並不能完全取得港人的忠誠,要與左派爭取群眾基礎,就必須解決群眾面臨的社會問題。大英帝國在整個東南亞與華人共產黨較量的過程中已經領略到了毛澤東關於軍民魚水關係的比喻。他們意識到,之所以有共產主義這個"恐怖主義"之"魚",是因為有社會問題這個"水"。在冷戰意識形態戰爭中,英國首相艾德禮所說的爭取"心裏的領土",實際上也就是爭取毛澤東所說的群眾基礎。港英政府

---

14 Ian Scott, *Political Change and the Crisis of Legitimacy in Hong Kong*, Hong Kong: Oxford University Press, 1989, p. 104.

15 轉引自張家偉:《六七暴動:香港戰後歷史的分水嶺》,香港:香港大學出版社 2012 年版,序言。

也知道，單純鎮壓"共產主義分子"和意識形態的"洗腦"教育不能維持政治的穩定，要與共產主義者爭取群眾基礎，就必須解決群眾面臨的社會問題。於是，大英帝國開始採取"民生抗共"的撤退戰略，即解決香港市民的民生問題，培養香港市民對港英政府的忠誠，從而使其抵制共產黨中國，為英國的撤退爭取最大的利益。

事實上，早在 1956 年 10 月發生的九龍騷亂中，港英政府已經認識到香港的政制制度和社會政策已經無法解決工業化帶來的日益嚴重的階級矛盾和種種社會問題。港英政府雖然努力改變傳統上形成的"不干預"社會事務的"小政府"思路，擴大政府在社會福利領域，但效果並不顯著。在 1966 年九龍騷亂發生之後，港英政府就騷亂進行了詳細的調查，並於 1967 年 2 月發佈了《九龍騷亂調查報告書》。其中，港英政府已經意識到了問題的所在，包括工人在工資、住房、工作條件、醫療、福利和子女教育等方面的存在的問題以及對警察為非作歹的普遍抱怨，也提出政府與大眾之間缺乏相應的溝通渠道。《報告》特別指出，傳統觀念認為"香港僅是人和貨物的轉口港，人們在這裏只工作一個時期即希望他徙"，這種"久缺永久性和無所歸屬的感覺"，使得青年人產生了不安全感。為此，報告書建議"鼓勵他們認為香港是他們的家鄉"，同時加強各種宗親、街坊會的活動，建立一項"更為廣闊的忠貞信念的基礎"。為此，在六七反英抗議運動之後，港英政府一改"統而不治"的殖民傳統，採取積極干預政策，從政府不干預經濟轉向了政府干預社會政策，在社會政策層面上解決誘發反抗的社會根源；從團結上層社會精英的代議制思路轉向關注社會下層精英，將地區層面的新型的產業工人吸納到體制中。1970 年 9 月，港督戴麟趾在談到港英政府會增加社會福利的時候指出，"香港發展到現在已到一個階段，不再只是照顧此種苦難的家庭，而要策劃擴大我們的服務。照我的意見，所有這些計劃必須在社會中發揮團結的力量，灌輸給有關各方以一種歸屬於香港和作為這個社會一分子的感覺。"[16]1971 年，麥理浩出任港督後對香港社會進行了全面的治理，推行了各項社會改革和政

16　《華僑日報》1970 年 9 月 25 日，轉引自新華社香港分社編：《香港大事記》，1970 年。

府體制改革，其中最突出的就是房屋改革。

香港土地屬於港英政府，政府財政收入主要依賴土地拍賣，由此導致香港地價飛漲，普通人根本無力購買私房，只能由政府提供廉租房。隨著香港工業化和人口的增加，政府提供的公屋遠遠趕不上實際需求，據統計當時香港大約有近百萬人居無定所，香港變成地地道道的"流民社會"。流民社會滋生了香港市民的流民心態，他們不可能認同香港法律秩序，更不可能忠誠於港英政府。"有恆產者才有恆心"，麥理浩深得其中奧妙，認為住房不足是政府與人民之間發生摩擦和不愉快的最主要的、最為持久的根源之一，只有提供穩定的住所，人們才會擺脫流民狀態，才會認同香港政府和社會，才能培養起本地意識。為此，他上任伊始就推出"十年房屋計劃"，計劃到 1982 年用十年的時間為近 180 萬人提供住所，使得普通香港人都能在寸土才金的香港擁有自己的居所。從此大多數香港人不再是漂泊的過客或流浪到香港的中國人，不再是"一盤散沙或一池無根的浮萍"，而是以香港為家，從而大大提升香港人的本地意識和自我認同。與此同時，也正是麥理浩全面推出了"行政吸納政治"機制，將普通市民組織到形形色色的地區諮詢組織中，通過參與地區事務培養他們對香港的歸屬感。

港英政府從不干預社會事務的傳統治理模式向現代政府提供廣泛社會服務的治理模式的轉型，導致原來的公務員體制無法滿足治理任務的要求。港英政府的行政系統實際上分為兩部分，一部分就是決策機構，即布政司署，包括布政司、財政司和律政司，每個司下轄若干科，其主要職能是負責制定政策和計劃，並協調和監督計劃的實施；另外一部分就是執行機構，即署或處、局，主要負責計劃的執行。起初，這樣的分工並不明確，在港督集權的小政府情況下，整個決策都集中在布政司署，但在面對要求大政府的職能轉型過程中，就出現諸多問題。為此，港英政府僱用麥健時管理顧問公司對港英行政體制進行全面的檢討。在 1973 年推出了相應的改革。一是加強布政司署各科的政策統籌功能，各科按政策範圍劃分職責，負責政策的制定和統籌，將政策的執行權完全交給各政府部門；二是提高布政司署各科主管的級別，使其高於各政府部門的級別，強化他們的決策權。這個改革建議強化了布政司署在政策制定和資源管理上的中央統籌和決策的角色，使決策和執行的分工更為明確，從而將政策、資源和行政有效地結合起來。與這種行政體制改革相適應，港英政府對公務員隊伍的結構也進行了改革，最大的問題在於傳統的公務員體系中強調"通才"，即能夠勝任任何政府工作的人才，隨著政府角色和範圍的擴大，需要更多解決現代社會問題的專業人才。而在高層管理專業的同時，港英政府開始在基層社區培養政務官這樣的政治人才（"通才"），以彌補缺乏代議政治輸送政治人才的不足。

鑒於港英政府在社會中承擔越來越重要的職能，政府形象就變得越來越重要。由於歷史上港英政府是依賴販賣鴉片起家，貪污腐敗成為政治生活和日常生活的組成部分，而殖民政府特別依賴警察管治，警察為非作歹、貪污腐敗到了半公開化的程度。為了增加香港市民對港英政府的認同，港英政府鎮壓左派抗議運動的同時，提出建設"良好政府"（good government）的口號，以強化港英政府的道德形象和正當性基礎。為此，打擊政府中和社會上廣泛存在的貪污腐敗成為政府的首要目的。麥理浩在倫敦的支持下，於 1974 年成立眾所周知的廉政公署，肅貪倡廉，成效卓著。這迅速改變了港英政府的形象，獲得了香港市民對港英政府的認同。廉政公署由於只對港督個人負責，因而大大強化了港督對整個官僚體系和社會的控制，也增加了港英政府的社會治理能力。對於慣於依賴政府的中國人來說，一個廉潔、高效的政府無疑是他們的夢想，港人對港英政府的認同可想而知。

最後一項改革就是面對六七抗議運動的壓力，英國政府也開始靜悄悄地採取"非殖民化"的戰略部署，並由此開始推動香港政治的本地化進程。1969 年港英政府取消了海外公務員津貼，使得本地公務員和海外公務員在待遇上縮減了差距。更重要的是公務員學歷開始本地化，承認在香港大學獲得的某些學歷和海外學歷具有一樣的效力，這樣港英培養起來的華人就逐漸進入了公務員體系。在"法定中文語言"運動的壓力下，港英政府也逐漸將中文確立為法定語言。在港英政府的統治下，英文長期以來是唯一的官方語言。但香港是一個華人社會，這就導致香港社會在港英政府的語言控制之外，港英政府真正能夠控制的只能是少數接受英文教育的精英。而六七抗議運動很大程度上發生在英語世界之外的中文世界。而港英政府認識到自己之所以不能與社會下層進行有效溝通的一個巨大障礙就是語言。為此，港督戴麟趾於 1968 年在立法會中指出，如果在政府使用中文作為溝通媒介的意義上，中文事實上是官方語言。但是這並不意味著港英的政府文件，尤其是法律準備用中文公佈。當然，他宣佈中文作為官方語言要緩慢推進，而不會急速改變。反對中文成為官方語言的既來自倫敦的殖民地部，也來自港英政府內部的壓力，因為語言就意味著殖民，也意味著特權。甚至公務員隊伍中的華人也不積極推動中文，因為這可能意味著他們喪失已經取得的優勢地位。

而真正推動中文作為官方語言的是來自大學中的左翼學生組織。六七抗議運動使得香港大學生認識到港英政府壓制中文發展的殖民本質，由此推動中文發展就成為真正的"文化革命"。左派工人的六七抗議運動雖然失敗了，但是左翼提出的民族文化在大學中扎根。需要注意的是，這些左翼組織並不受新華社香港分社的領導，而是受到世界範圍內的左翼文化的影響。1970 年"香港專上學聯"成立了"中文在香港應有法定地位研究委員會"，這個委員會中的左翼激進派又成立了一個"爭取中文成為香港法定語文運動聯會"，主張採取罷工、罷市、罷課等鬥爭迫使港英讓步，主張把這個運動由此從學生擴展到國際工人運動和國際學生運動中。由此不僅誕生了著名的刊物《70 年代》雙週刊，甚至在其下成立了一個"工人學生聯盟籌備委員會"，組織學生深入工廠，並向亞洲國家學生會發出"爭取中文成為香港法定語文運動"的提案，要求他們支持香港學生運動。該運動甚至獲得香港的美國留學生的支持，並透過這些留學生爭取美國學生和外國學生的支持。1970 年他們發表聲明，公開控訴港英政府堅持歧視使用中文的政策。後來立法局的非官守議員也提出這個問題。雖然在 1972 立法局規定可以用英文或中文發言，並用同聲翻譯系統，但事實上許多華人議員依然用英文發言。1974 年，港英政府正式通過《官方語言條例》將中文定為官方語言，但法令和法律文件依然採用英文，而且在司法領域，也採用英文。儘管在精英階層和司法領域中，英文依然佔據統治地位，但法定語言的中文化意味著殖民政府與基層大眾建立起有效的溝通和聯繫，港英政府開始走向了本地化。如果我們把憲政理解為一種生活方式，那麼語言是這種生活方式的根。換一種語言，就意味著徹底轉換了一種意義世界，也就從根本上改變了生活方式，改變了人參與政治共同體的根本意義。由此，1970 年代港英政府的憲制改革不僅在於"行政吸納政治"，而且在於把中文定為官方語言，這意味著將香港華人納入到香港的政治生活中，港英政府也可以說邁向華人政府。

由此可見，通過暴力鎮壓、贏心洗腦、精英培養、行政吸納、社會治理、行政改革、形象重建和中文法定等一整套相互配合的治理手段，大英帝國終於獲得了港人的認同，這無疑是一項了不起的成就。英國人手中擁有了認同和支持其統治的臣民，這成為英國在撤退中與中國進行討價還價的最大本錢。可以說，六七抗議運動推動了麥理浩改革，二者共同奠定了香港歷史的大轉折。香港經濟起飛、六七反英抗議運動、內地持續不斷的運動和動盪，在這種大的歷史背景下，英國人通過麥理浩改革的戰略調整，成功地將香港人穩定下來。"香港是我家"意味著香港人從漂泊的內地流民、移民變成了擁有自我身份認同的本地人，由此開始滋生出與內地不同的香港本土文化。而港英政府曾經是他們仇恨的殖民統治者，而如今變成了他們依靠和信賴的政府，他們不再以殖民文化為恥，而是更為正面地接受西方文化和價值觀念。而處在貧困且動盪不安的內地祖國恰恰成為他們獲得優越感的外部"他者"，讓他們更加心安理得地生活在殖民秩序中。雖然他們是港英政府的臣僕，但和內地的中國人相比，他們卻可以成為"高等華人"。他們在殖民統治下的卑微可以通過對內地人的高傲而獲得補償。這一切為大英帝國的香港撤退戰略奠定了堅實的基礎。正是在麥理浩改革完成之後，大英帝國終於培養出對英國倫敦忠誠的香港精英階層，由此大英帝國才開啟了一直反復和猶豫不定的代議制改革：把政權交給香港本地人而不是北京。（參見第八章）

六、自由與愛國：革命的政治理想主義

六七反英抗議運動的悲劇無疑是"文革"悲劇的一部分。而這場悲劇理應放在二戰以來全球範圍內反帝、反殖民運動中來理解，放在 19 世紀以來人類試圖超越資本主義的種種政治試驗中來理解，放在中國革命和第三世界革命"為窮人討公道"的道德基礎中來理解，放在中國革命塑造"共產主義新人"的倫理追求中去理解。

香港左派一直擁有最為高尚的道德品質，他們曾以毛主席語錄作為道德訓誡，助人為樂，公而忘私，無私奉獻。當 1960 年代香港淪為"難民社會"時，左派自發組織了內地同胞團結自救，共渡難關，成為當時香港社會的道德楷模。正是由於這種道德品質的支持，當正義事業需要時，左派群眾不顧個人安危，放棄私利，積極參與反英抗議運動，毫不顧忌個人和家庭損失。需要注意的是，他們不是只有一腔熱血的青年，而是拖家帶口的工人、市民和文化人。他們被捕入獄後，更是展開可歌可泣的獄中鬥爭，內地熟知的紅岩故事也曾在香港赤柱監獄中上演。然而，由於港英政府採取"洗腦贏心"工程的系統宣傳，香港左派被徹底妖魔化了。隨著 1970 年代香港經濟的起飛，改革開放後的內地又否定了"文革"路線，整個世界開始向右轉。左派所代表的道德品質徹底被自私自利的市場倫理所否定，左派的政治追求也被右派從最低俗的角度理解為個人狂熱、野心和罪惡，左派反抗英國殖民統治的鬥爭也被妖魔化為"暴亂"。香港左派似乎被整個世界和這個時代所拋棄了，以至於在後來的香港公共話語中只留下"左仔"和"維園阿伯"（就是在維多利亞公園的公共論壇上見了香港反對派就要罵"賣國賊"的左派退休老人）兩個標籤。而只有在香港特定的歷史文化中，我們才能理解這兩個概念所包含的道德侮辱和政治貶低。

進入 1980 年代，香港開始回歸進程，中央對港工作的重心轉向統戰工商界。香港回歸大局已定，內地改革開放前景無限。有巨商曾豪言："誰不害怕香港回歸，誰就能成為香港第二代富豪"。原來"恐共"、"反共"的商界精英紛紛向內地靠攏，以愛國商人的身份進入人大代表、政協委員的行列。可在香港左派看來，這些"忽然愛國派"是為了商業利益和政治利益才愛國，並非政治上堅定的愛國派。於是，在六七反英抗議運動中不共戴天的資本家與工人階級、殖民者走狗與愛國者，在香港回歸的統一戰線陣營中構成了看不見的緊張。然而，在"著眼於香港回歸祖國統一大業"、"愛國不分先後"的大背景下，國家利益、民族統一大業這些傳統左派堅定的政治信念再一次戰勝了他們的個人利益和歷史恩怨，使他們與工商界在香港回歸的風風雨雨中攜手合作。更重要的是，在香港回歸之後，他們還要與曾經參與鎮壓他們的港英公務員合作。香港左派幾十年來在香港背負"暴亂"包袱，在內地又背負"文革"包袱，可究竟誰來為這無怨無悔的愛國代價買單？誰來對他們的付出給一個說法？歷史的悲情一直困擾著香港左派，既是他們自我封閉的心結，也是他們與時俱進的包袱。直到香港從"佔中"到"修例"引發暴亂之後，在中央通過制定香港國安法來全面"止暴治亂"，通過修改行政長官和立法會產生辦法以確保愛國者治港之後，香港左派才終於等到了這場遲到的革命。

　　"文革"結束之後，內地開展了解放思想大討論，提出了實踐是檢驗真理的唯一標準。中國共產黨的路線、方針和政策發生了一場根本性的革命，毛澤東思想發展到鄧小平理論，進而不斷發展到習近平新時代中國特色社會主義理論。共產黨也從革命黨變成了執政黨，提出了執政能力建設，提出了"兩個建設好"的思想，即不僅把社會主義的內地建設好，而且要把資本主義的香港建設好。正是這種解放思想、與時俱進和自我革新，使得中國共產黨始終成為凝聚中國的核心政治力量，始終引領著中國的發展。相比較之下，思想解放、與時俱進對於香港傳統左派而言，不僅來得太遲，更需要完成利益重組和代際更替。而就其思想核心而言，恰恰又不能迴避對六七反英抗議運動等歷史事件的清理，從而在愛國主義與極左思潮之間劃出界限。六七抗議運動的主流乃是反對殖民統治和階級壓迫的愛國主義，其中極左的舉動不過是其意外後果，就像"文化大革命"的精神主旨乃出自反對官僚主義、封建等級門第觀念的大眾民主，而其中出現的"打砸搶"等破壞不過是其意外後果。我們不能根據一些分散在外在表象中的意外後果來否定其內在的精神追求。就像繁茂的大樹必然產生枯枝敗葉，巍峨的高山必然存留腐土亂石，偉人的行進必然踩踏無辜的花草。如果說內地對毛澤東及其發動的"文化大革命"作出全面評價的結果是"團結一致向前看"，可回歸之後的香港內部無法對六七反英抗議運動作出系統的評價，因此便無法做到團結一致向前看。在香港回歸的二十多年中，香港本身處於劇烈的政治分化之中，以至於傳統左派與香港主流精英階層之間形成了難以彌合的鴻溝。因此，對於香港左派而言，關鍵在於如何真正解放思想，放下歷史包袱，更新內部機制，迅速完成利益重組和代際更新，實現自我革新，成為香港精英階層，從而逐步承擔起治理香港、確保"一國兩制"行穩致遠的歷史重任。而對於香港主流精英而言，關鍵在於能否理解香港左派，能否在更大的背景上理解六七反英抗議運動，能否在全球秩序重建的大背景中理解中國革命的道路選擇，理解新中國探索不同於西方的現代化發展道路，從而在精神上和思想上擺脫對西方的迷信，理解中華民族偉大復興在世界歷史上的意義。這個問題顯然不僅僅是中國的香港、臺灣地區面臨的問題，也是中國內地必須回答的問題。

2004 年，我有機會來香港工作。在香港的朋友就告訴我："不來香港不知道什麼叫自由；可不來香港更不知道什麼叫愛國"。這個時候，香港不僅有比內地更大的自由，更重要的是，只有香港才能看到在內地似乎已經遺忘了的愛國，一種類似白區群眾嚮往根據地的愛國熱情。當我有機會接觸到工聯會的老工人時，似乎有一種時光倒流回到解放前的感覺，內心中湧起了無邊的悲涼，就像當年看到《沒有天空的都市》時的那種悲涼感覺。內地已經改革開放了，開始向港英治理下的資本主義學習了，可他們處在香港之外、時代之外，處在無產階級革命這個外面的精神世界中。"自由"和"愛國"原本是"五四新文化"運動以來中國人精神追求中的兩大價值主題。然而在全球政治秩序中，這種精神追求不可避免地產生分裂。因為面對地理大發現以來西方逐步在全球建立起來的世界帝國體系，後發達國家要自由，就很容易變成納入世界帝國體系，成為西方世界的附庸而最終喪失自主選擇發展道路和生活方式的自由，因為"自由"的解釋權掌握在世界帝國手中。因此，無論是歐洲還是亞洲，所謂的自由世界都處在美國主導的世界帝國體系在政治、經濟和文化的全面支配或監護之下，熱愛自由就變成服從美國主導的世界帝國體系。在這種世界帝國秩序中，後發達國家的 "愛國" 或許就意味著擺脫對世界帝國體系的依賴，根據自己的歷史文化傳統和現實政治經濟條件，探索不同於西方資本主義的現代化道路。探尋適合本國發展的道路無疑是更高意義上的自由，其中社會主義現代化道路就是一個有益的積極嘗試。然而，由於世界帝國掌握著文化主導權，掌握著對 "自由" 的定義權，以至於探索社會主義道路不再被看作是 "自由"，而在冷戰的背景下被系統地宣傳為 "恐怖政治" 或更為溫和的 "威權政治"。

正是在這種背景下，"自由" 與 "愛國" 原本統一起來的概念卻發生了分離。由於西方世界掌握對 "自由" 的定義權，"自由" 就變成了對西方資本主義世界帝國體系的依附，而 "愛國" 也因此變成如何擺脫依附、尋求獨自自主的道路。在香港，右派也因此成為 "自由派" 或者後來的 "民主派"，而左派毫無疑問可以自豪地堅持自己才是 "愛國派"。面對資本主義世界帝國體系，究竟是選擇依附自由，還是自主建國，這是世界歷史拋給所有後發達國家的難題。事實上，面對當年大英帝國主導的世界帝國體系，19 世紀的德國就曾經面臨這樣的選擇。韋伯（Max Weber）曾敏銳地指出，面對這樣的歷史選擇，大國和小國面臨著不同的命運。小國可以選擇成為 "文化國家"，在政治上依附於西方大國，然而，像德國這樣的大國，若非將自己解體為很多小國，根本不可能選擇依附其他大國的道路，更何況是像德國這樣的政治民族。在這種情況下，大國，尤其是作為政治民族的大國，必須選擇適合自己的政治道路。[17] 事實上，當年依附在中華天朝秩序邊緣的日本、高麗乃至安南後來以各種形式作出 "脫亞入歐" 的政治選擇。然而中國若選擇這樣的道路必然會面臨解體的危險，就像冷戰後的俄羅斯在葉利欽時代試圖依附於美國主導的世界帝國，然而面臨的則是北約不斷肢解俄羅斯周邊的政治同盟，從而試圖全面包圍俄羅斯，這才導致普京後來發起一系列戰爭進行全面反擊，直至當前的俄烏戰

17　〔德〕馬克斯・韋伯：《兩種法則之間》，載《韋伯政治著作選》，閻克文譯，北京：東方出版社 2009 年版。

爭。同樣，日本從依附英美發展壯大到吞併大半個中國和東南亞來構築起大東亞帝國，必然與英美主導的世界帝國體系發生衝突，最終日本崛起失敗而不得不重新依附於美國，淪為美國的附庸國。[18] 在這個意義上，作為擁有五千年悠久歷史文化傳統並始終以天下為己任的文明大國，中國必須選擇自己的歷史道路，這是世界歷史賦予中國的天命。因此，從五四運動以來，"自由"與"愛國"的分歧就變成依附與自主這兩條現代化道路的分歧，這場分歧演變為一場漫長的文化價值觀念的內戰，香港內部左右派的文化戰爭就此而來。

表面上看，香港乃至內地的左翼激進運動雖然失敗了。然而，這場革命運動釋放出被喚醒的文明大國的巨大精神能量。這種鮮活的精神力量具有一種浪漫主義的精神氣質，衝擊著一切趨於僵死的制度，無論是內地的封建制度，還是香港的殖民制度。這種歷史大革命時代所激活的精神力量正按照自己的天性在一往無前的衝擊中趟出屬於自己的道路，並按照自己的模樣來塑造出全新的政治秩序，塑造出與這種新制度相匹配的新人類。內地人只有在與香港人乃至臺灣人的日常交往中，才會慢慢領悟到這種新人類有一種潛在的人格結構，那就是一種寬闊豪邁的品格，一種不屈向上捨我其誰的氣質，一種通達宇宙的浪漫主義情懷。不同於當年德國的浪漫主義退縮到文學、藝術和思想領域，退縮到本土的歷史傳統中，中國革命的浪漫主義精神始終是一種政治理想主義的浪漫，面向未來擁抱整個天下的浪漫主義。正是這種理想主義的精神浪漫釋放出巨大的政治革命的能量，從而在冷戰中同時面對美蘇兩個世界帝國體系的壓力，走出自己的道路。這種巨大的精神能量同樣展現在改革開放的時代，只不過從政治領域轉向了技術領域和商業領域，從而迅速推動中國崛起。因此，當我們關注中國崛起的奇跡時，不能不關注推動這種崛起的精神力量。

---

18 〔澳〕加文·麥考馬克：《附庸國：美國懷抱中的日本》，于佔傑、許春山譯，北京：社會科學文獻出版社 2008 年版。

七、尾聲：無言的幽怨

當酸苦的淚水使我眼淚朦朧，

我看到你頭上的白紗在微風中飄旋，

你的手握在陌生人的手中，

緩步走來，而你眼裏有無言的幽怨，

我仍為你祝福，帶著最偉大的悲痛。

當你再也不，再也不會回轉。

　　力匡（鄭建柏）的《悲歌》曾經風靡 1960 年代的香港文壇。這本是一首愛情詩，卻似乎更能表達香港左派的心聲。六七反英抗議運動觸及到香港政治中棘手的難題：中西之間的民族矛盾，勞資之間的階級矛盾，左派與右派的政治分歧，精英與大眾的認同差異，"文化大革命"與改革開放兩條路線的分歧，愛國者治港與保持不變的張力，所有這些矛盾糾纏在一起，構成"剪不斷，理還亂"的愛恨情仇。六七抗議運動一方面強化中國意識，從而使得港英政府意識到不可能永久地統治香港，但另一方面也催生了香港意識，"香港是我家"的心態由此而生。這兩種意識交纏在一起，埋下了後來"中國人"與"香港人"的身份認同的分裂，也為後來的"港獨"思潮播下了種子。

　　無論在香港，在臺灣，還是在內地，社會都被各種難以調和的敵對思想、認同、情緒和利益所撕裂。這既是西方發達國家的國際戰爭在後發達國家的國內化（international civil war），也是中華民族在生存困境中尋找出路的痛苦掙扎。對於我們每個人中國人而言，必須主動承擔起歷史的命運，無論是悲劇，還是喜劇，都已構成了中華文明復興的有機部分。而如今，面對著中國崛起的現實，我們需要一點點從容，來面對這些歷史和現實的舊怨新仇，甚至需要某種程度的遺忘，以便讓時間來慢慢地治癒心靈上的創傷。香港回歸之後之所以長期陷入政治困局，一方面是港英政府

（其實是西方）培養起來的中產精英（比如法律界、教育界）從心底裏不認同共產黨中國、不認同香港左派，乃至在"一國兩制"的憲政秩序中，在中國崛起的世界格局中迷失了自己；另一方面也是香港傳統左派依然沉浸在歷史的誤區中，在內心中沒有認同港英時期確立起來的現代政治體制及其價值觀，也跟不上內地思想解放的步伐，從而懷著怨恨心態看待目前的主流精英階層。然而，我們必須認識到，心靈的和解、人心的回歸，需要時間、耐心、理解和寬容，就像"一國兩制"本身，將巨大的矛盾包容在一起。想一想，時間才是最大、最有力量的政治。在這個意義上，政治乃是一門遺忘的藝術。許多問題隨時間推移而消逝，不一定是問題被解決了，而可能是被遺忘了。以至於在香港回歸十年之時，很少有人提及香港的"去殖民"問題，更沒有人提及六七反英抗議運動。"失去的夢想、錯置的目標、浪費的生命歲月，歷史至今仍未有一個說法。暴動、抗爭中的那些傷殘死難，數十年來如荒野暴屍，未得安葬，更遑論紀念。"[19] 然而，我們要明白，這善意的遺忘背後包含著"無言的幽怨"。

　　然而，香港的右派不也有類似的愛國悲情？這種悲情不也時時衝擊著香港政治？1980 年代以來的香港右派，就像 1960 年代以來的香港左派，彼此如同這心懷怨恨的戀人，雖有"無言的幽怨"，但自覺帶著"最偉大的悲痛"。假如這"偉大的悲痛"中少一份孤傲，少一份怨恨，而多一份對民族未來的信心，多一份對國家責任的承擔，多一份彼此的超越和從容，或許香港左派和右派能夠面向民族未來的文明重建而了卻恩怨，癒治創傷，在心靈上達成寬恕、原諒與和解。香港六七反英抗議運動從來沒有在香港正式平反，港英時期諸多刑事法律依然有效。不過，1999 年7 月 1 日，香港回歸兩週年之際，時任行政長官董建華為香港傑出人士頒發最高勳章——大紫荊勳章的名單上，曾經領導六七反英抗議運動的工聯會會長李澤添赫然出現在名單上。隨後，在港英政府鎮壓六七抗議運動中判刑入獄的曾德成獲任特區政府中央政策組顧問，並被委任為"太平紳士"。2007 年慶祝香港回歸十週年之際，中央政府駐港聯絡辦首次為服務

19　羅永生：《殖民家國外》，香港：牛津大學出版社 2014 年版，第 396-397 頁。

香港工作的香港人士頒發勳章，而曾德成又被新一屆特區政府委任為民政事務局局長。2012 年，具有左派背景並被反對派質詢交待 "共產黨背景" 的梁振英當選行政長官。誰能預料，以後的香港史中還會出現怎樣的奇跡呢？

第三章

九龍城寨與香港大學

　　1860 年，代表維多利亞女皇和拿破崙皇帝的英法聯軍攻入北京城，一把大火燒了圓明園。對此，法國作家雨果公開予以憤怒譴責："我們歐洲人是文明人，中國人在我們眼中是野蠻人。這就是文明對野蠻所幹的事情。將受到歷史制裁的是這兩個強盜，一個叫法蘭西，另一個叫英吉利。"事隔三十年後，中英簽訂《展拓香港界址專條》，英國獲得新界 99 年租期，但其中明確規定九龍城內駐紮的中國官員可在城內各司其職，"惟不得與保衛香港之武備有所妨礙"。從此，九龍城寨一直作為中國人管轄的領土，保留在英國統治的新界內，形成 "你中有我、我中有你" 的格局。

　　清朝政府之所以在給英國的租借地中保留九龍城寨這一小塊地方，是與九龍城寨的歷史及其在大清帝國的南疆海防中的戰略地位聯繫在一起的。九龍城寨起源於宋代，有明確的朝廷軍隊駐紮從明朝開始，在清代已成為鞏固帝國南部海防的重要基地，在鴉片戰爭中發揮著重要的作用。鴉片戰爭之後，英國獲得香港島，九龍城寨就成為清政府防範英國擴張的前沿陣地而獲得不斷的鞏固，尤其是修築了鞏固的城牆，並加固了炮臺。在此後，中英和平相處的歲月中，九龍城寨還成為清政府獲得英軍信息的情報站。不過，它最突出的作用恐怕在於清剿海盜，因為廣州是大清帝國與西方世界貿易的重要樞紐，中國的海盜一直襲擊著西方往來的商船。而大清的衰落與英國的崛起恰恰是從對海盜的不同態度開始的。

一、海洋世界與海盜

　　人類文明首先是在陸地上發展起來的，江河海洋世界往往是神話世界中深不可測的恐怖力量。文明的開端往往就在於戰勝江河海洋的侵襲。中國的大禹治水傳說是依靠人力戰勝的，由此中國文明在開端時就形成了濃厚的人文主義精神；而猶太教中的諾亞方舟故事則是依靠神力戰勝的，當它傳播到歐洲之後就變成了神學，非經啟蒙革命無法打破神學的禁錮。但無論哪一種文明，都意味著一種居住在陸地上穩固的生活狀態要防止江河海洋流動的衝擊。由此，通過治理大江大河，就建立起龐大的中央集權的農業國家，世界四大文明古國都必須遵循"治水社會"的法則。比較之下，在破碎的海濱地區往往居無定所，發展起來的都是圍繞商業貿易的城市而建立的小國家，這就是地中海沿岸的古希臘城邦和中世紀城市共和國。如果說溫暖的地中海孕育了商業文明，那麼在北歐冰天雪地的海濱生活的維京人則就變成了在海濱駕駛龍船劫掠歐洲大陸的恐怖的海盜。

　　從公元 8 世紀到 12 世紀，來自江河海洋上的維京人侵襲了整個歐洲地區。如果說羅馬帝國是被日耳曼森林中的野蠻人所摧毀的，當這些野蠻人在歐洲大陸定居下來，並試圖建立起穩定的宗教封建秩序時，來自海上的維京人則在長達 300 年的歷史中一次又一次地侵襲歐洲，以至於歐洲始終未能恢復羅馬帝國的統一。查理曼帝國就是被維京人所摧毀，形成了法蘭西、英格蘭、神聖羅馬帝國及西西里王國，其中三個就是由維京人的後裔所建立的。我們熟知的征服英格蘭的諾曼底公國就是維京人建立的，連今天東歐的烏克蘭、白俄羅斯和俄羅斯也是從維京商人的集鎮中發展起來的。幾個世紀的侵襲之後，維京人漸漸與歐洲大陸的封建王國融為一體，留下了高超的造船技藝以及通過江河海洋建立起東起伏爾加河、西到大西洋、南臨地中海、北至北冰洋的一個歐洲貿易圈，而且在英國留下了陪審團這樣的法律制度，在法國培養起了騎士精神，在愛爾蘭建立起捍衛個人權利的共和國，而在俄羅斯又成為東正教的捍衛者。更重要的是，維京人留給西方一種"飽含異域風情，又充滿暴力和征戰"的精神想象，"這個時代有計謀多端的搶劫者，也有不受拘束的探險者。”可以說，在西方文化中，維京人代表著一種桀驁不馴、自由馳騁、冒險探索新空間的精神，以至於美國宇航局的飛船探測器直接以“維京”（Viking）來命名，而“藍牙”（bluetooth）技術也是用一個維京國王的名字來命名。[1]

海盜是海洋世界的發現者，也是海洋世界的主人。在歐洲歷史上，恰恰是海盜奏響了地理大發現的先聲。伴隨著地理大發現，歐洲列強爭相湧向海洋，來爭奪新大陸的資源。在羅馬教皇的支持下，最先開展地理大發現的葡萄牙和西班牙搶佔先機，在法理上瓜分了全世界新發現的領土和海洋（“教皇子午線”）。而英國作為後來者為了打破葡萄牙和西班牙的壟斷地位，就利用海盜來搶掠西班牙和葡萄牙的海洋貿易。因此，早期英國海盜的背後不少就獲得英國商業集團和政府的支持。正是利用海盜這種非法的活動作為掩護，英國政府一方面可以迅速通過海盜劫掠到大量的財富，另一方面也避免與葡萄牙和西班牙兩個強國發生正面的外交或軍事衝突。直到大英帝國打敗西班牙“無敵艦隊”，並逐漸主導了全球貿易，英國政府成為海洋世界的主人，需要維持海洋世界的秩序，才開始與海盜切割並打擊海盜。加勒比海盜的故事之所以成為西方世界經久不衰的電影題材，就是因為這個故事中包含了大英帝國的蛻變。大英帝國雖然拋棄了海盜的面具，可在骨子裏永遠都是海盜，只是採用更為文明的商業、金融的劫掠方式而已，以至於大英帝國的興起往往被看作是海盜資本主義的興起。（詳見第四章）

與英國這種海洋島國發展起來的資本主義貿易不同，中國作為一個大陸農業國家，在士農工商的格局中，商業貿易從來不是國家經濟的支柱。然而，我們不要忘記，這個定居的農業國家最初恰恰是在與江河海洋世界的搏鬥中成長起來的。在中國遠古的黃帝和炎帝部落的大規模戰爭中，黃帝和炎帝部落是農耕部落，而蚩尤則是海濱部落。《山海經》中講述黃帝征服蚩尤是邀請應龍蓄水，而蚩尤則邀請風伯雨師助陣，“縱大風雨”，似乎表明這是一場水上的戰爭。從黃帝到大禹治水之後確立了大陸的農

1　參見〔美〕拉爾斯·布朗沃斯：《維京傳奇：來自海上的戰狼》，豆巖、陳麗譯，北京：中信出版社2017年版。

耕生活秩序，而被治罪流放的"四罪"，實際上代表的都是海洋秩序。比如對"讙兜"的描述是"食海中魚，為人狠惡，不畏風雨禽獸"；"三苗"就是生活在江河水澤的南蠻；"共工"就生長在長江邊上，他頭觸不周山讓江河東流侵害大陸；"鯀"也是南方苗蠻的後裔，採取堵的辦法治水失敗。最終，鯀的兒子大禹採取疏導的辦法治水成功。在這個意義上，禹實際上代表著海洋生活最終融入大陸生活，就像維京人最終消失在歐洲大陸的定居生活一樣。因此，以大禹治水作為開端，中國開啟了基於陸地農業的定居生活方式的王朝世系，並由此形成以自給自足的小農社會為基礎的儒家文化。士農工商的社會秩序中，重農抑商成為長期的國策。

然而，隨著唐代以後陸地絲綢之路日趨衰落，中國經濟重心也開始向南轉移，圍繞海上絲綢之路的貿易發展起來。然而，"在印度洋領域和東亞海域的海上貿易中，不僅沒有一種大家都遵循的貿易規則，沒有安全保障機制和仲裁機制，甚至也沒有一種共同的商業語言。……葡萄牙人、西班牙人和荷蘭人先後來到印度洋地區和東亞地區後，大大改變了以上情況。他們把大西洋貿易和印度洋、太平洋貿易聯繫起來，把東亞和印度洋地區納入了他們建立的全球貿易網之中，從而讓這些地區真正進入到經濟全球化的進程。為了更好地進行國際貿易，西歐人還引進了國際通用貿易語言。葡萄牙人來到亞洲之後，葡萄牙語成為亞洲海上貿易佔據統治地位的通用語言，一直到 18 世紀末才逐漸把英語所取代。"[2] 之所以出現這種狀況，很大程度是由於東亞的海洋貿易往往是由處於社會底層的商人自發產生的，始終缺乏強大的國家政權力量的支撐，以至於他們無法發展出一套跨國的貿易規則和貿易糾紛的解決機制。東亞的貿易規則無疑是中國人形成的，通用語言也是漢語（尤其閩南語和廣府話），在印度洋地區貿易的通用語言是阿拉伯語。而東亞貿易圈和印度洋貿易圈之所以未能整合起來，是因為中國或印度始終維持大陸帝國的秩序，並沒有準備轉向海上，將自己的海上貿易規則拓展到全球。比較之下，我們就會發現地中海地區形成的商人法背後是威尼斯和熱那亞（Genoa）這些城市共和國作為支

2　李伯重：《火槍與賬簿：早期經濟全球化時代的中國與東亞世界》，北京：生活·讀書·新知三聯書店 2017 年版，第 71-72 頁。

撐，而全球地理大發現則從來不是商人們的個人行為，而是葡萄牙、西班牙、荷蘭乃至英國等這些海洋國家所組織並推動的，它們自然用一套商業規則和一套糾紛解決機制來規範複雜的國際貿易。

可以說，在中國、印度大陸廣袤的農業秩序的邊緣海洋地點，形成了一個逐漸擴大的商業貿易網絡，而這個網絡中必然會出現武裝的海盜，他們不僅擾亂海上貿易，更重要的是對大陸秩序構成侵擾。東亞貿易圈中人所熟知的海盜就是來自日本的"倭寇"。它們有點類似侵襲歐洲大陸的維京人，唯一的不同是歐洲大陸處於碎片化的蠻族統治時期，給了維京人不斷侵襲並發展壯大的機會，而倭寇面對的始終是統一強大的中國。就像歐洲時代將海盜分為兩種，一種是自發狀態下形成的海盜組織，一種是由英國皇家和政府暗中投資、支持，來有目標地搶奪敵國商業的海盜組織。東亞的海盜也類似，"倭寇"實際上就是日本政府支持的，因此"倭寇"立刻引發中日兩國關係衝突。面對倭寇侵襲，明朝政府不僅禁止與日本展開貿易往來，而且在陸地乃至海上展開清剿倭寇的強大軍事攻勢（比如著名的戚繼光），以至於"倭寇"最後留下來的是"日本浪人"的武士形象。但是，不同於整個歐洲轉向了海洋商業秩序，中國只是在陸地農業秩序的邊緣產生了一種獨特的群體，他們按照海上自由貿易的商業原則行事，卻擾亂了陸地農業社會的法律秩序，從而被看作是"海盜"。在中國海盜的歷史上，其實很大一部分就是這種商業秩序的最早開拓者。他們繞開官方的壟斷貿易從事"走私"活動，實際上就是在推動自由貿易。今天全球都在推動貿易自由化、零關稅自由貿易區，不就是將曾經的海盜的"走私"行為合法化嗎？1990 年代的中國，沿海走私問題非常嚴重，甚至軍隊捲入其中，然而在中國加入 WTO 之後走私風潮自然就消失了。因此，在東亞海洋貿易圈中，最大的海盜組織恰恰是這種華人海盜組織。比如明朝初年出臺海禁政策，不容許沿海地區展開海上貿易活動，祖祖輩輩習慣了海上貿易生活的沿海居民被迫轉向海洋世界，試圖在海洋世界中確立自己主導的生活秩序，這些人就自然變成了所謂的"海盜"。其中最著名的就是陳祖義集團，他以馬六甲為中心，勢力範圍囊括南海、日本、臺灣、印度洋等地，擁有武裝的海盜船上百艘，靠著堅船利炮橫行東南亞。東南亞一些國家都要向他納貢以得到保護，他甚至奪取蘇門答臘島上的渤林邦國政權，自立為王，成為中國早期海外事業的開拓者。然而，他經營的海上事業直接危及明朝以陸地為中心建立的朝貢體系，最後被鄭和的船隊所鎮壓。事實上，明代“倭寇”之所以很長時間難以剿滅，就在於“倭寇”與東南沿海面向海外的商業貿易活動交織在一起，很多中國人自願或被迫加入到“倭寇”的行動中。“倭奴以華人為耳目，華人藉倭奴為爪牙，彼此依附。”由此，不少倭寇組織的頭目反而是華人。比如著名的許棟、汪直集團就類似，他們在內地原本就是徽商網絡的一部分，既是官方剿滅倭寇的支持者，同時也是“倭寇”的同盟者。他們最終脫離陸地秩序，在海外建立起龐大的依靠海上武裝的商業帝國，成為東亞乃至東南亞的海上霸主。他們在日本、中國、東南亞之間建立起商業貿易的網絡，而葡萄牙人、西班牙人乃至荷蘭人來到東亞的時候，實際上是加入到他們的建立的商業貿易網絡中。他們雖然來自不同的國家，操不同的語言，有不同的歷史文化背景，但他們成為海上商業貿易網絡中的自由人，並沒有現代國家建立之後非此即彼的國家身份認同或政治忠誠，他們屬於帝國邊緣碎片中漂泊不定的遊歷者。因此，在這個海盜商業集團中，有中國人、東南亞各地區的人，也有日本人乃至西洋人，他們圍繞海洋貿易的利益組織起來。“許多倭寇實際上是一些對國家沒有固定歸屬感的人。……這些人浪跡於國際間，唯利是圖。借用一個日語名詞來描述這些人的特徵，可以說他們是一種‘國際浪人’。”[3] 正是從陸地秩序的眼光看，明代中國沿海出現了“昔也夷人入中華，今也華人入外夷”的景象。

　　晚明的鄭芝龍就將這種跨文化邊緣地帶的“國際浪人”形象發揮到極致。他是福建泉州人，小名“一官”。他年輕時到馬尼拉學會了盧西塔語和葡萄牙文，在與葡萄牙人打交道中接受了天主教的洗禮，取名賈斯帕（Nicolas，另名尼古拉），所以被外國人稱之為尼古拉·一官（Nichola Iquan）。他發跡於日本，並娶平戶藩家臣的女兒為妻，在日本改姓為田川氏。他年輕時就加入了西方文獻中頻頻提到的“中國船長”李旦的海盜

3　李伯重：《火槍與賬簿：早期經濟全球化時代的中國與東亞世界》，北京：生活·讀書·新知三聯書店2017年版，第 85 頁。

集團，擔任李旦的翻譯並最後取得了集團領導權。在晚明大亂的格局中，他招募東南沿海災民拓殖臺灣，並以臺灣為中心成為東亞海上最大的軍事商業貿易集團。因為有臺灣作為政權支撐，尤其是後來與晚明政權合作，鄭芝龍將明代以來的海上武裝商業貿易事業發展到了巔峰。當明朝衰落並導致東亞海洋世界出現權力真空時，荷蘭的海軍商業勢力試圖控制東亞海洋世界。這個時候恰恰是這個具有"倭寇"背景的鄭氏海上商業軍事集團打敗了荷蘭的商業軍事集團，保持了中國對東亞海洋世界的支配權。在《明季北略》對鄭芝龍的小傳中，最傳神的點睛之筆就是："各國往來，皆飛黃（鄭芝龍）旗號，滄海大洋，如內地矣"。這無疑是陸地秩序視野中的海洋世界。

　　明代正處於全球海洋力量崛起的時代。西方地理大發現開闢了西洋貿易圈，並將地中海貿易圈、印度洋貿易圈和東亞貿易圈編織為更大的全球貿易圈，因此這個時代是全球各大民族、文明在海洋上競爭的貿易全球化時代，也是為全球海洋世界立法的時代。在這個時代，中國無疑是全球海洋秩序的最大推動者之一。然而，這種推動力量並非因為中國主動地推動了海洋貿易，而是中國在陸地秩序中的繁榮被動地吸引著世界各地的商人紛紛前來開展貿易，中國的貨物一經轉手海外就會獲得巨額財富。這恰恰是海盜集團在整個明代一直此起彼伏的原因。明朝通過全球貿易獲得了來自北美的巨額白銀，解決了制約中國經濟發展的流通貨幣問題，極大地刺激並擴張了中國商業經濟的繁榮，江南地區出現了早期資本主義的萌芽。然而，中國始終以陸地秩序為主，海洋秩序僅僅是陸地秩序的延伸或者補充，而未能按照海洋秩序的內在邏輯發展出一套全球貿易體系，更未能為海洋世界立法。因此，不同於西方海盜集團背後有國家政權力量的支持，中國的海盜集團由於缺乏國家政權的背書而只能依靠自己的武裝來保護自己。由此，儘管中國的海盜集團非常強大，在東亞海上稱雄幾百年，出現了諸如陳祖義、許棟、汪直、李旦、鄭芝龍等卓越的領袖，但他們始終處在陸地秩序的邊緣地帶，遊走在合法與非法的邊界，以至於他們無法將政權建設與商業貿易分離開來，未能發展出現代資本主義商業貿易帝國，因此最終被陸地秩序所吞沒。比較之下，歐洲的海盜集團慢慢分化出專業的海軍從事海洋保護，國家通過外交、戰爭手段並建立國際法秩序為商業貿易提供支撐和保護，而商業貿易集團專心於商業經營，發展出一套經營乃至生產的秩序，從而為國家治理提供充沛的財政支持，國家與商業之間形成了相互分工而又相互支撐的新型資本主義秩序。更重要的是，中國的海盜集團在海上稱雄幾百年，卻從來未能想象出建立一個基於海洋而非陸地的帝國。陳祖義最先在海島上立國，可很快被摧毀；鄭芝龍擁有了臺灣這個巨大的基地，然而最終回歸到陸地帝國秩序中。隨著清政府統一臺灣，將陸地秩序拓展到海洋世界，中國的陸地秩序發展到巔峰，這意味著中國在東亞海洋世界的傳奇就此畫上了句號，直至鴉片戰爭時西方這些新的“倭寇”以更大的力量打開了中國通向海洋世界的大門。

然而，清政府被迫打開國門並不意味著中國就走向了海洋世界。鴉片戰爭之後的中國與明代中國的最大區別就在於後者曾經是在中國海上成為海洋秩序的主導者或強有力的競爭者，而前者則徹底臣服於西方建立起來的海洋秩序。隨著清朝由盛向衰，海洋上的海盜活動又熱鬧起來。比如著名的海盜集團張保仔就活躍在珠三角地區，但最終被大陸上的清政府和海洋上的葡萄牙艦隊聯合剿滅，而張保仔投誠之後成為清政府剿滅其他海盜集團的急先鋒。香港電影《海盜張保仔》將其描寫為匡扶正義的傳統象徵，卻未能展現海盜背後陸地世界與海洋世界的複雜關係。鴉片戰爭之後，清政府與大英帝國更是聯手鎮壓中國海上敢對大英帝國建立的海洋秩序構成挑戰的中國海盜。香港割讓給英國之後，清政府在 1847 年構築了堅固的九龍城寨，固然是希望防範英國的進攻，但這也成為清政府配合英國清剿海盜的前哨。當時最大的海盜勢力是十五仔和徐亞保，前者有海盜船大約 100 艘，後者有海盜船大約 60 艘。這點可憐的力量連此前的張保仔都比不上，更不用說與明代的中國海盜集團相比了。明代中國海盜集團縱橫在從日本到新加坡的海域，而清代的海盜只能以珠三角地區為中心，這恰恰成為明清時代中國在海洋世界由盛向衰的縮影。清政府清剿海盜的法寶就是利用陸地秩序的優勢，切斷海盜與陸地的聯繫使其陷入補給困難，然後“剿撫兼施”，最後迫使十五仔投誠招安。後來，徐亞保也向清政府投誠，卻因為曾經殺死過兩個調戲中國婦女的英兵，被轉交港英政府處置。港英政府起訴並判處徐亞保無期徒刑，但徐亞保不堪受辱，在獄中自殺。在馬沅撰寫的《防禦海盜事略》中，有一段文字專門記載了這個震撼人心的俠義故事，最後寫道："徐以不甘受辱，竟於四月二日晨在獄候期起解中自縊身死"。寥寥數語，勾勒出中國海盜的精神世界。不同於歐洲海盜追逐利潤，中國海盜依然保持了水泊梁山這種陸地秩序所培養出來的俠義精神，保持了一種儒家文化所薰陶出來的卓爾不凡的人生風格。至此，中國的海盜絕跡了，大清帝國也開始走向崩潰。近些年來，研究中國海洋世界的書籍陸續出版，海上絲綢之路成為全球史研究的重點。我們的歷史學家若真的有心，的確需要寫一部遊走在大陸秩序和海洋秩序之間的《海盜列傳》。

剿滅海盜之後，清政府與英國之間暫時能夠和平相處，海防暫時無虞，但陸地邊疆卻陷入了危機。沙皇俄國這個陸地帝國對土地有著本能的佔有欲，通過一系列不平等條約從清政府攫取了大量的領土。在中俄為了陸地領土簽訂大量條約的過程中，清政府積累了許多經驗。比方說沙俄通過在中國邊疆進行大量移民，幾年後以這些人是俄國人為由提出領土要求，這對清政府很不利。最後，清政府就提出了"人隨地歸"的原則，即只要是中國的領土，上面居住的人無論是誰都屬於中國公民，反之屬於俄國的領土，哪怕中國人居住在上面也算俄國公民。這個思路就有效地遏制了沙俄通過移民擴張領土的企圖。在這個過程中，清朝還創造了一些新的手法，比如在給俄國租借遼東半島時，就保留其中的金州城歸中國人自行治理，其目的在於將這些據點作為中國主權的標誌，從而確保租約屆滿時能有助於租借地的收回。這種做法也自然也用在了新界的租約中，保留九龍城歸中國政府治理。

清政府為保證對租借地領土的主權可謂用心良苦，但真正能夠保證主權的依然是國家的實力。1899 年 5 月 15 日，英國政府以九龍城寨內的清朝軍隊妨礙武備為由，派出英國皇家韋爾斯火槍隊及香港志願隊幾百名士兵進攻九龍城寨，雖然遇到了清兵和平民的激烈抵抗，但這被殖民者視為

"一頭暴怒而愛國的水牛"的抵抗而已。[4] 經過一天激戰，清兵戰敗，一百多名平民被驅逐出來。5 月 22 日，總理衙門向英國外交部抗議英國出兵九龍城的行動違反條約內容，要求英國撤軍。但英國毫不理會，不但派軍長駐九龍寨城，甚至通過英國樞密院，單方面頒佈了新界敕令，宣佈九龍寨城是女皇陛下"殖民地"的組成部分，並在港英政府憲報上刊佈，從而將租借地變成了永久的"殖民地"。1900 年李鴻章赴廣州就任兩廣總督，途經香港時與港督交涉九龍城寨的主權問題，但依然沒有結果。然而，大約在辛亥革命前後，英國政府卻主動地放棄了佔領九龍城寨，只是將擄掠到的兩扇城寨大門，作為戰利品擺在大英博物館。九龍城寨就這樣莫名其妙地又回到了中國人的手中。

　　為什麼英軍不繼續佔領九龍城寨？為什麼英國人要在自己的殖民統治中保留這塊中國人自己治理的地方？為什麼英國人在清政府抗議中佔領九龍城寨，反而在清政府瓦解了、中國陷入內戰、無人關心九龍城寨的情況下，主動撤離了城寨，留給中國人自己治理呢？如果和火燒圓明園相比，前後不過四十年時間，大英帝國怎麼就一下子從燒殺搶掠的強盜，變成了彬彬有禮的紳士？從時間上推算，港英政府主動撤出九龍城寨大約是在港督盧押任上，此公是大英帝國的總督中最具眼光的政治家，不僅著有闡述殖民治理精髓的專著（參見第一章），而且就在港英政府撤出九龍城寨前後，創辦了香港大學。

4　〔英〕弗蘭克‧韋爾什：《香港史》，王皖強、黃亞紅譯，北京：中央編譯出版社 2007 年版，第 372 頁。

二、競逐中國未來：爭奪中國教育主導權

　　從 1842 年英國佔領香港以來，英國政府只是把香港作為帝國通過商業貿易汲取中國財富的基地，並沒有打算治理香港，因此港英政府對推動香港教育沒有任何興趣。零星的教育是由教會作為傳教的手段而組織的。但在 19 世紀末 20 世紀初，晚清政府風雨飄搖，西方列強掀起瓜分中國的狂潮，此刻西方的政治家們都在思考一個問題：誰將取得對未來中國的統治權？1905 年清政府廢除了科舉制度，對中國產生了深遠的影響，它不僅意味著統治階層失去了吸納社會精英的渠道，而且意味著中國文化和文明傳統失去了傳承的機制。西方政治家很明白，誰抓住了中國的教育，誰就抓住了中國未來的精英；誰抓住了中國的精英，就抓住了對未來中國的統治權。

　　在這方面，日本可謂捷足先登，因為日本始終是儒家文明圈的一部分，在唐代被中國在朝鮮半島打敗之後就大規模派出遣唐使虛心學習中國，以至於人們常說要看唐代中國就去日本，要看明代中國就去朝鮮半島。崛起的日本就模仿中國的天朝體系，自稱天子而建立自己的體系，尤其隨著全球海洋貿易時代的到來，日本利用海上地理優勢以 "倭寇" 的海盜方式加入到全球貿易中。然而，西班牙和葡萄牙的背後是歐洲的天主教帝國，伴隨著貿易而來的就是傳教。明清時代實施閉關鎖國也是為了應對天主教傳教帶來的文明衝突。日本也因此採取閉關鎖國政策，僅僅允許新教的荷蘭和中國與其展開有限的貿易。直到 1853 年美國人打開日本的大門之後，日本才通過 "明治維新" 運動告別了閉關鎖國的德川幕府時代，並走向了 "脫亞入歐" 的道路，即日本對其空間秩序和精神秩序進行重新定位，脫離以中國為中心的天下朝貢體系，而加入到西方文明主導的威斯特伐利亞體系，脫離儒家文明思想而轉向西方文明，採取 "全盤西化" 的文明戰略。用福澤諭吉的話來說："故今日我國之上策，與其坐等鄰國開明而共興亞洲，毋寧不與他們為伍，而與西洋文明共進退。" 如果我們從歐亞大陸的地理空間看，日本在東亞的位置類似於英國在歐洲的位置，都

處在陸地文明邊緣地帶的海島上，因此地緣空間決定了這兩個國家在世界歷史的海洋時代到來時，會率先脫離陸地秩序而轉向海洋世界。就像英國選擇支持清教革命而試圖顛覆歐洲大陸的天主教秩序一樣，日本的 "脫亞入歐" 也是一場思想精神上的革命，而這種精神革命就來自福澤諭吉提出的 "文明論"，通過猛烈抨擊幾千年來日本參照和學習的中國文明，來確立日本面向西方文明的正當性。其核心思想就在於徹底拋棄了中華文明以仁愛和道德為標準所確立的文明與野蠻的尺度，而接受了西方近代文明以自由和實力為標準所確立的文明與野蠻的尺度。按照新的文明與野蠻的尺度，中國從文明陷入野蠻的根本原因就在於鴉片戰爭以來中華文明秩序被西方文明打敗了，而打敗的原因在於清政府對西方的學習最多觸及到器物層面，而未能觸及到精神、主義的文明層面，而不學習西方精神和主義的根源又在中國人 "千百年來在周公孔子的夢中沉睡不醒，自尊自大，蔑視他人，以堂堂中華聖人國自誇"，而不知道面對海洋世界的到來反而顯示出自身的無知蒙昧。在這種背景下，覺醒的日本就有責任和義務通過發動戰爭來對中國進行啟蒙。因此，福澤諭吉積極支持日本發動對中國的戰爭，他將甲午戰爭看作是 "文明與野蠻、光明與黑暗之戰，其勝敗如何關係到文明革新的命運。應該意識到我國是東亞先進文明的代表，非國與國之戰，而是為著世界文明而戰。給它頂門一針，乃至當頭棒喝，啟蒙昧國家之蒙，促其真正悔悟，甘心俯首於文明的腳下，以求上進，此為要緊" [5]。

甲午戰敗對中國的士大夫階層無疑構成了強烈的刺激，曾經在中國文明邊緣的蕞爾小國日本竟然打敗了中國，這迫使中國士大夫階層整體性地轉向關注日本並追問日本為什麼能，並因此掀起學習日本的熱潮。正是透過福澤諭吉這樣的日本啟蒙思想家，中國人開始大規模學習西方，尤其從洋務運動以來的器物層面轉向對政體、思想和文明的系統學習。中國學習西方的一個重要障礙就是語言，而日本剛好在這方面進行了重要探索，今天我們用的許多西方學術概念都是當年日本最初從英文、德國、法文翻譯

5　〔日〕福澤諭吉：《直衝北京可也》，《福澤諭吉全集》第 14 卷，東京：岩波書店 1958 年版，第 500 頁。

為漢字的。地理優勢，語言便利，文化風俗和生活方式相似，長期文化交往的歷史背景，使得"同種同文同俗"論在晚清的中國人與日本人之間有很大的市場，雖然中間有甲午戰爭的矛盾，但中日之間共同受到西方的欺壓是不言而喻的，尤其西方盛行的種族主義以及對"黃禍論"的渲染，進一步強化了中日之間對黃種人的身份認同，以至於中日"合邦"、"興亞主義"或"東亞共榮"的主張對雙方具有很大的吸引力，在全球地理空間最後劃分的時代，這成為亞洲版本的"門羅主義"。[6] 在這種背景下，甲午戰後中日關係迅速改善，晚清政府向日本大規模派出留學生，而自費留學更是成為風潮。正是在日本的影響下，中國發起了從戊戌變法、辛亥革命乃至五四新文化運動，而日本也藉機進入中國，在北京、天津和東北等地開辦新式學堂。日本在中國推動的教育首抓法律學堂、軍事學堂和警察學堂，把精力集中在培養政治精英上。日本人深度捲入中國的教育事業，在中國持續不斷地培養起一大批親日派並由此參與到中國政治中來，從清末新政、北洋政府乃至後來的南京政府，日本人始終深深地捲入到中國政治中，成為操控中國政治的重要力量，而從明治維新以來日本欲取代中國成為東亞霸主來構建東方秩序乃至世界秩序，乃是其長期的國策。

　　從甲午戰爭到日俄戰爭，日本在東亞擴張吞併中國的野心讓準備邁向世界舞臺的美國坐不住了。從建國以來，美國就跟在歐洲列強的背後加入到以中國為中心的東亞貿易圈中。在某種意義上，美國也是依靠鴉片貿易起家的，以至於新近的研究表明推動美國工業化的"第一桶金"就來自於對華鴉片貿易，且美國很多名門望族祖上發跡於鴉片貿易。在19世紀與20世紀之交，美國就從大西洋國家同時變成太平洋國家並邁向了世界舞臺。而就在這個時期，美國著名的地緣政治家馬漢為美國提出了美國邁向世界舞臺的地緣戰略，美國後來的東亞地緣戰略實際上就是按照馬漢（Alfred Thayer Mahan）的思路展開的。在馬漢看來，美國要登上世界舞臺，唯一的機會就在亞洲，而亞洲的重心就在東亞尤其是中國，因為世界上其他地區的領土已經被歐洲列強瓜分完畢，美國要是能夠爭取到中國

6　章永樂：《此疆爾界："門羅主義"與近代空間政治》，北京：生活·讀書·新知三聯書店2021年版。

就可以立足亞洲而統治世界。而對於如何控制中國，馬漢提出三條戰略。其一選擇海洋發展的戰略定位。美國邁向亞洲依靠的是太平洋。面對全球大陸帝國俄羅斯與海洋帝國英國的爭霸，美國要選擇走海洋帝國的道路，與英國和德國這樣的海洋帝國結盟，通過海洋進入中國，將中國的未來發展引導向海洋世界。其二是採取文化戰略來馴服中國。中國的義和團運動讓馬漢意識到東方文明對西方的敵意，想讓中國成為海洋國家而與美國結盟就必須在文化上馴服中國，因此要發揮日本作為學習西方文化的"模範生"作用，誘導中國全盤接受西方文化，從而在文化和精神上與美國融為一體。其三是面對中國北方俄羅斯和南方英國形成的利益爭奪格局，美國必須盡力維持中國統一，從而讓美國成為雙方競爭的籌碼而南北通吃，若無法做到統一，則推動中國南北分裂以保證美國在中國南方的利益。[7]

　　美國後來對中國的戰略無疑契合了馬漢提出的亞洲戰略，這並不是說馬漢的提議推動了美國的亞洲戰略，而是強調馬漢提出的亞洲戰略實際上是美國崛起為世界帝國的朝野共識，以至於連一個地緣政治學家也提出這樣的商業戰略和文化戰略。美國對華的"門戶開放政策"就是這種南北通吃的思路，後來美蘇推動中國共產黨與國民黨劃江而治也是這種長期戰略的產物。更重要的就是，美國對中國積極主動地開展文化戰略，積極投資中國的醫院和大學。正如 1906 年美國伊利諾伊大學校長詹姆士在給羅斯福總統的備忘錄中所主張的："哪一個國家能夠做到教育這一代中國青年人，哪一個國家就能由於這方面所支付的努力，而在精神和商業上的影響取回最大的收穫。""商業追隨和精神上的支配，比追隨軍旗更為可靠。"正是在這種背景下，美國在 1909 年開始用"庚子賠款"中多支付的部分大規模選拔中國精英赴美國留學，並為此創辦留美預科學校清華大學。更重要的是，美國通過教會在中國大規模創辦醫院和學校，我們熟知的民國時期最好的醫院和大學很多是由美國政府支持創建的，這就意味著從美國留學歸來的中國精英在中國把持教育，進而為開展精英再生產提供了機構和平臺。相比之下，日本雖然大規模吸收中國的留學生，但在中國本土並

7　〔美〕阿爾弗雷德‧馬漢：《亞洲問題及其對國際政治的影響》，范祥濤譯，上海：上海三聯書店 2007年版。

沒有像美國那樣大規模投資高等教育。由此，民國時代中國主流的新式精英以留美和留日為主，這兩派人實際上左右著民國政府採取的親日或親美態度。

　　面對日本和美國這兩個新興的帝國在中國展開的文化戰略，老牌的大英帝國顯得有些遲鈍和落後。很大原因在於大英帝國始終強調商業的利益，這些歐洲老牌帝國習慣於幾百年來形成的君主王朝和貴族統治的宮廷秘密外交，它們認為要保證在中國的商業利益，就必須與宮廷政治的上層搞好關係，甚至進行深度的利益捆綁，就像通過商業利益捆綁了李鴻章集團那樣，而同時展開的教育重點圍繞著對宮廷決策小圈子展開的文化意識形態塑造。"歐洲的外交官以及為清政府出謀劃策的顧問們試圖通過各種強制的和利誘的手段，教育清朝上層人物和一般中國人，在一個軍事上和經濟上都由以歐洲為基地的帝國支配的世界裏，應當如何恰如其分地行使自己的職責。大英帝國——這個在 1911 年清王朝垮臺以前一直在中國佔有支配地位的歐洲帝國，率先成為清政府政權的主要導師。"[8] 然而，這些老牌帝國未能意識到經過 19 世紀的民主化浪潮之後，普羅大眾的覺醒已經通過民主政治和公共輿論深刻地影響國家的內政和外交。一戰後，美國的威爾遜和蘇俄的列寧代表兩個新近崛起的強國，都強烈批評歐洲列強在"巴黎和會"上的宮廷秘密外交，而主張面向國民大眾的"公開外交"，由此衍生出 "國民外交" 這個新思路，即通過國民的交往、民間公共輿論的討論參與到國家的外交事務中。國民外交的中介環節就是大學教育所培養出來的掌握話語權的學者、教授、專家、媒體人等公共知識分子。因此，五四運動實際上就是中國留美、留日和受蘇俄影響的知識分子群體呼應國民外交的理念，反對 "巴黎和會" 的秘密外交，並因此登上中國的政治舞臺。從這個意義上看，日本、美國和蘇俄都已經通過教育和文化思想意識形態來培養中國的政治精英和文化精英，從而引導著中國政治的發展方向。此後中國政治的發展方向，無論抗日還是投降，無論親美還是親蘇，實際上已經在晚清以來這些國家在中國展開的教育、留學和文化思想

8　〔美〕何偉亞：《英國的課業：19 世紀中國的帝國主義教程》，劉天路譯，北京：社會科學文獻出版社 2013 年版，第 14 頁。

傳播的競爭中初見端倪。

如果說美國、蘇俄都在面向未來探索新的世界帝國形式，那麼大英帝國卻只能被束縛在自己過去幾百年成長所創造的帝國形態中，因精神窒息而死亡。帝國的成熟和輝煌恰恰孕育著衰亡，這無疑是世界歷史的鐵律。大英帝國所創造的帝國形態乃是基於君主貴族制的殖民帝國，是一種基於海洋的商業帝國，整個殖民帝國圍繞英國君主展開，這就意味著它只能通過軍事征服那些未開化的落後地區來建立"皇家殖民地"這樣的"有形帝國"，而之所以能夠征服印度是因為此前這裏並沒有形成長期穩固的統一國家形態，甚至現代印度就是由英國殖民塑造出來的。對於中國這樣擁有強大文明傳統和中央集權的大國，英國只能通過割讓香港這樣的小塊領土，來構築以商業貿易為主的"無形帝國"，英國女皇永遠不可能成為中國皇帝。況且從海洋商業帝國的角度看，治理廣闊的陸地始終是商業上的負擔。一旦選擇這種海洋商業帝國的形式，要讓歐亞大陸西部邊陲的不列顛來駕馭歐亞大陸廣闊的東亞在地緣政治上是不可能的，大英帝國的海洋戰略永遠是佔領那些全球商業要道上的島嶼、半島，而不可能是廣闊的陸地。由此，我們才能理解英國地緣政治學家麥金德（Halford John Mackinder）提出的陸權理論實際上就是潛在地主張，大英帝國只有擁有廣闊的大陸才能真正統治全球。然而，大英帝國為什麼不按照迪斯雷利（Benjamin Disraeli）的想象從倫敦遷都德里，轉型為大陸帝國呢？這不僅有海洋帝國的地緣格局，而且有君主貴族制背後根深蒂固的宗教、種族主義。

三、文明與野蠻：種族主義與 "深度教育"

如果與日本和美國在中國教育方面展現出來的帝國野心相比，大英帝國無疑遠遠落後於時代。儘管如此，面對晚清以來中國未來政治的不確定性，大英帝國並非不明白通過教育培養中國未來與其合作的政治精英的重要性，相反，大英帝國有一套完整的帝國教育理念和教育體系。而這套帝國教育理念深深植根於歐洲文教傳統推動的帝國擴張中。

歐洲基督教基於一神教所確立的基督徒與異教徒二元劃分，為地理大發現時期對外殖民擴張提供了最初的正當性理由。然而，隨著啟蒙思想對基督教神學世界觀的批判，歐洲需要新的理論為這種殖民統治提供正當性。由此，18世紀歐洲的啟蒙思想家發展出基於經濟社會發展條件而劃分的 "文明人"、"未開化人" 與 "野蠻人" 的等級秩序。進入19世紀生物學、人種學的發展催生了種族主義理論，這種學說與文明等級論相融合，建立起 "白種人"、"黃種人" 和 "黑種人" 的文明—人種的等級秩序，從而將歐洲率先邁向現代社會解釋為人種的優越。然而，不同於天主教背景的西班牙、葡萄牙在美洲與當地土著的種族融合趨勢，大英帝國基於新教的選民論和後來盎格魯人純正血統的白人至上論，始終強調盎格魯人的種族純正和優越性，絕不能與殖民地的野蠻人融合，以防止帝國因為其高貴人種的退化而消亡。這個種族主義的高貴和野蠻劃分與社會等級中的君主貴族政治結合在一起，構成大英帝國的精神基石，由此形成一種獨特的君主貴族制的殖民帝國形態。（詳見第四章）因此，英國教育始終堅持一種貴族主義的精英教育，在一個相對封閉的精英小圈子中，除了傳授英國人如何統治世界的秘籍，就是接受古典時代基於 "統治的技藝" 而發展出來的 "自由教育"（liberal education）。這種古典自由人的文化認同、新教選民論的崇高信念、文明論的道德責任和白人至上的種族優越感結合在一起，形成了以 "白人的負重" 或 "文明的負重" 為特徵的自我道德期許，這也構成歐洲基督教傳統中精英教育的大學理念："因真理，得自由，以服務"（Freedom through Truth for Service），即因為信仰上帝的真理而成為自由的主人，從而承擔起"白人的負重"，服務於帝國治理下的愚昧大眾或野蠻臣民。這無疑為西方的傳教和帝國主義擴張提供了精神動力。比如大英帝國殖民擴張的狂熱主張者和實踐者羅德斯（Cecil Rhodes）於 1902 年在牛津大學設立了著名的"羅德獎學金"（Rhodes Scholarship），專門用來培養推動帝國擴張的政治精英，希望他們成為承擔起帝國擴張使命的"聖殿騎士團"。（2016 年，在"去殖民化"風潮影響下，牛津大學學生發起了"推動羅德斯雕像"的運動。）

　　然而，無論啟蒙思想的文明等級論，還是種族主義的理論，中國人都處在不亞於或僅次於歐洲白人的地位。我們不要忘記，從 13 世紀《馬可波羅遊記》、16 世紀耶穌會東來一直到 18 世紀歐洲的"中國熱"，東方中國始終是西方人嚮往的文明國度。利瑪竇為代表的耶穌會來華始終將中國看作是與西方基督教並駕齊驅的偉大文明，對中國文化懷著真誠的尊重，他們不但學習中國語言，而且穿著中國服裝，小心翼翼地將基督教理念包裝在用中文表達的中國文化外衣下，就像將聖母瑪麗亞畫成送子觀音的菩薩像。然而，到了 18 世紀，歐洲啟蒙思想家試圖提出一套新的經濟社會理論來論證西方崛起的優越性，而將中國東方置於"停滯"落後的位置上，儘管如此，從來沒有人將中國人看作是野蠻人。即使 1793 年馬嘎爾尼訪華給歐洲帶回來中國愚昧、落後和停滯的信息，那也是描述為一個偉大帝國的沒落景象而非人種劣等。在他們看來，只要中國出現一個類似彼得大帝的明君來推動改革，中國就會立刻重新煥發出光彩。拿破崙關於中國的"睡獅論"就是在這種背景下誕生的。在 1811 年歐洲人出版社關於文明等級論的著作中，明確提出："在第一類別中，我自己會把一些古希臘黃金時期的共和國納入，還有奧古斯都時代以及其後時期的羅馬、法國、英國及近 100 年來其他高度發達的歐洲國家，或許還包括中國。"[9]然而在 19 世紀，隨著鴉片戰爭的爆發，西方關於中國的論述出現了根本性的逆轉。首先是社會理論建立起現代文明進步的譜系，將中國歸入到前現代的發展階段上，在整體上將中國文明置於比西方文明落後的歷史發展

9　轉引自〔德〕于爾根·奧斯特哈默：《亞洲的去魔化：18 世紀的歐洲與亞洲帝國》，劉興華譯，北京：社會科學文獻出版社 2016 年版，第 546 頁。

階段上。其次就是種族主義理論將中國人歸入劣等人種，甚至在社會達爾文主義的論述中將其描述為被淘汰和消滅的人種。最後，更為重要的是，隨著小說、報刊、雜誌、漫畫、攝影、電影等公共傳媒編制的"印刷資本主義網絡"的大規模發展，對中國形象的塑造不僅局限於思想家們在學術著作中的嚴肅論證，更多是由公共輿論中為不斷取悅民眾、激發帝國征服熱情而對中國人展開系統的妖魔化，從而塑造了直至今天在西方文化傳統中依然影響深遠的中國人形象。

鴉片戰爭之後，隨著英國打開中國貿易的大門，經過工業革命洗禮的英國迅速用工業製造品來佔領龐大的中國市場，鴉片在商業貿易中的分量有所下降，且長期的鴉片貿易也使得鴉片侵入到西方，遭到了西方有識之士的批判和抵制。為此，西方發起了一場禁止鴉片貿易的運動。為了批判鴉片的危害，西方人就以遭受鴉片毒害的中國人為例，由此在西方公共媒體中就將中國人塑造為道德低下、耽於感官享受、麻木不仁的墮落形象，這就是西方照片中保留下來的各種吸食鴉片的腐朽形象。這些照片、漫畫乃至電影大量出現在歐洲的公共媒體上，剛好配合 18 世紀中後期歐洲發起了禁止鴉片的運動。歐洲人將吸食鴉片看作是道德淪喪的惡習，主張文明的歐洲人不能沾染鴉片，吸食鴉片的癮君子就成為中國人的標籤，證明了中國人在人種基因上的"劣根性"，因為天生遲鈍的性格和懶惰的習慣使其易於染上這一惡習。這種論述恰恰證明中國人需要文明的歐洲人來拯救。因此，鴉片戰爭後西方以拯救中國人的靈魂為藉口，大規模開展傳教活動，教會學校也開始逐漸興起。然而，他們全然忘記，中國人吸食鴉片恰恰起源於歐洲人罪惡的鴉片貿易。"西方勢力進入中國，是先製造了一個問題，然後又為其提供服務去解決這個問題。鴉片貿易既為西方的文明使命創造了條件，又證明了西方文明使命的正當性。"[10] 這種西方人創造的關於中國人劣根性的種族主義論述產生了深遠的影響，以至於今天依然流傳著種種關於"醜陋的中國人"的話語論述。

在這種背景下，西方在中國的教育最初集中在傳教上。然而，如果傳

---

10 〔英〕藍詩玲：《鴉片戰爭：毒品、夢想與中國的涅槃》，劉悅斌譯，北京：新星出版社 2015 年版，第371 頁。

教的目的不是在基層老百姓中激發出太平天國運動這樣令西方基督徒感到恐懼的革命，那就必須吸引中國精英的士大夫階層。在華傳教士就面臨和當年耶穌會一樣的難題，即如何在基督教和中國文化之間嫁接起傳播橋樑。而清政府官方推動的洋務運動恰恰為西方傳教活動提供了一拍即合的契機。整個東南沿海開展洋務的地方就成為傳教和傳播西方文明的重要場所，由此構築起新型"口岸知識分子"流轉的網絡。不同於耶穌會時代傳教士，此時的中國文明在他們心目中不再值得尊重，而是他們"拯救"的對象。他們學習中文（但絕不會再穿中國服裝）甚至研究中國文化，成為東方學家乃至漢學家，但其目的是要承擔起白人負重的"開化使命"，找到基督教和西方文化進入中國的文化渠道和橋樑。因此，傳教士展開文化教育的一項重要工作就是將中國典籍翻譯為英文，讓中國精英意識到中國文化完全可以在英語文化帝國的版圖中找到其應有位置。這就是著名傳教士理雅各（James Legge）在中國的使命，他以香港為基地培養未來服務於大英帝國治理中國的精英人才。而港英政府也因此建立了中央書院，"放手培養通曉英語、觀念進步的後備華人官員……我們希望，實施終將證明，這群通曉英語的華人青年會成為推動中國實行改革、步入進步時代的渠道。"[11] 由此我們就能理解王韜所代表的這一代"睜眼看世界"的中國人，如何通過中國東南沿海、香港、南洋和英國的教育網絡之間流轉，學習英語並將中國典籍翻譯為英文。當然，王韜後來轉向中文寫作，創辦現代傳媒，展開面向中國大眾的啟蒙教育。（參見第二章）因此，如果說利瑪竇代表的耶穌會在華傳教是讓基督教的觀念融入漢語為代表的西方文化，那麼理雅各為代表的新一代在華傳教士是讓中國融入到以英文為代表的中國文化。"理雅各對於自己的中國之愛並無感覺，只是覺得自己幫助中國融入了一種'高等'文明，並為此深感自豪。與同時代的其他傳教士一樣，理雅各把自己的基督教信念和英國的帝國擴張聯繫在一起，具體的是他把'中國'一詞譯為基督教經典（以賽亞書 49：21）當中的

11　1884 年的香港媒體評論，轉引自羅永生：《勾結共謀的殖民權力》，香港：牛津大學出版社 2015 年版，第 55-56 頁。

'Sinim'。"[12] 這樣，我們就會看到傳教、帝國擴張與殖民地精英教育完美地結合在一起。

18 世紀中後期，中國勞工已經遍佈全球。在現實生活中，他們甚至比白人更吃苦耐勞，生活節儉，小心謹慎，勤奮敬業，而且他們封閉抱團，認同中國文化，難以融入當地社會。在某種意義上，他們比西方人更像韋伯筆下具有資本主義精神的清教徒，以至於成為西方資本主義勞工市場上強有力的競爭者。這種生存能力和競爭能力立刻引起西方人普遍的心理焦慮和精神恐慌，他們將中國勞工描述為對西方文明的挑戰，甚至認為是清政府通過中國勞工來滲透白人的生活方式，以此對西方文明的反擊。由此，在西方媒體中將中國人塑造為猥瑣而邪惡的"眯眯眼"的"滿大人"形象（也有人稱之為"杏仁眼"），以一種邪惡的方式對西方文明構成入侵和威脅。比如美國人撰寫的《中國人入侵》（1873 年）、《杏仁眼》（1878 年）和《公元 1899 年中國人佔領加利福尼亞和俄勒岡短篇紀實》（1882 年）成為地攤暢銷書，澳大利亞也出版了《白種人還是黃種人？公元 1908 年的種族戰爭故事》（1887 年）之類的作品。英國的媒體更是大聲疾呼："這將是一場大規模的、劇烈的世界末日善惡大決戰，它決定著誰將成為這個世界的主人，是白種人還是黃種人。"[13] 甚至連著名的美國作家傑克·倫敦（Jack London）也加入這個行列，他創作了一系列關於中國海外移民的題材小說，甚至專門發表了《黃禍》的文章，在 1910 年創作的小說《前所未有的入侵》中，以 1904 年的日俄戰爭為起點，描寫日本對入侵中國的系統籌劃但最終推動了中國的覺醒，中國實現了"返老還童"。由於"中國人是完美的工人，而且一直如此。在純粹的工作能力上，世界上沒有工人能與他相提並論。"同時，中國人愛好和平，"並沒有表現出征服世界的打算"，但中國的發展也讓西方無法征服。儘管如此，中國人口的自然膨脹對西方文明構成威脅。說到底中國文明與西方文明從語言深處就完全無法溝通，使得東西方在"民族精神上的差異猶如外星人一般"。

12　羅永生：《勾結共謀的殖民權力》，香港：牛津大學出版社 2015 年版，第 52 頁。

13　轉引自〔英〕藍詩玲：《鴉片戰爭：毒品、夢想與中國的涅槃》，劉悅斌譯，北京：新星出版社 2015 年版，第 371 頁。

故事的最後就是 1976 年美國人聯合西方國家通過發起生物細菌戰這種來自科學家和實驗室的"超現代的戰爭、二十世紀的戰爭"徹底毀滅了中國人。在 2020 年新冠疫情爆發的時候，圍繞新冠疫情溯源引發的爭論，又讓人們回想起這篇小說，從 SARS 到新冠都成為歐美種族主義針對"黃禍"的陰謀。這無疑是最早的大眾輿論版本的"文明衝突論"。由此，整個歐洲，美國，大英帝國的澳大利亞、新西蘭等地普遍出現了"排華運動"，不僅禁止中國勞動力的進入，而且禁止當地中國人學習西方的文化和生活方式，禁止與白人通婚，擔心中國人通過這種方式滲透進來。以至於在這些國家和地區，華人的地位甚至比不上曾經作為奴隸的黑人的地位，因為黑人的解放最終要依附於白人，而華人的解放則完全有可能取代白人。對東方文明強大力量的恐懼乃是西方人心靈深處揮之不去的魔咒。

就在西方人為這種"文明衝突"或"善惡大決戰"感到焦慮的時候，甲午戰爭爆發了。一個現代化的日本侵佔中國會推動中日"同種"聯合起來針對西方，這不禁讓西方人回想起蒙古時代黃種人橫掃歐洲的恐怖一幕。在這種背景誕生的對東方"黃色恐怖"或"黃禍"的論述，不僅來自公共輿論，而且變成了歐洲政治家們推動國家形象塑造的工具。德國皇帝威廉二世讓畫家專門創作了著名的油畫《黃禍》，其寓意就是西方列強作為天使團結起來，共同對抗來自東方的惡魔，這幅畫不僅大量印製送給歐洲政要，而且作為國禮贈給了俄國沙皇尼古拉二世，以配合俄德法聯合起來上演"三國干涉還遼"這一幕。而俄國思想家巴古寧也將中國人看作是"來自東方的巨大危險"而建議俄國征服中國。更重要的是，西方的傳教也遭遇到"文明的衝突"。席捲華北的"扶清滅洋"的"義和團運動"讓西方人看到了蘊藏在中國人民中不可征服的力量，但也為西方公共媒體對"黃禍"論的渲染提供了更為鮮活的素材。西方人在中國從來沒有經歷過如此擁有宗教狂熱的激烈反抗，以至於西方輿論認為西方文明國家必須武裝起來，像對待食人生番那樣對待中國人，將北京夷為平地。這無疑是西方人試圖將一個文明"摧毀到石器時代"的最早版本。這不但為八國聯軍進入北京的"瘋狂報復"和"劫掠的狂歡"提供了理由，而且為掀起瓜分中國的狂潮提供了藉口。

在這種種族主義的背景下，即便是中央書院這種在港英政府監督下吸收華人就讀的英文教育也會遭到質疑，由此引發對中央書院改革的討論。1902 年，一群歐洲人給港督提交了一份請願書，要求為歐洲人單獨設立英語學校，其理由是書院中的華人兒童太多，而且很多來自中國內地，與香港無關，"在課堂和操場上與華人長期接觸，必將影響歐洲兒童的品格培養"。這無疑是 "黃禍論" 背景下赤裸裸的種族歧視。然而，正是面對這種種族歧視，香港著名的後來被稱為 "改革派愛國華人思想家" 的何啟，就以 "本殖民地上流華人居民" 的名義在 1902 年也給港英政府提交了改革教育的請願書，認為港英政府對華人的教育不徹底，中央書院學生數目龐大，英語教員稀少，導致教育出來的華人 "仍然不具備任何英國情懷和觀念，總是怯於相應公共責任的號召"。為此，他懇請港英政府設立一所只對少數華人富人開放的英文學校，進行 "深度教育"：

> 這樣的教育不僅能讓我們的青年男女用一個更開放的胸懷和更強烈的公共意識，還能促成英華之間更融洽的合作和更密切的交流。……從工商業效率來說，從更強的市民責任意識來說，更重要的是，從道德文化和宗教情感的廣泛流佈來說，國民都會為這樣的投入獲得豐厚的回報。[14]

由此，歐洲殖民者的擔心白人高貴種族受到華人的 "道德污染" 與華人富商期盼針對少數人的英文 "深度教育" 一拍即合，即將對少數有資質和條件的華人精英進行 "深度教育"，使得他們成為信仰基督教且認同西方文明價值的長著黃色面孔的 "精神英國人"（"小英國人"），他們作為帝國殖民統治的輔助者，不僅能夠促進大英帝國在中國展開投資回報的 "工商業效率"，提升他們輔助英國人來治理香港的市民責任意識，更能促進盎格魯文化和基督教在中國的傳播。在這種背景下，港英政府通過了削減中文課程、強化英文教育的改革方案。華人議員伍廷芳不僅支持港

14　上述材料轉引自羅永生：《勾結共謀的殖民權力》，香港：牛津大學出版社 2015 年版，第 64-65 頁。

英政府的改革方案，而且還留下一句輕蔑的評語：中文教育純屬"浪費時間"。

可見，接受英文"深度教育"的少數華人既能服務於帝國治理，又能避免歐洲人種的"道德污染"，他們因為熟練掌握英文，就能夠利用依附大英帝國而獲得政治和文化資源，成為華人社會中"高人一等"的統治者。殖民者需要"高等華人"的配合和協助，而"高等華人"需要殖民者賦予他們的特權，二者勾結起來形成"勾結共謀的殖民權力"（collaborative colonial power），共同對付殖民統治下華人的反抗。這恰恰是英帝國推行"間接統治"的精髓所在（參見第一章），這個"知識—權力"的中介環節就是"深度英文教育"，它成為"高等華人"能夠分享帝國權力和利益的壟斷性文化資本：

> 盎格魯主義政策可以促成並維持洋務運動背景下英語對中文的優越地位，符合華人富裕階層的最大利益，儘管它意味著把中文進一步推入低等地位，助長這種大多數參與勾結共謀的華人社群領袖，並無意逆轉這種趨勢。
>
> 香港新興華人精英支持英語教學的舉動，可算是一種極具階級意識的行為。在這種行為當中，英語既是一個種族對另一種族實施文化宰制的工具，又是被宰制種族內部促成階層分化的文化資本。[15]

這種文明對野蠻的教育後果就是，隨著辛亥革命和民國政府的建立，一批西方培養起來的通曉英文和西方文化的華人精英活躍在中國與西方打交道的商業界、外交界和文化界，成為西方列強期盼的溝通西方與中國的知識—權力的中介居間環節。比如在清帝遜位的談判中，代表民國政府的就是原港英立法局的議員伍廷芳，而代表清政府的唐紹儀則是清政府公派留美的。民國外交部長王寵惠將《德國民法典》翻譯為英文，至今依然是最好的譯本之一，更不用說顧維鈞、胡適這些知名人士。民國以來的外

15　羅永生：《勾結共謀的殖民權力》，香港：牛津大學出版社 2015 年版，第 62-63 頁。

交界就此形成一個專業化的職業小圈子,以至於民國時期政府內閣可以走馬燈地輪換,但這個外交小圈子非常穩定,因為哪一個政府都需要伺候好洋人,而他們就掌握著其他政治人物不具有的獨特資源:英語和洋人的信任。正因為他們處在兩種文化、兩種政治力量之間的中介或居間位置上,他們就類似貨幣的媒介,溝通中國與西方世界,由此他們可以利用信息不對稱在兩方面都獲得好處,成為雙方博弈中都不得不借重的籌碼。但對於全球政治博弈的雙方而言,他們處在雙方的邊緣位置上,不可能獲得雙方真正的信任,以至於一旦雙方處於緊張對立的政治時刻,他們很容易被雙方同時拋棄,就像民族革命成功之後他們很容易成為被懷疑的對象一樣,在帝國撤退中他們也是最終被拋棄的對象,就像 2021 年美國從喀布爾機場倉皇撤退再現了當年從西貢撤退的景象。因此,在近代以來帝國的歷史書寫與民族國家的歷史書寫中,他們同時會具有兩面性,既是"商戰先鋒"又會成為"買辦階層",既是"啟蒙導師"又將會是"假洋鬼子",既是"革命先驅"又會成為"賣國賊"。這種居間性質實際上為他們自己在這兩種身份之間的選擇提供了騰挪的空間,而他們又希望將這二者融為一體,就像他們中間有不少人真誠地相信,傳播西方文明是對本民族的拯救,是一種能夠感動自己靈魂的高貴的"愛國"舉動,而他們與民族主義的分歧就在於爭奪如何定義"愛國"。就像在義和團運動爆發之後,他們和西方人一起將中國人民的反抗斥之為"野蠻"、"暴民",並與西方殖民者一起殘酷鎮壓,而這個祈求港英對華人開展"深度教育"的何啟,就與港英政府籌劃讓洋務派領袖李鴻章與革命派領袖孫中山合作,在兩廣建立脫離中央的自治政府。這個肢解中國的計劃雖未能實現,但卻進一步發展為英帝國與洋務派官員合作推動的"東南互保"運動乃至後來南方的"聯省自治運動",中國大一統格局的崩潰就從南北在文化上、政治上和地理上的分裂開始。而其深層根源卻在西方文明馴化之後政治認同和政治利益的分裂。

四、舊帝國的黃昏：香港大學的定位

19世紀到20世紀之交，正是晚清政府行將崩潰而中國未來走向處於不確定的混亂時期，也是東亞秩序乃至世界格局的大變革時代。英國正處於維多利亞時代的帝國輝煌巔峰，而美國、日本、德國、沙俄正處於野心勃勃競逐全球的上升時期。這場全球大變革的時代特徵就在於現代文化傳媒手段推動了"民眾的覺醒"，貴族政治（宮廷政治）正在讓位於大眾民主政治，底層社會的勞工大眾通過現代政黨政治的形式加入到國內和國際的政治角逐中。面對美國、日本在中國積極展開掌控文化教育的長遠佈局，英國也自然不甘心落後。1905年12月15日的《中國郵報》的社論標題就是"在香港設立一所帝國大學"。社論概述了中國的門戶開放政策所帶來的政治格局變化，比較了日本和英國在中國的勢力消長後指出：

> 日本政府正花費巨額金錢，在中國傳播它的思想和擴充影響力，並確保它的投資所值。在此點上，日本人是夠聰明的。遠在日俄戰爭之前，甚至在戰事期間，日本已在中國各地佈置好了它的文化傳播者。戰後，這些傳播者數量必更大增。究竟這種方法的要點是什麼？就是現代教育。日本在中國的教師甚多，在北京他們更在學校和大學裏控制了重要的職位。……與日本不同的是，我們缺乏一個廣泛的制度，和向這一目標邁進的明確工作方針。……作為英國在遠東的影響之中心與起源地的香港，在教育中國人方面又怎樣？……香港所需要的是一所大學。……在香港設立大學，會成為一項帝國的投資，對於英國的繁榮來說，為此目標使用一筆公費是有價值的……如果我們不這樣做，正如一位皇室人物所說的："二十世紀的遠東是屬於日本的"。[16]

---

16 轉引自馮可強：《帝國大學：從歷史看香港大學的本質》，載《香港教育透視》，香港：廣角鏡出版有限公司1982年版，第206-207頁。

　　三天之後，《中國郵報》在社論中繼續鼓吹建立香港大學這項"國家投資"，把從事大學教育的人看作是傳播西方思想的小軍隊，創辦港大可以培養一批接受英國思想文化的"小英國人"，也就是買辦階層。這樣的思想無疑激勵著身負帝國使命的第十四任港督盧押，他之所以提出這種"間接統治"這種新的殖民治理模式，就在於這種治理模式有賴於一套完整的教育哲學。（參見第一章）因此，當他於 1907 年走馬上任後就尋找機會建立香港大學，並獲得英商大資本家的積極支持。比如靠鴉片貿易起家的太古洋行就積極捐錢，其董事 Scott 在信函中明確寫道："該計劃會培養出合適的中國人……反之，在中國中心建立一所英國大學，可能會受到當地官員的控制……香港的計劃，應該得到全國貿易有關的公司和商家的強力支持。"[17] 也正是這家太古洋行，在香港回歸過程中帶頭鼓動英資撤離香港，並積極支持彭定康的帝國撤退計劃，不過商業帝國也因此損失慘重。

　　得到了英資財團的支持，尤其是得到希望榮升"高等華人"行列的華人資本家支持，甚至得到清政府的支持，盧押終於如願以償。1910 年 3 月 16 日，香港大學舉行奠基禮，盧押在典禮上自豪地宣佈：

　　　　只要大英帝國一日代表帝國公理（imperial justice），只要它的目標一日是哺育和教育英皇陛下的臣民，及其屬地的鄰近國家的人民（指中國內地──引者），它便會不斷繁榮昌盛。……歷史會記載說：大英帝國的建立，是基於比領土擴張或國勢增長更高的理想。……當後世史學家評價東方世界發展時，他們會指著在地圖上只有一粒塵埃的本殖民地，形容它是一個產生了巨大影響的中心，它的影響力深刻地改變了佔全球人口四分之一的一個國家。[18]

　　　　讓我們展開豐富的想象……我們正在鑄造用友誼和善意把我們與

17　轉引自馮可強：《帝國大學：從歷史看香港大學的本質》，載《香港教育透視》，香港：廣角鏡出版有限公司 1982 年版，第 209 頁。

18　轉引自馮可強：《帝國大學：從歷史看香港大學的本質》，載《香港教育透視》，香港：廣角鏡出版有限公司 1982 年版，第 208 頁。

這個偉大帝國——本殖民地就位於其邊界——連接起來的鏈條。[19]

　　第二年，香港大學正式開辦。盧押在開幕禮演講中進一步闡明了港大的兩個宗旨：一是"為中國而立"，即讓中國求學西方的人免受遠涉重洋、背井離鄉之苦；二是"溝通中西文化"。如果比較盧押的兩次演說，第一次是對英資捐款人說的，所以赤裸裸地宣揚帝國的政治理想；第二次是對港大的教授和學生說的，而且還有清政府的地方官員代表出席，當然要講這種文化交流之類冠冕堂皇的話，但實際上也包含著盧押的教育哲學，即帝國教育與當地學生熱愛自己的祖國和文化的教育並不矛盾，相反二者可以在帝國理念中統一起來：讓帝國文明的燈塔照亮黑暗的世界。因此，他在演講中，以紀念戈登（Charles George Gordon）在喀土穆設立大學為例來強調建立香港大學的重要性，認為"香港能成為直轄殖民地當中的先行者，再次證明了大英帝國不只是一間龐大的貿易公司，而是仍然高舉帝國責任的聖火，樂於將糧食撒在水面，不計較眼前利益，深信它必將帶來長遠的回報"[20]。"如果這間大學依照它的創辦者所訂下的正確方向發展，我懷疑在出席今次盛會的人當中，有沒有人深切瞭解到我們現在展開的工作怎樣重要；這間大學可能亦將會對中國的未來，與及中西關係（尤其是中英關係）產生深遠的影響。"[21] 這種將帝國理念與對當地的熱愛完美結合在一起的教育理念，實際上預示著大英帝國後來在撤退中的重建帝國秩序的戰略轉型，即以"自治領"為典範的帝國聯邦建構。（參見第四章）

　　然而，就在香港大學開辦的這一年，共和政制也在中國開張。辛亥革命之後就是五四啟蒙救亡運動，中國的民族革命和民主革命同時展開，反英、反帝運動風起雲湧，革命的矛頭不僅指向與英帝國深度合作的清政府以及"洋務買辦階層"，而且指向了其背後的大英帝國。事實上，隨著民族解放運動逐漸發展起來，不少人批評這種在殖民統治範圍內的傳教活動

19　轉引自〔英〕弗蘭克·韋爾什：《香港史》，王皖強、黃亞紅譯，北京：中央編譯出版社2007年版，第405頁。

20　轉引自羅永生：《勾結共謀的殖民權力》，香港：牛津大學出版社2015年版，第96頁。

21　轉引自馮可強：《帝國大學：從歷史看香港大學的本質》，載《香港教育透視》，香港：廣角鏡出版有限公司1982年版，第205頁。

和意在推行西方自由理念的教育模式，認為這種教育在摧毀本土文化信念的同時，讓他們產生不切實際的"幼稚的幻想"，彷彿他們真的可以成為世界的自由主人，並因此摧毀一切既定的權威，包括殖民者的帝國權威。這恰恰是"自由帝國主義"不得不承認的政治悖論，即"白人重負"或"帝國使命"的最終結果就是在自由、民主理念下，"覺醒的民族"會紛紛走向脫離帝國的民族獨立解放運動，而其後果卻是帝國體系的終結。面對這種歷史發展的必然趨勢，西方做出了不同的選擇。其一就是港督盧押所代表的一種溫和道路的選擇，試圖將帝國承擔的教化使命與當地人民對本土的熱愛結合起來，讓殖民統治下的土地在帝國體系中獲得一定的自治權，這種思路的前途就是大英帝國重建時期的"自治領"的帝國聯邦的籌劃。其二就是美國的威爾遜和蘇俄的列寧所代表的更為激進的道路，推動採取肢解殖民帝國體系的"民族自決"和"民族解放"運動，而獨立之後的民族國家在共和主義的旗幟下聯合起來，最後邁向聯合國這個世界政府構想。當然，在冷戰背景下，這些新獨立的國家需要在兩大陣營中尋找自己的定位，從而被納入到美國和蘇聯建構的世界帝國體系中。其三就是港督金文泰所代表的一種復古主義選擇，那就是在香港教育中拋棄了可能引發反帝國主義、殖民主義革命的西方自由教育，而採取一種被革命浪潮所拋棄的復古主義的傳統教育，其政治前途當然不是民族獨立，也不是民族自治，而是繼續維持傳統的殖民帝國體系。

1925 年，在五四運動和中國共產黨的推動下，香港爆發了"省港大罷工"（參見第二章）。面對革命的威脅，港英政府開始監管中文教育。此前，港英政府看重的是對少數高等華人的英文教育，而放任底層華人民眾的中文教育，現在正是後者變成了"騷亂的溫床"。為此，港督金文泰要求直接干預中文教育，加強對中國傳統文化的教育，強調儒家文化教育，因為"儒家倫理很可能是治療布爾什維克有害教條的最佳藥物，並且肯定是最有說服力的保守課程，以及最偉大的勸善力量……把錢用來培養年輕人心中的中華民族保守觀念，不光是用得其所，還給你帶來最佳的社會保障。"這裏所說的"社會保障"實際上是指成為抵禦革命浪潮、保障香港殖民統治的社會防線。由此，一大批遭受晚清廢科舉重創、又在新文化運動喪失生存基礎的儒家傳統知識分子就紛紛來到香港，成為推動中國文化傳統教育的重要力量。當整個中國內地都在推動白話文的時候，當新文化運動搞得如火如荼的時候，香港正在搞復古的文言教育，當然還有正在興起中的粵語教育。魯迅正是在這種背景下來到廣東和香港。在 1927 年《略談香港》一文中，他生動地描述了國粹在香港"正在大振興而特振興"的狀況，包括大段摘錄金文泰關於在大學課開始中文課程的講話。從此，在五四以來內地知識分子的敍述中，香港不再是此前令人嚮往的吸收西方新知識的中心，而逐漸形成了"文化沙漠"印象，同樣，在中華民族主義敍事中，香港也就成為"漂泊兒童"（聞一多語）或"海外遊子"的形象。

無論如何，在五四運動的背景下，香港大學"為中國而立"的目標徹底破產了。港大校長康寧（Hornell）在給香港商會的信函中指出："英國要在中國改善地位，就只有從文化上認識中國。我們必須在中國有一所大學以研究中國及中國的一切……假如香港大學不能負起這個使命，倒不如將之關閉。"[22] 香港由此變成了英國人研究和瞭解中國的基地。1927 年港大設立了中文系，其目的主要是研究中國。當然這裏所說的研究中國，並不是研究邁向現代的中國，而是研究古代的中國，而這種研究無非是宣揚國粹、尊孔讀經那一套奴性教育，以沖淡五四新文化運動所推動的民族獨立的解放意識和掌握自己命運的主人意識。"香港的殖民主義和封建文化可說是同源同體的紐結，也是香港奴性文化的深層結構。奴才體制就是香港殖民體制的實質，奴性文化在這一百年來了無大變動的殖民權力體制下被庇護。"[23]

隨著中國內戰的爆發和國民黨政權的垮臺，大英帝國意識到港大作為對中國進行文化擴張的基地已經失去了意義。而此時香港經濟迅速發展，港大的目標開始轉移到"為香港社會服務"。一所試圖面向全中國的帝國大學就這樣變成了一所名副其實的"香港大學"，但這並沒有改變大英帝國的殖民使命。在 1950 年的 Jones & Adams Report 中，明確提出大學的

22　轉引自謝家駒：《分析香港的教育政策》，載《香港教育透視》，香港：廣角鏡出版有限公司 1982 年版，第 41 頁。

23　羅永生：《殖民家國外》，香港：牛津大學出版社 2014 年版，第 8 頁。

職責就是培養優秀的本地人參與殖民統治："香港大學與馬來亞大學……是民族關係搞得異常成功的兩個中心；它們所教育的青年，將成為當地社會的領袖人物。"[24] 正是通過香港大學的培養和教育，刪除香港本地華人能夠接受英國人的思維習慣和價值觀，成為地地道道的"小英國人"。用在印度推行英語教育最得力的麥考利（Macaulay）勳爵的名言來說："我們目前必須盡力培養一個特殊階級，使之成為我們（英國政府）及治下廣大子民的傳譯者，這個階級，有印度人的血統、印度人的膚色，但有英國人的嗜好，英國人的看法、道德及思想。"[25] 這也就是香港大學的政治功能所在，只有培養出這樣的華人精英，才能被以"行政吸納政治"的方式參與到殖民統治中，成為統治精英的一部分，共同"搞好民族關係"。（詳見第一章）在時代背景下，大英帝國不可能再面向中國內地針對"野蠻人"開展教育，而最多在印度、香港等地創辦為其殖民統治培養輔助者（"小英國人"）的殖民教育。由此，英國本土的精英教育都是以拉丁文、哲學、政治學、詩歌和藝術等圍繞"文明"概念展開的貴族教育為主，而香港大學會辦成一個實用主義的專業技術學校，這顯然意味著中國人不適合學習這些"統治的技藝"。

創辦香港大學的初衷是面對中國的未來，而最終只能培養管治香港的本地精英。這意味著面對中國覺醒為主題的 20 世紀的誕生，大英帝國已經在維多利亞的輝煌中走向沒落，圍於君主貴族制為核心的帝國體系中趨於死亡。整個大英帝國是圍繞君主展開的，即使在"自治領"聯邦也必須以認同英國君主作為加入帝國聯邦的前提條件。這種基於君主貴族制的老牌帝國已經不能適應大眾民主時代的要求。大英帝國不可能想象出廢除君主制之後的共和國之間的聯盟，無論是美國模式的聯邦主義，還是更大範圍的聯合國想象。（參見第四章）在這方面，日本雖然是新興帝國，但從一開始就走上歐洲殖民擴張的舊帝國的老路，從而遭遇到"民眾覺醒"並

24　轉引自〔美〕拉爾斯·布朗沃斯：《維京傳奇：來自海上的戰狼》，豆嚴、陳麗譯，北京：中信出版社 2017 年版。前注 1，第 212 頁。

25　轉引自〔日〕福澤諭吉：《直衝北京可也》，《福澤諭吉全集》第 14 卷，東京：岩波書店 1958 年版，第 500 頁。前注 5，第 51 頁。

展開民族主義建構的現代中國的頑強抵抗，而最終走向覆滅。相比之下，威爾遜的美國和列寧的蘇俄則在大眾民主時代開創了帝國的新道路，即在民族獨立的基礎上，基於意識形態的政治原則，創建一種基於主權國家的同盟關係的新型世界帝國，這就是後來美國構建的"自由主義的國際秩序"（liberal international order）和蘇聯主導的共產主義世界。因此，二戰後的世界也就變成蘇聯和美國在全球爭霸的格局，而大英帝國則開始走向衰落。而香港大學項目的波折不過是這種衰落的反映。

事實上，美國早在 1909 年就啟動了"庚子賠款"留學生項目，而英國則在美國壓力下於 1926 年才開始啟動"庚子賠款"留學生項目，且留學生的數量遠遠無法和美國相比。而這個時候，從美國留學歸來的胡適已成為中國文化界的領袖，成為中國親美派的鼻祖和精神導師。而英國人依然在為香港大學的定位反復爭論中。無論如何，其為清王朝崩潰之後的新中國培養政治領袖的設想徹底破產了，以至於 1937 年一篇評論中對香港大學的定位直接指向發展工程技術："1911 年，中國開始甦醒。她的教育體制依然可悲地不完備。中國的鐵路、公路、自來水廠、發電站和工廠，無不有廣闊的發展空間。英國一直在工廠技術領域處於領先地位，應當在英國在華前哨提供一種途徑，通過這種途徑培養這種覺醒所需的工程師。對於英國來說，有什麼比這種角色更為恰當的呢？這將會帶來威望、善行，以及間接益處，當中國開始購買工廠設備時，中國的開拓者將考慮英國標準和原料。"[26] 換句話說，當美國人培養中國的文化精英和政治精英試圖擁有整個中國的時候，英國人想要的依然是中國的商業市場。遺憾的是連這一點理想也破產了，因為香港大學培養的工程技術專業人士很少回到內地。這意味著大英帝國所代表的這種君主貴族制的舊式殖民帝國形式從維多利亞時代的鼎盛邁向衰落的黃昏，而美國在此基礎上接手，塑造了新的世界帝國。[27]

26　轉引自〔英〕弗蘭克・韋爾什：《香港史》，王皖強、黃亞紅譯，北京：中央編譯出版社 2007 年版，第 407 頁。

27　強世功：《文明終結與世界帝國：美國建構的全球法秩序》，香港：三聯書店（香港）有限公司 2021 年版。

五、"花果飄零"：儒家文化與殖民主義

　　1949 年新中國成立之後，整個東亞的精神版圖隨著地緣政治版圖的變化而變化，共產主義理念在中國取得了正統地位，英美自由主義隨著美國對包圍中國所構築的"島鏈"而環繞在東亞陸地與海洋交界的邊緣地帶，所謂"冷戰"格局是地緣政治版圖與思想版圖緊密交織的政治爭奪。然而，在共產主義與自由主義對峙的冷戰版圖中，有一股看不見的精神力量灑落在香港、臺灣、東南亞、澳大利亞、加拿大、美國乃至歐洲的流落海外的華人群體中。他們從明清時代就通過海洋流落在這些地方，內心中依然認同的是中國傳統文化，並通過"唐人街"將大家凝聚為鬆散的網絡。而由於他們身處英美資本主義的世界中，他們對傳統文化的信守僅僅局限在私人領域的文化生活方式和價值觀念上，而或許是由於這種堅定的信守，使得海外華人始終游離在政治生活之外，致力於商業、科學、工程技術領域，而始終無法進入其主流政治領域和文化思想領域，從某種意義上講，他們在文化思想上的根乃至於政治的根依然在他們期待落葉歸根的神州大地。

　　然而，1949 年共產主義革命以激烈的反傳統面目出現，斬斷了他們精神寄託的根，以至於儒家文化和海外離散華人群體一時間成為無所附著、無所依靠的幽魂，他們雖然受到歧視但也不得不加入當地國籍，開始"歸化"當地文化。如果說中國文化在內地喪失了生存空間，海外"華僑社會"又日趨歸化，那麼"中國社會政治、中國文化於中國人之人心，已失去凝聚自固的力量，如一園中大樹之崩倒，而花果飄零，遂隨風吹散。"[28] 文明的呈現和人心的凝聚首先就有賴於語言，當海外高等華人紛紛採用英文交流的時候，一種以西方為標準從而渴望獲得認同的奴隸心態也就由此而生。因此，要拯救瀕臨滅亡的中國文化，要維持中國人的主人意識，就需要創辦一所中文學校來傳承中國文化。這無疑成為以"士"自

28　唐君毅：《說中華民族之花果飄零》，臺北：三民書局 1989 年版，第 28 頁。

居的錢穆、唐君毅等流落中的儒家知識分子的宗教使命，他們心懷"為故國招魂"的文明使命，把香港作為保存中國文化命脈的基地，創辦新亞書院，希望弘揚中國文化，溝通中西文化，不僅拯救中國，拯救亞洲，而且最終拯救世界。

然而，在冷戰格局中，美國立即瞄準這個龐大的海外華人群體，香港臺灣東南亞剛好處在冷戰地緣政治中雙方爭奪的邊緣地帶，美國立即建立起華盛頓—香港—臺北宣傳軸心，針對中國內地以及海外華人展開了"文化冷戰"。雖然在擁有貴族精英高雅文化的歐洲人眼中，剛剛崛起的美國是文化沙漠，只能生產類似好萊塢大片這樣粗鄙的大眾文化。然而在一個大眾民主的時代，恰恰通俗暢銷的大眾文化才能贏得民心，信奉公共外交的美國人從一開始就將文化、思想意識形態當作商品來營銷，這恰恰是美國開展文化冷戰最成功的秘訣。"美國新聞署駐港臺（和部分東南亞國家）的宣傳點'美國新聞處'（USIS，簡稱美新處）、中情局的隱蔽組織亞洲基金會等，與香港第三勢力、臺灣國民黨政權及民間文教界進行頻繁互動，以香港和臺灣巨大的文化傳媒資源為依託，創建並利用《今日世界》為代表的雜誌、張愛玲等人的反共小說為代表的書籍和廣播新聞等媒介，對東亞東南亞華僑華人進行以反對中共、促進臺灣聲譽、宣傳美國形象為三大目標的宣傳活動。這場浩大的宣傳運動成為冷戰時期中國內地以外華人世界中最蔚為壯觀的文化傳媒和政治宣傳現象之一。"[29]

在這場宣傳運動中，香港始終是中心，其地緣優勢成為美國展開對中國"匪情研究"的中心，更重要的是，它相對於國民黨治下的臺灣具有相對超然的中立地位，從而使其宣傳更具有"客觀中立"的效果，因為從觀念營銷的角度看，"好的宣傳就是要做得不像宣傳"，這已成為美國在全球展開文化冷戰的格言。正是針對海外華人這個龐大的群體，美國主導的文化冷戰集中塑造了三個觀念：其一，利用中國傳統文化中的"華夷之辨"，在思想論述層面上將國民黨政權塑造為中華文明的正統，成為中國傳統文化的監護人或者代表，而將內地共產主義醜化為"蠻夷"和外來的

29　翟韜：《文化冷戰與華僑華人：美國對東南亞華僑華人的宣傳滲透》，《東南亞研究》2020 年第 1 期，第 138 頁。

文化異端，而內地的激進反傳統進一步強化了這種論述。其二，推動"反共文學"（比如張愛玲的《赤地之戀》）塑造的"流亡香港"或"流亡海外"的流亡者形象，這剛好與美國清教徒的流亡形象相契合，成為建立自由與奴役二元框架的最好素材，由此"告別革命"而"投奔自由世界"就成為整個流亡文學的或明或暗的主線。其三，就是講好華人融入美國社會取得成功的"華人美國夢"故事，從而鼓勵海外華人接受歸化而融入西方世界。[30] 可見，這種文化冷戰所要達成的最終效果就是讓海外華人從整體上脫離中國內地而歸入到美國主導的自由世界中去。

在這樣的背景下，針對海外華人創辦新亞書院來推動中國傳統文化教育的設想，剛好契合了美國對華的文化冷戰戰略，即藉助中國傳統文化來系統建立起抵制共產主義的新的華夷之辨的文化觀念。因此，就在港英政府還沒有決定是不是要支持錢穆等人創辦新亞書院的想法時，美國中情局就透過其控制的雅理協會、哈佛燕京學社、亞洲協會和福特基金會等非政府組織積極支持新亞書院，防止香港乃至海外華人數以千計的適齡青年進入中國內地接受共產主義教育。此時，香港只有以英文教育為主的香港大學，而沒有中文教育的高等學府，底層民眾的子女紛紛進入中國內地大學讀書。特別是新中國成立之後，不僅號召香港乃至海外華人子女回到祖國懷抱接受教育，而且創辦了從小學到大學專門針對海外華僑的教育體系。就高等院校而言，1951 年建立華僑學院，燕京大學成立華僑先修班，1958 年恢復暨南大學，1960 年建立華僑大學等。美國意識到海外華人面臨著"教育危機"，他們一旦回到內地接受共產主義革命教育之後，就會成為推動東南亞地區開展民族獨立解放運動的重要力量。因此，美國積極推動整個東南亞地區佈局針對海外華人的大學，包括資助新加坡的南洋大學、越南的順化大學等，而資助新亞書院乃至後來推動成立香港中文大學無疑是整個文化冷戰佈局的有機組成部分。正如雅理協會在內部報告中闡述為什麼要從原來投資的醫療領域轉向教育領域："就如很多在東南亞的華人青年一樣，如果香港青年男女不能找到理想的教育機會，他們便會投

30　翟韜：《文化冷戰與華僑華人：美國對東南亞華僑華人的宣傳滲透》，《東南亞研究》2020 年第 1 期。

向共產中國，因為他們在那裏可以得到免費教育。因為西方在這個時期要共同關注的，是拯救人的精神靈魂思想的鬥爭。中國耶魯（此時雅埋協會以這個名義活動——引者）的董事會非常急切地希望能阻擋中國共產黨得到這個勝利。"福特基金會更是從地緣戰略的角度來分析，強調要關注"如衛星般環繞著蘇聯共產政權周邊的岌岌可危地區"，而東南亞是"中國的腹肚之地"。而且這些機構普遍認為香港比臺北在地緣上更為優越，"香港或多或少可以說是自由世界與共產中國的橋頭堡，對於發展政治問題和東西文化的新交融，能成為一個理想的中心交匯處"。更重要的是，從長遠看，一旦這些機構與國民黨政府產生聯繫，將不利於未來回到中國內地開展工作，而香港作為"中立之地"更有利於這些機構保持其非政府的獨立面目。[31]

無論是教育的重要性，還是地緣戰略的重要性，核心在於新亞書院所倡導的中國傳統文化教育成為冷戰中對抗共產主義的重要選擇。正如亞洲協會在報告中所言：

> 共產主義和共產主義者的生活方式是最不合乎中國傳統的，是跟中國傳統的哲學與倫理觀徹底對立的，如果不是因為那冗長的中日戰爭，和戰後中國文化脫軌和教育生活混亂，共產主義在中國，根本連有限度的成功都不可能得到。
>
> 由於共產主義能夠在中國生存，是植根於破壞中華文化，故此扶持中華文化和讓其蓬勃發展，意味著削弱共產主義在大陸的基礎工作；只要中華民族的文化得以完好保存，並得以保持其吸引力，就能令北平政權發現其穩定性受損害。[32]

如果說美國在香港乃至東南亞的教育著眼於贏得"冷戰"，那麼英國

31　引述的內容參見周愛靈：《花果飄零：冷戰時期殖民地的新亞書院》，羅美嫻譯，香港：商務印書館（香港）有限公司 2010 年版，第二章。

32　周愛靈：《花果飄零：冷戰時期殖民地的新亞書院》，羅美嫻譯，香港：商務印書館（香港）有限公司 2010 年版，第 97、98 頁。

對於教育的目的則是維持其殖民統治。因此，美國對新亞書院的支持著眼於中文的中國傳統教育，而英國對整個香港教育乃至其他殖民地教育必然要強調以英文主導（本地語言輔助）的殖民教育。雖然對中國傳統文化的教育既符合殖民統治（如金文泰的戰略），也符合美國的冷戰戰略，但在英國人看來，中文始終只能是輔助和點綴，而不能成為高等院校的主導性語言，因為在他們根深蒂固的種族主義理論看來，中文本身就不符合西方文明的科學思維，要接受西方文明高等的科學教育，無論是自然科學還是社會科學，都必須採用英文。這種種族主義的殖民教育思路造就了長期以來香港教育的“雙軌制”，即面向培養“高等華人”的英文教育（中文為點綴）與面向基層大眾的中文教育，前者可以通往香港大學乃至整個大英帝國的教育體系，而後者在香港乃至東南亞都沒有相應的中文高等院校，導致這些學生紛紛返回內地讀大學。這種雙軌的教育結構剛好形成了殖民地特有的精英與大眾之間截然二分的社會結構。正如港英政府的教育官員在 1956 年明確的：

> 目前香港似乎出現一個兩極的社會分化，這兩個分化的社群，一邊可稱為“英化的華人”，他們有成人也有學生，有現代的思想和做事方式，都傾向於經濟、文化和生活的主要事情上，往中國以外的地方去看；而另一邊，則可稱為“仍然中國化的華人”，他們大部分英文和西方文化知識都比較少，儘管他們不一定附和中國當前的政治制度，卻多傾向眼望中國，並且容易受到民族自豪感推動。[33]

這種結構實際上也為香港左派發展壯大提供了社會土壤和文化土壤。為了避免底層的中文教育群體回到內地接受高等教育所帶來的不安定因素，創辦一所中文大學似乎成為必然趨勢，而新亞書院和雅理協會支持的教會學校崇基學院剛好有意聯合起來成立以中文為教學語言的大學。這樣的設想立刻引發關於英文大學與中文大學的辯論。香港大學教育系的英國

33　周愛靈：《花果飄零：冷戰時期殖民地的新亞書院》，羅美嫻譯，香港：商務印書館（香港）有限公司 2010 年版，第 136-137 頁。

教授專門撰文指出，除了港大，香港已經不再需要另一所大學，因此反對設立中文大學。而錢穆等人聯合投報進行反駁，認為香港是中國文化教育的中心，居於領導東南亞文化的地位，香港理應創立中文大學。然而，港英政府始終從帝國治理的角度來理解香港中文大學，就像當年成立香港大學一樣，在相關的報告中認為："（隨著）中國在世界上的重要性增加，將來不僅是香港，也是整個世界，都會越來越需要由中式華語教育培養出來，而又在政治上沒有在任何一方有既定趨向的華人畢業生"。"對我們來說，香港有一所並非由共產黨所控制也非由臺灣所掌管的真正中式華語大學，將會是我們一個龐大的產業……隨著中國對世界的影響將會迫在眉睫，我們的中文大學畢業生，在全個英聯邦中將價值千金。"[34]

　　1959 年，港英政府啟動將幾家書院聯合起來成立中文大學的計劃，這意味著新亞書院的主導權從美國轉向了英國，英國出於殖民地利益加強了對香港中文教育的監管。美國、香港與新儒家的合作基礎在於利用中國文化反對內地的共產主義。但是不同於美國和新亞書院認同臺灣國民黨政權而不認同新中國，英國為了其利益承認新中國，或至少要顧及中國政府對新亞的態度。英國對於香港的中文教育始終保持警惕，既擔心內地政府或臺灣政府滲透，又擔心中國文化教育增進中國人的文化自信心或民族自信心，不利於殖民統治。因此，港英政府對香港中文大學包括新亞書院從經費、教材到人事進行了全面的控制，不斷加強校方的中央權力，削弱了幾個學院的辦學自主權。港英政府完全按照英國大學的尺度和標準來衡量中文教育，認為其中文教育的水平沒有達到大學的標準，這就需要按照英國大學的模式來改造新亞書院，使得新亞書院無法保留中國傳統書院的教育特徵。比如大學要求新亞書院大規模增加科學的內容，而在歷史課程上要增加非中國史的內容而壓縮中國史。要提升新亞書院的學術研究水平，就要增加英文課程，來強化運用英語文獻的研究能力。這些問題都引發新亞書院與中文大學乃至港英政府的衝突。正如雅理協會的代表所觀察到的，新亞書院與香港中文大學乃至港英政府之間圍繞大學管理的拉鋸戰就不可

34　轉引自周愛靈：《花果飄零：冷戰時期殖民地的新亞書院》，羅美嫻譯，香港：商務印書館（香港）有限公司 2010 年版，第 207 頁。

避免變成 "兩個民族——英國與中國——之間的抗衡，各自都有理由相信他們擁有世界上最優越的文化"[35]。而他個人態度似乎更傾向於支持新亞書院，新亞書院的教育理念更像美國而不是英國，特別是從晚清到民國，中國的教育理念和課程設計都受到美國影響。而港英政府創辦中文大學無非是延續其殖民帝國的理念，要按照帝國標準來塑造殖民地的本土教育。如果說新亞書院的教育理念乃是注重價值塑造和人格養成這種中國式的自由教育（主人教育），而港英政府的殖民教育始終是著眼於專業、學業和職業規劃的文憑格式化的專業教育，而且必然灌輸對殖民者服從的奴性思想。面對這種分歧，連雅理協會也意識到，環境變化導致新亞書院不可能實現其最初的政治理想，因為這些內地移民不再回到內地，在香港安家就要在香港找到一份工作，他們更希望接受專業技能訓練，而不是中國人文哲學理念："今天，很少新亞的學生是直接來自中國大陸的……絕大部分都是那些在英國 '殖民地' 出生，或者是已經在 '殖民地' 一段時間的學生。而那還活在新亞書院創辦人的心思意念中，其對難民回歸祖國的希望和夢想，也漸漸地消失在遙遠的未來當中。大部分的新亞畢業生一定需要準備自己在 '殖民地' 當中生活和謀生……現時中國哲學、歷史和文學的科目過剩，應該加以平衡，加入更多就著準備年輕人在香港投身教學、商業和工業而設計的科目課程。"[36] 於是，雅理協會等美國的非政府機構不僅支持港英政府提出的新亞書院課程改革計劃，而且從 1960 年開始，將資金投入的重點轉向對中國問題的學術研究中，從政治關注轉向更為長遠的學術關注，由此中國文化不再是一個可以在現實政治中復活的生活方式，而是成為一個用西方理論進行科學化、專業化研究的歷史材料或客觀對象。而有抱負的華人知識分子也意識到 "自己對西方（主要是美國）學界的主要價值不過是充當提供情報的土著線人"[37]。在這種歷史轉型的大背景下，錢穆在香港中文大學成立之後不久便辭去文學院院長的職務而鬱鬱赴臺。

35　轉引自周愛靈：《花果飄零：冷戰時期殖民地的新亞書院》，羅美嫻譯，香港：商務印書館（香港）有限公司 2010 年版，第 203 頁。

36　轉引自周愛靈：《花果飄零：冷戰時期殖民地的新亞書院》，羅美嫻譯，香港：商務印書館（香港）有限公司 2010 年版，第 229 頁。

37　羅永生：《勾結共謀的殖民權力》，香港：牛津大學出版社 2015 年版，第 183 頁。

六、"回歸"：文化中國與政治中國

從 1949 年到 1959 年，新亞書院走過了自己最輝煌的歲月。然而，隨著世事變遷，新儒家理想的光芒逐漸變得暗淡，尤其是最初配合文化冷戰構築的"華夷之辨"理念在現實中變得非常可笑。因為新中國成立之後立刻展現出勃勃生機，朝鮮戰爭第一次讓中國人嚐到了打敗西方列強的勝利滋味和主人的自豪感；而在萬隆會議等重要國際場合，新中國的自信形象贏得越來越多的國際認同。在這種情況下，當錢穆等人依然念念不忘國民黨反攻大陸的理想時，年輕的學子們肯定將其看作是不合時宜的"遺老遺少"。

1963 年 10 月 17 日，Hong Kong Chinese University 正式成立，在錢穆等人的堅持下，被翻譯為"香港中文大學"，其用意明顯是想通過中文語言來延續中國傳統文化的命脈。然而，港英政府推動成立香港中文大學的目的並不是為了在香港復興中國傳統文化，而是為了控制中文教育。正如 Robert Black 爵士在 1961 年專上學院統一頒授文憑典禮的演講中，對錢穆等人推動的中文教育所做出的微妙引導："中文大學不應當僅僅介紹和提升中國文化，而應當致力於中國文化與現代學問的融合，推動中國文化與西方文化的整合。"換句話說，用西方學問和西方文化的標準來理解和研究中國傳統文化，實現中國文化的現代化乃至於西方化無疑是港英推動中文教育的目標。因此，儘管在設立香港中文大學的各種官方報告乃至1963 年香港立法局通過的《香港中文大學條例》中明確規定"主要教學語言應當是中文"，然而在港英政府的操縱下，英文逐漸成為中文大學的授課語言，中文只是點綴，以至於香港中文大學始終將"兩文三語"（文字表述的英文、中文和口頭表述的英語、粵語和普通話）看作其獨有的特色。儘管香港中文大學在建校初期雄心勃勃，主張中文大學的使命不是關注經濟、商業、醫學、工程等應用學科來回應香港社會飛速的經濟發展，而是致力於復興中國文化傳統中的"自由教育"：

自由教育的概念並非必然是外國的。它來源於中國文化的本土土
壤中，並一直是中國教育哲學的一部分。按中文來理解，"中文大學"
這個名字就意味著使用中文作為主要教學語言。它也意味著這是一所
以中國文化為堅實背景的大學。鑒於香港中文大學是本地高等教育中
唯一的中文機構，也是在自由世界中以中文作為一種主要教學和研究
語言的少數大學之一，香港中文大學要承擔起獨一無二的使命。除了
在科學和人文藝術領域中實現卓越教學和研究，在現代學術背景下豐
富中國文化傳統，中文大學努力成為區域研究領域中，尤其是關於中
國研究中，一個重要研究和授課中心。……因此，中文大學應當是過
去與現在、東方與西方的雙拱橋。因此，中文大學不僅服務於本地的
進步，而是將要成為遠東知識活動的中心，成為為學術世界提供關於
中國事務和亞洲事務的源泉。就像它現在吸引著海外的學者和教師一
樣，反過來，中文大學將來要為整個世界的各大學輸出關於中國事務
和亞洲事務的學者和學術思想。[38]

在這裏，"自由教育"不再是中國文化價值觀念的確立和使命承擔的
人格養成，也不再強調作為中國人應擁有中國文化的自豪感，而是強調作
為溝通中西的學術研究中心。即便如此，我們也不能肯定香港中文大學是
不是已經成為全球開展"中國研究"的重鎮。大家熟知的是，香港中文大
學既不是以中文教學見長（這一點顯然比不上內地和臺灣的大學），也未
能成為用中文來研究中國問題的大本營。原來以復興中國文字來表述中
國文化為目標的"香港中文大學"最終變成英文主導的"香港華人大學"
（Chinese University of Hong Kong），不過是第二所香港大學而已。而且在
英國人或者香港高等華人的眼中，這所大學的地位始終無法與香港大學相
比，就像嫡出和庶出的區別。由於香港教育的殖民本質，其發展趨勢必然
是壓制中文教學，推崇英文教育。究竟採取中文教育，還是英文教育，不
是世界商業用語採用英文還是中文的技術性問題，而是香港的文化主導權

38　轉引自 *Li Yiu Kee v. Chinese University of HK*, CACV 93/2009.

掌握在中國人還是英國人手中的問題，是香港的主權歸屬於中國還是英國的根本問題，因為語言是精神的家園，是心靈世界和主體意義的構成性要素。

香港中文大學越來越英文化的語言政策始終受到質疑，甚至在香港回歸之後，中文教育並沒有因此改善，反而面對高等教育的多樣化和國際化，中文語言教學日趨衰落。為此，2005 年香港中文大學專門成立“雙語教學委員會”來檢討中文大學的教學語言。在 2007 年香港回歸十年之後，該委員會發佈的報告承認香港中文大學的語言政策從一開始就是“兩文三語”，並沒有真正落實《香港中文大學條例》序言中所說的“主要教學語言應當是中文”。然而，整個報告都在為這種語言政策作辯護，強調“為了提升全球競爭力，香港中文大學必須承認英語作為一種國際化語言的重要性”。“面對當今世界全球化的主要潮流，香港中文大學必須提升雙語教育，以推動跨文化交流，為學生賦予更廣闊的世界視野。這種努力不僅對學生的智識成長至關重要，而且對於香港中文大學的未來及其在國際領域中的競爭至關重要。”為此，報告特別從法律角度強調《香港中文大學條例》的“序言”在法律上屬於“描述性和引導性”的，不同於《條例》正文中的法律條款所具有的強制性。報告認為“國際化毫無疑問是香港中文大學長期的發展目標”，以至於提出法律建議來考慮是否將《條例》序言中的教學語言政策修改為“主要教學語言應當是中文和英文”。從香港中文大學成立以來，關於語言政策的這場漫長爭論終於在香港回歸十年之後畫上了句號。其所爭論的其實不單單是語言問題或思想文化問題，而是涉及到國家或文明的政治經濟總體實力問題。報告之所以強調雙語教學政策，就在於認識到“英語是一種國際語言，在世界上享有特權地位；它是國際溝通中的通用語（lingua franca）”。比較而言，“中文僅僅是理解中國文化的媒介……假使中國經濟迅速發展，國家實力迅速增強，那麼中文就會在全球事務中承擔起越來越重要的角色。”[39] 可見，重要的不在於語言，而在於語言文化背後作為支撐性的政治經濟力量。一句話，“發

39　以上關於香港中文大學語言政策的爭論，參見 *Li Yiu Kee v. Chinese University of HK*, CACV 93/2009.

展才是硬道理"。

　　從中文轉向英文，從新亞書院到香港中文大學，這在相當程度上反映了新儒家知識分子的悲劇。面對五四新文化運動之後的舊民主主義與新民主主義兩條現代性道路在中國展開競爭的內戰格局，儒家傳統知識分子內部分裂了，形成與舊民主主義結盟的右翼儒家（新儒家）和與新民主主義革命結盟的左翼儒家（法家）。右翼儒家無疑崇尚的是封建貴族儒家，他們理想中的政治就是古代封建地主階級的士紳階層與皇權合作形成的"君臣共治"，這種政體在現代就演變為英國模式的君主立憲的貴族政體。而這個封建地主階層與資本主義工商業階層緊密地結合在一起，從洋務運動以來就與全球資本主義融為一體，形成了一種費正清所說的新型"共治"局面，即西方殖民者與依附西方的洋務買辦階層的"共治"。（參見第一章）正是這種階級的政治立場，使得他們全然不理解 20 世紀"人民覺醒"之後的時代政治主題，心甘情願地與西方殖民主義勾結起來共同鎮壓中國人民的反抗。其實，這不僅是中國的新儒家，而且是 19 世紀以來世界範圍內的保守主義的共同政治立場。因此，新儒家寧願認同並依附美國英國這些西方殖民者建立的世界帝國秩序，也不願意認同中國人民反抗世界帝國秩序而建立起來的獨立自主的新中國。而一旦離開了中國，離開了強大中國的政治支撐，新儒家寄生於西方文明秩序中，就不得不放棄對文明的政教秩序和生活方式的建構想象，只能在西方政教秩序脈絡中來重新理解和闡釋儒家。其結果要麼是用西方文明的標準來嚴格審視中國傳統文化的不足，並按照西方的標準來修正中國儒家文化，讓儒家文化符合自由、民主、科學乃至基督教文明的政教理念，其極端就會走向"醜陋的中國人"的自我殖民心態；要麼就是完全無視真切的現實政治生活，只能空談心性，空養人格，空發彌補西方不足並拯救人類文明的議論，最終成為西方自由主義帝國秩序中多元文化的點綴，就像今天英美大學培養出來的著名儒學大師頻繁出現在國際會議上用英文講述一套標準化的儒家文化理念。

　　這顯然不是錢穆、唐君毅這一代新儒家所希望看到的。然而，當他們迴避反對帝國主義、反對殖民主義這個時代政治議題的時候，就已經注定了其"花果飄零"的悲劇命運。而儒家的政治性恰恰在於其必須作為一種政治秩序的建構力量，參與到現實政治的建構中去，從而與中文、中國共同構成相互支撐的文明秩序。正如英文—新教之於英美帝國、俄文—東正教之於俄羅斯—蘇聯帝國、拉丁文—天主教之於科耶夫（Alexandre Kojève）幻想中的 "拉丁帝國" 一樣，中文和儒學若離開中國內地為核心的政治實體，最終只能走向沒落、消亡。因此，儒學的政治性在不同的時代必須以不同的問題意識展現出來，其根本在於捍衛使自身文明性格得以展現出來的政治實體的正當性。而在 "大眾覺醒" 的時代，儒家必須從右翼貴族儒學轉向左翼人民儒學，才能開出新文明的新形態。因此，在儒學的發展問題上，不僅是新中國如何吸納儒學的問題，更關鍵的是儒學如何思考並吸納新中國以及馬克思主義所包含的現代性和人民主體性這些全新的問題。這才是儒學 "新" 與 "舊" 的區別所在。

就新亞書院轉向香港中文大學而言，儒學的政治性就表現在中文教育與英文教育的文化領導權問題，儒學與中國人的生活是通過中文聯繫在一起的，而香港殖民教育的本質是要確立英文的領導權，中文最多只能處在從屬的地位上，這才是香港中文大學 "雙語教學" 的實質。然而，由於迴避反帝國主義和反殖民主義這個迫切的當下政治議題，錢穆等面對港英政府推行英文主導的殖民教育失去了批判力，反而成為港英政府用來抵制內地政治文化力量的工具。從某種意義上，新儒學從第二期發展到第三期，基本上喪失了近代以來中西文化對立的問題意識，被自由主義與馬克思主義的冷戰意識形態之爭所蒙蔽，而忽略了整個 19 世紀和 20 世紀根本問題始終是世界帝國背景下的國家重建與文明衝突問題。

儘管新亞書院的理想未能實現，但新亞書院在香港傳播的中華民族主義的理念獲得廣泛認同，這與中共支持的香港左派宣傳愛國主義、民族主義主張形成同頻共振。中文教育在新亞書院受阻，但在左派基層的愛國學校卻得到了迅速的傳播和推廣。隨著毛澤東思想和文化革命精神在香港的傳播，香港年輕一代大學生對香港殖民教育本質有了深刻的認識和體會，對中華民族的認同進一步加深。雖然 1967 年香港左派以反帝、反殖為主題的反英抗議運動被鎮壓（參見第二章），但 "文化大革命" 的左翼反叛精神卻傳播到了全世界，鼓舞了亞非拉的民族解放運動和歐盟的 "青年造反運動”，加之 1971 年新中國取代中華民國成為聯合國常任理事國並獲得國際社會的普遍認同，這無疑激發了青年一代“海外華人”對國家和民族的認同。而 1971 年“保釣運動”在海峽兩岸政權機構保持沉默的背景下，恰恰是在以香港為中心的青年一代的“海外華人”中引發了強烈的民族主義和愛國主義熱潮。“海外華人”雖然認同資本主義世界的價值理念並日趨“歸化”，但他們心中未能忘記中華民族的文化認同和身份認同，這就意味著新亞書院的教育實際上為新中國展開統一戰線奠定了文化基礎。1970 年代香港青年左翼運動並不屬於中共在香港直接領導的左派組織，但香港本土成長起來的一代實際上是中共反帝反殖民的政治教育與新亞書院的中華文明教育相結合的精神產兒。他們意識到，新亞教育理念的最大不足就是缺乏對殖民主義的批判，因此提出要實踐新亞精神，不但要在學術文化上闡揚中國文化，更重要的是要針對現實問題反對殖民主義。由此，在經歷了 1960 年代反英抗議運動的挫折之後，1970 年代香港本土新的左翼運動在“保釣運動”和“法定中文語文運動”中成長起來，他們不僅對新亞書院的理念展開反思，而且對港英政府“行政吸納”上一代“高等華人”展開了激烈批判。（參見第二章）

在此基礎上，包錯石等人以《盤古》刊物為陣地，率先提出了香港“回歸”的政治主張。這裏所說的“回歸”並不是 1980 年代中國政府推動的涉及中英談判的“香港回歸”，而是香港本土力量及其背後離散的海外華人群體為了回應唐君毅提出的“花果飄零”而提供的答案，即對中華民族的文化認同和政治認同，認同的不僅是新亞書院所描述的歷史傳統中的“文化中國”，而且潛在地包含了中華人民共和國所推動建立的“現代中國”：“回歸的主體是當代中國走向現代的巨大民眾和土地”，最終要“在個人心理和符號層次上回歸到包括中國大陸人民在內的全中華民族”（包錯石語）。[40] 因此，這種“回歸”不是一種簡單的文化意義上的“葉落歸根”，而是包含了參與性、建設性和積極建構的現代中國。這就是他們發起的“認識祖國，關心社會”運動，前者意味著海外華人（尤其留學生）

40　轉引自羅永生：《殖民家國外》，香港：牛津大學出版社 2014 年版，第 84 頁。

不能滿足於服務美國冷戰所需要的"匪情研究"，而要真正理解和認識一個革命現代化的中國，從而成為認同新中國的"國粹派"，後者意味著香港人要關心發生在香港本地的問題，成為對新中國採取批判立場的"社會派"，"香港人"這個概念和香港本土主義也由此誕生。

　　進入 1980 年代，"香港回歸"成為中國政府主導的政治主題，而香港、臺灣等華人群體演唱的《龍的傳統》、《我的中國心》等歌曲則為這種"香港回歸"提供了文化精神上的支持。然而，隨著內地改革開放和冷戰結束，整個世界向右轉進到"全球化"的時代。香港因為經濟崛起在政治身份和文化身份之外獲得了一個獨特的經濟身份——"國際大都會"或"世界級金融中心"，成為內地融入全球市場經濟的榜樣。香港終於擺脫了近代以來民族主義與殖民主義二元對立所帶來的文化認同、身份認同乃至政治認同的困境，香港的身份強調的不再是政治上的"殖民"身份或文化上的"中西融合"身份，而是經濟上的"世界"身份。

　　　　正因為香港是現代化中的先行者，當中國也開始現代化時，香港在"文化"中的地位相對地提高了，要現代化，香港在文化上就有了指引作用。這也是近年有"邊陲即中心"的文化論述。因為從現代化的角度來看，香港不是"邊陲"。受到廣泛討論和辯論的"文化中國"（Culture China）觀念，在這種背景下提出來了，就有其意義。再者，"邊陲即中心"這個觀念，不但是因為香港在現代化上比其他中國城市優勝，也是因為中國在一九四九年以後基本上是批判、破壞中國文化的，"中原文化"在大陸已經失去了它的神聖性。所以，"邊陲"就可以變成"中心"。[41]

在這個全球化的"世界"意識中，無論在現代化的經濟意義上，還是文化中國的意義上，香港都變成了"中心"而內地反而被看作是"邊陲"。

41　金耀基：《香港：華人社會最具現代性的城市》，載金耀基：《中國的現代轉向》，香港：牛津大學出版社 2013 年版，第 163-164 頁。

七、尾聲：帝國的政治教誨

在世界的某個角落，有一個世界奇跡。這個奇跡叫圓明園。藝術有兩個來源，一是理想，理想產生歐洲藝術；一是幻想，幻想產生東方藝術。圓明園在幻想藝術中的地位就如同巴特農神廟在理想藝術中的地位。一個幾乎是超人的民族的想象力所能產生的成就盡在於此。和巴特農神廟不一樣，這不是一件稀有的、獨一無二的作品；這是幻想的某種規模巨大的典範，如果幻想能有一個典範的話。請您想象有一座言語無法形容的建築，某種恍若月宮的建築，這就是圓明園。請您用大理石，用玉石，用青銅，用瓷器建造一個夢，用雪松做它的屋架，給它上上下下綴滿寶石，披上綢緞，這兒蓋神殿，那兒建後宮，造城樓，裏面放上神像，放上異獸，飾以琉璃，飾以琺瑯，飾以黃金，施以脂粉，請同是詩人的建築師建造一千零一夜的一千零一個夢，再添上一座座花園，一方方水池，一眼眼噴泉，加上成群的天鵝、朱鷺和孔雀，總而言之，請假設人類幻想的某種令人眼花繚亂的洞府，其外貌是神廟、是宮殿，那就是這座名園。……這是某種令人驚駭而不知名的傑作，在不可名狀的晨曦中依稀可見。宛如在歐洲文明的地平線上瞥見的亞洲文明的剪影。

這就是法國作家雨果（Victor Hugo）筆下的圓明園。這種描述延續了 16 世紀以來西方啟蒙知識分子對中國所代表的東方文明的嚮往。如果說，西方文明在其他殖民地所向披靡，唯在中國受到強烈抵制，因為中國文明的輝煌程度並不亞於西方，甚至在歷史上曾經遠遠超過西方，那麼，如何高揚西方文明，同時貶低中國文明，便構成了西方現代性潛在的主題。在西方啟蒙思想家眼中，中國始終是作為一種西方崛起的潛在"他者"被建構起來的，無論是孟德斯鳩的"東方專制主義"，黑格爾的"一個人的自由"，馬克思的"亞細亞生產方式"等等，都是以西方自身的歷史經驗作為尺度來衡量中國，從而形成"中國沒有 XX（比如科學技術、工業革命、理性化思維、資本主義、彼岸宗教、自由民主、人權法治等等）”這種典型的西方中心主義的思維模式。這種二元對立宰制的思維模式作為一種普適的科學知識被構建起來，不僅建立起西方文明與非西方野蠻的學術尺度、西方主人而非西方奴隸的政治尺度，而且形成了在公共媒體上持久的對中國人的野蠻形象的塑造。

19世紀末，雖然西方公共輿論中對中國人的“黃禍”論述非常流行，但始終沒有一個鮮活固定的形象，直到1912年英國小說家薩克斯·羅默（Sax Rohmer）在一系列小說中成功地塑造了“傅滿洲”這個形象。他保留著“瞇瞇眼”的“滿大人”的某些特徵，但進一步被賦予了“黃禍”的政治內涵，他不再是一個吸食鴉片的愚昧象徵，而是擁有科學知識、陰謀詭計來毀滅西方人，最終建立“大一統的黃色帝國”的邪惡形象。正如羅默所言：

> 想象一下這個人吧，高高的個子，清瘦精幹，敏捷如貓，高聳著肩，長著莎士比亞般的額頭，撒旦搬的面容，剃得光光的腦袋，一雙有魅力的細長的綠色貓眼石眼睛。他身上有整個東方民族的全部殘忍狡詐，由以往和現今所有的科學知識，如果你願意，還有一個富裕政府的所有資源……都集中在了這一個天才人物身上……你腦海中有一個傅滿洲博士的畫像，黃禍集中體現在了這一個人的身上。[42]

從此在西方大眾文化中，“傅滿洲”就成為“黃禍”的代名詞。而在1930年代，傅滿洲的形象被搬到了銀幕上而被定型化。在《傅滿洲的假面具》這部電影中，傅滿洲把金髮碧眼的白人女性綁在祭壇上作為祭品用來召喚成吉思汗的復活。成吉思汗的古老記憶就與未來復興的中國緊密地結合在一起，通過書籍、漫畫、卡通、電視節目和電影傳播成為西方大眾文化詆毀、歧視中國人的利器。從鴉片癮君子、瞇瞇眼的滿大人再到傅滿洲，西方人對中國進行了系統的野蠻化塑造，這些塑造至今依然出現在西

42　轉引自〔英〕藍詩玲：《鴉片戰爭：毒品、夢想與中國的涅槃》，劉悅斌譯，北京：新星出版社2015年版，第380頁。

方公共媒體上，更可怕的是近些年來大規模出現在中國藝術家筆下。在這樣的世界中，李小龍在西方電影中成功塑造的"中國功夫"形象差不多已成為絕唱。塑造表面上客觀的學術觀念和多元的審美情趣，以一種潛移默化的方式塑造著文明與野蠻、主人與奴隸的意識，無疑是西方文明中專屬於主人的統治技藝。而這項技藝的高超之處就在不經意中顛倒了整個人類文明的尺度，將搶殺劫掠的英國海盜變成文明人的象徵，而溫良禮讓的中國小民反而成了野蠻人。在這個意義上，創辦殖民地大學來傳播文明開化不過是屬於大英帝國公開的政治教誨（the exoteric teaching）。然而，就帝國的政治使命而言，除了這些公開教誨，我相信還有一些不可以公開的隱秘的政治教誨（the esoteric teaching）。比如說在港英政府的政治遊戲中，政治部的功能是眾所周知的，但香港會（Hong Kong Club）和香港馬會究竟意味著什麼？香港華人精英出入這些場所意味著什麼？怎樣才能出入這些場所？港英政府在公務員隊伍中為什麼著力培養華人女性公務員？它與英國政治本身有著怎樣的聯繫？港英政府訓練和擢升華人公務員的政治秘訣是什麼？所有這一切真正支配著香港政治，也支配著帝國的殖民統治。這屬於不可以公開的、只有內部人自己才可以明白的政治教誨。

我懷疑，九龍城寨就屬於這種不可以公開的政治教誨的一部分。就在創辦香港大學時期，英國軍隊自動撤出佔據了好多年的九龍城寨，而將其恢復為一個中國人自己管理自己的地方。此時，由於內地處於革命、內戰階段，沒有一個政府理會九龍城寨，整個城寨一直保持著大清王朝的招牌和風俗習慣，似乎變成了傳統中國的活標本。然而，由於九龍城寨變成了"三不管"地帶，自然被黑社會所控制，很快成為色情、賭博和毒品的聚集地。總之，一切人類道德信念所鄙視的東西，在這裏都可以合法地存在。於是，香港社會自然形成了兩種生活方式：一種就是港大、中大所展現的高等華人的生活方式，它代表了人類文明中最為高貴的一面；另一個就是九龍城寨所展現的傳統中國基層社會的生活方式，它代表了人類文明中最為墮落的一面。而在這兩種生活圖景的背後，不言而喻隱含著西方文明與中國文明的強烈對比。香港華人究竟應當選擇哪一種生活方式，選擇哪一種文明，在港英政府提供的這兩個活生生的文明標本面前不是一清二楚嗎？

　　因此，從文明征服的效果看，九龍城寨發揮著不亞於香港大學的教育作用。這不能不讓我們聯想到火燒圓明園所具有的特殊政治意義。這把大火摧毀的不是簡單的人類藝術珍品，而是西方人對中國文明的欽慕和讚歎之情，是中國人對自己的文明傳統的自尊心和自信心。如果沒有看到雨果的這些文字，誰能想象出圓明園在人類文化藝術成就中代表了怎樣的高度，我們的祖先曾經創造了怎樣的文明輝煌。然而，看看我們今天的流行話語，提到巴黎聖母院、倫敦白金漢宮，自然將其推崇為人類最偉大的藝術成就，可提到長城、故宮和頤和園，要麼是封閉落後的象徵，要麼是君主統治下勞民傷財及奢侈的宮廷生活的象徵。如此說來，圓明園燒了也好，至少所謂專制君主搜刮民脂民膏也少了一個證據。

　　政治的力量在於文明，文明的力量在於人心，人心的向背在於教化。因此，教育才是最高境界的政治藝術，是“不戰而屈人之兵”的大政治。在我看來，大英帝國培養出來的華人政治家李光耀就真正獲得了帝國的政治真傳。當香港的中文復興運動以廣東話為母語、以繁體字為標準中文並以豎版書為閱讀習慣時，李光耀在新加坡卻成功地推廣了普通話和簡體字，因為他的眼光已經掠過歷史，投向了中國文明遙遠的未來。我沒有去過新加坡，聽說新加坡有一座風景獨特的印度城，這不由地讓我想起了香港的九龍城寨。

PART II

第二編

帝國秩序中
的香港

第四章

帝國的技藝：
海洋帝國的法秩序

　　1793 年，大英帝國馬嘎爾尼（George Macartney）使團訪問中國，為
覲見大清乾隆皇帝時究竟是否行跪拜禮發生了爭執。這個故事後來被各種
論述反復書寫，因為在五十年後的鴉片戰爭中，大英帝國最終用炮艦打了
中國的貿易大門，並通過不平等條約迫使清政府割讓了香港並開放貿易通
商口岸。由此，這個故事通常被解讀為一個閉關鎖國的沒落封建王朝的自
大和傲慢，並因此喪失了加入全球商業貿易進而邁向現代的機會。這無疑
是按照全球資本主義商業貿易的原則來批判大清皇帝所堅持的封建禮儀，
由此形成“資本主義”對“封建”、“商業貿易”對“道德禮儀”的批判。
這些批判所秉持的正當性不僅意味著現代高於傳統，而且也意味著西方道
德高於中國道德，由此形成的古今中西複雜關係始終糾纏在一起，成為我
們理解香港問題乃至全球問題不能不面對的理論難題。

　　然而，跪拜禮不僅是一種道德禮儀，其背後是對整個世界秩序的構
想，包括一套世界貿易體系和國際法體系。我們唯有理解這個跪拜禮背後
的整個世界體系建構，唯有理解東方與西方兩種不同的世界體系，才能理
解鴉片戰爭以來全球的發展態勢。簡單說來，從地理大發現以來，大英帝
國崛起形成全球性的海洋帝國，一個金融和工商業主導的世界帝國，因此
成為推動人類文明發展的動力。比較而言，中國建構的世界秩序雖然在全
球貿易中處於樞紐地帶，但始終是農業主導的陸地秩序，而且是以東亞為
核心的區域性文明帝國，它將農業時代人類所能創造的成就發展到了極
致，以至於由此陷入“停滯的帝國”。[1] 因此，當 1793 年地球上兩個偉大
帝國相遇時，這不僅是人類歷史上陸地帝國與海洋帝國兩種文化觀念、世
界體系的相遇，也是農業與工商業這兩種生產方式乃至生活方式的相遇，
從根本意義上講乃定居生活秩序與游居生活秩序的相遇。

1　〔法〕佩雷菲特：《停滯的帝國：兩個世界的撞擊》，王國卿等譯，北京：生活・讀書・新知三聯書店
　　2007 年版。

一、"重新朝向東方"：地理大發現

　　1496 年 3 月，就在西班牙的哥倫布發現美洲大陸三年之後，受到刺激的英國國王亨利七世向威尼斯航海家約翰·卡伯特（John Cabot）頒發許可證，授權他和他的兒子開展全球殖民行動：

> 打著大英帝國的旗號乘船開赴太平洋東岸、西岸和北岸（南岸就不去了，以免與西班牙利益相衝突）的所有地區 …… 以開發和探索那些對基督教教徒來說未知的、野蠻人和異教徒聚居地任何島嶼、國家、地區或者省份，無論它位於世界的哪個位置 …… 從而攻克、佔領和佔據他們發現的任何有能力統治的城鎮、城堡、城市和島嶼，因為我們在那裏的封臣、代理總督和代表已經為我們獲得了治理這些城鎮、城堡、城市和島嶼的統治權、資格和司法權 ……

　　從這個角度看，大英帝國並不像西利（Seeley）宣揚的那樣是在"不經意間"建立起來的，相反它"完全是有意識的模仿"的產物。它模仿的對象就是在地理大發現中最先進入美洲、非洲、印度、東南亞、中國甚至日本並建立起殖民帝國的葡萄牙帝國和西班牙帝國，以至於亨利七世在頒發的許可證中特意提醒，避免與西班牙發生衝突。[2] 可以說，東西方真正的競爭是從地理大發現開始的。

　　此時，距離馬嘎爾尼率團來華差不多還有三百年。這三百年正是西方不斷崛起追趕東方的過程。在這三百年中，東方諸多帝國的空間也在不斷擴展。比如俄羅斯帝國向東方擴張而與中國相遇，中華天朝也進入到明清巔峰狀態。然而，東方的發展遇到了一個難以克服的天花板，那就是它始終建立在農業社會的基礎上，將農業社會的人類文明成就發展到"內捲化"的程度，但卻始終未能打破農業社會的局限。地理大發現的意義不僅

2　上述援引的文字，參見〔英〕尼爾·弗格森：《帝國》，雨珂譯，北京：中信出版社 2012 年版，第 4 頁。

在於打開一個新的空間，使得歐洲有機會加入到東方貿易體系中，更重要的是在這場全球貿易中，歐洲通過商業貿易發展出一種新的社會秩序，這就是資本主義工商業主導的現代社會，並由此形成對整個東方世界的優勢地位，反過來對東方世界構成降維打擊。這就是歷史學家湯因比提出的文明發展的"挑戰—應戰"理論，即西方文明的崛起對東方文明構成了挑戰，從而將其從農業文明的內捲化發展中解放出來。如果說農業時代依賴廣闊的陸地，那麼資本主義工商業則必須依賴海洋才能將全球聯為一體，可以說地理大發現使得人類歷史的舞臺從亞洲陸地時代轉向了歐洲海洋時代。

"地理大發現"以及"新大陸"等概念都具有特定的歷史含義。這些概念乃是西方中心主義的產物，它是從西方視角來命名世界的。因為早在哥倫布到達美洲之前，世界上每一塊可以居住的大陸都已居住著人類，並形成了獨特的文明。有些地方處於初民社會，但也有地方進入高度組織化的帝國形態，比如印加帝國。然而，歐洲人用"發現"、"新大陸"之類的概念恰恰是將自己看作是整個世界的主人，以一種君臨天下的視角來看待美洲，並界定與美洲的關係：即歐洲人作為"發現者"排他性地擁有對美洲的一切權利。然而，當我們追問為什麼歐洲人要去"發現"美洲？為什麼鄭和沒有說自己"發現"了非洲、印度、東南亞？這不僅意味著兩種文化理念的不同，也意味著兩種生存處境的不同。

如果我們展開世界地圖，就會發現歐亞大陸按照緯度分割為兩個世界，即北部寒冷的草原地帶與南部面向海洋由眾多河流形成的開闊的沖積平原。這兩個自然地理分割的世界就構成麥金德所說的大陸心臟地帶和大陸邊緣地帶（內新月地帶），而南部非洲、大洋洲和美洲可以看作是圍繞歐亞大陸形成的島嶼邊緣地帶（外新月地帶）。世界文明的歷史就從歐亞大陸開端，尤其是大陸邊緣地帶從東向西形成了中華文明、印度文明、阿拉伯文明和歐洲文明，如果說這些文明相對於大陸心臟地帶擁有文明優勢（經濟和文化），那麼北方的草原游牧民族則藉助草原擁有了騎兵的戰略機動性，從而對大陸邊緣地帶構成了軍事優勢。[3] 由於北方游牧民族處於游牧流動的"游居"生活方式，而南方巨大的沖積平原適合發展農業，就形成農耕"定居"的生活模式。人類文明就是在南北"定居"與"游居"這兩種生活方式的互動中成長發展起來的。游居民族的流動性衝擊對定居民族構成毀滅性的打擊，早期許多定居民族被游居民族所滅，而游居野蠻民族在"鳩佔鵲巢"之後，又經歷了定居生活方式所形成的文明對其教化和"文明化"的進程。[4]

在歐亞大陸的東方，圍繞我們熟悉的"長城地帶"形成南北兩種生活方式互動的歷史故事。[5] 一代又一代的北方游牧民族不斷向南入侵中國的中原地帶，除了歷史上諸多的割據政權外，元朝和清朝是北方游牧蠻族正式入主中原，這都將中原的定居民族向南推移。這種民族大遷徙的過程中，北方蠻族不斷中原化和漢化，但同時也將游牧文化注入中原，不僅豐富著中國文化，中國文化不斷翻新和發展。而南遷的漢人又推動南方蠻夷之地的文明化和中原化。中國的版圖就在這民族遷徙的過程中不斷擴展。中原漢人的南遷形成"客家人"和客家文化。他們不僅保留了唐宋時期的音律，而且傳承了詩書禮儀、家國情懷的儒家文化傳統。然後，他們又從福建、廣東為基地向東南亞、澳大利亞、美洲和歐洲遷徙。香港剛好成為這種民族大遷徙的重要中轉站。作為中西文明交匯的中介，內地人到達香港接受西方教育、熟悉西方文化之後再遷徙到歐美定居；同樣，海外要進入中國，也往往將香港作為過渡的地點。歷史上華人全球流動遵循的就是這樣一條從北方陸地向南方海洋，然後通過海洋擴散到世界各地的路線。從某種意義上說，中國文化從南到北的細微差異，就像考古學中的文化地層累積，越是在南方才能見到中國文化的古老模樣。我們在北方見到的普遍是以自耕農小家庭為主的分散村莊（華北、西北最為典型），然而在閩粵地區和江浙地區卻能見到這種世家豪族的宗族祠堂，甚至在香港和海外華人中更形成"家族企業"這種特殊的商業經營模式。我們只有從南北地

3　〔英〕哈·麥金德：《歷史的地理樞紐》，林爾蔚、陳江譯，北京：商務印書館 2008 年版。

4　文揚：《文明的邏輯：中西文明的博弈和未來》，北京：商務印書館 2021 年版。

5　〔美〕拉鐵摩爾：《中國的亞洲內陸邊疆》，唐曉峰譯，南京：江蘇人民出版社 2008 年版。

理差異，從游居與定居的互動中才能理解中國文明的歷史發展。

　　同樣，在地處大陸邊緣地帶的西方歐洲，比利牛斯山到阿爾卑斯山一線將歐洲劃分為兩個部分。北部是少數定居的農民和游牧蠻族的世界，而南邊則是地中海世界。歐洲文明的第一波實際上是圍繞地中海形成的古希臘文明，它實際上是埃及文明、腓尼基文明、小亞細亞東方文明互動的結果，以至於歷史學家將希臘文明形象地比喻為地中海沿岸蛙聲共鳴的產物。歐洲文明的第二波就是從地中海世界崛起的羅馬向北擴張，建立起橫跨歐亞非三洲的大帝國，然而卻在萊茵河受到了北方游牧蠻族日耳曼人的阻擊才停下了擴張的步伐。最終不是羅馬征服蠻族，而是北方日耳曼蠻族南下摧毀了西羅馬帝國。從此，西羅馬帝國進入了蠻族統治時代，羅馬人的蠻族化和日耳曼人的文明化相互交織在一起，這就是我們熟悉的西歐"黑暗的中世紀"時代，而東歐則處在拜占庭帝國的統治下。由此，歐洲內部除了南部與北部的劃分，而且形成東部與西部的劃分，即西歐的拉丁—天主教帝國和東歐的希臘—東正教帝國。這種分裂直到今天依然存在著"老歐洲"和"新歐洲"之間的相互爭吵。至於俄羅斯，則幾百年來一直渴望成為歐洲的一部分，可至今得不到歐洲人的承認。今天正在發生的俄烏戰爭不過是這分裂歷史長河中的小插曲。

　　如果我們從地理導致的"定居"與"游居"的互動，將東方歷史與西方歷史結合在一起，就不難看出世界歷史的全貌，即大陸心臟地帶的游牧民族向邊緣地帶入侵的過程中推動了中西方的互動。東方定居的漢人與游居的匈奴等蠻族長期對抗，從秦漢到唐宋幾百年間，南部定居民族的頑強反抗導致游牧民族內部不斷分裂，靠南的游牧民族逐漸加入中國，接受了定居的生活方式，從而將中國邊疆向長城以北擴展。靠北的游牧民族則在南部定居民族的巨大壓力下不斷向西遷徙，從而間歇性地對歐洲構成侵襲。我們看到歐洲中世紀遺留下來的遍地城堡，就是為了應對東方游牧民族的侵襲。因為歐洲未能團結起來，像中國那樣修築長城。東方游牧民族向西推進的過程中，不僅推動日耳曼蠻族西遷毀滅羅馬，而且推動阿拉伯人沿著北非和小亞細亞向西擴張，擠壓地中海世界的生存空間。可以說，由於青藏高原的天然屏障，東方歷史變成南北互動的歷史，而西方歷史則變成了東西互動的歷史。歐洲人從一開始就生存在對東方的恐懼中。希臘城邦一直遭受東方帝國的入侵，最終被馬其頓帝國所滅。羅馬帝國固然是歐洲人最為驕傲的事業，其最大成就也是向西拓展到海洋和英倫三島並由此形成西歐世界，而東方的擴張最終止步於萊茵河。隨著羅馬帝國的分裂，所謂羅馬帝國"千年和平"實際上是靠東正教的拜占庭帝國維持的，西羅馬則很早就被日耳曼蠻族所滅。西方人始終要遭受東方人的間歇性掃蕩，尤其蒙古帝國可以攻破歐洲的城堡進行屠城，讓歐洲人產生了根深蒂固的對東方"黃禍"的恐懼。而阿拉伯帝國不僅佔領了北非，而且佔領了伊比利亞半島。奧斯曼土耳其帝國摧毀了東羅馬帝國，佔據了君士坦丁堡。至今穆斯林移民和土耳其的間歇性發作，始終讓這個古老帝國的幽靈對歐洲人構成威脅。因此，麥金德認為，整個歐洲歷史實際上從屬於亞洲歷史，歐洲是在東方這個巨大鐵錘的打擊中鍛造出來的。[6]

在漫長的歷史對抗中，歐洲人根據自己的生存空間形成了面對東方的獨特空間意識，將東方世界根據他們的勢力範圍和認知能力區分為近東、中東和遠東。"近東"（the Near East）始終是一個富有彈性的概念，隨著歐洲人勢力範圍的擴張而改變。比如他們一度把奧斯曼土耳其帝國的領土，包括東歐的巴爾幹半島都看作是"近東"。前現代歐洲人長期打交道、比較熟悉的是"近東"。而"中東"地區則始終是可畏而又迷人的阿拉伯世界，它的東邊毗鄰著充滿異域神秘感的印度。更遠的稱之為"遠東"地區的，則是富麗堂皇的"天堂之國"中國。我們只有從前現代歐洲人的角度看歐亞大陸文明之間的互動圖景，我們才能理解地理大發現之前，歐洲人對中國和印度這些遙遠的東方帝國所擁有的巨大財富和燦爛文明的渴望，對近東、中東伊斯蘭異教帝國的毀滅性力量的恐懼，以及對歐洲基督教世界分崩離析引發歐洲人內部自相殘殺以及黑死病的致命打擊所帶來的絕望。

歐洲的這個時代，類似於中國歷史上的五胡亂華時代。中國經歷了漫長的破碎重組，最終回歸到隋唐大一統的時代，而歐洲的羅馬—基督教

6　〔英〕哈·麥金德：《歷史的地理樞紐》，林爾蔚、陳江譯，北京：商務印書館 2008 年版。

帝國在外部的不斷侵略和內部的不斷分裂中經歷了千年以上的破碎狀態。羅馬教皇依然保持著名義上的權威，許多封建家族紛紛爭奪羅馬帝國皇帝的頭銜，有些家族則紛紛推動領土國家的建立，這就構成了後來歐洲民族國家的前身。而在這些帝國或邦國的內部，則又有領主所把持的形態各異的小邦國。君主是最大的領主，領主之下又有更小的邦國。在此之外還有很多相對獨立和自治的城市共和國。總而言之，宗教的治理體系與世俗的治理體系交織在一起，而國王與各級領主之間有時相互獨立，有時又形成庇護等級關係，圍繞東方人與西方人、東歐與西歐，民族的、宗教的、家族的、地域的因素相互交織，各種不同的共同體交叉重疊在一起，構成一幅複雜的封建割據的政治圖景。其結果必然是各種力量之間合縱連橫，引發歐洲歷史上持續不斷的戰爭衝突，領土的邊界始終處在不斷變動之下。我們不要忘記，直到 1814 年的維也納和會上，才將神聖羅馬帝國的三百多個邦國合併為三十九個邦國，共同構成了德意志共和國。

　　在地理大發現時代，西歐蠻族雖然藉助宗教狂熱的"十字軍東征"從伊斯蘭手中奪回了部分領土，但依然未能抵擋住奧斯曼土耳其對東羅馬帝國以及威尼斯共和國的毀滅性打擊。要理解歐洲人冒險向西進入大西洋的決心和動力，就必須理解伊斯蘭文明在東方給西方基督教世界的生存構成的巨大壓力，這種壓力不僅是宗教和文化的壓力，更重要的是商業和軍事的壓力。帝國興衰就像潮汐一樣此消彼長。伊斯蘭教和基督教一樣是信奉絕對上帝的一神教，二者都堅信自己的宗教是世界上的唯一真理，從而彼此將對方看作是異教徒乃至政治上的敵人。從歐洲人的眼光看，基督教本是屬於東方世界的一部分，羅馬人信仰基督教可以看作是東方對西方的征服。這兩種宗教為了爭奪對世界的唯一支配權經歷了漫長的衝突。在今天的世界史或全球史著作中，始終以西歐人的眼光將歐洲歷史寫成從古希臘、羅馬、中世紀、地理大發現到近代歐洲征服全球的連續歷史。而事實上，如前所言，歐洲歷史原本就是斷裂的歷史，希臘文明與西北歐蠻族的中世紀完全是斷裂的兩個世界。當西歐陷入蠻族統治時，地中海世界實際上處在阿拉伯文明的統治下。伊斯蘭教隨著軍事征服而在歐洲擴張。地中海曾經是羅馬帝國的內海，但在伊斯蘭教信仰中，地中海屬於伊斯蘭世界。《古蘭經》記載先知穆薩（Musa）對他的侍從說："我將不停步地，直至我達到兩海交匯之地。"這裏的"兩海交匯"不是指阿拉伯世界與西方世界交匯的紅海和地中海，而是地中海與大西洋的交匯。當穆薩率領伊斯蘭軍隊從北非跨越直布羅陀而佔領亞平寧半島，甚至一度直達法蘭西境內時，這才是他希望到達的"兩海交匯"之地。古希臘羅馬的文明就這樣被阿拉伯文明所吸收，其文明典籍也保留在阿拉伯世界中。西歐蠻族在漫長的文明化過程中，最後是從阿拉伯文明尋找到被他們的祖先所毀滅的古希臘羅馬文明，文藝復興運動和羅馬法復興運動由此而來。隨著奧斯曼土耳其帝國的擴張，伊斯蘭世界攻佔君士坦丁堡並摧毀了威尼斯商業帝國，整個地中海徹底變為伊斯蘭世界的內海。

伊斯蘭世界的強大不僅由於其宗教凝聚力，更重要的是由於它壟斷了通過地中海、紅海、裏海到黑海的這些與東方貿易的海上通道，貿易獲得的巨額財富可直接轉化為強大的戰鬥力。而此時，歐洲與東方貿易的陸地通道因為蒙古帝國的衰落而變成戰亂爭奪的不毛之地。在歐洲狹小的土地上，貿易乃是生死攸關的生存需要，有貿易則繁榮生存，無貿易則衰落死亡。正因為歐洲與東方貿易的陸地絲綢之路與海洋絲綢之路同時被阻斷，歐洲人才冒著死亡的危險轉向被稱之為"地獄深淵"的大西洋，其目的就是在陸上和海上絲綢之路之外，尋找通往中國的貿易新航道。在當時歐洲人的想象中，馬可波羅遊記給西方描述的中國乃是一個神秘的古老國度，一個到處是珍奇異寶、滿屋子用黃金裝飾的天堂之國。西方對東方世界的神秘美好想象一直維持到 18 世紀的"中國熱"。由此來看，今天中國提出互聯互通、共享繁榮的"一帶一路"倡議，不過是東方重新崛起之後，推動歐亞大陸東西方展開貿易互動的歷史性回歸。

然而，地理大發現不僅讓歐洲找到了與東方展開貿易的新航道，而且發現了美洲這塊處於初民社會的新大陸，歐洲人輕而易舉地將其變成自己的殖民地。原本在西北歐狹小空間中內鬥的封建小國瞬間變成了可以與東方帝國相媲美的龐大海洋帝國。歐洲人隨心所欲地掠奪殖民地的財富，迅速籌措到與東方展開貿易的本錢，其中最重要的就是巴西發現的金礦和墨西哥發現的銀礦等。此時，東方貿易體系以白銀作為通用貨幣。歐洲人正是藉助從美洲掠奪的黃金和白銀，加入到東方貿易體系中。正如弗蘭克所言，"歐洲人先是買了亞洲列車上的一個座位，然後買了一節車廂。名副其實貧窮可憐的歐洲人怎麼能買得起亞洲經濟列車上哪怕是三等車廂的車票呢？……最重要的途徑是，歐洲人從他們在美洲發現的金銀礦那裏獲得了金錢。"[7] 歐洲人 "利用它從美洲獲得金錢強行分沾了亞洲的生產、市場和貿易的好處——簡言之，從亞洲在世界經濟中的支配地位中謀取好處。歐洲從亞洲的背上往上爬，然後暫時站到了亞洲的肩膀上"[8]。弗蘭克之所以強調要 "重新朝向東方"，就在於批評從歐洲中心主義的視角來解釋歐洲崛起，從而提出從全球視野來看待西方崛起過程中東方的重要性。美洲白銀的湧入剛好解決了困擾東方貿易的 "銀荒"，反過來刺激了明清經濟繁榮，加速了商業貿易的全球化。

由此，我們看到一幅全球貿易的基本圖景：歐洲人殖民非洲並販賣非洲黑奴到美洲開挖金礦銀礦，然後用這些金銀來購買中國的絲綢、印度的棉布、東南亞的香料等各種財富。在這張全新的世界貿易網絡中，陸上絲綢之路的重要性逐漸下降，而大西洋世界在貿易中的地位不斷上升，海上絲綢之路因歐洲人的加入而成為全球貿易最繁忙的航線。從此，歐洲文明的重心從南部的地中海世界轉向西北歐及其與美洲構建起來的大西洋世界。地處大西洋沿岸、歐洲大陸邊陲地帶的蠻族後裔葡萄牙人、西班牙人、英格蘭人、荷蘭人和法國人率先捲入到地理大發現的浪潮中，建立起新的殖民帝國並在全球範圍內展開了殖民帝國之間的爭奪。他們在羅馬帝國的廢墟上，將羅馬帝國的事業拓展到全球，並因此改變了整個世界，使世界歷史的重心從東方（陸地）轉向西方（海洋）。正是在地理大發現所引發的對新發現領土的殖民爭奪、貿易的財富爭奪中，歐洲人釋放出了巨大的能量，比如宗教信仰的能量、科學技術和知識的能量、商業資本和金錢的能量、戰爭推動的國家組織能量等等。這些巨大的能量以 "革命" 的

7　〔德〕貢德·弗蘭克：《白銀資本：重視經濟全球化中的東方》，劉北成譯，北京：中央編譯出版社 2008 年版，第 261 頁。

8　〔德〕貢德·弗蘭克：《白銀資本：重視經濟全球化中的東方》，劉北成譯，北京：中央編譯出版社 2008 年版，第 5 頁。

方式摧毀了古老的歐洲，並在毀滅中建設一個全新的歐洲，將原本地球上分散的人類文明連接成緊密互動的整體，將人類不同地理空間中形成的區域性文明帝國的時代推向世界帝國的時代。因此，科學革命、啟蒙革命、工業革命和政治革命這些推動歐洲從傳統社會向現代社會轉型的巨大力量，必須和地理大發現所提供的空間革命結合在一起，才能釋放出如此巨大的能量，才能填充海洋和新大陸這些巨大的空間。

二、定居與游居：兩種世界秩序

　　在地理大發現之前，歐洲人與中國人始終存在著貿易。這種古老的貿易聯通了歐洲與亞洲，即使遭遇戰爭和征服也從來沒有中斷過，正是貿易將整個歐亞大陸聯繫在一起。而在這漫長歷史的貿易中，歐洲人始終處於積極主動的購買方，而東方中國和印度則更多處於供給方。由於歐洲北部被蠻族統治，歐洲政治經濟重心長期集中在地中海沿岸的城市以及圍繞城市形成的共和國。由於歐洲獨特的地理特徵——地中海連接著歐亞非三塊大陸，南部地中海世界始終是商業文明，而北部在蠻族統治時代經歷了封建農業，但很快在地理大發現時代轉向了全球商業貿易。這種斷裂的連續使得我們始終將歐洲定位為商業社會。

　　從商業貿易角度看，貿易網絡的擴大一種是基於政治的動力，一種是基於商業的動力。在東方，貿易網絡的擴大往往基於政治力量的推動，貿易網絡隨著政治版圖的擴展而擴張。中國北方的政治城市要養活更多的人口，就必須由南方來供給糧食，由此推動開鑿大運河來推動南北貿易，由此，東方貿易往往是國內經濟資源的調配，更多是基於政治的推動力量。相反，圍繞地中海的貿易無疑是基於商業貿易的動力，商業金錢的推動力遠遠超過政治的力量，而且地中海貿易從一開始就是跨國貿易，是歐洲、非洲和亞洲不同民族和文化之間的貿易。而歐洲與東方的遠距離貿易的動力只能來自商業力量，而非政治力量，其主角無疑是歐洲人，或者作為居間的阿拉伯人、韃靼人或蒙古人，而非中國人。"絲綢之路"這個概念不是中國人賦予的，而是西方人賦予的。歐洲人對中國的最早想象就是Serica（絲綢的國度），後來就是China（瓷器的國度）。無論絲綢，還是瓷器，都意味著一種高級幽雅的藝術生活，這種奢侈品代表著人類文明生活的最高成就，就像今天中國人對巴黎的時裝和化妝品這些奢侈品的追求一樣。中國平常人家的擁有的生活器具在歐洲人只有皇室貴族和暴富的土豪才能擁有，就像後來歐洲平常人家的工業品在東方成為達官顯貴擁有的"洋貨"一樣。唯有這種奢侈品貿易，才能滿足歐洲皇室貴族和暴富階層對東方奇珍異寶的文化想象，才能推動如此成本巨大的全球貿易，以至於學者認為是奢侈品貿易推動了資本主義的興起。[9]

　　這就是地理大發現時代的全球文明格局。東方的中國和印度擁有廣袤的大陸，發達的農業、手工業提供各種出產和器具，以至於在自己的領土區域內就能形成國內資源調配的貿易圈，拓展全球國際貿易不過是補充，而且這些貿易更多是來自歐洲的需要。如果放在歐洲的空間政治版圖中，開鑿京杭大運河、修築萬里長城這些偉大的工程是完全不可想象的，因為歐洲不僅沒有這樣的人力資源，而且四分五裂的局面完全不可能達成一致意見。這種地理空間格局的不同，決定了歐洲必須依賴面向東方的遠距離國際貿易，而東方更看重自身的國內貿易。中國上古經書《尚書》的《禹貢》篇中，就詳細記錄了中國華夏九州大地的山川地貌、各地豐富而獨特的土壤物產。直至今天，我們中國人的見面禮總是帶一點土特產，足以見證中國幅員遼闊，已經擁有足夠多樣化的物產。後來京杭大運河的開鑿有效地推動了南北物產資源的調配和貿易，使得中國的政治經濟的重心從西安—洛陽的西北中原軸心第一次向南京—北京的東南東北軸心轉移。在中國這個地理空間廣闊、物產豐富的農業帝國的天朝視野中，中國的國內貿易在歐洲人眼中實際上就是相當於國際貿易，更何況從宋代，尤其明清時期已經形成以中國為中心、囊括整個東亞的朝貢貿易體系。如果僅僅從貿易的角度看，是不是與遙遠的邊陲小國英國展開遠距離貿易的確並不重要。

　　東西方這種貿易的差異無疑是由地理環境決定的。東方政治主導的國內貿易源於定居狀態所建立起來的超大型國家。對於中國這樣領土廣闊、人口眾多的超大型國家，首要問題就是如何養活如此眾多的人口，把他們安頓在土地上，甚至需要相對固定在土地上，以防止他們變成流民。因為如此龐大的人口一旦變成流民，就成為一股毀滅性力量。中國歷史上歷代王朝更迭要麼是由於北方游牧民族的衝擊，要麼就是內部流民變成了造反力量。因此，中國一方面要修築萬里長城來抵禦北方游牧民族的侵襲，另

9　〔德〕維爾納・桑巴特：《奢侈與資本主義》，王燕平、侯小河譯，上海：上海人民出版社 2005 年版。

一方面就要將內部的龐大人口安頓在土地上以防成為流民，那就必然形成以農桑耕織為主的生活方式。農業定居的生產生活方式就需要治理江河、興修水利，由此必然形成君主制，無論“東方專制主義”這個說法是否準確，但這個觀點實際上關注到地理與國家憲制的內在關聯。

事實上，唯有從定居農耕的視野，我們才能理解儒家文化的真諦，可以說儒家文化差不多是為農耕定居的民族量身定做的。比如君主的責任就是代表上天來照料萬民，民生問題就是國家政府的首要責任，祭天祈雨就成為君主的重大責任，因為農業的收成依賴風調雨順，唯有五穀豐登才能將老百姓安頓在土地上，這樣國家才能昌盛。由此“風調雨順”和“國泰民安”緊密聯繫在一起。君主施行仁政的首要經濟社會政策必然是重農抑商。農桑形成了自給自足的自然經濟，可以將百姓安頓在自己的土地上，而商業不僅在鼓勵流動，使得老百姓失去了耕種的積極性，一旦遇到商業帶來的週期性經濟危機，其結果必然是百姓因喪失農業的根基而流離失所，變成“游居”的流民。一旦把百姓安頓在分散的土地上，那麼對百姓最直接的治理者不是國家機構，而是家族，國家無力將自己的觸角延伸到基層。由此，即使在郡縣制格局下，皇權也就下行到縣，縣以下乃是基於家族的地主士紳階層來治理。若採取封建格局，那麼縣及其以上更大的行政單元也由大家族所衍生出來的地主士紳階層來治理，由此形成所謂的君主與士紳“共治天下”的格局。在這樣的治理格局中，儒家對“士”這個階層的政治教育，就在於培養出一個能夠打通紳權與君權、家與國的整合力量，由此必然形成“士農工商”的社會等級秩序。在這樣的格局中，商業貿易從屬於農業，最多是農業社會的必要補充，基於土地的士紳官僚階層主宰著社會，而商人階層始終處於依附地位，更重要的是，整個國家的治理邏輯遵循上下級服從與庇護的倫理邏輯，而不可能是平等交易的商業貿易邏輯。

一旦東亞中國的中心地帶形成這種穩定的農耕定居的生產和生活方式，並因此建構起儒家思想主導的文明秩序，那麼周邊游牧民族對農耕社會的每一次衝擊甚至征服，最後都是將自身消失在這種農耕定居的生活方式中，從而導致農耕定居的中心地帶不斷向四周擴展，並由此形成中心華夏與邊緣四夷動態擴展的天下秩序。中心農耕地區面積越大也意味著財富積累越大，這種富庶繁榮必然對周邊地區構成巨大的吸引力，從而導致中心與邊緣地帶之間的商業貿易也越加發達。中國也往往以這種貿易的優勢對周邊少數民族提出相應的政治要求，那就是在政治上認同中國王朝的正統性，認同中國王朝建立起來的天下秩序。這種政治認同與商業貿易結合在一起，就構成了中國的朝貢貿易體系。由此，從宋代以來，尤其是發展到明清，圍繞中國這個中央之國，整個東亞形成了一個龐大的貿易體系。

然而，我們必須認識到，這種貿易最活躍的地方始終處在中國這個中心的邊緣地帶，例如泉州、廣州這樣面向海外的城市。這種貿易始終是為了維持和鞏固以農業定居為主導的中央之國的"大一統"局面。中國始終是內農耕而外貿易的文明秩序，以農業立國，以商業貿易為補充，士農工商的社會政治格局從來沒有改變，儒家文明的天下王道理想也從來沒有改變。中國廣袤的領土上各種自然的出產已經足夠豐富，對於自給自足的小農經濟而言，國內貿易作為補充就能滿足各地對不同物資的需要。而對外發展起來的朝貢貿易，更多是周邊少數民族的需要。比如在宋代，遼、西夏、金等少數民族政權就利用軍事優勢迫使宋朝開放邊境貿易。對於中原王朝而言，朝貢貿易更多是基於天下秩序的政治道德需要所必須擔起的一項責任，開放邊境貿易道德和政治考慮往往超過了經濟利益的計算。這樣的貿易必然帶有天朝賞賜的道德象徵意義。因此，朝貢貿易是基於"天下一家"的儒家理念所發展起來的惠及周邊地區的道德貿易或政治貿易，而非市場經濟原則之下基於利益計算的商業貿易。在朝貢貿易體系格局中，中國需要付出的是巨大財富和物資，而收穫的往往是叩頭這樣的政治認可，贏了"面子"，卻輸了"裏子"。對中國而言，朝貢貿易主要算的是政治賬而非經濟賬，實際上是以經濟來贖買政治，為周邊邦國出讓經濟利益而避免它們的侵襲和騷擾，從而獲得農耕定居秩序的安穩，而天下穩定又能夠讓中國經濟迅速發展。這就是我們所說的"算大賬"，計算秩序穩定的大賬，而不是錙銖必較的商業小賬。就像在香港回歸問題上，有人提出香港應當給中央納稅，這對於主權國家無疑是天經地義的，然而鄧小平認為，中央在處理香港問題上不能這麼小裏小氣，要算大賬。這個大賬就是香港回歸對中國的意義不僅是政治上的，而且是經濟上的，這不僅包括香港投資內地的經濟推動，更重要的是包括中央在香港直接投資獲取的經濟收益。因此，每當王朝興盛的時候，朝貢貿易就興盛，而在王朝衰落時也隨之消沉。明朝在鼎盛時期為了道德宣示而推動鄭和下西洋，之後卻由於財政困難而走向了全面禁海路線。假如將這種道德貿易變成了一項基於利益計算的商業貿易，那麼僅關稅一項就足以變成一筆巨額收入。為此，清代專門設立廣州十三行壟斷對外貿易，關稅成為朝廷的錢袋子。這種官辦貿易既可保證貿易關稅利益，又可確保不動搖農業國本，無疑是一種重農主義的治國思路。我們唯有在重農主義下朝貢體系的內在邏輯中，才能理解為什麼乾隆對於馬嘎爾尼使團來華，關注的是叩頭這樣的朝貢禮儀，而不是英國人所期待的自由貿易，更不是馬嘎爾尼頭腦中所構思的如何獲取治外法權。一旦全面開放自由貿易，衝擊的是以農業為基礎所奠定的整個秩序，需要有現代的海關制度、稅收制度、財政制度乃至法律制度才能維持整個經濟社會秩序，這意味著中國要從農業社會的禮法治理全面轉向商業社會的現代法治，這無疑是整個法秩序的革命。事實上，鴉片戰爭後中國被迫開放一些自由貿易的通商口岸，清政府建立起完全由英國人操控的獨立的海關體系，後來無論是鎮壓太平天國和西北回亂所需的軍費，還是償還不平等條約的高額賠款，主要都是依靠關稅。可見，開放通商、建立現代海關制度之後，即使海關掌握在英國人手中，清政府的財政能力也大幅度提升。瑣細的禮儀之爭背後，是兩個不同的世界。

　　在東方的天下朝貢體系中，“中國”實際上是指這個體系的核心之國或中央之國。“中國”也就隨著這個體系在歷史上的擴張收縮而不斷調整自己的邊疆，其地理空間從中原華夏地帶逐漸向四周拓展。在這個中心定居而邊緣游居的天下體系中，中國皇帝不僅是中央之國的君主，而且是整個天下體系的天子，成為整個天下體系中唯一的最高統治者，周邊邦國的國王或君主的統治合法性來源於中國皇帝作為天子的冊封。這種冊封制度不僅意味著邦國要認同天子的權威，同時也意味著邦國要按照上天的旨意照料好本邦國內的生民，在自己領土中實現自治，逐步從游居轉向定居。中國皇帝作為天子對於邦國更多具有禮儀符號意義上的道德權威和政治權威，通常並不介入對周邊邦國的日常治理，也不需要這些邦國繳納賦稅，更不知"殖民"為何物，中國需要的僅僅是這些邦國定期按規定帶上本邦的珍稀特產作為禮物來朝見天子。跪拜禮作為朝貢制度的關鍵，象徵著邦國對這個天下秩序和天子權威的認同，而天子則用更珍貴的禮物來賞賜回報邦國，用這種"厚往薄來"表達天子對邦國治理下的臣民的仁愛，由此"以德服人，懷柔遠人"。可以說，整個東亞國際法秩序首先就通過這一套道德禮儀制度建構起來，並展現出來，以一種文明化的方式建構起中心宗主與邊緣藩屬之間的關係，與殖民體系的暴力掠奪和經濟控制形成截然對比。這種國際法體系無疑體現了儒家的天下大一統理念，即普天之下需要有一個天子作為唯一的"王"來照料天下生民，由此施行王道，封邦建國，愛民如子，天下一家。這種天下秩序的紐帶不僅在於文化禮儀，更在於朝貢貿易的力量。認同這種天下秩序就意味著可以加入到以中國為中心的國際貿易體系中，從而獲得巨大的商業利益。若不認同天下秩序以及中國皇帝的權威，則可能被排除在這種朝貢貿易體系之外。由此我們才能理解，乾隆皇帝對英國使臣在跪拜禮問題上如此堅持原則，實際上秉持的是一種自主自由的原則，即天朝有與英國人做貿易的自由，也有不與英國人做貿易的自由，就像今天美國對華採取"脫鉤"政策一樣。

如果說東亞的朝貢體系是依據定居的邏輯建立起來的，那麼西方現代的資本主義世界體系實際上是依據游居的邏輯建立起來的。如果說游牧民族的生活狀態屬於游居，那麼海洋民族的生活狀態就更是游居，更不用說地理大發現以來在全球擴張的西北歐各國原本就是游牧野蠻人的後裔。如果說在歐亞大陸的東方，漫長的歷史乃是定居民族最終戰勝游居民族的歷史，從而建立起內定居而外游居的朝貢體系，那麼在歐亞大陸的西方，則是游居民族戰勝了定居民族，地理大發現不過是將原來在草原上游牧的游居生活方式轉化為海洋上的游居生活方式，將草原馬隊的機動性和衝擊性轉化為商船和軍艦的機動性和衝擊性。雖然，在天主教看來，天下是由天父上帝創造的，教皇雖然不是天子，但也是天子委託的最高權威，來建立教會、領有天下，像牧羊人一樣照料萬民（牧領權），教皇同時又委託封建領主們進行治理。這個觀念非常類似於儒家的觀念。然而，伴隨著宗教改革，教皇與蠻族封建領主（君主乃是最大的領主）的鬥爭，也交織著天主教與新教的鬥爭。鬥爭的結果就是教皇作為天子的權威不斷削弱，而主權國家的君主權力不斷增強，甚至在政教分離基礎上興起了利維坦式的絕對主權國家，並形成了歐洲歷史上主權國家平等的威斯特伐利亞的國際法體系。這一點非常類似於中國的春秋戰國時代，以至於在歐洲人看來，中國從春秋轉向戰國，剛好符合歐洲威斯特伐利亞的國際法秩序，法家的主張非常符合現代理性化的邏輯。

　　由此，鴉片戰爭以來的中西衝突，其實是兩種生活方式、兩種哲學／神學理念的衝突，也是由此形成了的兩種政治制度、兩種貿易體系、兩種國際法秩序的衝突。而這種衝突首先就是從＂貿易自由＂觀念開始的。在東方的天下體系中，每個國家都有與其他國家開展貿易的自由，也有禁止開展商業貿易的自由。比如，明清時期，面對東南沿海日益猖獗的海盜，政府都曾經頒佈禁海令，即禁止與海外的邦國展開商業貿易，因為這些邦國豪取強奪不遵守天朝的禮儀。有時面對強大的邦國，往往是由於戰爭脅迫才強迫中國開放貿易，比如遼宋時代的貿易就是如此。事實上，西方列強在鴉片戰爭之後強迫中國開放通商口岸也是如此。然而，在基督教的世界體系中，上帝讓天下的子民通過相互貿易來增加彼此的福利乃是天道自然法，禁止貿易往來就違背了自然法。天主教的法學家因此而主張歐洲人為了自由貿易有發動戰爭的正當性，通過戰爭強迫其他國家和地區開放貿易，乃是符合自然法的正當行為。我們只有將鴉片戰爭放在定居和游居兩種生活方式以及由此而來的兩種文化、兩種貿易體系、兩種國際法規則衝突的大背景下，尤其是放在地理大發現以來資本主義全球貿易擴張的大背景下，才能理解中西衝突以及香港問題的由來。

三、法治與共和：商業帝國的法秩序

從地中海世界轉向大西洋世界，西方建立起商業貿易的譜系。與東方朝貢貿易不同，這種貿易以商業利潤為目的，完全不受道德、政治的約束，相反道德和政治主張必須服從於商業利潤的增值。嚴格說來，這種以資本增值為核心的經濟社會體系無疑是資本主義的基礎，政治和文化不過是建立在這種體系之上為其服務的上層建築。從這個角度看，歐洲通過商業貿易崛起其實也就是資本主義的崛起。不同於東方領土兼併建立起來的大一統帝國，商業貿易的帝國始終是殖民帝國，其擴張的重點不是擴大領土並展開治理，而是著眼於如何擴大貿易，以及為了增加貿易而控制一些建構貿易網絡所需的關鍵節點和樞紐，由此，類似香港、新加坡、直布羅陀之類的關鍵樞紐就成為海洋貿易帝國的生命線。由此，一個小共和國往往通過掌控這些關鍵的貿易樞紐而建立起龐大的帝國。這無疑是海上商業帝國與大陸領土帝國的重要差異。而要理解大英帝國，至少要追溯到水上世界威尼斯帝國，因為帝國是一種生活方式，一種價值觀念和思維方式，一種社會治理方式，它所需要的知識和經驗依賴於歷史傳統中的累積。

在中世紀歐洲的碎片中，威尼斯地處在陸地與海洋之間、西方與東方之間、教皇和皇帝之間，以及天主教、東正教和伊斯蘭教之間，通過海洋貿易將它們聯結在一起。公元 9 世紀，教皇宣佈禁止基督徒和伊斯蘭世界開展貿易，威尼斯卻始終保持著與伊斯蘭世界的貿易。因為沒有貿易，威尼斯將無法生存。這是威尼斯對羅馬教皇提出的最強有力的抗辯。威尼斯自認為是一個純粹的商業共和國，甚至是建立在商業貿易的金錢計算之上的"虛擬共和國"。威尼斯本是西羅馬基督教世界的一部分，但竟然幫助拜占庭帝國來抵抗西羅馬軍隊的入侵，其回報就是獲得拜占庭帝國賦予的貿易壟斷權。威尼斯打開了通往東方貿易的大門，並因此而崛起。期間，面對伊斯蘭勢力的崛起，教皇號召歐洲基督徒發起針對穆斯林的聖戰。這對於騎士階層意味著榮耀，對於封建貴族意味著擴大領地，對於赤貧者意味著改變命運，對於商人則意味著獲得財富。每次"十字軍東征"中，威尼斯都利用其掌握的地中海航運的優勢而獲得巨大利益。然而，在威尼斯主導的第四次"十字軍東征"中，進攻目標既不是耶路撒冷，也不是為伊斯蘭世界提供商業支撐的埃及，而是同屬於基督教世界的君士坦丁堡。對威尼斯而言，耶路撒冷沒有任何商業價值，而一旦攻佔了君士坦丁堡則控制了整個東方貿易的壟斷權。為此，十字軍洗劫了君士坦丁堡，加速了東羅馬帝國走向衰落，為後來奧斯曼土耳其帝國攻陷君士坦丁堡鋪平了道路。然而，對於商業利益至上的威尼斯而言，其因控制君士坦丁堡一躍而為名副其實的海洋帝國。

曾經有人建議威尼斯共和國的中央政府從水城威尼斯遷到君士坦丁堡，從而一躍成為東方帝國，這個建議就像後來有人建議大英帝國遷都到印度新德里成為陸地大國一樣。然而和後來的大英帝國一樣，威尼斯對佔領廣大的陸地沒有興趣。十字軍攻陷了君士坦丁堡之後，"當法蘭西和意大利的封建領主們在希臘大陸的貧瘠土壤上建設微不足道的封邑時，威尼斯人索要的是足以控制戰略性航道的港口、商埠和海軍基地。他們要求的領地距離海洋不過幾英里。通過壓榨貧苦的希臘農民是發不了財的，威尼斯人要的是控制航線，好讓東方的貨物進入威尼斯大運河畔的市場。威尼斯後來將自己的海外領地稱為'海洋帝國'。……類似於大英帝國的各個中轉站，是由許多港口和基地組成的鬆散網絡。威尼斯創造了自己的直布羅陀、馬耳他和亞丁，並且像英格蘭一樣，依靠海軍力量將這些財產維繫起來。"[10] 威尼斯海洋帝國的商業觸角由此向東進入到黑海領域，到達整個西方文明的東方邊疆。

威尼斯海洋帝國由一個微小的城市統治著遙遠且數目繁多的殖民地，從而構成一個龐大的海洋帝國，這不能不說是一個奇跡。這很大程度上是由於威尼斯將商業上高度理性化的管理運用到帝國治理上。威尼斯共和國可以說是一個合夥制商業公司，每天都通過法律文件進行數目化、理性化的管理。連同執政官在內，每個人的職權都有嚴格的法律規定，每個權力的運作都被詳細地建立在文書記載的基礎上。帝國中央政府和元老院的各

10　〔英〕羅傑·克勞利：《財富之城：威尼斯海洋霸權》，陸大鵬、張聘譯，北京：社會科學文獻出版社2015 年版，第 149-150 頁。

項命令都會通過這個文件系統傳播到海外殖民地的每一個角落。"所有的決定、交易、貿易契約、遺囑、法令和判詞都被記載下來，形成數百萬條目，就像商人無窮無盡的分類賬本一樣，這些共同組成了國家的歷史記憶。每個人都負有責任，有案可查。每件事都記錄在案。到威尼斯共和國滅亡時，他存放的文件的卷宗架長達 45 英里。"[11]

這種理性化的規則治理必然帶來法律和司法的權威。威尼斯的司法就像鐵面無私而冷酷無情的機器在運作。每個威尼斯人既是商人，也是律師，以一種理性化的利益計算和精準的規則治理來運作這個商業帝國。莎士比亞的戲劇《威尼斯商人》選擇一個商業合同的法律爭議展開，可以看出英國人是如何從自己的角度重構了對威尼斯商業帝國的歷史記憶。威尼斯商人最終戰勝猶太人夏洛克，依賴的不是道德力量或政治權力，而是對法律技術的精巧運用。不同於夏洛克的法律形式主義，威尼斯商人在法律判斷中加入了良知和實踐理性，而這恰恰是英國普通法的真實寫照。事實上，在遠距離的商業貿易中，尤其是跨國、跨文化的商業貿易，所能依賴的不是地方性習慣，不是宗教道德律令，而只能是符合商業理性的普遍性法律。這種商業理性就是自然法，由此形成一套以私有財產權、自由權、平等交易權為基礎的市場經濟的法律體系。這一套法律體系甚至不是由政府制定的，而是在商業活動中自發形成的。這就是中世紀城市共和國中形成的"商人法"。在韋伯看來，這些城市商業法恰恰是現代資本主義法律理性化的起源。

如果說一個城市共和國的商人法能夠為所有參加商業貿易的個人和機構所遵循，那就必須以商業活動的內在邏輯（自然法）來運行，必須中立無偏私地對待所有商人，而不能有任何國別身份的偏私和宗教道德觀念的影響。就像夏洛克最後受懲罰並不是由於其猶太人身份或宗教道德觀念，而是基於對商業合同內在理性的理解。唯有如此，一個小共和國才能為龐大的商業帝國體系立法，這種立法的力量不是來自帝國軍事征服和強制執行，而是來自法律內在理性對商業參與者的內在吸引力。在某種意義上，

---

11 〔英〕羅傑·克勞利：《財富之城：威尼斯海洋霸權》，陸大鵬、張驊譯，北京：社會科學文獻出版社 2015 年版，第 295 頁。

這種法律制度越符合商業理性，越有助於推動商業活動，越有助於這種商業帝國的擴展。這套法律體系超越了基於陸地所產生的民族、國別、宗教身份的差異，完全按照抽象的商人身份和商業活動建構起一套理性化的法律體系。這就是梅因所說的"從身份到契約"的社會運動。這套法律體系必然也要求一套獨立、中立的司法機構按照法律的內在理性進行居中裁判。大陸法系與普通法法系的最大區別就在於前者是按照官僚制的邏輯建構起來，而後者是按照居中裁判的商業仲裁邏輯建構起來的。這種理性化的法律體系、公正獨立的司法體系無疑是商業帝國需要提供的公共產品。我們甚至可以說，唯有能夠為跨國商業貿易提供合理有效的法律規則這樣的公共產品，才有資格建立起商業帝國。這些法律規則被商人們選擇認同的範圍有多廣，帝國規模就有多大。如果說陸地帝國是通過軍事征服建立起來的，它能提供的公共產品乃是和平與安全，它的邊界是由領土劃分標識出來的，那麼海洋帝國往往是隨著商業貿易而逐漸演化而來的"自生自發的秩序"，它提供的重要公共產品就是商業交易所需要的法律和貨幣等建構現代社會的抽象化機制，它的邊界不是領土，而是是法律規則體系的邊界。它包括財產法（知識產權法）、市場交易的合同法、為交易提供貨幣媒介的金融法和證券法，以及為解決糾紛而採取的仲裁法和訴訟法等等。保證資本主義運行的法律規則必然隨著商業帝國的擴張而擴張，並因此引發法律全球化。可以說，從威尼斯、荷蘭、英國到美國，商業帝國的主角雖然不斷在變化，但商業帝國所依賴的法律體系和金融體系不斷累積、演化、發展和完善，一個"依照規則治理的世界"就此逐漸形成。

這樣我們就理解，傳統與現代的根本差異就在於前者試圖建立在"定居"的想象之上，由此人類被定居的固定地理空間所分割，從而不同的地理環境形成不同的語言文化、風俗習慣、血緣群體、人種民族乃至倫理宗教。然而，要將這些差異化、多樣化的群體整合為一個全新的共同體，"定居"想象就會藉助武裝征服和語言宗教的統一，通過外部的強制來進行同化，從而讓人們穩定下來，形成穩定的文明秩序。另外的整合方式，就是利用人性中追求財富的普遍慾望，通過商業分工在這些不同的文化風俗和倫理宗教之上建構起科學、法律、貨幣相互支撐的抽象化社會整合機制，這樣，不同的民族、文化、宗教就可以在這種抽象化的整合平臺上進行自由流動。這無疑基於“游居”的想象，哪個國家、哪個民族、哪種宗教並不重要，重要的是要按照抽象整合機制確立的法則行事，這無疑是一種全新的文明秩序。前者就是涂爾幹所說的“機械團結”的整合模式，傳統陸地帝國就是通過這種機制建構起區域性的文明帝國；後者就是涂爾幹所說的“有機團結”的整合模式。[12] 由此，傳統轉向現代實際上意味著發明了一種新的整合機制，這種整合機制的優越性就在於比傳統的整合機制更利於建構出適用於全人類的普遍主義秩序，即用依賴分工交換而形成的市場體系來取代分散的小農經濟或帝國內部的貿易圈，用依賴理性化的利益計算形成的法律規則體系來取代依賴倫理宗教形成的禮法秩序，用依賴科學理性主義建構起來的文化意識形態來取代宗教意識形態，用全人類的普遍歷史來取代地方性的國別歷史或文明歷史，最終構建起將全球治理囊括其中的世界帝國體系，這也就是主宰全球的資本主義世界帝國體系。

　　一旦理解了商業貿易的資本主義體系的內在法則，我們就可以理解資本主義體系之上的政治制度必然是自由民主的共和政體。一方面這種政體的內在法則乃是用法治的力量來約束政治權力，防止政治權力基於宗教激情（比如現代的民族主義）或道德倫理（比如共產主義）來干預這種商業貿易的資本主義，社會契約、憲制分權、獨立司法的政治邏輯由此而來。而這種由商業階層約束君主權力的政體的典範就是英國君主立憲政體。正如伯克所說的，大英帝國是依靠公民權利所享有的自由而凝聚起來的，它是英國憲制的精神：

　　　　我把不列顛憲法的一份股權授予她（指北美殖民地——引者），以換取這服務和她所有的服務，不論歲入的，貿易的或帝國的。我持有殖民地，是靠親密的感情，它來自我們共同的姓氏、共同的血緣，相似的權利和一體的保護。它們是紐帶，雖輕如風，但硬似鐵鍊。我要讓殖民地的人民，總把他們公民權利的觀念和您（英國國王——

12　〔法〕埃米爾·涂爾幹：《社會分工論》，渠敬東譯，北京：生活·讀書·新知三聯書店 2000 年版。

引者）的政府相聯結；──他們將纏住您，箍住您；天下沒有任何力量，能離間他們的忠誠。而一旦他們認為，您的政府是一回事，他們的特權是一回事，二者可兩不相干，各自存在，則粘劑就失效了，紐帶便鬆開了；一切將迅速地腐爛、瓦解。……拒絕他們分享自由，您就是割斷了唯一的紐帶，當初帶來帝國之統一的，是這紐帶，日後必保持帝國之統一的，也是這紐帶。不要愚蠢地認為：您商業的大保證，是您的海關條例，您的證券，您的宣誓書，您的起貨許可，您的海關大印，您的出入港手續。不要妄以為，收束這一神秘的整體之組織的，是您內閣長官的函件，是您的指示，或您的中止令。造就您的政府的，並不是它們。它們是死章程，它們是被動的工具；是英國人共同信奉的精神，才賜予它們生命，賜予它們效能。是英國憲法的精神，涵濡了這廣大的人群，進而滲透、餵養、統一、鼓舞了帝國的每一部分，甚至其最小的成員，並使得它們生氣勃勃。[13]

在輝格黨的歷史敘事中，商業約束權力帶來普遍繁榮和永久和平，然而在馬克思主義的理論中，自由政體無非更有利於資產階級控制政治力量，使其為資產經濟的利益服務。無論如何，資本主義的興起意味著一場社會革命。傳統秩序中的士農工商（或僧侶、貴族、商人、農工）的社會等級秩序發生了顛覆性變革，曾經的底層商人翻身做了主人，掌握經濟命脈的大資本家類似於現代的婆羅門階層；曾經作為社會主導階層的政治家、軍人、技術人員、專家知識分子則變成為資本家服務的階層，類似剎帝利階層；而小商業主乃至工人農民則類似吠舍階層；最後還有殖民地下的賤民或野蠻人，他們則類似首陀羅階層。將這一套普遍主義的資本主義等級體系安放在全球地理空間中，就構成了世界帝國體系中的文明等級秩序。

---

13 〔英〕愛德蒙‧柏克：《美洲三書》，繆哲選譯，北京：商務印書館 2003 年版，第 150-152 頁。

四、新教革命與資本主義：海洋帝國的崛起

　　若從地理角度看，英國原本是孤懸歐洲大陸之外的島嶼，因為成為羅馬殖民地而被納入到歐洲文明中。日耳曼蠻族在摧毀羅馬帝國的同時也侵入到英國，以至於孟德斯鳩強調英國的憲政源於日耳曼森林中的部落自治傳統。在歐洲文明中，英國始終是一個無足輕重的邊緣角色，在被諾曼人征服之後英國與法國之間發生漫長的歷史糾葛，最終爆發百年戰爭，其結果就是英國永久性退出歐洲大陸，成為一個海洋國家。然而，恰恰是這樣被歐洲大陸拋棄的海外孤島，卻隨著地理大發現帶來的地緣優勢，率先加入到葡萄牙、西班牙開闢的全球殖民貿易活動中。英國崛起無疑獲益於其地理因素，但這並不意味著地理決定論，就像日本的現代化雖然有轉向全球海洋世界的地理便利，但若沒有明治維新脫離中華文化圈的政治決斷，日本不可能崛起並打敗清政府。同樣的道理，英國的崛起固然有地理因素，但其實也包含著與歐洲大陸徹底決裂的政治決斷。

　　地理大發現是基督教帝國生死存亡之際的一次冒險，而率先向西進入海洋的就是葡萄牙和西班牙兩個王國，他們的行動無疑獲得羅馬教會的法律背書。依據基督教學說，整個地球都是上帝創造，"普天之下，莫非王土"，這些新發現的領土無疑是屬於羅馬教會的，教會將領土委託給世俗君主來治理。因此，葡萄牙和西班牙在發現美洲、非洲之後，就對其發現的領土歸屬發生分歧。這場爭執自然需要羅馬教皇來裁判，這就是 1493 年確立的教皇子午線（Papal Meridian），它將整個地球一分為二，東邊歸葡萄牙，西邊歸西班牙。這就意味著，天主教的思維依然是一種大陸思維，將海洋看作是陸地一樣，可以通過清晰的領土邊界加以劃分。這也意味著在地理大發現時代，天主教會將自己看作是上帝之下最高的立法者，也是天主教下的封建領土國家的最高國際仲裁者。然而，這樣的領土劃分的法秩序必然引發一個問題，即後發展起來的國家，若非訴諸教皇的權威，要求教皇重新分配領土，不僅無權獲得新發現的領域，甚至不具有海洋上的航行權。那麼，後發國家怎麼辦？是與羅馬教皇主導的天主教國際

法秩序進行接軌，從而懇求教皇賦予其殖民開拓的合法性，還是徹底與羅馬天主教奠定的法秩序決裂，建立新的國際法秩序？服從還是反抗？這對整個歐洲各民族提出了挑戰。

如果說地理大發現是歐洲各個民族共同推動的結果，在這個過程中歐洲從傳統社會邁向現代社會也是各民族在互動中共同推進的。然而，為什麼最終成為全球霸主並建構起世界帝國的是曾經處於地緣地帶的英國，而不是歐洲大陸的其他民族，尤其是摧毀羅馬帝國的日耳曼民族德意志呢？在 20 世紀上半葉，崛起的德國試圖挑戰大英帝國的全球霸主地位，這個時候德國思想家施米特思考的卻是英國崛起為世界海洋霸主的歷史根源，從中尋找對德意志民族的啟示。在他看來，英國崛起的關鍵不在於地理要素，而在於英國面對地理大發現開闢的世界歷史的海洋時代，做出了具有世界意識的政治決斷，在這個關鍵時刻選擇了一條反抗的道路。英國完全無視教皇子午線的領土劃分，不但緊隨西班牙和葡萄牙開展殖民活動，而且專門針對西班牙、葡萄牙貨船展開海盜劫掠活動。英國人原本就有北方海盜維京人的血統，骨子裏具有公然劫掠的基因和我行我素的行事風格。英國海盜因此分為兩種，一種就是未經英國皇家授權的海盜（Piraten），另一種就是英國皇家授權並由海軍支持的海盜（Korsaren）。支持非法海盜意味著英國人公然挑戰天主教確立的全球法秩序，以至於英國崛起也因此被解釋為"海盜資本主義"，即依據海盜劫掠來完成原始積累。

霸權從來不缺乏反抗者。有法律就會創造出非法，海盜至今依然在猖獗。問題在於這種反抗能否建立新的合法秩序來取代舊的霸權，能不能成為新的立法者，這才是施米特思考的核心。英國崛起的重要意義並非在於海盜式的非法劫掠，而恰恰是要為新開闢的海洋世界立法的精神衝動，即必須顛覆天主教對全球秩序的大陸想象，並按照海洋想象來確立新的全球法秩序。而這種"破壞性創造"就從宗教革命開始。由此，宗教革命並非像今天教科書所理解那樣，只是一場心靈世界的信仰革命，而是基於一個獨特的全球意識和現代世界歷史意識，挑戰天主教奠定的普世帝國的法秩序，將世界的視野從歐洲大陸轉向全球海洋之後的政治革命，歸根到底是重新劃分全球領土以建立起整個地球的法（the nomos of the earth）。[14] 捍衛天主教法秩序的重要力量就是依靠傳統大陸舊秩序想象來建構殖民帝國的葡萄牙和西班牙，而新教革命則發生在後發展起來的德國、荷蘭、法國和英國。德國是宗教革命的故鄉，然而在施米特看來，德國深處歐洲內陸，未能參與到地理大發現中，更重要的是路德宗教具有很大的妥協性和保守性，而未能回應全新的海洋世界對立法的召喚，以至於德國在資本主義發展過程中成為追隨英國和法國的"尾隨者"。不少德國思想家為此痛心疾首，繼而探索德國精英階層這種保守政治舉動的深層原因。馬克思和韋伯從經濟的角度強調德國的容克地主階層阻礙了資本主義在德國的發展。而在施米特看來，這個階層的保守性就在於固守封建領土的"小國寡民的狹隘眼界"，而缺乏空間革命帶來的海洋視野，以至於他不無痛心地指出："在德國，漢莎同盟的終結與路德教的產生是同步的，正如荷蘭海權意識的覺醒以及克倫威爾的重大決斷與加爾文時代恰好同步一樣。"[15] 相反，進入英國和法國的加爾文教（清教）以一種不妥協的戰鬥精神摧毀了天主教秩序：

> 加爾文主義是一種新的戰鬥性宗教；它成為這種向海洋進發的根本動力的便當工具。它是法國胡格諾分子、荷蘭自由鬥士以及英國清教徒的信仰。……所有非加爾文分子都對加爾文宗教充滿驚懼，尤其是那種關於人的永恆預定的觀念。依據世俗的觀點，預定論只不過意味著把人的意識從這個被詛咒的沉淪的、腐朽的世界極大地提升到另一個世界。用現代的社會學術語來表達，它乃是一種精英的自我意識的極致，他們對其地位和歷史時刻充滿信心。簡單地說，他確信自己能夠被拯救，而這種拯救又是所有世界歷史的根本意義。正是以這種

---

14 〔德〕卡爾·施米特：《大地的法：歐洲公法的國際法中的大地法》，劉毅、張陳果譯，上海：上海人民出版社 2017 年版。

15 〔德〕卡爾·施米特：《陸地與海洋：古今之"法"變》，林國基、周敏譯，上海：華東師範大學出版社 2006 年版，第 50 頁。

自信，荷蘭的村夫們歡快地唱道：陸地變滄海，自由忽閃現。[16]

　　從這個角度看，新教與天主教在英格蘭圍繞王權的鬥爭貫穿了都鐸王朝，這也同時是英國與羅馬天主教會之間的國際鬥爭。這場鬥爭在亨利八世時達到高潮，亨利八世徹底與羅馬決裂，將英國教會從對羅馬教庭中獨立出來，宣佈自己同時是英國最高的宗教領袖，並沒收修道院的財產歸王室所有。為了鞏固亨利八世的革命成果，防止天主教復辟，伊麗莎白女皇終身未嫁，不僅讓新教成為英國的國教，更重要的是大力支持東印度公司開展殖民貿易，把成百上千的英國人變成了海盜資本家，並打敗西班牙的無敵艦隊，從而成為英國海上霸權的偉大奠基人。此後英國陷入的內戰依然是宗教戰爭，所謂的 "光榮革命" 也是為了防止天主教復辟，確保新教在英國的統治權，而這個問題最終到 1701 年的《王位繼承法》中明確規定，天主教徒不能繼承英國王位，才為幾百年的宗教鬥爭乃至國際鬥爭劃上了句號。在這幾百年的鬥爭中，英國建立起新型君主制。此前歐洲君主制建立在天主教會基礎上，君權正當性來源於教會授權，這種君主制可以稱之為 "天主教式的君主制"。那麼，英國建立的乃是新教式的新型君主制，即王權至上的絕對君主制。[17] 這種絕對君主制的正當性依據不再是天主教會自上而下的授權，而是自下而上的同意授權，就是 "王在議會中" 的立憲君主制。這種授權理論就是現代自然法理論，無論是霍布斯式的世俗王權與宗教牧杖集於一身的利維坦式的絕對君主，還是洛克式的分權憲制的有限君主，政教分離、主權至上的現代國家由此誕生。國際法秩序也就不再是天主教的普世教會體系，而是主權國家之間確立的威斯特伐利亞體系。

　　這種新教革命帶來的最大的價值觀念就是 "自由"。自由首先就是宗教信仰上的良知自由，由此帶來了思想自由、言論自由和學術自由，不僅

16　〔德〕卡爾·施米特：《陸地與海洋：古今之 "法" 變》，林國基、周敏譯，上海：華東師範大學出版社 2006 年版，第 49 頁。

17　關於新型君主制的興起，參見王凱：《主權建構的神學維度：以都鐸君主制為例》，北京大學博士論文 2020 年。

刺激了科學革命，而且引發了一場廣泛而影響深遠的思想啟蒙運動，在思想觀念上徹底從傳統的宗教道德秩序的世界觀中解放出來，用科學和啟蒙主義取代了神學建構的意義體系。其次，自由呼應了地理大發現所推動的全球商業貿易的自由，由此，基於自由身份流動、自由市場交換的市民社會摧毀了歐洲封建身份等級建構的經濟社會關係。再次，自由與維京海盜和日耳曼蠻族的自由劫掠結合在一起，自由就意味著自由獲取領土和財產，意味著野心勃勃的征服和殖民，意味著生機勃勃的探索與創造，這種自由和地理大發現開闢的廣闊空間結合在一起，就開闢了歐洲征服全球的殖民時代。最後，自由面對廣闊海洋形成"海洋自由"的觀念，摧毀了天主教帝國按照大陸想象所確立的海洋分割的觀念，也意味著新型的海洋法秩序取代了大陸傳統帝國的法秩序，這就是全球化和現代化的含義所在。這方面最大的理論貢獻就是新教國家荷蘭的國際法學家格勞秀斯（Hugo Grotius）提出的"海洋自由論"，為海洋公海的自由航行、自由貿易進行了系統論證，批判了教皇子午線對全球海洋的領土劃分。這種論證不僅基於海洋不同於土地的自由流動性質，更重要的在於這種教會法因為違背了自然法而不具有正當性，自然法、自然理性乃至科學理性的觀念開始取代教會法。

就在 17 世紀初格勞秀斯提出"海洋自由論"的時候，英國法學家塞爾登（John Selden）提出了"海洋封閉論"對其進行反駁。如果說格勞秀斯是為正在上升為"海上馬車夫"的荷蘭海洋帝國進行辯護，那麼塞爾登要論證恰恰是英國對遠到丹麥的整個北海的所有權。可見重要的不是主張海洋自由還是海洋封閉，而是這種主張要實現怎樣的政治目的，它與世界歷史進程有著怎樣的內在關聯。今天，格勞秀斯被看作是國際法奠基人，而塞爾登的著作默默無聞。這並不是因為其主張在理論上是錯誤的，而是後來大英帝國作為海洋帝國崛起之後，才將格勞秀斯推向了國際法的神壇，使其進入國際法主流敘事。如果我們翻看 1748 年孟德斯鳩出版的《論法的精神》，其中明確將天主教會對海洋的劃分理論看作是當時主流的國際法理論。無論如何，幾個世紀以來伴隨著海洋世界的崛起，自然法、自然權利、自然理性、自由意志、自由貿易、自由流動等一切基於海洋自由所派生出來的觀念就成為顛覆所有區域性文明帝國所確立起來的宗教倫理秩序的重要力量，海洋與陸地的搏鬥、現在文明新秩序與傳統文明秩序的搏鬥、所有民族圍繞對全球海洋的控制而展開的爭奪世界領導權的搏鬥，就成為地理大發現以來世界歷史的核心主題，以至於今天的中美競爭不過是這一主題的歷史延續。

如果從海洋世界開闢的全球流動的游居生活方式看，不同於草原游牧和維京海盜這兩種早期初級的游居生活方式的破壞性掠奪，海洋世界興起之後的商業和金融階層推動的高級游居生活在攫取的同時也進行了前所未有的創造。這就是草原游牧和海盜劫掠所無法想象的"資本主義"的生產和生活方式。韋伯敏銳地指出，不同於古代君主的財富掠奪，歐洲正在形成一種全新的財富積累方式，那就是通過投入產出的精確計算來獲取利潤的財富創造方式，這種理性化的財富創造方式被稱之為"資本主義"。之所以稱之為"主義"，就在於其背後具有一種精神支持，那就是他所關注的新教倫理，一種節儉計算、辛勤勞作的生活方式，一種不斷創造財富、積累財富以彰顯其作為上帝選民的天職。[18] 如果從這個角度看，葡萄牙和西班牙所建立的殖民帝國依然採用的是傳統大陸帝國的財富積累方式，即直接掠奪白銀和黃金之類的財富。然而，從威尼斯、荷蘭到英國，在商業理性化的進程中，不僅推動了韋伯所關注的公司企業生產的資本主義的財富創造方式，更重要的是，推動了黃金和白銀從一種直接的實物財富逐漸向抽象化的貨幣符號過渡，從而產生出股票、債券這樣虛擬的貨幣符號，從此財富的積累不再是傳統帝國的有形財富，即黃金白銀之類的所謂珍奇異寶，而是這種虛擬化的貨幣數量的累積。傳統的財富是有限的，而貨幣積累的虛擬財富是無限的。乾隆皇帝面對馬嘎爾尼，自認為天朝到處是珍奇異寶，不需要英國的"奇異之物"，那在於他依然從傳統農業時代的財富眼光，將馬嘎爾尼帶來的望遠鏡、地球儀、鐘錶和炮艦模型等看作是和珍珠瑪瑙一樣的珍奇異寶，而未能看到它所代表的科學主義、啟蒙思想以及資本主義的財富理念。正因為如此，布羅代爾區分了"市場經濟"

18　〔德〕馬克斯·韋伯：《新教倫理與資本主義精神》，于曉、陳維綱譯，北京：生活·讀書·新知三聯書店 1987 年版。

和"資本主義"，將資本主義定義為凌駕於自由市場交易之上的一個控制壟斷的世界，一個可以超越具體生產行業分工之上的更高級的財富創造方式，即股票、證券、投資等金融活動。[19] 可見"資本主義"的金融活動控制著企業生產和商業貿易，資本主義也就從商業貿易、工業生產向前發展到金融壟斷，從而控制著整個社會的經濟基礎。正是由於通過金融這個槓桿能撬動生產和貿易的大規模擴張，吸引資本投資就成為刺激經濟發展的重要法寶。

這種新型的金融力量強化了資本主義國家的戰爭能力。戰爭不是依靠過去幾代人的財富累積，而是依靠發行金融債券來籌募資金，用戰爭勝利的未來收益兌現債券。這就導致最強大的國家可以籌集到更多的資本，從而更具有發達戰爭的能力。戰爭能力與籌資能力相互促進，導致歐洲崛起的資本主義國家普遍成為"財富—軍事國家"。[20] 由此，帝國崛起都需要一場具有標誌性意義的戰爭，為全球金融資本的投資確立一個可見的風向標。英國打敗西班牙的無敵艦隊就標誌著大英帝國的崛起，金融資本由此看好英國，金融中心也就逐漸從荷蘭的阿姆斯特丹轉到倫敦。同樣，二戰之後美國取代了英國，世界金融中心也就自然從倫敦轉向紐約。可以說，資本主義的金融中心也隨著最強大的國家轉移，從威尼斯到荷蘭、從倫敦到紐約，權力的資本邏輯與權力的空間邏輯就此完美地結合在一起。

資本主義是一個複雜的系統，是一種凌駕於具體的傳統社會之上的建構出來的抽象化的運作體系，而這種抽象化的體系基於一個共同的人性基礎——人的欲望，並由此建立起一個"欲望社會"。人性中最高的精神追求往往是不同的，不同的民族、不同的文化宗教形成不同的對最高精神理想的敘述和意義世界，這些差異化甚至形成你死我活的鬥爭，然而人性中最低俗的動物式的欲望則是普遍的，這種普遍的、低俗的動物性欲望就是自然權利。由此，資本主義現代體系就建立在這個"低俗但穩固"的基礎上，只要把握這個低俗的人性基礎就可以建構起在不同文化、不同文明之間自由流動游居的普遍主義文化，這就是美國以商業思維推廣大眾文化的

19 〔法〕費爾南·布羅代爾：《資本主義的動力》，楊起譯，北京：生活·讀書·新知三聯書店 1997 年版。
20 〔英〕亞當·斯密：《國富論》，唐日松譯，北京：華夏出版社 2005 年版。

精髓。同時它也可以打破傳統帝國在地理、宗教文化上的局限性，構建起將整個世界整合起來的世界帝國體系。[21] 資本主義也創造了一個新的全球流動游居的游牧階層 —— 商人、企業家、金融家、發明家、律師、會計師乃至傳教士、自由漂泊的文化人等等，他們組成一個相互支持的利益網絡，像草原民族尋找豐美的牧草一樣，在全球尋找發財致富的機會。而世界財富的寶藏就在廣袤富裕的東方。

由此，大英帝國崛起不過是海洋世界推動資本主義降臨的化身。它雖然殖民擴闊的領土，但殖民的任務不是為了將其兼併到英國的領土中，不是為了被佔領土的安全與繁榮，而是著眼於財富攫取和商業貿易。隨著大英帝國從商業帝國向工業製造帝國乃至金融帝國轉型，大英帝國開始關心全球的原料產地、全球的市場、全球的資本投資。由此，帝國的支配關係不再是單純的軍事官僚制的支配，反而更多是一種經濟支配。在這個意義上，英國是人類歷史上第一個現代帝國，即以現代資本主義經濟作為支配全球手段的世界帝國。由於帝國的首要目標是貿易，大英帝國必須保持海洋通道的暢通，保證貨物運輸的安全。英國在建立殖民地的過程中，首先就會選擇一個海口城市或者大陸邊緣島嶼，作為長期經營的戰略據點。這一方面有利於獲得海軍的保護，另一方面也有利於海上商業貿易的中轉。因此，大英帝國著力於建設這些據點，使其在政治、經濟和文化上加以英國化，並盡可能促進其繁榮，從而使其最大限度地與陸地隔離開來，形成差異。有的據點還可以作為進入大陸的跳板或輻射大陸的基地，對大陸進行經濟滲透和文化滲透。於是，大英帝國的殖民總是從海島和大陸邊緣的海口城市開始，從直布羅陀、南非、錫蘭、加爾各答、新加坡到香港，形成了一個從西向東的海上珍珠鏈，共同成為海洋帝國的紐帶，大英帝國也因此成為著名的 "海島和半島收藏家。" 正如馬漢所言，真正構築海權的核心要素是生產、貿易和殖民，而這些要素是通過海軍和島嶼連接在一起的。[22]

21　強世功：《文明終結與世界帝國：美國建構的全球法秩序》，香港：三聯書店（香港）有限公司 2021 年版。

22　〔美〕馬漢：《海權論》，蕭偉中、梅然譯，北京：中國言實出版社 1997 年版。

早在伊麗莎白女皇時代，英國就著手推動與中國展開直接貿易，以便打破西班牙和葡萄牙與東方的貿易壟斷。在 1622 年，東印度公司的一名船長就在信中寫道，中國有大量的生意可做，中國政府不容許外國人進入，但普通中國人把貿易看成是性命一樣重要，他們願意冒一切風險，到遙遠的地方做生意。因此，他認為對華貿易的關鍵就在於殖民那些中國人能前來貿易的地方，然後通知中國人來做生意就是了。1635 年 12 月，英王查理一世授權海軍上將約翰·威德爾率武裝商船赴中國貿易，並指示："凡屬新發現的土地，若據有該地能為朕帶來好處與榮譽，即代朕加以佔領。"[23] 為此，英國開始不斷籌劃佔領澳門、海南、香港、舟山群島等地作為貿易的據點，不斷向清朝政府提出要求割讓這些海島的要求。在馬嘎爾尼使團向清政府提出的請求中，就包括通商、割讓舟山附近和廣州附近不設防的島嶼給英國等六項內容，這些內容差不多成為五十年後南京條約的主要內容。這種割地的要求當然遭到清政府的拒絕，由此才能理解乾隆皇帝的跪拜禮強調，沒有一個藩屬國敢提出這樣的請求。乾隆皇帝甚至明確指出："天朝尺土俱規版籍，疆址森然，即沙洲島嶼，亦必劃界分疆，各有專屬。"這次索取領土失敗後，英國開始籌劃武裝佔領領土，其中東印度公司在給英國使團的信中明確指出，要求英國佔領中國東部有價值的島嶼，特別是臺灣和琉球，"這將使我們截斷他們（指中國——引者）與亞洲諸國之間的全部海上貿易，並給北京一帶造成恐怖。"[24] 後來，英國人在究竟佔領舟山還是香港的問題上發生過分歧。在倫敦政治家們看來，香港距北京政治中心太遠，最理想的入侵地應該是東部的舟山，然而由於在華從事貿易的武裝分子更希望從廣州的貿易中獲得好處，便於 1841 年武裝入侵並佔領了香港島，於 1842 年逼清政府簽訂《中英南京條約》，同意將香港島割讓給英國。

如果從貿易的角度看，英國拿什麼東西與印度、中國這樣的富裕國家交換呢？西班牙、葡萄牙至少從美洲獲得了白銀這樣的貴金屬，而後來發展起來的英格蘭並沒有這樣幸運，它還需要從葡萄牙、西班牙那裏奪取與

23　余繩武、劉存寬主編：《十九世紀的香港》，香港：麒麟書業有限公司 1993 年版，第 20-21 頁。
24　余繩武、劉存寬主編：《十九世紀的香港》，香港：麒麟書業有限公司 1993 年版，第 24 頁。

東方形成的貿易市場。戰爭由此成為貿易的利器，就像東印度公司一樣，將商業貿易與戰爭乃至政府治理結合在一起，這樣的機構在今天會被看作是一個怪胎，而在這個海洋商業帝國中，國家和公司緊密結合在一起，包括英國國王、大臣都在貿易公司中佔有股份，北美殖民地的憲法原本就是一個公司章程。正是基於在北美和印度掠奪的財富，英國逐漸獲得了與中國開展貿易的資格。其結果就是持續巨大的貿易逆差導致中國吸走了英國手中可憐的白銀，就像今天如果美國不是採用美元而是以黃金白銀作為支付手段，那麼中美貿易的結果也可能類似。如果看當時歐洲流行的貿易理論，所有國家都採取重商主義的戰略以獲取貿易的優勢地位。第一種戰略就是"貿易順差論"，即通過出口產品而獲取金銀財富，因此這些國家普遍鼓勵出口，但實行禁止金銀出口的金融管制。第二種戰略就是"貿易結構論"，即進口廉價的初級產品，而強調出口高附加值的工業品，從而將高額價值留在國內，保持在產業鏈的優勢地位。如果從這個角度看，歐洲的重商主義戰略在對華貿易中必然遭遇挫折，一方面歐洲國家對華貿易普遍處於逆差的狀態，對華貿易最終將金銀大規模地轉移到了中國，因此如何推動金銀回流就成為歐洲重商主義戰略必須考慮的問題。罪惡的鴉片貿易由此開始，以至於不少人認為鴉片戰爭原本是一場金融戰爭。所不同的是，其他國家的鴉片走私是偷偷地搞，而英國則是大張旗鼓地通過武裝商人來搞，這才搞出了鴉片戰爭。正是通過鴉片戰爭，"鴉片"作為一種"洋藥"獲得了合法出口中國的權利。事實上，我們只要查查美國祖上的那些大資本家，就知道他們大多數都是和英國的商業家族一起參與到鴉片貿易中的。但另一方面，更重要的是，中國的官方主導貿易實際上也是一種貿易保護政策，西方的工業品很難通過這個渠道進入中國，而隨著歐洲工業革命的發展，西方列強要求中國不斷開放自由貿易口岸，打破國家壟斷的貿易保護，打開西方的工業品進入中國的大門，由此就獲得了比美洲、印度更巨大的初級原料產地和更龐大的銷售市場。因此，鴉片戰爭的真正後果並不在於鴉片貿易的合法化，而是迅速摧毀了中國的小農經濟體系，進而摧毀了小農經濟所維持所王朝制度和天朝體系，中國由此被編織到全球資本主義體系中，淪為世界體系的邊緣。

第一次鴉片戰爭之後，英國雖然在條約的紙面意義上獲得了通過通商口岸對華貿易的空間，然而在實際中地方官員對於這些條約落實不積極，不僅因為他們頭腦中沒有條約這個概念，而且由於缺乏相應的法律制度安排。正是由於落實條約中的分歧和衝突引發了第二次鴉片戰爭，英國於1860年強迫清政府簽訂《北京條約》，不僅將港島對面的九龍半島也割讓給英國，擴大了通商口岸，更重要的是要求建立一個專門處理涉外事物的部門，這就是凌駕於六部之上的總理衙門，由此在中國塑造了一種外交凌駕於內政之上的制度格局。正是總理衙門推動了清政府開展洋務運動，推動中國從傳統天朝體系轉向主權國家，這無疑是亙古未有的巨大轉型。鴉片戰爭打開中國的大門之後，歐洲列強紛紛湧入中國，尤其日本和俄國這兩個後發工業化國家也進入中國。大英帝國意識到它不可能維持對中國經濟的壟斷性支配，其對華政策變得相對比較溫和，希望通過維持中國的完整來保證自己的市場利益。然而，在甲午戰爭後各國列強掀起的瓜分中國的狂潮中，大英帝國極力爭取自己最大的利益。1898年《中英拓展香港界址專條》使英國獲得對整個新界地區99年的租期，到1997年6月30日租期屆滿。正是這個具體期限的規定，直接影響了香港未來的命運。從此，英國人意識到，他們是在“借來的地方，借來的時間”中生存。[25]英國通過上述三個不平等條約佔據香港的過程正處於大英帝國的“黃金時代”——維多利亞時代（1837-1901年），大英帝國的殖民治理體系也日趨成熟，以至於當20世紀大英帝國的殖民地紛紛獨立之際，香港的政治制度就成為“早期帝國政治的活化石”[26]。

25　Richard Hughes, *Hong Kong: Borrowed Place — Borrowed Time*, London: Andre Dentsch, 1968.

26　〔英〕諾曼·J·邁因納斯：《香港的政府與政治》，伍秀珊等譯，上海：上海翻譯出版公司1986年版，第1頁。

五、君主、榮耀與帝國憲制

從 16 世紀開始，英國進入了海洋帝國階段。此時的英國議會法案中提出"英吉利王國本身就是一個帝國"，這裏的"帝國"實際上是強調英國獨立於歐洲大陸的羅馬天主教帝國，強調英國君主擁有類似皇帝的絕對權威。1607 年英國在北美建立第一塊殖民地開始，尤其是與蘇格蘭合併之後實力大增，在印度、中美洲、非洲建立了殖民地，成為名正言順的帝國。在海上爭霸打敗西班牙和法國之後，英國成為歐洲公認的全球性帝國，英國由此進入了"第一帝國"（First British Empire）時期。1776 年北美獨立之後，大英帝國將殖民重心轉移到了東方的印度，由此進入了"第二帝國"時期。

大英帝國的殖民開拓時期恰恰是英國新君主制的鼎盛時期，因此，任何英國人要在海外建立殖民地，必須獲得英國皇室頒發的特許狀（Charter）。這表明在法律關係上，所有的殖民地都屬於英國皇室的領土，殖民者僅僅擁有佔有和開發的權利，但不擁有領土主權。"殖民地"在法律上屬於英國皇室的海外屬土，因此海外殖民者依然是英國皇室的臣民。正是由於這種君主體制，使得"不列顛聯合王國"與"大英帝國"成為兩個不同的政治實體，而這兩個實體是依靠君主的身體結合為一個整體，就像中國的天朝體系中天子乃是天下共主一樣。用柏克（Edmund Burke）的話來說：

> 帝國也者，是有別於單個的邦國、或王國的；一個帝國，使眾多的邦國在一個共同首腦之下的集合體，不論這首腦是一位君主，還是居首席地位的共和國。在這樣的政體中，次一級的政區，每有大量的地方特權與豁免權，只有奴役狀態之死氣沉沉的整齊劃一，才能避免這一點。在地方特權和共同的最高權威之間，界線當極端微妙。爭端、甚至激烈的爭端和嚴重的敵意，往往不可避免。但是，每一項特權，固然都使它（在這一特權適用的範圍內）免受最高權威之運行的

約束，但這決不是對最高權威的否定。[27]

在這個意義上，我們可以說"大英帝國"是圍繞君主建立起來的，殖民地的開發屬於皇室的私產，特許狀的頒發也取決於皇室以及顧問機關樞密院，議會一般無權過問。殖民地的治理也由皇室直接任命總督進行治理，總督對皇室負責，而不是對議會負責。由於總督一個人無力治理廣大的殖民地，就需要建立總督控制下的議事機構吸納當地人協助治理殖民地，這種君主授權總督（微型君主）進行統治的模式就形成君主制─總督制這種帝國憲制體系。（參見第一章）然而，隨著歷史的發展，英國的議會主權不斷加強，皇權不斷衰落。正是在君主與議會權力的這種重新調配過程中，大英帝國始終面臨著兩種帝國憲制架構。一種就是基於殖民地屬於皇室的傳統，主張"殖民地"與"不列顛"是在同一個君主之下擁有平等地位的兩個政治實體，二者共同組成大英帝國。另一種就是堅持"議會絕對主權"，將君主僅僅作為帝國的精神象徵，而強化議會和內閣的殖民地直接治理的權力，整個殖民地從屬於聯合王國，帝國體系完全以不列顛的利益為中心展開，"殖民地"從屬於"不列顛"，從屬於英國議會的絕對主權之下。這兩種帝國憲制體系的建構思路在北美獨立前夕就已經展開了辯論。北美殖民者對大英帝國憲制體系的理解就是前一種思路，而英國主張的是後一種思路。如果按照後一種思路，北美也屬於英國議會治理，那麼北美殖民地就要求在英國議會中有自己的代表，從而和英國人一樣享受相同的自由權。然而，英國議會認為殖民地乃是從屬地位，在議會中不具有代表資格，不列顛議員作為殖民地的實質代表（virtual representatives），已經代表了北美的利益。這種圍繞代議制以及帝國憲制安排的爭論誘發了北美獨立。儘管在政治實際中，英國對北美殖民地的橫徵暴斂都來自於英國議會所頒佈的各種法律，但在宣佈北美十三個殖民地獨立的《獨立宣言》中，卻將全部矛頭指向英國國王，從而徹底切斷將殖民地與大英帝國聯繫在一起的憲法紐帶。

---

27 〔英〕愛德蒙·柏克：《美洲三書》，繆哲選譯，北京：商務印書館 2003 年版，第 106 頁。

　　北美殖民地獨立之後，為了防止其他殖民地獨立，大英帝國調整了對殖民地的治理模式，不再把殖民地僅僅看作利益榨取的對象，也同時適當照顧到殖民地利益。這種新的帝國憲政體制就以加拿大為模式，因為加拿大曾經是法國殖民地，具有不同於英國的天主教傳統、法語傳統和法國族裔。大英帝國為此賦予了加拿大相對獨立的自由權，尤其是 1791 年的《加拿大政府組織法案》確立了後來各殖民地流行的"總督制"。1839 年，加拿大總督都蘭發表了"都蘭報告"（Durham's Report），其中提出大英帝國要區分"帝國事務"和"殖民地事務"，對於前者大英帝國要牢牢把握在手中，後者則交給加拿大殖民地政府自己處理，由此推動殖民地的行政權不再向英國負責，而是向殖民地議會負責。向英國負責的"總督制"逐漸向"內閣制"轉變，總督既要向英國負責，也要向殖民地議會負責。1840 年英國議會批准了"都蘭報告"，從此加拿大走向了自治道路。1867 年，英國議會通過了"英屬北美法案"（British North American Act），加拿大成為聯邦制政府，採取責任內閣制，大英帝國在加拿大擁有軍隊、外交、立法、司法、國家元首等主權，此外加拿大擁有高度自治權，由此發展出加拿大這種高度自治的"自治領模式"，這種模式後來推廣到其他殖民地，比如澳大利亞（1901 年）、新西蘭（1907 年）和南非（1910 年）。

　　"自治領"的制度設計實際上要體現帝國主權與殖民地自治權之間的平衡。在"自治領"的設計過程中，北美獨立前夕對帝國憲制的兩種架構的爭論又出現了。張伯倫（Chamberlain）所推動建構的帝國聯邦（the Imperial Federation）就是強化英國在聯邦中的主導地位，涉及帝國的軍事、外交、立法、貿易（關稅）等重大事項由英國負責，而在其他事務中自治領實現高度自治。然而，當時的"圓桌會議派"（the Round Table）則主張自治領應當與英國作為平等的夥伴關係共同組成"英聯邦"（Commonwealth），由英國和自治領按照人口比例共同派出代表組成"聯邦議會"，鑒於英國人口多於自治領的人口，英國依然可以通過聯邦的帝國議會來控制整個帝國。最終，大英帝國走了加強不列顛對大英帝國的掌控的憲法架構，以適應德國、俄國、美國、日本等這些新型強國發起的競爭和挑戰。加強帝國內部的合作，就需要設立統一的帝國機構，建立帝國聯邦和關稅同盟。隨著這種合作的加深，自治領逐漸獲得與英國政府平等的地位。1887 年，英國政府乘紀念維多利亞女皇臨朝 50 週年慶典的機會，召集這些擁有高度自治權的殖民地參加由英國殖民大臣主持的第一次"殖民地會議"，從此殖民地政府有了參與英國政治決策的渠道。在 1907年的殖民地會議上，這些擁有高度自治權的殖民地被正式冠名為"自治領"（Dominion），"殖民地會議"也改名為"帝國會議"，會議由英國政府代表和自治領政府代表共同組成的，由英國首相主持，專門討論帝國內部的事務。這意味著雖然大英帝國採取了"帝國聯邦"的建設方案，但在實踐中卻按照"英聯邦"的思路來運轉。因為各自治領隨著發展，都擔心失去已經獲得的自治權力，它們對加強帝國建設不感興趣。特別是第一次世界大戰之後，各自治領和殖民地有了很大的發展，在外交領域擁有了相當程度的自主權，甚至在與英國的抗爭中發展出自己獨立的軍隊。自治領在實踐中不斷發展出來的自治權使得它們要求在大英帝國內部擁有和英國完全平等的地位。在 1926 年的帝國會議上，南非甚至提出如果沒有這樣的平等地位，南非將要求成立獨立的共和國。為了應對這種狀況，帝國會議成立由貝爾福勒為首的帝國內部關係委員會研究這個問題，最後出臺了"貝爾福勒報告"（Balfour's Report）。

　　"貝爾福勒報告"與"都蘭報告"齊名，它為英國與各自治領的關係確立了一系列憲制原則，它實際上走向了"圓桌會議派"所設想的"英聯邦"憲制思路，宣佈英國與各自治領是"英帝國內的自治實體，地位平等，在內政和外交事務的任何方面彼此無任何隸屬關係，雖以對英王室的共同忠誠為紐帶聯合成一體，卻是各自作為英聯邦的成員自願地結合在一起"[28]。在此基礎上，1931 年，英國議會通過了《1931 年威斯敏斯特法》（Statute of Westminster 1931），法案的序言明確指出："由於君王是英聯邦成員國自由結合的象徵，它們是由對君王的共同效忠而聯成一體的，所以今後凡涉及王位繼承或尊銜尊號的法律的任何變更，不但需要聯合王國議會的同意，而且需經所有自治領議會的贊成，如此彷彿和聯邦所有成

28　轉引自王振華：《英聯邦興衰》，北京：中國社會科學出版社 1991 年版，第 16 頁。

員國在彼此關係上既定的憲法地位；有鑒於根據既定的憲法地位，聯合王國議會今後制定的法律，除非經該自治領議會的要求和同意，效力將不擴及於上述任何一個自治領，作為該自治領法律的組成部分。"大英帝國由此正式成為圍繞英國君主形成的"英聯邦"（British Commonwealth of Nations）。

　　需要注意的是，"自治領"都是在盎格魯—撒克遜人在海外殖民地的基礎上發展起來的，而且其居民以白人為主體，這種種族主義乃是英聯邦成立的基礎。在一戰與二戰的間隙，丘吉爾開始寫作《英語民族史》，他講述了大英帝國從不列顛的成長以及後來遷徙到加拿大、南非、澳大利、新西蘭以及在北美發展出美國這個"偉大的共和國"，並將大英帝國推進到"維多利亞時代"這個世界帝國的輝煌歷史，無疑是讓所有盎格魯—撒克遜人子孫感到偉大和榮耀的歷史，其目的不僅是為了鞏固大英帝國聯邦的統一，而且是為了強化英國與美國的同盟關係。或許是為了避免種族主義的嫌疑，他採用了"英語人民"（the English-speaking peoples）這樣的概念，正如他所強調的，"語言、法律以及我們到目前為止的歷史發展進程已經提供了獨特的基礎，使我們的目標一致起來"，"進一步認識到我們對全人類負有共同的職責"。[29] 直到今天，這些"英語民族"依然構成了緊密的同盟，不僅有監視全球的"五眼聯盟"，而且有針對中國的AUKUS組織，但其核心已從英國轉為美國。二戰後，隨著民族解放運動的發展，大英帝國為保住其帝國利益，就以加入英聯邦為條件，允許殖民地發展為自治領。這就開啟了大英帝國的"非殖民化"進程。比如1947年印度和巴基斯坦脫離英國獨立後，以獨立國家加入了英聯邦。隨著獨立國家不斷加入英聯邦，"英聯邦"也從英國白人為主體的聯邦（British Commonwealth of Nations），變成了亞洲、非洲、美洲、大洋洲等個不同民族國家的"聯邦"（Commonwealth of Nations），這些國家共同擁戴英國女皇為"國家元首"（Nation Head）。在這個過程中，帶有殖民地色彩的"自治領"概念也逐漸退出了歷史舞臺。

29　丘吉爾：《英語民族史（第一卷）》，海口：南方出版社 2004 年版，第 4 頁。

從針對白人的"自治領"方案，到針對非白人的"非殖民化"方案，大英帝國面對民族獨立解放運動，展開了對帝國建設思路的積極調整。然而，無論哪一種調整，整個帝國憲政體制始終圍繞君主展開，正是圍繞君主，大英帝國拼湊起一個所未有複雜多樣的帝國體系。它包括：從自治殖民地（Self-Governing Colony）發展起來的"自治領"體系；採取所謂"仁慈專制"來直接治理的印度殖民地；由殖民地部委派總督來治理的皇家殖民地（Crown Colony）和條約租借地等等。除此之外，還有外交部管轄的尚未形成國家的保護領地（Protectorates）以及由外交部管轄並對其國家治理展開指導的保護國（Protected States）。如果說大英帝國是通過商業紐帶編織起來的皇冠，那麼君主則是這個皇冠上的明珠。因此，關注大英帝國的憲制結構，不僅關注商業、法治和共和體制，更應當關注君主。雖然英國是最早的現代化國家，但英國始終保持著君主制，它沒有像法國大革命那樣推翻君主制，而是將君主制與共和憲制完美地結合在一起。這種結合始終與帝國建構聯繫在一起，一方面君主是將分散在全球的非連續的各類殖民地編織在一起的精神紐帶和法律紐帶，另一方面恰恰是商業貴族階層通過商業力量和軍事力量將這些殖民地整合在一僵體系，形成君主為紐帶的"有形帝國"與商業為紐帶的"無形帝國"完美結合在一起的帝國，二者恰恰是英國君主制的獨特性所在。在某種意義上，可以說英國君主制是由大英帝國支撐起來的，君主的"尊榮"就在於帝國的興盛，帝國的衰落也使其君主制逐漸喪失意義。因此，伊麗莎白二世實際上成為英國最後的女皇。

歐洲大陸天主教式的君主制，君主權威來源於教會授權，這種授權賦予君主擁有絕對權力，但也意味著君主要承擔無限責任，而一旦君主國家治理遭遇挫折，或者宗教權威被削弱，那就意味著君主無法獲得足夠的正當性賦權，很容易被推翻，甚至發生秉持天意的革命。法國大革命乃至後來歐洲的革命都源於此，東方君主制的王朝更迭也是類似的邏輯。英國的新型君主制也將宗教權力和世俗權力結合在一起，但君主權威並非來自上天自上而下的授權，而是"王在議會中"的自下而上的議會認可。這就意味著君主的權力不是絕對的，而是受到議會的制約，但也意味著君主對國家治理並不承擔直接責任，國家的治理責任在議會和內閣，相反君主因此獲得了穩固的權威，由此帶來"權威"（道）和"權力"（器）的分離。"君主"放棄了政治治理權力（politics），將國家治理的權力轉交給議會和內閣（器），也自然遠離了骯髒的利益爭奪和血腥的戰爭謀殺，轉而被推崇為最高權威，擁有了宗教神聖性（道），成為比主權國家或邦國更高的帝國皇帝的政治化身（the political）。因此，英國君主名之為"君主"，實際上履行的是教會職能，類似天主教梵蒂岡的"教皇"，它作為民族精神的象徵將整個帝國在精神情感上凝聚起來。因此，我們才能理解白芝浩（Walter Bagehot）在對英國憲制的解讀中，將君主看作是"尊榮的部分"，它凝聚著民族精神，是臣民對國家忠誠、熱愛的象徵，代表著一個國家或者一個民族在全球爭霸時期的帝國榮耀，在民主化推動的社會分化進程中恰恰起到了不可替代的凝聚精神的紐帶作用。[30]

然而，白芝浩將議會和內閣看作是英國憲法中"實操的部分"，僅僅看到了機構的權力運作，而忽略了掌握議會和內閣這些實際權力的是一個在精神上效忠君主的貴族階層，君主和議會內閣在權力上是分工的，可是君主和貴族的在精神追求上是一致的。這種實際運作的分工與精神的合作統一構成了英國憲制中"君臣共治"的傳統，從而避免了東方皇帝的大權獨攬、獨斷專行的專制傳統。這種君臣共治的精神基礎就在於圍繞"榮耀"展開。孟德斯鳩認為君主政體的原則是"榮耀"，而貴族政體的原則是"寬和"。而英國的君主立憲政體也可以看作是一種貴族政體，它恰恰將這兩種原則結合起來，在權力行使上形成寬和的封建分權格局，而在精神追求上恰恰是共同追逐"榮耀"。在全世界彰顯女皇的榮耀和帝國的榮耀，成為英國商業貴族在全球商業世界中開疆拓土、建立帝國的精神動力，就像西班牙帝國和葡萄牙帝國為了彰顯上帝的榮耀或羅馬的榮耀而推進地理大發現一樣。在這個意義上，資本主義的動力不僅來自物質財富的低俗"欲望"（desire），而且來自更高的"激情"（passion）。它首先就來自清教徒的新教倫理，其中不僅包括韋伯所強調的節儉克己、拚命工作來

---

30 〔英〕沃爾斯·白哲特：《英國憲制》，李國慶譯，北京：北京大學出版社 2005 年版。

服務上帝這種 "奴隸式" 的服務熱情，而且包括在全球建立自由世界的 "昭昭天命" 中彰顯上帝榮耀的 "主人式" 式的創造和征服的熱情。這種克己自律的生活作風、對個人尊嚴的誓死捍衛、對服務上帝（社會）的熱忱以及承擔責任的犧牲精神，恰恰構成了所謂的 "貴族精神"。而這種新教的天選意識，不僅激發出一種貴族精神，而且激發出一種種族主義，盎格魯—撒克遜人乃是天選民族，天然擁有統治和支配世界的正當性，由此英國人雖然在世界各地拓展殖民地，但卻嚴格禁止與當地居民通婚，不僅擔心種族蛻化，更擔心英國人隨著擴張消失在帝國的汪洋大海。比如他們為了加強帝國內部的紐帶而將維多利亞女皇的生日確定為 "帝國日"，在白人自治領地區搞大張旗鼓的紀念活動，而在印度則搞得非常低調，他們希望建立印度人對女皇個人的忠誠，但絕不認同印度人為 "帝國種族"。

正是基於這種對榮耀的追求，帝國政治家採取最絕妙的一招就是在憲制上宣佈英國女皇同時為印度女皇。這無疑是一箭三雕的政治戰略。首先，它成功地利用了印度人對傳統君主制的文化認同，將印度人對君主的認同順勢轉換為對英女皇的認同。為此，帝國政治家不斷強化和豐富圍繞英女皇形成的日益複雜的加冕禮儀和授勳體制，讓印度精英因忠誠而獲得榮耀，因榮耀而強化忠誠。其次，北美獨立的政治口號就是用新大陸的共和體制來取代舊大陸腐敗的君主政體。只要看看《聯邦黨人文集》就知道他們如何與英國的君主制決裂，他們認為，"把合眾國總統這樣性質的行政長官類比成英國國王，這樣的下流偽飾，簡直令人無法不名之為有意的欺妄詐騙。"[31] 但是，帝國政治家們通過帝國對憲政體制的設計，進一步強化了英國君主制的榮耀，使得在 18 世紀以來英國隨著民主化而產生的廢除君主制的主張消於無形，因為議會是屬於英國人的，可女皇是屬於整個帝國的。最後，將英女皇宣佈為印度女皇，大大激發了英國普通民眾的民族自豪感和對帝國的榮耀感，從而消彌了英國內部日益尖銳的階級矛盾。我們不要忘記，當年資產階級和工人階級矛盾最激烈的要數老牌工業國英國了。英國人恩格斯專門寫過《英國工人階級狀況》的文章來宣傳社

---

31 〔美〕漢密爾頓、傑伊、麥迪遜：《聯邦黨人文集》第 67 篇，程逢如譯，北京：商務印書館 1980 年版。

會主義思想。可是，社會主義運動在英國毫無起色，倒是把歐洲大陸搞得神魂顛倒。其原因除了人們常說的所謂培養工人貴族之類的政治小把戲，最關鍵的政治戰略就在於英女皇成為印度女皇大大激發了英國人的民族自豪感，刺激了英國的民族主義思想，使得工人階級和資產階級在民族主義大旗下團結起來一致對外：要麼積極開拓海外殖民地，要麼向阻礙英國資本主義發展的法國或俄國開戰。當歐洲大陸內部針對階級鬥爭你死我活、工人運動風起雲湧的時候，英國的工人階級正忙於為英國資產階級製造戰艦和槍炮。這就是英國保守黨的政治戰略，一面是維護資產階級利益的自由主義思想，一面是維護帝國榮耀的民族（種族）主義思想，自由主義和民族（種族）主義在帝國擴張的進程中緊密結合在一起，自由也由此成為英國人的特權，成為英國人高貴的象徵。

相比之下，中國早期的資產階級要麼忙於廢帝制，根本沒有意識到皇帝作為天下共主對於維繫藩屬的重大意義，以及倉促廢帝導致的政治正當性的流失和進一步引發的軍閥割據與內戰；要麼忙於鎮壓工人運動，甘心依附於西方資產階級，陷中國於半殖民地狀態之中。而今天的新興階層依然"勇於私鬥，怯於公戰"，對愛國主義和民族主義心懷恐懼，忙於迎合對外國際接軌，對內剝削壓榨同胞大眾，而不知道如何把民眾引導並團結在自己的周圍。這一方面如同當年毛澤東批評中國資產階級由於天生的軟弱性和對帝國主義的依附性，從而無力承擔起民族獨立解放的政治領導權；另一方面正如韋伯批評當年德國的新興資產階級，淪為庸俗的市儈主義，政治上鼠目寸光，缺乏政治遠見和政治智慧，不明白政治是圍繞民族生存展開的永恆鬥爭，更不明白政治支配權的最高境界是"不戰而屈人之兵"的文化領導權。

宗教熱情、種族主義和商業資本主義結合在一起，無疑構成大英帝國崛起的精神動力。正如柏克所強調的："一個偉大的帝國，一群渺小的心靈，是很不般配的。……我們就應當將自己的心靈，拔擢於崇高的境界，以無負上天命我們接受的委託。正是念念於上面的召喚，我們的祖先們，才把粗蠻的荒野，變成了光輝的帝國，才開疆拓土到天涯海角，才完成了這些惟一稱得上光榮的征服。……讓我們以獲取美洲帝國的方式，去獲取美洲的財源吧。"[32] 如果說激情是人類行動的推動力，那麼商業帝國的重要意義在於將"激情"導向商業領域、導向規則控制的領域，用科學發明、商業管理、資本運作甚至體育競賽所帶來的榮耀，來取代歷史上的宗教戰爭的榮耀乃至單純民族主義激發的榮耀，用全球統一的貨幣來取代不同民族、不同文化傳統中形形色色的聖經，從而建構全新的資本主義文明，無疑成為人生的最高價值追求。人既是一個動物式的欲望主體，也是一個具有神性的精神主體。大英帝國對人心的真正吸引力在於將這種低俗的商業物質追求（欲望）與商業帶來的新型文明的榮耀（激情）完美地結合在一起，二者共同構成福山所說的"歷史終結"的人性基礎。[33]

與這種資本主義商業全球化所創造的新文明相比較，曾經讓西方人嚮往和羨慕的中國和印度頓時黯然失色，這種舊文明因為陷入"停滯"而逐漸落入了野蠻世界中。18-19 世紀伴隨歐洲崛起所建構起來的一套西方哲學社會科學體系，無非是重建文明等級秩序，將西方現代社會確立為文明的典範，並以此為尺度將東方文明劃入接近於野蠻世界的傳統社會，從而在普遍歷史的書寫序列中，建立起從野蠻邁向文明的現代化進程，西方文明成為普適文明而代表著人類文明的未來。正是這種文明與野蠻的文化心理建設，使得歐洲人對外殖民和侵略不再有道德上的負罪感，反而正大光明地將起看作是將文明帶到野蠻世界，由此，原來批判殖民擴張的人道主義者或自由主義者也紛紛成為帝國的擁護者，推動了"以文明化為藉口的帝國擴張"（empire of civilization）的擴張。這不僅彰顯君主的榮耀或帝國的榮耀，而且成為貴族精神和種族主義的極致展現，這就是吉伯林所說的"白人的負重"[34]。

可見，圍繞"君主"、圍繞"榮耀"展開的帝國憲制建設（constitution）無疑是一種文化建設、精神建設乃至心理建設。憲制作為一個構成性力量，重要的不是寫在法典的文字上，而是刻在人心上。沒有這種精神文化

---

32 〔英〕愛德蒙・柏克：《美洲三書》，繆哲選譯，北京：商務印書館 2003 年版，第 153 頁。

33 〔美〕弗朗西斯・福山：《歷史的終結及最後的人》，黃勝強、許銘原譯，北京：中國社會科學出版社 2003 年版。

34 〔澳〕布雷特・鮑登：《文明的帝國：帝國觀念的演化》，中國：社會科學文獻出版社 2020 年版。

領域中的認同，無論帝國還是國家，都像建立在流沙上一樣。而人心所向固然有低俗的物質財富，但不可能沒有超拔的精神追求，其最高追求就體現為宗教，而圍繞宗教的意義世界就會構築起一整套文化生活體系。因此，傳統的帝國擴張最終依宗教形成了"區域性文明帝國"。而如果沒有這兩樣東西，那麼歷史上多麼偉大的帝國——無論是蒙古帝國，還是神聖羅馬帝國，無論是拿破崙的輝煌，還是希特勒的瘋狂——終究都是曇花一現。在歐洲歷史上，最偉大持久的帝國無疑是羅馬帝國和大英帝國。羅馬帝國作為一個大陸帝國，承載了古希臘文明、基督教文明與東方阿拉伯文明的三種力量的巨大衝擊，成為西方現代文明強有力的塑造者。共和、主權、帝國、混合憲法、羅馬法、自然法、萬民法等等這些重要的現代政治概念都來源於羅馬帝國。而大英帝國的原動力是全球文明互動所推動的地理大發現，其中商業的力量發揮了巨大作用。整個歐洲的崛起，尤其是大英帝國崛起，塑造了現代資本主義，自然權利、普通法、立憲君主、不成文憲法、海洋自由、自由貿易、勢力均衡等概念無不打上海洋帝國的烙印。

六、"去殖民化的帝國"：撤退時代的帝國重建

19世紀被霍布斯鮑姆（Eric Hobsbawm）稱之為"帝國的年代"，這在很大程度上是由於大英帝國摧毀了拿破崙帝國在歐洲大陸的崛起，從而迎來海洋主宰全球的世界帝國時代。大英帝國沿著海洋從中東、印度到中國向東方大陸展開擴張，從海洋世界對歐洲大陸形成包圍。在這個過程中，大陸帝國也在崛起之中，繼拿破崙帝國之後德意志帝國和俄羅斯帝國也在崛起，其中俄羅斯帝國從陸地上向東方擴張，由此形成在中東、中亞和中國一線上展開的爭奪勢力範圍的"大博弈"（the Great Game），這也被形象地稱之為"北極熊"與"海鯨"的爭奪。在這場爭奪中，印度成為大英帝國的戰略要地，向北對抗俄羅斯帝國，向東爭奪中國，英國女皇加冕為印度女皇其實也是為了加強大英帝國對印度大陸的控制。在這個過程中，有不少帝國政治家建議大英帝國應當遷都印度德里，然後再殖民伊朗和中國西藏，這樣就會取得地緣政治的大陸心臟地帶，建立統治全球的帝國。這其實也是英國一直試圖染指中國西藏和雲南，製造西藏分裂的原因。這一種思路就是由於德國和俄羅斯這些大陸帝國崛起，而且大陸擁有鐵路這樣的機動性，在地理優勢上可以追趕上海洋的機動性，因此，大英帝國要繼續保持其世界帝國的霸主地位，就必須從海洋世界邁向大陸。因為英倫三島本土太小，不足以控制整個歐亞大陸，大英帝國必須實施更加緊密的內部整合，建設"更大的不列顛"。這種思路最集中地反映在地緣政治學家奠基人麥金德的思想中，以至於一個海洋帝國的地緣政治學家卻提出了被稱之為"陸權"的理論。

然而，慣於海洋思路的英國人，最終沒有採取這種大陸帝國的思路，因為從商業資本家的眼光看，控制海洋貿易才能獲得利益，而爭奪中亞、西藏這些貧瘠的大陸，非但沒有商業收益，而且要付出巨大的代價去治理這些地區，這無疑是得不償失的。因此，環顧英國殖民地，大英帝國就像"島嶼的收藏家"，差不多把海洋中臨近大陸的島嶼都變成殖民的對象，由此編織了遍佈全球的商業殖民網絡。這無疑是一項精明的商業策略，既

可以利用島嶼與大陸建立起商業關係，從大陸上獲取盡可能多的商業利益，但卻又不需要像大陸帝國那樣，承擔起繁重的、往往吃力不討好的治理責任。如果說大陸帝國在征服之後往往要承擔起艱難的治理責任，投入巨大的財力和人力，那麼大英帝國則如同吸血蟲一樣通過商業的管道汲取大陸的資源，卻不需要為此導致的大陸衰敗承擔任何政治或道義責任。就這一點而言，大英帝國毫無大陸帝國的氣象，缺乏政治使命感，更沒有創造偉大文明的抱負。迪斯雷利、丘吉爾（Sir Winston Churchill）等帝國政治家充其量不過是精於打算、損人利己的小商人。正因為大英帝國缺乏廣闊大陸的支撐，而殖民地內部是彼此擁有獨立性的鬆散網絡，以至於在20世紀經歷了兩次世界大戰之後，最終喪失了對全球的主導權。

　　20世紀被尼克松稱之謂"最血腥和最美好的世紀"，其中"最血腥"就是指兩次世界大戰，而"最美好"就是指美國作為全球大國的興起。兩次世界大戰摧毀了歐洲列強在19世紀建立的全球政治體系，既崩解了德國和意大利，又拖垮了英國和法國，同時催生了美國和蘇聯這兩個超級大國所主導的全球冷戰政治秩序。在這一國際新秩序的形成過程中，帝國政治家丘吉爾扮演了重要的角色。如果說美國在國際政治問題上一直在威爾遜（Thomas Wilson）的理想主義與西奧多‧羅斯福（Theodore Roosevelt）的現實主義，或在威爾遜的世界主義與亞當斯（John Adams）的孤立主義之間徘徊，那麼，對於英國政治家而言，赤裸裸的功利主義和冷酷的現實主義是其唯一的政治傳統。他們時刻將英國的利益（尤其是長遠利益）作為政治的最高宗旨。二戰後的丘吉爾已意識到大英帝國不可避免的衰亡命運，他唯一能做的就是盡力緩解其衰亡過程，並在這個過程中最大限度地保護英國的利益。為此，丘吉爾在二戰中堅決抑制印度的獨立，斷然拒絕了中國政府提出的交回香港的要求。英國維持老帝國的努力與美國建構新帝國的設想不可避免發生衝突。儘管美英是二戰中的聯盟，但是從北美獨立以來，英美之間在全球秩序中始終存在著競爭，尤其美國始終鼓勵並推動與德國、俄國的合作來打擊大英帝國，美國提出"門羅主義"也主要是針對英國，以防止英國染指拉美的利益。因此，美國對英國擁有眾多的海外殖民地感到反感，與其說是由於道德理念上的分歧，不如說更多來自對建立新的全球帝國的渴望。

　　二戰中，美國一度時期也曾經試圖聯合蘇聯來建立全球秩序，二者至少在理念上都反對殖民主義、支持民族獨立解放運動，這無疑具有理想主義的成分，在現實中，獨立出來的民族國家究竟是加入蘇聯的陣營，還是加入美國的陣營，這成為無法迴避的問題，美蘇之間的戰略猜忌就從戰後歐洲各國政府中共產黨的地位開始，蘇聯支持共產黨奪取政權就會引發美國的警惕，而美國支持各國鎮壓共產黨也必須考慮蘇聯的感受。世界秩序的和平穩定需要蘇聯的合作，而美國又希望通過掌控全球的技術和資源來控制全球的商業貿易，那就必須控制歐洲，不能讓歐洲落入蘇聯支持的共產黨政權。正是在二戰後美蘇共同敵人消失、開始重新界定二者關係的關鍵時刻，丘吉爾於 1947 年在美國發表了著名的“鐵幕”演說，其目的就是要挑撥美國和蘇聯從雅爾坦會議以來形成的合作關係，創造出“冷戰”局面，而新興強國美國要對抗蘇聯就必須與英國結盟。對英國而言，“冷戰”的最大意義就是大英帝國就可以借用美國的力量來對抗蘇聯共產主義所推動的殖民地民族獨立解放運動。由此，二戰基本上摧毀了 19 世紀歐洲確立的全球殖民體系，而唯一保留下來的殘餘就是大英帝國的殖民體系和法國保留的部分勢力範圍。就此而言，丘吉爾確實成功了。在這個意義上，殖民地的民族解放運動就與 19 世紀英國這樣的老帝國向 20 世紀美蘇建構的新帝國的轉型以及美蘇兩個帝國在第三世界的較量交織在一起。

　　而在美蘇兩個陣營相互對峙的格局中，處於中間的第三世界國家就成為撬動世界格局的主角，尤其是民族獨立解放運動迫使蘇聯和美國根據自己的利益做出反應，就像美蘇在歐洲的互動引發了冷戰，而中東民族主義運動則讓英國和法國這些老牌殖民帝國進一步衰落，並最終退出中東，變成美蘇在這一地區的競爭。對於大英帝國的衰落而言，最具有標誌性的事件就是 1956 年的蘇伊士運河事件。英法兩國為了維護自己的殖民利益，試圖出兵阻止埃及民族主義者收回蘇伊士運河。然而，這樣的舉動無疑將埃及徹底推到蘇聯的懷抱，不利於美國試圖在中東構建圍堵蘇聯的戰略同盟的舉動。如果說英國代表著老的殖民體系，通過直接的控制和佔領來獲取利益，那麼美國代表著一種新的殖民體系，即賦予國家主權在法律形式上的獨立，然後建立盟友體系，通過法律、貿易、金融等手段加以控制的新型世界帝國體系。這種控制手段被蘇聯以及第三世界國家看作是"新殖民主義"。因此，美國非但沒有支持英法，反而支持埃及並導致英法的軍事行動失敗。英國長期抱怨美國未能支持英法出兵蘇伊士運河，導致蘇聯共產主義勢力在中東的擴展，但不斷削弱英國並接手英國曾經的地盤原本就是美國建立世界帝國的一部分。從此大英帝國在第三世界的殖民地開始走向崩潰，整個大英帝國在暮氣沉沉中走向沒落，進入了所謂的"去殖民地化時期"。殖民主義作為地理大發現以來歐洲列強建立的世界帝國體制的一部分，隨著舊帝國的解體而逐漸退出歷史舞臺。在這種情況下，英國改變了統治殖民地的戰略，開始為殖民地的獨立做準備。1966年，英國殖民地部（Colonial Office）正式被取消，併入到英聯邦關係部（Commonwealth Relations Office），兩年之後，連英聯邦關係部也併入外交部，英國從殖民地體面撤退的戰略也次第展開。

　　作為 19 世紀輝煌的"日不落"現代帝國，英國已經形成出一套成熟的關於帝國統治的政治理念、政治制度和政治技巧。大英帝國的這種政治精明計算不僅體現在帝國的建立過程中，更體現在帝國解體的撤退過程中。而這恰恰是大英帝國明顯超越大陸帝國的地方。如果說建立帝國取決於時代的機緣，維持帝國統治則需要良好的法律制度和堅韌不拔的意志才能支撐這項長期的事業，那麼能讓帝國在榮耀中解體，無疑是一項高超的政治技藝。大英帝國在殖民地的撤退就經歷了從被迫撤退到主動撤退的轉變。在殖民地民族解放運動初期，由於英國不想放棄自己的殖民地，故採取高壓手段，導致英國人與殖民地人民的激烈對抗，最終使英國在殖民地解放運動中徹底喪失了自己的利益，被迫交出了政權。比如印度、緬甸就是如此獨立的。而進入 1960 年代，尤其英法聯軍干涉埃及接管蘇伊士運河的軍事行動的失敗，帝國政治家意識到大英帝國的瓦解已經不可避免。然而，他們不是兵敗如山倒一般地倉皇逃遁，而是冷靜地採取以退為進的戰略，通過主動撤退來最大限度地保證在撤退後依然能夠保證英國人的利益，尤其是其經濟利益。

　　對於殖民主義隨著舊帝國解體的解體，分別有兩種不同的話語建構，由此展現出兩種不同的政治秩序想象。第一種話語建構就是"民族獨立解放運動"。這個概念首先就是基於對幾百年來歐洲崛起之後建立的殖民帝國體系的批判和否定，這種體系意味著歐洲帝國對非西方國家的政治壓迫、經濟剝削和文化毀滅。因此，民族獨立解放運動意味著要徹底摧毀宗主國施加的政治、經濟和文化價值觀念，從而在政治、經濟和文化思想上獲得真正的獨立和解放，甚至意味著新獨立的國家要從本國的國情和歷史文化傳統出發，走一條與宗主國不同的現代化發展道路。而在當時的國際秩序中，這條不同於歐洲崛起確立的資本主義的發展道路，就是馬克思列寧主義確立的社會主義的現代化道路。因此，在社會主義國家中，基本上都採用"民族獨立解放運動"這種話語建構。第二種的話語建構就是"去殖民化運動"（decolonization），其潛在含義是指在殖民地去掉最明顯的殖民地色彩，比如廢除原來殖民憲法、宗主國國旗、宗主國的語言，趕走原來的殖民統治者等，在語言文化乃至符號象徵上恢復殖民地原來的歷史文化傳統。然而，這並不意味法律上獨立後的殖民地真正獲得政治上的獨立自主和文化精神上的自由解放，相反，這些殖民地在去掉殖民化的符號象徵之後，可以繼續與原宗主國繼續保持密切乃至依附的政治經濟關係，分享共同的價值體系。因此，如何在撤退中精心設計一種"去殖民化的帝國"（the imperialism of decolonization）就成為大英帝國的新的戰略佈局。英美這些舊帝國秩序的維持者或繼承者都從這個角度看待殖民體系的解體，從而在話語建構中普遍使用"去殖民化"這種看起來更加中性的概念。

　　這兩種話語建構形成了兩種不同的全球秩序想象和安排。一種就是蘇聯的帝國政治想象，即被壓迫民族在取得民族獨立解放運動之後，走向社會主義的現代化道路，而這些所有的社會主義國家要麼以蘇維埃的形式平等地加入到蘇維埃聯盟（蘇聯）中，要麼圍繞蘇聯構成一個緊密團結的社會主義陣營。另一種就是英美的帝國政治想象，即法律上獨立後的殖民地國家通過各種國際條約繼續被整合在其資本主義帝國的政治秩序和經濟秩序中，分享西方的價值觀念，成為西方陣營的有機組成部分。二戰之後，這兩種不同的話語建構和兩種不同的帝國秩序模式在整個第三世界展開爭奪。所謂美蘇爭霸實際上就是美英為首的資本主義帝國秩序與蘇聯為首的社會主義帝國秩序爭奪對全球秩序的統治權。正是在這種爭奪中，我們才能真正理解印度、中國等這些獲得獨立的新興國家在"不結盟運動"的基礎上，試圖擺脫帝國模式，在和平共處五項原則的基礎上，讓每個國家獨立地探索自己的發展道路，從而建構一種"和而不同"的大同世界。然而，全球歷史進入帝國時代，這種"和平共處"的不結盟原則無法對抗帝國的擴張。"不結盟運動"很快瓦解，印度和中國之間甚至出現因邊界衝突引發的戰爭。中國後來不得不獨立建構"第三世界"，應對美國和蘇聯建構的兩種霸權秩序，從而摸索著世界秩序的第三條道路。

冷戰結束、蘇聯解體之後，全球進入到美國建構的世界帝國秩序中。中國雖然在中美建交和改革開放的大背景下不斷融入到美國主導的全球秩序中，然而中國始終沒有放棄建構新的世界秩序的努力。由此在全球秩序的政治博弈中，蘇聯解體之後，伴隨著中國的崛起，中國在世界的歷史舞臺上從一個配角逐漸變成了主角，以至於發展為今天的中美競爭格局。在這個意義上，中國必須深入理解地理大發現以來的世界帝國秩序的形成、演變和使命，理解這些主要帝國的治理得失和命運興衰，才能學習掌握建構未來世界秩序的技藝和積極參與全球治理，建構人類命運共同體。如果說蘇聯帝國的解體始終是中國的一面鏡子，那麼大英帝國以小小的英倫三島來建構起"日不落帝國"的輝煌，乃至最後漫長衰落中的榮耀，足以成為中國學習和借鑒的榜樣，其中最重要的就是大英帝國建構憲制秩序和爭取人心的能力。

從大英帝國走向衰敗開始，帝國政治家就運用法律手段來建構不同形式的憲政體制，盡最大可能保持英國的影響力。比如前面所說的從殖民地到"自治領"的發展，英聯邦從白人俱樂部發展到吸納亞洲國家等。這種耐心的、複雜多元的憲制安排可以根據殖民地的不同情況，盡最大可能地在制度上保留在大英帝國的體系內，從而避免走向獨立，尤其要防止決裂。因此，"去殖民化"實際上包含了一個雙向的歷史進程，既是殖民地獨立的過程，也是大英帝國不斷調適並進行重構的過程。正如沃斯曼（Gray Wasserman）所言，去殖民化包含兩個顯而易見、相互對立的過程。首先，就是宗主國繼續地但明顯地撤除直接行使的殖民權力，這是一個民主化的進程。但這個過程必須通過第二個過程來理解。第二個過程帶有連貫性，其目的是在新獨立的國家中繼續維護殖民性質的政治經濟體系，並將宗主國培養的本土精英放在權力位置上，使他們在殖民地獨立之後盡最大可能保護前宗主國的經濟和戰略利益。[35] 這種撤退戰略恰恰是以"間接統治"所形成的"共治"模式為基礎的。由此，在英國人從殖民地撤退的過程中，也逐漸形成一套"非殖民化"的漸次撤退模式：

> 在一般情況下，如果局勢許可，首先是讓大陸實行自治，然後慢慢走向獨立，至於沿海或小島上的海港與商業中心，有可能的話，是稍後撤退，而且這些海港與商業中心的非殖民地化過程的模式則又與內陸的撤退不同。對於內陸，英國在政治行政上，將會盡快放手，但在海港尤其是小島的商港，在整個非殖民化的過程中卻是另有安排的。這特別安排的目的，不但是設法保住英國傳統的利益，同時也為這些地方的傳統利益著想，因為在這個殖民地化的過程中，這些商港已經建立成了與內陸有相當不同的經濟、文化、政治結構。[36]

正因為如此，英國人的撤退戰略並非大陸帝國那種一刀切的按部就班戰略（最新的例子就是蘇聯從收縮到解體），而是一種分散的、在不同地區針對不同問題採取不同策略的做法，甚至能夠做到一案一策。比如對於非洲殖民地，大英帝國非但沒有撤出，反而進一步強化對殖民地的控制和經濟榨取，採取政府投資開發，這被看作是"第二次殖民佔領"，因為英國要在美蘇競爭中保持自己重要的籌碼地位，就必須加強對殖民地的經濟榨取才能擁有足夠的經濟勢力。而對於東南亞地區的民族解放運動（比如馬來西亞）則採取更為強硬的鎮壓手段，因為美國會支持其防止共產主義運動在東南亞的擴張。而在海口商業城市，在政治和軍事上撤出之後，

35　轉引自劉兆佳：《沒有獨立的非殖民化》，載劉兆佳編著：《過渡期香港政治》，香港：廣角鏡出版有限公司 1993 年版，第 54 頁。

36　鄭赤琰：《收回主權與香港前途》，香港：廣角鏡出版有限公司 1982 年版，第 49-50 頁。

依然要保持在這些海口城市的經濟利益和商業合作來保持與大陸的商業聯繫。比如塞浦路斯之於土耳其，亞丁、錫蘭之於印度，新加坡之於馬來西亞，香港之於中國。而在政權移交過程中，英國人也絕不是突然把全部政權交出，而是採取逐漸移交的辦法。先把地方政權移交出去，或者先把經濟、勞工、教育、醫療等經濟社會事務交給當地人管理，或成立半獨立的自治政府，然後再逐漸將政治、軍事和法律等方面的政權事務移交過程，從而保證英國人培養出來的政治精英和商業經營把持政權，保證英國人在這些商港城市的政治利益。這些方案都是大英帝國面對二戰後亞非拉殖民地人民的民族解放鬥爭而被迫撤退過程中為保證其最大利益而成功實現了的方案。這樣一套嫻熟的非殖民化模式被稱之為 "第二次殖民"。這就是大英帝國撤退戰略的精髓所在：培養政治忠誠，實現幕後遙控，培養公民意識，實現分而治之。[37]

正是在這種有計劃、有步驟的撤退過程中，我們才能真正看清楚帝國政治家採取的這種 "間接統治" 的價值和意義。英國人雖然走了，可是英國人所特別注重建立的憲政體制和法律制度基本上保留下來了。而這套體制只能由英國人培養起來的、會操作這套制度運作的政治精英來接管。與此同時，圍繞這種制度運作形成的文化價值也保留了下來，而這種文化價值會不斷強化這些政治精英對英國的文化認同和政治忠誠。而在這種憲政體制和文化認同中，一個重要的紐帶就是普通法。普通法不同於大陸法的地方就在於他不是由主權者制定的，不是簡單閱讀法律條文就能理解的，而必須從歷史上大量的案例以及不斷解釋所形成的知識傳統、法理傳統和法學傳統的深度研讀中去獲得。這就意味著大英帝國的殖民地獨立之後，只要繼續採取普通法制度，就必須保留一批獨立的、熟悉普通法並與大英帝國的司法體系建立內在知識和精神聯繫的法律人群體。這樣，殖民地國家雖然獨立了，本國的立法雖然更新了，但司法體系依然掌舵在帝國的司法體系中，本國的司法判例必須援引英國、加拿大、澳大利亞、南非等地的司法判例。因此，普通法不僅是一種法律制度，而且包含著知識傳統和

37　關於大英帝國在殖民地被迫撤退過程中採取的保證其最大利益的種種統治手法，參見張順洪等：《大英帝國的瓦解：英國的非殖民化與香港問題》，北京：社會科學文獻出版社 1997 年版。

文化價值觀念，更重要的是滋養著一批獨立的法律精英，他們成為殖民地獨立之後構築普通法帝國的政治紐帶。

因此，如果我們把英國和法國殖民治理及其從殖民地撤退的部署做一個比較，我們就不能不驚歎英國人是天生的政治動物。英國在殖民地撤退最為緩慢，有章法，乃至於撤退之後留下了井然的秩序和對英國的忠誠，而這個過程中，扯不斷的商業紐帶以及法律紐帶以及長期教育形成的對帝國女皇的忠誠無疑是重要因素。而法國在倉皇逃跑之後，留下的除了酒吧就是混亂不堪的局面。這不能不讓人感慨，法國是一個浪漫的國度，是一個盛產藝術家和詩人的地方，就連拿破崙也充其量不過是一個現代騎士，算不上政治家。當年奧運聖火傳遞期間中國內地發起抵制家樂福的行動，與法國人在巴黎奧運火炬傳遞中搞出的鬧劇，大抵上都屬於藝術表演的範疇，算不上真正的政治。在這方面，確實需要虛心地向當年的大英帝國學習，要實現真正的大國崛起還有很長的路要走。

七、"借來的地點、借來的時間"：香港撤退戰略的兩難

正是由於海洋帝國的商業私利動機，港英政府並沒有考慮過治理香港，而新界百年租期更強化了"借來的地點、借來的時間"的臨時心態。港英政府之所以一直奉行經濟不干預政策，說到底是乘機讓英國人撈錢，它直接導致了六七反英抗議運動。只不過由於後來香港經濟起飛，這種政策被自由主義經濟學家吹捧為香港奇跡的根源，並一直被港英政府包括回歸之後的特區政府奉為圭臬，乃至特區政府面對貧富差距和經濟發展被邊緣化的趨勢時雖然採取了一些干預措施，卻始終無法真正放棄這種不干預政策。

正是由於沒有承擔起社會治理的責任，到二戰期間，港英政府統治香港已有百年歷史，竟然絲毫沒有獲得香港市民的認同。尤其是在二戰期間，新興的大日本帝國入侵東南亞，英國人拋下港人倉皇撤離，反而要中國軍隊（比如入緬作戰的抗日軍隊）保護英國人。這實際上是黃種人又一次在戰場上打敗歐洲白種人（上一次是日俄戰爭），這被丘吉爾看作是大英帝國歷史上最為恥辱的一頁。正如英國歷史學家霍華德（Michael Howard）所言，"一百多年以來，英國在東方統治的基礎是其領袖魅力，英國的戰略家也致力於保護這一基礎，（新加坡）之敗永久地破壞了這一點。"[38] 東南亞的民族主義者更是從此藐視大英帝國的權威，加速了帝國在東南亞的解體。

日本戰敗投降後，丘吉爾斷然否決了國民黨政府以戰勝國的姿態提出恢復行使香港主權的要求。英國人返回香港恢復了殖民統治。為了挽回英國的顏面，獲得港人支持，1946 年港督楊慕琦（Mark Young）在復職演說中指出："如同英殖民地國的其他地方一樣，英國政府考慮在香港讓香港居民在管理本身事務方面分擔更充分和更多的責任。達到此目的的一個可行辦法是把目前政府執行的若干內政功能，轉移給一個有充分代表性的

38　轉引自劉明周：《英帝國史（第八卷）：英帝國的終結》，南京：江蘇人民出版社 2019 年版，第 6 頁。

市議會進行管理。"[39] 這就是所謂的 "楊慕琦計劃"（Young's Plan），其核心主張就是市議會由 30 名議員組成，華人議員和非華人議員各佔一半，其中三分之二的市議員由直接選舉產生，其餘三分之一則由社會職業團體或其他團體指定。與設立市議會相匹配，立法局也作出相應改革。這個計劃提出來後，英國政府經過反復的討論最終於 1951 年被否決。對於這個計劃的擱淺，專門研究這個問題的曾銳生（Steve Yui-Sang Tsang）在其名著 *Democracy Shelved: Great Britain, China, and Attempts at Constitutional Reform in Hong Kong (1945-1952)* 中認為是香港本地代表工商界利益的委任議員反對民主改革。可事實上，這個計劃從提出到否決，實際上反映了大英帝國殖民統治策略的變化。

"楊慕琦計劃" 計劃就是在《聯合國憲章》對 "自治領" 問題作出規定，印度和巴基斯坦獨立在即，以及英國開始推行 "去殖民化" 政策的背景下出臺的，可以說這個計劃原本是英國在印度、緬甸、馬來西亞和錫蘭等地著手推行 "去殖民化" 戰略的一部分。然而，該計劃呈交英國殖民地部之後，遲遲沒有得到批准，甚至連後來的港督葛量洪也擔心賦予華人在市議會中權力不利於其殖民統治。這個時候，香港問題已開始由英國外交部而非殖民地部主導。帝國政治家們正在密切關注著中國的戰局。在他們看來，香港的問題不是殖民撤退問題，而是如何與未來龐大的中國建立外交關係的問題。為此，英國政府希望盡一切可能保留其在香港的殖民統治。一方面無論中國革命的前途是什麼，中國都被看作是 "世界上最大的潛在市場之一"，因此保持香港的殖民統治就是 "保留立足點"，從而增加與未來中國 "繼續進行貿易的可能性"；另一方面面對東南亞民族解放運動的壓力，"香港作為一個穩定的中心，其價值和重要性將超過以往任何時候。"[40] 而在 1949 年英國內閣制定的關於香港前途的政策中，明確指出不管中共施加壓力還是武力，英國都不可讓步。因為中國共產黨迅速勝利會震撼遠東和東南亞，若英國在香港問題上讓步就不可能繼續保持在東南亞地區的影響力，而這些地區一直是為英國和西方國家提供外匯、糧食

39　轉引自劉曼容：《港英政府政治制度論（1841-1985）》，北京：社會科學文獻出版社 2001 年版，第 314-315 頁。

40　轉引自余繩武、劉蜀永：《20 世紀的香港》，香港：麒麟書業有限公司 1995 年版，第 173 頁。

和其他戰略物資的富饒之地，若英國不表現出決心和實力，這些地區就會與共產黨達成妥協。儘管如此，大英帝國主動向中國共產黨伸出橄欖枝。在 1949 年 5 月，港督發表演說中稱 "希望與中共進行貿易"，6 月英國外交大臣在工黨年會的演說中也表示英國從不干涉中國內政，願與中共做生意。[41]

1949 年 10 月，新中國成立，解放軍南下大軍勒馬羅湖口岸。如果考慮到 1949 年解放軍在橫渡長江，進入英國人經營多年的長江流域，並毫不留情地擊沉試圖阻止解放軍渡江的英國軍艦，英國人從南下大軍勒馬羅湖口岸中，就看到了與新中國改善政治關係從而保留香港殖民統治的希望。於是，大英帝國在 1950 年 1 月率先宣佈承認中華人民共和國政府，以便使得 "英國在遠東的利益得到最充分的保留"，而法律上承認新中國政府，可以減輕對香港的 "威脅"。[42] 從此，香港問題成為中英關係的砝碼，香港的政制改革也就此擱淺。1950 年英國外交部在給殖民地部關於香港政制改革建議書的諮詢意見中，明確指出："我們亦同意你們提出來的意見是在目前的情況下最好及最合適的，但是從外交部的立場來說，不管你們對香港政治改革的意見書有多麼好，我覺得在這個時間（即 50 年底、51 年初——引者注）提出來實在是不合時宜的。" 英國殖民地部後來也明白，香港問題不是簡單的殖民地問題，英國在其他殖民地撤退的模式暫時不適合香港。於是，英國政府在 1952 年 10 月宣佈，目前在香港進行大規模的政制改革為時尚早，因為它意識到要將香港作為這樣一個能夠最大限度保護其利益的 "政治上的守望戰略據點"，必須從英國與中國的外交關係的大局來思考香港問題，在保證英國人最大利益的情況下，最終將香港歸還中國。[43]

對此，時任港督葛量洪在回憶錄中記錄了當時 "冷靜而理智" 的心境："與大多數的英國殖民地不同，香港最基本的政治問題不是自治或獨立，而是一個對中國關係的問題"，"因為香港永遠不能宣佈獨立"，"1997

41　新華社香港分社編：《香港大事記》，1949-1959 年。

42　轉引自余繩武、劉蜀永：《20 世紀的香港》，香港：麒麟書業有限公司 1995 年版，第 184 頁。

43　參見余繩武、劉蜀永：《20 世紀的香港》，香港：麒麟書業有限公司 1995 年版。

年新界租約期滿，香港命運可決，而從中國的觀點，在此期限之前，將不致對香港進攻。新界租借能否續約，實屬疑問，中國當然要英國交還香港。然而，如能維持現狀，中國即可繼續利用香港，互相利用，香港大陸兩受其益。"[44] 正因為如此，儘管在 1960 年代美國人通過香港革新會、公民協會等機構不斷推動增加自治和普選成分的政制改革計劃，甚至直接通過其控制的 "聯合國香港協會" 屬下的 "自治組籌備委員會" 向英國殖民地提出一份關於 "香港自治" 的備忘錄，但英國人始終置之不理。港英政府控制的《南華早報》批評 "聯合國香港協會" 提出的要求 "不切實際"，"毫無道理"，"簡直是一派胡言"，認為它 "忽略了艱難的現實"，這個現實就是一旦增加民選成分，就會 "被外來勢力弄到不可收拾"。這顯然是指，如果香港實行自治，那麼中國很快將會收回香港。英國殖民地部次長在 1960 年 10 月訪問香港時公開指出："女王陛下政府認為，本港現時政制毋須做任何過激或重大的變更。但這不抹煞在目前原則之下，對立法局的組織作輕微的修改的可能性。"[45]

隨著英國殖民體系的崩潰，1967 年英國作出放棄蘇伊士運河以東的政策，將英國的防務集中在歐洲和北大西洋，而香港爆發的六七反英抗議運動加速了英國撤出香港的戰略部署。比如 1966 年英國簽署了兩個國際人權公約，即《公民權利和政治權利國際公約》和《社會、社會權利與文化權利國際公約》並將其適用於所有殖民統治地區，但是，在關於選舉問題上，做出了在香港不適用的保留限制。因為中國政府堅決反對英國政府通過民主化改革將香港變成一個事實上獨立的政治實體，英國政府也意識到香港的前途只能是回歸中國，而無法獨立或自治。因此，大英帝國在撤退過程中慣常採用的民主化安排無法直接適用於香港。正如英國殖民地事務大臣弗雷德里克·李（Fredrick Lee）指出："不可能預測香港政制上有任何重大改變的可能，香港政治發展有明顯的限制，因為香港不能像其他屬地的演變一樣，希望達成自治或獨立的地位。成立民選立法機構的主張

44　〔英〕葛量洪：《葛量洪回憶錄》，曾景安譯，香港：廣角鏡出版有限公司 1984 年版，第 137、138、146 頁。

45　新華社香港分社編：《香港大事記》，1960 年。

是錯誤的，因為這些政治發展只有最終目的是要達成自治或獨立才會真正有意義。香港有最大改革可能的一個方面是市政事務和地方行政。"但即便在地方政制改革中，"政府必須顧及普遍之輿論意見，以防範引起地方當局之控管問題，成為各種外地政治思想人物之爭論中心。"因此，港英政府試圖在"楊慕琦計劃"的基礎上，推動地方行政改革，把民主政治的安排與地方行政改革結合起來。1966 年，港督戴麟趾又提出了改革市政局，希望建立"地方政府"，將教育、房屋、醫療、社會福利等內政事務交由市政府負責，並選舉產生適當數量的華人議員參與管理。然而，該計劃最終擱淺，因為 1967 年的反英抗議運動使英國人深刻意識到，任何民主化的改革都會使香港左派進入政權中，而香港的前途只能回歸中國。正如英國聯邦事務部次官夏普特在 1968 年 8 月對香港革新會主席的談話中所說的，在政制改革問題上，"香港政府作任何重大改變，都會把香港對中國（內地）、臺灣、美國的那輛載滿了蘋果的車子打翻"，他認為用普選立法局議員的方法"擴大民主"，"會使當地的國民黨和共產黨企圖控制立法局"[46]。

　　可以說，從"楊慕琦計劃"以來，大英帝國的政治家們就始終按照撤退的思路反反覆復在香港的代議制改革問題上做文章，一方面試圖團結和拉攏華人上層的精英群體，逐漸把政權交到他們的手中，但另一方面又擔心一旦推動香港自治就會引發中國政府提前收回香港，同時也擔心政治改革吸引下層力量的參與，香港的左派會滲透到政府中來。選舉政治會引發階級矛盾，還很容易轉化為英國與中國的矛盾、殖民統治與香港回歸的矛盾。尤其在經歷六七反英抗議運動之後，英國人意識到民主化改革帶來的只能是加速殖民統治的結束，而面對香港未來不可避免要回歸中國的格局，最佳的方案就是以"行政吸納政治"的方式發展諮詢機構，而不是把更多的權力下放到地區議會或者市政局本身。（參見第一章）1969 年 3 月，英國內閣下設的"內閣香港委員會"（the Ministerial Committee on Hong Kong）對香港未來前途作出了評估。報告指出："我們或許感到必須要採取撤離，因為地方共產主義者長期以來施加的實際壓力。儘管這種

46　新華社香港分社編：《香港大事記》，1968 年。

壓力沒有中國的直接支持，但我們要保持自己的位置也是不可能的……這是由於經濟遭到破壞和商業信心的喪失，'殖民地'的經濟健康會不斷衰竭。"因此，"任何解決香港問題的辦法若不是基於中國恢復對香港主權都不會有任何前途。"為此，英國決定增加改善香港的經濟環境，加速當地的社會改革，以便在香港歸還中國的過程中增加與中國討價還價的籌碼。因為英國政府已經意識到必須在 1980 年代新界租約問題影響到商業信心的時候與中國展開關於香港前途的談判。"我們的目的就是要告訴中國人，我們承認香港必須最終歸還中國，而且我們也急於在公共輿論允許的情況下努力進行有序的移交工作。為了實現這個目標，我們將盡力避免任何增加移交困難的做法，比如採取邁向代議制和責任政府的憲政變革。"正如港督麥理浩明確提出對香港採取自由選舉的警告："如果共產主義者贏得選舉，那將是香港的末日。如果國民黨分子贏得選舉，那將會把共產主義者引入香港。"[47]

因此，港英政府著眼於香港回歸中國而全面調整戰略，並不是單純按照在其他地區採取的"去殖民化"戰略而推動代議政治改革，而是在政治上抑制代議制改革的同時，考慮如何在歸還香港過程中獲得與中國討價還價的籌碼。而這個籌碼就是培養香港市民對港英政府的歸屬感和忠誠，塑造香港市民的自我意識，使其與內地在身份認同上割裂開來，從而造成事實上的獨立狀態，給香港回歸製造困難。1979 年，港督麥理浩訪問北京，香港的前途命運已提上了大英帝國的議事日程。麥理浩回港後，公佈了鄧小平所說的"讓香港人放心"這個好消息，但沒有公佈 1997 要收回香港的消息。麥理浩意識到大英帝國從香港的撤退已不可挽回，便悄悄地啟動了港英政府一直未能實施的撤退步驟，即把代議制引入香港，讓香港人自己統治自己。如果說從"楊慕琦計劃"開始，港英政府擔心推行代議制會讓香港左派勢力乘虛而入，那麼，經過麥理浩的十年治理，英國通過"行政吸納政治"和"洗腦贏心"等一系列操作，成功地培養出一個對英國政府高度忠誠的接班人階層。香港中產階級已經形成，香港人的本土文

---

47 這些報告被列為"最高機密"的檔案於 2006 年 11 月解密，有關報道參見"The Secret Handover"，*South China Morning Post*, 20 Nov. 2006, A14.

化與自我認同開始形成。香港人對港英政府感恩戴德，即使不能認同自己是英國人，但也有不少人不願意認同自己是中國人，而會認同自己是香港人。這樣，大英帝國推行代議制的撤退計劃已時機成熟。

1980 年 6 月 6 日，港英政府發表了諮詢性質的《香港地方行政模式綠皮書》，提出改革地方行政，使 "區內居民更多地參與當地事務"，並打破港九和新界的地區組織區分，將原來的各種地區委員會統一起來，稱之為 "區議會"。區議會不再是原來的諮詢性質，而是具有代議功能和相當的行政功能，除了委任議員，就是民選議員。為此，綠皮書放寬了原來的選民資格限制，規定 21 歲以上在港居住 3 年以上的即可成為選民，由此迅速擴大了香港的選民基礎。為了配合報告提出的民主化選舉，港英政府於 6 月 13 日提出《公安（修改）法案》，取消了港英政府為了鎮壓六七反英抗議運動而緊急通過的限制遊行集會的立法，因為在 1967 年制定的《公安條例》中規定，三人以上 "聚在一起"，"意圖破壞安定"（使人恐懼 "會破壞安定" 或 "煽動他人破壞安定"）就是 "非法集會"。（參見第二章）1981 年，港英政府正式發表《香港地區行政白皮書》，確定在 1982 年進行區議會選舉。港英政府也開始增加民主宣傳，英國首相撒切爾夫人的講稿 "捉刀人" 舒爾曼（Alfred Sherman）甚至在香港《南華早報》發表文章鼓吹 "港獨"，遭到香港左派媒體的抨擊。很快中英就香港問題展開談判，代議制改革也就迅速從基層區議會發展到港府立法局的層面。就在 1984 年 12 月中英簽署《聯合聲明》之前，港英政府就於 7 月推出《代議政制綠皮書》，明確提出改革的目的就是："逐步建立一個政制，使其權力穩固地立根於香港，有充分權威代表香港人的意見，同時更能較直接向港人負責。" 這樣一個立根於本地的政權，一種對香港人負責的政權，不就是一個獨立的政權嗎？這無疑是帝國在香港撤退戰略的實質。因此，也就在 1984 年，精於算計的英國人緊急修訂了《國籍法》，將香港人變成在英國沒有居留權的 "海外公民"，其目的是為了防止香港人因害怕回歸而大規模地湧入英國，分享英國的社會福利，變成英國的負擔。而此時的香港人還蒙在鼓裏，並不知道英帝國的精心設計的撤退戰略已經將他們拋棄了。

八、尾聲：帝國視野中的世界史

> 我們的海軍威名已隕，
>
> 沙丘和海角炮火消沉，
>
> 看那，往日的盛況，
>
> 全跟尼尼微和蒂爾一樣湮沒無聞。

　　"帝國詩人"吉卜林在《退場》這首詩中道盡了對大英帝國解體的傷感，而這傷感難以掩飾對帝國昔日輝煌的自豪。如果說歷史上的大陸帝國都以創造輝煌文明作為自己的目的，以榮譽和榮耀作為自己的動力，那麼大英帝國的確有點另類。如果我們再將其與羅馬帝國相比，就會發現羅馬帝國的建立最終以羅馬人消亡為代價塑造了歐洲人；若與古代中華天朝體系相比，就會發現中華天朝的歷代統治者則以種族身份的消亡為代價，最終打造了中華民族這個大家庭。因為這些大陸帝國在面對日常治理的過程中，各民族在糾纏不清的愛恨情仇中已經融合在一起，這既是由於帝國政治家對子民的政治責任，也是由於帝國政治家心繫天下的博大胸懷。相比之下，大英帝國無論是追求榮耀，還是自詡文明，始終以赤裸裸的商業利益作為自己的目標，以狹隘的盎格魯—撒克遜種族作為自己的根基。以至於大英帝國跨越全球，但英國本身從來沒有超越狹窄的英倫三島。我們必須記住，英國與大英帝國一直是兩個不同的政治實體，大英帝國僅僅是英國用來榨取利潤的贏利機器。大英帝國在其最輝煌的鼎盛時期，曾經一度嘗試將英國與帝國合一，使所有的帝國子民都享受到英國公民的好處，但是，隨著英國經濟衰退的出現，帝國政治家最終放棄了這種合併思路。因此，英國人對帝國臣民並沒有真正的關愛，自然也沒有道德和政治責任，除了利益就只剩下亞當·斯密所說的同情和憐憫。也許由於此，大英帝國在精心撤退的過程中，為了保證英國的利益，故意製造出一系列人類歷史上最悲慘的自相殘殺，如印巴分治、巴勒斯坦問題、土耳其問題、中東領土糾紛、南非種族問題、新馬問題、香港問題以及中印邊境問題等，儘管它自己也一直面臨著愛爾蘭和蘇格蘭的分離主義的困擾。由此，我們可以說，大英帝國是人類歷史上最缺乏道德感的可恥帝國。然而，正是這種精明的利益計算和道德責任感的匱乏，大英帝國最終無法擺脫解體的命運，真可謂"機關算盡太聰明，反誤了卿卿性命"。

然而，由於冷戰的背景，由於內地的"文革"，由於 1970 年代香港經濟的起飛，種種歷史機緣成就了香港奇跡，使大英帝國的可恥沒落最終上演了"共榮撤退"的一幕。假如沒有內地的"文革"，假如沒有香港經濟起飛，或者這些歷史機緣沒有湊合在一起，大英帝國將如何收場？閱讀香港在這轉折年代的歷史，我每每覺得，命運對英國人格外眷顧，這或許是上天給英國人的政治德性的最後嘉獎。根深蒂固的主人意識、清醒冷靜的政治判斷、深藏不露的政治謀劃、審慎周全的利益盤算和堅韌不拔的耐心與毅力，這些政治德性既將一個帝國推上世界舞臺，也成就了帝國最後的光榮謝幕。在人類歷史上，也許再也沒有哪一個民族像英國人那樣，將政治德性徹底建立在赤裸裸的商業操作上，完全實現了政治的理性化和倫理的理性化。看來亞當·斯密和洛克的自由主義才真正反映了英國人的民族性，說孟德斯鳩和托克維爾是英國式的自由主義，顯然是一個誤會。

香港是中國南疆與全球海洋世界互動的重要通道。海洋世界通過香港進入中國，中國也會通過香港而走向世界。香港奇跡不僅是大英帝國退出歷史舞臺的華麗謝幕，也毫無疑問是推動中華民族崛起的序曲。正是通過香港，中國開始從傳統的天朝秩序向現代主權國家轉型，由此我們獲得一個重要的、被我們始終牢牢抓住的概念——國家主權。這個概念曾經是歐洲主權國家擺脫基督教普世帝國秩序的重要武器，無疑也成為近代中國擺脫西方建構的全球殖民體系或世界帝國體系的重要武器。由此，在我們的理論話語體系乃至思考問題的方式中，只有"國家"觀念而遺忘了"天下"概念和"帝國"概念。我們耳熟能詳的是古希臘"城邦"這種城市國家（city state）、近代歐洲興起中的領土國家（territory state）和絕對國家（absolutist state），乃至 19 世紀形成並在 20 世紀席捲全球的民族國家（nation state）。同樣，我們熟悉的理論乃是社會契約論為代表的自由主義政治哲學，熟悉的國際秩序也是以國家為主體建構的威斯特伐利亞國際秩序，對近代中國的理解也是如何從一個古老的天下秩序轉變為現代主權國家。然而，被我們忽略的恰恰是"天下"概念和"帝國"概念，前者被看作是閉關鎖國的盲目自大，後者是被批判為帝國主義的舊秩序，以至於帝國問題被看作是喪失了政治正當性的陳舊的歷史遺留物，很少有人認真研究。在這些自由主義政治話語和表面上的主權國家形態的遮蔽下，中國人可能有一種模糊的天朝帝國記憶和融入血液乃至基因中的帝國本能，但卻缺乏對帝國問題嚴肅認真的理性思考，沒認識到一部歐洲歷史、甚至一部全球史就是一部帝國史、一部帝國爭霸史。現代歐洲的崛起、民族國家的塑造、世界秩序的形成不僅是帝國爭霸的產物，而且本身就是現代帝國體系的一部分。所謂的國際法其實是帝國法。如果不正視帝國問題和文明問題，不僅無法看清楚歷史，更無法準確地把握當下和未來。因此，我們必須將"帝國主義"與"帝國"區別開來，嚴肅地對待人類歷史上的帝國問題和文明問題。

在中國王朝循環更替的歷史中，我們看到的往往是一個新王朝的大一統秩序建立之後，會出現長時期安居樂業的穩定和平，戰亂往往發生在所謂"天下大亂"的王朝衰落和更替的短暫歷史階段。在幾千年歷史上，長時期的亂世競爭格局只出現兩次，一次就是春秋戰國時期，另一次是在三國兩晉南北朝時期。在這個意義上，天下秩序將和平作為最高的政治追求。然而，如果我們翻開歐洲歷史，卻發現歐洲始終處在戰爭狀態，羅馬帝國史本身就是一部戰爭史，後羅馬帝國時代更是混戰局面，一直持續到地理大發現以來的全球爭霸歷史和兩次世界大戰。中國每個大一統王朝都要維持幾百年的和平，秦朝和隋朝作為兩個例外，始終成為君主教育的歷史題材。然而，"百年和平"對於歐洲歷史而言簡直就是奇跡，而且成為"帝國治下的和平"的宏偉目標。二戰後，歐洲穩定還不到一百年，就爆發了科索沃戰爭和今天的俄烏戰爭。

正是由於戰爭構成西方歷史的主線，以至於西方政治社會理論中將這種戰爭狀態常態化，將其看作是塑造現代政治秩序的動力。比如西方爭霸的戰爭刺激推動了技術革新與經濟和政治組織的理性化進程，推動了民族國家這種新型的政治組織形式的出現。這種新型政治組織通過社會契約的模式將每個人的力量凝聚在一起，結合成擁有絕對主權的強大"利維坦"，不僅摧毀了基督教帝國秩序，同時發展出殖民帝國乃至世界帝國秩序。西方出現了內部為國家形態與外部為殖民帝國形態相結合的新型帝國（great powers），只有它們才有資格加入到分贓俱樂部中，這就是威斯特伐利亞體系的起源。這個體系作為帝國俱樂部，要求彼此尊重"發現領土"和通過征服建立的殖民地，並協調在殖民地爭奪中出現的利益分配糾紛。日本"脫亞入歐"實際上就是脫離中國的天朝秩序，發起一系列戰爭打敗中國，打敗西方列強俄國，並將中國的藩屬國琉球、朝鮮乃至中國本土的臺灣和東三省等納入自己的殖民統治，終於在演變為殖民帝國之後才獲得進入帝國俱樂部的資格。相反辛亥革命黨人天真地以為，只要推翻滿清帝國而變為共和國就可以加入這個歐洲體系，結果得到的卻是巴黎和會的屈辱。

因此，當我們理解西方歷史乃至世界歷史，必須將帝國爭霸戰爭作為現代轉型的大背景，我們熟悉的文藝復興、宗教改革、科學的興起、現代國家的形成、威斯特伐利亞體系、工業革命、資本主義全球化等等，無不是帝國競爭的產物。這種理論解釋實際上推出一個更為普遍的理論，即生命、創新、發展來源於矛盾衝突和競爭，"物競天擇、適者生存"乃是自然的法則，相反和平、和諧和統一則意味著停滯、腐敗和衰亡。在西方人眼中，前者意味著生動活潑的自由，後者則是壓制自由的專制；前者被比喻為生機勃勃的青年，後者被比喻為暮氣沉沉的老年。所以，用"停滯帝國"、"封建專制"來描述傳統中國大一統的和平局面，恰恰是基於歐洲戰爭、競爭、衝突的眼光來看待中國乃至整個東方世界。如此來看，如果中國歷史的主線乃是王朝更迭的治亂循環的歷史，在這種治亂更迭中中國疆域不斷擴大，那麼西方歷史的主線乃是內戰與外戰交織在一起的戰爭歷史，而戰爭的範圍也隨著西方崛起而向全球擴張。如果中國歷史的治亂循環邏輯可以將其疆域擴大到更大的地理空間，那麼歐洲的戰爭邏輯會將人類的疆域擴大到整個宇宙——殖民月球並向宇宙進發不過是另一場地理大發現。或許西方人更適合於不斷向外開疆拓土，開闢更大的天下空間，但最終需要中國人來治理天下，作為人類向外擴張的穩固根據地。由此，陸地與海洋、和平與戰爭、治理與開拓的辯證法構成推動世界歷史向前發展的動力，而世界歷史的目的就是將人類結為一個命運共同體，共同面對更廣闊的宇宙。

第五章

在大陸思考海洋：
"承認政治"與"革命政治"之間

　　二十世紀五、六十年代，中蘇兩黨圍繞著國際共產主義運動的一系列重大理論問題產生爭論，最後發展為公開論戰。這在國際政治史上也屬於罕見的舉動。至今有許多人對這段歷史感到難以理解，把這看作是無聊的口水仗。1989 年，鄧小平在會見戈爾巴喬夫時也表示，"經過二十多年的實踐，回過頭來看，雙方都講了許多空話。"鄧小平這句話一半是肺腑之言，一半是外交修辭。說"肺腑之言"是因為主張實事求是的鄧小平開始領導中國走向中國特色的社會主義，不再糾纏"姓資"、"姓社"這些意識形態爭論；說"外交修辭"是因為鄧小平將中國的外交政策從外張轉向內斂，關注國內實力的增長，實行韜光養晦戰略。

　　其實，鄧小平當年直接參與中蘇論戰並頗得毛澤東賞識，因為他深刻領悟到這場論戰的性質。用當時英國首相艾德禮（Clement Richard Attlee）的話說，這是一場爭奪人心中領土的戰爭。中國共產黨人參與這場論戰的目的在於闡述和論證中國革命和社會主義建設的正義原則和道義基礎。一方面是沿著延安整風的思路，強調中國革命和建設的獨立性，從而把中國政治精英的心靈領土從"蘇聯老大哥"的無形支配中解放出來，避免了中國的社會主義建設完全照搬蘇聯模式。另一方面在蘇美關係緩和有可能犧牲中國利益的國際格局中，強調中國革命和建設的正統性，實際上隱含著與蘇聯爭奪全球共產主義世界的領導權。在此基礎上，毛澤東成功地把丘吉爾劃分的"兩大陣營"的理論轉變為"三個世界"理論，中國成功地擺脫了對蘇聯的依附，當之無愧地成為第三世界的政治領袖。正是由於敢於同時挑戰美國和蘇聯在全球展開的霸權爭奪，中國才獲得第三世界國家的衷心擁護，並於 1971 年恢復聯合國常任理事國地位。全球政治格局也從"兩大陣營"改變為中、美、蘇三大角關係。這無疑對改革開放後中國的崛起奠定了堅定的政治基礎。

　　在這場論戰中，香港、澳門問題成為蘇聯共產黨及其策動下的其他國家共產黨（如美國共產黨）攻擊中國共產黨的一個重要理由。他們認為中國共產黨為了經濟上的利益，為了套取外匯，"同英美的資本和平合作，共同剝削勞動人民"，"在殖民主義的基礎在全世界崩潰的時候，在中國的土地上還是繼續存在著諸如香港和葡萄牙的澳門這樣的殖民地"[1]。由此證明中國共產黨的革命是虛假的，面對帝國主義是膽怯的。對此，中國共產黨雖然重申了香港、澳門問題是歷史上遺留下來的問題，並主張在條件成熟時經過談判和平解決，但並沒有正面回應蘇聯共產黨的詰難，而是反問："你們提出這一類問題，是不是要把所有的不平等條約問題統統翻出來，進行一次總清算呢？"[2] 這無疑是暗示要不要清算俄國與清政府簽訂的一系列割讓中國領土的不平等條約。由此產生一個問題：為什麼主張反帝、反殖民的中國革命，竟然要保留香港、澳門這塊殖民地？無論從馬克思主義的民主革命理論，還是從民族革命的理論，都難以解釋中國共產黨對香港的政策。這個難題迫使我們追問：以毛澤東為代表的中國共產黨人究竟在想什麼？

1　《人民日報》1964 年 5 月 8 日、7 月 13 日。

2　《人民日報》1963 年 3 月 8 日。

一、"承認政治"與"不平等條約"

　　鴉片戰爭以來，西方資本主義的殖民帝國體系對傳統中國的天下朝貢體系構成了軍事的、經濟的、政治的乃至文化思想的全面挑戰，從而迫使中國按照西方提供的現代尺度來全面重組並最終被納入到西方推動的世界帝國秩序中，這個過程既是被動的殖民化進程，同時也是主動的探索現代化道路的歷史進程。在這個過程中，面臨的首要問題就是如何將中國的天下體系壓縮為一個主權國家，由此才能被納入到西方列強主導的威斯特伐利亞體系，與西方列強展開對等的國際法層面的互動。

　　然而，我們必須意識到，中國的天朝體系是一個"區域性文明帝國秩序"，其地理空間局限在東亞，而這種帝國秩序的建構形成獨特的文教體系，以至於中國也被稱之為"文明型國家"，而威斯特伐利亞體系則是一種"世界帝國體系"。一方面威斯特伐利亞體系通過商業貿易、資本輸出乃至軍事戰爭向全球擴張，打破歷史上形成的各種文明的、宗教的、民族的、國家的疆界，在全球建構起統一的基於商業貿易的世界帝國的資本主義下層體系。另一方面，這種世界帝國秩序在摧毀區域性文明帝國秩序的同時，在這些碎片中建立起主權國家的法律疆界（管轄權），而這些主權國家通過國際法秩序又建構起世界帝國體系的政治經濟上層結構。這個帝國結構在法律形式上是平等的主權國家構成的威斯特伐利亞體系，而在實際上則形成了列強（great powers）爭霸格局並因此引發世界大戰，最終形成大國主導的世界帝國秩序。事實上，德勒茲（Gilles Deleuze）與伽塔利（Felix Guattari）就用"去疆界化"（deterritorialize）與"再疆界化"（reterritorialize）這兩個概念來描述世界帝國建構中兩個相向而行的歷史進程，即現代世界帝國體系在摧毀古老帝國邊界的過程中，又不斷通過經濟、政治和文化的方式來建構起帝國中心與邊緣之間的重新分配利益的疆界劃分。而新疆界劃分往往需要通過威斯特伐利亞體系所採用的國際法、國際條約等法律形式來實現。威斯特伐利亞體系是由表面上平等的主權國家所組成的，國際條約和國際法也呈現為表面上或法律形式上平等的兩個或多個政治實體之間的自由意志表達。然而，這種通過法律建構起來的"法律帝國主義"（legal imperialism）恰恰將帝國霸權支配的實質隱蔽起來。因此，地理大發現以來所形成的國際法的第一原則在於將全球劃分為基督教歐洲現代主權國家與非歐洲的異教徒世界，後者被看作是前現代國家，包括美洲、非洲的原始部落以及東方的超大型帝國，而基督教歐洲國家對異教徒的非歐洲國家和地區則基於"文明"與"野蠻"的區分，可以直接發動殖民戰爭和征服，最後可以簽署不平等條約或不需要簽署條約而直接進行殖民統治。在此基礎上，歐洲內部的主權國家之間才基於主權平等原則組成威斯特伐利亞體系，不過是國際法的第二原則。由此，歐洲對全球的征服在法律上就展現為通過不平等條約將東方乃至美洲和非洲納入到殖民帝國體系中，而非西方國家唯有將自身在法律上改造為現代主權國家並獲得西方國家承認之後，才有資格作為平等的一員加入到這個"國際社會"的俱樂部中。而在這個國際俱樂部中，所謂的"列強"（great powers）擁有更加平等的特權，那就是凌駕於其他國家之上的"霸權"，它們維持著整個國際法體系的有效性，當這種霸權集中在一兩個超級大國的時候，世界帝國體系也開始形成。在這個意義上，非西方國家在面臨西方的衝擊之後普遍面臨的政治問題就是"承認的政治"，日本的"脫亞入歐"就是這種承認政治的直接效果。

　　早在鴉片戰爭之前，清政府曾經與沙皇俄國簽署了現代意義上的國際法條約《尼布楚條約》，這個條約處理的是兩國的領土邊界問題。然而，鴉片戰爭之後簽署的《南京條約》對當時的清政府而言，要害還不在割讓香港，而是開放通商口岸，因為開放通商貿易口岸的自由貿易直接衝擊朝貢貿易體系，實際上就是用法律的方式給英國乃至隨之而來的西方列強割讓出原來由清政府壟斷的巨大商業利益。比較之下，香港不過是帝國邊疆一個無足輕重的小島，"今大皇帝准將香港一島給予大英國君主暨嗣後世襲主位者常遠據守主掌，任便立法治理"，無非是"大英商船遠路涉洋，往往有損壞須修補者，自應給予沿海一處，以便修船及存守所用物料"（《南京條約》條款），體現了朝貢"薄來厚往"的寬厚大度。在天朝法秩序的觀念中並沒有嚴格意義上的主權國家領土"割讓"問題，如果用現代主權觀念來看南京條約的中文本，我們甚至可以說清政府從來沒有"割讓"香港，因為清政府所"給予"的可以理解為僅僅是"治權"而非"主權"。然而，在南京條約英文本中，"給予"這個詞被翻譯為 cede，這個英文在西方國際法中就涉及領土主權的"割讓"。《南京條約》中英文本的差異無疑是天朝秩序觀與威斯特伐利亞秩序觀的差異。可以說，在天朝秩序與威斯特伐利亞秩序之間，在傳統與現代之間，對公平、正義的理解有很大的差異。當時清政府覺得難以忍受的不平等問題在現在看來剛好是平等的，比如開放通商口岸以及讓英國女皇這個"夷婦"與天朝皇帝在一起對等地簽署條約。然而，現在難以容忍的不平等在當時看來卻沒有我們今天想象的那麼嚴重，比如關稅問題、領事裁判權問題甚至割讓香港問題。因此，《南京條約》簽訂之後相當長的時間裏，天朝的知識分子並沒有覺得有什麼特別的屈辱或不平等。但是在 1870 年代以來，隨著中國與西方打交道越來越多，對西方的瞭解越來越深入，這種不平等感、屈辱感反而越來越強烈。換句話說，隨著中國的文化觀念越來越從天朝秩序轉向現代威斯特伐利亞體系，屈辱感與日俱增。比如中國首任駐英法公使郭嵩燾最先注意到中國與外國的條約中規定中國徵收洋貨的關稅一律為 5%，而西方國家之間進口貨物的關稅高達 100%。長期擔任駐外公使的曾紀澤注意到英國可在中國任意設立領事，可中國不能在英國境內任意設領事，他甚至開始使用丁韙良翻譯《萬國公法》時引入的"主權"概念來講述條約問題。

可以說，從天朝秩序向威斯特伐利亞秩序轉型的關鍵就在於"主權"概念的引入，由此中國人逐漸注意到西方列強將其主權直接行使於中國主權領土內的"治外法權"問題。西方人在中國不受中國法律的約束，而中國人在中國的領土上反而要接受西方法律的管轄。這無疑被看作是主權喪失的重要標誌。正是基於主權理念，"治外法權"問題直接引發對"不平等條約"的討論。比如在駐日公使黃遵憲將這種規定了"治外法權"的條約看作是有損主權的"不公不平"條約，抨擊治外法權乃是"天下不均不平之政"，導致了"法外用法，權外用權"的非法狀態。而在甲午戰敗之後，甚至連日本也企圖將"治外法權"強加於中國。"治外法權"因此成為"不平等條約"的標誌，在戊戌變法中被廣泛討論。尤其梁啟超系統論述了中國主權喪失的危局，特別提出西方列強通過條約對中國採取的"奪其權而不奪其土"的這種"無形之瓜分"，中國由此喪失的不僅僅是"司法主權"，而且包括"財權"、"海關稅權"、"用人權"、"練兵權"、"礦物權"、"鐵路權"等各種主權，這無疑揭露了西方列強通過法律條約來建構"無形帝國"的"法律帝國主義"本質。由此，在十九與二十世紀之交，"主權"、"不平等條約"就與"列強"、"殖民主義"、"帝國主義"、"殖民地"、"勢力範圍"、"最惠國待遇"、"東亞病夫"、"物競天擇，適者生存"、"變法圖強"等概念交織在一起，意味著中國人對世界的理解已擺脫了天朝體系在觀念、視野、理論工具上的束縛，開始接受西方威斯特伐利亞體系的一整套現代政治法律制度和文化價值觀念，以及由此塑造的全球圖景。在這種背景下，一方面中國知識分子在理論上追溯中國主權被瓜分的衰落根源，另一方面尋找"保國、保種、保教"的思路。這些追尋和探索推動了中國的現代轉型，將中國從一個孱弱、鬆散的帝國改造為一個強壯、團結的主權國家，對中國進行了全面的革命性改造。而這種改造首先就表現為"變法"，即通過法律重新塑造國家體制來獲得西方列強的承認。

由此，從洋務運動、戊戌變法、清末新政到辛亥革命，始終著眼於"變法圖強"以獲得西方列強的承認。我們把這個歷史階段看作是中國現代化的第一波，其精神基礎乃是"承認政治"，即始終將西方的政治生活狀況作為衡量中國是否文明的"尺度"和"標準"。這實際上意味著中國精英群體認同了西方世界帝國建構中確立的"文明"尺度，即西方人乃是"文明人"，而中國人則是"野蠻人"，只有"文明人"之間才會遵守萬國公法，簽訂平等條約，而"文明人"與"野蠻人"之間只能簽訂不平等條約。因此，在中國的第一波現代化進程中，中國人雖然意識到了不平等條約問題，但沒有人將廢除不平等條約看作是首要任務，相反，大多數人都按照西方文明的尺度和標準，反思中國法律制度的"野蠻陋習"，並積極主動地學習西方的法律制度和文化。比如黃遵憲雖然批評"治外法權"是不公平的，但他強調的重點不是廢除"治外法權"，而首先要做的是翻譯西方各國的法律，"採彼法以治吾民"，待中國強大之後，獲得西方世界的認可之後，才能廢除這些不平等條約。如果說黃遵憲提出學習西方法律僅僅集中在實定法層面或法律技術層面，著眼於"修明前聖制度"（薛福成），那麼到了梁啟超更是從文明禮教的層面上，將西方看作是文明標尺，將中國人看作是野蠻人：

> 有禮義者謂之中國，無禮義者謂之夷狄。禮者何？公理而以；義者何？權限而以。今吾中國聚四萬萬不明公理、不講權限之人，以與西國相處，即使高城深池、堅革多粟，亦不過如猛虎之過獵人，猶無幸焉矣。乃以如此之國勢、如此之政體、如此之人心風俗，猶囂囂然自居於中國而夷狄人。無怪乎西人以我為三等野番之國，謂天地間不容有此等人也。故今日非發明法律之學，不足以自存矣。[3]

因此，"變法"不僅僅是在法律系統層面上的制度變化，而是整個文明系統的徹底轉化。"變法"背後是"文明"，"文明"背後乃是被"承認"。在這種承認政治所設定的主人—奴隸的深層結構中，中國人產生了越來越深刻的文化意義上的自我懷疑、自我否定、自我譴責，由此產生對中國歷史文化傳統乃至作為中國人的怨恨心態。正如尼采所言，

> 所有高貴的道德都產生於一種凱旋式的自我肯定，而奴隸道德則起始於對"外界"、對"他人"、對"非我"的否定：這種否定就是奴隸道德的創造性行動。這種從反方向尋求確定價值的行動——值得注意的是，這是向外界而不是向自身方向尋求價值——就是一種怨恨：奴隸道德的形成總是先需要一個對立的外部環境，從物理學的角度講，它需要外界刺激才能出場，這種行動從本質上說就是對外界的反應。[4]

3　梁啟超：《論中國宜講究法律之學》，轉引自佐藤慎一：《近代中國的知識分子與文明》，劉岳兵譯，南京：江蘇人民出版社 2008 年版，第 79 頁。

4　轉引自劉小楓：《現代性社會理論緒論》，上海：上海三聯書店 1998 年版，第 359 頁。

這種不被西方主人承認所引發的奴隸式的怨恨就將這個"外界"、"他人"、"非我"指向了他們所譴責的腐敗、愚昧、自私、懦弱、保守的中國人。"中國人的自責聲浪在 1895 年後的 10 年間達到了頂峰，但這種自責是有悠久傳統的。在鴉片戰爭與 1910 年代之間，中國人（社會的上層和下層）沒有把他們最尖刻的攻擊全部都用於給中國南部和東南沿海地區以及北方地區帶來巨大破壞的外國人，而是流出一些給予了他們自己的可憐的領導層。"[5] 晚清中國人的這種怨恨式的自我否定與西方人在這個時候塑造的"滿大人"、"黃禍"相互促進，奠定了晚清以來中國人理解文明與野蠻的精神基礎。（參見第三章）

在這種對"他者"的怨恨的精神運動中，革命的主體誕生了，那就是"睜眼看世界"的精英知識分子，他們因懂洋務、認同西方價值而將自己塑造為"文明人"，而這種文明主體的誕生必須依賴對外在的野蠻"他人"的塑造。亦即，革命主體的塑造依賴對革命對象的塑造。

其一，就是野蠻的勞苦大眾。這種野蠻的塑造尤其集中體現在中國精英群體與西方人一起站在"文明"的立場上，共同將"義和團運動"譴責為"野蠻"。嚴復譴責義和團"妖民愚豎，盜兵潢池，其遺禍國家至矣"。梁啟超將其歸咎為受到中國傳統小說的"毒害"，當時最暢銷的《申報》嚴厲譴責朝廷大臣"昏庸謬妄"。總而言之，他們譴責百姓，譴責朝廷，譴責歷史小說，但都不譴責八國聯軍侵華的殘暴，甚至認為他們的入侵是由於中國人的野蠻所導致的，是咎由自取。正是在這種文明與野蠻的精神結構中，革命理念的傳播者陳天華區分了徹底"媚外"、"野蠻排外"和"文明排外"。他堅決反對"媚外"，但將義和團反抗運動抨擊為"野蠻排外"，是一種完全不顧公理、公法的規範性約束、"全沒有規矩宗旨"的排外。而他主張的革命乃是"文明排外"，那就是按照西方的公理和公法，用符合文明的、正當的手段來排外。而"文明排外"的前提就是首先要成為一個符合"文明"價值標準和尺度的國家，於是，這種"文明排外"就必然導向針對"非文明"的專制政權的革命——辛亥革命。由此，這

5　〔英〕藍詩玲：《鴉片戰爭：毒品、夢想與中國的涅槃》，劉悅斌譯，北京：新星出版社 2015 年版，第412 頁。

種外在"他者"的塑造就必然轉向第二個目標。

其二,野蠻專制的清政府。辛亥革命以推翻政權作為首要任務,就必須為這種"犯上作亂"的舉動進行辯護,一方面在"驅逐韃虜,恢復中華"的口號中,滿清異族統治在傳統的華夷之辨的論述中很容易被界定為蠻夷,但另一方面,更重要的是,在新的文明—野蠻的框架中重新認定這種清政府的野蠻,在這個時候,"共和"與"專制"的對立就成為文明與野蠻對立的例證。正是鄒容區分了"野蠻之革命"與"文明之革命",認為中國歷史上的改朝換代的革命都是為了一家一姓之私利的"野蠻之革命",而辛亥革命的追求的"共和"就是為了人人享有平等自由之幸福的"文明之革命"。中國傳統的華夷之辨與現代的共和專制之分野,共同將清政府塑造為一個野蠻政府,從而為革命奠定正當性基礎。

平心而論,在中國歷史上,清王朝無疑是最偉大的王朝之一,暫且不說中國領土越出"小中國"的長城地帶而變成今日的"大中國",很大程度上要歸功於清王朝的文治武功,康熙、雍正和乾隆無疑是偉大的君主,而後來的君主包括垂簾聽政的慈禧如果算不上明君,但至少沒有一個是昏君。如果將清代宮廷政治和任何漢族王朝的宮廷政治相比較,君臣昏庸無道盡在漢族王朝。我們只要比較一下漢末、晚明荒淫無道的朝廷政治,就會發現清朝政治始終保持著北方民族的質樸忠誠。因此,晚清失敗不在於滿族少數民族的統治,而在於儒家文明遭遇現代性的失敗。比較日本"脫亞入歐",滿清起於蠻夷,卻忠於中華文明秩序並為捍衛文明秩序用盡心力,甚至在最後依然通過禪讓的方式將整個"大中國"的政權移交到漢人手中,從而奠定了辛亥革命之後"五族共和"和中華民族建構的正當性基礎,奠定了今天中華民族多元一體的"大中國"的領土和政治格局,可謂其興也偉大,為亡也高貴。其後,滿族全面漢化並已融入中華民族之中,甚至晚清歷史也被始終作為中國人怨恨情結的"替罪羊"被編織在"鴉片戰爭以來"的歷史敘事中,成為鞭策國人奮力向前的精神動力。

其三,"鴉片"和不平等條約。在這種自我譴責怨恨的文化中,很容易讓人聯想到"鴉片"對中國人身體和精神的毒害,與鴉片聯繫在一起的是難以磨滅的"東亞病夫"形象。由此從 1900 年前後,中國開始掀起了禁煙運動。從此，"鴉片"及由此而來的"鴉片戰爭"和"不平等條約"這些概念聯繫在一起，不但成為"國恥"的象徵，而且成為中國展開主權國家建構和民族主義建構的歷史起點，成為中國古代史與近代史劃分的界線，成為中國反對帝國主義和封建主義，追求民族獨立和民族解放的歷史敘事的開端。

正是在這種文明與野蠻、主人與奴隸的承認政治邏輯中，辛亥革命以來推動的第一波現代化建構就是致力於建立一個被西方人承認的、符合國際法規範的"文明"的共和國。因此，"革命"、"建國"與遵守"國際法"就構成一個有機的整體。正如孫中山在 1912 年 1 月 1 日就任臨時大總統的演講中所言：

> （中華民國）臨時政府成立以後，當盡文明國應盡之義務，以期享文明國應享之權利。滿清朝時代辱國之舉與排外之心理，務一洗而去之。與我友邦益增睦誼，將使中國見重於國際社會，且將使世界漸趨於大同。[6]

如果說民國政治的舞臺上出現了滿清舊官僚和軍閥武夫干政的局面，那麼外交事務則始終由在西方留學並與西方國家建立密切人脈關係的"外交系"所主導，民國政治人物走馬燈一樣輪換，可外交系作為一個階層非常穩定。他們始終秉持"文明"和"國際法"標準，對待不平等條約始終堅持在國際法的基礎上，一方面修改完善中國的法律制度以符合西方標準，另一方面就是在談判的基礎上來修訂這些不平等的條款。由此，"變法"與"修約"就成為後來民國政府貫穿始終的外交問題，前者的最大成就是國民黨政府直到 1946 年才完成的《六法全書》，後者則是國民黨政府從 1928 年以來發起"修約運動"。修約運動從一開始就獲得了美國的積極支持，因為美國從地緣政治上將中國看作是其登上世界舞臺的重要支點（參見第三章），正是在美國的支持下國民黨政府逐漸收回關稅自主權

6　轉引自佐藤慎一：《近代中國的知識分子與文明》，劉岳兵譯，南京：江蘇人民出版社 2008 年版，第 127 頁。

以及租借地。特別是第二次世界大戰爆發，尤其珍珠港事件之後，英美急需中國對日作戰，於 1942 年共同表態廢除與中國簽署的一切不平等條約，包括取消"治外法權"。蔣介石在日記中將此看作是"平生唯一之快事"。1943 年，《中美平等新約》和《中英平等新約》簽署，其他歐洲列強也紛紛修約，廢除不平等條約的特權。在這種背景下，中國不僅被英美主導的國際社會所承認，更重要的是，由於中國在東方反法西斯戰場上做出前所未有的巨大貢獻而參與到戰後全球大國事務中，1943 年中國與美國和英國一起發表《開羅宣言》，二戰後中國成為聯合國的常任理事國。

然而，條約的背後乃是實力。中國之所以能夠廢除歷史上與歐洲列強簽訂的不平等條約，不僅是因為五四運動以來民族主義的高漲，而且是由於蘇聯、日本、德國和美國的崛起摧毀了歐洲列強的舊的殖民體系。但隨著國民黨政府被編織在西方的帝國體系中，中國又簽訂了一系列新的不平等條約。且不說國民黨政府與日本簽訂的一系列條約承認滿洲國，以至於中國的抗日戰爭從"九一八事變"算起的十四年抗戰變成了從"盧溝橋事變"算起的八年抗戰，以及國民黨政府與蘇聯簽訂的承認外蒙獨立、租借大連旅順軍港等不平等條約。更重要的是，二戰後與美國簽署的一系列新的不平等條約，出讓了大量的國家主權，包括美國在中國駐軍，擁有對內河航道、領空、領海的使用權，貨幣發行、財政、海關稅收喪失了自主權，美國可以在中國從事商業、製造、金融、科技、教育、宗教等各項活動。用駐美大使顧維鈞的話來說，"中國全部領土、全部事業一律對美國開放"；駐軍及相關人員引發的司法問題交由"中美憲警聯絡室"處理，而且中美商務糾紛也由"中美商務仲裁會"處理，這無疑復活了"治外法權"。一句話，美國在中國取得了過去歐洲列強不曾擁有的特權，那就是全面控制了國民黨政府，將中國變成了美國的準殖民地，類似於二戰後韓國和日本的境地。這其實就是布熱津斯基所理解的中國要成為美國這個世界帝國的"遠東之錨"的含義。[7]

7　〔美〕茲比格紐·布熱津斯基：《大棋局：美國的首要地位及其地緣戰略》，中國國際問題研究所譯，
　　上海：上海人民出版社 2007 年版。

二、關鍵經濟區與長城地帶："小中國"與"大中國"

　　二戰結束後，蔣介石通過羅斯福試圖讓英國歸還香港，但被丘吉爾斷然拒絕。而此時毛澤東在延安卻對三位西方記者表示："我們現在不提出立即歸還的要求，中國那麼大，許多地方都沒有管理好，先急於要這塊小地方幹嗎？將來可按協商辦法解決。"[8] 其實，就是在延安這個地方，毛澤東早在丘吉爾於 1947 年發表 "鐵幕" 演說之前，就已經開始思考 "天下" 的命運，思考中國在未來世界戰略格局中的位置。

　　延安地處黃土高原，屬於大陸心臟地帶向大陸邊緣地帶的過渡帶。更具體而言，延安乃至整個陝北剛好處在北部毛烏素沙漠邊緣的沙土區向黃土高原的黃土區的過渡地帶。這也屬於北方草原游居生活方式與南部農業定居生活的過渡地帶。延安南邊的西安是中國古代的十朝古都；而北邊的榆林是遼、西夏、金、元等各個少數民族與漢人進行政治交鋒的邊緣地帶，成為中國歷史上草原游居與農耕定居兩種力量不斷較量和融合的 "長城地帶"，秦長城和明長城都從榆林、橫山、靖邊和定邊經過。可以說，經過明清兩代的經略，陝北從中原王朝脆弱的邊疆變為穩固的內陸，逐漸成為經略大西北的基地。

　　如果我們將中國文明局限於歷史上以漢人為中心的中原地區，那麼陝北往往被看作是塞外地帶或邊疆地帶，這樣的中國乃是歷史上的 "小中國"。從這個角度看，中國歷史是經濟重心不斷從北方向南移動的歷史，冀朝鼎在其《中國歷史上的基本經濟區與水利事業的發展》中，依據興修水利的相關資料完整地呈現出中國的 "關鍵經濟區"（key economic area）的變化，即從秦漢時代的黃河中下游到隋唐時轉移到長江中下游。這本著作雖然討論的是中國歷史上的關鍵經濟區，但關注的卻是政治問題，即唯有控制關鍵經濟區才能建立起穩固的政權。這實際上解讀了中國歷史上政

8　毛澤東：《毛澤東文集（第 4 卷）》，北京：人民出版社 1996 年版，第 207 頁。

權統一與分裂的秘密，即爭奪並控制關鍵經濟區，從而具備汲取財富的國家能力並建立起統一的政權，否則就會陷入分裂。這部著作在 1930 年代用英文出版，立刻在國際上贏得學術聲譽，它實際上回答了美國人和國民黨政權關心的根本問題：要在中國建立起穩固統一的政權，就必須控制中國的 "關鍵經濟區" ——長江中下游平原。而這剛好印證了國民黨政權的政治本能，即在國共兩黨合作展開國民革命的北伐戰爭之後，國民革命軍迅速從南方擴展到整個長江中下游地區，武漢、南京、上海這些長江沿岸的經濟城市落入國民革命軍手中，這就意味著只要國民政府控制了中國的關鍵經濟區，就有望建立起統一全國的政權。然而，從鴉片戰爭以來，長江中下游平原這個關鍵經濟區的真正主人實際上是以英國為首的西方列強，而晚清衰落的根本原因是它喪失了對中國關鍵經濟區的控制能力，從太平天國運動的破壞到義和團運動之後出現的 "東南互保"，實際上表明這個關鍵經濟區徹底脫離了中央政權的控制。那麼，國民政府究竟準備如何控制這個關鍵經濟區域，就直接決定了國民政府的性質：是把英美帝國主義的勢力從關鍵經濟區趕出去，建立一個獨立而統一的新中國，還是繼續保留英美帝國主義在關鍵經濟區的特權，建立一個依附於英美帝國主義勢力的半殖民地政府？對於經歷了鴉片戰爭以來半殖民地歷史的中國來說，這無疑是兩種政權、兩種前途、兩種命運的抉擇。正是面對這個根本的政治問題，國共兩黨分裂了，共產黨從一開始就選擇了走一條追求民族獨立解放的革命道路，而國民黨選擇了後者。為此，蔣介石與江浙資本家、上海買辦資本家以及英美帝國主義勢力達成秘密協議，共同背叛了中國革命，針對共產黨人發動了 "四一二大屠殺"，建立起依附英美帝國主義勢力的半殖民地政權：南京國民政府。因此，二戰後國民黨政府與美國簽訂一系列賣國的不平等條約，實際上從國共分裂就播下種子。

　　事實上，和國民黨一樣，中國共產黨也誕生於中國沿海大城市，因為工人階級本身就誕生於資本主義體內。鴉片戰爭將中國沿海地區率先納入全球資本主義體系，中國工人階級也就在香港、廣州和上海等地誕生。如果按照馬克思主義的經典理論以及共產主義運動在歐洲和俄國的歷史經驗，無產階級革命必須首先在資本主義發達的大城市爆發，就像失敗

的 "巴黎公社" 和成功的 "十月革命" 一樣。然而，在半殖民地、半封建的中國，資本主義並不發達，中國資產階級和無產階級的力量都很薄弱，以至於這兩個階級面對現代主權國家建構的歷史使命，在民族主義的大旗下團結起來。然而，"四一二反革命政變" 意味著國民黨將共產黨趕出了大城市，甚至趕出了國民黨控制的江南關鍵經濟區，以及在此基礎上形成初步統一的 "國統區"，這就迫使中國共產黨一方面從城市轉向農村，另一方面也從平坦的關鍵經濟區出發，從東向西、從南向北沿著獨特的中國地形階梯向上逆流而上，經過舉世矚目的長征，達到歷史上處於邊疆的長城地帶：陝北。中國共產黨的這次轉移不僅是在中國地理空間格局上的轉移，也是一次思想理論和精神意志的重新鍛造，即逐漸放棄了十月革命的城市暴動模式，而形成了以 "農村包圍城市" 的模式，依靠的力量也從城市工人階級轉向以鄉村農民為主，更重要的是在精神上從東南城市繁華的 "洋" 向西北農村簡樸的 "土" 轉變。（參見第二章）而這場脫胎換骨的轉變意義就在於，將一個來源於歐洲和俄國的知識分子政黨轉變為一個扎根中國大地、與本土工農大眾相結合的本土政黨。施米特敏銳地觀察到中國共產黨扎根本土的大地屬性，而這個大地屬性恰恰來源於中國獨特的地理特徵，即共產黨從歐亞大陸的邊緣地帶（關鍵經濟區）攀升到可以俯瞰東南、東亞乃至海洋世界的大陸心臟地帶與邊緣地帶接壤的長城地帶。這種思想理論、階級力量轉變的背後，就是地理空間帶來的視野和精神氣質的改變，即不再從關鍵經濟區為中心來關注 "小中國"，而是以長城地帶為中心去思考 "大中國"。

如果從 "大中國" 的視野看，那就不能把眼光僅僅集中在關鍵經濟區，而要看到中國內部地理區域和文明歷史的多樣性。蘇秉琦先生提出了中國文明起源於六大區域。一方面我們會看到五個歷史上屬於蠻夷的文化區（北狄的燕遼文化區、戎羌的甘青文化區、東夷的山東文化區、古越的江浙文化區、三苗的長江中游區）圍繞華夏的中原文化區展開，從而形成內華夏而外夷狄的 "小中國" 格局，但是如果我們從 "大中國" 的視野看，那麼西北的三個文化區面向草原和歐亞大陸輻射，而東南的三個文化區向面向海洋世界輻射，其中 "古越的江浙文化區"、"三苗的長江中游

273

區"就構成冀朝鼎所說的"關鍵經濟區"。由此，"小中國"內部的華夷之辨必然牽動"大中國"向歐亞大陸與海洋世界的擴張，從而牽動整個歐亞大陸乃是整個世界的神經。一部中國文明史就是"小中國"不斷邁向"大中國"的歷史。如果我們將中國大西北廣闊的游牧區域乃至廣闊的海洋都納入到中國文明的視野中，那麼中國文明的經濟中心雖然在南方的關鍵經濟區，但政治中心必然是長城地帶，因為唯有這個地區才能將草原游居與農耕定居兩種力量整合在一起，這兩種力量在這裏作為一個旋轉互動的樞紐地帶，既可以調動西北游牧力量來征服南方，也可以調動東南經濟力量來支撐西北的擴張。一旦以長城地帶為中心將中國南北這兩種力量整合起來，就意味著將歐亞大陸的心臟地帶與東亞廣闊的邊緣地帶整合起來，從而使中國成為牽動歐亞大陸與太平洋世界的互動的中心樞紐，這才是真正的"大中國"的世界。這既是中國歷史上曾經達到的境界，也就是中華民族偉大復興所期盼的世界。因此，在中國歷史上，能否跨越長城地帶將兩種力量凝聚起來就成為中國能不能邁向"大中國"的標誌。秦漢、隋唐到元明清，這些中國歷史上偉大的朝代都實現了跨越長城地帶而將中國文明內部的兩種力量整合起來，相反，僅僅集中在南方關鍵經濟區的往往會形成"小中國"的格局。這種"小中國"與"大中國"的格局通常反映在王朝定都問題上，而晚清以來關於定都的爭論就足以反映出以大陸為中心還是以海洋為中心的兩個空間觀。[9]

　　經過元明清幾代的經營，北京已成為中國南北兩種經濟模式互動、多民族融合的"大一統"政權的政治象徵。然而，隨著甲午戰敗到八國聯軍進犯北京所產生的遷都爭論，有人開始從海洋世界的視野、著眼於全球工商業發展的視野來看待北京，定都北京不再是優勢，反而由於氣候、物產、人口、居民素質、文化傳統等原因成為弊端。比如康有為在提出遷都上海的奏章中，就認為過去屬於"陸爭之世"，北京建都千年是因為山海之險、"便控於遼漠之故"，而今進入"海爭之世"，晚清屢受海上之侵擾，若要迎頭進取，建都就應"據江河之盡流，臨溟海之形勢"，取"交

9　本章關於定都爭論所引文獻，除另有注釋，皆轉引自周桂梅：《國都之爭與近代北京政治含義的演變》，《北京史學》2020 年第 1 期。

通便利，腴壤饒沃"之處，放眼世界，英、日、俄、葡、丹等國皆臨海設都。可見，在康有為眼中，中國的空間重心不是如何控制北方大漠，而是如何控制海洋，面臨的問題是如何利用江河、領海的交通便利來發展資本主義工商業，從而與歐洲列強爭奪海洋世界。由此，北京成為代表過去大陸時代的"舊都"，而南方的南京和上海則代表著海洋時代的"新都"。

這種"新舊"意識形態之爭在辛亥革命圍繞定都問題的爭論中更為突出。孫中山代表的革命黨人將北京與南京在政治上對立起來，認為前者為"舊黨滿人"的中心，具有幾千年封建專制帝制文化傳統，屬於"專制餘孽"、"辱國舊都"，從而提出定都金陵（南京），這裏作為"新黨漢人"的根據地，剛好可以建立一個全新的中華民國。在這種新舊劃分的背後實際上包含著對中國地理空間格局重心的不同認知。孫中山認為中國的地理氣候差異太大，"習慣氣質"各不相同，為此各省應相對獨立，採取美國的聯邦制。更重要的是，他從南方海洋的視野看待中國，認為革命的首要任務乃是"籌謀建設中國本部"，控制南方的關鍵經濟區，依靠南洋以及海外的腹地建構起"共和"的中國。至於，北方的蒙藏問題，他認為乃是信仰、人心的問題，需要"暫時閒置"或看作是與"友邦"進行博弈的條件。然而，蒙藏問題不只是信仰問題，信仰的背後乃是政治，是國家統一分裂的核心問題，是"謀本部"的小中國還是"謀藩服"的大中國的根本問題。孫中山等人著眼前者，而章太炎、袁世凱和張謇等人著眼後者。章太炎痛陳建都南京之弊，其核心在於喪失對北方的政治經濟文化的影響力和統治力，導致民國政府"威力必不能及長城以外"，北方由此會蒙古化，再加之日俄會乘機侵及東北，中原失重，使南北分裂，"國體將土崩瓦解"。顯然，章太炎秉持"大中國"的疆域觀來批評孫中山的"小中國"疆域觀，認為"統一政府者，統治南北各行省，而旁及外藩，非專統治南方也"。袁世凱就任大總統之後是否來南京任職的問題，進一步加劇了這個爭論，用黎元洪的話來說，"捨南京不至亂，捨北京必至亡"。從這個意義上，恰恰是後來定都北京的北洋政府維持了國家的統一，通過清帝遜位合法地繼承了清朝"大中國"的疆域，推動了"舊邦新造"，解決了定都問題上的新舊之爭。其實，在早期革命初期，孫中山就曾提出"謀本部者則武昌，謀藩服則西安，謀大洲則伊犁，視其規摹遠近而已"，足以看出其視野不僅要從"小中國"（謀本部）發展為大中國（謀藩服），而且要構想以伊犁為中心來謀求整個亞洲。

第二次北伐成功之後，馮玉祥、閻錫山等北方將領和文人向蔣介石等人提出了國民政府應從南京遷都北京的意見，由此再次引發建都爭論。國民黨元老吳稚暉、著名學者張奚若等人繼續秉持"民主革新"與"專制守舊"這種中西、南北、新舊的二元對立，而國民黨元老孫甄陶更是重複了歷史上的華夷之辨的話題，認為"北平之為首都，幾乎非在外族入主中華的時候，即在中華民族倍受威脅的時候。換一句話說，北平就是非漢族淪亡即中華民族最削弱民族精神、最不能抬頭的時期的首都"。國防地理學家張其昀認為，"南京歷代建都，皆有民族獨立之精神"，因為南京地處江南，保存了漢族文化、中原文化的精髓，能夠激發仁人義士的革命志氣。可見，無論其口頭上說的是"中華民族"，還是"民族獨立"，都著眼於漢族的"小中國"或梁啟超所謂的"小民族主義"，而不是"五族共和"基礎上"中華民族"這個"大民族主義"的大中國。

如果從大小中國的華夷之辨看，有論者注意到從高宗南渡以來，北京建都歷史已長達八百多年；而南京作為十朝都城，非偏安即短命，平均每代不過四五十年。地質學家李四光在進一步研究中國歷史後發現兩條規律。一是中國政治社會狀況的發展具有"循環週期"，二是每一次循環週期都伴隨著北方民族更大勢力的"入侵"。他認為從戰國到晉末，從南北朝到宋末，從遼金元到清末，分別是中國歷史上的第一、第二、第三個循環，由此，從太平天國一直到軍閥割據的中華民國，大體上類似於三國、五代這樣的時代，並進一步得出結論說："由國民黨統一後今日的中國，便等於晉或宋了"。李四光對當時成立不足四個月的南京國民政府的命運做出如此大膽的判斷，無疑是基於對中國地理與歷史變化規律的深刻認識。這個循環恰恰是中國在關鍵經濟區與長城地帶之間的循環，是"小中國"與"大中國"之間的循環，而每一次循環不斷擴大"小中國"的範圍並增加其力量，從而再次帶動"大中國"的不斷擴張。正是基於對這種地理空間變化規律的洞見，李四光尤其關注盤踞於東三省的日本和盤踞於蒙古新疆的蘇聯，主張建都北京，以防南下造成北方空虛。

　　1940 年代，圍繞抗戰勝利後的定都問題以及後來南京制憲的定都問題，再次引發漫長的爭論。錢穆與張其昀最先就這個問題展開爭論。隨後錢穆於 1942 年發表《戰後新首都問題》並於 1945 年發表《論首都》，系統闡述了定都北方對於「大統一」中國的重要性，不過他認為不是定都北京，而是定都西安。錢穆從政治學的角度區分了兩種國家：一種就是「自然單式國家」，這種國家是根據單一的自然地理環境乃至民族所自然形成的，古代城邦和現代民族國家就是典型；另一種就是「人文複式國家」，這種國家「全由人文化成，而不復為自然的地形與民族之隔閡所限」，也就是說，國家跨越了自然地理環境以及民族的局限，能夠將不同的地理環境以及其上的不同民族通過人為的文化教育方式整合為一個更大的國家。這兩種國家類似我們今天所說的「民族國家」與「帝國」。然而在錢穆的心目中，所謂「自然單式國家」就是以中原或江南的關鍵經濟區及其上漢族為主的「小中國」，而「人文複式國家」則是以長城地帶為中心囊括南北、「五族共和」基礎上的「大中國」。如果從「小中國」的視野看必然定都南京，但如果從「大中國」的視野看，他認為必須不再定都北京，而是西安，這不僅是在回應孫中山早期關於「謀藩服則都西安」的構想，更是基於迫切的中國政治現實。他認為，中國內政的核心問題一在國內民族矛盾，「異民族雜處，未能融洽一體」，一在階級矛盾，「民眾生活顯分兩階級，不能調和一致」，而這兩個問題又在地理上集中在西北，以西北地區最為嚴峻。因此他認為中國之病在西北，「中國而言安內，必先面對此西北十區之現實。」而要治癒西北，必須將西北和東南看作一個完整的整體，用東南來滋養西北，即政治在西北，而經濟在東南：「倘使中國像一件器皿，它是偏向東南傾側的，非在西北部繫扣住一個重心點，他將不得穩定，永遠向東南方滑下。倘使中國像一棵樹，他的根柢盤固是在西北，其東南雖則枝葉扶疏，滋膏榮華，卻要靠西北做命脈。」他認為西漢定都西安，保持政治上頭腦的清醒，並用東南腹部的資源來滋養頭腦，從而張開「大一統」規模，而東漢定都洛陽，恰恰是將頭腦裝在溫暖的腹部，出現疲緩滯呆的現象，導致魏晉之下中國日趨萎靡，而到了南宋建都南京更是將頭腦放在尾巴上，變成了一種"逃遁畏避之狀態"。

　　西北在國家政治中的重心地位，不僅在於要通過政治力量來治癒西北面臨的民族和階級矛盾，更重要的是要用現代的地緣政治眼光來看西北和東南的關係。事實上，早在 1935 年，地理學家胡煥庸根據中國人口統計發現了從黑龍江璦琿至雲南騰衝畫一條直線，就會發現這條線的東南半壁約 36% 的土地供養了全國 96% 的人口，而西北半壁 64% 的土地僅供養 4% 的人口，二者平均人口密度比為 42.6：1。這條著名的"胡煥庸線"揭示了中國南北問題或西北東南問題實際上是由地理環境決定的，中國的關鍵經濟區大體集中在東南，而西北則是高原、荒漠地帶，所謂中國病症的民族問題和階級問題實際上是由地理空間決定的。正是以更為科學的"胡煥庸線"作為標準，錢穆將過去從北京到長城地帶所形成的南北問題，轉化為更為準確的東南與西北的問題，他甚至以"胡煥庸線"為軸心，畫出東南和西北兩個半圓合併的中國：

　　　　中國最近當前之人物精力，似乎成了一個半環形，正是大陸與海洋交割的邊緣，恰恰成了一個半環，……此半環線則圍拱著決濟曠蕩的大陸。這一個大陸，正為中國人的命脈與生根。無盡無限光芒燦爛的歷史與文化，正在此大陸上產出。漢、唐極盛時期最豐熾最繁榮的首都所在地長安，便是此一大陸之中心。由此向正東向東北向西南，向上面所說之半環地帶，距離約略相等。這一個半環之對此中心，真有萬國冕疏，八方風雨之概。

　　　　……上面所說海陸交割地帶之半環線，不夠代表整個的中國。整個中國尚有恰恰與上述半環線，遙遙相對的另一半環，此乃以新疆為中點，東北至蒙古，西南至西藏的一半環。依照中國已往歷史，中國人面對此一半環的時候，常是中國人奮進與邁上的時候。僅中國人反過身來，面對海陸交割的一半環的時候，則雖若順勢自然，卻不免常帶有逃遁退嬰的意味。新中國之最近將來，倘將採取一種逆勢動態的奮進國策，則新中國建國第一方案，便該再反過身來，重新吸集那海陸交割地帶的半環線的一切人物精力倒灌到正相對的半環線去。否則中國將成一半枯瘠的國家。譬如日月之蝕，一半光明而一半模糊，一半鮮豔而一半暗淡。[10]

如果從麥金德的視角看，以"胡煥庸線"為軸心形成的兩個半圓，西北半圓就處在大陸心臟地帶，而東南半圓就處在大陸向海洋過渡的邊緣地帶。因此，"胡煥庸線"就是大陸心臟地帶向邊緣地帶的過渡線。西北相對於東南始終擁有戰略的優勢，西北軍事力量可以順勢而下佔領東南的關鍵經濟區進而統一全國，建構大中國的格局。如果失去西北屏障的保護，即使擁有東南關鍵經濟區的膏腴之地，那麼也只能是一個偏安短命的小中國，最終被西北的政治軍事力量所"入侵"。因此，中國歷史上的大一統王朝大多西北起兵而向東南順勢而下，秦漢、隋唐、元清莫不如此。

從晚清以來，有"海防"與"陸防"之爭，李鴻章關注東南海軍建設，左宗棠出兵平定西北回亂，無疑彰顯了這個成為樞紐地帶的"大中國"地區同時面臨大陸心臟地帶的北方沙俄與來自海洋的歐洲列強擠壓的困境，以至於兩種實力在中國南北形成了自己的勢力範圍，助長了晚清在衰落中出現的南北分裂傾向。從洋務運動、戊戌變法到辛亥革命，來自南方的"洋務新黨"和買辦階級大多數人與海洋上而來的英美資本主義勢力整合在一起，從"東南自保"到"驅逐韃虜"，從"聯省自治"到內戰時期的"劃江而治"，中國現代化第一波塑造的政治主體從一開始就抱著"小中國"的偏安心態，而缺乏建立囊括海洋、平原、高原和草原的"大中國"的雄心。更重要的是，國民黨所依附的英美帝國主義勢力始終關注的是如何在牢牢控制江南的中國關鍵經濟區，而將荒涼落後野蠻的西北地區看作是沙俄或蘇俄（聯）的勢力範圍，從而維持俄國者與英美一個多世紀以來的大陸與海洋的"大博弈"格局。（參見第三、四章）

面對這種政治情勢，中國要建立一個"大中國"，就必須從東南向西

10　錢穆：《戰後新首都問題》，載錢穆：《政學私言》，北京：九州出版社 2016 年版，第 182-183 頁。本章所引錢穆兩篇文章的內容，皆出自本書。

北"逆勢而上",而這恰恰需要中國革命的政治主體擁有逆勢而上的精神氣魄。錢穆主張國民黨定都西安而非南京,正是強調首都的選擇不僅是政治制度,而是與政治制度密切相連的人文精神,從而希望國民黨面對貧困的大西北在逆境中激發出"逆勢而上"的精神,而不是沉溺於富貴溫柔鄉腐敗衰亡。

三、北方與南方：自由人格與民族精神

　　錢穆對民族精神的關注觸及到地理與國民人格乃至民族精神的關聯，而在這場圍繞定都的爭論中大家無不注意到定都北京和南京背後不同的國民精神及其長遠影響。主張定都南京的大體都認為，"南方繁榮，北方衰落；南方活躍，北方凝滯；南方進步，北方保守"。在這樣一種開放活躍的、充滿生機勃勃的南方與封閉守舊、凝滯麻痺的北方形成了截然對比，因此只能定都南京才能引導國民的自由精神。然而，反對觀點認為，北方氣候寒冷、加之生計艱難而終日勞作，成為身體強健勇敢的尚武民族，人民不知不覺養成一種堅忍耐勞且沉毅果斷的性格，北京也因此有"雄武之氣象"，甚至有論者指出世界強國的首都都建在北緯四十度左右。比較之下，南方雨水充足，物產豐富，導致南方人身體柔弱，加之南方山明水秀，風景絕佳，盛產詩詞歌賦，造成"文弱淫逸"的社會風氣。在這兩種關於地理與民族精神的論述中，前者著眼於商業貿易，形成繁華開放活躍的南方與小農游牧下封閉保守蕭條的北方的對比，後者著眼於戰爭征服，形成尚武強健、剛毅果斷的北方與文弱淫逸、腐化墮落的南方形象。從尼采的視角看，前者恰恰是奴隸乃至"末人"（last man）的形象，而後者恰恰是主人乃至"超人"的形象。正是在 1928 年以來的兩場大辯論中，北京逐漸擺脫了封建專制腐敗的形象，而變成了質樸果敢的形象，相反南京乃至"摩登上海"則恰恰因為商業資本主義影響下成為燈紅酒綠的腐敗形象，甚至有論者認為北京社會的腐敗風氣恰恰是從南京上海而來的。黃炎培在延安之行中盛讚共產黨充滿朝氣、質樸果敢的"土氣"，顯然是以國統區燈紅酒綠奢靡腐敗的"洋氣"作為潛在對比。（參見第二章）

　　然而，這兩種看起來對南北精神的不同理解都潛在地假定"自由"與"商業"資本主義聯繫在一起，這始終是固定不變的南方形象，哪怕這會引發類似"摩登上海"的奢靡腐敗。同樣，北方哪怕勇敢質樸，富有道德感和犧牲精神，也難以抹去赳赳武夫乃至"專制"的形象，而這種形象似乎與"自由"概念扯不上關係。因此，這場辯論始終未能改變"自由南方"

與 "專制北方" 的話語對比，這種話語進一步被北方蘇聯社會主義與南方英美自由主義的地緣格局所強化，以至於變成現代中國所面臨的一種新的華夷之辨，或明或暗地潛藏在民國甚至到今天的話語體系中。而這種話語恰恰忽略了在西方啟蒙思想的論述中，寒冷北方塑造出來的勇敢、野蠻的尚武精神在本質上恰恰屬於真正的 "自由精神"，海洋世界殖民主義的商業冒險恰恰來源於此。

　　啟蒙思想家孟德斯鳩專門討論過地理、氣候和土壤對人的精神氣質、心靈情感乃至民族品格的塑造作用。他早就意識到寒冷氣候塑造勇敢豪爽的性格，但也導致人的想象力和感受力比較差，以至於人民坦率質樸更具有道德感，而南方炎熱氣候導致體格仟細、性格軟弱而缺乏勇氣，但卻由於感官靈敏，多愁善感，易追求風花雪月而放縱感官享受，以至於道德風尚比較差。民國時代討論定都問題的人們未必都讀過嚴復翻譯的《法意》，但在這一點上都會同意孟德斯鳩的看法。然而，孟德斯鳩不同的地方就在於，他從這兩種地理氣候中看到了自由的主人人格與順從的奴隸人格的根本差異，即北方寒冷地帶塑造的是生機勃勃、勇敢自信、有道德感和創造力、酷愛自由的主人人格，而南方則塑造了一種萎靡頹廢、性格軟弱、缺乏道德感和創造力、易於服從的一種奴隸人格："炎熱地區的人怯懦如同老人，寒冷地區的人驍勇如同少年。" "炎熱削減人的力量和勇氣，而生活在寒冷氣候下的人有一種體力和精神力量，使他們能夠從事長時間的、艱苦的、宏偉和勇敢的活動。" "炎熱地區的人民幾乎總是因怯懦而淪為奴隸，寒冷地區的人民則因勇敢而享有自由。" [11]

　　可見，歐洲國家之所以成為自由國家，恰恰在於每個國家的人民都是勇敢好戰的自由民族，因此人們平等簽訂社會契約，建立起自由政體。然而，亞洲東方的超大型國家，都是北方的自由民族與南方的懦弱民族相遇，前者很容易征服後者而建立起君主專制政體。孟德斯鳩特別關注中國的歷史和中國的政體，他認為恰恰是北方的自由勇敢的韃靼人與南方懦弱的漢族相遇形成了專制政體。在他看來，南方漢族之所以軟弱，不僅是由

---

11 〔法〕孟德斯鳩：《論法的精神》，張雁深譯，北京：商務印書館 1961 年版。

於地理原因，而且是由於儒家禮教的核心乃是服從，"跪拜"和"棍棒"是具有代表性的教育乃至司法制度，這些就成為儒家思想建構起東方專制主義的象徵，以至於黑格爾在《歷史哲學》中認為東方中國發展起來的僅僅是君主"一個人的自由"。孟德斯鳩的這個論述徹底改寫了從耶穌會推動的"東學西漸"以來西方啟蒙思想家在"中國熱"中對儒家世俗政體的"開明專制"的推崇，開始將儒家思想與東方專制主義緊密聯繫在一起，從而成為西方建構自由政體、建構新型文明秩序的"他者"。由此，我們才能理解為什麼馬嘎爾尼使團訪問中國時糾纏在"跪拜禮"的問題上，為什麼西方進入中國每每以"棍棒"司法為理由而推行"治外法權"，這恰恰構成西方自由與東方專制的象徵。

正是在孟德斯鳩這裏，我們看到西方人所理解的"自由"的核心要義就在於一種不屈服的反抗精神，一種自己規定自己生活方式和價值意義的主人精神。自由政體是主人們經過自然狀態下"暴死"恐懼的考驗之後作為平等的對手選擇簽訂社會契約，西方建構自由國際秩序也是主權者之間在長期戰爭中無法征服而選擇成為平等夥伴。由此，"自由"背後不僅要有精神意志，而且還要有捍衛自由的實力。"自由"恰恰是在作為對手相互搏鬥征服中展現出來的。當然，孟德斯鳩這裏所說的"自由"具有真實的歷史所指，那就是歐洲北部森林中的日耳曼野蠻人，他們作為維京海盜的後裔摧毀了羅馬帝國。在孟德斯鳩看來，這無疑是砸碎羅馬帝國"專制的鎖鏈"，對整個歐洲形成一種自由解放，使得歐洲擺脫羅馬帝國而成為一個個獨立的主權國家。孟德斯鳩之所以將英格蘭政體推崇為"自由政體"，就在於強調這種政體起源於"日耳曼森林"。這個著名的比喻不僅暗示英國人乃是日耳曼後裔，更重要的是強調英國的君主立憲來源於日耳曼人蠻族古老的自治傳統。所不同的是，英國人將這種日耳曼蠻族的自由精神不是用於陸地征戰，而是用於海洋世界的商業、工業擴張和殖民征服。（參見第四章）

如果從這個角度看，主人意識、自由精神、真正的主權者從來都在桀驁不馴的中國北方蠻族，而柔弱的南方人若想證明自己具有自由精神和主人意識，那就要堅定不移地展開"北伐"，這是中國歷史南方偏安的小朝廷始終面臨的難題。這意味著現代中國的主權者要在精神氣質上具有“逆勢而上”的自由精神來定都北方，必須面對北方嚴酷的氣候、貧瘠的土地來砥礪鍛造自己的主人意志和自由精神，由此才能駕馭桀驁不馴的北方少數民族，進而面對繼承海盜自由精神的西方列強。

錢穆強烈主張國民黨定都西北的原因就在於想象了一個在歐亞大陸與太平洋之間的處於樞紐地位的“大中國”。而民國時期國共兩黨都對明代政治感興趣，其中一個重要原因就在於明代是從南方逆勢而上北伐成功，且定都北京，將王朝領土越過長城地帶而建構起“大中國”。當然，錢穆的理想不可能由蛻變為江南資產階級和海外國際買辦階層的國民黨所實現，而只能最終由經歷了“長征”，從東南向西北逆勢而上並在長城地帶成長起來（延安時期）的中國共產黨所完成。錢穆引用漢代的說法，認為中國“始事常在東南，而收功實者在西北”，無疑是對中國革命的最佳注腳。

孟德斯鳩關於地理、氣候與民族精神的討論，不僅能用來論述英國自由政體的起源及發展，更重要的是能用來分析地球上不同的國家和民族，由此能用來分析中國。他將北緯 40 度向北、西起俄羅斯西邊邊界、東到大洋的廣袤陸地看作是亞洲北方高寒地帶。這主要是俄羅斯人和韃靼人居住的地帶，大體相當於後來麥金德所說的歐亞大陸心臟地帶。而他將土耳其、波斯、莫臥兒、中國、朝鮮和日本看作亞洲南方炎熱地區。這裏所說的“中國”實際上就是指“小中國”。比較之下，歐洲處在溫帶為主的均勻過渡帶。由此他進一步得出這樣的結論：

> 亞洲各國的形勢是強國與弱國相對峙，勇敢、活躍和好戰的民族與纖弱、怠惰和膽怯的民族相毗鄰，於是乎，一方必將被征服，而另一方成為征服者。與此恰恰相反，歐洲各國的形勢是強強相對，毗鄰的國家幾乎同樣驍勇。之所以亞洲弱而歐洲強，歐洲自由而亞洲奴役，主要原因即在於此。我認為在此之前從來沒有人觀察到這個原因。這也是為什麼亞洲的自由從未增多，而歐洲的自由則隨情況而或

增或減。[12]

　　正因為歐洲是好戰的自由民族，亞洲是虛弱的奴役民族，因此歐洲各民族才邁向海洋推動了地理大發現，不僅發現了處於"未開化"狀態的新大陸，而且通過堅船利炮、商業和工業乃至科學技術和"文明"理念征服了東方，將東方變成殖民地或半殖民地，納入其建構的世界帝國體系中。因此，在這場關於定都的爭論中，將南方想象為"自由"除了象徵共和取代專制，更重要的是南方毗鄰海洋，與南洋、西洋、太平洋相連，與全球商業貿易的自由繁榮相連。南北定都的爭論不僅是圍繞"小中國"與"大中國"的想象，甚至超出了歷史上著眼長城內外舊邊疆的"大中國"想象，而且是指向將中國與東南新邊疆的南洋乃至整個海洋世界聯繫在一起的全球想象，即中國要躍出東亞大陸而面向海洋世界的想象。

　　從《聖武記》到《海國圖志》的轉化，從左宗棠的"陸防"與李鴻章的"海防"的爭論，一直到康有為提出的從東亞大陸的"陸爭之世"到面向全球的"海爭之世"，這個中國與世界的不同歷史圖景的空間想象不斷出現在這場圍繞定都問題的論述中。地理學家張其昀認為，"現代中國政治家之大問題，不復為'胡馬'之問題，而為'炮艦'之問題。"他認為滿蒙與漢族已融為一體，長城內外的北部邊疆不足為慮，而應當轉向注重海洋問題，因為"二十世紀之時代，太平洋之時代也。……而太平洋問題之焦點，厥惟中國"。因此，中國應接續鄭和下西洋的餘音，謀求海外發展，這才是海洋時代的使命。地理學家沙學浚也認為，隨著近代"海洋航行時期"和現代"世界交通時期"（"橫渡太平洋與橫貫大陸交通聯合的時期"）的到來，中國的政治地理重心也從西北轉向東南。"數千年來的國防原在北方，原在長城內外，是時不得不移至沿海。旅大代替了居庸，大沽口代替了雁門，江南代替了陰山河套，香港至臺灣一帶相當於河西走廊至天山。"由此，"三大緣海即黃海、東海、南海，由寂寞變為繁忙，由化外變為重要。腹裏各部變遷的程度之高低，視其距海遠近，

12　〔法〕孟德斯鳩：《論法的精神》，張雁深譯，北京：商務印書館 1961 年版。

通海便阻及所受海洋影響之大小而定。""二十世紀之時代，太平洋之時代也"，中國的發展重心在海洋，而南京處於海陸並舉之"橫、縱五帶之中心"，建都南京有利於培育在太平洋上獨立的防禦能力，甚至爭奪海洋霸權。

這種"陸爭時代"與"海爭時代"、"胡馬時代"與"炮艦時代"的劃分涉及到對未來中國究竟走"農業國"還是"工商國"的道路分歧，張其昀和沙學浚認為在海洋時代應該面向海洋發展工商業，甚至與西方列強一爭高低。然而，這種想象顯然脫離了當時處於內戰中積貧積弱的現實，尤其在太平洋上與西方列強一爭短長之說被批評為"癡人說夢"。現實正如錢穆所強調的那樣，"中國本是一個大陸農國。中國傳統文化，亦是一個最標準最理想的大陸農國的文化。中國人已往在大陸，中國人之將來依然要在大陸。中國人已往是農國，中國人之將來依然仍是農國。只不過要成為一個新大陸的新農國而已。"錢穆強調的農國不是不發展工商業，實際上是在強調中國的政治地理空間都在大陸，哪怕有北方與南方的區別，中國本質上是一個大陸國家，而非像英國日本那樣的海島國家，直面海洋謀求生存和發展。因此，中國未來的發展應該先鞏固內陸，然後再發展海洋：

> 夫新中國之建設，將為內陸開發乎？抑為海洋飛躍乎？將艱苦卓絕而對現實乎？抑鋪張揚厲好大而喜功乎？將效俄帝彼得，特闢新港以爭海口，開門與列強相揖讓而角逐乎？抑效蘇維埃，還歸舊都，退藏內陸，閉戶作內部之整頓乎？此必有所先後緩急輕重，此誠國家百年大計。

顯然，錢穆的想法是中國應該效仿蘇聯，首先應當"閉戶作內部之整頓"，鞏固西北內陸的整合並充實西北邊疆，然後再考慮如何面向海洋，與西方列強爭短長。不僅如此，錢穆進一步認為，隨著"空中交通激進，大陸國地位轉重，海洋殖民，幾幾乎如潮汐之將退，新中國之將來，其前門當轉向西北"。這個看法與麥金德對世界歷史的劃分有一種潛在的默契。麥金德在 1904 年發表的著名演講《歷史的地理樞紐》中，強調哥倫布之前是世界歷史的大陸時代（亞洲時代），之後就是世界歷史的海洋時代（哥倫布時代或歐洲時代），進入 20 世紀之後乃是大陸與海洋爭取全球統治權的時代，尤其鐵路和飛機的發明使得大陸國家擁有與海洋國家類似的機動性能力。麥金德的這個看法一方面解釋了 19 世紀晚期大陸帝國俄國與海洋帝國英國展開爭奪的"大博弈"，另一方面也預示了大陸帝國蘇聯與海洋帝國美國爭奪全球的"冷戰"。從美國進入亞洲以來的"馬漢三策"中，我們可以清楚地看出美國的長期國策就是扎根中國東南邊緣地帶，並以此為基地包圍瓦解大陸心臟地帶的蘇聯，進而建立起統治全球的世界帝國（參見第三章）。1944 年美國副總統華萊士從蘇聯越過新疆抵達重慶訪問時說法："人謂我自中國之後門入，其實我自中國之前門入也。"近代以來，中國人始終將內陸看作是大後方腹地，而東南海洋成為應對西方列強入侵的前方，抗戰中西北和西南更是擁有"大後方"的美名。然而，華萊士將西北稱之為中國的前門或前方，將中國的東南看作是後門或後方，顯然是從美國的地緣政治戰略來定位中國的地緣政治，即美國希望中國背靠英美海洋世界並與其結為盟友，甚至變成其殖民地，進而以西北為前線，與蘇聯展開亞洲大陸上的爭奪。錢穆的這個講法顯然呼應了華萊士的講法，即中國不應面向海洋世界與歐美爭短長，而是應面向大陸，防止邊疆遭到蘇聯的蠶食鯨吞。

為此，錢穆將整個"大中國"在空間地理上進一步劃分為四線：西北蒙藏新疆東北為爭奪的最前線；將中國的政治重心放在首都西安到陪都北京的第二線，這一線以黃河平原為中心，"代表前期中國漢、唐精神的地帶，應使成為新中國之首腦指揮地帶"，中國的政治、教育乃至宗教集中在這個地帶。南邊以南嶺為界劃分為長江平原的第三線和珠江平原的第四線。前者"代表後期中國臻宋、明精神的地帶"，中國的科學、文化、藝術、工業集中在這個地帶，"象徵中國民族之活潑溫良清新智巧，這是家宅中之花園區與書房區，不當在此建立大禮堂與紀念碑"；後者則"代表著近代中國之新興精神，與大海相吞吐，與世界相呼吸，工商製造，往來貿遷，這裏象徵著新中國之動盪，將與最北一線象徵新中國之凝定者遙遙相對"。在這個四線配合的大格局中，定都西安並以北京為陪都意義就在於要"抉發出中國民族內心深處的至高情緒"，面對"亞洲大陸衝盪鬥爭的大局面"：

> 　　若戰後新首都仍逗留在第三線上，雖亦順勢自然，博得大多數國人之贊成，並取到目前一時之便宜，然而人文國家的大體制，歷史國家的大精神，終將無從發揮，到底抉發不出中國民族內心深處的至高情緒。勢將逐步退嬰，逐步偷惰，南方兩線上的人文基點物力中心永遠推送不到北方兩線去。尤其是中國的西北角，為中國山川形勢祖脈所在，中國文化歷史漢、唐盛業由此造成，現代中國之中央地帶，亞洲大陸衝盪鬥爭的大局面，萬一在此開幕，偏在東南角江海丘陵小局面下之人物精力，必將無此指揮駕馭的大力。要運使長刀闊斧，非得騎上馬背。若徒步小卒，縱有神力，亦無刀斧回旋之餘地。

　　可見，錢穆構想的二戰結束後的世界格局乃是國民黨政府統一全國，但由於意識形態和利益的原因，國民黨政府必然是親美政府，與美國結為同盟，這就意味著必然要面對社會主義的蘇聯，中國西北無疑成為這場"亞洲大陸衝盪鬥爭的大局面"的最前線，定都南京"必將無此指揮駕馭的大力"，"縱有神力，亦無刀斧回旋之餘地"。在他看來，中華民族乃至中國的儒教精神唯有參與到這場英美自由主義與蘇聯共產主義這場諸神之爭的精神對決中，才是"抉發出中國民族內心深處的至高情緒"。至於錢穆為什麼認為儒家精神與英美資本主義站在一起，而不是與共產主義精神融為一體，這恰恰涉及到晚清以來中國革命對中國天道秩序的革新，以及由此形成的對儒家精神的不同理解。而錢穆、唐君毅這一脈的新儒家始終基於封建等級秩序和私有財產制度，致力於推動儒家思想與西方自由體制相對接，從而形成了右翼儒學，與西方世界共同反對馬克思主義以及左翼儒學。（參見第三章）從錢穆對中國歷史地理空間的認知看，他無疑嚮往大一統的中國，在精神氣質上更傾向追求"大中國"的自由北方精神，從某種意義上，定都北方更符合他心目中事始於東南、功收於西北的歷史發展規律。然而為什麼 1949 年之後他卻離開大陸，寧願選擇孤懸海外的香港和臺灣這樣的孤島呢？這或許就在於，他之所以主張定都西北，謀求建立一個"大中國"，說到底是為了背靠南方和海洋世界的英美，將西北作為前線來對抗蘇聯，而絕不是新中國採取的背靠西北和蘇聯，將東南作為前線來對抗英美構築的"島鏈"。在這背後或許在於他心目中的"新華夷之辨"，認為共產黨推動馬克思主義中國化背離了他心目中的中國文化傳統，不符合他所追求的將西方自由主義與中國文化相融合的右翼儒學的發展路向。在這個意義上，寧願選擇海島面對"花果飄零"的局面，似乎又在認同"崖山之後無中國、明亡之後無華夏"這種華夷之辨背後的"小中國"格局。

四、"革命政治"："中國人民"與"世界人民"

　　鴉片戰爭以來，以中國為中心構建起來的整個東亞朝貢體系，面對西方衝擊而逐漸解體，由此在歐亞大陸與太平洋之間逐漸釋放出一塊巨大的虛空地帶，導致各種力量紛紛參與到這場"逐鹿中原"的戰略爭鬥中。其中既有西方列強，尤其是北方的沙俄及後來蘇聯和南方的英美勢力，以及新進崛起的日本，也有本土分裂出來的各地軍閥以及崛起的各種政黨；既有中華民族內部各民族之間的爭奪，也有中華民族與外族之間的爭奪；既有基督教的迅速擴張（甚至引發太平天國運動），也有伊斯蘭教伺機推動的大分裂（雲南、西北回民叛亂）；既有商業資本主義與小農經濟的衝突，也有民族資產階級與買辦資本的衝突；既有資產階級和無產階級的鬥爭，也有女性覺醒和婚姻解放；既有自由主義與共產主義的對立，也有無政府主義與法西斯主義的兩極主張。面對如此廣闊空間展開如此激烈和複雜多樣的衝突，唯有釋放出一種巨大的精神能量才能為整個中國奠定法秩序。中國歷史上所說的"逐鹿中原"僅僅局限於東亞視野，圍繞中原地帶的爭奪最終形成"小中國"與"大中國"的兩種不同未來，而近代以來中國的視野開始面對全球，"逐鹿中原"實際上變成了"逐鹿中國"，其結果不僅關乎"小中國"與"大中國"的兩種不同未來，更涉及到究竟是大陸世界主宰還是海洋世界主宰，亦或開闢出"第三世界"而呈現出三足鼎立的世界格局。

　　從"中國的世界"轉向"世界的中國"很大程度上是由於"中國的世界"集中在東亞大陸，而恰恰是海洋世界的崛起推動中國轉向"世界的中國"。海洋世界的崛起意味著一種全新的法秩序。黑格爾在《歷史哲學》中專門探討全球不同地理空間對於推動普遍歷史精神成長的意義。在他看來，高原上的草原游牧民族過著一種自由漂泊的生活，其衝動之下的劫掠就像洪水一樣定期氾濫，雖然可以摧毀一切，但卻最終就像洪水一樣消退得無影無蹤。河流形成的沖積平原塑造了偉大的國家，比如四大文明古國，但這些文明是基於農業以及由此形成的所有權乃至各種禮法秩序，這種法秩序將人束縛在有限的空間中，依賴自然四季生活，從而形成服從依賴的精神。而大海則帶來一種完全不同的生活方式，塑造著人類的自由、平等、征服和創造的精神：

大海給了我們茫茫無定、浩浩無際和渺渺無限的觀念；人類在大海的無限裏感到他自己底無限的時候，他們就被激起了勇氣，要去超越那有限的一切。大海邀請人類從事征服，從事掠奪，但是同時也鼓勵人類追求利潤，從事商業。平凡的土地、平凡的平原流域把人類束縛在土壤上，把他們捲入無窮的依賴性裏邊，但是大海卻挾著人類超越了那些思想和行動的有限的圈子。航海的人都想獲利，然而他們所用的手段卻是緣木求魚，因為他們是冒了生命財產的危險來求利的。因此，他們所用的手段和他們所追求的目標恰巧相反。這一層關係使他們的營利、他們的職業，有超過營利和職業而成了勇敢的、高尚的事情。從事貿易必須要有勇氣，智慧必須和勇敢結合在一起。因為勇敢的人們到了海上，就不得不應付那奸詐的、最不可靠的、最詭譎的元素，所以他們同時必須具有權謀——機警。這片橫無邊際的水面是絕對地柔順的——它對於任何壓力，即使一絲的風息，也是不抵抗的。它表面上看起來是十分無邪、馴服、和藹、可親；然而正是這種馴服的性質，將海變做了最危險、最激烈的元素。人類僅僅靠著一葉扁舟，來對付這種欺詐和暴力；他所依靠的完全是他的勇敢和沉著；他便是這樣從一片鞏固的陸地上，移到一片不穩的海面上，隨身帶著他那人造的地盤，船——這個海上的天鵝，它以敏捷而巧妙的動作，破浪而前，凌波以行——這一種工具的發明，是人類膽力和理智最大的光榮。這種超越土地限制、渡過大海的活動，是亞細亞洲各國所沒有的，就算他們有更多壯麗的政治建築，就算他們自己也是以海為界——像中國便是一個例子。在他們看來，海只是陸地的中斷，陸地的天限；他們和海不發生積極的關係。大海所引起的活動，是一種很特殊的活動；因為這個原故，許多海岸地，就算它們中間有一條河做聯繫，差不多始終和內地各國相分離。[13]

在這裏，黑格爾強調海洋生活方式對民族精神的塑造。一方面廣闊的海洋將人類的精神從對土地的依附中解放出來，獲得了精神上的自由，而這種自由精神就體現為征服廣闊世界的勇氣，尤其面對海洋這種表面上溫順而實際上 "最危險的、最激烈的元素"，必須具有冒著死亡危險的勇氣和意志才能征服它。另一方面，海洋開闢了商業貿易，追逐利潤的營業必須基於理性計算，必須擁有理智和智慧來應對海洋的 "欺詐"，並用這些理智和智慧來發明 "船" 這種人造的工具，在他們看來，作為征服工具的科技發明乃是人類 "理智最大的光榮"。如果說高原民族具有海洋民族那種冒著死亡威脅勇敢征服的精神，但他們卻沒有海洋民族精明計算的理智；如果說平原小農也開展貿易，具有類似海洋民族的商業計算理性，但他們的貿易卻依賴小農社會的禮法秩序，以道德誠實（而非勇敢征服）作為前提條件。海洋民族的商業貿易是以實力（勇敢征服）支撐的形式主義法治秩序為前提的，他們憑藉契約合意而不需要依賴誠實和道德（一如威尼斯商人）。但更重要的是，海洋民族的商業貿易依賴科學技術的發展作為輔助，由此商業貿易很快就發展出工業製造乃至金融工具，如果說小農的商業貿易始終受到技術限制而成為有限的區域性市場（如施堅雅對中國市場交易的研究），那麼海洋民族的貿易則在這些技術工具的幫助下變成全球性事物，更不用說金融工具的發明讓財富因抽象化而變得無限。可以說，海洋民族結合了游牧民族的冒險精神和農耕民族的精明計算，更增加了科技發明的新元素。

無論是孟德斯鳩的論述，還是黑格爾的論述，都共同指向了中國，即中國人缺乏勇敢征服的自由精神或主人精神。草原游牧和海洋貿易的 "游居" 意味著征服和自由，而大陸農耕的 "定居" 則意味著服從和奴役。因此，當中國從大陸邁向海洋，從東亞轉向世界，所面臨的首要問題就在於如何重建一種面向世界的主人精神或自由精神。而在關於民國定都的爭論

---

13 〔德〕黑格爾：《歷史哲學》，王造時譯，上海：上海人民出版社 1999 年版，第 92-93 頁。

中實際上忽略了面向海洋這個根本，即南方人雖然有面向海洋世界開展商業貿易的地理便利，但卻缺乏海洋商業貿易所要求的、必須與其相匹配的勇敢征服的自由精神。雖然像張其昀那樣主張海洋時代的民國政府應定都南京以便繼續鄭和下西洋的事業，謀求海外發展，但他們根本就沒有意識到明代中國主導的東亞海洋貿易與地理大發現以來歐洲列強主導的海洋貿易有著根本的差異，前者乃是天朝朝貢體系的一部分，是農耕民族誠實貿易向海洋的自然延伸，海洋本身也是大陸的延伸；而後者是全球資本主義的一部分，需要的是在你死我活的激烈競爭中敢於冒險死亡、勇敢征服的自由精神。國民黨乃至南方人是否具有這種勇敢征服的自由精神？錢穆所心儀的中國傳統儒家或許能提供商業貿易所要求的和平、誠實、守法的德性，但卻未能提供資本主義商業貿易所需的雄心勃勃冒險征戰的自由德性。商船的背後乃是海軍，"商戰"不是比喻，最終要訴諸戰爭來裁判貿易糾紛、開拓市場、保衛市場和商業利益。宋明以來華人長期源源不斷移民東南亞地區，只是憑著勤勞和聰明發財致富，然而他們始終未能成為那裏的主人，而是長期面臨著被屠殺和驅趕的悲慘命運。為什麼華人在東南亞掌握著經濟命脈，卻在政治上始終淪為被歧視的二等公民地位，而歐洲人進入東南亞就可以建立殖民帝國而成為主人？華人移民歐美也有上百年歷史，然而華人始終集中在商業、工程技術等以勞動為主的"生產技藝"行業中，很少能進入政治、法律、思想和傳媒等這些專屬主人的"統治技藝"行業。中國人勤勞節儉、溫良恭順的"儒教倫理"差不多可以與韋伯所說的"新教倫理"相比擬，但在主人精神的視野裏，勞動和恭順終究是奴隸德性。在孟德斯鳩和黑格爾看來，錢穆所嚮往的儒家封建禮教只能培養出馴服的奴隸。而在這場"適者生存"的全球競爭中，中國要真正獲得主人精神，就必須徹底摧毀封建禮教，必須具有徹底的革命精神來反抗從海洋而來的西方列強的野蠻征服。

因此，"五四新文化運動"無疑是中國歷史上前所未有的文化革命和精神革新運動。如果將傳統文化理解一種宗教（儒教），那麼五四新文化運動就類似於西方天主教帝國崩潰之際遭遇的宗教改革運動，即將人的自由精神從傳統文明帝國的法秩序中解放出來，獲得個人的自由和解放，並將其引導向革命的道路。這就意味著中國人必須具有能夠激發起徹底摧毀舊世界的革命精神，而且要具有 "下定決心，不怕犧牲，排除萬難，去爭取勝利" 的革命力量。這種革命精神首先就來自中國文化傳統，宋明的 "內聖外王" 本就是一種革命精神；而晚清今文經學進一步發揮 "聖人改制" 的公羊學傳統，推演出 "大一統"、"張三世" 的普遍歷史發展的革命學說。這兩個傳統結合在一起塑造了現代儒家的革命精神：

> 聖人非聖人，在心性上實難分高下，唯有在制度理想上見高低。公羊家的聖人改制精神與心學的成聖人精神結合，就會養育出聖人超聖人的心態。成聖人精神最終得落實在政治事功上，而政治事功必涉及國家政制的具體問題，因而，聖人非聖人就成了政制理念之爭。孫逸仙的 "大道之行，天下為公" 的革命精神與康有為的聖人改制論的 "大同" 理念沒有實質差別，兩者的分歧只在改制理念方面。康、孫、蔣和毛都是儒家革命家，它們的革命精神有共同的儒家革命精神的資源。[14]

然而，對儒學的解釋受到了西方理論引入的右翼保守主義和左翼革命主義兩種思想的影響，於是便形成了右翼保守儒學和左翼革命儒學的分歧。前者與自由主義相結合，試圖維持封建—資本的等級秩序；而後者與社會主義相結合，以更為徹底的革命精神致力於推翻封建—資本的等級秩序，不斷推動實現人人平等的 "大同世界"。因此，要理解中國的革命精神，不僅要尋找傳統的動力，更要看西學傳播所帶來的全新的天下觀念。西學傳播和近代變局將中國人的視野從傳統東亞的 "天下" 秩序觀中解放出來，打開了前所未有的全球 "世界"。"世界" 這個詞取代了 "天下"，進入到國人的日常觀念。社會達爾文主義的傳播、晚清被西方列強瓜分的現實和全球列國激烈競爭的大戰前景，激發出中國人具有前所未有的 "保國"、"保種"、"保教" 的 "救亡圖存" 意識，而 "明治維新"、

14　劉小楓：《儒家革命精神源流考》，北京：華夏出版社 2000 年版。

美國革命、法國大革命和俄國十月革命又不斷激發中國人日益激進的革命想象，從而將這種徹底不妥協的革命精神不僅指向傳統的儒家封建禮教的扼殺自由人性的“吃人”，更指向從海洋世界而來的帝國主義和殖民主義。

如果說五四運動新文化成為中國現代化從第一波轉向第二波的歷史轉折點，那麼這個轉折的動力就來自馬克思主義傳播、十月革命的啟示和中國共產黨的成立。中國現代化的第一波源於西方殖民主義帶來的文明與野蠻新尺度而引發的“承認政治”，由此推動中國“變法圖強”的現代轉型。可以說巴黎和會是中國現代化第一波取得的重大成就，此時的中國不僅從傳統帝國國家或專制國家變成了現代的民主共和國，且加入到過去只能由西方文明國家才能參加的國際大戰並以戰勝國身份出現在“國際社會”的俱樂部。然而，正是在巴黎和會讓中國第一波現代化的承認政治徹底破產，由此引發了五四運動，直接推動成立了中國共產黨。而中國共產黨秉持馬克思主義理論，並以十月革命為榜樣，從一開始就以“革命政治”徹底否定“承認政治”，從根本上否定了西方列強建立的威斯特伐利亞體系背後資本主義、殖民主義和帝國主義的實質，從而徹底顛倒了西方威斯特伐利亞體系所建立的“公理”、“公法”乃至“文明”的規範性基礎，將中國的現代化推向了更為激進的第二波。由此，中國革命的目標不再是為了加入西方俱樂部而獲得西方列強的承認，而恰恰是摧毀西方建立的腐朽沒落的資本主義世界帝國體系，建立“天下大同”的美好社會。源於歐洲基督教救贖神學傳統的共產主義理想就與“天下大同”的天命意識完美地結合在一起，構成了中國革命第二波的精神動力。

然而，馬克思主義不同於中國傳統儒學的地方就在於它用現代科學世界觀來取代儒家天理世界觀，從而提供了一套認識世界和改造世界的全新的分析工具和分析方法，為中國革命和中國現代法秩序的建構提供了科學的理論操作工具。按照這個科學理論的病理分析，中國的“承認政治”之所以失敗就在於中國人只關注上層基礎的“變法”，而忽略了改變經濟基礎。晚清以來中國的失敗不在於船堅炮利的科學技術（器物）、共和憲政（制度）和思想文化觀念（文化），而根本原因在於小農經濟基礎，在於農耕時代落後的生產力無法與資本主義的現代化大產生相競爭。

具體而言，晚清以來西方資本主義經濟體系雖然摧毀了中國傳統的小農經濟，將江南關鍵經濟區整合在西方列強所控制的更大範圍的全球資本主義體系之中，而西方列強又通過不平等條約這種"無形帝國"將中國鎖定在世界體系的邊緣地帶。從戊戌變法到辛亥革命，一波又一波的革命之所以不徹底，始終無法改變被殖民支配的命運，根源就在於這場承認政治的革命主體——即洋務運動以來在香港、廣州、上海這些沿海地區剛剛發展起來的資產階級以及作為其利益代表人的"口岸知識分子"和"口岸革命家"——本身軟弱無力，成為高度依附於西方帝國主義體系的買辦階層。它們不但無法摧毀封建主義和全球壟斷帝國主義的經濟秩序，反而與這種秩序相妥協，以至於革命後掌握政權的官僚買辦階層與傳統封建地主階層以及西方帝國主義結成了利益共同體，共同來剝削和壓迫中國的勞動人民。因此，中國革命最強大的力量、中國革命的新政治主體就來源於受帝國主義、封建主義和官僚資本主義三座大山壓迫最深重的中國工人階級和農民階級，而非口岸知識分子和革命家們所依賴的工商業階層。由於在全球資本主義體系中，國家乃是維護剝削階級的暴力工具，想要摧毀半殖民地半封建的經濟基礎就必須首先摧毀半殖民地半封建的上層建築。由此，中國革命就變成一場徹底摧毀經濟基礎的"社會革命"（土地革命、勞工革命、家庭革命、婦女革命）與摧毀上層建築的"政治革命"（建立社會主義國家），並摧毀與這種經濟基礎和上層建築相匹配的意識形態的"文化革命"（服務於人民大眾的新道德、新文化）。這無疑是一場席捲東亞政治大空間的史無前例、天翻地覆的大革命：

> 革命不是請客吃飯，不是做文章，不是繪畫繡花，不能那樣雅致，那樣從容不迫，文質彬彬，那樣溫良恭儉讓。革命是暴動，是一個階級推翻一個階級的暴烈的行動。農村革命是農民階級推翻封建地主階級的權力的革命。農民若不用極大的力量，決不能推翻幾千年根深蒂固的地主權力。[15]

15　毛澤東：《湖南農民運動考察報告》，《毛澤東選集（第一卷）》，北京：人民出版社 1991 年版。

而中國共產黨作為“先鋒隊”，就從馬克思這個先知那裏獲得了人類歷史發展原理的啟示，成為“先知先覺者”，組織“後知後覺”的廣大工人階級和農民階級，帶動不知不覺的全國人民，成為革命的主體力量，鍛造為建立現代國家的主權者。而共產黨之所以能夠成為先知先覺者，就在於能夠在革命政治中區分明辨敵人與朋友，從而組織起革命的力量：

> 　　誰是我們的敵人？誰是我們的朋友？這個問題是革命的首要問題。中國過去一切革命鬥爭成效甚少，其基本原因就是因為不能團結真正的朋友，以攻擊真正的敵人。革命黨是群眾的嚮導，在革命中未有革命黨領錯了路而革命不失敗的。我們的革命要有不領錯路和一定成功的把握，不可不注意團結我們的真正的朋友，以攻擊我們的真正的敵人。[16]

從此，中國共產黨就與“敵我政治”（the political）、階級鬥爭、暴力革命等概念緊密聯繫在一起，然而這種不怕流血犧牲、不屈不撓的革命政治，這種以自己的方式來建設美好社會的理想主義情懷，無疑體現了逆勢而上的中國的精神象徵，它在根本上乃是自主自由的主人精神。如此暴烈的中國革命之所以在東方乃至全球引發持久的驚懼，恰恰在於唯有釋放出如此巨大的革命能量，才能回應東方朝貢秩序瓦解之後留下的巨大政治虛空對法秩序的召喚，就像唯有加爾文教的激進主義才能回應歐洲天主教秩序瓦解後釋放出來的自由海洋虛空對政治和法秩序的召喚。（參見第四章）在這個意義上，中國革命第一波的“承認政治”就類似歐洲的路德宗教改革，而中國共產黨的“革命政治”就像更為激進、追求更加自由解放的新教。而這種“革命政治”所激發的巨大力量就來源於中國共產黨在革命中鍛造出的新型政治主體——“人民”，它成為世界東方這塊巨大空間的秩序奠基者和主權者。新中國對於傳統舊中國，就像美利堅之於傳統舊歐洲一樣，都是在激進的革命中奠基的新人與新國。

16　毛澤東：《中國社會各階級的分析》，《毛澤東選集（第一卷）》，北京：人民出版社 1991 年版。

需要注意的是，中國革命或中國現代化的第一波與第二波的劃分、"承認政治"與"革命政治"兩種理念的劃分，並不是簡單的歷史替代，而是兩種力量、兩條不同發展道路之間的交織與競爭，就像中國北方與南方的互動一樣，兩條發展道路在此後漫長的現代中國建構的歷史進程中，成為相互激盪、衝突互補的複調，構成現代中國文明成長過程中的內在張力。

就在共產黨的"革命政治"激發出巨大的精神能量之際，背叛了國民革命精神的南京政權在驚恐中急於找到自己的凝聚力量的精神支柱。在 1930 年代國民黨開展的"新生活運動"中，被五四運動所拋棄的封建禮教又被國民黨成功地復活了，"忠孝節義"、"禮義廉恥"這些右翼儒家所推崇的道德秩序與法西斯主義相混雜，不僅構成國民黨獨裁統治的精神基礎，而且構成國民黨政權和整個南方買辦階層以及右翼知識分子依附英美帝國主義的精神基礎。而比較之下，從南方逆勢而上到達陝北的中國共產黨汲取了自由豪邁的北方精神，在思想精神和組織上展開對早期依附共產國際乃至蘇聯的批判，從而進一步推動中國共產黨在思想上、政治上和組織上的獨立性和自主性，使得共產黨從早期共產國際的東方支部轉變為扎根中國大地的本土政黨，這就是著名的"延安整風"所推動的馬克思主義中國化。"紅太陽的升起"恰恰表明，經過一代又一代不懈努力的革命，中國人終於面對北方蘇聯與南方英美的雙重壓力下崛起為獨立的政治主體，在全球秩序大變革的時代，重新成為主宰"大中國"的主人。

"中國革命是世界革命的一部分。"在《新民主主義革命論》這篇經典文獻中，毛澤東全面論述了中國革命的性質和意義。他對中國革命的性質和意義的理解基於他對世界革命的理解。換句話說，他對"中國"的理解基於對"世界"或"天下"的理解。他認為，從孫中山領導的辛亥革命開始，中國革命就面臨著"反帝"的民族革命和"反封建"的民主革命的雙重任務，但第一次世界大戰和俄國的十月革命徹底改變了民族革命的性質。在此之前的所有民主革命是舊民主主義的革命，而在此之後的革命是新民主主義的革命。民主革命的"舊"與"新"區別在什麼地方？關鍵在於這兩種革命的前途完全不同。關於這一點，毛澤東早在 1925 年就有精彩的論述：

> 前代英、法、德、美、日本各國資產階級的革命，乃資產階級一階級的革命。其對象是國內的封建貴族；其目的是建設國家主義的國家即資產階級一階級統治的國家；其所謂自由、平等、博愛乃當時資產階級用以籠絡欺騙小資產、半無產、無產階級使為己用的一種策略；其結果是達到了他們的目的建設了國家主義的國家；其終極是發展了全世界的殖民地半殖民地，造成了國際資本帝國主義。

> 現代殖民地半殖民地的革命，乃小資產階級、半無產階級、無產階級這三個階級合作的革命，……其對象是國際帝國主義；其目的是建設一個革命民眾合作統治的國家；其所號召的民權民生主義並不是某一階級籠絡欺騙某一階級使為己用的一種策略，而是各革命階級一種共同的政治經濟要求，由他們的代表者（孫中山先生）列為他們政黨的綱領；其結果是要達到建設各革命民眾統治的國家；其終極是要消滅全世界的帝國主義，建設一個真正平等自由的世界聯盟（即孫先生所主張的人類平等、世界大同）。[17]

這段論述清楚地指出了兩個革命的根本區別在於，"人民"這個新型政治主體的出現建構著完全不同的世界。舊民主主義的革命之所以"舊"，是由於它是資產階級一個階級的民主革命，推翻封建統治後會建立殘酷壓迫本國勞動人民的資產階級專政；資產階級專政會以民族國家（即"國家主義的國家"）作為前提；它必然隨著資本主義的全球化擴張變成帝國主義者，來侵略、剝削其他國家或地區的人民，並將其變成自己的殖民地。可以說，"資本主義"、"國家主義"（民族主義）和"帝國主義"（殖民主義）在舊民主主義革命中構成三位一體，構成世界帝國體系的基礎，整個 17-18 世紀的歐洲資產階級革命就是典型範例。而新民主主義之所以"新"，在於它是所有革命階級的聯合革命，其革命的對象不僅是本

17　毛澤東：《毛澤東文集（第 1 卷）》，北京：人民出版社 1993 年版，第 24-25 頁。

國的封建統治者，而且包括國際帝國主義，其目的不是本階級的專政，而是所有革命階級的聯合專政（即 "革命民眾合作統治的國家" 或 "聯合政府"）。其採取的路線是社會主義而非資本主義，因此不會通過資本擴張產生帝國主義或殖民主義，相反，它恰恰是打破了狹隘的局限於民族國家的國家主義或民族主義，在世界範圍內推翻帝國主義或殖民主義，建立人人平等的世界聯盟或世界大同。由此，"社會主義"（共產主義）、"國際主義" 和 "天下大同"（人人平等）在新民主主義革命中構成三位一體，它結成的是人類命運共同體。由此，這種 "舊" 與 "新" 的區別，不僅僅是發展歷史階段的區別，而且有著道德、正當性和哲學意義上的根本區別。

毛澤東及其領導的中國共產黨人之所以堅定地信仰馬克思主義，不僅是因為 "十月革命一聲炮響給中國送來了馬列主義"，使得他們看到了拯救中國的道路，而且更重要的是，他們看到了馬克思主義開闢了拯救全人類的途徑。中國選擇馬克思主義與其說是出於民族主義或者國家主義的現實動機，不如說是基於國際主義和 "天下大同" 的古典理想。而這恰恰是國民黨與共產黨、右翼儒學與左翼儒學的根本區別。中國共產黨要承擔起解放全人類的政治使命，從而使得新中國在世界歷史上具有了普遍意義。中國與世界，民族主義和國際主義，無產階級與全人類，人民民主專政與人人平等在毛澤東那裏不存在形而上學的對立，而是有機結合在一起。

與歐洲人對大陸和海洋思考所形成的地緣政治思想或自由與專制的政治理念不同，中國人對山（大陸）和水（海洋）的思考並非著眼於現實的政治力量比較，也不是著眼於政治制度的構建，而是著眼於更為根本的人心培育問題。大地、高山意味著恆定不變，而河流、海洋意味著順勢而變。對於人心的養育而言，不變的大陸究竟培養起人心中什麼東西不變，而多變的海洋又導致人心中什麼東西在變呢？"仁者樂山，智者樂水" 無疑是最好的答案。人心中的不變的因素就是 "仁"，就是仁愛之心、菩提之心，這是打通天道與人道、世界萬物與有情生命的根本不變的要素，而隨時勢、環境的變化而變化無疑被看作是智慧的表現。而能將不變的 "仁" 與隨環境而變的 "智" 結合起來，無疑是中國古人所說的 "聖人" 了。站在陝北高原的毛澤東對大陸與海洋的思考固然有現代地緣政治的思考，但更多的是延續了中國古典政治哲學中關於"不變"與"權變"、"仁"與"智"的思考。對中國革命的思考始終著眼於中國乃至全人類未來的根本關懷，其核心思想依然是"仁"，是共產主義下人人自由平等的至善之境。這樣的思考繼承並延續了孫中山、康有為一直到古代儒家對"天下大同"的思考。比較而言，毛澤東對土地革命、新民主主義革命、社會主義革命等等在每個階段上的任務、方向和策略的思考無疑是屬於"權變"的內容。毛澤東一生中高度關注"策略"的思考，並將其看作是"黨的生命"，也因此往往被人們理解為權謀家或帝王術，這恰恰是由於人們忽略了毛澤東關於"不變"與"權變"之間辯證關係的思考。因此，毛澤東領導的中國共產黨絕不是簡單的民族主義者，更不是單純的領土主義者，從一開始，中國共產黨就沒有把自己的視野局限在民族國家的領土範圍之內，而是以全球視野來思考全人類的命運以及自己對天下的使命和責任。"新中國"也不是要建成一個現代民族國家，而是要變成邁向共產主義的階梯，成為領導世界無產階級尤其是第三世界來反抗帝國主義的堡壘。正因為如此，新中國具有了舊中國（不僅是民國政府，而且包括歷史上的歷代王朝）從來不具有的政治性，試圖從東亞秩序的建構推動對全球秩序的建構。毛澤東終其一生都有領導全球無產階級革命的生命衝動，由此他堅決反對蘇聯的"修正主義"放棄了共產主義革命理想而與資本主義進行"和平競賽"，並獨立承擔起領導世界被壓迫人民革命的使命，致力於推動第三世界對美蘇兩種霸權主義展開革命鬥爭，中國也因此一度在 1960 至 1970 年代成為世界革命的中心。

正是新中國具有的這種建構全球秩序的革命性和政治性，使得新中國難以在法權上被確定為憲法國家，即使毛澤東親自主持起草的 1954 年憲法也具有臨時性，被看作是"過渡時期的憲法"。新中國的這種政治革命性本身決定了其"反法權"性質，而這種政治革命性的真正載體乃是"黨"，而非"國家"。毛澤東終其一生關注的中心乃是"黨"，而非"國家"。早在 1920 年代，國民革命的政治家都在思考如何制憲建國這樣的民族國家建設問題，而在毛澤東看來，"議會、憲法、總統、內閣、軍事、實業、教育等"都是政治"權變"中的枝節問題，而他關心的是天下人心。"欲動天下者，當動天下之心，而不徒在顯見之跡。動其心者，當具有大本大源。……夫本源者，宇宙之真理。天下之生民，各為宇宙之一體。"[18] 而用馬克思主義武裝起來的共產黨因為掌握了這個宇宙真理，緊緊抓住為天下生民謀福利、實現共產主義這個"大本大源"，自然能夠"動天下之心"，領導人民革命。這就是後來毛澤東在《愚公移山》中所講的，共產黨人用自己的心感動上帝的心、感動全國人民的心乃至世界人民的心，共同來推翻"三座大山"。因此，中國共產黨承擔起了實現天下大同的政治使命，是政治的靈魂，而"國家"不過是黨實現這個政治目標的"器"，是黨在天下大同實現之前的臨時性居所。由此在新中國的憲政史上，黨與國家、憲法和法權之間形成了前所未有的緊張。正是在這種意義上，我們才能理解毛澤東發動"文化大革命"的政治意義，也才能夠理解毛澤東領導的共產黨人在香港問題上採取的政治立場。

正是站在"山舞銀蛇，原馳蠟象，欲與天公試比高"的陝北高原上，毛澤東才能俯瞰東南平原地帶以及海洋地帶，並從大陸與海洋的關係中思考全球格局，並做出暫時不處理香港問題的決定。而在新中國成立之後，在探索中國的現代化道路中，逐漸與蘇聯的現代化模式拉開了距離，並探索中國自己的現代化道路，並因此引發了"中蘇論戰"，而這場論戰的背後依然是"革命政治"的主人精神。正如 1949 年 9 月 21 日毛澤東在為新中國奠基的中國人民政治協商會議上，發表演講的標題就叫《中國人民站起來了》，這無疑是回應近代以來的"承認政治"，強調中國人民作為"當家作主"的主人來界定政治的概念，進而界定世界秩序，即"中國人民"與"世界人民"共同建立"愛好和平自由的世界各民族的大家庭"：

> 我們的工作將寫在人類的歷史上，它將表明：佔人類總數四分
> 之一的中國人從此站立起來了。中國人從來就是一個偉大的勇
> 敢的勤勞的民族，只是在近代落伍了。這種落伍，完全是被外國帝國主義和
> 本國反動政府所壓迫和剝削的結果。一百多年以來，我們的先人以

18　毛澤東：《毛澤東早期文稿》，長沙：湖南出版社 1990 年版，第 85 頁。

不屈不撓的鬥爭反對內外壓迫者，從來沒有停止過，其中包括偉大的中國革命先行者孫中山先生所領導的辛亥革命在內。我們的先人指示我們，叫我們完成他們的遺志。我們現在是這樣做了。我們團結起來，以人民解放戰爭和人民大革命打倒了內外壓迫者，宣佈中華人民共和國的成立了。我們的民族將從此列入愛好和平自由的世界各民族的大家庭，以勇敢而勤勞的姿態工作著，創造自己的文明和幸福，同時也促進世界的和平和自由。我們的民族將再也不是一個被人侮辱的民族了，我們已經站起來了。我們的革命已經獲得全世界廣大人民的同情和歡呼，我們的朋友遍於全世界。……隨著經濟建設的高潮的到來，不可避免地將要出現一個文化建設的高潮。中國人被人認為不文明的時代已經過去了，我們將以一個具有高度文化的民族出現於世界。……讓那些內外反動派在我們面前發抖罷，讓他們去說我們這也不行那也不行罷，中國人民的不屈不撓的努力必將穩步地達到自己的目的。[19]

　　如果我們將毛澤東的這段話與孫中山就任臨時大總統的演講作個比較就會發現，孫中山基於"承認政治"批判"中國專制政治之毒"，而主張以文明國家的姿態"見重於國際社會"，而毛澤東主張的"革命政治"徹底打破了"承認政治"，將西方列強所塑造的"文明"形象批判為"帝國主義"和"反對派"。因此，毛澤東將中國落後的根源不僅訴諸於孫中山所批判的"中國專制政治"（在毛澤東這裏就是"本國反動政府"），而且進一步訴諸孫中山所不敢批判的西方列強（"外國帝國主義"）。因此，新中國的成立就不是為了獲得西方列強的承認，而且根本就不在乎西方列強按照其標準對中國進行的評價乃至指責（"讓他們去說我們這也不行那也不行罷"），也不在乎後來的蘇聯對中國的批判和指責。換句話說，中國人民本來就是一個偉大的民族，中國文明原本就是偉大的文明，我們"以勇敢而勤勞的姿態工作著，創造自己的文明和幸福"。中國是否"文

19　毛澤東：《毛澤東文集（第 5 卷）》，北京：人民出版社 1996 年版，第 343-345 頁。

明"不是由西方的標準和尺度來界定,而必須由我們中國人自己來創造、來界定。這就意味著中國人不再以奴隸的心態祈求獲得西方的承認(包括蘇聯的承認),而是以主人的姿態界定何為"文明",不僅開展經濟建設,而且"將要出現一個文化建設的高潮"。中國人民不僅為自己的文明尺度立法,而且實際上提出要為全人類立法,即世界必須是一個"和平自由的大家庭",各民族和平相處,各自按照自己的國情尋找本國獨特的現代化道路。這無疑是傳統天下秩序的復歸。這就意味著中國對自己文明身份的界定本身就包含者對全球文明和全球秩序立法。任何不符合這種立法標準的,任何國家將自己的意志強加在其他國家頭上的,那就成為中國乃至整個世界必須打倒的"反對派",以前的西方列強不行,後來的蘇聯霸權也不行,現在的美國霸權更不行。因此,中國愛好和平自由就與"讓那些內外反動派在我們面前發抖罷"的革命精神形成相互促進的辯證關係。從"奴隸"到"主人"、從"變法"到"立法"的轉化,無疑是中國革命從第一波邁向第二波的偉大政治飛躍。

五、香港："經濟通道" 與 "革命跳板"

　　如果說 1910 至 1920 年代，毛澤東從宇宙人心本源出發完成了對中國革命性質的思考，那麼 1930 至 1940 年代，毛澤東差不多完成了對中國革命的地緣政治性質和革命前途的思考。毛澤東對抗日戰爭的認識不是將其局限於中日之間的戰爭，而看作是全球範圍內反法西斯主義的戰爭，由此他提出了 "三個統一戰線" 理論，提出抗戰的勝利需要中國的反法西斯統一戰線、世界的反法西斯統一戰線和日本國內的反法西斯統一戰線的聯合，其勝利不僅是中國的，也是世界的。而他提出的 "持久戰" 和 "游擊戰" 恰恰是建立在對中國擁有的廣闊的大陸領土和人口眾多的民眾的認識之上。"持久戰" 就是依託大西北和西南縱深領土的戰爭，而 "游擊戰" 就是扎根於土地和民眾的戰爭。抗日戰爭的勝利意味著整個世界在反法西斯戰爭勝利之後，要在資本主義和社會主義兩條道路之間尋找出路，而在中國則意味著要在共產黨主張建立的革命聯合政府與國民黨主張的資產階級專政之間尋找出路，全球未來與中國未來在這兩條路線之間的選擇，使得共產黨與國民黨的鬥爭在地緣政治上展現為大陸世界與海洋世界之間的鬥爭。中國革命的目標與其說要推翻國民黨政權，不如說要推翻近代以來壓在中國人民身上的三座大山，即在國民黨背後的英美海洋世界的帝國主義力量。而香港，無論在針對西方帝國主義的世界革命意義上，還是在中國的陸地與海洋的地緣政治意義上，都處在關鍵點上。當毛澤東在 1945 年首次提出中國共產黨的香港政策時，表明他對中國未來在世界政治和地緣政治位置有了清晰的思考。

　　1949 年，全國解放在即，斯大林派人來聽取毛澤東對中國局勢和未來走向的看法。毛澤東認為，大陸上的領土解放比較好辦，比較麻煩的只有西藏，但西藏問題並不難解決，"只是不能太快，不能過於魯莽"。真正比較的麻煩的是臺灣，因為國民黨會撤退到臺灣，並受到美帝國主義的保護。因此毛澤東認為：

海島上的事情就比較複雜，須要採取另一種較靈活的方式去解決，或者採用和平過渡的方式，這就要花較多的時間了。在這種情況下，急於解決香港、澳門的問題，也就沒有多大意義了。相反，恐怕利用這兩地的原來地位，特別是香港，對我們發展海外關係、進出口貿易更為有利些。總之，要看形勢的發展再作最後決定。[20]

這顯然是從大陸與海洋的關係來看待中國的政治，因為他深知中國是一個陸地大國，如何面對海洋、"發展海外關係"是未來的難題。更重要的是，海洋世界被西方資本主義世界所支配，美國支配著國民黨臺灣，英國支配著香港，所以香港問題不是單純的反對英國殖民主義的問題，而且包括中國如何"發展海外關係"的地緣政治問題，包括統一臺灣所必須面臨的與美國的關係問題。

從 1945 年到 1949 年，中共中央高層已形成了對未來世界格局的基本看法，即在政治意識形態上形成社會主義與資本主義兩大陣營已不可避免。在這種背景下，無論是從大陸與海洋的關係看"大中國"的建構，還是從蘇聯社會主義道路與英美資本主義道路的關係看革命中國的現代化道路選擇，中國政治的地理重心在北方，中國在全球格局中的戰略盟友也在北方。新中國定都北京就可以雄踞北方，並採取"一邊倒"的外交戰略穩定蘇聯盟友這個大後方，由此才能騰出手鞏固近代以來處於肢解邊緣的西北邊疆。正是基於這樣的形勢判斷，中央確定先解決西北內陸的傳統邊疆問題，然後再解決沿海新邊疆的臺港澳問題。這種戰略抉擇在地緣政治上必然引發英美帝國主義從韓國、日本、臺灣、菲律賓對中國構成海洋封鎖。由此，把香港留在英國的手中，等於在資本主義陣營中加入了一個楔子，等於打開了西方世界封鎖中國的缺口，不僅為中國與海外華人的溝通和往來以及與西方世界的商業貿易往來打開了"通道"，而且為中國從大陸國家躍向海洋世界提供了"跳板"。尤其需要注意的是，隨著抗日戰爭、世界反法西斯運動以及全球反殖民運動的興起，東南亞華人和當地民

20　師哲：《在歷史巨人身邊》，北京：中央文獻出版社 1991 年版，第 380 頁。

族在政治上開始覺醒，亞非拉地區的反殖民主義運動蓬勃展開，而香港又是東南亞乃至全世界華人與中國建立聯繫的主要通道，也是中國與亞非拉地區共同反殖民主義、反帝國主義的戰略通道。

事實上，關於新中國是否解放香港，美國中央情報局有全面的評估和分析。美國人認為，中共解放香港在軍事上要與西方陣營展開海、陸和空軍的聯合作戰，這必然要考慮蘇聯的態度，而蘇聯顯然不希望引發與英美陣營的全面軍事衝突。在政治上，新中國依然面臨國際社會的承認問題，如果新中國樂於承擔國際義務，就容易獲得蘇聯集團的承認，而新中國恰恰可以利用保持香港地位不變來換取英國對新中國的承認。在經濟上，在其他港口都被國民黨及美國封鎖的情況下，香港是唯一可以利用的重要港口，維持香港地位不變有利於維持中國與外國的經濟往來，成為雙方的 "利益的交易點"。在國家治理上，共產黨缺乏管理諸如上海、天津這些大城市的人才和經驗，到有能力解決管理香港的問題之後再佔領香港才符合中共的利益。[21] 可見，與西方世界在公共輿論中對共產黨的 "妖魔化" 宣傳不同，在其內部的分析報告中，始終將中國共產黨看作是理性的利益計算者，看作是可以在國際社會打交道的現實主義者。在這個意義上，國際輿論宣傳的 "虛" 與國際利益交換的 "實" 緊密地結合在一起，這種 "虛" 的宣傳恰恰成為利益交易的籌碼，成為政治關係中發揮力量的 "軟實力"。因此，同樣天天宣傳 "打倒美帝國主義"、展開 "世界革命" 的新中國，也不失時機地與美國展開秘密談判並正式建交。

只有在這樣的全球戰略中，我們才能理解整個中央在 1949 年之前就形成的香港政策："維持現狀"。這個政策隨著新中國成立後大規模經濟建設的展開，演變為 "長期打算、充分利用"。在香港政策上，毛澤東是政策制定者，而周恩來則是執行者，而廖承志作為周恩來最得力的助手直接負責香港。為此，1951 年，周恩來通過廖承志給新華社香港分社直接傳達了中央的指示：

21　沈志華、楊奎松主編：《美國對華情報解密檔案（1848-1976）》第 2 編，上海：東方出版中心 2009 年版。

　　　　我們對香港的政策是東西方鬥爭全局的戰略部署的一部分。不收回香港，維持其資本主義英國佔領不變，是不能用狹隘的領土主權原則來衡量的，來作決定的。我們在解放全國之前已經決定不去解放香港，在長期的全球戰略上講，不是軟弱，不是妥協，而是一個更積極努力的進攻和鬥爭。[22]

　　在此，我們必須將中國共產黨的政治戰略與地緣戰略放在一起來考慮。在 1948 年的《共產黨人》發刊詞中，毛澤東第一次全面總結了中國共產黨成功奪取政權的政治秘訣，即"黨的建設、統一戰線和武裝鬥爭"這三大法寶。新中國成立後，面對冷戰格局中的西方世界對中國的封鎖，中國共產黨很自然將這三大法寶運用到國際政治領域。首先就將"武裝鬥爭"轉化為"保家衛國"。新中國成立之後，於 1950 年在朝鮮展開抗美援朝戰爭，1962 年在西藏擊退印度的入侵，1969 年在東北黑龍江的珍寶島打退蘇聯的入侵；與此同時，中國始終支持越南抗擊美國的入侵，直到後來又於 1979 年發起對越南自衛反擊戰，當然還有 1974 年的西沙群島自衛反擊戰役和 1988 年的南沙群島自衛反擊戰。而這些戰爭都爆發在中國傳統的外藩和內藩地區，正是通過這些戰爭才真正劃定了中國的東南西北的領土邊疆。"統一戰線"政策就轉化為分化英美聯盟、團結第三世界人民。"黨的建設"就轉化為支援第三世界的共產黨展開反帝反殖的民族獨立解放運動。在這種政治鬥爭策略中，香港在地緣政治上是中國在東南亞周邊建立國際統一戰線的重要基地。香港問題與中央的統戰策略有機地結合在一起。為此，周恩來通過廖承志向新華社香港分社詳細闡述了"長期打算，充分利用"的意義。

　　首先，把香港留在英國人的手中，是為了在政治上分化美英勢力，利用美英在遠東利益上的矛盾以及對華政策的分歧，最大限度地團結英國，反對美國這個主要敵人。"香港留在英國人手上，我們反而主動。我們抓住了英國一條辮子。我們就拉住了英國，使她不能也不敢對美國的對華政

22　金堯如：《中共香港政策秘聞實錄》，臺北：田園書屋 1998 年版，第 4 頁。

策和遠東戰略部署跟得太緊，靠得太攏。這樣我們就可以擴大和利用英美在遠東問題上對華政策的矛盾。」[23] 果然，後來在東南亞支持中國的萬隆會議陣營和美國的東南亞聯防條約國家之間，曾經作為英國殖民地的馬來西亞、新加坡和柬埔寨等在英國的影響下保持了中立，雖然沒有參加萬隆組織，但也沒有加入美國的東南亞聯防條約組織。

其次，把香港留在英國人手中，可以利用香港的資本主義制度，開展僑務工作，最大限度地團結東南亞的華僑，建立最廣泛的愛國統一戰線，團結一切可以團結的人，支持國家的經濟建設和反帝鬥爭。華僑主要集中在東南亞各地，他們一方面在資本主義世界中謀生和發展，另一方面又積極支援祖國的現代化建設。香港在地緣上正好能滿足他們兩方面的需求，而新中國也正好把香港看作是針對西方海洋世界的「瞭望臺、氣象臺和橋頭堡」。在積極進攻的意義上，可以支持東南亞的反帝運動。而在積極防禦的意義上，香港也能成為突破以美國為首的西方陣營對中國實現封鎖禁運的前沿陣地。從新中國建立以來，尤其是在抗美援朝期間，大量的物資和外匯源源不斷地從香港運往國內，愛國商人霍英東就是在此時與中央高層建立了深厚友誼，被稱為「中國共產黨的老朋友」。與此同時，中央通過僑務工作，爭取華僑對北京的支持，並通過華僑與東南亞各國政府之間建立起友好合作關係。比如香港著名僑領徐四民就幫助中國與緬甸之間建立良好關係。而在香港回歸十年之際，霍老、徐老先後仙逝，香港媒體稱這「標誌著一個時代的結束」。

最後，就是香港在經濟上對內地的價值。1957 年周恩來在上海和工商界人士座談的時候就指出：「香港可作為我們同國外進行經濟聯繫的基地，可以通過它吸收外資，爭取外匯。」「香港應該化為經濟上對我們有用的港口。」[24] 因此，周恩來甚至要求新華社香港分社對香港的資本主義，「要好好保護它，不要破壞它」[25]。

中國共產黨竟要求支持殖民主義和資本主義的統治，這在正統馬克思

23　金堯如：《中共香港政策秘聞實錄》，臺北：田園書屋 1998 年版，第 4-5 頁。

24　周恩來：《周恩來經濟文選》，北京：中央文獻出版社 1993 年版，第 352 頁。

25　金堯如：《中共香港政策秘聞實錄》，臺北：田園書屋 1998 年版，第 5 頁。

主義和民族主義理論看來似乎顯得離經叛道。然而正是在這個地方，我們看到中國共產黨的理論核心中不僅有階級、民族這樣的概念，也有傳統儒家"家國天下"這樣的概念。中國人接受馬克思主義的階級概念，就在於這個階級概念的背後，有著共產主義的天下大同理想。馬克思主義與儒家文化緊密結合在一起。因此，這個"國家"也不是現代西方政治理論中的民族國家，而是"政治國家"或"文化國家"，具體而言就是在傳統儒家的家—國—天下秩序中所形成的差序格局體系。這種理論被周恩來概括為"愛國一家"，即在愛國的最高原則下，形成擁護中國共產黨統治的愛國者、擁護社會主義的愛國者、擁護祖國統一的愛國者、擁護中國文化的愛國者這樣的差序格局。這是人們耳熟能詳的統一戰線理論，只有放在傳統的儒家思想中才能真正理解。"愛國一家"不僅是政治的差序格局，而且包含著地緣的差序格局。在這樣的格局中，把香港留在英國人手中恰恰是因為有利於團結擁護祖國統一、擁護中國文化的愛國者。

因此，香港雖然在英國的統治之下，但在中國共產黨的政治意識中，它從來都是國家治理的一部分，因為按照傳統的政治理念，國家不是一個法律建構的實體，而是一個文化或文明實體。中央強調香港人愛國，不要求他們擁護新中國、共產黨和社會主義，只要求他們"對祖國山河、人民、同胞、歷史文化之愛"[26]。由此我們看到，文明國家的政治理念超越了憲法國家或法治國家。中國共產黨雖然對香港沒有直接的統治，但卻始終承擔著對全體香港人的國家政治責任。"文革"開始之後，周恩來就反復叮囑香港新華社，香港不同於內地，不搞"文革"，其目的也是為了維持香港的政治穩定。當香港左派的六七抗議運動遭到港英政府的鎮壓之後，當時內地也處於經濟最困難的時期，可中央依然專門調集力量在廣東東江上修建水庫，解決香港當時陷入的"水荒"。今天，這個對香港的供水系統由多個行政法規管理，是中國行政法規管理最多、最嚴格的供水系統。同樣，內地供給香港的食品、水果、蔬菜等都採取比內地更為嚴格的檢疫標準。這種政治責任在香港回歸之後變成了"保持香港長期繁榮穩

26　金堯如：《中共香港政策秘聞實錄》，臺北：田園書屋 1998 年版，第 19 頁。

定”的承諾，由此中央不斷出臺各種支持香港經濟的政策。然而，從法治國家的角度講，中央不掌握香港的財政、金融、稅收和經濟決策權，怎麼保持香港的繁榮穩定，而且要長期保持？也正是這樣的政治責任，使得中央被迫不斷捲入到香港事務中，最後不得不通過國安立法、修改選舉辦法來承擔起維持香港繁榮穩定的政治責任。

然而，眾所周知，中央在建國前後確立的對香港“保持不變”、“長期打算，充分利用”的戰略定位，隨著“文化大革命”的爆發而改變，尤其在香港引發了影響深遠的反英抗議運動。（參見第二章）而這場革命由於中國在東南亞乃至全球推動的革命運動緊密地聯繫在一起。我們必須要注意到，在新中國建立之前，華人在東南人與內地之間始終處於自由流動的狀態，因為整個東方還未能按照西方的標準建立起邊界清晰、公民身份明確的民族國家體系，東南亞地區的國家認同並沒有建立起來，中國乃至東南亞的認同體系是按照朝貢體系下的文化認同和族群認同來確立的。幾百年來移民東南亞的華人始終保持對中國的文化認同甚至政治認同，因此他們深深捲入到近代以來的中國革命浪潮中。比如辛亥革命的重要力量就來自南洋華人的支持，孫中山甚至說“僑黨是革命之母”。尤其在抗日戰爭中，中國的民族主義觀念和情緒被充分激發出來，國共兩黨都通過香港積極動員南洋華僑加入到抗戰事業中，而中國革命內部左翼與右翼的分裂也帶來南洋華僑在當地的認同分裂。尤其要注意的是，共產主義運動原本就是一場突破主權國家邊界的全球無產階級的革命運動，“工人階級沒有祖國”是這場國際共產主義運動的著名格言。因此，在全球革命的浪潮中，中國共產黨和東南亞共產黨在香港形成了一個密切互動的革命網絡，而華人就成為這個革命網絡中的主體，香港則成為推動東南亞民族解放運動的跳板或前方基地。比如胡志明領導的越南共產黨就在香港成立並長期在香港避難並通過香港進入中國內地。不少東南亞華人加入到當地的共產黨組織並致力於推動民族獨立解放運動。比如馬來西亞共產黨著名的領導人就是華人陳平，而泰國共產黨和印尼共產黨的華人領袖往往與新華社香港分社有著密切的互動關係。

然而，這一切隨著新中國的成立發生了根本改變。革命之後必然要建立起穩定的國際秩序，中國需要和東南亞各國建立彼此獨立、平等的國家之間的外交關係，從而贏得這些國家在國際政治領域對中國的認可和支持。然而，對於東南亞各國來說，最擔心的莫過於革命年代在東南亞建立起來的革命網絡在本國開展革命運動，而此時不少東南亞各國依然處在歐洲建立的殖民體系之下。由於西方國家大肆渲染"紅色中國"的威脅，這些國家對中國和華僑心懷恐懼，擔心華僑成為"紅色中國輸出革命的載體"。在西方國家的影響下，東南亞地區不時出現"排華"、"反華"現象。由此，如何在國際關係中處理好國家與政黨、殖民主義體系與共產主義革命、社會主義陣營與資本主義陣營之間的張力，尤其是國家之間的獨立平等關係和黨際之間的共產主義國際義務的關係，成為新中國必須面對的難題。由於中國革命的理想就是建立主權國家獨立平等的國際大家庭，而在冷戰背景下，不僅資本主義世界在帝國主義和殖民主義的基礎上建構世界帝國體系，而且共產主義陣營中也出現了蘇聯推行的霸權主義、大國沙文主義和新殖民主義傾向。在這種背景下，中國與亞非拉國家，尤其是在殖民主義中獨立出來的國家，共同推動召開"萬隆會議"，提出了處理國際關係的"和平共處五項原則"，從而成為在兩大陣營之外的"第三種力量"。

正是在這種背景下，中國為了打消東南亞國家對中國藉助革命網絡"輸出革命"的擔憂，在萬隆會議期間，中國與印尼簽訂協議放棄了晚清以來採取的"雙重國籍"政策，從而迫使幾個世紀移居南洋的華人在中國國籍和本地國籍之間做出選擇。與此同時，中國共產黨也對大南亞"僑黨"的活動進行了約束，不再支持其發展。1952年，中共中央發出《關於泰國僑黨解散問題的指示》和《關於海外僑民工作的指示》，強調海外僑民工作要服從國家外交政策，申明中共不在海外華僑中建立組織，原有的組織也會逐步取消。1954年，毛澤東會見緬甸總理吳努的談話中特別指出，這次談話不是以"政府工作者的身份"（毛澤東是中國國家主席，吳努是緬甸國家總理），而是以"黨的工作者的身份"的談話："我是以中國共產黨主席的身份向緬甸反法西斯人民自由聯盟主席吳努提出建議。"在談話中，圍繞緬甸擔心的中國輸出革命的僑黨問題，毛澤東強調

"革命不能輸出"，"靠外國輸出革命，而取得勝利是不可能的。""我們在華僑中不組織共產黨，已有的支部已經解散。我們在印尼和新加坡也是這樣做的。我們囑咐緬甸的華僑不要參加緬甸國內的政治活動，只可以參加緬甸政府准許的一些活動。"其根本原因是中國共產黨主張大國和小國完全平等，包括政治平等和經濟平等，而大國小國不平等是帝國主義的理論。因此，當緬甸總理吳努將中國與緬甸的關係強調為大哥哥與小弟弟的關係，毛澤東立即加以糾正："我們不是大哥哥同小弟弟的關係，我們是同年同月同日同時生的兄弟"[27]。與此同時，新中國與毗鄰的東南亞各國展開了邊界劃分，並在邊界劃分中做出了巨大讓步。從"雙重國籍"的放棄到邊界的精確劃定，一系列工作無疑清理了天下朝貢體系的殘餘，建立起主權國家間平等的新型國際體系。

面對蘇聯社會主義逐漸蛻變為"修正主義"和"新殖民主義"，中國開始探索自己的現代化道路，從而思考模仿蘇聯計劃經濟體系所帶來的弊端，由此誕生了《論十大關係》的經典文獻。然而，中國探索獨立的現代化道路就意味著在國際政治和國內政治中擺脫對蘇聯的依賴，從而導致中蘇關係不和諧，而這種不和諧在特定歷史背景下又發展為"中蘇論戰"，並最終帶來中蘇同盟關係的破裂。而在冷戰格局中，中國要真正成為獨立自主的國際政治力量，就必須有更大的革命勇氣來面對來自蘇聯和美國兩個世界超級大國及其主導的兩個帝國體系的壓力，而在地緣政治上就意味著中國必須同時面對蘇聯在北方大陸邊境上陳兵百萬以及國民黨在美國支持下從海洋上"反攻大陸"的雙重壓力，更何況還有印度在中國西部邊疆的挑戰。一時間中國在國際政治上乃至地緣政治上處於"四面楚歌"的境地。面對這種巨大的國際壓力，中國藉助"文化大革命"再次爆發出巨大的革命能量，不僅針對海洋上的英美帝國主義，而且面對大陸上蘇聯的"霸權主義"、"新殖民主義"。由此，中國革命的成功經驗被上升為世界革命的理論指南，即，將亞非拉地區看作是發動革命的廣大"農村"，通過在亞非拉地區的革命來包圍發達霸權國家的"城市"世界。而這場革命

27　毛澤東：《毛澤東文集（第 6 卷）》，北京：人民出版社 1999 年版，第 376-382 頁。

的巨大精神能量不僅點燃了歐美資本主義體系中的革命運動，比如法國巴黎的"五月風暴"，美國的民權運動等，使其成為世界革命中的"第二戰場"，更重要的是在繼"十月革命"之後再次點燃亞非拉地區的民族獨立解放運動。在這場"世界革命高潮"即將來臨的激進革命中，中國的革命政黨理所當然地承擔起推動世界革命和歷史進步的大任，為其他兄弟國家輸送革命的火種。

由此，中國的"文革"，法國的"五月風暴"，美國的反種族歧視、性解放、反越戰的文化革命，還有意大利的"紅色旅"、日本的"赤軍"、美國的"黑豹黨"等暴力運動，以及整個亞非拉的革命風暴形成了全球共振。中國取代蘇聯成為全球共產主義運動和民族獨立解放運動的政治中心，而毛澤東就像耶穌一樣被看作是受苦人的大救星，北京也因此成為全球革命領袖朝貢覲見的中心，"毛主席語錄"則成為在全球傳播革命解放的福音書。在苦難世界渴望救贖的民間造神運動將毛澤東推向神壇的時候，"毛主義"（Maoism）則被西方精英作家們寫入教科書中，成為"馬克思主義"和"列寧主義"之後指導世界革命的思想理論，成為不斷刺激著西方後現代思想家的靈感源泉。因此，中國才真正取得了大多數亞非拉國家發自內心的支持和擁護，在蘇聯陣營和美國陣營之外建構起獨立的第三個政治空間："第三世界"。中國成為"第三世界"當之無愧的政治領袖，在美蘇全球爭霸的格局中成為獨立的第三極，"中美蘇大三角關係"由此形成。

在兩大陣營劃分的冷戰國際政治格局中，要想成為中間力量，採用巧妙的外交手段來維持平衡以獲得雙方的利益，這無疑是可能的，比如印度始終利用其地緣優勢玩弄這種"兩頭通吃"的平衡。然而，要想真正開闢出獨立的政治空間，尤其要成為第三世界的政治領袖，唯有具備同時反對兩種霸權主義和新舊殖民主義的獨立政治理念和堅定的革命意志才是可能的。在這個意義上，中國與印度在國際社會的根本區別就在於印度從一開始就被深度編織在西方的世界帝國體系中，始終未能獲得真正的獨立，而中國從近代以來就經歷了漫長的反對帝國主義和殖民主義的革命，鍛造培養出一種捨我其誰的主人人格和自由精神，由此才在兩大陣營的國際社會中為自己贏得了獨立第三極的主人地位。可以說，從鴉片戰爭以來，中國始終同時面對大陸與海洋的邊疆危機，始終遭遇英美與俄國在南北"大博弈"中帶來的壓力，中國革命經過一代又一代的努力，不斷釋放出越來越巨大的政治能量，不僅點燃中國，而且照亮世界。正是這種不斷革命釋放出的巨大精神能量，為中國在大陸與海洋之間拓展出同時擁有大陸心臟地帶與海洋世界的、真正獨立的巨大地緣政治空間。正是由於中國在全球政治格局和地緣格局中成長為獨立的一極，美國才主動向中國伸出橄欖枝，才有了 1971 年基辛格訪華及隨後的尼克松訪華，中美才逐漸建立起越來越密切的國際關係，為此後中國改革開放以獨立的姿態融入美國主導的世界帝國體系奠定了政治基礎。與此同時，中國被第三世界國家"抬進了聯合國"，於 1971 年恢復了在聯合國中常任理事國的地位。當然，這實際上獲得了美國的默許，因為歐洲絕大多數國家都投票支持中國進入聯合國。從此中國在聯合國中就成為"第三世界"的代表，為弱者伸張正義，但也成為美國遏制蘇聯霸權擴張的夥伴。從地緣政治上來說，這意味著冷戰的結束，即它實現了美國戰略家斯皮克曼（Nicholas John Spykman）提出的"邊緣地帶"戰略——海洋世界和大陸邊緣地帶（內新月地帶）結合起來，共同成功圍堵了大陸心臟地帶。

　　中國在恢復聯合國席位之後，就立即申請加入"非殖民化特別委員會"。這個委員會是因為 1960 年第 15 屆聯大通過了蘇聯帶頭提出的《給予殖民地國家和人民獨立宣言》而成立的專門工作機構。該委員會將香港和澳門納入了殖民地名單之中，而根據《宣言》的主張，殖民地大多數要宣佈獨立，成為聯合國會員國，少數成為聯合國指定的被"託管"地區（比如馬紹爾群島至今屬於美國的"自由聯絡國"），或者通過續約繼續殖民統治。這無疑為香港、澳門回歸祖國的前途設置了障礙。若港澳將來獨立，蘇美當然高興，英國則更高興，因為中國若不承認香港可以獨立，就只能續約維持其殖民統治。因此，1972 年 3 月 8 日，中國常駐聯合國代表黃華致函該委員會主席薩利姆："香港、澳門是屬於歷史上遺留下來的帝國主義強加於中國的一系列不平等條約的結果。香港和澳門是被英國和葡萄牙當局佔領的中國領土的一部分，解決香港、澳門問題完全是屬於中國主權範圍內的問題，根本不屬於通常的‘殖民地’範疇。因此，不應列入反殖宣言中適用的殖民地地區的名單之內。”委員會接受了中國的主張，向聯大建議將港澳從名單中刪除。最終在 1972 年 11 月 8 日聯合國大會上，以 99 票支持 5 票反對的結果將香港和澳門從名單之中刪除，這就是為後來的港澳回歸奠定了國際法基礎，英國也是在這個時候開始佈局其撤退戰略。（參見第四章）2019 年 9 月 17 日，中國政府授予薩利姆先生“友誼勳章”，無疑是感謝這位當年幫助中國渡過難關的“第三世界”的老朋友。

　　而在這場震撼全球的世界革命運動中，香港的反英抗議運動與東南亞僑黨的革命運動形成共振，香港成為中國革命邁向東南亞革命乃至亞非拉革命和全球革命的跳板或“橋頭堡”，新中國成立之前在東南亞形成的革命網絡迅速復活了，而香港就成為這個革命網絡的中心。如果我們閱讀新加坡奠基人李光耀的回憶錄，就會發現他始終擔心懸在頭上的這把中國革命的“達摩克利斯之劍”。在 1978 年訪問北京的時候，他直言不諱地對鄧小平坦承：“中國要東南亞國家同它聯手孤立‘北極熊’；事實上，我們的鄰國要的卻是團結東南亞各國以孤立‘中國龍’。東南亞沒有所謂的‘海外蘇聯人’在蘇聯政府支持下發動共產主義叛亂，有的卻是受到中共和中國政府鼓勵和支持的‘海外華人’，在泰國、馬來西亞、菲律賓，以及較低程度上的印尼，構成威脅。”“正因為中國不斷向東南亞輸出革命，致使我的東盟鄰國都希望新加坡能夠跟他們站在同一陣線上，不為抵抗蘇聯，而是同中國對抗。”[28] 而在這個時候，東南亞的革命運動已經被剿滅了，中國革命的火光也熄滅了，東南亞華人在這場革命中看到了無限的希望，但也在這場革命中遭受了深重的災難。而此時的鄧小平正在忙著為這場革命清掃戰場。在 1978 年訪問泰國、緬甸和新加坡等東南亞國家時，鄧小平不斷重申建國初期確立的“雙重國籍”政策，並在此基礎上處理中國共產黨與東南亞共產黨的關係問題。比如在 1978 年 11 月 8 日晚上出席泰國的記者招待會中，鄧小平坦稱：“我們不僅在同泰國的關係中，

28　轉引自江關生：《中共在香港（1921-1949）》下卷，香港：天地圖書有限公司 2012 年版，第 154 頁。

而且在同東南亞國家的關係中，都存在一個同那個國家的共產黨的關係問題。這樣的問題是歷史形成的，既然是歷史形成的，就不可能一夜之間解決。我們同東盟各國首先是相互諒解，認為這樣的問題不妨礙我們建立相互關係、發展相互關係。在這樣的諒解下，我們實現了關係正常化，建立了外交關係。就中國來說，把黨和黨的關係同國家之間的關係區別開來，使這樣的問題不影響我們發展國家間的友好關係。"[29] 那麼如何處理中國共產黨與外國的共產黨及其他政黨的關係，鄧小平在 1980 年 5 月 31 日的內部談話中"推己及人"，反思了"文革"時期推動世界革命的失敗教訓，提出了"處理兄弟黨關係的一條重要原則"：

> 既然中國革命勝利靠的是馬列主義普遍原理同本國具體實踐相結合，我們就不應該要求其他發展中國家都按照中國的模式去進行革命，更不應該要求發達的資本主義國家也採取中國的模式。……
>
> 各國黨的國內方針、路線是對還是錯，應該由本國黨和本國人民去判斷。最瞭解那個國家情況的，畢竟還是本國的同志。但是，一個黨和由它領導的國家的對外政策，如果是干涉別國內政，侵略、顛覆別的國家，那末，任何黨都可以發表意見，進行指責。我們一直反對蘇共搞老子黨和大國沙文主義那一套。……
>
> 我們在處理黨與黨之間的關係時，總的來說是清醒的。但是回過頭看看，我們過去也並不都是對的。
>
> 總之，各國的事情，一定要尊重各國的黨、各國的人民，由他們自己去尋找道路，去探索，去解決問題，不能由別的黨充當老子黨，去發號施令。我們反對人家對我們發號施令，我們也決不能對人家發號施令。這應該成為一條重要的原則。[30]

29　中共中央文獻研究室編：《鄧小平年譜（1975-1997）》（上），北京：中央文獻出版社 2004 年版，第 422 頁。

30　鄧小平：《處理兄弟黨關係的一條重要原則》，載《鄧小平文選（第 2 卷）》，北京：人民出版社 1994 年版，第 318-319 頁。

　　正是在此基礎上，1982 年召開全面清除"文革"極左錯誤的中共十二大報告中明確提出："我們馬克思列寧主義者，相信共產主義最後一定會在全世界實現，但是革命決不能輸出，它只能是各國人民自己選擇的結果"，並進一步提出處理黨際關係的四項原則："獨立自主、完全平等、互相尊重、互不干涉內部事務"。而隨著冷戰的結束，社會主義與資本主義的東西問題緩和下來，但發達國家與發展中國家的南北問題凸顯出來，"三個世界"的劃分被轉化為全球"南北問題"，中國為首的革命的"第三世界"依然處在經濟欠發達的南方地區。由此，發展經濟、解決全球範圍內的南北經濟不平等、建立公平合理的國際政治經濟新秩序就成為中國革命新的主軸。而鄧小平正是這種背景下將中國革命的方向從政治革命扭轉向經濟革命，推出改革開放政策，並提出在香港實現"一國兩制"。香港由此從對外輸出革命的"橋頭堡"重新回到經濟商業的"通道"，但卻要時刻警惕香港成為西方勢力對中國實行"顏色革命"的"橋頭堡"。世界革命浪潮的潮頭變了，革命的方式也變了，但革命卻無法輕鬆地"告別"，因為革命精神原本就是現代人的靈魂。

六、尾聲：不滅的革命精神

　　有時我孤獨一人坐下

　　在五月的麥地　夢想眾兄弟

　　看到家鄉的卵石滾滿了河灘

　　黃昏常存弧形的天空

　　讓大地上佈滿哀傷的村莊

　　有時我孤獨一人坐在麥地為眾兄弟背誦中國詩歌

　　沒有了眼睛也沒有了嘴唇。

　　(《五月的麥地》)

　　詩人海子就像一個先知，在上世紀八十年代就唱出了今天中國人的無奈和憂傷。在中蘇論戰中，中國共產黨人就是希望向全世界無產階級 "眾兄弟背誦中國詩歌"，為中國革命和中國發展道路進行正當性辯護，對中國人的生存方式進行哲學上的辯護。然而，我們只能用馬克思主義的概念和理論來背誦中國詩歌，"沒有了眼睛也沒有了嘴唇"。鄧小平在總結中蘇論戰時之所以認為雙方都說了許多 "空話"，就是因為他已經深刻地意識到中國人的生存方式不一定非要用馬克思主義進行辯護不可。"實事求是"、"實踐是檢驗真理的唯一標準" 就是對中國人的生存方式的最好辯護。在鄧小平中國特色社會主義理論的指導下，"中國特色" 的重要性越來越超過正統的馬克思主義，乃至發展到今天的習近平新時代中國特色社會主義理論。中華民族的偉大復興也悄悄地取代了實現共產主義的政治目標。然而，當我們在稀釋馬克思主義話語的同時，我們不過接受了另外一套西方話語而已。我們依然 "沒有了眼睛也沒有了嘴唇"。如果說在中蘇論戰中，我們還能用馬克思主義理論為自己的生存方式進行辯護，那麼，改革開放以來，我們雖然接受了另一套西方話語，但已經喪失了用這套話語進行自我辯護的能力，更嚴重的是，我們在 "與世界接軌" 的過程中似乎喪失了進行自我辯護的文明衝動和政治意志。

上世紀八十年代，中國的知識精英在擁抱西方的時候，只有海子"孤獨一人"歌唱中國，而今天我們面對中國在經濟上的崛起，卻依然要陷入"沒有了眼睛也沒有了嘴唇"的憂傷。如何"講好中國故事"，在國際上爭奪話語權，成為中國人必須面對的問題。自然的領土是自己的，可人心的領土卻成了別人的。如此龐大的國家在治理香港彈丸之地時卻困難重重，很大程度上是因為面對人權法治、民主普選這些西方概念時出現了失語狀態，導致爭取人心回歸進展緩慢。爭取人心不是給予經濟實惠所能實現的，最終要回歸文化戰爭。因此，無論是處理香港問題，還是實現中國崛起，也許都要有比當年中蘇論戰更為嚴肅的態度、更為頑強的政治意志、更為強大的哲學能力，來唱響"中國詩歌"，講好"中國故事"，爭奪文化領導權，奪回人心失地。否則，我們的經濟成就，我們的"一國兩制"就有可能成為建在流沙上的大廈。

然而，文化建立在經濟和政治的基礎上，要贏得這場文化戰爭必須依賴經濟領域和政治領域的革命政治所釋放出的精神能量。因此，如何面對西方國家和西方文明，究竟是選擇"國際接軌"的承認政治，還是獨立自主的革命政治，這始終是中國革命進程中必須面對的兩條道路。在這個意義上，中國革命並沒有因為 1970 年代世界革命的退潮而結束，相反，它通過經濟革命、產業革命和科技革命的方式展現出來，即中國必須在經濟上顛覆近代以來形成的西方主導的不平等的世界經濟體系，才能在政治上和精神上獲得真正的獨立解放，從而展開自由的文化創造。1970 年代世界革命的失敗很大程度上歸結於經濟根源，畢竟"貧窮不是社會主義"。當年西方邁向現代化的原始積累依賴對殖民地的野蠻掠奪和工人階級的殘酷剝削，而在殖民主義和資本主義這種罪惡的制度被拋棄之後的社會主義國家，要在被資本主義世界體系封鎖的國際環境中完成原始積累，來實現經濟的現代化，那就必須依賴共產主義精神所激發出來的"一大二公"的無私奉獻精神。這就是新中國社會主義新文化所塑造出來的"鐵人"王進喜、支部書記郭鳳蓮和軍人雷鋒這樣的"新人"。而在他們的無私奉獻精神推動中國工業化的背後，則是內地難民潮融入香港，擁抱香港的資本主義。內地通過計劃經濟體系壓縮甚至剝奪私有財產這種近乎"自我殖民"和"自我剝削"的殘酷方式完成了邁向工業化的原始積累。因此，正是這種"重工主義"的計劃經濟體制為中國奠定了完整的工業體系，尤其是以核武器為核心的軍事工業和重工業體系，它成為中國真正獲得獨立自主的政治自由的前提條件。正是在新中國奠定了完整工業體系的基礎上，改革開放讓中國迅速在全球產業鏈中不斷攀升，從而奠定了與美國主導的世界帝國體系展開經濟較量、政治較量和話語權較量的基礎。[31] 更重要的是，中國革命所鍛造的主人人格和革命精神已經成為內地中國人的基本品質，今天中國偉大的企業家無論是任正非還是馬雲，哪個不是毛主席的好學生？今天中國崛起在哪個領域面對的不是一場前所未有的革命？而唯有依賴作為主人的鬥爭精神和革命精神，才能完成這場漫長的偉大革命，才能顛覆西方幾百年建構起來的不平等世界帝國體系，才能圍繞"人類命運共同體"的目標去創制新的天下秩序。

31　強世功：《文明終結與世界帝國：美國建構的全球法秩序》，香港：三聯書店（香港）有限公司 2021年版，第四章。

第六章

"一國" 之謎：中國 vs 帝國

一隻筆，一張報，往往是文人的夢想。香港頗具影響力的《明報》和《信報》當初都是靠一隻筆支撐起來的。金庸大俠早期給《大公報》副刊寫武俠小說，後來乾脆自立門戶，創辦《明報》，至今受到文化人的推崇，不僅有文化品位，而且時事評論也充滿政治理性。財經評論家林行止先生也是靠一隻筆創辦《信報》，在兩岸四地的財經界，這份報紙有著相當的地位和影響。林先生差不多每天都堅持寫專欄或評論。從宏觀經濟到財經政策，從內地改革到全球經濟走勢，從香港政制到大眾文化，這些評論充滿了獨立思考和專業見地，幾乎篇篇可讀，單憑這幾十年如一日的敬業精神，就不由讓人肅然起敬。

金庸（查良鏞）與林行止（林山木）的研究領域和寫作風格不同，在政治見地上也有區別。深處中西文明撞擊夾縫中的香港，金庸的武俠小說其實包含著對中華文明的深刻思考。他要處理的核心主題是華夏多民族文明所面臨的“夷夏之辨”問題。為此，他不斷用邊緣文化和少數族裔文明挑戰和質疑正統的中原文明，追問華夏文明的正統基礎。正是藉助古代武俠世界的想象，金庸實際上在思考處於共產主義文明邊緣的香港的文化認同問題。《鹿鼎記》中塑造的韋小寶這個形象，反映了周旋於大陸的共產主義文明、臺灣的傳統儒家文明和西方資本主義文明夾縫中的香港人的處境。韋小寶最後的身世之謎恰恰是香港的文化認同之謎：究竟是中華文明（包括共產主義文明），還是西方文明？儘管如此，在武俠文化熏陶下的金庸，雖然質疑正統，諷刺正統，卻並沒有徹底顛覆正統，並對正統的理解持開放的態度。身為天地會首領的韋小寶之所以認同康熙皇帝，是因為康熙是個好皇帝，他統治下百姓的日子過得更好。這意味著金庸不會像海外新儒家那樣用儒家文明來質疑內地的共產主義文明，畢竟是共產主義文明徹底改變了近代中國的落後挨打的悲慘局面，使中國人獨立於世界民族之林。

也許是由於這個原因，從 1980 年代以來的香港回歸年代，《明報》一直以積極樂觀的態度主張中國對香港恢復行使主權。金庸在《明報》上不僅專門開闢了“北望神州”專版，每日刊登內地新聞，而且系統闡述評論中央提出的“一國兩制”方針，以至於在彭定康的政改方案挑起的香港人關於香港前途的辯論中，金庸又發表了系列評論，講述為什麼中央會推出“一國兩制”思想，增強了香港人對香港回歸的信心。（參見第八章）這一切與林行止先生形成明顯的對照。比如在 1980 年代初，林先生在《信報》上撰文，為“三個條約有效論”進行辯護，並鼓勵英國政府以香港這隻“下金蛋的鵝”為條件要挾北京，採用“主權換治權”的思路，保持香港繼續由英國人統治。這樣的觀點遭到了許多香港人的反駁，甚至有人到報館前專門抗議。如果就此說林先生“不愛國”，那倒言過其實。畢竟，林先生只是一個財經專家，他首先考慮的是民生問題，他擔心香港回歸後採取社會主義制度將破壞香港的繁榮。直至 20 多年之後，林先生又撰文對自己一生鼓吹的市場經濟和資本主義進行反思，這無疑保持了一個學人誠實的良知和本性。不過，1980 年代初，像林先生這樣的擔心，鄧小平早就料到了。為此，他提出“一國兩制”的主張，來解決了香港人普遍擔心的經濟繁榮問題。至此，連林行止這樣對香港回歸持懷疑和消極態度的人，也都要贊成香港回歸了。

香港之所以能夠在保持繁榮的前提下順利回歸，根本上要歸功於小平提出的“一國兩制”思想，成功地爭取到香港人的支持。甚至連英國首相撒切爾夫人也認為：“‘一國兩制’的構想，是沒有先例的。它為香港的特殊歷史環境提供了富有想象力的答案，這一構想樹立了一個榜樣，說明看來無法解決的問題如何才能解決，以及應該如何解決。”然而，這種政治想象力何在？這種政治想象力從何而來？“一國兩制”這個概念如果要從一個特指專用的概念變成一種普遍性的學術概念，就需要將這種想象的魅力揭示出來。由此，“一國兩制”不是一種“五十年不變”的臨時性特殊政治設計，而是變成具有普遍意義的理論思考，用來解決世界各地普遍存在的類似政治難題。這就意味著我們不能將其看作是鄧小平個人的政治智慧，或者解決港澳彈丸之地的權宜之計，而要看到在鄧小平的政治思考背後，實際上貫穿了從毛澤東到中國古代歷朝偉大政治家關於邊疆治理的連續性思考，而在這思考的背後實際上隱含著一套深刻的政治哲學思想。

一、"一國兩制"的歷史源流："十七條協議"

　　"一國兩制"思想無疑是鄧小平中國特色社會主義理論的重要組成部分，但鄧小平從來沒有講這個構想是他自己獨創的。早在 1981 年 4 月英國外交和聯邦事務大臣卡林頓（Peter Carington）勳爵來華試探中國對香港的政策時，鄧小平重申他 1979 年與港督麥理浩談話時所作的保證就是中國政府正式的立場，即中國恢復對香港行使主權之後，保持香港的生活方式和政治制度不變，保持香港的繁榮穩定，使投資者放心。當時鄧小平並沒有提出"一國兩制"這個概念，但中央同志明確告訴卡林頓，請他們研究中國對臺灣的政策，或者中國解決西藏問題的辦法。可見，中央對港政策與當時提出的對臺政策，與建國初期解決西藏問題的辦法具有某種內在的關聯性。

　　"一國兩制"方針脫胎於中央對臺政策已為人所共知，但它與中央解決西藏問題的內在關聯卻少有人注意。事實上，毛澤東在 1948 年闡述對中國的地緣政治思考時，就把西藏問題與臺港澳問題放在一起來思考，所不同的是，西藏問題乃是中國歷史傳統悠久的陸地邊疆問題，而臺港澳問題乃是直到近代才逐漸展現出來的海域新邊疆問題，二者既有不同的地方，又在近代以來中國遭遇西方殖民主義入侵後有相互貫通的地方。（參見第五章）如果說香港對於從海洋而來的西方人而言，原本是一個荒蠻小島，僅僅是一個存放貨物的貿易中轉站，那麼西藏則完全不同。這不僅因為是西藏的面積以及與內地王朝互動的悠久歷史，更重要的是，西藏從一開始就形成不同於內地的宗教文化傳統。因此，從西方耶穌會進入東方以來，關於西藏的語言、宗教以及相關歷史知識就進入到西方人對東方的想象中。在這種"東方主義"的想象中，西藏喇嘛教代表著與儒家入世道德完全不同的精神氣質，要麼在啟蒙主義科學與迷信的二元話語中處於原始蒙昧的偶像崇拜的階段，處在普遍歷史最早期的神秘主義階段，要麼在浪漫主義的話語中處在未受文明玷污的、保留了精神通靈而具有絕對純潔性和神聖性的"香巴拉"。而這種聖潔的精神想象與歐洲種族主義混合在一起，使得德國納粹將西藏人想象為所謂血統高貴純潔的雅利安人的後裔，甚至展開西藏探險。而在這種東方主義投射到對西藏的想象中，西藏在精神氣質上更接近印度而非中國。在 1960 年代席捲西方的青年造反運動中，西方年輕一代對盪滌舊世界污泥濁水的中國革命充滿了希望（參見第五章），而在革命熱情消退之後，世外桃源的"香格里拉"與回歸心靈自我的印度瑜伽將印度與西藏聯結為神秘主義的整體，成為西方商業消費文化共同打造的精神家園。[1]

然而，對西藏真正造成困擾的，並非這種話語層面的東方主義想象以及由此產生的敘事建構，而是西方列強在全球的殖民帝國擴張。英國在建立東印度公司之後就開始以印度為基地不斷向西藏滲透、擴張，其目的並非出於東方主義的精神追求，而是為了殖民帝國的商業利益。由於無法通過海上打開對中國的貿易大門，英國甚至希望能夠讓西藏開放通商貿易，並通過西藏進入四川及中國腹地的長江沿線。西藏至少從元明清時期就已經納入到中國版圖中，元朝甚至直接建立了行省來管理西藏。儘管如此，由於特殊的地理環境和文化傳統，西藏始終保持著不同於內地省份的高度自治權，從而與毗鄰的尼泊爾、錫金、不丹、阿薩姆等都屬於中國朝貢體系的範圍。在某種意義上，與此毗鄰的廣大印度區域實際上屬於中國朝貢體系的邊疆地帶，因為在英國入侵印度之前，這個區域是一個多元藩屬體系網絡的散裝狀態，恰恰是英國對印度區域的殖民治理塑造了後來的印度，不僅將這個多元區域整合在一起，而且劃定了相應的邊界。因此，英國佔領印度之後就不斷通過軍事入侵這些邊疆地區並簽訂不平等條約，來蠶食中國的朝貢體系。比如英國於 1767 年、1769 年兩次入侵尼泊爾，1772 年佔領不丹並在隨後簽署條約。而英國人以此為基地，多次要求進入西藏展開外交活動，都遭到西藏地方政府的拒絕，理由就是西藏屬於中國皇帝的管轄範圍。而這個時候，還很難說中國是一個"停滯的帝國"，此時的中國一直致力於在內陸拓展和鞏固西部、西南邊疆。乾隆皇帝所謂的"十全武功"最後一項就是於 1790 年和 1792 年兩次平定廓爾喀（尼泊

1　關於西方對西藏的東方主義想象，參見汪暉：《東西之間的"西藏問題"》，北京：生活・讀書・新知三聯書店 2011 年版。

爾），而這裏恰恰是英國殖民體系與中華朝貢體系衝突的交叉線。1793 年廓爾喀與清政府議和，承諾作為藩屬國對清政府五年朝貢一次；清政府順勢制定《欽定藏內善後章程》，對活佛轉世採取金瓶掣籤制度，進一步強化了西藏對中央政府的政治忠誠。實際上，是英國人試圖通過入侵西藏來打開中國缺口的想法遭遇挫折後，才不得不正式派出馬嘎爾尼使團正式訪問北京。而此時的乾隆早已注意到英國分裂西北內陸邊疆的小算盤，不但拒絕了開放貿易的請求，而且將馬嘎爾尼使團看作是刺探中國情報的奸細，因此馬嘎爾尼才有“進北京時像乞丐，居住時像囚犯，離開時像小偷”的感覺。（參見第四章）

　　儘管如此，1793 年似乎成為中華朝貢體系與英國殖民帝國體系之間此消彼長的分界線，而這條歷史分界線就從兩個體系衝突交叉線的喜馬拉雅地區展開。清政府因天下太平而退兵的時候，英國正在逐步崛起為世界帝國，持續不斷加強對這個地區的軍事攻勢。到兩次鴉片戰爭期間，英國已經通過武力在這個地區與清朝的這些藩屬國之間簽署諸多不平等條約，逐漸控制了西藏邊緣的這些外圍藩屬地區，並打開中國西藏的大門。從此，中國同時陷入從沿海邊疆到內陸邊疆的雙重危機。此後，英國進一步策動對西藏的入侵，而陷入內外危機的清政府不得不與英國簽署一系列不平等條約，不斷強化英國對西藏和周邊尼泊爾、不丹、錫金的殖民控制，最終導致尼泊爾、錫金、不丹徹底解除與清政府的朝貢關係。這無疑弱化了清政府對西藏的控制，加速了西藏對清政府的離心力。“中英在喜馬拉雅地區的衝突建立在兩種政治合法性及其規則的較量的基礎之上。與英國採取條約形式蠶食這一地區不同，清朝對西藏的治理並未越過達賴、班禪，金瓶掣籤及其宗教、朝貢和禮儀形式”[2]。而這個地區在這兩種平行的體系之間移動的過程，恰恰是一個從農業時代向資本主義、從傳統向現代的跨越過程。大英帝國用現代的條約體系來強化原來朝貢體系中藩屬國的族群和政治身份，從而推動這些地區和族群從中國的朝貢體系中獨立出來，但在推動這些地區從中國的邊疆朝貢地區“去疆界化”的同時，又通

2　　汪暉：《東西之間的“西藏問題”》，北京：生活・讀書・新知三聯書店 2011 年版，第 70 頁。

過商業貿易的條約體系納入大英帝國的邊疆，建構起看不見的殖民帝國的不平等支配關係。

然而，西方資本主義殖民體系對中華朝貢體系的摧毀過程，也是推動傳統中國向現代中國轉型的過程。而 19 世紀晚期傳入中國的社會達爾文主義、共和主義與民族主義思潮有力地推動了現代中國的建構，由此中國進入一個不斷革命的年代，直至中華人民共和國的建立。而新中國建立之後，面對的就是朝貢體系解體之後遺留下來的內陸邊疆與海洋邊疆的雙重危機，新中國確立了優先處理新疆西藏這些內陸邊疆而將海洋邊疆的臺港澳問題作為長遠考慮的戰略。（參見第五章）為此，新中國於三大戰役結束之後就迅速出兵新疆，於 1949 年新中國成立之前就和平解放了整個新疆，並在之後的 1951 年和平解放了西藏。然而，新疆與西藏的不同就在於新疆已經從晚清以來就採用了行省制，處於中央人民政府的直接管轄之下，而西藏則由於藏傳佛教建立起政教合一的政權，長期處於高度自治的狀態下。因此，西藏的解放不僅涉及國家領土統一完整的問題，而且涉及到如何處理帝國體系下的高度自治問題。是按照主權國家均質化的治理思路建立從中央到地方完整統一的制度治理模式，還是繼續帝國治理的思路賦予這些具有獨特的歷史、宗教和族群一種獨特的地方治理方式？這才是西藏和平解放所要處理的問題。

1951 年 5 月 23 日，《中央人民政府和西藏地方政府關於和平解放西藏辦法的協議》（"十七條協議"）正式簽署。從這個時候到 1959 年西藏叛亂，"十七條協議"可以看作是中央治理西藏的"基本法"。如果我們比較一下"十七條協議"與中央對臺政策"葉九條"以及中央對港方針"十二條政策"（後來發展為《聯合聲明》附件中的十四條政策和香港基本法），就會發現後來的內容隨著時代的發展越來越豐富，但基本框架和精神實質是由"十七條協議"定下來的。這三份文件貫穿了一些共同的政治原則。

其一，在民族國家建構的大背景下，這些文件都是著眼於建構國家主權的憲法性文件，它們都著眼於維護中華民族不可分割的統一性，維護國家主權與領土治權的不可分割的統一性和完整性，維護單一制國家中央與地方之間領導與被領導、授權與被授權的政治關係，從而建立起國家主權必須統一歸中央人民政府的"大一統"架構。由於西藏特殊的地理和歷史，英國、美國等西方列強長期插手西藏，試圖將西藏從中國的領土中分裂出去，無論從地緣政治上，還是在意識形態上，都把西藏看作西方世界"遏制共產主義的屏障"。為此，他們一直在為西藏的"獨立"尋找一個可行的、合法的和持久的根據。當他們無法找到西藏在歷史上作為獨立國家的法律依據之後，就按照西方帝國主義的殖民體系來曲解和想象中國的朝貢天下體系，把西藏在中國複雜朝貢禮儀中的藩屬國地位理解為西方條約殖民體系下的"附屬國"，從而看作是"宗主國中國的屬地"，由此發展到後來透過聯合國來推動"民族自決"。比如在昌都戰役後，西藏上層分裂分子在英美勢力的支持下就致信聯合國，對解放昌都進行"控訴"，鼓吹西藏地方的所謂"獨立"地位。在當時，西藏地方政府直接受到了英美勢力的控制，因此，不把帝國主義侵略勢力逐出西藏，西藏隨時有可能在其策動下搞獨立活動，分裂國家。因此"十七條協議"明確要求"驅逐帝國主義侵略勢力出西藏，西藏人民回到中華人民共和國祖國大家庭中來"（第 1 條）。

比較之下，"葉九條"中第一條就著眼於國家統一大業："建議舉行中國共產黨和中國國民黨兩黨對等談判，實行第三次合作，共同完成祖國統一大業"（第 1 條）。眾所周知，所謂國共合作都是面對共同的外部敵人才採取的政治行動，第一次國共合作是推翻軍閥政府，恢復民國政權；第二次國共合作是為了共同抗擊日本帝國主義的侵略。提出第三次國共合作雖然沒有明確的共同敵人，但其目的也是"為了盡早結束中華民族陷於分裂的不幸局面"（第 1 條）。與第二次國共合作一樣，這種合作將"中華民族"的利益置於黨派利益之上。而"中華民族"這個概念是在近代以來中國被納入到西方主導的威斯特伐利亞體系中，才按照這個體系的要求建構起統一的民族國家，"國家主權"的概念和"中華民族"的概念也由此誕生。事實上，隨著中美關係緩和改革開放政策，鄧小平意識到世界局勢朝著"和平和發展"的主題轉變。在這種情況下，中華民族面臨的新危機就是 1980 年代中央提出的"地球球籍"危機。正是在這樣的全球戰略格局中，鄧小平才把臺灣統一與現代化建設和維護世界和平並列為 1980

年代要解決的三大任務，後來發展為 1990 年代提出的 "中華民族的偉大復興"。而中央對港方針的 "十二條基本政策" 中，第 1 條就是明確宣佈，"為了維護國家的統一和領土完整"，中華人民共和國決定 "對香港恢復行使主權"，而且強調中國對香港的主權原則。由此可見，三份文件在不同的歷史時期、針對不同的具體問題，但在國家主權、領土完整、民族統一團結的問題上貫穿著相同的政治原則。

其二，在國家主權屬於中央的 "大一統" 原則下，西藏、臺灣和香港作為 "特別" 的地方政府直轄於中央政府之下，但都根據中央授權擁有在本地區實行高度自治的管治權。中央會針對不同的情況對這些特別的地方政府的權力作出富有彈性的具體劃分或授權。在這個授權過程中，中央的基本立場是以一種平等的態度，尊重這些地方區域或民族的歷史和現實狀況。一般說來，作為國家主權象徵的國防和外交事務等權力都必須屬於中央人民政府，而特別行政權的具體治理事務由地方政府自己管理。外交事務是一個國家在國際法上的主權象徵，只有主權國家作為一個獨立的政治實體才與其他國家開展外交。在和平解放西藏的特定歷史條件下，西藏的外交必須由中央政府進行，以此切斷帝國主義勢力對西藏地方政府的干預。然而，隨著時代的發展和全球化的推進，國際關係日益複雜化、多樣化，尤其在推進國際合作的進程中，與國家主權沒有直接關聯的經濟、文化、衛生、體育等國際組織和國際事務不斷湧現。在這種情況下，中央會根據不同情況賦予特別地方政府在這些領域中相應的自主外交空間。"葉九條" 和 "對港方針十二條" 對此都作了明確的規定，賦予臺灣和香港在這些領域中行使對外事務的權力，從而充分利用臺灣和香港與諸多國家和國際組織建立的經貿和文化交流關係，有利於中國的改革開放大業。

至於駐軍問題，則不僅是國家主權的象徵，更是保證國家主權統一和領土完整的必要力量。因此，駐軍必須在主權象徵和維持主權秩序兩個層面上來理解。由於西藏與內地的地理交通不便，中央在西藏駐軍不僅是主權象徵，而且是維持主權秩序的客觀需要。因此，在 "十七條協議" 談判中，最重要的爭議就是駐軍問題。西藏地方政府代表承認西藏是中國的一部分，但不同意解放軍進藏。而中央認為駐軍作為國防乃天經地義，但駐軍費用不要西藏地方供給，不會增加西藏地方負擔。經過談判協商，西藏地方政府代表接受了"西藏地方政府積極協助人民解放軍進藏，鞏固國防"（第3條），同時讓西藏地方政府也保留了自己的"藏軍"，並將其納入中國的國防體系中。這主要是考慮到"藏軍"武裝不足以威脅到主權秩序，反而可以維護西藏社會的正常秩序，且"十七條協議"已經明確規定，西藏的前途是實行"民族區域自治"，由此規定將"西藏部隊逐步改變為人民解放軍，成為中華人民共和國國防武裝的一部分"（第8條）。而在臺灣問題上，由於國民黨建立起完整的軍隊建制和體系，這樣就容許臺灣"保留軍隊"，作為其"高度的自治權"的一部分（"葉九條"第3條）。在香港駐軍問題上，曾經引發一場風波。當時港人盛傳中央有關部門負責人表態中央不在香港駐軍，引發鄧小平當著香港媒體的面斥之為"胡說八道"。如果從主權秩序來考慮，中央即使不在香港駐軍，也不大可能發生香港分裂或獨立的問題，況且當時香港人對內地心懷恐懼，中央不在香港駐軍的說法也是為了穩定人心。但鄧小平很清楚，國際和平的局面是暫時的，西方勢力不可能放棄對中國的顛覆活動，況且在英國的長期殖民統治下，部分港人的政治認同和文化認同已經發生了根本的改變，在"恐共"、"拒共"的基本民情下，香港會成為西方勢力顛覆國家主權的基地，由此引發內亂。因此，鄧小平明確指出："在香港駐軍還有一個作用，可以防止動亂。那些想搞動亂的人，知道香港有中國軍隊，他就要考慮。即使有了動亂，也能及時解決。"[3] 可見，無論是兵臨城下的"十七條協議"，還是新界租約到期產生的"十二條對港方針"，包括處於倡議階段的"葉九條"，駐軍對於維護主權秩序始終是必不可少的。由於西藏、臺灣和香港的歷史和現實狀況不同，中央在外交和駐軍問題上採取了不同的立場，而這些有彈性的差別對待，都以維護國家的主權秩序作為共同的底線，只有在維護國家主權統一和領土完整的前提下，才會對不同的特別地方政權做出不同的授權安排。需要注意的是，"十七條協議"有一個附件就對解放軍進藏作出具體的規定，而中央在香港駐軍有一部專門

3　鄧小平：《保持香港的繁榮和穩定》，載《鄧小平論"一國兩制"》，三聯書店（香港）有限公司2004年版，第20頁。

的《駐軍法》。於是我們看到，內地發生地震和水災等重大自然災害就可以看到解放軍的身影，而香港軍隊駐紮在軍營裏差不多大門不出，幾乎消失在香港公眾視野裏，不僅在颱風、火災這些救災場面中看不到，而且在香港生活中也見不到其身影。2006 年，一名駐港部隊士兵在休假陪家屬逛迪士尼（Disneyland）的時候，不小心帶出一個鑰匙扣，被保安發現報警，香港媒體乘機大肆炒作。這名士兵後來被處分並開除軍籍，可見中央駐港部隊的軍紀之嚴。相比之下，過去美國軍艦經常停靠在香港的維多利亞港，於是就在毗鄰的駱克道形成著名的紅燈區，成群結隊的美國大兵在酒吧、夜總會中消遣，這曾經是香港一景，美國大兵經常犯事，可香港媒體鮮有報道。而如今當然是 "好景" 不再了。

其三，在尊重歷史和現實的原則上，西藏、臺灣和香港作為 "特別" 的地方區域，享有高度的自治權力，因此擁有由當地人自己選擇的政府，而且可以擁有與內地不同的經濟制度、政治制度、社會制度和文化生活方式。更重要的是，為保證這種地方的特殊制度長期不變，還要保證內地制度與這些特別地方區域的制度之間互不侵犯，這就是所謂的 "河水不犯井水"。比如 "十七條協議" 肯定西藏保留班禪喇嘛和達賴喇嘛作為政教合一的最高領袖的地位不變，其宗教信仰及制度不變，甚至西藏的農奴制也暫時不變。而對香港和臺灣則保證兩地的資本主義經濟制度和生活方式不變，政制法律制度基本不變。

其四，在主權權力的建構過程中，這些地方政府作為國家行政區域的一部分，通過全國政協和全國人大這兩個參政議政機構參與國家管理，同時中央也可以委任這些地方政府領導人出任黨和國家的領導職務。從建國以來，在全國政協和全國人大中，一直都有西藏、臺灣和香港的代表，但和內地的全國人大代表和政協委員不同，他們代表這些地方參與國家事務管理，但沒有義務向自己所代表的地方傳達中央的決定、指示和精神，其目的是為了維護 "兩制" 下這些特別地方政治的相對獨立性。除了 "葉九條" 明確提出，"臺灣當局和各界代表人士，可擔任全國性政治機構的領導職務，參與國家管理。"（第 5 條），"十七條協議" 和 "十二條基本政策" 並沒有明文規定這樣的內容。但在現實的政治安排中，則形成了一些憲制性慣例。比如達賴喇嘛簽署了"十七條協議"之後，於1954年召開的第一屆全國人大上即被選舉為全國人大常委會副委員長，班禪喇嘛被選為人大常委。香港特別行政區第一任特首董建華卸任之後，當選為全國政協副主席。

其五，在中央與特殊地區的關係上，中央人民政府不需要這些地方政府或居民承擔對國家的義務和責任，比如服兵役、納稅等等，相反，在這些地方政府遇到困難時，中央有責任和義務予以支持。比如"十七條協議"規定，"軍政委員會、軍區司令部及入藏人民解放軍所需經費，由中央人民政府供給。"（第16條）"十二條基本政策"規定，"香港特別行政區將保持財政獨立。中央人民政府不向香港特別行政權徵稅"（第8條），且"駐軍軍費由中央人民政府負擔"（第12條）。而中央對這些特殊地區提供的經濟援助遠遠超出這些協議或法律所規定的內容。比如中央在西藏展開的基礎設施建設，包括川藏公路以及鐵路的修建，以及中央對西藏的財政支持及後來的"轉移支付"政策，還有中央香港的經濟援助政策，已被人們看作是理所當然的事情。而近年來中央推出的一系列惠及臺商和臺灣農民的政策，也被看作是解決臺灣問題的有效思路。

從上述五個方面的共同性，我們可以清楚地看出，鄧小平的"一國兩制"思想實際上來源於毛澤東提出的和平解放西藏的思路，具體就來源於"十七條協議"，而且都是中央首先提出政策，然而在這個政策基礎上通過談判達成協議。而無論是和平解放西藏的"十七條協議"，還是用和平方式解決香港回歸，總的路線方針都是由毛澤東所確立的，而鄧小平都是具體執行的操盤手。

事實上，就在建國初期，西南軍區負責解放西藏的任務，而鄧小平剛好是中共中央西南局第一書記兼西南軍區政委。鄧小平在接到解放西藏的任務之後，就指示張國華的第十八軍成立政策研究所。該研究所吸收了謝國忠、李安宅及其夫人于式玉等著名的社會學家和藏學家，專門研究西藏問題，調查西藏情況，為部隊提供政策顧問。該研究所除了提出"進藏34條進軍守則"等一系列具體政策和規定外，還系統地提出了中央和平解放西藏並治理西藏基本政策的報告。在此基礎上，鄧小平於1950年5月11日草擬了與西藏地方政府和平談判的"四條原則"並上報中央："西藏驅逐英美帝國主義出西藏；西藏回到中華人民共和國祖國的大家庭來，實行西藏民族區域自治；西藏現行各種制度暫維原狀，有關西藏改革問題將來根據西藏人民的意志協商解決；實行宗教自由，保護喇嘛寺廟，尊重西藏人民的宗教信仰和風俗習慣。"這四條原則獲得了中央的肯定之後，鄧小平又將其進一步細化為《同西藏當局和平談判的十項政策》。毛澤東充分肯定了這"十項政策"，僅僅在第8條"有關西藏的各項改革事宜，完全根據西藏人民的意志，由西藏人民採取協商方式加以解決"中的"由西藏人民"後面加上了"及西藏領導人員"七個字，就全部批准了。不過這七個字足以看出毛澤東對西藏政策的整體把握更為溫和、從容，足以凸顯其開展高層統戰的政治思路。而這"十條政策"就成為"十七條協議"的藍本，在此基礎上，西藏地方政府的代表提出了九項建議，合理的部分被中央吸收採納。雙方的談判集中在中央駐軍問題，西藏的經濟、社會生活方式和宗教文化保持不變的問題，以及達賴班禪的地位問題等，最終形成"十七條協議"。可見，鄧小平親自參與制定了中央對西藏政策的"十七條協議"，而他本人又親自領導制定了"葉九條"和中央對港方針"十二條基本政策"。事實上，在鄧小平提出"一國兩制"構思來解決臺灣和港澳問題的時候，很少有人注意到它與"十七條協議"的內在連續性。大量的學術宣傳文章普遍認為"一國兩制"是鄧小平的偉大創舉。這樣的說法或許是因為受到"冷戰"背景或中國革命背景的影響，因為在"冷戰"話語或者革命話語中，社會主義與資本主義是水火不容的兩種制度，而將這種制度統一在"一國兩制"框架下無疑是一個石破天驚的構想。然而，如果我們放長歷史的視野，就會看到，不論是鄧小平時代和平解決香港問題的"一國兩制"構想，還是毛澤東時代和平解放西藏問題的"十七條協議"構想，實際上也曾經是民國政府的代表黃慕松將軍於1934年在拉薩談判的底牌，即西藏承認"為中華民國的一部分，服從中央政府"，"外交，國防，交通和高級官員的任命"統歸中國，而"中央不侵奪（西藏）自治之權，不改變西藏政教制度"。如果我們看得再遠一些，這樣的構想其實都來源於中國歷代君主治理邊疆的政治技藝。這其實是帝國治理的普遍原則。

二、"一國多制"的天下體系：清代西藏治理

　　中國古典的政治體系興起於商周，變革於秦漢，繁盛於唐宋，發達於元明清。尤其清王朝運用一套成熟的、靈活彈性的政教制度，將中華帝國治理邊疆的憲制體系發展到極致，有效解決了唐宋以來一直沒有徹底解決的西北邊疆問題。這套政制的核心就在於在捍衛"大一統"的中央集權制度下，個別地方（尤其邊疆地區）採用特別的方式因地制宜建立起不同於中心地區的制度："以八旗制度統治滿洲，以盟旗制度轄蒙族，以行省制度治漢人，以伯克制度治回疆，以政教制度馭藏番，以土司制度或部落制度轄西南苗夷，以及以宗主制度對番邦。"[4] 在此基礎上，清政府又在邊疆各地派駐中央機構，加以監督、控制和指揮。比如設立盛京將軍、吉林將軍、黑龍江將軍、伊犁將軍、察哈爾將軍、熱河將軍、綏遠將軍、定邊左副將軍、庫倫辦事大臣、西寧辦事大臣及駐藏大臣等衙門。制度井然、治績可觀，"邊疆三萬里，相安二百年，為歷代所不及。"[5] 由此，清政府基於差序格局建構起"內—疆—外"的治理體系，將天下體系發揮到了極致。從空間地理和制度建構的角度看，"內"就是採取郡縣模式治理的內地行省區域，以漢族為主體；"疆"是指廣闊的邊疆地帶，包括長城地帶大西北的內陸邊疆，具體包括蒙古、新疆、西藏等藩部地區，還有懸於海上的臺灣地區以及南海諸島等水師管轄的"內洋"和"外洋"區域，對這些地區採取封疆建制的模式，根據不同民族的文化傳統採取適合本地的不同制度；"外"是指朝鮮、越南、琉球、蘇祿、哈薩克、布魯特、廓爾喀等藩屬國或部落地區，不進行直接治理，而採用修職貢、奉正朔的朝貢模式。這樣一個複雜多樣的治理體系，使得清朝皇帝成為"一國多制"的天下體系中的"天下共主"。正如乾隆帝所言，"朕為天下共主，所有歸

4　凌純聲：《清代之治藏制度》，轉引自蕭金松：《清代駐藏大臣》，臺北：唐山出版社1996年版，第6-7頁。

5　蕭金松：《清代駐藏大臣》，臺北：唐山出版社1996年版，第7頁。

服藩夷臣僕，俱一體眷顧，並無左袒……爾惟恪共臣職，和睦同藩"[6]。

在清王朝對邊疆的治理中，尤其以對西藏的治理最為典型。地緣上西藏北挾新疆、南臨苗夷，是鞏固王朝西南和西北邊疆的中樞之地，而且在文化教化上藏傳佛教對於整個蒙滿地區有著相當大的影響力。清王朝開國君主治理西藏始終著眼於邊疆領土。清朝建立之初，對其領土安全構成重大威脅的是北部和西部的蒙古各部落。在處理與蒙古的關係中，從皇太極到順治皇帝都與蒙古人信奉的藏傳佛教格魯派結下了很深的淵源，即滿清試圖聯合西藏佛教的格魯派來駕馭蒙古人，這不僅是地緣政治中的夾擊，更重要的是對宗教信仰所發揮的"軟實力"的靈活運用。康熙時期，為防止蒙古準噶爾部東犯，曾有人上書康熙皇帝請求修理倒塌了的萬里長城。康熙作詩云："萬里經營到天涯，紛紛調發逐浮誇。當時費盡民生力，天下何曾屬爾家。"康熙皇帝之所以對始皇帝的萬里長城發出如此的感慨，實際上是用建構"大中國"的視野和姿態回應"小中國"視野中的華夷之辨。長城作為"小中國"防禦外族的邊疆，保衛了華夏中原的領土和文化所建構的天下，然而在康熙看見來，天下的範圍早已經越出了長城地帶，已經不屬於漢人，而屬於包括滿、蒙、藏等少數民族在內的中華民族。更重要的是，對於邊疆少數民族而言，僅僅採取萬里長城這種消極的物理上的隔離和阻擋是無法建構起天下秩序的，必須要找到使這些邊疆少數民族人心歸順的有效途徑。華夏漢人以儒學作為爭取人心的有效工具，但這只對內地漢人有效，對於邊疆少數民族卻難以奏效。康熙自認為找到了比萬里長城更為有效的治理西北邊疆的工具，那就是藏傳佛教。他大興儒學以治理中原及江南的漢人，同時大興佛教來治理西北邊疆的蒙藏地區。

通過宗教來解決邊疆領土，無疑是極富有想象力的政治技藝。在西方歷史上，我們看到羅馬教皇給世俗君主加冕，可在大清帝國，我們看到的是世俗君主冊封宗教領袖。我們不要忘了，"達賴"和"班禪"這兩個封號及其作為藏傳佛教的最高領袖地位是由清朝的世俗皇帝給冊封的。這種世俗君主冊封宗教領袖的政治傳統起源於元朝。元代君主冊封宗教領袖八

6　轉引自王曉鵬：《清代"內—疆—外"治理模式與南海海疆治理》，《社會科學戰線》2020 年第 5 期。

思巴為帝師和大寶法王，明代君主也經常冊封教派領袖為法王、西天佛子、大國師和禪師等，由此將宗教力量置於世俗政治權力的統治之下，並以宗教為羈縻手段施行教化統治。這種制度在清朝日臻完善，正是藉著這種冊封，大清帝國認可了藏傳佛教類似國教的政治地位。正是按照"修其教不易其俗，齊其政不移其宜"的祖訓，乾隆皇帝在平定了準格爾和西藏發生的多起叛亂和騷亂之後，將北京的一座王爺府改造為雍和宮，成為帝國透過藏傳佛教統領蒙藏地區的政治中心。為此，乾隆皇帝親撰《喇嘛說》，刻石立碑於雍和宮，宣詔天下：活佛轉世，金瓶掣籤，永為定制。正是依靠宗教羈縻這種極富想象力的政治構想，大清帝國找到了解決了滿蒙的邊疆領土問題的捷徑，從而奠定了帝國對西部邊疆行使主權的政治基礎。

隨著帝國中央集權的加強，清政府於雍正五年（1727 年）設立了駐藏大臣衙門，進一步加強對西藏的主權統治。為此，清政府頒佈了一系列憲法性文件來規範駐藏大臣制度，並形成了諸多憲制慣例加以維護。如《欽定理藩部則例》、《清會典事例》就明確規定駐藏大臣的職稱、官員甚至、任期、隨員等，而駐藏大臣鍾方的《駐藏須知》詳細記錄了駐藏大臣從上任到離任的工作細節，成為駐藏大臣的辦事細則。但更為重要的憲法性文件還包括乾隆十六年（1751 年）的《西藏善後章程》（十三條）、乾隆五十四年（1789 年）的《收復巴勒布侵佔藏地設站定界事宜》（十九條）、乾隆五十五年（1790 年）的《藏中各事宜》（十條）、乾隆五十八年（1793 年）的《藏內善後章程》（二十九條）和道光二十四年（1844 年）的《酌擬裁禁商上積弊章程》（二十八條）等。這些憲法性文件不僅規定了駐藏大臣的權限，也規定了中央與西藏地方政府之間的權力關係。從這些憲法性文件的內容看，清政府對西藏的治理主要著眼於主權的控制，而具體地方治理由西藏地方政府按照政教合一的體制進行。而這尤其體現在達賴、班禪與中央駐藏大臣的微妙關係上。

在中央與西藏地方的關係上，一方面中央政府通過對"達賴"和"班禪"的冊封，確立了中央與西藏的基本政治關係：即西藏承認中央政府擁有最高的政治主權，但另一方面，中央政府也確認了黃教的正宗地位以及達賴和班禪作為最高宗教領袖的地位，也確認了西藏政教合一的政治傳統，達賴和班禪同時也是西藏最高的政治領袖。當然，中央政府單靠宗教羈縻不足以控制地方政府。中央政府在西藏設立駐藏大臣制度，就是代表皇帝對西藏政治事務進行直接或間接的治理。需要注意的是，在這些憲制性文件中，駐藏大臣與達賴班禪的政治地位是平等的，二者都直接對皇帝負責，而不是對中央政府機構（如理藩院）負責。皇帝要做的是如何將駐藏大臣代表的政權與達賴班禪所代表的教權結合起來，讓這兩股力量形成合力來共同治理西藏。其時，由於駐藏大臣本人往往信教，不免要叩拜達賴班禪。而這種做法後來受到皇帝的嚴厲批評，因為駐藏大臣代表著皇帝，主權高於治權，政權高於教權，駐藏大臣不可以降低皇帝作為主權者的政權身份。由此，在實踐中形成的憲法慣例是駐藏大臣在任期間代表皇帝不叩拜達賴班禪，但可以在卸任之後叩拜達賴班禪，從而把國家制度與私人信仰區分開來。通過上述一系列憲制性文件及駐藏大臣制度的設立，中央政府確保了對西藏地方政府的主權和治權。

其一，西藏的土地（領土）屬於中央政府，具體而言屬於皇帝，由此體現"普天之下，莫非王土"的主權原則。清政府先後給達賴、班禪、拉藏汗等人進行敕封，這些獲得敕封的西藏僧俗上層貴族再以"奉皇帝聖諭……"的名義給其下屬的貴族、寺院頒發封地文書，使其享有合法的土地佔有權。這些獲得封地文書的貴族往往又要呈請駐藏大臣頒發封書，而駐藏大臣也通過下發令牌，規定逃亡奴隸的安置以及支付差役等等。更重要的是，清政府完全可以通過變更行政區劃、封賜、獎賞、抄沒土地家產等方式合法地變更對西藏土地的佔有權。因此，受封的貴族必須效忠皇帝，承擔相應的差役賦稅，否則朝廷有權收回封地。

其二，西藏的軍隊、外交事務和貨幣管理歸中央政府。清政府在西藏駐紮軍隊，整個軍隊的編制、武器等由朝廷規定，並由駐藏大臣統領。與周邊藩屬國的外交禮儀，比如進貢、瞻禮、通商等，均由駐藏大臣代表朝廷辦理。鄰近各國來西藏的旅客和商人，或達賴喇嘛派往域外人員，須呈報駐藏大臣衙門簽發路證方可通行。

其三，僧俗兩界的人事任命權掌握在中央。西藏活佛轉世靈童的確定按照舊俗是由問卜來決定，由此活佛轉世就被操弄到西藏上層貴族手中，由此引發爭議和動盪。乾隆皇帝為了弘揚黃教，規定了金瓶掣籤制度，將轉世靈童的名字放入金瓶中根據掣籤來決定，從而體現公平，防止地方宗教勢力挾持活佛。更重要的是，為了體現中央對西藏主權或者政權高於教權的政治原則，所有放入金瓶中的兒童名字都需經駐藏大臣同意，駐藏大臣可以剔除一些孩童的名字。除了金瓶掣籤制度，達賴、班禪的認定、坐床、冊封、學經、新政、圓寂等事務，以及因達賴、班禪年幼而選擇攝政等，都要由駐藏大臣參與其中，並要獲得中央政府的批准。除此之外，中央還掌握著對世俗官員的人事任命權和管理權，包括官制的設定、委任和管理等等。當噶倫（藏族地方行政首長的名稱，相當於內地省長）缺補時，由駐藏大臣和達賴喇嘛共同提出兩個名單，呈報皇帝選擇任命。中央政府對西藏僧俗兩界的人事管理，促進了西藏政治的理性化和官僚化，大大提高了西藏政治的管理水平。

其四，駐藏大臣還掌握對司法的監督權。比如漢、藏民之間發生的糾紛須報駐藏大臣，駐藏大臣可以派員會同審理，而藏民糾紛中涉及到沒抄家產的，需要報駐藏大臣，駐藏大臣有監督糾正之權。這很大程度上是由於內地與西藏之間採用不同的法律制度，而這套司法權控制權並沒有像英國當年那樣發展出一套"普通法"（common law，就是在不同地方習慣法之上發展出一套普遍通同的法或共同適用的法）制度。

本著"修其教不易其俗，齊其政不移其宜"的政制精神，大清帝國對西藏的治理基本上也是採取"一國兩制"的思路。駐藏大臣的任務主要是體現中央對西藏的主權行使，而不是中央對西藏的日常具體治理，畢竟對西藏的日常治理掌握在達賴、班禪以及噶廈政府手中。假如我們把乾隆年間頒佈的《藏內善後章程》二十九條與"十七條協議"和中央對港方針"十二條基本政策"做一個簡單的比較，就會發現至少從憲法文本看，乾隆年間對西藏的主權控制程度遠遠超過"十七條協議"規定的中央對西藏的權力行使和基本法規定的中央對香港的權力行使。當然，我們不能簡單地把中央人民政府駐香港特別行政區聯絡辦公室理解為類似駐藏大臣制度，也不能把國務院港澳辦理解為理藩院，但不可否認二者在政治功能上具有驚人的相似性。駐藏大臣體現的是皇帝對西藏的主權行使和政治治理，因此始終著眼於“政”，著眼於主權政治和爭取人心，而理藩院則體現的是中央政府與西方地方政府在官僚科層制裏中的具體事務，始終著眼於“治”，著眼於常規政治。（關於“政”與“治”的區分，參見第一章）

如果我們比較一下，就會發現中央在香港的機構包括駐軍、外交特派員公署在基本法上都有明確規定，而唯獨中聯辦這個機構在基本法上並沒有做出明確規定。其最重要的原因就在於中聯辦的前身是新華社香港分社，在歷史上是中國共產黨在香港的辦事機構，其表面上是新聞機構，可實質上是中國共產黨開展工作的領導機構，即中央港澳工委。在中英談判和香港回歸過程中，新華社香港分社就代表中央（既是黨中央又是中央政府）在香港開展工作，組織和動員群眾，發展壯大愛國愛港陣營的力量。香港回歸之後，香港特區政府在憲報上明確公佈新華通訊社香港分社為中央人民政府在香港特區設立的機構之一。但這個機構在名稱上是一個新聞機構，從法律形式主義的角度看，顯然不適宜作為中央在香港的重要工作機構寫入基本法。然而，香港回歸之後，反對派議員劉慧卿故意查詢新華社香港分社相關私人信息，最後發展為司法訴訟。雖然案件敗訴，但中央做出決定，自 2000 年 1 月 18 日起，將新華通訊社香港分社正式更名為中央人民政府駐香港特別行政區聯絡辦公室，並明確規定其職能為聯繫外交部特派員公署和駐港部隊（當然也包括新成立的國安公署），聯繫並協助內地有關部門管理在香港的中資機構；促進香港與內地之間的經濟、教育、科學、文化、體育等領域的交流與合作；聯繫香港社會各界人士，增進內地與香港之間的交往，反映香港居民對內地的意見；處理有關涉臺事務以及承辦中央人民政府交辦的其他事項。表面上看這顯然是一個“聯絡”機構，但在這種“聯繫”、“協助”中，實際上代表中央將中央駐香港的工作機構、中資機構、香港社會各界以及香港社會與內地之間組織在一起，從而成為一種流動網絡中的權力中樞，這無疑屬於凝聚政治力量的“政”的職能。在當時的中央授權中，中聯辦並沒有聯絡特區政府的職能，那是因為特區政府主要聽從港澳辦的指導，這屬於官僚科層制下“治”的職能，屬於縱向的“條條”，比較之下“中聯辦”相當於地方的

"塊塊"。由於這種"條條"與"塊塊"之間、"西環"與"中環"之間的權力分割難以形成合力，香港管治出現"九龍治水"的格局。面對香港的管治危機，2003 年 7 月，中央成立了中央港澳工作協調小組，由中共中央和國務院的十幾個涉港部門組成。面對香港日益嚴峻的形勢，2020 年 6 月，中央港澳工作協調小組又升格為中央港澳工作領導小組，強化領導體系，也理順了港澳辦與中聯辦的關係。

　　當然，我們理解一個機構的職能，不能僅僅看法律文件的明確規定，還要看實踐運作中發揮的功能。真正的憲制並不是憲法性文件中所載明的文字，而是在現實政治生活中運作的權力結構以及由此形成的憲法慣例。駐藏大臣雖然在憲法文本上被賦予許多重大權力，可在實際中行使權力的能力畢竟有限。而在現代化的背景下，最大的權力並不是科層制下的行政權行使，而是來自群眾動員所產生的政治力量，因為現代國家的主權就蘊藏於人民之中。這種不同的權力運行結構恰恰反映了古典與現代之間的重大區別，而這種"現代"性就是從清政府由於中央權力削弱而對西藏地區採取"改土歸流"開始的。

三、從 "改土歸流" 到 "十七條協議"

在清王朝強盛的時候，這套 "一國兩制" 的制度能夠有效運轉，中央對西藏的主權控制也不斷加強。然而，隨著清王朝的衰落，尤其是"內—疆—外"的 "外" 所代表的朝貢體系不斷被近代崛起的西方條約體系所侵蝕，那麼 "疆" 的離心力量也由此增加，"兩制" 的裂痕越來越大，對 "一國" 構成衝擊，甚至形成 "藩屬亡，邊疆危，天下失" 的局面。面對晚清的邊疆危機，清政府調整"內—疆—外"的彈性治理空間，採用"改土歸流" 政策，陸續變 "疆" 為 "內"，將邊疆多元的制度改為內地統一的行省制和郡縣制。

明代開始尤其是在清代前期，為了鞏固國家主權和加強中央集權，清政府在對藏蒙地區實行 "一國多制" 的懷柔政策時，騰出手對西南滇、黔、桂、川、湘、鄂六省少數民族的土司制度進行改革，廢除少數民族貴族把持地方政權的世襲制，改為由中央政府任命的具有一定任期的 "流官"，並對少數民族地區進行清查戶口、丈量土地、徵收賦稅、建設學校之類的現代化建設。"改土歸流" 鞏固了西南邊疆，徹底將西南少數民族地區置於中央政府的直接治理之下。由疆而內的 "改土歸流" 政策能夠加強中央權威，以至於在晚清中央權力嚴重削弱的情況下，清政府開始推行加強中央集權的 "新政"，展開現代國家建設，對邊疆實行中央統一的行省制就成為重要目標。事實上，龔自珍早在《西域置行省議》就主張遷內地居民充實新疆，並對新疆設立行省來治理。然而，直到晚清邊疆危機愈演愈烈之際，清政府才於 1884 年在新疆建省，以防止沙俄在吞併哈薩克、布魯特之後入侵西北邊疆，1885 年在臺灣建省，以防止日本在 "廢琉置縣" 之後覬覦臺灣，1907 年在東北建省，來應對日本佔領朝鮮、俄日強租旅順大連對東三省的危險。而對於西藏地區，也由川滇邊務大臣、後任駐藏大臣的趙爾豐對靠近漢地的川藏地區（即後來的西康）地區實行 "改土歸流" 政策。然而，該政策還未能全面推開，清政府就倒臺了。此後的民國政府雖然力量有限，但一直試圖推行 "改土歸流" 的現代化政策。

　　“改土歸流”政策無疑有利於鞏固國家主權並強化中央集權。但是，在中央權力向下滲透的過程中，無疑也激化了不同宗教、文化和民族之間的衝突，不利於中國社會的穩定，不利於締造多民族之間的團結。由此，在缺乏中央權威的情況下，在西藏推行“改土歸流”政策無疑激化了中央與西藏、漢人與藏人之間的矛盾，增加了西藏對中央與內地的離心力，為西方列強介入西方問題並推動西藏的分裂提供了更好的藉口。

　　事實上，從辛亥革命的“驅逐韃虜、恢復中華”到“五族共和”和“中華民族”，實際上就包含著地理空間上的“小中國”與“大中國”的分歧和華夷之辨背景下“小中華民族”（漢族）和“大中華民族”（漢族與少數民族）的分歧。（參見第五章）國民黨的民族主義立場基本上秉持的“小中華民族”的“小中國”立場，從而否定少數民族的“民族”地位，而認為這僅僅是“宗族”，這種思想當然可以被批評為大漢族主義。但這種批評背後忽略了一個問題，那就是西方所說的“民族”（nation）不僅是一個社會學上的文化概念，即強調其獨特的膚色、種族、語言、文化和風俗習慣，而且是一個政治學上的政治概念，即這些獨特種族可以決定自己的命運，建立自己的國家。因此，nation 這個詞在中文中既有社會學上的“民族”意涵，也有政治學的“國家”意涵。由此，19 世紀歐洲民族主義思潮的興起，恰恰是強調以“民族”身份作為簽訂社會契約、建立國家政治認同的前提。由此，歐洲歷史上基於忠誠於君主的王朝世系的“君主國家”轉向了基於民族認同的“民族國家”。由此，民族主義浪潮席捲歐洲，導致了政治秩序的變革，導致一戰後在“民族自決”的支持下，奧匈帝國、沙皇俄國、奧斯曼土耳其帝國解體。這種民族主義和民族國家建構的理論和思潮也是在辛亥革命時代傳入中國的，與“光復漢室、復興中華”的辛亥革命思潮相互震盪，勢必導致長城以北的蒙、疆、藏、滿地區少數民族獨立建國的危險。然而，幸運的是，在歐洲這些多民族的帝國紛紛解體之際，清政府建立的多民族帝國格局基本被保留下來。一方面是由於西方列強忙於歐洲的世界大戰，未能抽出力量來肢解中國的邊疆，尤其沙俄帝國的解體，一定程度上解除了中國西北邊疆的危機，另一方面是由於晚清今文經學的復興使得“大一統”觀念深入人心，而清帝遜位又通過政權禪讓將多民族帝國的法統轉移到中華民國政府，更加之孫中山及時調整民族革命的目標，提出"五族共和"的理念，從而開啟了"中華民族"這個與政治實體相匹配的民族國家理論建構進程。正是由於歐洲 19 世紀的民族國家理論，使得在締造"中華民族"的歷史進程中，要不要使用"少數民族"這個概念，要不要承認少數族群的"民族"地位，"少數民族"是否有"民族自決"的權利，成為爭論不休的問題。這不僅是俄羅斯總統普京痛批列寧的民族理論葬送蘇聯並引發今天的俄烏戰爭背後的理論問題，也是當前中國正在展開"築牢中華民族共同體意識"所必須面對的理論問題。

如果說國民黨對將少數民族理解為"宗族"是為了應對民族國家建構理論帶來的難題，那麼中國共產黨則在"五族共和"的基礎上，公開承認少數民族和漢族一樣都屬於"民族"，而這一理論來源於馬克思主義，尤其列寧和斯大林的民族理論。但是馬克思主義不同於民族主義的地方，就在於其認為政治主權不是來源於"民族"，而是來源於"人民"。"無產階級沒有祖國"，因此無產階級建立人民當家作主的蘇維埃政權，最終會統一為蘇維埃聯盟，並邁向共產主義。在這種背景下，少數民族獨立並不是問題，問題在於怎麼能夠讓少數民族中的"人民"掌握政權，怎麼能夠讓這些不同民族的"人民"之間團結起來，建構更大的國家。而這種構想在中國共產黨早期理論中就變成蘇聯那裏間接而來的"蘇維埃聯邦"的政治理想，正如 1922 年中共二大通過的《二大宣言》就明確提出："中國人民應當反對割據式的聯省自治和大一統的武力統一，首先推翻一切軍閥，由人民統一中國本部，建立一個真正民主共和國；同時依經濟不同的原則，一方面免除軍閥勢力的膨脹，一方面又因尊重邊疆人民的自主，促成蒙古、西藏、回疆三自治邦，再聯合成為中華聯邦共和國，才是真正民主主義的統一。"這裏，政治的主體不是"民族"，而是"人民"，所追求的是"邊疆人民"的自主，而不是"邊疆民族"的自主。而"人民"作為政治主體就體現在共產黨這個跨階級、跨民族、跨地域、跨文化的組織體系中。因此，正是馬克思主義的"人民主權"和共產黨作為"人民代表"來領導一切的理論中，民族主義在民族建構問題上帶來的困難迎刃而解。這種理論無疑是一種非常激進的革命理論，它意味著徹底摧毀了漫長的歷史文化傳統所建構起來的民族身份以及與這種民族身份整合在一起的政治法律制度和文化意識形態。這不僅是政治革命，也是文化革命。

正是在馬克思主義基礎上，形成大小民族一律"平等"的正義原則，和對各民族在共同締造中華文明歷史中的主體地位的肯定，以及由此形成的中華民族的統一原則。新中國成立之後，中央放棄了"改土歸流"的現代化方案，尤其是用漢族文化來同化少數民族文化的大漢族主義，回到了中華民族多民族和平共處的歷史傳統上，從而針對多民族"大聚居、小雜居"的歷史現實，採取了民族識別並建立了民族區域自治制度的思路。甚至將晚清以來已經建立行省制的邊疆少數民族地區撤銷了行省而建立民族自治區。由此，中國境內的各少數民族幸運地避免了美國印第安人那樣顛沛流離被迫遷徙的悲慘命運，也避免了歐洲民族國家建構中形成的少數族裔群體被歧視的問題，更避免了未能建國的猶太人被各國作為少數民族驅趕並被大屠殺的悲劇，相反中國邊疆少數民族在法律和社會福利領域享受超過漢人的特權。而這無疑來源於馬克思主義所追求實質平等的理念以及儒家的仁愛思想。

而一旦回到"民族"平等這個政治立場上來，強調民族身份和民族歷史文化傳統的差異，必然削弱"人民"的共同性。因此，在"民族"的差異性、多樣性與"人民"的均質性和共同性之間始終存在著內在的張力。1951 年和平解放西藏的"十七條協議"則直接回到了清王朝早期的治理思路上來，無疑凸顯"民族"身份的差異，而代表這種"民族"身份的顯然是達賴班禪為代表的上層貴族。"十七條協議"直接肯定了這些上層貴族基於宗教和文化而擁有的特權，從而爭取到西藏上層貴族的支持，順利推進西藏的和平解放。由此，我們才能理解為什麼毛澤東要在鄧小平提出的"十項政策"中的"由西藏人民"的後面特意增加"西藏領導人員"幾個字，其目的就是要肯定西藏上層的喇嘛和貴族的領袖地位，實現"一國兩制"，防止只依賴下層"人民"群眾可能導致的激進的"改土歸流"的現代化方案。而在這種尊重"民族"差異的"一國兩制"背後，包含了毛澤東對推進現代化建設的深刻洞見。正如他在 1951 年 5 月 26 日修改《人民日報》關於簽署"十七條協議"的社論中寫道：

政治、經濟、文化、宗教等項固有制度的改革以及風俗習慣的改革，如果不是出於各族人民以及和人民有聯繫的領袖們自覺自願地去進行，而由中央人民政府下命令強迫地去進行，而由漢族或他族人民中出身的工作人員生硬地強制地去進行，那只會引起民族反感，達不到改革的目的。[7]

由此，在中央對西藏政策上，一直存在著上層喇嘛和貴族與下層翻身的"人民"群眾、"一國兩制"的古典治理與"改土歸流"的現代化方案、中央的民族政策與階級政策之間的張力。而在這些張力中，毛澤東當時無疑是一個保守派，而非激進的革命派。1952 年 1 月，時任中共中央西北局第二書記、西北軍政委員會副主席的習仲勳在給毛澤東寫的報告中，提出內地藏族居住區暫時不要推動土改，喇嘛寺的土地也不動為好，特別是佛教寺院的土地過早徵收於我不利等意見。毛澤東將此報告批轉給當時的中央統戰部長、民委主任李維漢等"商覆"，並批示指出："習仲勳同志的意見值得注意。"[8] 顯然，毛澤東認識到民族問題長期存在的客觀必然性，因此"人民"群眾希望推動土地改革，必然觸動藏區宗教貴族的特權而演變為"民族"問題。然而，最後還是因為內地藏區的地方政府和人民群眾積極推動激進的現代化治理方案以及西藏上層貴族發動叛亂，導致"十七條協議"終於失效，由此西藏自治區也被納入到大規模的現代化建設之中。

在 1989 年 3 月和 2008 年 3 月發生的西藏騷亂，再次引發人們對單純搞經濟建設的現代化方案的反思。如果說當年的"十七條協議"啟發了"一國兩制"的香港模式，而今天"一國兩制"在香港的成功落實，理應使我們的視野超越單純的郡縣—民族國家的現代化思路，而進入到對中華文明多元一體的憲制構造的思考。在這個意義上，大清帝國初年透過佛教來延伸帝國領土的策略依然值得我們今天學習借鑒，因為無論對於南亞和東南亞，還是東北亞和蒙古，佛教的政治意義不亞於貿易的政治影響。

7　毛澤東：《建國以來毛澤東文稿》第 2 卷，北京：中央文獻出版社 1987 年版，第 333-334 頁。

8　毛澤東：《建國以來毛澤東文稿》第 3 卷，北京：中央文獻出版社 1989 年版，第 46 頁。

四、"十七條協議"的難題:"人民"與"民族"

1959 年 4 月 7 日,在西藏上層貴族發動叛亂後不久,毛澤東給當時的統戰部副部長、國家民委副主任汪鋒寫了一封信,要研究一下西藏問題。其時,鄭州會議結束不久,毛澤東正全力糾正人民公社"一大二公"帶來的弊端,沒想到發生了西藏叛亂事件,迫使毛澤東放下經濟問題,研究西藏問題。在給汪鋒的信中,毛澤東列出十三個問題,要求西藏、青海、甘肅和雲南省委以及新華社幫助收集資料。從這十三個問題,可以看出毛澤東思考西藏問題的基本出發點。這些問題就像他在年輕時寫的《湖南農民運動考察報告》一樣,把階級成分劃分作為理解西藏社會結構入手點,由此揭示階級矛盾和階級鬥爭。因此,他關心的是西藏農奴和農奴主(貴族)的經濟剝削關係(如產品分配比例、人口比例、剝削形式)和政治壓迫關係(如私刑、訴苦運動)等,由此把握西藏叛亂的政治實質。不久之後,毛澤東顯然對西藏問題了然於胸,就在最高國務會議等不同場合發表了幾次談話,闡述了中央對西藏的政策。在其中一次對外國領導人的談話中,他表示:

> 有人問中國共產黨為什麼長久不解決西藏問題,這主要是因為我們黨過去很少與藏族接觸,我們有意地把西藏的社會改革推遲。過去我們和達賴喇嘛達成的口頭協議是,在一九六二年以後再對西藏進行民主改革。過早了條件不成熟,這也和西藏的農奴制有關。⋯⋯現在條件成熟了,不要等到一九六三年了。這就要謝謝尼赫魯和西藏叛亂分子。[9]

事實上,毛澤東在 1956 年通過周恩來給達賴喇嘛打招呼,表示即使在一九六二年之後是否要進行改革,仍然要根據當時的情況和條件來決

9　毛澤東:《毛澤東文集(第 8 卷)》,北京:人民出版社 1999 年版,第 61 頁。

定。儘管如此，為後來的"一國兩制"思想提供思想源泉的"十七條協議"在當時只是中央為了和平解放西藏而簽署的臨時性憲制文件，它所保證的"一國兩制"只是十年不變，而不是五十年不變且五十年之後無需變。為什麼鄧小平能夠在保證資本主義和社會主義這兩種水火不容的制度五十年不變，而毛澤東當時不能保證西藏的政教合一的農奴制度保持五十年不變呢？

社會主義與資本主義的衝突，說到底是兩種不同的現代性道路，是現代內部的衝突。社會主義甚至脫胎於資本主義，如果不是冷戰的意識形態，社會主義與資本主義完全可以和平共處。比如現代西方的福利國家，解決了十九世紀勞資衝突；馬克思主義在歐洲發展出民主社會主義；而中國特色社會主義也吸收了原來資本主義的市場經濟和法治國家等要素。無論資本主義，還是社會主義，都建立在現代之上，是兩種不同的現代化方案，其前提都是建立在徹底推翻基督教的神權政治和封建貴族政治的啟蒙運動與民主政治基礎上，二者都把人民主權作為政治奠基石。在這個意義上，無論是國民黨的三民主義，還是共產黨的社會主義，如果要把中國建構為一個現代國家，在政治哲學上都不可能容許西藏存在政教合一的神權政治和貴族農奴制。這種分歧是古典與現代之間一場生死存亡搏鬥，就像路德的宗教改革和法國大革命一樣，是一場圍繞現代自由概念展開的一場搏鬥。今天，我們也要站在現代的立場上，在路德宗教改革、英國光榮革命、美國獨立革命、法國大革命乃至十月革命和五四運動的立場上，看待毛澤東平定西藏叛亂所採取的政策。毛澤東強調，解決西藏問題關鍵要抓好兩點："第一步是民主改革，把農奴主的土地分給農奴，第二步再組織合作社。"[10] 前者就是用人民主權取代神聖君權，用農奴的民主權利來取代僧侶和貴族的政治特權；後者是發展集體經濟以改善民生。一手政治，一手經濟，全都是現代化方案。然而，西藏問題的複雜性還遠不止於此，這種民主政治和發展經濟的現代性方案實際上涉及到現代中國的主權建構問題。讓我們從"十七條協議"的撕毀開始說起。

10　毛澤東：《毛澤東文集（第 8 卷）》，北京：人民出版社 1999 年版，第 62 頁。

關於"十七條協議"的撕毀，有兩種不同的說法。中央政府認為西藏叛亂分子在外國勢力的策動下發動叛亂，致使"十七條協議"失去意義；而流亡的達賴喇嘛集團認為由於中央政府違背"協議"進行土地改革和農業合作化運動，致使西藏的經濟和文化制度受到衝擊。這兩種解說都有相應的事實根據。美國和英國勢力不斷策動達賴集團推動獨立是不爭的事實，西藏貴族在"人民會議"上公開喊出"恢復西藏獨立"，"中國人從西藏滾出去"等口號，並發動叛亂則更無需贅述。但中央政府推動的土地改革導致寺廟的土地被沒收、藏族農奴的債務被免除，這也是不爭的事實。那麼，問題的癥結在哪兒呢？讓我們從引發衝突的土地改革開始。

建國之後，中央政府逐步推動土地改革，從內地的國統區逐步推向少數民族地區。藏民地區的土地改革首先從四川省、雲南省開始，逐漸推向青海省和甘肅省。需要說明的是，劃定精確的邊界並按照地理區域的行政區劃進行有效管理是現代主權國家的根本性標誌。按照現代政治的邏輯，"西藏"首先必須被理解為一個特定地理區域的行政區劃的概念。在西藏叛亂之前，中央政府從來沒有在"西藏自治區"搞任何形式的土地改革。中央政府的做法顯然符合"十七條協議"的規定，因為協議裏所說的西藏是指目前"西藏自治區"所包含的具有明確邊界的行政管轄範圍，而青海省雖然屬於文化宗教上的"藏區"，但他已經實行了行省制並且於 1949 年解放。同樣的道理，我們可以理解中央在青海、甘肅、雲南等省份搞土地改革，並沒有違背"十七條協議"。中央信守"十七條協議"這個基本法的誠意是不容置疑的。

然而，從近代以來中國早已開始"睜眼看世界"的時候，達賴喇嘛依然沉浸在古老的神權政治的世界中。在政教合一的政治統治模式中，政權就是教權，它不是基於國家地域疆界內的公民建構起來的，而是按照宗教信仰覆蓋下的信徒來統治的，它的統治權不受自然領土的限制。就像今天的梵蒂岡對全世界的天主教徒發號施令，完全不受其狹小的領地的局限。"十七條協議"既然規定達賴喇嘛和班禪喇嘛"固有的職權不變"，那麼他們就對信仰佛教的所有藏民（甚至對信仰藏傳佛教的蒙古人和滿人等）擁有政治上和宗教信仰上的最高統治權。這個統治權必然會越出西藏自治區的地理邊界，施加到中央人民政府直接治理的青海、四川、甘肅等地的藏民身上。直到今天，達賴喇嘛所理解的西藏都不是西藏自治區這個行政區劃的概念，而是所有藏民居住的地方，即包括青海全部以及甘肅、四川和雲南藏民居住地的所謂"大藏區"。由此，當內地各省的這些藏區開始土地改革時，藏族上層統治者的利益就受到了損害。他們組織了一系列反抗和叛亂活動，並紛紛逃到拉薩，尋求達賴喇嘛的幫助。這必然波及到西藏自治區內的藏族上層貴族，他們也擔心內地各省的現代化改革會侵害他們的特權和利益，這就為主張"藏獨"的激進分子提供了藉口。他們認為，是中央政府首先撕毀了"十七條協議"進行土地改革。而這種概念上的誤解實際上包含了對"十七條協議"所指向的所理解"西藏"的地理空間的不同理解。從行政管轄區域的角度所理解的"西藏"與從宗教民族的角度所理解的"西藏"完全是兩個不同的概念。這種理解上的分歧，實際上包含了古典與現代、宗教與世俗的根本分歧。年輕的達賴喇嘛由此陷入了困境，要麼放棄政教合一政治統治模式以及由此帶來的對其他省份藏民的政治責任，要麼向中央"討一個說法"。而在當時，北京與拉薩之間缺乏有效的溝通和交涉機制，對"十七條協議"理解分歧也缺乏有效的解決機制，年輕的達賴喇嘛最終在美國中情局的策劃下，走向了流亡歷程。比較之下，"一國兩制"在港澳之所以成功，最重要的一條就是在羅湖橋上畫出來"兩制隔離"的邊界線，將兩個管轄權在物理上隔離開來。當然，在港澳問題上有比基本方針政策更為細緻完備的基本法以及圍繞基本法的解釋和裁判所形成龐大的法律專業隊伍。比較之下，"十七條協議"太過簡單，無法處理類似內地各省土改對藏區衝擊所引發的問題。

也許有人要問，若不實行土改，"十七條協議"是不是就可以長期有效呢？其實，藏區土改是必然的，這既是中央政府自上而下推動現代化建設的一部分，同時也是藏族農奴自下而上推動翻身解放的一部分。"民族"問題的背後依然是"階級"問題。從紅軍長征到解放大西南和大西北，大量貧苦藏民參加了人民軍隊並加入了中國共產黨，他們從中看到了自己的未來和希望。因此，他們迫切希望翻身解放，當家做主。當時，大量貧苦藏民積極支援解放軍發動解放西昌的戰役。中央政府給修建入藏公路的藏族民工發工資,直接衝擊著西藏社會延續了幾百年的烏拉徭役制。中央政府給西藏兒童提供免費上學,直接破壞了傳統的寺廟教育體制。中央政府訓練農奴出身的西藏幹部並在其中發展黨員,無疑打亂了西藏政教合一的政治制度和社會等級秩序。這一切都說明,"十七條協議"包含的"一國兩制"思想中,存在著藏民的民族身份和公民身份、宗教信仰與國家忠誠之間的緊張,更存在著中國共產黨在國家建構過程中階級政策與民族政策的緊張。

現代主權國家建構的前提就是個人的自由解放所形成的平等,即把個人從封建的、家族的、莊園的、民族的等形形色色的身份束縛中解放出來,然後通過社會契約結成現代主權國家。在這個梅因所謂的"身份向契約運動"的解放過程中,每個人身上所共同展現出來的公共性,使其成為區別於個人(private person)的公民(citizen),而所有的公民結合在一起就變成了"人民"(people),因此社會契約的結果就是人民掌握了國家最高的政治權力,他們的"普遍意志"(general will)就構成了"人民主權"。近代以來,中國政治的根本任務就是實現從傳統的皇權體制向現代主權國家體制的轉型。

按照這種現代國家建構的基本原理,國家主權必須扎根在平等的每個公民個體身上。這必然要求每個公民對國家主權的忠誠高於對家庭、部落、宗教和民族的忠誠。因此,中央政府必須鼓勵藏民對國家主權的服從和忠誠高於對達賴喇嘛的服從和忠誠,因此它不應當為了民族政策而犧牲階級政策,放棄翻身藏民對共產黨和新中國的效忠,而把他們重新送回到農奴制的統治之下。從某種意義上,也是由於下層藏民的解放熱忱以及受此鼓舞的地方政府的工作熱情,導致藏區土改運動如火如荼地展開,從而加劇了中央基於平等原則採取的勞苦大眾翻身解放的階級政策與肯定藏族貴族領袖在"一國兩制"擁有統治特權的民族政策之間的張力。中央在西藏的主權行使究竟依賴下層的勞苦大眾,還是依賴宗教領袖和上層貴族,不僅要根據現實政治環境的變化對如何保持國家統一和主權行使進行權衡和考量,而且要在人人平等的政治理想與封建貴族統治的民族文化傳統這兩種不同的政治原則之間進行平衡。這種政治難題頗有點像美國南北內戰時期南方的黑奴逃到北方獲得自由時，是否可以根據逃奴法被南方所追索。同理，在革命戰爭中已經獲得翻身解放的藏區牧民是否重新回到"十七條協議"所肯定的農奴制的統治之下？解放，還是奴役，這是當年林肯領導的美國共和國在美國南北戰爭前夕必須做出的政治選擇，也是被斯諾稱之為"面容消瘦、看上去很像林肯"的毛澤東所領導的中國共產黨在西藏叛亂前夕所必須做出的抉擇。當達賴喇嘛沉浸在佛教慈悲為懷的世界中，毛澤東則站在現代的至高點上，以另一種宗教情懷，著手一項佛陀的偉業：那就是建立一個中國歷史上不曾出現過的現代主權國家，一個不分種族、民族、性別、職業，所有勞動人民人人平等並實現當家作主的共產主義國家，讓"香巴拉"降臨到人間。正是基於對"天下大同"式的人間正道的追求，毛澤東才在關於西藏平叛的講話中，以他慣有的詼諧和自信，大講自己不信仰宗教，而且等待達賴喇嘛最終站到人民的立場上，放棄其世界觀，回到祖國大家庭中來。

可見，"十七條協議"只能是和平解放西藏的權宜之計，而不能成為一項持久的國策。對於這種立場，中央一開始就是明確的，即西藏最終要實行民主改革和土地改革，實施民族區域自治。由於"十七條協議"在建構國家過程中包含了傳統與現代、宗教與世俗之間的結構性衝突，其失敗僅僅是戰術性的失誤，而不是原則性的錯誤。因此，"十七條協議"中蘊含的"一國兩制"政策僅僅是一種策略，而不是政治的目的。其政治精髓就在於肯定了歷史和現實的合理性，並採取一種社會可接受的漸進主義的改革道路，避免了暴風驟雨式的革命所帶來的震盪。建國初期，國家針對資本主義工商業的改造，就採取了這種漸進主義的改革思路，從公私合營發展到最後的贖買，這種漸進改良的溫和政策取得了巨大的成功。而在西藏的土改問題上，毛澤東也一直強調要讓西藏的喇嘛和貴族們接受，不出亂子。1956 年 4 月，西藏自治區籌備委員會成立，毛澤東在 8 月份給達賴喇嘛的親筆覆信中指出："西藏社會改革問題，聽說已經談開了，很好。現在還不是實行改革的時候，大家談一談，先作充分的精神上的準備，等到大家想通了，各方面都安排好了，然後再做，可以少出亂子，最好是不出亂子。"[11] 當時，西藏地區雖然還沒有開始社會改革，但關於改革的輿論已經讓西藏上層貴族產生了恐懼。面對這種緊張局勢，毛澤東在中央關於西藏問題的覆電中，特別加寫了一段話：

> 中央和毛主席歷來認為改革一定要得到達賴、班禪和僧侶領導人的同意，要各方條件成熟，方能實行。現在無論上層和人民條件都不成熟，所以目前幾年都不能實行改革，中央認為第二個五年計劃時期是不能實行的，第三個五年計劃時期也還要看情況如何才能決定。但如果受外國指揮的反革命分子不通過協商一定要通過反叛和戰爭破壞十七條協議，把西藏打爛，那就有可能激起勞動人民起來推翻封建制度，建立人民民主的西藏。[12]

在此，我們可以清楚地看到，毛澤東固然將"十七條協議"作為中央處理西藏問題的憲制性文件，並在這個前提下強調漸進主義的改革，甚至可以延長"十七條協議"的期限，可一旦這個協議被西藏貴族所破壞，那其結果只會加速"改土歸流"的現代化進程，依靠"勞動人民"，建立"人民民主的西藏"。因此，毛澤東說要"謝謝尼赫魯和西藏叛亂分子"，並不是出於其慣有的幽默，可能倒是真心流露。

事實上，中國處理西藏問題，所關注的除了英美利益，就是印度在其中牽扯的歷史糾葛和利益。就像我們今天處理臺灣問題，除了關注英美還要關注日本在其中牽扯的歷史糾葛和利益。印度雖然早在 1947 年就宣佈獨立，但那時是作為大英帝國"自治領"的一部分。1950 年宣佈為獨立的共和國，但希望繼承大英帝國的政治遺產，尤其英國非法劃定的所謂"麥克馬洪線"。對此，尼赫魯的名言是："我們的地圖表明麥克馬洪線是我們的，不管地圖不地圖，這就是我們的邊界。"為此，印度一直繼續蠶食中國的西藏邊疆地帶，始終將西藏看作是中印之間的緩衝地帶，主張西藏"獨立"或"自治"，而要實現這個目標就不免要依賴英美勢力的支持。

11　毛澤東：《建國以來毛澤東文稿》第 6 卷，北京：中央文獻出版社 1992 年版，第 173 頁。

12　毛澤東：《建國以來毛澤東文稿》第 6 卷，北京：中央文獻出版社 1992 年版，第 265 頁。

因此，二戰後印度就積極配合美國的全球冷戰戰略，支持西藏地方政府驅逐漢人、推行自治獨立運動，理由是 "防止西藏落入共產主義者之手"。為此，印度甚至不承認中國對西藏的主權，只模糊地承認中國擁有西藏的 "宗主權"，因此主張印度不經中國同意就可以自由地與西藏打交道。

新中國成立之後，尼赫魯對中國的政策就處於無法解脫的矛盾糾纏中，一方面，從印度民族獨立所秉持的民族主義立場出發，必然要支持新中國的成立，並希望中印兩個新獨立的亞洲國家擺脫西方帝國主義的冷戰格局，在和平共處五項原則的基礎上建立新型國際關係。因此印度和中國一樣，在國際上都是和平共處五項原則的捍衛者，二者都是萬隆會議的積極推動者。然而另一方面，印度又希望繼承大英帝國的政治遺產，希望維持印度過去在西藏問題上獲得的利益。對此，印度甚至對新中國確立的外交原則是以新中國承認西藏擁有自治權作為條件，來承認新中國的建立以及中國對西藏的 "宗主權"。因此，印度積極介入到中國與西藏的和平談判中，甚至主張在印度舉行談判。然而，中國政府堅持和平談判必須在中國舉行，而且為了早日推動和平談判，中國人民解放軍迅速解放了昌都，可在印度看來這是中國 "入侵" 西藏。英美勢力剛好藉機挑撥，批評尼赫魯在 "冷戰" 中的中立立場破產，而希望印度放棄中立立場而回到英美勢力的懷抱。而中國同樣對尼赫魯政府繼承了英帝國主義的立場、不承認中國對西藏主權的立場表示不滿。《人民日報》巧妙地引用巴基斯坦《時報》的社評對此進行批評："尼赫魯政府似乎覺得它繼承了英帝國主義在西藏的責任，否則它對北京的抗議是毫無意義的，而且暗示著如果中國染指西藏，印度即將撤回在聯合國對中國的支持的威脅，這不過是卑賤的敲詐而已。如果尼赫魯代表帝國主義利益，意圖干涉中國內政，他將失去他現有的獨立政治領袖的微名。如果印度政府認為他們的唯一動機是人道主義的、避免流血的希望，那他們為什麼不早為西藏和平歸還中國而努力呢？" 無論印度的企圖怎樣，"中國也一定要恢復和維持領土完整" [13]。

當然，尼赫魯已經意識到中國對西藏行使主權已經不可避免，但關鍵

---

13 《人民日報》1950 年 11 月 9 日。

在於如何爭取西藏的自治。在 1951 年代表西藏噶廈政府的兩名談判代表途經印度、香港到達北京之際，尼赫魯在與他們的商議會談中，認為中國的立場為："一是要西藏回到中國大家庭。不承認這一條，沒法談判，國際地圖也早已標明西藏屬於中國，所以必須承認。二是西藏外交要由中國統一管理。不承認這一條，也沒法談，因此也得承認。三是解放軍要進駐西藏。承認了這一條，西藏今後就會有很多困難；我們印度與西藏毗鄰，對我們也很危險，所以不能同意。要運用巧妙的辦法，力爭維護西藏的政治、經濟權利，但切記不可與中國作戰，那是打不贏的。"[14] 對於前兩條，尼赫魯表示承認，但唯有對第 3 條，希望西藏政府不要答應，因為印度、尼泊爾和西藏有著友好的關係，不需要中國來保衛西藏的邊界。由此我們才能理解為什麼在西藏和平談判中最主要的爭議就在駐軍，為什麼關於駐軍問題專門在附件中加以明確的規定；這無疑是為了照顧印度的態度。在印度看來，一旦中央在西藏駐軍就意味著印度在蠶食西藏邊界，尤其是在 "麥克馬洪線" 的問題上就會與中國兵戎相見，而如果取消中國在西藏的駐軍，維持西藏的高度自治，印度就可以在邊界問題上獲得更大的利益。而在和平談判中，中國政府也通過外交途徑做印度的工作，明確表示容許印度與西藏繼續開展商貿往來，但不容許其他國家進入（主要是防止英美的挑撥）。在 "協議" 的第 1 條中明確提出將 "帝國主義勢力" 趕出西藏，實際上是把印度與英美區別開來，繼續保持印度在西藏的經濟和文化影響。

如果從印度的角度看，"十七條協議" 基本上滿足了印度的期待，那就是保證了西藏的自治，保證了印度在西藏的利益。然而，隨著內地省份藏區推動土地改革運動的影響傳入西藏，"藏獨" 分子就希望依靠印度和西方的力量展開謀獨運動。21 歲的達賴被這些勢力所包圍，他專門到印度訪問，尋求印度的支持。然而，尼赫魯在這個問題上非常清楚，那就是西藏包括印度都沒有軍事力量來抵抗中國，西藏不應當尋求獨立，尋求獨立的行動只能導致中國政府全面接管西藏，西藏自治帶來的緩衝作用就完

14　轉引自張皓：《1948-1951 年尼赫魯對中國西藏和平解放之態度演變——西藏和平解放 70 週年紀念》，《中國浦東幹部學院學報》2021 年第 6 期。

全喪失了，印度將不得不在邊界上面對中國軍隊。因此，尼赫魯甚至建議西藏不等中央推進，就自己主動積極地改革，這樣就最大可能地保持自治並排除中央出兵西藏的可能。儘管尼赫魯本人不同意西藏"獨立"，也不支持西藏"獨立"，但是包括達賴在內的流亡印度的藏人在印度和西方媒體上不斷煽動西藏"獨立"，最終導致西藏爆發叛亂，"十七條協議"終止，中央在西藏展開民主改革。期間，周恩來專門訪問印度，與尼赫魯就西方問題、中印邊界問題展開過推心置腹的商談，甚至周恩來一度承認要認真對待"麥克馬洪線"的客觀事實。然而，由於印度政府在西藏問題的猶豫，及其媒體對西藏叛亂的支持，中國政府對尼赫魯失去了信心。1959年5月6日的《人民日報》專門刊登了《西方的革命與尼赫魯的哲學》的評論，這不僅是對尼赫魯展開公開的政治批判，更是藉此爭奪國際話語權。因為西藏叛亂之後，西方勢力及其亞洲代言人，甚至包括印度的媒體，紛紛站在西藏叛亂分子立場上，將叛亂稱之為"革命"，是"民族主義"的、"反侵略"的、"反殖民主義"的、"反帝國主義"的"革命"，由此他們應該獲得"完全"的"不受侵犯"的自治或者"獨立"；而人民解放軍在藏族人民的積極支持下平定叛亂，被污衊為"武裝干涉"，是"侵略"，是"殖民主義"和"帝國主義"，甚至比之為"希特勒"。顯然西方整個論調就是基於西方現代"民族主義"話語，將"西藏"看作是擁有"民族自決權"的獨立主體，中國不過是殖民主義的"宗主國"，由此中國進入西藏就是殖民主義和帝國主義。而中國革命的正當性就建立在反對殖民主義、爭取民族獨立解放運動之上，如果中國在這個大是大非的問題不聲明自己的立場和主張，就無法在國際社會伸張自己建國的正當性，以及由此平定西藏叛亂的正當性，無法獲得國際上大多數國家，尤其第三世界國家的支持。這個正當性基礎就是用階級的"人民"話語來批判"民族"話語，並以此重構"民族"話語。因此，評論就從馬克思主義的經濟基礎分析方法開始，明確指出：

> 西藏社會是一個領主莊園制的農奴社會。……西藏的貴族是世襲的。……建築在這樣反動的、黑暗的、殘酷的、野蠻的農奴制基礎上

的西藏政教中樞，當然就是一小撮最大的農奴主的集合體。……達賴喇嘛，並不是像尼赫魯所說的那樣，無條件地被這些人非常崇敬；相反，這些人經常把達賴喇嘛當作傀儡，把自己的意見強加於他，在他們認為必要的時候，甚至把達賴喇嘛本人活活害死。……

這個社會過去確是停滯不前的，不但經濟衰敗，文化落後，連人口也不能增殖。但是，這個社會的制度絲毫也不"溫和"，絲毫也不"人道"！這個社會制度是一個十足的落後、反動、殘酷、野蠻的制度！

試問世界上一切大吵大鬧的所謂西藏人民的同情者：你們同情的"西藏人民"是誰呢？你們所宣傳的西藏的自治或"獨立"是誰的自治或獨立呢？你們痛哭哀悼的西藏叛亂的失敗是誰的失敗呢？看起來，很多所謂"同情者"只是假冒西藏人民之名，假冒西藏自治之名，假冒人道之名。他們所同情的並不是西藏人民，而是西藏人民的世世代代的壓迫者、剝削者、殘殺者，而是西藏的吃人制度的首腦。

對於這樣的制度，西藏人民要不要革命和解放呢？否定西藏人民摧毀農奴制的神權政治的革命權利，實際上就是否定中國人民革命的權利，因為近代以來的中國，和西藏的情況類似，是一個封建專制的國家，是一個"停滯不前的、沒有變化的中國"，而中國革命恰恰帶來了一個"生氣勃勃、迅速前進的中國"。正是在這種階級革命的理論基礎上，評論重述了新中國的民族政策，在民族問題上建構起新的理論話語：

在中國共產主義者和中國政府面前，存在著國內的少數民族問題。我們是十分謹慎地對待這個問題的。我們用了近十年的時間，培養了各少數民族自己的幹部，並且在漢族人民中，特別是在漢族幹部、共產黨的漢族黨員和人民解放軍的漢族官兵中，認真地進行了反對大漢族主義的教育。我們採取了資本主義世界上沒有先例的辦法，在漢人佔人口多數的民族雜居地區說服漢人，建立了少數民族的自治區。……

在民族關係問題上，根本的關鍵仍然是階級分析的方法問題。……事實上，只有革命的無產階級才能徹底地正確地解決歷史上的民族問題。民族之間的糾紛和隔閡，基本上是剝削階級造成的，剝削階級也永遠不可能消除這種現象。但是各民族的勞動人民，在革命的無產階級的正確領導之下，完全能夠通過一定的努力，消除歷史上遺留下來的一切糾紛和隔閡，結成兄弟般的融洽的友誼。……佔人口絕大多數並且是革命主力的漢人，現在仍然需要派遣一部分人員到內蒙古去，到新疆去，到西藏去，但是，現在不是去壓迫和剝削那裏的少數民族，而是跟當地民族的革命幹部在一起，幫助那裏的勞動人民從本民族的壓迫者、剝削者手中獲得自由和解放，實現民主和社會主義，也就是說，建立使各少數民族的經濟和文化繁榮昌盛起來的基礎。在這些地區工作的共產主義的漢族人員，包括人民解放軍的漢族官兵，不但沒有騎在少數民族人民的頭上擺威風，相反，他們是跟當地民族的革命幹部一道，做少數民族人民的勤務員。他們常常不避艱險，同少數民族的勞動人民同甘共苦，為他們的權利和幸福而鬥爭。這樣，各少數民族的勞動人民，以及各少數民族的一切愛國的、贊成改革的上中層分子，就同漢族的勞動人民聯合一致，像漢族人民一樣地推翻了他們本民族的上層反動分子的反動統治。這樣，各民族的糾紛和隔閡的根源就消滅了，各民族的友好合作就獲得了真正鞏固的基礎。

由此，民族問題從來不會有什麼"民族自決"的問題，而是勞動人民"解放"的問題。一旦人民解放之後，各民族的勞動人民就會在平等的基礎上自然地"聯合"起來，就不會出現"民族分裂"的問題。西方近代以來的威斯特伐利亞體系所建構的主權國家本質上就是剝削階級壓迫勞動人民的暴力工具，帝國主義就是資產階級將國家或帝國作為壓迫全世界勞動人民的暴力工具。民族國家之間的戰爭本質上是剝削階級爭奪利益的產物，而勞動人民掌握國家政權之後，就會真正在和平的基礎上聯合起來。在這個意義上，新中國建立的社會主義國家依然處在過渡階段，新中國的歷史意義就在於從中國人民的解放開始，幫助中國境內少數民族的解放，進而指向世界革命人民的解放視野，推動全體勞動人民或者世界人民走向共產主義的大聯合。

正是在這樣的理論脈絡中，西方民族主義理論所引發的民族自決或民族獨立，對於多民族的中國來說，已經不再成為問題。而一旦喪失了這樣的理論話語邏輯，民族主義引發的問題必然重新抬頭。在這個意義上，蘇聯解體的重要理論根源之一就是"中蘇論戰"中指出的，因為放棄了馬克思主義的革命理論走向修正主義路線，其結果必然釋放出"民族主義"這個極端狹隘的惡魔。在這個意義上，普京批判列寧的民族理論，將其看作是誘發烏克蘭危機的根源，而沒有意識到這恰恰是因為從蘇聯到俄羅斯，他們徹底放棄了馬克思主義，以至於今天的俄羅斯徹底退回到沙皇俄國的大民族主義和大國沙文主義的立場上來。

從這個角度看，中國在西藏的問題上與印度的尼赫魯乃至西方陣營展開論戰，實際上預示著後來的"中蘇論戰"。這些論戰表面上看說的都是"空話"，然而大凡關涉宇宙人心的根本問題，哪個說的不是空話？從春秋百家爭鳴到啟蒙運動，從儒法之爭、心學理學之爭、今文經學和古文經學之爭到保守主義、自由主義和共產主義之爭，看起來說的都是空話，然而在涉及國家前途命運、判定生活秩序的關鍵時刻，哪個爭的不是關於生死存亡的現實利害？正是這些空話奠定了現實秩序在人心上的正當性，而這才是"政者"之為"正"的關鍵。一個國家就像一個人，在大是大非前面不含糊，堅持道義原則，光明磊落而非狗苟蠅營，不僅讓自己獲得義無反顧、捨我其誰的浩然正氣，而且獲得別人的支持和尊敬。否則，"名不正，言不順"，機會主義從來只能獲得蠅頭小利，而不可能從事偉大事業。中國共產黨在如此艱難的歷史中贏得江山，就是靠這種政治正道的原則的力量贏得了人心。而能夠推動新中國從積貧積弱的歷史中煥然一新並迅速崛起，靠的依然是這種力量。小國可以隨利害搖擺，而大國必須有自己的原則和定力，否則小國怎麼可以信賴和依賴它？"尼赫魯哲學"的問題不在於站在資產階級的立場上，而是在處理與中國的關係上、在對待帝國主義的問題上首鼠兩端，採取機會主義的立場，既主張批判帝國主義又想繼承帝國主義的擴張遺產，既想團結中國又想謀取在西藏的利益。假如尼赫魯一開始就像中國那樣拋開帝國主義的遺產，基於對華友好和亞洲團結的原則處理邊界問題，那麼非但不會有後來戰爭失敗的恥辱，反而可能獲得更多的利益。尼赫魯的哲學其實就是印度的哲學，今天印度在對待中國、對待世界的問題上依然如此。

然而，毛澤東要依賴"勞動人民"建立"人民民主的西藏"，是否意味著新中國的國家主權建構也要依賴"勞動人民"建立"人民民主的中國"？這其實是近現代中國在國家主權建構中的核心問題。如果說現代國家主權建構的基礎是"人民主權"，那麼"人民"是誰？近代以來中國政治的核心辯論就是圍繞"人民"概念在兩個維度上展開的。

其一是"階級"問題。"三民主義"與"新民主主義"、"新民主主義"與"社會主義"的辯論就是圍繞著政治主權者的構成展開的，由此導致國民革命、新民主主義革命、社會主義革命或無產階級專政下的繼續革命。後來的"三個代表理論"，以及自由派與新左派的辯論也大體上是在這個背景下展開的。其二是"民族"問題。從"驅逐韃虜"到"五族共和"，從"漢、滿、蒙、回、藏諸族為一人"到"中華民族"，莫不反映了這一點。由此導致了"十七條協議"和民族區域自治制度的形成。今天西藏、新疆的邊疆問題以及關於築牢中華民族共同體意識的相關問題也大體是在這個背景下產生的。

近代以來，從"階級"意義上展開的"人民"主體辯論，實際上是關於政治領導權和支配權的辯論，而從"民族"意義上展開的"人民"主體辯論，實際上是關於疆土和歷史的辯論。正是在這樣的背景下，1949年新政協籌備會上關於新中國的國號究竟採用"中華人民民主共和國"還是"中華人民共和國"的爭論，就不再是一個語法問題（反對使用"人民民主共和國"的人們認為有了"人民"概念再加上"民主"這顯得累贅），而是涉及到對國家主權建構的方式。"人民共和"就意味著"人民"是在"階級"和"民族"基礎上的"共和"，就是工人階級、農民階級、小資產階級和民族資產階級這四個階級在"政治協商"基礎上"共和"，就是各少數民族在"民族區域自治"基礎上與漢族一起"共和"。"階級平等"

和"民族平等"就是對"人民主權"構成的前提性制約。這種"前置承諾"就構成了新中國憲制的基石。由此,"政治協商制度"、"民族區域自治"和"人民代表大會制度"在新中國憲政體制中就形成了"三位一體"的基本格局。相反,如果主張"人民民主共和",那麼在多數人主義的"民主"概念下,"人民民主共和"很容易變成四個階級經過少數服從多數的"民主"過程之後,形成數量上佔多數的工人、農民這些"勞動人民"的共和統治,這會很自然地蛻變成"無產階級專政"。同樣,"人民民主共和"有可能形成佔人口多數的漢族在"民主"基礎上形成漢人對其他少數民族的統治,這很容易蛻變為漢族壓制少數民族的"共和"統治。

　　儘管如此,"民族"問題始終從屬於"人民"問題,"民族"是社會歷史文化的產物,它必然隨著社會歷史文化傳統的變化而變化,由此就會出現"民族融合"。中國歷史上出現很多次民族大融合的歷史潮流,從某種意義上,所謂"漢族"從來不是一個嚴格意義上的"民族",反而是不同民族之間融合的產物。恰恰是北方少數民族南侵導致中原漢族幾次南遷,在這個意義上,廣東香港一代的"客家人"才是純正的"漢人",保持了純正的"漢文化"。如果從民族融合的角度看,社會主義國家恰恰是更有利於促進民族融合的"大熔爐",因為勞動人民在一起必然導致民族身份的消失。如果從這個角度中,新中國成立之後的民族融合、民族團結的趨勢應該比歷史上任何時期都應當迅速。然而,改革開放之後,"人民"話語消失,導致"民族"認同取代"人民"認同,邊疆少數民族不斷要求復活民族的傳統,更重要的是,他們在"民族主義"話語中尋找自己的前途,於是"藏獨"、"疆獨"等邊疆問題重新進入人們的視野,如何"築牢中華民族共同體意識"成為迫切的時代課題。

　　如果要檢討這段歷史的話,那麼恰恰是在蘇聯的民族理論和民族共和國制度實踐的影響下,我們的民族政策在總體上強調"民族的分別"而非"民族的融合"。這種理論主張和政治邏輯必然導致一系列違背事物客觀規律的政策與法律。比如"56個民族"的認定和固定不變的民族區域自治制度阻礙了民族融合的現實趨勢和結果,國家通過人為的法律制度將民族身份固化下來,並專門針對少數民族實行優惠傾斜而制定了違背民族平等原則的法律和政策，導致漢族人口為了爭取這些福利，非法地將自己的身份改為少數民族。在這種錯誤理論的影響下，如果哪個民族由於民族融合而人口減少了，似乎就變成了"民族壓迫"的罪證，以至於我們在國際上宣揚自己的民族政策時，每每強調建國之後少數民族人口增加了多少。好像少數民族人口增加才是正當，而民族融合之後一些少數民族自然消失了，就被西方指責為"種族滅絕"。如果按照這個邏輯，一部中華民族的歷史不就變成了"種族滅絕"的歷史？如果荒謬的邏輯之所以出現在理論話語中，足以看到我們在"民族"問題上面臨的國際話語權難題，而這恰恰是由於我們在著眼現實利益的勾兌過程中喪失了當年中蘇論戰中說"空話"的能力，這也是我們改革開放後依賴放棄"革命政治"，重新回到"承認政治"所帶來的結果。

當年，毛澤東強調"勞動人民起來推翻封建制度，建立人民民主的西藏"時，實際上想象的是建立一個"人民民主共和國"，而這樣的構思不僅不同於"十七條協議"的構思，也不同於"人民共和國"的構思。在這個意義上，"十七條協議"固然是臨時性的，但它的終結卻是悲劇性的。如果把"十七條協議"與中央對港方針"十二條基本政策"做一個比較，尤其把前者的失敗和後者的成功放在一起來思考時，我們才能夠真正體會到"一國兩制"的政治想象力何在，體會到"一國兩制"構思的魅力。事實上，從"十七條協議"的失敗中，我們能夠感受到，"一國兩制"的想象力就在於它蘊含了一套"反現代國家的國家理論"，是以一種反現代的方式來解決現代困境（具體而言就是冷戰困境），更具體地說，是現代外衣下的一套中國古典的治國思路。

五、"一國"之謎：文化國家與暴力機器

　　"國家"這個概念在英文中有兩個含義：country 與 state。Country 是與特定的土地聯繫一起的政治組織，強調的是國民與所居住國家的自然領土之間的內在關係，並依賴人們對土地的自然情感將國民團結在一起，因此這個概念包含了"祖國"、"國土"和"鄉村"等含義。而 state 是依賴抽象的法律制度建構起來的暴力組織，更強調"公民"與"國家政體"之間的內在關係，它依賴法律關係將公民團結在一起，因此這個概念包含了"政府"、"公共權力"和"政體"等含義。

　　傳統意義上的國家往往是基於土地上共同的血緣、地緣和文化信仰形成的，"國家"同時意味著精神的家園。中國人將這些英文翻譯為"國家"，很大程度是由於在中文裏，"家國"一體，"國"是一個更大的大家庭，"家"的親緣關係和情感認同自然就轉移到"國"，從而形成"國家"這個概念。然而，西方所謂的 state（國）從一開始就與"家"區別開來。亞里士多德的在《政治學》中一開始強調"城邦"（city-state）與"家庭"的區別，就在於前者認同的基礎不是血緣情感，而是哲學上對奠定人生意義的"善"的認同。而現代西方啟蒙思想，把這種哲學思想變成啟蒙思想所依賴的科學，以至於所有人在自然狀態下基於對利益的理性計算而合意組成國家暴力機器——利維坦。因此，現代意義上的國家（state）就是依賴抽象法律機制將所有公民團結在一起的。所有的公民都祛除了地域、家族、民族、宗教、文化傳統等等這些自然的因素，被抽象為一個個擁有理性和自然權利的自然狀態下的理性人，他們出於利益的計算而通過社會契約的法律機制建構起國家。在這個意義上，"國家"不是公民情感忠誠的對象，而是實現自己利益的工具或機器。這就是為何韋伯和馬克思都特別強調"國家"是壟斷暴力的機器。正是由於這種理性計算，現代國家在真實歷史中的建構只能以單一"民族"為單位，因為同一個民族更容易達成社會契約的認同，由此構建為民族國家（nation-state）。近代歐洲興起的這種現代國家就是這樣一種均質化的政治容器。它用非人格性、程序性

和抽象性的現代機制抽空了一切歷史和文化內涵，祛除了封建、法團、宗教和傳統等凝聚情感的要素。這樣一種現代憲政國家或法治國家的建構，儘管引發了歷史主義和浪漫主義的攻擊，引發了社會理論中關於"系統整合"與"社會整合"的爭議，但無疑奠定了現代國家的政治哲學基礎，即威斯特伐利亞體系中的主權國家不是 country，而是 state。

如果我們按照上述現代國家的政治哲學來衡量，那麼"一國兩制"有許多我們用現代國家理論解釋不清楚的地方。首先一個問題就是構建現代國家的"公民"身份。"一國兩制"下擁有兩套不同的公民身份體系，兩種公民享受的權利和承擔的義務不同，而這種不同不是基於性別、財產這樣的不平等歧視，而恰恰是為了保證"兩制"下"河水不犯井水"的平等，它是基於地理和歷史考慮而通過基本法這種法律所施加的人為區隔，頗有"隔離而平等"的味道。香港居民的國籍身份頗為複雜。基本法賦予了香港人各種政治自由和權利，比如選舉立法會議員和行政長官的權利，但他們不是香港"公民"，因為公民身份是與國家主權建構聯繫在一起的，而香港不是國家，因此基本法這部香港的"小憲法"中稱香港人為"香港居民"，其中第三章明確稱之為"香港居民的基本權利和基本義務"。基本法附件三將《中華人民共和國國籍法》適用於香港，使香港人成為"中國公民"，他們要回到內地就可以取得獨特的公民身份標識，那就是作為中國公民所擁有的"回鄉證"。而在香港居民中，有很多不具有中國國籍的人，尤其是很多外國人，比如不斷爭論中的"外籍法官"問題，他們是香港居民，也可能是其他國家的公民，但卻不是中國公民。然而，這些拿著"回鄉證"的中國公民卻不享有國家憲法所規定的公民基本權利，也不履行國家憲法所規定的公民基本義務。更為複雜的是，在這些中國公民中間，不少人至今擁有"居英權"，他們屬於英國的屬土公民（BDTC，不享有英國居留權但可以自由出入英國的英聯邦公民）或海外公民〔BN(O)，不享有英國居留權且不能自由出入英國〕。如此複雜的身份，實際上為中國提出了"雙重國籍"的諸多難題。

眾所周知，新中國成立之初，基於對海外華人的保護和周邊國際關係的考慮，中國政府宣佈放棄了"雙重國籍"。可是香港在大英帝國的統治下，不少香港人，尤其是香港精英階層都依據英國國籍法擁有英國公民、英國屬土公民或英國海外公民的公民身份。香港回歸之後，中國的國籍法在香港生效，所有香港華人都自動成為中華人民共和國的公民。如果國家不承認雙重國籍，香港人就面臨在中國公民和英國公民之間的身份選擇，這必然會導致許多香港人，尤其香港上層精英選擇離開香港，這不僅不利於香港的政治穩定，也不利於香港的經濟和社會發展。當年，彭定康在推行政改方案時，就抨擊香港工商界人士是為中國政府"擦鞋"，甚至諷刺工商界人士，"若非他們不是在口袋中插著一本外國護照，他們才不會這樣做"。在這種背景下，全國人大常委會在香港回歸前對國籍法做出解釋，在法律形式上不承認香港人擁有的英國公民身份，在國內和香港也不享有英國人享有的領事保護權利；但在實際上又承認這些香港人可以使用英國護照，只是把它當作英國簽發的"旅行證件"。這個法律解釋充滿了政治智慧，即法律原則上依然不承認雙重國籍，可實際上並沒有完全否定雙重國籍。而今天，不少海外華人主張中國應當實行雙重國籍，其中一個重要理由也是香港人在"一國"之下擁有雙重國籍。

如果從現代國家的主權建構看，現代國家的主權權力滲透在各種領域中，除了傳統的軍事和外交之外，最重要的主權內容還有金融主權和財稅主權（統一的關稅和貨幣體系）、法律主權（統一的國家法體系和統一的司法終審權）和文化主權（統一的國民教育體系）。可在"一國兩制"下，中央在香港駐軍受到駐軍法的嚴格限制，香港特區享有相當大的對外事務權，甚至在經濟與社會文化領域，可以作為獨立的國際主體出現，最突出的就是參與亞太經濟合作組織會議。香港的關稅和貨幣也與內地完全不同。香港與內地是完全不同的兩個法域，中央並不擁有香港司法案件的審判權和終審權，絕大多數內地法律、甚至包括憲法的有關條款，也不能適用於香港。香港與內地的司法合作，甚至比國際司法協助更難辦理，解決兩地移交逃犯的司法協助問題竟然能引發修例風波和香港暴亂。香港有獨立的教育體系，香港官方語言是英文和傳統的繁體中文，香港回歸後推動的"母語"教學是粵語教學，而非普通話教學。至於邊境上的出入境管理，你見過歷史上哪一個國家的公民在本國國土上卻像出國一樣設置邊檢關卡，而粵港合作中究竟能不能實行“一地兩檢”也變成爭吵的話題。

　　面對上述種種特殊現象，難免會出現“名”與“實”之間的悖論。在法理上不承認香港是英國的殖民地，可事實上卻接受英國的殖民統治；法理上認為《聯合聲明》不是國際條約，可事實上又要按照國際條約的要求在聯合國備案；法理上認為香港人是中國公民，可事實上他們不享有憲法所規定的公民權利，也不履行憲法所規定的義務；法理上不承認雙重國籍，可事實上承認了雙重國籍；法理上認為基本法是由全國人大制定的法律，可事實上又承認它是一部“小憲法”。這種“名”與“實”之間的悖論之所以出現，恰恰是由於我們目前關於國家建構的法理體系，是建立在現代西方政治哲學所確立的這一套“名”之上，凡不符合這套體系的政治實體就缺乏法理上的正當性。這其實就是福柯在《什麼是啟蒙》中所批判的現代性對日常生活和真實世界構成的“敲詐”，這自然也包含了西方現代性政治理論對中國政治現實的“敲詐”。而在這“敲詐”背後無疑包含著西方中心主義，即從西方傳入中國的這一套理論話語的“名”對應的是西方崛起和主權國家形成的歷史現實，然而在中國的歷史現實中，中國不是西方意義上的主權國家，中國曾經是一個超大型國家體系，西方人稱之為“東方專制主義”，我們自認為是基於王朝的天下體系或“文明型國家”。而這樣一個活生生的擁有漫長歷史文化的政治實體，硬要將其塞在state這個“名”之中，無異於削足適履。

　　在《什麼是啟蒙》中，福柯認為啟蒙就是以這種獲得所謂普遍性和正當性之“名”對多樣化之“實”的“敲詐”，從而要求“實”以削足適履的方式來適應“名”的需要。我們今天面對“一國兩制”的法律現實，就不得不構思出一套複雜的、充滿智慧但又似是而非的理論學說來應付這種現代性的“敲詐”。比如說關於中央與特區的關係，通常原理是單一制下的中央政府權力要大於聯邦制下的中央權力。我們在法理上堅持“一國兩制”屬於單一制，而非聯邦制，可充滿悖論的是，這種單一制賦予香港特區的權力，遠遠超過聯邦制中地方政府應有的權力。為此，我們又要對“單一制”概念進行了法理上的彌補，稱之為“高度自治”。可人們不斷問：這個高度究竟應當有多高？回答說，要看基本法的規定，問題最後又繞了回來。如果拋開這些基於"名"的法理概念遊戲，從"實"的角度看，香港自然就引發出關於"準國家"、"次主權"的問題爭論。再比如說關於憲法和基本法的關係，香港與內地學者提出過多種理論，但最終還是糾纏不清。在國家法律規範體系中，基本法屬於"基本法律"，它當然不能與憲法相抵觸，但在實際上基本法大多數條款都與憲法中的相關規定不一樣。如果從"實"的角度看，基本法無疑是中央在香港行使主權的憲法，基本法沒有明確規定的內容才需要用憲法來彌補和補充。"憲法和基本法共同構成香港的憲制基礎"這句話恰恰點出基本法屬於憲法，這就意味著我們國家的憲法屬於"不成文憲法"。凡此種種，意味著關於"一國兩制"理論敘述的困難就在於如何擺脫這套現代性概念的"敲詐"，使得名副其實，名實自洽，而這恰恰是福柯重構康德的啟蒙概念，認為康德所說的"勇敢地運用理性"核心在於"勇敢"二字，那就意味著我們不能小心翼翼地、謙卑地將西方的理論概念奉為圭臬，反而用以一種主人的自信和勇敢，用我們自己的理性提出我們能夠自洽解釋的理論。這意味著我們在政治經濟上求得獨立之後，必然要在文化、思想和學術理論上求得獨立自主，構建符合中國實際的哲學社會科學體系。

事實上，香港諸多問題始終糾纏在中國與西方的這種"名"與"實"的張力中。比如說香港回歸已經 25 週年了，可在對香港人身份認同的調查中，港人自認為自己屬於"中國人"的認同度上升有限，甚至在特定時期會有所下降，以至於人們一致認為香港亟需要加強國民教育。可大家從來沒有想過，這種選擇"香港人"與"中國人"問卷設計本身就在建構著"香港人"和"中國人"的身份對立，假如問卷的問題是在"屬於中國人"和"不屬於中國人"之間的選擇，問卷的答案和效果肯定大不一樣。更重要的是，香港市民不能參軍保家衛國，參加國家公務考試受到限制，特區政府的公務員和政治官員不能上升到國家部委，更不能說擔任黨和國家領導人，只有具有聲望的行政長官才能在退休之後擔任政協副主席的特殊政治安排。一個香港普通市民受到不公正的對待，無法到北京上訪；一個香港市民陷入生活的貧困，也沒有渠道尋求國家給予救濟。一句話，只要存在著這些制度化的法律區隔，怎麼能培養起香港人對國家的忠誠？因為公民身份認同不是一個抽象的法律概念，而是由於與自己的生活和命運息息相關而產生的自然情感。國家不是一個抽象的符號，而是人們在日常生活中能夠感受到的實實在在的存在。今天，香港人面臨的"作為中國公民的非公民待遇"，可能恰恰是爭取香港人心回歸進展緩慢的一個重要原因。

然而，由於"兩制"這種人為的法律區隔，香港人心目中的"國家"與"公民身份"都變成了一個懸在空中的遙遠而抽象的法律概念，缺乏切實的生命體驗和感受。就拿推行國民教育來說，特區政府擁有獨立於內地的教育體系和文化觀念，怎能培養出香港與內地共同的國家意識和身份認同呢？於是，愛國教育往往變成了組織文化交流或旅遊觀光，進展自然緩慢。相反，我們看到自由行開放之後，讓內地人和香港人整天在大街上摩肩接踵，相互用挑剔的眼光打量對方，反而培養起了彼此之間的自然情感，這種情感可能是不滿乃至引發當年類似"蝗蟲"這樣的對罵，可今天疫情隔絕，兩地無法往來，反而自然會生出想念。曾經英語是香港的高貴語種，內地人到香港說普通話會受到歧視，許多人不得不說英文。回歸之後，也是商界和部分特區政府高官為了與內地或中央打交道而學習普通話。可自由行之後，普通話已成為香港社會的重要的溝通語言，香港有識之士開始呼籲以普通話作為香港教育的母語。可通過共同的語言建構"一國"的重大成就並不是通過組織文化交流和旅遊觀光而實現的，而是通過類似 CEPA 這樣的法律手段不斷打破、降低人為製造的"兩制區隔"，不斷充實香港人"回鄉證"所具有的公民權利和義務而實現的。

儘管如此，愛國主義在香港依然是一個特別的概念。香港人確實愛國，保釣運動比內地還積極，可不少人說他們愛的"國"是祖國河山、歷史文化等等，而不一定是政治實體。於是特區政府為推行公民教育而在電視中播放國歌，卻受到反對派人士的批評；終審法院在焚燒國旗案中判決焚燒國旗違反基本法，也被他們看作是終審法院"軟骨"。可是沒有政治主權者的"國"是怎樣的東西呢？在這些分歧背後，似乎隱含了自然領土和歷史文化的 country 與政制建構的 state 之間的區別。

在英文中，"一國兩制"被翻譯為 One Country, Two Systems。為什麼"一國"之"國"被翻譯為 country 而不是 state？這不是誤會，而是精確地把握了"一國兩制"思想的精髓。這裏強調 country 恰恰在於強調了內地與香港在領土上的統一性，以及由此在文化歷史傳統中自然形成的"命運共同體"，是一個歷史上形成的"文化國家"，而不僅僅是人為建構起來的"主權國家"。這樣的概念在中國政治思想的語境中，實際上為中國恢復對香港行使主權提供了無比強大的正當性。換句話說，香港回歸在政治哲學上的正當性恰恰不是現代國家理論中的社會契約思想，而是歷史傳統的正當性，即"香港自古以來就是中國的一部分"。由此，"一國兩制"中的"國家"，不僅在制度建構上是反現代國家的，而且其政治哲學基礎也是反現代國家理論的，而這種富有想象力的政治建構和政治思想，恰恰來源於中國古典的政治傳統。

寸寸河山寸寸金，

俦離分裂力誰任？

杜鵑再拜憂天淚，

精衛無窮填海心。

晚清詩人、外交家黃遵憲在甲午戰敗割地賠款之後寫下的這些詩句表達了中國人最強烈的愛國情感。2003 年 6 月 29 日，溫家寶總理在香港出席 CEPA 協議簽字儀式後發表演講時就引用了這首詩，希望香港同胞以杜鵑啼血之情，熱愛香港，熱愛祖國，以精衛填海之心建設香港，建設祖國。2006 年，宋楚渝在清華大學演講之後專門把書寫的這首詩贈給中國大陸的青年學子。2007 年，溫家寶總理又把這首詩抄送香港小學生，勉勵他們愛港愛國，建設香港，報效祖國。這首詩之所以能如此激發起中國人的共鳴，就在於它典型地表達了中國人的國家觀念。"寸寸河山"無疑就是 country 這個自然領土上生存的人們所結成的情感共同體。然而，中國人的愛國不僅是熱愛"寸寸河山"，而更是以杜鵑啼血的摯誠關心著"天"，即政治主權、人民主權。自然領土與政治主權通過儒家所推崇的自然情感紐帶結合在一起的，形成了中國獨特的愛國情懷。

黃遵憲曾經擔任駐日大使，親眼看到了日本明治維新之後的興盛與強大。他撰寫了《日本國志》，詳細介紹日本富國強兵的情況，呈送總理衙門後如泥牛入海。直至甲午戰敗，政治高層需要瞭解日本，光緒皇帝才注意到這部著作，並親自約談。黃遵憲給光緒皇帝推薦的出路就是變法。什麼是變法？一言以蔽之，就是推進國家治理體系和國家治理能力的現代化，通過民主政治把國家主權建立在公民個人權利之上，讓國家主權深入到社會的每個角落，加強國家汲取資源、人才和合法性的能力，同時用法治的方式來治理國家，提升國家對社會的治理能力，從而將傳統國家變成一個現代國家，在 country 之上建構一個全新的 state。戊戌變法失敗之後，黃遵憲作為新黨要犯罷官回鄉。至此他投身教育，寄希望於未來的學生。而孫中山和毛澤東都可以看作是黃遵憲的好學生。1904 年，黃遵憲逝世的前一年，寫下了他生命最後的絕唱：「舉世趨大同，度時有必至。」

六、"一國"之謎：中國 vs 帝國

如果說 "一國兩制" 的政治魅力在於這個國家概念是反現代民族國家理論的，而且這個國家概念包含了中國古典治理邊疆的政治藝術，那麼這個 "國家" 概念本身又意味著什麼呢？我們如何在概念上來界定這種獨特的國家形態呢？

對中國古典國家形態的界定，最常見的莫過於王朝國家、專制國家或者中華帝國等等。這些概念往往是描述性的，而非分析性的，它無法區分中國古典的國家形態與西方的不同。就拿頗為流行的 "帝國" 概念來說，中華帝國與大英帝國、羅馬帝國顯然不是同一類型的政治組織。在國家理論中，"帝國" 往往與 "民族國家" 對立起來，尤其西方歷史上羅馬帝國解體之後，主權國家模式取代了帝國模式成為現代國家的常態。而在主權國家的基礎之上，又產生了新的帝國模式，比如大英帝國、德意志帝國、大日本帝國以及今天的美利堅帝國等。按照現代政治理論，這些帝國不具有法理上的正當性，它是一個主權國家對其他國家或地區的殖民侵略和支配。因此，19 世紀以來的帝國概念往往隱含著 "殖民主義" 和 "帝國主義"。如果說歷史上的羅馬帝國以締造 "永久和平" 作為政治目的，那麼 19 世紀以來大英帝國開啟的帝國時代則以經濟掠奪、政治支配和文化殖民作為政治目的。因此，"帝國" 概念不僅在政治上屬於缺乏正當性的貶義詞，而且作為分析範疇也往往放在國際政治中，當作國家與國家或地區之間的關係來看待。因此，在民族國家時代，帝國概念的出現只能說明國際政治關係處於非正常狀態。正是基於民族國家的主權原則，才興起了反對殖民主義和反對帝國主義的民族解放運動，這其實也構成了建國運動。因此，在民族國家時代，帝國概念不屬於政治的常態組織，而屬於變態組織。然而，羅馬帝國這個 "帝國" 概念則完全不同於 19 世紀以來的大英帝國的 "帝國" 概念。那個時候，帝國才是政治組織的正常形態，因為只有 "帝國" 才能克服 "城邦" 容易陷入戰爭的不足，奠定永久和平。而羅馬帝國的千年統治使得 "帝國" 概念深入人心，離開帝國概念，歐洲人已不知道如何思考政治組織，以至於羅馬帝國崩潰之後，歐洲人不斷試圖繼承羅馬帝國的政治遺產，不僅出現了"神聖羅馬帝國"，而且所有的帝國擴張都以"羅馬"的名義展開。拿破崙帝國、大英帝國、德意志帝國都自認為繼承了羅馬帝國的傳統，連今天的美國稱霸也被冠名為"新羅馬帝國"。

在現代政治理論中，國家與帝國是對立的範疇。比如國家是主權者基於平等的公民個體而組織起來的政治共同體，而帝國是基於種族之間的不平等而建立起來的統治組織，正如羅馬法中的市民法、萬民法所標示的等級差異。這種說法實際上混淆了羅馬帝國與現代帝國的差異，也混淆了羅馬共和國與羅馬帝國的差異。所謂市民法與萬民法之分，其實是羅馬共和國的產物，而帝國之所以不同於共和國，就在於它的政治邏輯是在羅馬皇帝之下實現一切公民身份的平等，這意味著共和國時代所有的元老院和平民院的區分失去了意義。正是按照這種政治邏輯，羅馬共和國末年和帝國時期，不斷進行公民身份改革，將羅馬帝國境內的境內所有外族人不斷納入為羅馬公民。公民身份的羅馬人由此超越了種族身份的限制而成為政治法律意義上的"羅馬公民"。羅馬公民人人平等的政治原則取代了曾經在羅馬人與日耳曼人、法蘭西人等之間的種族不平等。正如李維（Livy）所言，羅馬人是不斷政治融合的結果，是依賴法律將不同的部落和種族融合在一起，融合成一個單一的民族。由此，市民法與萬民法的區分雖然記載在帝國晚期的尤士丁尼安的民法大全中，但正如薩維尼（Savigny）所言，這種法典編纂不過是對共和國繁榮景象的記憶，而不是現實生活中的實在規則。需要注意的是，"公民"這個概念出現在雅典城邦中，出現在羅馬帝國中，也更出現在法國大革命和巴黎公社中，其政治原則恰如托克維爾所言，推進的是身份平等的歷史進程。正是這個概念的演化，使得我們看到羅馬帝國與羅馬共和國的區別就在於擴大了公民身份，將羅馬公民身份賜予羅馬境內許多不同的種族。"羅馬人"這個包含著民族標示的概念逐步變成了中性的"羅馬公民"的概念。這樣的政治原則剛好與在"公民"平等的原則上建構現代國家的政治原則是一致的，也與基督教的政治原則完全吻合。在這個意義上，雅典城邦、羅馬帝國、基督教與現代主權國家，在政治原則上是相似的，即強調國王、皇帝、上帝或主權者統治的基本單元是平等的公民個體，由此構成了"均質性"的政治共同體。

然而，在這種城邦、帝國或國家對內實現公民個體身份平等的背後，就是對外基於種族差異而塑造出來形形色色的野蠻人。換句話說，整個西方政治共同體的建構是以"他者"（other）建構為前提的，而這樣的建構必然具有強烈的"西方中心主義"的色彩。雅典城邦時代和羅馬帝國時代，這些野蠻人大體是以埃及人、波斯人或阿拉伯人為想象的東方人，還有北方的日耳曼人；基督教中的異教徒和民族國家時代的"黃禍"，則大體上是以蒙古人和阿拉伯人為想象的東方人；而在一戰和二戰以來，異教徒或者黃禍論的文化構造又大體指向了日本和中國。從希臘和羅馬時期的奴隸制和野蠻人概念，到基督教時代的"異教徒"概念，一直到啟蒙運動發明的"文明"與"野蠻"對立概念，其背後都隱含著殖民征服和帝國擴展。在西方歷史漫長多變的鏈條中，我們可以看到其中隱含不變的基本政治邏輯：內部人人平等，外部則是主人對奴隸的征服，而內外之分的標準是種族主義的，由此形成對內按照羅馬帝國的平等原則來統治，對外則按照大英帝國的文明等級邏輯來征服。正是西方世界共同遵守的這一政治邏輯，使得西方民族國家的建構必然導致了對外擴張的"民族帝國主義"（梁啟超語），也由此形成了所謂的民主國家之間不會發動戰爭的永久和平的幻象。這樣的政治邏輯其實發端於修昔底德在《伯羅奔尼撒戰爭史》中所反思的雅典政治，即只有對外實行帝國征服才能對內捍衛公民平等的良好政體。這恰恰是人們在最普通意義上所理解的"帝國"，包括把今天的美國稱之為"新羅馬帝國"。

如果以此作為對比，那麼中國古典的政治邏輯雖然與西方有類似的地方，但也有根本的不同。在中國的古典政治中，一直伴隨著儒家的"封建"與法家的"郡縣"這兩種不同的政治組織原理。"封建"的政治思路源於夏商周，尤其以儒家所推崇的周公禮制為典型，強調周天子之下的差異性和多元性，各地由地方的宗族貴族實行自治。"郡縣"的政治思路尤其體現於秦始皇，強調天子（皇帝）之下萬民平等，由代表皇帝的中央政府官員統一治理國家，把國家的權力直接深入到基層治理中。這種強調統一性、均質性的政治思路與羅馬帝國的乃至民族國家的治理思路基本一致，因此，不僅韋伯將法家思想看作具有現代理性意義的思考，而且中國的現代化方案更容易把古代的法家看作思想源泉。不少人批評中國共產黨繼承五四運動的反傳統，但卻忽略中國共產黨繼承的是中國左翼儒家傳統，尤其是法家傳統。近代以來的“變法圖強”理念本身就是法家傳統。毛澤東稱自己是“馬克思加秦始皇”，並在 1970 年代掀起“評法批儒”，就是要批評新中國出現的等級制，推動均質性的人人平等的現代化方案，建立一個人人平等的大一統秩序。如果說郡縣思路強調“一國一制”的統一性和均質性，那麼封建思路強調“一國多制”下的差異性和多樣性。

從漢代以來，這兩種政治思路有機地交織在一起，形成內法外儒的儒法合流局面。體現在國家政制結構上，基本上形成對中心地區實現郡縣制的直接控制，對邊疆採取封建制的間接控制的思路。正是這兩種治理思路的有效組合，隨著中心的文化和力量的不斷強盛，就會形成對邊疆地區緩慢的中心化過程，中國的治理版圖也隨之不斷擴大。由此，我們在中國歷史上看到一個最基本的現象：凡治理版圖擴大的時代，如漢代、隋唐、元明清，恰恰是內陸核心的郡縣制比較健全有效的時代，從而有能力對邊疆實施“一國多制”的封建模式。這種治理模式在清代發展出“內—疆—外”的“一國多制”格局。費孝通先生將儒家傳統的倫理原則概括為“差序格局”，而這種差序格局與中心與邊緣之間的“一國多制”格局形成了重疊和同構。

從表面上看，中國的封建體制與羅馬共和國、大英帝國一樣都遵循差異原則。但二者在精神實質上有兩個根本不同。其一，西方的這種差異性是基於種族建立起來的，而且這種差異性包含著強烈的斷裂性和對立性。由此，“西方中心主義”背後具有強烈的“種族中心主義”色彩。希羅多德在《歷史》中描述了眾多的種族在希臘世界中展現出的差異性和優越性，18 世紀以來希羅多德、塔西佗等歷史學著作的再發現，以及由此興起的語言學、文獻學和種族文化考古學，不僅要服務於以種族／民族為核心的“想象共同體”的建構，而且要服務於種族優越性的證明。由此，儘管現代民族主義思想力圖用“文化民族主義”來沖淡種族的因素，但不可否認的是，在西方民族主義的背後具有強烈的種族主義的因素。相比較之下，中國封建結構中的差異性並非基於種族身份，而是基於禮儀教化之類的文明化程度，因此這種差異性不具有不可變更的斷裂性和對立性，從而保持了"差序格局"的連續性，內與外、私與公、敵與我都是相對的、臨時性的和可改變的。"蠻夷之地"通過教化完全可以變為"禮儀之邦"，而"禮儀之邦"也完全有可能陷入"禮崩樂壞"。在這種"夷""夏"之間的流變背後，並不存在根本的二元對立，而是一種從中心向邊緣四溢的差距格局下的多元結構。在這種背景上，即使出現內外關係和敵我關係也都是政治性的，是隨環境變化而改變的，並不存在生存論意義上的根本不可改變的敵對關係。

其二，西方政治中基於種族主義而形成難以消解的內與外、主人與奴隸、文明與野蠻、高貴民族與劣等民族的二元論，而要消除這種二元對立帶來的緊張關係，必然形成擴張和侵略，對"他者"進行改造、同化或消滅的衝突，從而使西方文明表現出極其強烈的擴張性和侵略性，由此往往引起宗教迫害、種族大屠殺、財富掠奪的戰爭和文明的征服。目前美國為首的西方文明在全世界推廣其自由、民主和人權的價值觀和政治體制，由此掀起"和平演變"、"顏色革命"、甚至發動科索沃戰爭、阿富汗戰爭和伊拉克戰爭，不僅是出於地緣政治的現實利益考慮，而且是西方文明自身的二元緊張和擴張本性使然，它不過是現代版的"十字軍東征"。相比之下，中國文明更強調差序格局中"中心"與"邊緣"之間的互惠關係，以及"中心"對"邊緣"的道義責任。中國歷史上從來沒有"異教"的概念，甚至沒有"種族"概念。中國文明中不僅儒釋道三教和諧共處，而且與伊斯蘭教和基督教之間也能和平共處。由此，西方憲政之所以特別強調"寬容"和"言論自由"，是由於極端一神教背景下出現的對異端的迫害，而在中國歷史上從來沒有這樣的問題，沒有對異端的迫害，也就沒有必要強調"寬容"，已實現了良知自由，就無需強調"言論自由"。所以我們今天對西方憲政的這些基本理念也就缺乏相應的體會。

這兩點差異都源於儒家思想，因為儒家文化所理解的"天下大同"並非一個普遍均質性的全球帝國，而是"和而不同"，是包含了差異性的和平共處，而這種差異性是文化主義的，而非種族主義的。面對這種教化差異，儒家採取的是“王者不治夷狄”的原則，因此儒家文化本身沒有擴張性，不會像新教—英美—德意志帝國那樣藉助軍事和商業力量進行傳教。由此，儒家思想中對差異性的強調並沒有形成二元對立所導致的種族壓迫和文化歧視，反而以一種寬容的心態尊重少數民族及其文化，由此更強調主流文化或多數民族對邊緣文化或少數民族的道德責任。由此，中國共產黨對待邊疆少數民族的立場，其實是繼承了儒家傳統中的立場。因此歷代王朝對邊疆進行的軍事征服是出於政治安全的需要，而不是以掠奪財富（如大英帝國）、擴展統治疆土（如羅馬帝國）或推廣文化價值（如美國）為內在動力。一旦邊疆安定之後，中央在對邊疆的治理中就包含著提高其政治、經濟和文化的發展水平，造福於邊疆少數民族的仁政。也是由於這個原因，中國歷史上對東南亞少有軍事征服，因為南部邊疆對中原幾乎沒有構成安全威脅，鄭和下西洋與西方發現東方有著完全不同的文化意義。（參見第四章）而這正是儒家所強調的禮治和德治的核心思想所在，即強調尊卑、長幼、上下、中心與邊緣之間的互惠關係和道德責任。這也是中國文明被稱之為儒教文明，從而區別於西方基督教文明的根本所在。

如果我們以這種真正的“大歷史”眼光來看待鄧小平提出的“一國兩制”，那麼其精神實質不僅恢復了中國古典的封建政治原則，而且重新激活了儒家的政治理想。在那次對鍾士元等人的著名談話中，鄧小平不僅強調中央信守諾言的古典政治傳統，而且特別強調了內地的社會主義與香港的資本主義是中心與邊緣的關係：

> 中國的主體必須是社會主義，但允許國內某些區域實行資本主義制度，比如香港、臺灣。大陸開放一些城市，允許一些外資進入，這是作為社會主義經濟的補充，有利於社會主義社會生產力的發展。
>
> 主體是很大的主體，社會主義是在十億人口地區的社會主義，這是個前提，沒有這些是不行的。[15]

15　鄧小平：《一個國家，兩種制度》，《鄧小平同志會見英國首相撒切爾夫人時的談話》，載《鄧小平論“一國兩制”》，香港：三聯書店（香港）有限公司 2004 年版，第 12、39 頁。

一旦明白了內地社會主義與香港資本主義的中心與邊緣、主體與補充的關係，鍾士元們也就不再擔心中央會改變香港的資本主義制度。可見，真正能夠使鍾士元這一代人心悅誠服地接受"一國兩制"構想的，不僅僅是中央的改革開放政策、實事求是的認識論原則及以人民利益為依歸的政治哲學思想，而且是體現了儒家政治理念的邊疆治理思路。正是在這樣的背景上，我們才能理解為什麼中央對香港回歸採取了如此慷慨的政策，不派一個官，不收一分稅，連駐軍費用也由中央財政負擔，甚至中央政府駐港辦事機構（如香港中聯辦）在香港的辦公用地也要由中央政府在香港市場上購買。因為鄧小平堅信在這種主體與補充的關係格局中，內地主體的發展不像英國的發展那樣依賴對殖民地的資源榨取，而要"靠自力更生"，邊緣僅僅起到一個補充作用：

> 中國的根基在大陸，不在臺灣，不在香港。四化建設，香港出了點力。以後出力更小也有可能，但我們不希望小。中國的建設不能依靠'統一'來搞，主要靠自力更生為主。所以，香港也好，臺灣也好，不要擔心統一以後大陸會向你們伸手，不會的。[16]
>
> 到了五十年以後，大陸發展起來了，那時還會小裏小氣地處理這些問題嗎？所以不要擔心變，變不了。[17]

也正是在這種中心與邊緣、主體與補充的關係格局中，維護和捍衛中心的主體地位就成為保證邊緣相對獨立且由中心向邊緣承擔道德責任的前提條件。而在"一國兩制"問題上，要維持香港的資本主義不變，前提就是維持內地的中國共產黨領導社會主義制度不變。對此，鄧小平特別指出：

> 我們對香港、澳門、臺灣的政策，也是在國家主體堅持四項基本

16　轉引自齊鵬飛：《鄧小平與香港回歸》，北京：華夏出版社 2004 年版，第 182 頁。

17　鄧小平：《保持香港的繁榮和穩定》，1984 年 10 月 3 日，載《鄧小平文選（第 3 卷）》，北京：人民出版社 1994 年版，第 17-18 頁。

原則的基礎上制定的，沒有中國共產黨，沒有中國的社會主義，誰能夠制定這樣的政策？沒有哪個人有這個膽識，哪一個黨派都不行。你們看我這個講法對不對？沒有一點膽略是不行的。這個膽略是要有基礎的，這就是社會主義制度，是共產黨領導下的社會主義中國。我們搞的是有中國特色的社會主義，所以才制定"一國兩制"的政策，才可以允許兩種制度存在。……忽略了四項基本原則，這也是帶有片面性嘛！看中國的政策變不變，也要看這方面變不變。老實說，如果這方面變了，也就沒有香港的繁榮和穩定。要保持香港五十年繁榮和穩定，五十年以後也繁榮和穩定，就要保持中國共產黨領導下的社會主義制度。[18]

　　鄧小平的這一思路後來被發展為"河水不犯井水"，而這裏所謂的"互不侵犯"實際上就體現了儒家"和而不同"的思想。這種中心與邊緣、主體與補充、多數與少數、內陸與邊疆的關係，恰恰貫穿了類似長幼有序、尊卑有別的儒家倫理的差序格局原則，它也同樣是國家所遵循的政治倫理原則：邊疆服從中央的主權權威，中央承擔起邊疆安全與發展的政治責任。這樣差序格局的政治倫理關係不是羅馬帝國、民族國家或大英帝國所遵循的內部平等原則和對外征服或榨取原則，因為儒家文化沒有種族主義的、具有斷裂性和敵對性的內外之分，而是相信"天下一家"、"天下大同"和"四海之內皆兄弟"。因此，"中國"既不是羅馬式帝國，也不是英國式的帝國，它也不符合西方左派所描述的"全球帝國"結構的原則。它既不是西方意義上的國家，也不是西方意義上的帝國，而它體現的恰恰是"中國"這個概念本身具有的含義，即一套處理中心與邊緣的主從格局中的倫理關係。不少國內學者都已經注意到中國古典政制的這種獨特性，汪暉為我們展現了晚清中華帝國的豐富內涵，而趙汀陽、吳增定則直接稱之為"天下體系"。在我看來，這恰恰是"中國"這個概念的本來含義，"中央之國"乃是"中正之國"、"中庸之國"，"中"意味著不偏不倚，

18　鄧小平：《會見香港特別行政區基本法起草委員會委員時的講話》，1987 年 4 月 16 日，載《黨和國家領導人關於港澳問題的重要講話》，北京：中國民主法制出版社 2011 年版，第 41 頁。

不歪不斜，從而成為裁斷萬物的尺度，從而也能包容因偏倚歪斜而產生的色彩斑斕的多元主義文化秩序。我們可以把這一套天下秩序稱之為"中華體系"，即按照儒家倫理原則來處理生存意義上的天道自然秩序、個體心靈秩序和社會倫理秩序，處理政治意義上的統治與服從秩序、中央與地方秩序、內地與邊疆秩序、多數民族與少數民族的秩序和多數階級與少數階級的秩序。因此，"中國"就意味著一整套倫理原則和政治原則，它是一套政治哲學思想，也是一種政治組織體系，更是由此塑造的一套生活方式和文明形態。"中國"不僅是一個歷史概念、文化概念和法律概念，而且是一個政治哲學概念，由此是一種完全不同於西方國家的、特殊的政治共同體或命運共同體。"中國"概念實際上凝聚了中華文明的關於生活倫理秩序和政治秩序的全部思考。

白魯恂（Lucian W. Pye）曾經說過，"中國是佯裝成國家的文明"，這恰恰證明"中國"的精神氣質是不能用現代民族國家的理論來思考的，它不是單純的法律組織，而是一種文明秩序。鄧小平提出的"一國兩制"思想恰恰是在民族國家的概念框架中，恢復了對中華文明的政治想象：

> "一國兩制"的"中國"指的不僅僅是世界大多數其他國家所認可的中華人民共和國，而且差不多指西方列強和日本開始侵蝕之前的歷史書上和地理書上那個更大的中國。……在此，中國的定義不同於西方的民族國家概念，而是大約相當於一個文明的文化邊界，或者漢族最大範圍地對少數民族人口進行控制的古代帝國的鬆散邊疆。[19]

由此我們才能理解，香港回歸以來關於香港居民權、"人大釋法"、"23條立法"和香港政制發展等一系列困擾著"一國兩制"的問題，實際上反映出"古典中國"與"現代國家"、"文明國家"與"民族國家"之間的張力，是如何把一個"文明國家"的政治內容裝在一個"民族國家"的法律容器中所面臨的難題，或者是如何在"國家"的框架內來展現這個

19　Dick Wilson 語，轉引自《過渡期的香港》，香港：一國兩制研究中心 1993 年版，第 68 頁。

與眾不同的“中國”的難題。

　　然而，正是在這種矛盾當中，香港“一國兩制”為中華文明在主權國家時代的復興提供了有益的刺激和動力。中央治港思路也需要在“封建”與“郡縣”、政治治理與法律治理之間不斷調適自己的航向。而在這一過程中，我們必須思考一個問題：所謂中華民族的偉大復興究竟在“復興”什麼？是秦帝國的格局，而是大清帝國的格局？是法家思想主導，還是儒家思想主導？這些古典傳統如何與現代的社會主義傳統和自由主義傳統相融合？我們究竟需要什麼樣的“中國”？我們究竟需要什麼樣的“天下”？中華文明的復興究竟給人類貢獻怎樣的生活方式和倫理典範？由此可見，處理香港問題並不只是在處理發生在香港的問題，更是在處理中華文明復興中最為核心的問題。一如當年柏克所言，“一個偉大的帝國，一群渺小的心靈，是很不般配的。……我們就應當將自己的心靈，拔擢於崇高的境界，以無負上天命我們接受的委託。”[20] 2003 年以來，中央不斷調整治港思路，強調要解放思想，特別是十八大以來，中央治港提出一系列新理念、新思路和新舉措，將“一國兩制”放在中華民族源遠流長的歷史中，強調“一國兩制”方針“不會變、不動搖；不走樣、不變形”，其關鍵在於要像柏克所說的，“拔擢於崇高的境界”，而這個境界就是要將“一國兩制”的政治想象力恢復到建構中華體系和中華文明秩序的崇高境界。

　　正是在這個崇高的境界中，我們才能對“一國兩制”這種憲制秩序安排背後關於人心秩序的安排有著深刻的認識。我們必須明白，香港人“恐共”、“拒共”的基本民情和“抗拒回歸”的心態固然是由大英帝國的文化政治的手法所塑造的，但也不能不承認香港的悲情是由內地一手造成的，香港人的愛國熱情是被內地政策一次又一次的失誤所消磨的。香港人的身份認同也是在無家可歸的情況下，被迫為自己尋找安頓心靈的家園。鄧小平之所以提出“一國兩制”思想，不僅是看到了兩地制度的不同，而且看到了兩地身份認同的差異和歷史造成的人心隔膜。因此“一國兩制”這種獨特的文明秩序構造恰恰包含了對香港的歷史、香港人的身份認同、

20 〔英〕愛德蒙·柏克：《美洲三書》，繆哲選譯，北京：商務印書館 2003 年版。

香港人的內心感受最深層次的尊重。中央保留盡可能少的權力，給香港賦予最大程度的自治空間，目的是要給香港人一個心理療傷的空間；而"一國兩制"五十年不變，也是為了給香港人自我調適的時間。"五十年之後不需要變了"，小平的這句話往往被香港的"民主派"理解為五十年之後內地變成了香港的資本主義制度，這其實不過是"歷史終結"背景下"顏色革命"的思路，而看不到中國正在走出一條自己獨特的現代化道路，歷史並不會終結，也不可能終結，中華民族偉大復興就是要恢復到本來就具有的"走自己的路"的自信。小平之所以是偉大的政治家，就是他看到了中華民族偉大復興的遙遠未來，看到政治中更為深層、更為根本的東西是人心秩序，而非簡單的制度安排。在小平的內心中，五十年之後，香港人的"悲情"消失了，香港人對內地的隔閡和對立和解了，人心回歸實現了，真正的"一國"建構完成了，那還需要變什麼？然而，爭取人心回歸，需要的是時間，五十年可是幾代人的更替。中央治理香港的最高境界就是爭取早日實現香港的"人心回歸"。面對香港人心中對"一國兩制"五十年之後是否會變的擔憂，習近平主席在香港回歸25週年之際鄭重宣佈"一國兩制"是一個"好制度，沒有任何理由改變，必須長期堅持"。這無疑是對"一國兩制"理念的發揚光大。

七、尾聲：回望中國的大歷史

> 臺灣、香港、澳門與大陸的分合，是中國大歷史未來發展的重大課題。人類之行動在大範圍內展開，只循著若干因果關係，不能由各個人意願左右，更難因著他道德上的希望而遷就。[21]

歷史學家黃仁宇從"大歷史"的眼光來綜論中西古今，可多少給人以歷史決定論的"命定"感覺。而這個"命定"的要素就是他反復強調的"數字化管理"（mathematically manageable）。由此，他認為"一國兩制"產生於數字管理的歧義，並沒有什麼特別的地方，而是在人類歷史上隨處可見的現象。比如元朝實現南北分治，在稅收問題上華北採取租庸調制，華南實行兩稅制。美國在奴隸制問題上實現南北兩制，17 世紀的英國採取普通法和衡平法兩制制度，荷蘭國民曾採取聯邦制等等。

如果討論財政收稅之類的經濟問題，數字化管理的確能夠說明問題，可一旦深入到政治和文化領域，這個概念就多少顯得力不從心。和平解放西藏的"十七條協議"和解決香港問題的"一國兩制"，無論是與美國在奴隸制問題上的南北兩制或英國的普通法和衡平法兩制相比，還是與中國元朝稅收的南北分治相比，表面上雖有類似的地方，但根本上沒有任何可比性。在技術層面上看到的這種表面上的一致性，恰恰抹殺了其內在的政治和文化意義上的根本差異。由此我們要追問的是，究竟"什麼是歷史"？"大歷史"之"大"究竟是意味著什麼？所謂"數字化管理"的宿命論無非是把人類歷史理解為類似財政、經濟問題的"治理史"，在這個過程中，人不過是編制在"數字化管理"的理性化進程中，成為這種歷史命運的玩偶。

黃仁宇的"數字化管理"概念來自於韋伯。韋伯在探討經濟領域的理

21　黃仁宇：《中國大歷史》，北京：生活・讀書・新知三聯書店 2002 年版。

性化進程中，特別強調"形式理性法"（formal rational law）和金融、會計和公司等技術所提供的目的與手段之間的理性計算。這些概念被黃仁宇概稱為"數字化管理"。可在韋伯的"數字化管理"的背後，是清教徒在服從"天職"（calling）的新教倫理，是以一種徹底的理性化態度來面對上帝所主宰的深不可測的彼岸世界。因此"數字化管理"意味著一個徹底的自由人在不完美的此岸世界中如何追求彼岸世界之完美的倫理努力。與此相對照，在韋伯看來，中國的儒教既沒有這種此岸世界和彼岸世界的張力，甚至肯定了道教中的巫術成分，由此中國的宗教依然處在民間信仰的層面，沒有經過徹底的理性化或沒有發展到基督教的理性化層次上。在韋伯關於宗教社會學的論述中，我們可以隱隱約約看到黑格爾《歷史哲學》中的影子。黑格爾把中國置於絕對理性展開的普遍歷史的最低點上，而把德意志置於普遍歷史發展的最高點或終結點上；韋伯則把實質化的儒教和道教看作低級的民間信仰，而把徹底理性化或形式化的基督教置於宗教發展的最高點上。由此看來，黃仁宇借用韋伯的"數字化管理"概念來縱論古今，不僅忽略了韋伯關注的社會理性化與倫理理性化的張力，而且自覺不自覺地接受了韋伯在"數字化管理"概念背後所隱含的關於世界文明（宗教）發展的歷史命運。因此，黃仁宇採取這種基於"價值不涉"的社會科學方法來研究中國歷史，實際上接受了現代西方社會科學中隱含的價值排序，在客觀上強化西方世界征服中國的命定必然性和正當性。

如果以這種眼光看"一國兩制"，顯然看不出"一國兩制"有什麼獨特的政治貢獻，更難以理解隱藏在"一國兩制"背後的一套對於天道、人倫的完整看法及其對於中國人命運所具有的政治意義。而正是這種看法超越了"數字化管理"的客觀命運，展現了歷史真正的面向——即人面對命運所展現出來的精神品質和生存風格以及由此創造的人類文明，而這一切才真正構成了歷史的"大"。因此，要真正理解"一國兩制"對於人類文明的意義，還得超越"數字化管理"概念，真正用"大"歷史的眼光來審視現代政治的歷程與人類文明的發展。這種"大"不僅體現在超越國家治理邊界來思考全球秩序理想，而且體現在越出理性計算和"數字化治理"的邊界來思考文化、倫理與人心問題。"一國兩制"之所以是一個偉大的創舉，實際上包含著對"人之自然"(human nature) 的最深層次的政治哲學思考。

如果從中國哲學傳統看，人並非如霍布斯所說的那樣僅僅是擔心暴死的利益計算動物，社會也並非如羅爾斯假設的那樣是"無知之幕"下理性計算所達成的契約組織。人作為宇宙自然的一分子，是被賦予了仁愛之心和向善之心的有情生命，是具有情感認同和意義認同的生命。正是這種仁愛之心和向善之心奠定了個人、家庭、社會、國家和天下的根本，而家庭則是展現這種仁愛之心和利他向善之心的最小的社會細胞，社會、國家和天下不過是按照"老吾老及人之老"、"幼吾幼及人之幼"這種"推己及人"的原則形成的。因此，國家和天下邊界不是理性建構所設定的，也不是基於種族的先天因素所確立的，而是人們在日常生活交往中形成的這種自然情感所能波及的範圍。"中華民族"也不單單是人為建構的概念，而實際上是漢族和各少數民族在長期歷史中情感互動結果的概念昇華，其中固然有戰爭、衝突、仇恨和分裂，但更多的是在通婚、貿易、生產、相互幫助、共同抗敵的過程中形成的情感共同體和命運共同體。換句話說，國家、民族、天下是在歷史中慢慢演化形成的，時間和歷史才是真正的上帝。

由此，中央的對港政策反復強調尊重香港特定的歷史狀況，並非基於對現實的權宜考慮，而實際上是賦予"歷史"一種特別的正當性價值。歷史是政治正當性的源泉，因為歷史是由這些有情生命所創造的，歷史也為這種有情生命提供了豐富的情感和文化資源。我們經常說，"香港自古以來就是中國的一部分"，這個"自古以來"具有比法律條約更強大的正當性基礎。同樣，我們也經常說，"香港問題是特定歷史造成的"，"要尊重香港歷史"，也包含了對香港人的自我認同和歷史悲情的正當性肯定。因此，在"一國兩制"這種政治秩序的建構中，包含著將人作為在歷史中存在的有情生命的充分尊重和肯定。在港英政府時期，中央全力保證香港的供水和食物供給；香港回歸過程中，又自動承擔起保持香港長期繁榮穩定的政治責任；在形成香港回歸的政策中放棄了對香港收稅，也不要求香港承擔軍費；而香港回歸之後給予香港一系列眾所周知的經濟優惠和政策支持。這一切無私的援助，不是基於理性化的利益計算，而是基於情感和文化的認同，即我們都是"中國人"，我們是歷史上形成的根據自然情感凝聚起來的相互援助的大家庭。中央對香港的無私援助包含著類似家長對子女的情感關懷，其中自然也包含了因曾經的錯誤決策給香港人帶來傷痛的內心歉疚和深刻反省。

把政治秩序建立在人心之上，建立在仁愛之心和利他向善之心這種人類最自然的情感之上，無疑是儒家古典的政治哲學傳統。正是這種傳統不但維持了"中國"本身，而且使得"中國"的邊界在不斷地擴展，"天下"的範圍也越來越大。環顧歷史，羅馬帝國、阿拉伯帝國、土耳其帝國、蒙古帝國、奧匈帝國以及大英帝國等已經煙消雲散了，在民族國家興起的過程中，諸多著名的王朝肢解了，現代蘇聯就在我們的眼前崩潰了，世界帝國美國眼見著走向衰落，而我們中國基本上保留了歷史上的領土、民族和文明的連續性，並將其成功地納入到民族國家的框架中，更不用說新中國建國之後經歷了一個甲子就實現了崛起。無論哪一點，都不能不讓人驚歎此乃人類文明中的奇跡。然而，西方人對中國為什麼能在如此長的歷史上維持如此龐大的帝國並不斷在困頓中崛起、復興感到難以理解，恰恰是因為他們的基督教傳統、理性計算的傳統，使得他們難以理解仁愛本身包含著天地宇宙人心的真諦。在中國人的理念中，國家不過是根據家庭的自然情感原則而凝聚起來的大家庭。"祖國大家庭"、"五十六個兄弟姐妹是一家"、"階級兄弟"、"同胞兄妹"、"血濃於水"等等這些中國共產黨話語中耳熟能詳的詞語，恰恰是將儒家的政治傳統帶入到現代國家建構中。"一國兩制"無疑是建立在儒家傳統之上的政治思考。

如果我們把香港問題、西藏問題乃至臺灣問題放在整個中華文明秩序中來思考，就既能想象出它們之間的共同點，也能想象出它們之間應該存在的差異。同時，我們也能夠看出毛澤東和鄧小平這兩代共和國建國之父們在關於"中國"建構上的內在張力，這實際上是貫穿於中國歷史上的法家與儒家、郡縣與封建以及主權國家與文明國家的內在張力。這種內在張力不是彼此的否定，而是在歷史發展中隨著時勢的變化而交替上升的相互平衡和相互支持，由此才能展現出他們在"中國"建構中的歷史連續性和繼承性。正是由於毛澤東時代對少數民族地區採取了徹底的、有時甚至是激進過火的現代化治理方案，才使得大清帝國主要依賴宗教羈縻的邊疆邊區變成了由國家實實在在直接治理的疆土，從而奠定了民族國家的基石，奠定了中國陸地政治主體的鞏固地位，由此鄧小平才能有足夠的能力和自信採取"寓封建之意於郡縣之中"的改革，在內陸地區展開對地方"放權讓利"的經濟改革，而在臺灣和香港這些邁向海洋的"新邊疆"實行"一國兩制"。而今隨著習近平時代的到來，中國的視野已經從內陸邊疆和海洋邊疆延伸至更廣闊的路上絲綢之路和海上絲綢之路，而粵港澳大灣區的建設並非是想簡單地將港澳整合在內地經濟秩序中，而是希望港澳在內地經濟秩序中獲得更大的力量，利用港澳的獨特優勢，使其成為向東南亞、印度洋和非洲投放商業和經濟力量的"基地"或"跳板"，面對中美全面競爭的大格局，在全球經濟發展戰略上重走"農村包圍城市"的發展道路。如此，一部真正的大歷史的畫卷正在我們眼前徐徐展開。

PART III

第三編

香港憲制秩序轉型：
主權、民主與回歸

第七章

主權與基本法：
"愛國者治港"

　　1977 年，被香港總督任命為"經濟多元化顧問委員會"委員的立法局議員羅德丞開始醞釀一個關於香港前途未來的方案，因為香港經濟發展的多元化需要開發新界的土地，這自然觸及到新界租約問題。香港的前途就這樣提前進入大英帝國政治家的視野，因為新界租約的背後就是 1997 這個對英國人來說"借來的時間，借來的地點"的末日感，而這也是當時港人心目中的"大限"。如果單純從法律上講，"香港島"和"九龍"是割讓，而"新界"則是附有 99 年租期的租借地，到 1997 年 6 月 30 日租期屆滿，這樣"九七大限"涉及到的僅僅是新界，而不涉及港島和九龍。然而，由於新中國不承認三個不平等條約，並就香港問題與英國政府進行了多次內部溝通，以至於英國政府很早就意識到"九七大限"涉及到整個香港的前途。無論對於香港的經濟發展，還是對於英國人在香港的利益，新界都有著無可替代的作用，人們不可能想象一個沒有新界的香港將會是什麼樣子。如果新界租約的問題不解決，問題就自然波及整個香港，不僅經濟發展受限制，而且會陷入到社會和政治動盪。因此，面對快要來臨的"九七大限"，英國政府、中國政府和港英政府府的一舉一動都牽動港人的神經。用林行止先生的話說，"新界租約的陰影像隱疾似地潛伏在人民的內心深處，做季節性地發作。"[1]

1　　林行止：《香港前途問題的設想與事實》，香港：信報有限公司 1984 年版。

一、"九七大限"的"澳門模式"："香港是我家"

其實，羅德丞既不瞭解英國在這個問題上的立場，也不瞭解北京對香港的政策，甚至不瞭解中英兩國在香港問題上爭論的來龍去脈。但作為中國人，他有一點很清楚，那就是如果英國政府向中國提出通過續約的方式繼續租借新界，這必然會激怒中國，因為"不平等條約"代表著中國近代以來淪為半殖民地的屈辱歷史，而以民族獨立解放為使命的新中國從來都不承認不平等條約。因此，他希望能夠繞開新界租約在國際法層面上的主權爭議問題，繼續維持英國人對香港的實際統治。為此，他積極籌劃，諮詢了許多律師和商界精英，向英國政府提出了一份報告，要求港英政府在新界的企業申請延長商業租約時，可以適當跨越 1997 年的租期，尤其要讓華潤集團這樣的中資公司以低價甚至無償的方式從港英政府那裏獲得跨越九七的新界租地合約，因為英資公司若沒有英國政府的擔保肯定不敢簽訂這樣的租約。這樣就可以用不引人注意的商業方式造成九七之後港英繼續在香港統治的事實。這樣既不觸動北京的政治底線，又保留了英國人繼續統治香港的事實。這無疑是一種精明的商業策略，也是一種精明的政治策略。

與此同時，不少人認為英國政府應該借用"澳門模式"來處理香港問題。在歷史上，葡萄牙政府曾經兩次主動要求將澳門還給中國政府。第一次是在 1967 年，當時"文化大革命"的熱潮傳到了澳門，澳門左派愛國力量組織群眾發起反殖民主義和反帝國主義的遊行示威，使得葡萄牙政府的管治幾乎無法維持。在這種情況下，葡萄牙政府向中國政府提出歸還澳門的請求。可當時中央並不準備收回澳門，而且澳門問題從來都是和香港問題連在一起處理的，在這種情況下，雙方進行了秘密談判。中國政府要求葡萄牙繼續維持對澳門的管治，但左派愛國力量在澳門的政治地位得到全面提升並參與到澳門管治中，以至於澳門被香港人稱之為"半個解放區"。第二次是在 1974 年，葡萄牙爆發了所謂的"康乃馨革命"（Carnation Revolution），左翼力量上臺執政，提出廢除殖民地的主張，並把澳門作為第一個要廢除的殖民地。在這種情況下，中葡之間通過官方和民間渠道進行秘密磋商，但此時內地依然處於"文革"中，中國政府還沒有對港澳問題形成完整的方案。因此，中國政府建議葡萄牙暫時維持現狀，但葡萄牙政府卻通過法律文件公開宣佈澳門是"葡萄牙管治下的中國領土"。在這種情況下，中葡兩國在 1979 年正式簽訂秘密協議。協議包括四條內容：一是澳門是中國的領土，中國一直對其擁有主權；二是澳門問題是歷史遺留問題；三是中葡兩國政府在適當時候通過協商解決有關問題；四是在澳門問題解決之前，澳門的現狀維持不變。這四條協議的核心內容是葡萄牙確認澳門主權屬於中國，但在澳門問題正式解決之前，澳門的治權至少在形式上依然屬於葡萄牙。

羅德丞的建議已經放在英國外交部決策層的桌面上，但並沒有引起多少人的興趣，因為這看起來有點離經叛道。和世界上所有的官僚機構一樣，英國外交部在香港問題上的決策也是依照其一貫邏輯作出的。任何一個國家政府的官僚機構，都按照政治和行政管理的邏輯來思考問題，如果沒有相關的法律、政策和政治決策作為依據，英國的外交部門不可能想出這種"偷步"的方案，就像中國的外交部門不可能突然答應葡萄牙政府的請求收回澳門。而此時的港督也大都是出身外交部系統的官員，他們習慣於通過外交談判來解決問題，況且香港問題是一個重大的政治問題，必須從與北京保持良好外交關係的角度來看待。對於這個問題，英國外交部有著一以貫之的思考，他們在羅的報告呈交上來之前，已經開始思考如何選擇適當的時機，與北京提出關於香港未來前途的談判。[2] 不過，中葡關於澳門的秘密協議被英國政府獲悉後，當時英國外交大臣歐文從中受到啟發，認為這是就香港問題與北京展開對話的好時機。港督麥理浩 1979 年的北京之行也是在這個背景下進行的。然而，麥理浩並沒有提出將香港的"主權"歸還中國，而是提出讓英國在九七之後續約的問題，這立刻觸及到"九七大限"這個敏感的政治話題。

對此，有不少人批評英國談判策略的錯誤，認為英國人應該直接提

2　關於羅德丞為香港前途所作的努力，參見 Mark Roberti：《出賣：1997 香港經驗》第 1 章，涂百堅等譯，臺北：勝智文化事業有限公司 1995 年版。

出按照“澳門模式”來解決香港問題，而不應提出新界續約這個敏感問題。在這些人看來，中國剛剛結束“文革”，新的中央領導集體強有力、務實、充滿創新精神、樂於解放思想，這對於香港問題的理性解決非常有利。由於國家的戰略重心轉向經濟發展和現代化建設，這無疑需要良好的國際環境，維持香港穩定和繁榮也符合中英兩國的戰略利益。再從北京對香港政策的一貫立場看，雖然北京主張收回香港，但始終將香港作為解決臺灣問題的示範，且當時收回香港並不是中國的迫切任務。這一切似乎有利於按照“澳門模式”來解決香港問題。他們甚至設想，如果英國方面主動提出將香港的主權歸還中國，那麼很有可能爭取到在更長的時間裏對香港的治權。然而，當英國人將新界的土地租借問題作為談判的出發點時，這無疑觸及主權問題，這意味著中國要給清政府的賣國條約背書，這當然是不可行的。對此，甚至連曾經在香港新華社工作的黃文放也表示：“我曾經跟英國人說：你們要懂得，愈是模糊的、原則的、抽象的、有默契的，往往會更好地解決問題，如果一定要講清楚，只會把中國逼上一條立即收回的道路。英國人的看法不同，他們認為，七九年時是逼使中國低頭的最有利時機。”[3]

　　這樣的說法或許有一定道理。但在這些頗為流行的說法中，實際上隱含著當時香港人對英國人以“主權換治權”來處理香港問題的隱隱期待，隱含著對回歸的心理拒斥。準確地說，他們擔心回歸將改變香港已趨於穩定的生活方式，尤其擔心將內地的社會主義制度搬到香港來。而香港人這種普遍的“恐共”、“拒共”心態實際上是在整個 1970 年代慢慢形成的。雖然延續 1967 年反英抗議運動的精神衝擊，1970 年代初期青年知識分子面對全球格局變化的左翼思考中提出過“回歸”這個政治辯論主題（參見第二、三章），但相對於從內地因饑荒一波一波逃難或移民香港的“沉默的大多數”而言，他們能在香港“搵食”，養家糊口，就已經足夠了。由此，我們在年輕一代關注的思想價值與上一代人關注的日常生活之間發生了斷裂，而在這種斷裂中我們恰恰可以探尋到社會運行的內在法則，以至

3　黃文放：《中國對香港恢復行使主權的決策歷程與執行》，香港：浸會大學 1997 年版，第 9 頁。

於整個 1970 年代，香港上演了一部多聲部的複調樂章，而構成主線的則是香港社會民情的根本性轉向和香港人身份認同和本土文化的形成。

我們首先要關注的是香港的經濟變化，它是整個社會關係和文化觀念演變的物質基礎。香港曾經因為"難民社會"所積累的階級矛盾而引發了六七抗議運動，而在這種階級矛盾的背後恰恰是從內地融入香港的資本、技術和勞動力推動本地製造業的興起。這在 1970 年代趕上了西方世界產業技術升級導致廉價勞動力密集型的產業向外轉移，在冷戰背景下，這種轉移就自然推進到圍繞中國海岸的"第一島鏈"，由此推動韓國、中國臺灣、中國香港和新加坡成為後來著名的"亞洲四小龍"。雖然"亞洲四小龍"的輝煌還要等待中國內地改革開放釋放出巨大市場的 1980 年代，但在 1970 年代它們憑藉地緣優勢已經蓄勢待發。一句話，香港已經從 1960 年代的"難民社會"轉向了 1970 年代發財機會向所有人開放的"中產社會"，"炒股"已經進入到香港人的日常生活，國際貿易中心、航海中心和金融中心已經初具規模。後來香港社會學研究將香港人描述為"冷感的經濟動物"其實是以香港市民人人做發財夢的日常經濟生活為依據的。這種經濟變化也必然推動社會生活的變化，而推動這種巨大變化的刺激因素就是電視的普及以及由此帶來的大眾娛樂文化的興起，粵語電影電視劇、粵語歌曲和粵語大眾文化迅速發展起來。大眾文化必然面向普羅大眾、面向普通香港市民，必然討論他們所關心的社會問題。因此，不同於校園大學生關注的"回歸"宏大理論敘事，無論是許氏兄弟的喜劇片還是各種流行武俠片，無不打上"香港"自身的烙印，彰顯與內地、與西方不同但又交織在一起的各種喜怒哀樂。這種大眾文化反過來塑造了"香港"這樣一個特殊的本土社會文化場景，高密度的城市建築、繁華的商業街道、坡坎樓梯天橋構築的道路、長洲離島、鳳凰山與大嶼山、黑社會與舞獅表演、吊死鬼和燒冥錢等等，構成"香港是我家"的文化空間。

雖然在精英文化中英語依然佔據主導地位，但粵語歌曲和電影的興起，讓香港人第一次感受到粵語的魅力，在本土大眾文化中獲得了自我認同和優越意識。這種本土意識推動香港年輕一代的"社會派"從關心祖國、民族這些宏大話題轉向關注香港本土社會問題。而這種自下而上關注本土問題的推動恰恰與"麥理浩治港"自上而下的社會治理形成有效的互動。曾經只有香港高等華人藉助英文與殖民者形成勾結，而社會大眾與殖民者之間處於"互不存在"的狀態，而現在香港社會下層與殖民政府之間也發生了緊密的關聯。麥理浩治港的精髓就是讓香港社會在冷戰衝擊的背景下穩定下來並安居樂業，讓港英政府從一個單純的殖民政府變成一個面向香港市民並對香港市民負責任的政府。其中最重要的就是公務員隊伍改革和廉政公署的成立產生了前所未有的對市民負責的廉潔政府。（參加第二章）港英政府雖然是一個外在的殖民政府，但已經深深地嵌入到香港社會中，嵌入到香港本土社會的構建之中。然而，在香港本土社會的形成中，內地始終是一個潛在在場的塑造者。曾經的內地移民在香港穩定下來成為了"香港人"，以至於 1970 年代中後期內地來港的新移民在這些老移民"香港人"眼中，就成了愚昧、土氣的"阿燦"形象。內地的革命動盪、經濟蕭條作為一個巨大的背景，襯托出香港安居樂業、市場繁榮的景象。由此，晚清以來基於反抗外來殖民的國家主義與民族主義敘述建構起來的內地與香港之間的中心與邊緣關係就被顛倒了，香港與內地關係反而被建構為本土與外來、都市與鄉土、開放與封閉、開化與愚昧、現代與傳統。在整個世界面向現代化的歷史潮流中，香港再一次成為中國邁向現代化的典範，再次成為"睜眼看世界"的窗口，這似乎成為一個輪迴。與此同時，隨著"文革"結束，在政治上清算林彪和四人幫集團，曾經主張"認識祖國"的"國粹派"的話語也喪失了意義。1970 年代香港左翼提出的"回歸"主題不僅變成海外華人"尋根"的文化回歸的主題，而且在 1980 年代因回應中英談判而變成了"民主回歸"的潮流。

唯有在時勢變遷的大背景下，我們才能理解香港人當時面對"九七大限"的複雜矛盾心情，甚至在香港語境中提出"九七大限"這個名字就包含著無奈甚至絕望的心態。從晚清以來，經歷了漫長的民族國家建構，國家意識和民族意識已經取代了王朝政治，成為中國人身份認同的共同基礎。（參見第五章）在這種背景下，無論香港的本土文化如何發展，它始終是中國文化的一部分；無論香港人的身份認同有多強，但它始終無法否認自己依然是中國人；無論香港精英如何構築本土主義敘述，但香港既不是政治上的實體也不是主體；無論香港如何強調自己的現代性與世界性，它始終是中國與西方關係的鏡像。因此，如果讓香港人公開主張拒絕回歸，作為秉承愛國主義傳統的中國人，誰也不會說出口，也不敢說出口，因為 "國家"、"主權"、"愛國" 這些概念已經成為香港人身份認同的有機組成部分。然而，在其內心中，許多人或許寧願當 "亡國奴"，也不願意接受內地特殊時期的極左僵化體制。即使是那些擁護中國共產黨的香港左派，"說老實話也擔心害怕得要命，害怕收回香港後，共產黨也像管大陸一樣管理香港，也像大陸一樣老搞政治運動。"[4] 這個心態使得他們始終處於 "漂泊" 狀態，香港僅僅是他們臨時喘息的港灣，他們與南洋、北美、澳洲等地的海外華人連成一片，一有風吹草動就隨時準備逃離香港。然而，香港人一旦撤資外逃，香港的經濟繁榮就難以保證，而這恰恰是改革開放之後急於藉助香港這個 "通道" 來吸引海外資金、技術和管理來推動內地現代化建設的中央政府所不願意看到的景象。

　　香港局部變化乃是世界格局變化的縮影，也是冷戰格局變遷的縮影。從延安時期到中蘇論戰，中國共產黨始終在摸索一條符合中國國情的現代化道路。在全球資本主義的世界帝國體系中，像中國這樣的後發達國家試圖崛起，必須重複發達工業化國家曾經所走的 "重商主義" 的道路，而計劃經濟體制實際上就是脫離資本體系而走向一條更為激進的 "重工主義" 道路，因此 "現代化" 就被壓縮為 "工業化"，在冷戰中更是走向重工業和軍事工業的道路。當香港通過商業市場貿易獲得表面的繁華時，內地在原始積累導致的貧困中建立起整個現代工業體系，這就變成我們今天所熟知的推動中國崛起的最強大的產業鏈後盾。當香港人基於本土文化的形成而確立自我身份認同的時候，內地的中國人卻始終將整個世界作為自身想象的舞臺。在中蘇論戰導致中蘇分裂交惡的時候，中國依賴強大的革命精神同時對抗蘇聯和美國兩個世界上最大的霸權體系，建構了 "第三世界" 的全球政治空間。正是在 "冷戰" 中從 "兩大陣營" 向 "三個世界" 體系的過渡，中國真正獲得了國際政治中的獨立地位，這也奠定了 1971 年中

4　這是 80 年代初香港工聯會主席楊光向北京高層坦誠反映他們對香港回歸的看法，參見鐵竹偉：《廖承志傳》，北京：人民出版社 2008 年版，第 593 頁。

美建交的基礎，從而在地緣政治上成為結束冷戰的先聲。1970 年代香港經濟起飛和本土文化形成，恰恰與中美建交的大背景聯繫在一起，此時內地的 "文化大革命" 有所收斂，與西方的貿易已經逐漸開啟直至 1978 年的改革開放。

在這樣的國際格局和地緣變化中，以 1979 年的對越自衛反擊戰為標誌，中國與西方世界聯合起來對抗蘇聯霸權，減輕中國北方大陸邊境的軍事壓力，從南方面向海洋世界打開了通往世界的大門。因為中國的加入，冷戰的天平迅速向西方世界傾斜。而中美關係的緩和，為解決臺灣問題提供了機會。事實上，從 1949 年毛澤東和米高揚的談話中，就可以看到中國共產黨高層領袖把臺灣問題是放在中美關係格局中來思考的。新中國成立之後，美國對國民黨政權的支持降到了最低點，毛澤東意識到這是武力解決臺灣問題的最好時機。然而由於金門戰役的失利以及隨之而來的朝鮮戰爭和美蘇關係從二戰後的合作逐漸走向 "冷戰"，整個世界格局發生了微妙的變化。毛澤東意識到臺灣問題變成了需要長期解決的問題。在這個過程中，北京能做的反而是採取金門炮戰的遊戲，幫助蔣介石維持國民黨政權在臺灣的統治，避免臺灣落入美國人的手中。而在 1978 年中美談判恢復建交的過程中，鄧小平從整個全球格局中看到了社會主義和資本主義兩種敵對力量之間和平共處的希望，也看到了解決臺灣問題的機緣。他在 1978 年的一系列談話中，反復提出在 "考慮臺灣特殊情況"、"尊重臺灣的現實"，以及 "保持某些制度不變" 的前提下實現臺灣回歸和祖國統一。這種構想後來集中在 1979 年 9 月 30 日，全國人大委員會葉劍英對新華社記者發表談話，公開提出和平統一的 "九條建議"（即 "葉九條"），其精神實質就是鄧小平提出的 "一國兩制"。可以說，在這個時候，香港問題還不在中央領導人的決策視野中。

1979 年港督麥理浩訪問北京，直接向鄧小平提出新界租約問題，認為如果中國允許港英政府發出跨過 1997 年的商業租約的話，將使投資者對香港的前途充滿信心。鄧小平敏銳地意識到了問題的實質，明確表示不同意麥理浩提出的在 1997 年 6 月後新界仍由英國管理的意見，並指出："我們歷來認為，香港主權屬於中華人民共和國，但香港又有它的特殊地位。香港是中國的一部分，這個問題本身不能討論。但可以肯定的一點，就是即使到了一九九七年解決這個問題時，我們也會尊重香港的特殊地位。現在人們擔心的，是在香港繼續投資靠不靠得住。這一點，中國政府可以明確地告訴你，告訴英國政府，即使那時作出某種政治解決，也不會傷害繼續投資人的利益。請投資的人放心，這是一個長期的政策。……在本世紀和下世紀初相當長的時期內，香港還可以搞它的資本主義，我們搞我們的社會主義。就是到一九九七年香港政治地位改變了，也不影響他們的投資利益。"[5] 可以說，這是中英兩國在香港回歸問題上的正式交鋒。在此之前，北京雖然對香港的政治立場是明確的，但對於九七之後的具體治理只有一些模糊的概念，最多是按照經濟思路繼續搞資本主義，"讓投資者放心"，這無疑是當時改革開放思路的自然延伸。

然而，即使在當時的北京，也有兩種看法。一種是中國收回香港，另一種是繼續維持現狀。因此，鄧小平對麥理浩也說香港的未來無非有兩種情況，一種收回，一種繼續維持。[6] 麥理浩訪問之後，英國政府正式向北京提交了一份關於新界土地契約問題的備忘錄，提出取消新界土地租約不能超過九七的限制，突破九七之後港督不能再管理新界的限制，為此英國打算通過一項香港土地租約的法律。備忘錄中還特別表示，這純粹是為了解決香港法律問題，不會侵害中國對香港的立場。這樣的主張無疑不能獲得北京同意。後來，英國人又把這份備忘錄的內容具體化為兩個建議。一個方案是九七之前新界租約期滿後，新界列入中國的經濟特區，由中英雙方組成的聯合董事會共同管理；另一個方案是新界租約期滿後，和九龍、港島作為一個整體，再與中國簽訂一個新的租約，租期大約為 35 年。[7] 正是 1979 年麥理浩訪京提出新界租約問題，使中國領導人意識到香港問題已經提上了議事日程。鄧小平隨即要求中央儘快組織力量研究解決香港問題。在臺灣問題暫時不能獲得有效解決的情況下，解決香港問題就成為解

5　中共中央文獻研究室編：《鄧小平年譜（1975-1997）》（上），北京：中央文獻出版社 2004 年版，第500-501 頁。

6　黃文放：《中國對香港恢復行使主權的決策歷程與執行》，香港：浸會大學 1997 年版。

7　李後：《回歸的歷程》，香港：三聯書店（香港）有限公司 1997 年版，第 68-69 頁。

決臺灣問題的範例。具體負責落實鄧小平"一國兩制"構想的廖承志既是中央對臺工作領導小組的副組長，又擔任了港澳辦主任，具體負責落實中央的港澳政策。他在完成和平統一臺灣的"九條建議"後，接著負責起草中央解決香港問題的方針政策，於是"葉九條"就發展為中央解決香港問題的"十二條政策"。這樣決策的這種轉變無疑不利於英國人繼續維持在香港的統治，以至於不少香港人批評英國政府從土地租約問題入手談香港問題是一個巨大的戰略錯誤，甚至認為英國人若採取"澳門模式"解決香港問題，香港的前途可能又是另外一幅景象。

二、"主權換治權"：馬島之戰的香港想象

　　英國人之所以選擇新界土地租約作為談判的入手點，是為了在法律上延長其在香港的權利，至少可以延長其治權。英國是一個法治國家，香港是一個法治社會，如果沒有明確的延長英國治權的締約，不僅英國人不能接受，香港人也不能接受。因為香港、澳門問題是基於"國際條約"而產生的，"澳門模式"之所以可行是因為葡萄牙提前放棄了"國際條約"中的權利，而香港問題的困難在於英國人認為，新界屬於"租借"，港島和九龍則屬於"割讓"，"主權"屬於英國。因此，在英國人看來，只有在"三個條約有效論"的前提下，在英國擁有對港島和九龍主權的前提下，才能討論將"主權"交還中國，然後換來延長對香港的治權。這個思路就被稱之為"以主權換治權"，這個立論的法理基礎恰恰是要承認英國擁有香港的主權。這就意味著中國政府不僅要承認三個條約有效，而且要重新締約以延長英國管治香港的租約。這顯然是中國政府難以做到的。可見，用"澳門模式"解決香港問題的說法，要麼是不瞭解英國政府構思的法理邏輯，要麼是希望中國稀裏糊塗承認三個不平等條約並延長新界租約。

　　雖然從 1972 年香港、澳門被剔除出非殖民地化的名單之後，英國政府就已經確認了香港回歸中國的命運。然而隨著冷戰的天平向西方傾斜，西方世界的保守主義勢力強勁崛起，美國的里根和英國的撒切爾夫人成為典型的代表，他們在經濟上擺脫凱恩斯主義，重新激活市場經濟的活力，在政治上則強化"大西洋聯盟"，試圖在冷戰中採取攻勢來強化西方的霸權。正是由於 1979 年撒切爾夫人在政治上的強勢，她的政治理念壓倒了職業外交官的想法。她試圖改變那種"借來的地方、借來的時間"的觀念，而採取"撒切爾主義"的外交理念："英國只是為自己生存的政治群體"。對於香港問題，她認為：

　　　　英國政府對香港市民富有一個極為清楚的責任。而作為英國政府領袖，對於我們來說，香港市民是我們必須賦予道德責任的對象。

對英國而言，香港在國際貿易市場上擔當重要角色，對任何在港投資的其他國家，我們在道義上亦要保障他們的利益，"道義"對英國人來說十分重要的。

我們遵守我們的條約，如果有人不喜歡這些條約，解決的方法是由有關雙方進行討論，經雙方同意而生效，而不能毀約，如果有一方不同意這些條約，想要廢除條約，則任何新的條約也沒有信心執行，英國的立場非常明確，中共必須和英國簽訂新的條約，確定香港 1997 年的地位，經過這段過渡時期才能解決。如果中共拒絕簽新的以代替舊的，則英國將根據舊約，在 1997 之後繼續擁有香港主權。[8]

撒切爾夫人之所以持這種強硬立場，是因為此時的世界格局發生了根本性的變化。經濟上，蘇聯計劃經濟的弊端暴露出來了，而撒切爾夫人和里根推行保守主義經濟政策開始重振資本主義經濟的雄風。政治上，蘇聯因入侵阿富汗遭到了全世界的抗議，中越間的戰爭和鄧小平訪美，使得"三角權力"不利於蘇聯。軍事上，里根通過"星球大戰計劃"力圖取得對蘇聯的戰略優勢，而撒切爾夫人則通過發動馬爾維納斯群島戰役來重振大英帝國的雄風。對此，撒切爾夫人在回憶錄中如此寫到：

就重建英國的自信及世界地位而言，福克蘭戰爭（即馬島之戰——引者）的意義非常重大。自從 1956 年在蘇伊士運河慘遭失敗以來，英國的外交政策就連連失利。不論是英國政府或外國政府，都默認我們的世界角色已注定了日漸式微的命運。在朋友及敵人的眼中，我們是一個連在承平時期——遑論戰爭時期——都缺乏意志及能力以保衛自身利益的國家。福克蘭戰爭改變了這一切。戰爭之後不論我到哪裏，一提到英國就刮目相看。這場戰爭在東西關係中也有真實的重要性。[9]

8　轉引自黃文娟：《香港的憲制與政治》，香港：國家發展基金會 1997 年版，第 66 頁。
9　《戴卓爾夫人回憶錄》（上），香港：博益出版集團有限公司 1994 年版，第 112 頁。

　　馬爾維納斯群島位於西大西洋，屬於阿根廷領土在海中的自然延伸。馬島處在連接大西洋與太平洋的交通要道上，具有重要的戰略意義。17世紀英國人在島上建立了殖民地，但阿根廷一直主張對領土的主權。在1970年代，英阿兩國就馬島的歸屬問題展開過談判，英國人提出的方案就是"以主權換治權"，即將馬島的主權歸還阿根廷，再由阿根廷租借給英國人繼續治理。但這種方案遭到了阿根廷的否決，雙方由此一直糾纏。由於當時的阿根廷軍政府獲得美國的支持，以制止蘇聯和古巴的共產主義在南美洲蔓延，於是阿根廷便抓住機會出兵佔領馬島。可事實上，在應對蘇聯擴張的戰爭中，美國更需要英國的支持。於是，在美國的支持下，撒切爾夫人決心通過一場代價極小的戰爭來重整帝國的信心和英國的國際地位。但在這個殖民主義和帝國主義遭到唾棄的時代裏，撒切爾夫人必須為戰爭尋找新的正當理由。此時，大英帝國長期的殖民統治策略發揮了作用，因為在幾百年的統治治理中，英國人已經培育起馬島居民對英國人的忠誠。當阿根廷要求英國從這個群島撤出時，島上居民打著帝國的米字旗高唱"天佑女皇"以尋求帝國的保護。這無疑為帝國繼續維持這些殖民地提供了正當理由：

> 　　福克蘭（即馬島——引者）的人民和英國的人民一樣，是海島民族……他們人數不多，但一樣有權利過和平的日子，選擇他們想要的生活方式，決定他們想要效忠的國家。他們的生活方式是英國式的，它們的效忠對象是英國皇室。我們要盡一切可能維護他們的這些權利，這是英國人民的願望，也是女王陛下政府的責任。[10]

　　撒切爾夫人在議會中的這段演說的理論基礎就是《聯合國憲章》中所肯定的"民族自決"理論。這既是威爾遜的原則，也是列寧的原則。從表面上看，這個原則服務於公民權利，可實際上服務於政治強權。威爾遜和列寧的民族自決理論都強調受殖民地統治的民族從殖民地的枷鎖中解放出

---

10 《戴卓爾夫人回憶錄》（上），香港：博益出版集團有限公司1994年版，第112頁。

來，自己決定自己的前途。可實際上，威爾遜說的是這些殖民地從西班牙、英、法、德這些 19 世紀老牌殖民主義者中解放出來，然後納入到美國的保護體系中，比如拉美諸國、東南亞的菲律賓等就是如此；而俄國則是把基於民族自決理論從奧斯曼帝國和莫臥兒帝國中獨立出來的中亞諸國直接併入到蘇聯。撒切爾夫人此時再次啟用民族自決理論，不過是強化英國對馬島殖民統治的正當性，力圖挽回帝國從 1956 年蘇伊士運河慘敗以來似乎已注定日漸式微的命運，從而重整大英帝國的雄心，改變英國外交中"漫長的撤退"而已。這場戰爭的勝利也使得大英帝國重新獲得信心。正如撒切爾夫人在勝利後自豪地宣稱：

> 我們不再是個日薄西山的國家。我們已重新尋回自信。……絕對不要把這場勝利解釋為迴光返照，決不是這樣——我們感到愉悅的是，英國已經重燃過去世世代代的耀眼光芒，而且近日的榮光決不比過去遜色。英國已在南大西洋重尋自我定位，而從今以後，只有更加奮步向前，保持這份榮耀。[11]

　　正是帶著這份自信與傲慢，撒切爾夫人踏上了中國的旅程。她深信腓特烈大帝的名言："沒有武力作後盾的外交，就像沒有樂器的音樂。"

　　而就在馬島之戰爆發之後，香港的媒體每天都在跟進戰爭的發展狀況，香港人甚至比英國人更為關心這場戰爭的進展和結局，不少人從中想象香港的未來，猜測英國會不會因為香港問題與中國開戰。雖然有不少香港人存在這樣的幻想，但英國人很清楚，中國不是阿根廷。當香港人因為自己的前途而在媒體上大肆報道馬島之戰時，英國人從來沒有打算因香港與中國開戰。因此，在中英談判中，撒切爾夫人根本就不打算使用民族自決理論，主張香港人有權利選擇自己的生活方式，也沒有提自己對香港人的責任。但是，與馬島之戰的格局一樣，英國人之所以在香港問題上轉向強勢的立場，就在於英國手中此時多了一張政治牌，那就是經過 1970 年

11　《戴卓爾夫人回憶錄》（上），香港：博益出版集團有限公司 1994 年版，第 172 頁。

代的"麥理浩時代"，香港人的本土文化和自我意識已經形成，香港精英階層已經被吸納到港英政府的殖民體制中，香港下層的普羅大眾也已經認同了英國的統治，從心理上開始抗拒回歸。（參見第二、三章）然而，香港不同於馬島，雖然多數港人當時對回歸心存疑慮，但要公然主張"再做一百年的殖民地"還是有相當的困難。無論他們怎樣認同西方價值，在其心靈最深的地方，香港人的根依然是中國文明，而且是一個經過民族主義和現代國家建構起來的新文明，這就是文明的力量所在。因此，在香港，"愛國"、"漢奸"之類的概念一直是攻擊親英美勢力的有效政治武器。而在這種政治牌的背後，是英國人擁有的經濟牌，即香港經濟崛起對內地的改革開放就像"生金蛋的鵝"，足以成為英國與中國政府進行討價還價的籌碼。而在這兩張牌之外，英國人當然需要一張法理牌，那就是他們想象的"三個國際條約有效論"。

1982 年 9 月，撒切爾夫人訪華，與鄧小平就香港的前途舉行了會談。一開始，撒切爾夫人就提出了香港的繁榮問題，認為香港繁榮繫於香港人對前途的信心，而繁榮和信心繫於英國在香港繼續統治，中英雙方只有在香港未來治權上達成協議，才能討論主權問題。表面上看，撒切爾夫人打的是經濟繁榮"經濟牌"和香港人對前途信心的"政治牌"，因為這是英國人手中最大的砝碼。它假定英國人一旦撤離，香港人會因為對中央缺乏信心而撤資，導致香港經濟蕭條，這無疑不利於內地改革開放所急需的投資。但在這經濟牌的背後實際上隱含著法理牌，即三個不平等條約繼續有效，英國人合法地擁有對香港的"主權"，由此也合法地擁有治權，談判的主題就變成了九七之後新界主權的歸屬問題，而不涉及港島和九龍。這無疑是英國政府構想的最佳方案。然而即使是退而求其次的次佳方案，即假定經過談判將香港的"主權"交給中國，那麼中國為了保持香港繁榮也應當讓英國人繼續擁有治權。通過維持香港繁榮這個中國政府極其關心的問題，撒切爾夫人在主權與治權問題上建立了內在的法理邏輯，並為後來所謂的"主權換治權"的談判思路做好了鋪墊。

三、"一國兩制" 的法理邏輯：主權、繁榮與過渡

　　對於香港人的這種心態以及由此形成的態勢，北京和倫敦都很清楚。無疑，在中英關於香港問題的前途的談判中，香港人的這種心態無疑會成為天平上的籌碼。英國政府包括香港人普遍把香港看作是 "會下金蛋的鵝"，以此不斷向北京提出所謂香港人對共產黨沒有 "信心" 的問題，並以穩定香港繁榮局面為由，提出續約 30 年；或 "凍結" 主權，由聯合國託管，成為 "自由市"；或中英輪流坐莊共管；或中國如董事長一樣擁有主權，英國人如總經理一樣擁有治權等等。[12] 英國政府設想的上述種種方案並非沒有根據，這些方案都是大英帝國在面對二戰後亞非拉殖民地人民的民族解放鬥爭而被迫撤退過程中，為保證其最大利益而成功實現了的方案。與北京對香港政策的長期戰略相比，英國人對香港也有一個長期的戰略。作為 19 世紀輝煌的 "日不落" 現代帝國，英國已經形成了一套成熟的關於帝國統治的政治理念、政治制度和政治技巧。如果說建立帝國取決於一時的機緣，那維持帝國統治則是一項需要制度才能支撐的長期事業，而能讓帝國在榮耀的解體中實現轉型則是一門技藝。（參見第四章）當英國人看到共產黨在中國即將取得政權時，他們已經意識到香港遲早會回歸中國，而他們唯一能利用的就是培養香港人的公民意識和對英國人的忠誠意識，使他們能表現出 "繼續留在英國的統治之下並抵制被中國合併"[13] 的心態。

　　對於撒切爾夫人的到來，中國領導人有充分的準備。小平曾經對身邊的工作人員說過，"香港不是馬爾維納斯，中國不是阿根廷。" 對這位身經百戰的政治家來說，也許只有朝鮮戰爭才是真正意義上的戰爭，馬島之

12　參見李後：《回歸的歷程》，香港：三聯書店（香港）有限公司 1997 年版，第 82 頁。關於香港人香港地位的設想，亦參見胡菊人主編：《1997 香港：香港地位問題資料彙編》，《百姓》1981 年半月刊編印。

13　林行止：《不能以拖字訣處理租約問題》，1979 年 5 月 21 日，載林行止：《香港前途問題的設想與事實》，香港：信報有限公司 1984 年版，第 89 頁。

戰根本就算不上戰爭，大英帝國在馬島的勝利也不能證明任何東西。他要面對的不是與英國人的軍事較量，而是政治較量。這場被戲稱為"鐵娘子"與"鋼漢子"之間"兩個鐵人的談判"往往被看作是主權意志的較量，但在我看來，這更多是政治智慧的較量，是話語主導權的較量。

面對複雜而嚴峻的形勢，能夠對整體態勢作出理性判斷和審慎把握，無疑是政治家的第一美德。在這個意義上，政治首先就意味著對時勢的把握。有些時勢就像水面上的浪花一樣是轉瞬即逝的，而其深層的河流則是相對穩定的趨勢，而有些變化就像地貌的變化一樣，是一種看不見的長期發展趨勢，就像我們看到的，香港民情的變化就是在 1968 年到 1982 年短短的十多年左右完成，而中國的崛起則是從五四運動以來的一個漫長發展的趨勢。這就意味著政治是把握時勢、引導時勢、創造時勢的能動過程，未能激起燦爛的浪花表面上看起來是失敗，而實質上或許正在用沉默的力量來推動整體趨勢的變化。這就意味著政治從來都是凝聚綜合力量來達到某種態勢的過程。而在這個複雜的時勢中，把握對自己有利的政治話語，把握話語的主導權，應用話語的力量來引導態勢，從而將政治實力建立在正義或正當性原則之上，對政治家而言無疑是至高的境界。因為人畢竟不同於動物，人比動物文明的地方就在於人給自己的生活賦予了意義，即使比動物廝殺更野蠻的戰爭也因為人類賦予的這種意義變成了神聖莊嚴。從這個角度看，人或許被定位為最虛偽的動物，為自己赤裸裸的力量加上種種紋飾的偽裝，但正因為這種紋飾，才創造出文明。因此，政治的基礎無疑是實力或者綜合國力，甚至最終要訴諸軍事暴力，但這不足以使我們陷入馬基雅維利主義的誤區，認為政治就是暴力的運用。政治之所以進入人類文明的範疇，從而區別於動物式的野蠻暴力，就在於這種實力的運用始終需要通過話語上的正當性表現出來，哪怕用"政治之名"來爭奪"不義之實"。這種對正義原則的追尋或者對某種生活方式的捍衛和辯護，恰恰構成了最強有力的文明衝動。這種正義原則一方面構成了對野蠻暴力的制約，但同時也會使得權力的行使更為有效，以至於它本身變成了溫柔的、看不見的、能夠馴服心靈的"知識／權力"（knowledge/power）。這種話語力量也就被當前學者們熱炒為所謂的"軟實力"。其實，在最一般意義上，政治（the political）就是圍繞原則展開的較量，是精神力量的較量，也是文明的較量，因此“政者，正也”。無論是故宮太和殿上方的牌匾所寫的“正大光明”，還是毛澤東所強調的“陽謀”，都是在“道體”的意義上來理解政治的。（參見第一章）因此，在政治較量中，掌握了話語權往往能夠在政治上贏得主動，而誰掌握著對問題性質的定義權，就自然掌握了話語的主動權。鄧小平在中英談判中表現出的強勢絕非基於軍事實力的霸道，而是他通過對談判性質的定義，牢牢掌握著整個談判過程的話語主導權，展現出政治的正義原則，無疑屬於“王道”政治。

當撒切爾夫人經過對香港形勢的理性評估而強調香港繁榮的“經濟牌”時，已經用功利主義的利益計算原則取代了政治的正義原則。這並不意味著撒切爾夫人不明白政治之道，撒切爾夫人當然可以援引聯合國憲章所肯定的民族自決，就像她在馬島之戰中所宣稱的那樣。但在香港問題上，她知道這樣的定義只能自取其辱。且不說聯合國在國際法層面上對香港回歸的背書，更重要的是，英國沒有能力來捍衛自己的政治主張。在香港問題上，英國要爭取最大的利益，必須取得中國的合作。因此，將香港問題定義為維持繁榮問題，已經是英國政府最大的利益計算了。經濟牌對香港問題無疑很有分量，尤其在改革開放初期，香港對於內地的經濟建設無疑具有重大的影響，而主張“貓論”的鄧小平也常常被人們看作是實用主義者。這其實是對鄧小平的巨大誤解，更是對中國共產黨人的誤解。中國共產黨人從一開始就將政治建立在正義的基礎上，對政治正當性的理論闡述和不斷創建被看作是黨的生命所在。曾經參與中蘇論戰的鄧小平深知政治原則的重要性，因為它是政治正當性的源泉。市場和計劃作為“器用”層面上的手段，完全可以採用實用主義的立場，但“四項基本原則”和“中國特色的社會主義”對於鄧小平來說，則是不可動搖的政治原則，是整個政治的道體所在。因此，在中英談判中，鄧小平把撒切爾夫人提出的經濟繁榮問題輕輕放在一邊，首先就重新定義了香港問題。在他看來，香港問題的實質不是經濟繁榮問題，不是香港人對前途的信心問題，而是主權歸屬這個根本問題。只有解決了這個根本問題，明確香港的主權者是誰，然後這個主權者才有資格考慮如何維護香港繁榮。中英兩國必須在這個前提下討論香港的前途。為此，鄧小平在談話中，開宗明義指出：

> 我們對香港問題的基本立場是明確的，這裏主要有三個問題。一個是主權問題；再一個問題，是一九九七年後中國採取什麼方式來管理香港，繼續保持香港繁榮；第三個問題，是中國和英國兩國政府要妥善商談如何使香港從現在到一九九七年的十五年中不出現大的波動。[14]

　　首先是主權，其次是治權，最後是過渡。這是鄧小平對香港問題的完整定義。這種重新定義之所以展示出鄧小平高超的政治智慧，就在於它用一個全新的理論框架重新定義了撒切爾夫人提出的香港經濟繁榮和前途信心問題。換句話說，在鄧小平提出的理論框架中，撒切爾夫人提出的問題根本就不存在，如果香港主權屬於中國，香港的經濟繁榮就需要由中國政府來考慮，這就是“一九九七年後中國採取什麼方式來管理香港”的問題，這個問題與英國人毫無關係，英國人應當關心的問題是如何過渡，這才是中英談判的實質。

　　正是從主權問題入手，中國政府牢牢掌握了整個談判的主導權和主動權，因為它直接回應了撒切爾夫人假定的三個條約有效論。既然三個條約是大英帝國用炮艦強加給清政府的不平等條約，這三個條約就缺乏政治正當性。中國政府理所當然要廢除這些不平等條約。因此，新中國成立之後，基於主權國家無論大小一律平等的正義原則，明確宣佈三個不平等條約無效，並主張中國政府對香港、澳門擁有主權。1972 年中國常駐聯合國代表黃華致信聯合國 “非殖民地化特別委員會” 主席，正式聲明：“香港、澳門是屬於歷史遺留下來的帝國主義強加給中國的一系列不平等條約的結果。香港和澳門是被英國和葡萄牙當局佔領的中國領土的一部分，解決香港、澳門問題完全是屬於中國主權範圍內的問題，根本不屬於通常的所謂 ‘殖民地’ 範疇。因此，香港和澳門不應列入反殖民主義宣言中適用

14　鄧小平：《我們對香港問題的基本立場》，1982 年 9 月 24 日，載《黨和國家領導人關於港澳問題的重要講話》，北京：中國民主法制出版社 2011 年版，第 6 頁。

的殖民地地區的名單之內。”由於第三世界國家對中國的支持，當年第27 屆聯合國大會對該問題的表決中，香港和澳門從聯合國“非殖民化”的“殖民地地區名單”中刪除。這意味著香港和澳門的前途不可能獨立，而只能回歸中國。

正因為有這樣的歷史背景，主權話語無疑為中國在談判中爭取了政治主動權。當年，在中央內部討論香港問題時，不少經濟官員考慮到香港繁榮問題，對是否按期收回香港舉棋不定。而在一次中央會議上，外交部副部長章文晉慷慨陳詞，認為不按期收回香港，“上無以對列祖列宗，下無以對子孫後代，內無以對十億人民，外無以對第三世界”，就等於是“李鴻章政府”。這個主張獲得了鄧小平的首肯。在與撒切爾夫人的談判中，鄧小平就直接提到“李鴻章政府”問題，認為“如果中國在一九九七年，也就是中華人民共和國成立四十八年後還不把香港收回，任何一個中國領導人和政府都不能向中國人民交代，甚至也不能向世界人民交代。如果不收回，就意味著中國政府是晚清政府，中國領導人是李鴻章！……如果十五年後還不收回，人民就沒有理由信任我們，任何中國政府都應該下野，自動退出政治舞臺，沒有別的選擇。”[15] 正因為如此，鄧小平理直氣壯地告訴撒切爾夫人：“主權問題不是一個可以討論的問題。現在時機已經成熟了，應該明確肯定：一九九七年中國將收回香港。就是說，中國要收回的不僅是新界，而且包括香港島、九龍。中國和英國就是在這個前提下來進行談判，商討解決香港問題的方式和辦法。”。[16] 換句話說，鄧小平的強硬不是基於“霸道”，而是基於“王道”，基於中國對香港擁有主權的政治正當性。

如果說，香港“主權”毫無疑問屬於中國，那麼管治香港的“治權”也就自然屬於中國，如何保持香港經濟繁榮這個“治權”問題也就屬於中國政府必須考慮的問題，與英國人沒有直接的關係。可從現實管治出發，

15　鄧小平：《我們對香港問題的基本立場》，1982 年 9 月 24 日，載《黨和國家領導人關於港澳問題的重要講話》，北京：中國民主法制出版社 2011 年版，第 6 頁。

16　鄧小平：《我們對香港問題的基本立場》，1982 年 9 月 24 日，載《黨和國家領導人關於港澳問題的重要講話》，北京：中國民主法制出版社 2011 年版，第 6 頁。

香港的繁榮的確與英國的成功管治密不可分，因此，無論在香港，還是在當時中央高層的經濟官員中，都存在類似"主權換治權"的想法，即主權歸中國，但依然讓英國人管治。所謂"澳門模式"或黃文放所謂的"模糊論"實際上都是希望繼續保持英國人對香港的管治。當時甚至傳出香港富豪們希望給中央一大筆錢，替英國人把香港的治權買下來。在這種背景下，鄧小平必須在主權與繁榮之間取得平衡。鄧小平的偉大之處在於他既不是一個刻板的教條主義者，但也不是一個短視的經驗主義者，他的政治智慧使他能夠在政治原則與現實利益之間找到最佳的平衡點，既能滿足左派主張的恢復行使主權，也能滿足右派主張的保持經濟繁榮。在他看來，香港繁榮的關鍵不在於英國人的治理，而是資本主義制度。如果中國收回香港後保持其資本主義制度，則不需要英國人治理照樣可以保持香港的繁榮："保持香港的繁榮，我們希望取得英國的合作，但這不是說，香港繼續保持繁榮必須在英國的管轄之下才能實現。香港繼續保持繁榮，根本上取決於中國收回香港後，在中國的管轄之下，實行適合於香港的政策。香港現行的政治、經濟制度，甚至大部分法律都可以保留，當然，有些要加以改革。香港仍將實行資本主義，現行的許多適合的制度要保持。"[17] 這就是鄧小平提出"一國兩制"的內在法律邏輯，既能實現主權回歸，又能夠採取資本主義制度來管治，以保持香港的繁榮穩定，這既是內地的中國人所希望的，也是英國人能接受的，更是香港人所希望的。正如 1983 年周南副外長在接受倫敦《金融時報》採訪時明確指出的："有人建議中英共管香港，這是不切實際的，因為主權、治權是無法分開的。分割主權與治權是以新的不平等條約代替舊的不平等條約。如果有人仍以殖民觀點看待近日中共，這些人是缺乏歷史與實際的基本常識，中共決定收回全部主權與治權的香港。"[18] 正是基於主權與治權不可分割的理論，鄧小平進一步批駁了撒切爾夫人提出的"香港繁榮論"，徹底打消英國人以及部分香港人以香港作為"下金蛋的鵝"來要挾中國政府的企圖：

17　鄧小平：《我們對香港問題的基本立場》，1982 年 9 月 24 日，載《黨和國家領導人關於港澳問題的重要講話》，北京：中國民主法制出版社 2011 年版，第 7 頁。

18　轉引自黃文娟：《香港的憲制與政治》，香港：國家發展基金會 1997 年版，第 69 頁。

現在人們議論最多的是，如果香港不能繼續保持繁榮，就會影響中國的四化建設。我認為，影響不能說沒有，但說會在很大程度上影響中國的建設，這個估計不正確。如果中國把四化建設能否實現放在香港是否繁榮上，那末這個決策本身就是不正確的。人們還議論香港外資撤走的問題。只要我們的政策適當，走了還會回來的。所以，我們在宣佈一九九七年收回香港的同時，還要宣佈一九九七年後香港所實行的制度和政策。[19]

偉人之所以偉大，就在於他的目光投向了普通人難以想象的未來。香港回歸二十五年之後，我們再來看這一段話，不能不為小平在四十多年前的遠見所折服。"如果中國把四化建設能否實現放在香港是否繁榮上，那末這個決策本身就是不正確的。" 相信這句話的含義對於當時許多中央高層經濟官員並不一定能完全理解。鄧小平在香港問題上之所以採取強硬態度，既不是顯示實力的粗暴，也不是魯莽的衝動，更不是出於名留青史的政治虛榮心，而是一個成熟政治家對未來的遠見，以及由此產生的自信、剛毅和決心。這個遠見就基於對近代以來中國人民探索現代化道路的認知，從辛亥革命以來的資本主義到新中國成立後的社會主義，只有在這兩條路徑的取捨中才能 "摸著石頭過河"，摸索出適合中國發展的道路，這就是鄧小平提出的中國特色社會主義道路。這無疑是對中國發展道路的自信，對中國人民勤勞勇敢創造繁榮穩定的信心，對中國文明未來復興的自信。因此，中國的發展根本上必須依靠廣闊內陸十幾億人蘊藏的智慧和力量，而香港不過是在大陸邊緣上發揮著通道的作用。

如果說，鄧小平在中英談判中表現出 "霸道" 的一面，那不是在主權問題上，也不是在繁榮問題上，而是在最後的過渡問題上。政治家的成熟就在於對人性和政治具有深刻的洞見，祛除了任何不切實際的虛榮，既不會盲目迷信，也沒有天真幻想。雖然當時中國與英美的關係很密切，但鄧小平很清楚，在香港問題上英國人不可能就此善罷甘休，必然會製造各種

19　鄧小平：《我們對香港問題的基本立場》，1982 年 9 月 24 日，載《黨和國家領導人關於港澳問題的重要講話》，北京：中國民主法制出版社 2011 年版，第 7 頁。

事端。為此他明確告訴撒切爾夫人："我擔心的是今後十五年過渡時期如何過渡好，擔心在這個時期中會出現很大的混亂，而且這些混亂是人為的。這當中不光有外國人，也有中國人，但主要的是英國人。"[20] 對此，鄧小平立場堅定地告誡撒切爾夫人："如果在十五年的過渡時期內香港發生嚴重的波動，怎麼辦？那時，中國政府將被迫不得不對收回的時間和方式另作考慮。如果說宣佈要收回香港就會像夫人說的 '帶來災難性的影響'，那我們要勇敢地面對這個災難，做出決策。"[21] 而彭定康時期的政改風波（參見第八章）恰恰證明了鄧小平的遠見卓識。

這可以說是 "霸道"，即在最關鍵時刻展現政治中最硬的一手——採取軍事行動，提前收回香港。當然其前提是由於中國擁有對香港的主權，因此需要承擔香港穩定的政治責任。正是在這個地方，才真正展現了鄧小平在香港問題上的政治意志。政治意志不是虛張聲勢，而是做出實實在在的準備。政治意志也不是魯莽從事，而是對最壞的後果有著清醒的認識，並準備勇敢地承擔。當年，中國人正是準備好 "打碎罈罈罐罐"，"就當遲解放幾年"，才勇敢地投入朝鮮戰爭，最後取得有利的結果。而在香港問題上，中國政府也做好了香港發生動亂、提前出兵收回香港的最壞結果，才宣佈收回香港，並爭取到談判的順利進行和香港的順利回歸。為此，鄧小平甚至讓國務院算筆賬，看看香港每年給中國爭取到多少外匯。如果香港出現問題，對國家的經濟究竟會產生多大影響。

"主權是國家絕對和永久的權力。" 16 世紀法國法學家博丹為主權下了這樣一個定義。就是這樣一個概念所支持的主權學說，幫助歐洲的世俗君主戰勝了教會、封建領主等各種政治力量，從而建構了現代國家。正是這種不受約束的主權，幫助歐洲列強展開全球殖民活動，並引發漫長的爭霸戰爭直至世界大戰。（參見第四章）中國曾經作為一個半殖民地國家，在爭取民族獨立的運動中，在從傳統的帝制向現代國家轉型的

20　鄧小平：《我們對香港問題的基本立場》，1982 年 9 月 24 日，載《黨和國家領導人關於港澳問題的重要講話》，北京：中國民主法制出版社 2011 年版，第 7 頁。

21　鄧小平：《我們對香港問題的基本立場》，1982 年 9 月 24 日，載《黨和國家領導人關於港澳問題的重要講話》，北京：中國民主法制出版社 2011 年版，第 7 頁。

過程中，主權建構與民族建構相互促進，並致力於推動讓主權原則受到政治正義原則的約束，那就是徹底結束不平等條約，強調主權國家的平等以及由此形成的不干涉內政原則。這些原則寫入《聯合國憲章》中，包含著所有後發達國家希望結束西方列強強加的不平等條約、結束西方列強的干涉別國內政的爭霸戰爭的心願。從某種意義上講，威斯特伐利亞體系就強調主權平等，但那更多是強調在法律形式上的平等，這種法律形式上的平等恰恰掩蓋了政治實力的不平等以及由此形成的帝國支配體系。而二戰後社會主義陣營推動的平等原則乃是實質主義，其中最重要的原則就是保證領土完整和不干涉內政原則。正是"主權"、"平等"這些概念所提供的正義原則，幫助中國乃至所有殖民地和半殖民地的人民爭取到國家獨立和人民解放。因此，在近代以來的中國政治哲學傳統中，最核心的概念無疑是主權與平等。這些概念無疑是西方的概念，因為在中國古典的傳統中，絕對主權意味著霸道，不符合王道政治，政治權力始終要受到天道自然法的約束。由此，在主權概念進入中國的過程中，我們始終強調要給主權概念做出一些規範性的限制，那就是在共產主義理論的背景下建構起來的人民主權概念，最終凝聚為"為人民服務"這樣的政治理念。同樣，我們也用中國政治哲學傳統來賦予主權平等以實質性內涵。雖然中國古典天下秩序強調的是等級差異，但這種等級差異恰恰包含著"齊物平等"的觀念，一種基於實質差異性而確立的平等觀念，不同於西方那種強調形式平等而掩蓋實質差異的觀念。這種"齊物平等"對強者賦予更多的義務和責任，由此形成的"薄來厚往"、"王者不治化外之民"的傳統，而這些古典傳統恰恰強化了現代的主權平等、主權獨立、不干涉別國內政的政治思想。在這種"齊物平等"的背後是對不同國家、民族、文化和歷史傳統發自內心的尊重。[22] 正是由於這種"平等"思想，中國政府在香港問題上並沒有因為自己擁有對香港的絕對支配權而表現出對英國的傲慢，相反，中國政府始終強調要充分肯定並照顧到英國在香港的利益。這種妥協與其說來自現實主義的政治計

22　關於"齊物平等"的討論，參見汪暉：《再問"什麼的平等"（下）：齊物平等與"跨體系社會"》，《文化縱橫》2001 年第 5 期。

算，不如說來自對基於"平等"的主權國家的尊重。

鄧小平對撒切爾夫人這篇千把字的談話，無疑是關於主權學說的經典文獻。它在主權、治權與政權過渡之間建立了內在的理論關聯，"王道"與"霸道"雜糅，展現了政治家最高的德性：審慎的判斷、果敢的意志和高超的智慧。可惜我們的政治學家和法學家們並沒有對這篇文獻給予足夠的重視，他們遺忘了"政治"，只能空談"哲學"；不明瞭"法"，只能看到"律"。在西方經典的主權學說中，主權就意味著現實的政治統治。可在鄧小平所闡述的主權理論中，中國雖然擁有香港主權，但卻並不意味著必然行使主權。這種與西方經典主權理論的背離恰恰展現了中國對主權理論的貢獻，即必須區分"主權權利"與"主權行使"，前者基於正義原則，後者基於現實考慮。[23] 這種區分的意義就在於，它使得"主權"概念超越了西方的"民族國家"所限定的域限，從而擴張到對"天下"的理解之中。（參見第六章）當年，大英帝國的政治家柏克面對北美不可遏止的獨立趨勢，主張英國應當允許在北美承認英國主權的條件下取得獨立或自治，這實際上就包含了"主權權利"和"主權行使"相區分的思想。（參見第四章）而這樣的思想卻在中國實現了，而且是在不同文明背景的形式下實現的。這樣的思想跨越了幾百年，可偉大的思想家在心靈深處是相通的。

在中英談判初期，通常採用的說法是"香港主權回歸"。著名的國際法學家邵天任先生認為，中國從來沒有放棄對香港的主權，英國人也從來沒有過擁有香港主權，所以不存在"主權回歸"的問題，而應該是"中國對香港恢復行使主權"。鄧小平贊同這個說法，於是"恢復行使主權"這個概念就出現在《中英聯合聲明》中。正是由於這個原因，儘管《聯合聲明》按照國際條約的慣例到聯合國備案，但它實際上並不是嚴格意義上的國際條約。因為香港的主權屬於中國，中國完全可以單方面發表聲明對香港恢復行使主權，現在既然英國人也同意中國的聲明，自然也就變成了"聯合聲明"。因此，《聯合聲明》並沒有規定中英兩國之間的權利義務關

23　陳端洪：《主權政治與政治主權：〈香港基本法〉主權話語的邏輯裂隙》，載陳端洪：《憲治與主權》，
　　北京：法律出版社 2007 年版。

係。其中，第 1 條是中國宣佈恢復行使主權。第 2 條就是英國宣佈將香港交還中國。至於交還香港的什麼，雙方有意含糊了一下，為的是避免寫上交還"主權"。

四、"三角凳"與"愛國者治港"

　　1982 年撒切爾夫人訪問北京時，香港人給予了高度的關注。從馬島戰爭以來，香港人比英國人還要關心戰爭的每一天，人們爭相傳閱報紙上關於戰況的報道。他們試圖從這場戰爭中領悟自己的命運，甚至懷著隱隱的期待，夢想著大英帝國也能用武力來保護自己。當他們在電視上看到與鄧小平會談後的撒切爾夫人步出人民大會堂、在下最後一階臺階時不小心跌了一跤時，迷信的香港人似乎意識到，英國人在香港問題輸給了中國人。一些香港人一直希望"中國能尊重歷史事實，承認不平等條約的存在"，又"希望英國政府改變'初衷'，承認《北京條約》和《南京條約》的不合理，答應予以撤除或刪改"，[24] 從而幻想著以香港的繁榮為籌碼來換取中國政府在收回主權的同時出讓治權，讓英國人繼續管治。而此時，他們最大的希望就是香港這隻"下金蛋的鵝"所具有的價值。正如林行止所言，香港人努力賺錢以保持香港的繁榮，在此時就"多了一層賺錢以外的政治意義"。[25] 中英談判的多少個日日夜夜，香港人就在這夢想與挫折、希望與失望、掙扎與無奈的煎熬中度過。少數香港精英試圖把握自己的命運，他們不惜背負"亡國奴"或"漢奸"的罵名，為香港人爭取英國國籍。

　　大英帝國歷史上一度將英國本土居民和殖民居民統稱為"英國居民"。隨著二戰後殖民地的獨立，英國國籍法也逐步轉變，對英國臣民進行了分類。尤其當英國政府意識到香港將要回歸中國時，為了限制香港居民移居英國，就開始啟動一系列修改國籍法和移民法的計劃。早在 1962 年的《聯邦移民法》就否決了香港居民自動居住英國的權利，可當時的香港人並沒有意識到問題的重要性。1976 的"國籍法問題綠皮書"將英籍

24　林行止：《港人介入租約談判的危機》，1982 年，載林行止：《香港前途問題的設想與事實》，香港：信報有限公司 1984 年版，第 243 頁。

25　林行止：《香港人應如何自處》，1981 年，載林行止：《香港前途問題的設想與事實》，香港：信報有限公司 1984 年版，第 163 頁。

居民分為"英國公民"（享有英國居留權）、"英國屬土公民"（不享有英國居留權但自由出入英國的英聯邦公民）和"英國海外公民"（不享有英國居留權且不能自由出入英國），香港人被劃為最後一種。這個種族主義的改革方案讓許多香港人痛心疾首，認為英國政府出賣了他們對英國的忠誠，使得他們"前路茫茫"，"有家歸不得"[26]。他們在英國人的統治下成長，一直努力爭取上最好的英國人的精英學校，從小對女皇像宣誓效忠，從童子軍營到學校再到政府等公共場所，都看英軍的會操並向米字旗敬禮。英國人成功的馴化教育此時反而成為他們最大的傷痛來源。為此，立法局議員鍾士元和行政局議員簡悅強代表香港人多次到倫敦爭取自己的權利，可在英國的議會中並沒有香港人的代表，他們不過是大英帝國殖民統治下的臣民，在帝國自身不保的日子裏，也就顧不上殖民統治下的忠誠的臣民了。大英帝國曾經把捍衛殖民地區的統治、避免落入共產主義的勢力範圍看作是女皇陛下的道義責任，可此時的英國已經顧不得這種責任了。就在中英正式談判之前，1981 年英國國籍法正式通過，香港人喪失了移居英國或自由出入英國的權利，他們拿著帝國的護照，可不再受到帝國的庇護。用當時簡悅強的話說，國籍法是英國人"把香港人裝入棺材的釘子"。

英國國籍法的通過使得香港人認識到，他們不能再相信英國人，必須自己行動，在香港政治前途問題上，絕不能讓英國人一手包辦。因此，香港政治精英透過立法局和行政局，就香港的前途向港英政府施加壓力，他們的努力使得倫敦在與北京的談判中更多了一張牌——香港民意的支持，這進一步強化了英國"以主權換治權"的談判思路。這個思路也曾經出現在英國解決馬爾維納斯群島的備選方案中，現在既然香港民意支持這種思路，也就自然成為倫敦與北京談判的底牌。如果說英國人長期培養起來的香港人對英女皇的忠誠因為國籍法案受到傷害，那麼在英國人通過"行政吸納政治"逐漸培養起來的香港精英的政治意識和自我認同使得他們成為英國與中國談判鬥爭中的可靠同盟。早在 1982 年撒切爾夫人訪問

26　林行止：《英籍華人前路茫茫》，1977 年，載林行止：《香港前途問題的設想與事實》，香港：信報有限公司 1984 年版，第 48 頁。

北京之前，香港立法局和行政局的兩局議員就陪同港督到倫敦向撒切爾夫人反映港人的意見，希望九七之後香港依然由英國人統治，必要時可以把主權交給中國，以換取管治權。所以，從中英正式談判開始，為了幫助英國人取得對香港的治權，英國政府就希望把香港作為獨立的一方納入到倫敦與北京談判中，形成所謂"三腳凳"。英國人的目的很明確，把香港人作為獨立主體納入談判，既有利於英國爭取到最大利益，也會形成將香港的"主權"移交給香港人的跡象，最終形成類似新加坡的獨立局面，將香港變為一個獨立或者半獨立的政治實體，所謂"還政於民"的口號就是在這種背景下出現的。為此，英國政府乘機鼓動行政局和立法局中的非官守議員通過一項動議（即以議員保羅率頭搞出的"保羅動議"），主張中英兩國談判的協議在達成之前必須經過兩局的辯論。

英國政府的這種做法當然遭到了北京的堅決反對。因為在法理上，港英政府僅僅是英國政府的代表，根本不是香港人民的代表，即使立法局和行政局也都是港英政府的御用工具，而不能代表香港民意。而且英國的這種做法割裂了中國與香港的聯繫，把香港看作是獨立於中國的政治實體。中國政府從來認為自己是全中國人民的政府，其中包括香港人民。即使香港處於英國人的殖民統治之下，這並不排除在全國人大代表大會中擁有香港人的代表，早在新中國建國的制憲會議——1949 年 9 月 21 日中國人民政治協商會議上，香港作為華南地區的一部分，也擁有自己的代表。中英談判的政治實質是中國恢復對香港主權的行使，即中國將其對香港的主權權利變成主權行使，因為這是中英兩個主權國家之間的談判，"沒有三條腿，只有兩條腿"[27]。在北京的壓力下，英國外相以"兩局議員不是由人民選舉產生，很難說服英國議員和人民接受兩局代表團是代表香港人的意願"為由拒絕了"保羅動議"。

就在英國人試圖利用香港民意時，北京也明顯加強了對香港的統戰工作，尤其向工商、專業界的精英人士解釋中央採取的"一國兩制"的基本政策。由於受到"文革"和六七反英抗議運動的影響，中央在香港的整個

27　這是鄧小平接見香港立法局和行政局議員的談話中提出的，參見鍾士元：《香港回歸歷程：鍾士元回憶錄》，香港：香港中文大學出版社 2001 年版，第 73 頁。

工作處於停頓狀態。香港新華社的工作陷入"一左二窄"，"左"就是路線左傾，"窄"就是沒有統一戰線。這顯然不適應中央在香港宣傳"一國兩制"的迫切需要。1983年，中央派有豐富地區工作經驗、思想開明的許家屯出任香港新華社社長，來糾正"一左二窄"的局面，針對工商業和中產專業人士展開統戰工作，使各種政治和社會力量重新回到"愛國一家"的旗幟下。為了讓香港人形象地理解"一國兩制"，中央領導又提出"港人治港"和高度自治兩個概念來補充闡釋。為了打消香港人的疑慮，中央又提出"五十年不變"，並承諾九七年之後，北京不派總督，不派頭頭，將來香港採取什麼形式，由香港人去定，名字叫特別行政區。中央在香港卓有成效的宣傳統戰工作，打消了香港人最初的疑慮，就連曾經極力鼓吹"以主權換治權"來維持英人統治的香港意見領袖林行止也不由地感歎：

> 香港對中國（內地）的經濟作用是眾所周知的，可是在政治面前，經濟利益算得了什麼？特別是受一統思想和民族主義激情所催眠的中國領導人，又怎會為了經濟利益而在原則上讓步？在這一環節，我的看法原本相當準確；可是，大大出我意料之外的是，中國竟會提出維持香港資本主義制度五十年不變及"港人治港"作為其香港政策指南；不管這些是否權宜之計，都足以令英國及港人無法招架。自從這些石破天驚的特別措施提出後，港人信心問題雖然還是存在，但由於對"高度自治"及"一切維持不變"有所憧憬，"英去中來"對港人所引起的衝擊已大為降低。[28]

然而，被港英政府"吸納"的華人政治精英們依然對北京充滿不信

28　林行止：《香港前途問題的設想與事實》，香港：信報有限公司1984年版，序。在1980年代初的香港傳媒中，左派傳媒堅決主張回歸，右派傳媒則希望維持英國人的治權，林行止主持的《信報》就是典型代表。比較之下，查良鏞（金庸）主持的《明報》也希望保持香港的社會制度、法律制度和生活方式不變，並明確提出"自由、法治、穩定和繁榮"的概念，但對"一國兩制"政策持積極樂觀態度，與《信報》的悲觀消極態度形成對比。關於《明報》對香港前途問題的評論，如果能與《信報》比較，再與左派《大公報》和《文匯報》作對比，就能清楚地看出香港民情的政治光譜。參見查良鏞：《〈明報〉社評選之一：香港的前途》，香港：明報有限公司1984年版。

任。1984 年 5 月，中英聯合聲明即將簽署，"保羅動議" 被英國外相拒絕時，鍾士元痛心疾首地向港人宣佈："香港今日已處於危急關頭，如果你們同意兩局的立場書，你們應該公開表示，如果再不 '出聲'，就來不及 '出聲' 了"[29]。為此，他試圖以香港民意代表身份向北京陳述香港人的焦慮，擔心 "一國兩制" 不能落實。事實上，從中英談判開始到 1984 年中英聯合聲明簽署之前，鄧小平本人親自接見了十多批香港各界人士，親自向他們做解釋工作。面對鍾士元等人的請求，鄧小平親自接見，但他們不是作為香港民意代表，而是作為香港社會人士的身份參加會見。正是在這次備受關注的會面中，鄧小平發表了 "一個國家，兩種制度" 的著名談話。

在這篇談話中，鄧小平首先全面解釋了 "一國兩制" 政治內涵，從而說明為什麼 "一國兩制" 不是權宜之計，而是中央的長期國策。在這些解釋中，既有對世界時局的走向和國內的改革開放政策的發展的現實分析，也有對中國共產黨所奉行的實事求是的認識論原則以及人民民主的政治原則的闡明。然而，這篇談話中最值得我們注意的是，針對鍾士元等人提出的香港人對香港回歸缺乏信心的問題，鄧小平的談話口吻就不再是解釋，而更像是政治教育或權威訓誡。因為鄧小平很清楚，撒切爾夫人講信心問題，實際上是主權問題，因此他毫不含糊地講 "主權問題不是一個可以討論的問題"。然而，鍾士元等人講信心問題，實際上是在內心中不承認中國共產黨和中華人民共和國，對中華人民共和國提升中華民族的世界地位和尊嚴所作的成就視而不見，而歸根到底是殖民心態作祟，缺乏中華民族的自尊心和自豪感。尤其讓小平惱火的是，鍾士元等人開口閉口 "你們中國人"，彷彿自己不是中國人。正是在這個背景上，鄧小平在談話中沒有闡述 "港人治港"，反而是闡述 "中國人治港"，強調香港人也是中國人：

> 要相信香港的中國人能治理好香港。不相信中國人有能力管好香
> 港，這是老殖民主義遺留下來的思想狀態。鴉片戰爭以來的一個多世

29　鍾士元：《香港回歸歷程：鍾士元回憶錄》，香港：香港中文大學出版社 2001 年版，第 65 頁。

紀裏，外國人看不起中國人，侮辱中國人。中華人民共和國建立後，
改變了中國的形象。中國今天的形象，不是晚清政府、不是北洋軍
閥、也不是蔣氏父子創造出來的，是中華人民共和國改變了中國的形
象。凡是中華兒女，不管穿什麼服裝，不管是什麼立場，起碼都有中
華民族的自豪感。香港人也是有這種民族自豪感的。香港人是能治理
好香港的，要有這個自信心。香港過去的繁榮，主要是以中國人為主
體的香港人幹出來的。中國人的智力不比外國人差，中國人不是低能
的，不要總以為只有外國人才幹得好。要相信我們中國人自己是能幹
得好的。所謂香港人沒有信心，這不是香港人的真正意見。目前中英
談判的內容還沒有公佈，很多香港人對中央政府的政策不瞭解，他們
一旦真正瞭解了，是會完全有信心的。我們對解決香港問題所採取的
政策，是國務院總理在第六屆全國人民代表大會第二次會議的政府工
作報告中宣佈的，是經大會通過的，是很嚴肅的事。如果現在還有人
談信心問題，對中華人民共和國、對中國政府沒有信任感，那末，其
他一切都談不上了。[30]

即使在這篇經過整理的文獻中，人們依然能感受到小平在談話當時的
憤慨，這是近代中國人憋在內心中的憤慨。香港媒體稱小平在這次談話中
把鍾士元等人痛斥為殖民主義者的 "孤臣孽子"，也不無道理。當時參加
會見的立法局非官守議員鄧蓮如為了緩和氣氛，連忙表示自己也是中國
人，並以作為中國人感到驕傲，現在中國人可以抬起頭來，是由於中國的
發展；提出 "一國兩制" 是有遠見的，希望能成功，否則他們也不會來北
京坦率講這些話。

這就是文化的威力，是老祖宗的威力，是儒家傳統的威力。無論鍾士
元等人在政治上對中國共產黨抱多大的敵意、偏見和不信任，但在中國人
和中華民族這些概念上，在中華大一統這個政治信念面前，形形色色的意
識頓時顯得黯然失色。這也足以看得出鄧小平的政治智慧，他時刻把握著

30　鄧小平：《一個國家，兩種制度》，1984 年 6 月 22 日、23 日，載《黨和國家領導人關於港澳問題的重
　　要講話》，北京：中國民主法制出版社 2011 年版，第 13-14 頁。

這話語主導權，與撒切爾夫人談信心問題，採用的是主權話語，而與鍾士元等人談信心問題，藉助的是中國歷史、中華民族、中國人和愛國這樣的話語。（參見第六章）在這一段經典的論述中，鄧小平首先回顧鴉片戰爭以來的歷史，那就是"外國人看不起中國人，侮辱中國人"，這就是我們所熟知的西方公共媒體上將中國人塑造為"鴉片癮君子"、"瞇瞇眼的滿大人"乃至"黃禍"的形象。（參見第三章）然而，恰恰是在新中國成立之後，也就是鍾士元這樣海外"高等華人"所抵制的人民共和國在國際上改變了中國人的形象，從朝鮮戰爭到恢復聯合國常任理事國的地位乃至尼克松訪華，中國人在國際上的地位有了根本的改善，以至於"凡是中華兒女，不管穿什麼服裝，不管是什麼立場，起碼都有中華民族的自豪感，香港人也是有這種民族自豪感的"。說到香港，鄧小平認為香港今天的成就是香港人幹出來的，將香港繁榮歸結為英國人的統治那是缺乏民族自信心的表現，而這恰恰是長期的殖民主義教育所培養出來的觀念，才會將英國人看作是無所不能的拯救者，而不相信自己國人。因此，"所謂香港人沒有信心，這不是香港人的真正意見。"這就意味著在鄧小平區分了兩類香港人：一類就是像鍾士元這樣缺乏民族自信心、將香港的成就歸結於英國人殖民統治的，甚至提出英國人在香港再殖民一百年的，這一類人往往是殖民主義培養出來的高等華人，屬於殖民主義的"孤臣孽子"，他們當然不能代表香港人；另一類就是具有民族自信心和自豪感的香港人，這無疑就是香港傳統左派為核心的香港普通市民，他們就成為鄧小平所說的"愛國者"。正是在這兩類人的劃分的基礎上，"港人治港"毫無疑問就是"愛國者治港"，就是"愛國者為主體的港人"治港，而前者依然可以被吸納到香港回歸之後愛國者治港的管治團隊中，就像鍾士元就參與到回歸後特區政府的管治團隊中。

　　這些談話的內容沒有出現在鍾士元的回憶錄中。在他的回憶錄中，這次會見的標題冠之以"針鋒相對"。在鍾士元看來，這是香港民意與北京意志的針鋒相對。可在鄧小平看來，這是中華民族的主人心態與殖民統治下的奴隸心態的針鋒相對。正是在這個意義上，當鍾士元認為他們代表香港民意的時候，鄧小平認為他們只是以"個人身份"反映意見。因為在鄧小平看來，香港人首先是中國人，是中華兒女的一部分，他們的普遍意志必然支持國家統一，香港回歸。因為"國家統一"從來不是中國共產黨的黨派主張，而是中華民族"大一統"歷史中形成的、比黨派意見更高的政治信念，它是散佈在全世界的中華兒女的共同心聲，"就是現在不統一，一萬年以後也要統一"（鄧小平語）。而中華民族大一統的中心在內地，不在臺灣，更不在香港。因此，無論鍾士元這樣的殖民派，還是錢穆這樣的復古派，或者胡適這樣的自由派，他們由於否定中國共產黨的政治意識形態，而否定"中華人民共和國"代表中華民族的政治主權地位，這不僅抹殺了中華人民共和國對"改變中國的形象"、提升"中華民族的自豪感"所做的巨大貢獻，而且否定了中華民族連續發展、不斷向上提升的歷史，更嚴重的是，使得中華民族或中華文明因為缺乏政治實體的支持而變成了空洞的概念。

中華民族和中華文明的希望在中國內地，這是鄧小平堅定不移的信念。因為中國共產黨從來都主張自己既是中國工人階級的先鋒隊，又是中華民族的先鋒隊；中華人民共和國既是社會主義國家，屬於社會主義陣營的一部分，又是中華帝國政治遺產的合法繼承人，是中華文明的繼承人。正如鄧小平對香港同胞們所說的，"我們中央政府、中共中央即使在過去的動亂年代，在國際上說話也是算數的。講信義是我們民族的傳統，不是我們這一代才有的。這也體現出我們古老大國的風度，泱泱大國嘛。作為一個大國有自己的尊嚴，有自己遵循的準則。"[31] 因此，不承認社會主義、罵共產黨是一回事，但不承認中華人民共和國政府作為中華民族的主體地位，反對臺灣和香港回歸祖國，就成了另一回事。如果說對於前者，中國共產黨尚能夠容忍並在統一戰線中加以團結，那麼對於後者卻堅決不能容忍。這也是鄧小平在談話中如此激憤的原因。

十幾年後，當鍾士元以特區政府行政會議召集人的身份出現在香港回歸的慶典上時，面對冉冉升起的五星紅旗，充滿深情地回憶起了鄧小平。他高度評價了小平的這次談話："他當時熱切地希望看到曾經失去的土地

31　鄧小平：《保持香港的繁榮穩定》，1984 年 10 月 3 日，載《黨和國家領導人關於港澳問題的重要講話》，北京：中國民主法制出版社 2011 年版，第 17 頁。

可以回歸祖國，振興民族。我相信，逾億中國人，不論是在香港還是在內地抑或在海外，當他們透過電視熒光幕看到香港回歸祖國及特別行政區成立，都會不期然地想起他。"[32] 無疑，鍾士元身上流的是中國人的血，他在特定的背景下為香港人的命運不懈努力，體現了不畏權貴、為民請命的儒家士大夫的精神氣質。香港人正是在另一種特殊的環境下，以一種不同的方式傳承了中國文化的精神：

> 命運將我放在英國殖民地統治下的香港出生及長大，打從開始以下都不是我所選擇的。而我當年帶領行政立法兩局議員極力要求英國政府與中方談判香港前途問題，是為了顧及大部分香港人的意願。由始至終，我只想達致一個能夠解決香港問題的實際可行方案，並且同時顧及中國的主權和尊嚴、英國的體面和傳統、以及港人的意願。過程中有高與低、苦與樂，但今日我總算或多或少協助香港人達成了他們所要爭取的。香港人一直是一群流浪在外的中國人，回歸仿如回家，當家作主以外，肩上頭更承擔起協助祖國走向現代化的責任。[33]

儘管鄧小平與鍾士元 "針鋒相對"，但二者都懷著對國家、民族、文明和歷史的共同情感。也是在這次談話中，鄧小平針對香港人提出了著名的 "愛國者治港" 這個政治主題：

> 港人治港有個界限和標準，就是必須由以愛國者為主體的港人來治理香港。為了香港特區政府的主要成分是愛國者，當然也要容納別的人，還可以聘請外國人當顧問。什麼是愛國者？愛國者的標準是，尊重自己民族，誠心誠意擁護祖國恢復行使對香港的主權，不損害香港的繁榮和穩定。只要具備這些條件，不管他們相信資本主義，還是相信封建主義，甚至相信奴隸主義，都是愛國者。我們不要求他們都

32　鍾士元：《香港回歸歷程：鍾士元回憶錄》，香港：香港中文大學出版社 2001 年版，第 209 頁。

33　鍾士元：《香港回歸歷程：鍾士元回憶錄》，香港：香港中文大學出版社 2001 年版，第 206 頁。

贊成中國的社會主義制度，只要求他們愛祖國，愛香港。[34]

在這裏，無論對“中國人”的界定，還是對“愛國者”的界定，所謂的“國家”大體上是以 country 而非 state 作為理論的基點。中國共產黨正是在這樣一個寬泛的“愛國者”概念的基礎上形成了愛國統一戰線，爭取到包括林行止、鍾士元在內的大多數港人對香港回歸的支持。

34　鄧小平：《一個國家，兩種制度》，1984 年 6 月 22 日、23 日，載《黨和國家領導人關於港澳問題的重要講話》，北京：中國民主法制出版社 2011 年版，第 14 頁。

五、重建社會契約：齊物平等與協商民主

關於中英聯合聲明的效力問題始終存在著爭論，不少人認為香港回歸之後既然按照基本法來治理香港，聯合聲明就 "成為歷史中文件，不再具有現實的意義"，因為聯合聲明中載明的政策已經落實到基本法中了。然而，如果翻開香港基本法，其中第 159 條第 3 款明確規定："本法的任何修改，均不得同中華人民共和國對香港既定的基本方針政策相抵觸。" 很顯然，這裏所說的 "基本方針政策" 就是在聯合聲明中載明的中華人民共和國對香港的基本方針政策，包括在附件中對這些 "基本方針政策的具體說明"。如果中英聯合聲明已經成為歷史文件，那麼基本法的這個規定要不要遵循這個不具有現實意義的歷史文件呢？是不是意味著在香港回歸五十年之內對基本法的修改可以不受這些基本方針政策的限制呢？這意味著我們理解基本法，不能忽略基本法制定的國際背景，不能忽略基本法作為憲制性法律文件在制定過程中所具有的重建社會契約的政治意義。

事實上，鍾士元訪問北京提出的 "三角凳" 問題隱含了一個法理問題：誰來代表香港人來決定香港的前途命運。在關於中英聯合聲明的談判中，實際上是英國政府和中國政府通過談判來決定香港的前途命運，中國作為香港的主權者，中央政府就是香港民意的代表者。然而，當聯合聲明簽署之後，需要按照聯合聲明的要求，將中央對香港的基本方針政策具體化為一部基本法的時候，這個問題再次出現：誰來代表香港民意起草一部決定香港未來命運的憲制性法律呢？

在構思成立新中國的政治協商會議中，有各黨派的代表、各民族的代表和各地區的代表，而這些代表的基礎就是擁護中國共產黨建國主張的 "人民"。這樣一個政治建國的過程必然包含了對反對這種 "政治" 建國的 "敵人" 進行鎮壓，這就是 "人民民主專政" 的基本含義。在這次政治建國完成之後，1954 年憲法試圖將這個政治國家建立在穩固的法律基石上，或者說為這次政治建國披上法律程序的外衣，這就需要在公民普選基礎上產生人大代表並通過國家憲法，從而將政治上的 "敵我關係" 轉變

為憲法之下公民之間的法律關係。然而，從政治建國的黨派要素或民族要素轉向憲法確認的公民要素的過程中，香港人存在著缺失，因為中華人民共和國在政治主權建構過程中，香港人通過其政治代表參與了建國，但香港人並沒有經過普選產生公民代表（人大代表）來認可憲法所確立的這個共和國。由此，中央按照"一國兩制"恢復對香港行使主權，將憲法所確立的"一國"適用於香港的過程，刪除基本法實際上構成憲法向香港的延伸，並按照"一國兩制"的原則以及聯合聲明中載明的對香港的基本方針政策在香港確立新的憲法權威，完成香港憲制秩序的轉型，即從大英帝國的憲制秩序轉型到中國的憲制秩序。在這個意義上，我們可以說，基本法的起草過程實際上就是香港人對中華人民共和國在憲法遲到時的確認過程，以彌補香港人與內地人之間締結憲法這個社會契約的缺失。正因為如此，基本法的起草過程表面上是全國人大制定法律的過程，可事實上更像內地（中央）與香港之間重新締結社會契約的政治協商過程。

　　1985 年 6 月，基本法起草委員會正式成立。最初確定香港草委的名額為 18 名，後來考慮到香港草委的代表性，增加到 23 名，在 59 名草委中佔 40%，而且在草委會的每一個專題小組中，都有一名內地草委和一名香港草委負責。正是基於這種類似締結社會契約的需要，對香港草委的要求就必須要有"廣泛的代表性"，能夠最大限度地體現香港主流社會力量，最大程度地體現香港社會各階層的需求。為此，中央任命香港草委遵循兩個原則：一是考慮"歷史背景和現實情況"；二是"有利於保持香港穩定繁榮"。所謂考慮"歷史背景和現實情況"，就是要考慮到香港傳統左派是愛國者的政治主體，但由於 1967 年港英政府鎮壓了反英抗議運動之後，香港左派的迅速邊緣化，落入香港社會最底層，而總體立場上相對親英的工商專業階層變成了香港社會的精英主流。而"有利於保持香港穩定繁榮"，實則就是要在現實上依賴這些親英的工商專業階層。這兩個原則結合起來，基本法香港草委的挑選在總體利益傾向上"偏中上，中層、基層少一點"。用香港媒體的話來說，香港草委是"包羅各界精英；照顧各方利益"。"這樣的安排，照顧到了香港的各個方面、各個階層，代表性比較廣泛，可以更好地反映香港各界同胞的意見、要求和願望，使起草的香港特別行政區基本法能夠更符合香港的實際情況。"[35]

　　儘管基本法起草委員會中的香港草委具有廣泛的代表性，但由於這些草委不是由香港市民選舉產生的，缺乏相應的代議基礎，為了奠定基本法這個社會契約的政治基礎，中央借鑒香港人熟悉的港英政府建立諮詢委員會這種"行政吸納政治"的模式，成立了"基本法諮詢委員會"，將其作為代表香港市民向基本法草委提供參考意見的諮詢組織，從而增加了香港人參與訂立基本法這個社會契約的機會。為了增加各界別的代表性，原定80名的諮詢委員會最後擴大到180人，成為包括工商界、金融地產界、法律界、專業人士、傳播媒介、基層團體、宗教以及部分草委以及旅英僑領等十幾個界別。這些諮詢委員也是通過不同方式產生的。其中包括"挺舉"，即由相關團體、註冊社團等推薦產生的；"抓舉"，即由基本法起草委員會委員推薦並邀請其參加的；和"推舉"，即由個別人士和團體毛遂自薦參加的。為了增加諮詢委員會的代表性，原計劃邀請鍾士元等港英政府的兩局議員以及部分臺灣在香港的代表人物，但這些人物出於政治原因拒絕參加。可以說，基本法諮詢委員會基本上涵蓋了"上、中、下；左、中、右；中國、外國；男、女、老、少。所謂'右'包括反對共產黨，當前不贊同收回香港的人"。基本法諮詢委員會的組建大大地刺激了香港社會的政治熱情，中產專業界的政治熱情急劇高漲，各種團體、組織紛紛產生，以大眾民主參與的形式奠定基本法的正當性。

　　起草基本法的民主參與性質，不僅反映在基本法起草委員會的構成和基本法諮詢委員會的成立上，而且體現在基本法起草的過程中。由於基本法的制定過程類似於制憲會議，它既是內地草委與香港草委之間的政治協商，更是香港內部各派政治利益之間的協商，而在許多關鍵問題上更像內地草委與香港草委之間"有限度"的對等談判。之所以說是"有限度"是因為談判的內容已經確定了，即聯合聲明中載明的中央對香港的基本方針政策，而在談判形式上，中央處於絕對的主導地位，因此它又體現出全國人大制定法律的特徵。在起草基本法諮詢委員會章程的過程中，就為是否

35　彭沖：《關於〈中華人民共和國香港特別行政區基本法起草委員會名單（草案）〉的說明》，《人民日報》1985 年 6 月 9 日。

將"民主協商"作為原則產生過爭議，港區人大代表廖瑤珠大律師首先就帶頭反對，認為"協商"辦法不明確，不科學，因為在國內這個概念具有民主黨派附和執政黨的意涵。可見，恰恰是擔心基本法諮詢委員會淪為"政協"，她主張採取程序正義的投票表決方式。

可是在當時的社會氛圍中，內地與香港之間在思維方式上有很大的差異，而香港內部各階層之間也缺乏充分的信任。當北京的草委與香港草委就某些問題發生分歧的時候，或者香港草委之間乃至香港諮委之間發生分歧的時候，若訴諸"形式平等"的投票表決程序，利用少數服從多數的民主原則來作出決定，那麼必然賦予內地草委或工商界草委絕對的權力，因為他們在人數上佔據絕對優勢。由此，"形式平等"程序主義只能導致多數與少數之間的政治分化，無法形成共識。然而，"協商民主"的精髓恰恰是"齊物平等"，那就是承認政治力量存在差異懸殊的情況下，多數人更應當尊重少數人的利益和意願，從而採取反復協商的方法，相互作出妥協讓步，尋求最大程度的共識，從而爭取雙方的滿意。因此，這一套協商民主的原則顯然不同於代議民主。由此，說服、妥協、求同存異就取代了辯論、投票和強制執行。因此，經過討論之後，大多數草委都贊成採取民主協商的原則，甚至後來連基本法諮詢委員會也主張採取"民主協商，兼容並蓄，求同存異，不強求一致，不採取表決方式"。而這個協商原則落到實處，就是要求內地委員盡量讓香港委員發表意見，聽取他們意見，落實到文字，也盡量滿足香港草委的意見，盡量考慮香港各方面人士的合理反映。這意味著，盡管內地草委在人數上佔據多數，但"齊物平等"的原則要求更加尊重和採納佔少數的香港草委和諮委們的意見，這反而更有助於保護少數者的利益，在求同存異的基礎上實現雙贏局面。正是基於政治協商，為了求同存異，鄧小平給起草基本法提出的基本原則就是"宜粗不宜細"，即把雙方最大的共識記錄下來，而把雙方的分歧保留起來，留待後來解決。

基本法既然是中央（內地）與香港之間重訂社會契約的過程，其實質上就是一部"中央與香港特區關係法"，是主權性權力如何在中央與特區配置的問題。因此，基本法起草過程中的爭議焦點之一就是中央與特區關係，因為這要將香港實行"高度自治"的"高度"用可度量的具體法律形式規定下來。在這個問題上主要有三個爭議。

其一，關於"剩餘權力"問題。有的香港草委認為，中央與特區的關係就類似英國與加拿大、澳大利亞的邦聯關係，或聯邦制國家中聯邦政府與州政府的關係，因此沒有規定的"剩餘權力"應屬於特區；有的香港草委認為"高度自治"就意味著中央管得越少越好，中央政府最好僅保留國防和外交兩項權力，其他權力都賦予特區政府；也有香港草委認為基本法應當將中央權力和特區的權力加以明確分配，而對於沒有預見到的"灰色地帶"或"未界定權力"，最好由特區政府行使。而內地草委顯然不同意這種看法，因為中國是單一制國家，香港的主權屬於中央，是中央授權香港特區實行高度自治。因此基本法是一部授權法，沒有授予香港特區政府的"剩餘權力"毫無疑問屬於中央。由於這些爭議的存在，基本法中並沒有明文規定"剩餘權力"的歸屬，這個法理問題直到 2004 年關於香港政制發展問題的人大釋法才進一步得到確認。

其二，關於憲法與基本法的關係。一些香港草委擔心中央依據憲法否定基本法的效力，也有一些草委指出憲法第 31 條關於設立特別行政區並沒有規定特別行政區實行資本主義制度，由此他們主張在基本法中特別規定"憲法與基本法的關係"一節。有香港草委甚至提出要在基本法中列明哪些憲法條文適用於香港，哪些條文不適用於香港。更有香港草委更以投反對票相威脅。最後，內地草委員作出讓步，同意先加上這一節。然而，這在法律技術上非常難以確定，大家無法達成一致意見。所以，基本法中並沒有明確規定這個問題，但在基本法附件三中以明確列舉的方式載明了哪些內地法律適用於香港，比如國籍法、國旗法等等，其中不包括憲法，以至於一些香港人認為憲法在香港沒有法律效力。但是，基本法是依據憲法制定的，基本法所說的中央政府顯然是由憲法所規定的，香港是國家的一部分，基本法乃是國家憲法體系的重要組成部分，香港回歸就是將香港納入到國家憲制體系和國家治理體系中。因此，中央後來不斷強調"憲法和基本法共同構成香港的憲制基礎"。

其三，關於基本法的解釋權。這是"基本法起草過程中分歧最大、爭論時間最長的問題"[36]，因為雙方都明白，誰掌握了法律的解釋權在某種意義上就掌握了法律的制定權。香港草委堅持香港的普通法傳統，主張由香港法院行使法律解釋權；而內地草委堅持內地的傳統，主張基本法作為全國人大制定的法律，理應按照憲法的規定，由全國人大常委會行使對基本法的解釋權。最後，雙方都進行了妥協讓步，形成了複雜的基本法解釋機制，即全國人大常委會有權解釋基本法，但授權特區法院對香港自治範圍內的條款自行解釋，對於自治範圍外的條款則由特區終審法院提請人大常委會進行解釋。其初衷是想在"兩制"之間形成立法與司法、解釋與判決的良性互動。然而，回歸之後，香港的法律界試圖否定人大的釋法權，由此導致在"人大釋法"問題上的持久爭議。

36　李後：《回歸的歷程》，香港：三聯書店（香港）有限公司 1997 年版，第 155 頁。

六、"愛國者治港"：基本法的政治靈魂

如果說在中央與特區關係問題上，由於中央對港政策已做出了框架性規定，且中央盡最大可能的妥協和讓步使得許多難題迎刃而解。那麼，在香港政治體制的問題上，由於涉及到香港本地的政治利益關係，涉及到香港管治權的歸屬及其背後隱含的中央與特區關係，問題更為複雜，爭議更為激烈，甚至到了不可調和的程度。

首先一個分歧就是香港政治體制應當採取"立法主導"還是"行政主導"。立法主導模式類似於內閣制，將政治權力的中心放在立法會，特區政府由立法會產生並向立法會負責。行政主導模式類似於總統制，賦予行政長官更大的權力，行政長官不是由立法會產生，也不向立法會負責。香港的"民主派"主張採取立法主導模式，這其實是大英帝國在撤退戰略中推動代議制改革的基本思路，即通過立法會的選舉使得英國人長期培養起來的親英力量掌握了香港的管治權。（參見第四章）為此，基本法草委李柱銘認為，立法會應當在香港政府中具有最高的法律地位，享有較大權力，包括監察權、廣泛的提案權、對行政長官投不信任票、傳召行政長官作證等，而行政長官應受到立法機構較大的控制，且無權解散立法會。為此，"民主派"草委試圖在中英聯合聲明中找到了相應的法理依據。聯合聲明在附件中關於中央對香港的基本方針政策明確規定："香港特別行政區立法機關由選舉產生。行政機關必須遵守法律，對立法機關負責。"這個"負責"在英文本中為 accountable。這個概念在英文中包含了顯示權力來源的代議制含義，甚至可以理解為行政機關的權力來源為立法會，並向立法會負責。這意味著香港的政治體制應該設計為內閣制。事實上，中英聯合聲明談判中，關於立法會選舉問題是在談判最後關頭中方做出讓步才規定的。而英國人正是利用當時中國人未能理解西方代議制的政治理論，在"負責"這個概念上設計了一個陷阱。在基本法起草過程中，這個陷阱被暴露了出來。為此中央不得不把"負責"概念放在中文語境和中國憲制傳統中理解，並花精力向香港草委解釋"負責"的中文含意。面對這

種分歧，採取投票表決顯然不能解決問題。因此在 1986 年 4 月的深圳會議上，這個問題懸而未決。後來，草委會乾脆採取"先易後難"的辦法，首先分析港英政府體制中哪些制度是值得保留的。香港草委們一致認為，公務員制度、諮詢制度、廉政公署、行政局效率等等都是香港政制中有價值的東西，而這些制度都嵌套在港英政府長期採取的行政主導體制。於是在 1986 年 8 月的廈門會議上，草委會基本上同意以行政主導制度為藍本，有限度地增加立法機構的制衡力量。

究竟實行行政主導還是採取立法主導，一個隱含的問題其實是政黨政治，因為立法主導就容易產生政黨政治。"民主派"草委之所以主張立法主導，實際是想組織政黨，通過黨政選舉來執政。為此，李柱銘在草委會上提出要正式討論政黨政治問題，希望把政黨政治規定在基本法中。而內地草委則擔心香港"民主派"搞政黨政治會奪取香港的管治權，但部分香港草委卻擔心搞政黨政治會讓中央名正言順地在香港建立共產黨組織，進而通過選舉直接統治香港，破壞了"一國兩制"。這兩種內心的想法彼此都不方便講出來，因此也無法通過協商討論達成共識。於是，基本法草委會政制小組最後罕見地以表決的形式否定了這個提議。港方草委李福善認為，基本法已列明了香港公民有組織社團的權力，這當然包含了政黨，就無需專門規定政黨政治問題。這算是給出了一個能拿到檯面上的"說法"。

隨著時間推移，國內特殊的政治環境導致了對未來政治想象的變化。這自然影響到了在基本法中對"一國"的建構，其中關於香港政治體制的設想也產生了一些微妙的變化。在起草基本法的 1980 年代中後期，內地政治民主化討論也如火如荼，民主普選、三權分立的學說甚囂塵上。在 1986 年 11 月北京舉行的基本法草委會第三次全體會議上，在總結行政與立法關係的問題時，委員們同意原則上採用"三權分立"的模式，即司法獨立，行政機關和立法機關之間既相互制衡又相互配合，行政長官有實權，但要受到制約。在這種背景下，儘管聯合聲明中只規定行政長官和立法會由選舉產生，並沒有規定普選產生，可在這種政治氛圍中，"普選"成為對選舉的自然理解，以至於"普選"概念幾乎在沒有爭議的情況下寫入了基本法，這導致後來香港政制問題的爭議。（參見第九章）而當時，最大的分歧並非要不要"普選"問題，而是"普選"步伐的快慢問題。在這個問題上，內地草委與香港草委的分歧還不是主要的，香港工商派與"民主派"之間的立場可謂水火不容。

簡單說來，工商派主張間接選舉，放慢直接選舉的步伐；而"民主派"主張立即普選行政長官和立法會。比如，最保守的"查濟民方案"主張第一、二屆行政長官由香港各界人士組成的顧問局與中央協商產生，以後由顧問局提名 2-3 名候選人，與中央協商後，交全體選民或選舉團選舉；而最激進的"李柱銘方案"主張由立法機關選舉產生行政長官。在這種分歧的背景下，羅康瑞、羅德成、梁振英、鄔維庸等聯合 57 名（後來增加到 89 名）工商界諮委，提出行政長官由廣泛代表性的"大選舉團"產生提名團，由提名團提出人選再由選舉團選舉產生（即"八九方案"），這個大選舉團由 600 人組成，基本上被工商界把持。鄔維庸在解釋這個方案的精神時，明確表示該方案既要防止"民主派"通過直選當權後採用"免費午餐"政策，不利於保持香港的繁榮穩定，另一方面也防止中共發動群眾運動，成為最大的贏家。而他相信，由工商界知名人士組成的選舉團恰恰可以保證香港的資本主義制度。事實上，從基本法起草開始，香港的工商界就對民主派保持警惕，害怕激進的直選方案會損害香港政治制度的穩定，影響他們的利益。在他們看來，香港政治穩定的關鍵在於中央，因此他們自然希望香港政治制度的設計在自己的利益和中央的利益之間達成一致。與此同時，中央對香港的希望就是持續繁榮穩定，而香港的繁榮穩定離不開工商界的穩定和利益保護，因此，香港的工商界成為中央穩定香港的重要政治利益所在，他們提出的選舉方案自然獲得了中央的默許。這個方案公佈後，民主派諮委為了壯大聲勢進行了廣泛的動員，組織各種民主"高山大會"，並將各種民主派論政團體組織成"民主政制促進聯委會"，獲得 190 個團體代表和個人簽名，提出了"一九零方案"，主張由立法會議員提名候選人，由全體選民一人一票選舉產生行政長官。在1986 年 11 月北京舉行的基本法草委會第三次全體會議上，上述四種方案都列入討論的範圍中。

至於立法會選舉方案，也面臨同樣的分歧。最保守的"李福善方案"

主張全體議員由功能團體及間接選舉產生，而最激進的"李柱銘方案"則主張立即普選全體議員。相對中間的方案包括"查良鏞方案"（功能團體和直接選舉各佔一半議席）、"八九方案"（一半議席由功能選舉產生，四分之一議席由選舉團選舉產生，四分之一議席由選舉團提名後地區直選）、"一九零方案"（一半議席由地區直接選舉產生，四分之一議席由功能選舉產生，四分之一議席由地區間接選舉產生）。這些方案也都列在1986 年 11 月北京舉行的基本法草委會第三次全體會議上。

香港政治制度設計的兩種不同方案，反映了中央與香港特區的兩種截然不同的關係，也是兩種政治力量之間的較量。如果說，在中英聯合聲明簽訂之前，中央要面對的是以鍾士元為代表的港英立法局中的香港政治精英主張"主權換治權"思路所構成的挑戰，那麼，在 1980 年代後期則要面對隨著基本法起草過程中廣泛的社會動員以及港英政府推行的代議政制改革（參見第八章），以李柱銘、司徒華等為首的通過地區選舉和政治運動產生出來的香港草根政治精英，也就是所謂的"民主派"。後者最主要的力量就來自 1970 年代回應"回歸"主題而誕生的"民主回歸派"，他們既擁護香港回歸，又支持香港民主，更支持在內地推動民主化運動，總之用民主的方式完成回歸；當然也包括"民主抗中派"，即通過推動香港民主化來抵制中央在香港恢復行使主權。二者既是 1970 年代"認識祖國"與"關心社會"這兩個題目的延伸，也是後來香港民主黨與公民黨潛在分歧的根源。

在中央、香港工商派和香港民主派的微妙關係中，工商派希望中央繼續承擔起穩定香港資本主義制度的力量，這與中央對香港的政策不謀而合。鍾士元（他本人並不是基本法起草委員會委員）為首的舊式政治精英，都傾向於保留香港的行政主導體制，這很大程度上是由於，他們的商業背景和政治背景使得他們看到行政主導體制有利於維護資本主義制度的穩定，而激進的民主選舉制度則可能給香港資本主義帶來巨大衝擊。比如鍾士元在給中央的建議中就主張採取行政主導制，並在立法會選舉中採取"比例代表制"，而港英立法局非官守議員羅德丞則提出在立法會採取"一會兩局"方案，這就演變為後來立法會的分組點票機制。他們都希望在中央主導的"一國兩制"下維持香港作為商業城市的繁榮。而"民主派"則不希望香港僅僅是一個商業城市，也不希望香港人都是對政治冷感的經濟動物，他們不僅希望通過民主普選奪取香港的管治權，而且希望把香港變成一塊政治試驗田，一塊對內地政治產生深刻影響的民主試驗田，從而將香港變為顛覆內地社會主義制度的"橋頭堡"，這與西方國家對中國的"和平演變"戰略不謀而合。於是，在基本法的起草過程中，圍繞香港政治體制和普選就展現出一幅複雜生動的政治圖景，而內地彼時的"民主化"進展使得這幅政治圖景發生了有利於香港民派和西方國家的傾斜。在 1986 年 11 月北京舉行的基本法草委會第三次全體會議上，委員們儘管在具體政體方案上有分歧，但都同意把"三權分立"作為香港的政體模式，"三權分立、制約平衡"的概念已經開始取代"行政主導"的提法。

就在這時，作為"一國兩制"的掌舵人，鄧小平從全球戰略的高度敏銳地意識到自由化思潮席捲香港、東歐、蘇聯和中國內地的國際大氣候。事實上，面對全球冷戰格局，鄧小平早就為中國制定了"一個中心，兩個基本點"的基本政治戰略，在搞改革開放、吸收資本主義制度有益成果的同時，也堅定不移地堅持"四項基本原則"，堅持搞中國特色的社會主義制度。他深深地認識到，否定四項基本原則，搞資產階級自由化的結果就是政治動盪，使中國無法集中精力搞經濟建設，無法建立一個富強、文明的大國。在他看來，這股"自由化"思潮的實質就是否定中國共產黨的領導，否定社會主義道路，從而建立依附於西方的資產階級統治，其結果只能是將中國引入內亂，喪失集中力量發展經濟的大好時機。因此，鄧小平在 1986 年中央十二屆六中全會上堅持把"反對資產階級自由化"寫入決議，並要求把這篇講話一字不改收入自己文集。在 1986 年底處理完學生運動事宜之後，鄧小平對中央政治局常委們再次強調反對"資產階級自由化"對於中國的重要意義：

> 民主只能逐步地發展，不能搬用西方的那一套，要搬那一套，非亂不可。我們的社會主義建設，必須在安定團結的條件下有領導、有秩序地進行，我特別強調有理想、有紀律，就是這個道理。搞資產階

級自由化，否定黨的領導，十億人民沒有凝聚的中心，黨也就喪失了戰鬥力，那樣的黨連個群眾團體也不如了，怎麼領導人民搞建設？反對資產階級自由化是不可缺少的，不要怕外國人說我們損害了自己的名譽。走自己的路，建設有中國特色的社會主義，中國才有希望。如果搞得亂七八糟、一盤散沙，那還有什麼希望？過去帝國主義欺侮我們，還不是因為我們是一盤散沙？[37]

　　鄧小平之所以是一個偉大的政治家，正是因為他在最關鍵的時刻能夠把握住政治最深層的核心問題，即一個民族的命運。在他看來，近代以來中國命運的根本就在於如何避免一盤散沙的內亂局面，凝聚為一個大國而崛起。正是抓住這個核心問題，他看到中國問題的關鍵在於政治穩定，而非民主化。民主化的結果只能是一盤散沙的中國，要麼像國民黨政府那樣成為西方資本勢力操控的買辦政權，要麼像民國初年那樣西方列強分別操控地方諸侯，形成軍閥割據和內戰局面，這其實是晚清以來中國推行民主化歷程中的慘痛歷史教訓。正是基於這種慘痛的歷史經驗教訓，中國才摸索出一條人民民主專政的社會主義道路。而在社會主義建設時期，為了摸索人民民主的發展道路，又經歷了“文化大革命”時期“大民主”帶來的混亂局面。因此，民主化對於鄧小平而言，不是抽象空洞的概念，而是伴隨其一生、不斷面對的深切生活體驗。面對冷戰格局，面對香港與內地互動形成的自由化思潮，鄧小平開始思考香港這個資本主義世界的窗口會不會成為推動中國政治自由化和民主化的基地？會不會在回歸之後成為導致中國政治動盪之源？

　　1986 年底的北京學潮觸發了鄧小平對基本法起草過程中有關香港政體爭議的思考。他清醒地認識到，香港政治體制的關鍵是香港管治權是否能夠掌握在“愛國者”手中。這不僅是民主化問題，而是政治領導權的問題，是中央與香港特區的關係問題，是能否建構“一國”主權的問題，這才是草擬中的基本法的政治靈魂和實質。為此，他在 1987 年 4 月接見了

37　中共中央文獻研究室編：《鄧小平年譜（1975-1997）》（下），北京：中央文獻出版社 2004 年版，第1162 頁。

基本法草委，首先就針對香港媒體擔心的"反資產階級自由化"會導致政策不穩定的問題特別強調指出，"一國兩制"政策要穩定不變，不僅對香港的資本主義政策不變，而且中國內地的社會主義政策也不能變。"講不變，應該考慮整個政策的總體、各個方面都不變，其中一個方面變了，都要影響其他方面。"[38] 因此，他明確提出"一國兩制"的主體是內地的社會主義，如果內地的社會主義變了，就不叫"兩制"，"那就變成了'一制'"。因此，香港人希望"一國兩制"政策不變，就一定要支持內地的社會主義制度不變。

當然，在不少香港人內心中，最好就是內地的社會主義變成資本主義，這樣就可以實現資本主義的"一國"。對此，鄧小平在理論上進行反駁。他認為"中國要是改變了社會主義制度，改變了中國共產黨領導下的具有中國特色的社會主義制度，香港會是怎樣？香港的繁榮和穩定也會吹的。""我們反對資產階級自由化，就是要保證中國的社會主義制度不變，保證整個政策不變，對內開放、對外開放的政策不變。""如果這些都變了，我們要在本世紀末達到小康水平、在下世紀中葉達到中等發達國家水平的目標就沒有希望了。現在國際壟斷資本控制著全世界的經濟，市場被他們佔了，要奮鬥出來很不容易。像我們這樣窮的國家要奮鬥出來更不容易。"一句話，中國共產黨的領導與中國特色社會主義制度乃是中國改變近代以來被西方支配命運的法寶。近代以來西方對中國的殖民化過程歸根結底就是將中國納入資本主義世界經濟體系中，並被鎖定在半殖民地的"邊緣區"（沃勒斯坦語），而新中國選擇的社會主義道路實際上就是一種擺脫資本體系壓迫的重商主義戰略。如今，在建立起完整的工業體系之後，中國重返全球資本主義市場經濟，從而將社會主義制度與資本主義市場結合起來，構成中國特色社會主義制度，這種制度建構的目標就是"要在本世紀末達到小康水平、在下世紀中葉達到中等發達國家水平"。相信當時的香港草委內心未必認同這個說法，可是在今天重溫小平的這段講話，再對比蘇聯解體後的命運，才能真正理解小平這段講話的意義。那

38　鄧小平：《會見香港特別行政區基本法起草委員會委員時的講話》，1987 年 4 月 16 日，載《黨和國家領導人關於港澳問題的重要講話》，北京：中國民主法制出版社 2011 年版，第 41 頁。

不是小平一個人的判斷，而是一個民族歷經磨難、反復探索之後對自己命運的深切體悟。

因此，"一國兩制"在表面上是香港資本主義與內地社會主義的衝突，可這個衝突有機體深切地融入到了"一國"之中，而這個"一國"就是近代以來中國反復探索、尋找民族復興道路的中國。中國共產黨的領導和社會主義制度不能放在資本主義和社會主義的對立上去理解，而必須放在近代以來中國在西方建構的世界帝國體系中的命運角度來理解。中國共產黨統治的正當性基礎並不完全在馬克思主義或共產主義，更在於民族主義，即"只有社會主義才能救中國"、"只有中國共產黨才能救中國"的根本都在"救中國"，"國家統一"、"國家富強"是遠遠比社會主義更為強大的政治正當性基礎。這是近代以來中國人展開國家建構和民族建構過程中奠定的精神盟約，是比社會主義與資本主義這些利益分配的社會契約更深層、更強大的精神盟約。（參見第五章）

正是為了強調"一國"這個國家統一的政治主題，鄧小平話鋒一轉，講到了臺灣問題。他提到美國記者華萊士採訪中的一個提問：大陸現在的經濟發展水平大大低於臺灣，為什麼臺灣要同大陸統一？鄧小平的回答是：

> 第一條，中國的統一是全中國人民的願望，是一百幾十年的願望，一個半世紀了嘛！從鴉片戰爭以來，中國的統一是包括臺灣人民在內的中華民族的共同願望，不是哪個黨哪個派，而是整個民族的願望。第二條，臺灣不實現同大陸的統一，臺灣作為中國領土的地位是沒有保障的，不知道哪一天會被別人拿去。現在國際上有好多人都想在臺灣問題上做文章。一旦臺灣同大陸統一了，哪怕它實行的制度等等一切都不變，但是形勢就穩定了。所以，解決這個問題，海峽兩岸的人都會認為是一件大好事，為我們國家、民族的統一作出了貢獻。

正因為訴諸國家統一這個深層的精神盟約，基本法草委即使不認同中國共產黨的領導和社會主義，也能認同國家統一和國家強大的"一國"理念，也能接受中國共產黨的統戰政策。因此，中國人的政治人格的根本乃是愛國者，共產黨人就是關鍵時刻最富有犧牲精神的愛國者，是最堅定不移的愛國者。正是這種深層的精神盟約，使得"兩制"在基本法制度性契約安排中順利地納入到"一國"之中，由此，"兩制"這個制度性安排就不能顛覆或破壞"一國"這個更為基礎性的精神契約。基於此，鄧小平對基本法中關於香港政治制度的起草提出了一些原則性的要求：

其一，香港的政治制度必須放在"一國"的背景下來考慮。中國內地是根據中國的歷史經驗採取社會主義制度，沒有照搬西方的三權分立、多黨競選，而是實行全國人民代表大會制，"這最符合中國實際，……有助於國家的興旺發達，避免很多牽扯。"同樣，"香港的制度也不能完全西化，不能照搬西方的一套"，而必須符合香港的實際情況，況且香港目前的制度也不是照抄英國或美國的制度。

其二，香港的實際情況就是在"一國"的條件下實行"港人治港"，而"港人治港"這個社會契約要符合"一國"這個基礎性的精神盟約，那就必須落實"愛國者治港"這個政治原則。然而，當基本法中關於普選的制度性安排與"愛國者治港"的政治原則乃至"一國"的精神盟約發生衝突怎麼辦？

> 對香港來說，普選就一定有利？我不相信。比如說，我過去也談過，將來香港當然是香港人來管理事務，這些人用普遍投票的方式來選舉行嗎？我們說，這些管理香港事務的人應該是愛祖國、愛香港的香港人，普選就一定能選出這樣的人來嗎？最近香港總督衛奕信講過，要循序漸進，我看這個看法比較實際。即使搞普選，也要有一個逐步的過渡，要一步一步來。[39]

可見，香港民主普選問題關鍵在於"一國"的建構，即普選能否確保"愛國者治港"，是否會導致中央與特區政治關係的緊張，是否有利於國

---

39 鄧小平：《會見香港特別行政區基本法起草委員會委員時的講話》，1987 年 4 月 16 日，載《黨和國家領導人關於港澳問題的重要講話》，北京：中國民主法制出版社 2011 年版，第 43 頁。

家的穩定。香港憲制的核心在於國家憲制。"一國"作為"兩制"的基礎，就是要強調在主權建構和民族建構中形成的民族獨立與國家強大的精神盟約乃是基本法制度安排的基礎。某種意義上，恰恰是由於中央賦予了香港特區大量的主權性權力（諸如立法、司法、財政、貨幣、稅收、教育、文化乃至國民身份），以至於中央缺乏對香港的制度性控制手段，中央才不得不緊緊抓住行政主導體制和愛國者治港的政治原則。正是從香港憲制這個根本問題出發，鄧小平明確提出，基本法要賦予中央干預香港的必要權力，防止香港出現危害國家根本利益的事情：

> 切不要以為香港的事情全由香港人來管，中央一點都不管，就萬事大吉了。這是不行的，這種想法不實際。中央確實是不干預特別行政區的具體事務的，也不需要干預。但是，特別行政區是不是也會發生危害國家根本利益的事情呢？難道就不會出現嗎？那個時候，北京過問不過問？難道香港就不會出現損害香港根本利益的事情？能夠設想香港就沒有干擾，沒有破壞力量嗎？我看沒有這種自我安慰的根據。如果中央把什麼權力都放棄了，就可能會出現一些混亂，損害香港的利益。所以，保持中央的某些權力，對香港有利無害。大家可以冷靜地想想，香港有時候會不會出現非北京出頭就不能解決的問題呢？過去香港遇到問題總還有個英國出頭嘛！總有一些事情沒有中央出頭你們是難以解決的。中央的政策是不損害香港的利益，也希望香港不會出現損害國家利益和香港利益的事情。要是有呢？所以請諸位考慮，基本法要照顧到這些方面。有些事情，比如一九九七年後香港有人罵中國共產黨，罵中國，我們還是允許他罵，但是如果變成行動，要把香港變成一個在 "民主" 的幌子下反對大陸的基地，怎麼辦？那就非干預不行。干預首先是香港行政機構要干預，並不一定要大陸的駐軍出動。只有發生動亂、大動亂，駐軍才會出動。但是總得干預嘛！[40]

40　鄧小平：《會見香港特別行政區基本法起草委員會委員時的講話》，1987 年 4 月 16 日，載《黨和國家領導人關於港澳問題的重要講話》，北京：中國民主法制出版社 2011 年版，第 43 頁。

　　從這段著名的談話中，我們可以清楚地看出，鄧小平區分了政治的兩種狀態。一種是常規狀態，一種就是緊急時刻。在常規狀態下，中央不會干涉香港的事務，也不需要干涉。但在危機時刻，必須由中央出面來干涉，否則香港無力解決，必然陷入混亂。基本法作為香港的小憲法，必須考慮憲法所面臨的緊急狀態，並且必須給主權者在緊急狀況下挽救憲法的行動留有空間。若基本法只考慮常規狀態，把中央的權力限制得越少越好，那麼一旦出現危機狀態，中央就必須被迫動用駐軍的權力，用軍隊來解決，這顯然不是中央和香港所願意看到的。因此，在基本法中規定中央必要的干預權力，恰恰是為了防止出現緊急狀態，從而保證香港政治始終處於常規狀態之中，避免了中央動用軍隊來干預香港的政治局面。

　　這樣的思想實際上出現在美國建國初年聯邦黨人與反聯邦黨人關於聯邦權力大小的爭論中。反聯邦黨人天真地認為，各州之間會基於相互信任而和平相處，而在聯邦黨人看來，由於人不可避免地會受到利益和激情的影響，各州之間必然會出現利益衝突並導致戰爭。由此，美國人必須在戰爭狀態和司法狀態兩者之間做出選擇。如果過分限制和剝奪聯邦政府的權力，最終的結果就是戰爭狀態，聯邦只能使用軍事手段來統治各州。可一個政府不可能通過軍事統治來維持，結果只能是“聯邦的瓦解”。因此，為了聯邦的安寧，為了避免戰爭狀態而保持司法狀態，必須賦予聯邦政府可以針對公民個體行使立法權和司法權。鄧小平不一定讀過聯邦黨人的東西，但偉大的政治家在心靈深處是相同的，因為他們在最深層次上洞悉了政治的秘密，也就是人性的秘密。

　　儘管鄧小平對香港的政治體制以及普選問題提出了方向性的意見，可此時基本法關於政治體制的內容框架已定，“普選”問題也是生米煮成熟飯。為此，基本法草委們按照行政主導的原則賦予行政長官較大的權力，比較之下立法會的權力很弱。比如，基本法規定行政長官既是香港特別行政區的首長，也是特區行政機構的首腦，既對中央政府負責，又對香港特區行政區負責（第 43 條）。這顯然確立了行政長官的主導地位，尤其是作為特別行政權區的首長，處於香港特區“元首”的地位。至於行政機構向立法會“負責”的爭議，經過反復磋商最後逐條表決之後，“負責”的含義就變成了行政機關向立法會作報告、答覆立法會成員的質詢、執行立法會通過的法案（第 64 條）。李柱銘要求立法會監督行政機關，並為此傳召證人的制度被否決了。而為了強化行政主導體制，基本法還規定立法機關不可以對行政長官投不信任票，若立法機關要彈劾行政長官，彈劾案的提出需要獲得四分之三立法機關成員的支持方可提出。不過在後來，出於妥協又將彈劾案提出的條件放鬆到三分之二立法會成員支持。（第 73 條第 9 項）為了限制立法機關的權力，基本法還規定如果法案涉及公共開支或政府體制或政府運作，不能由議員提出，而議員提出的法案如果涉及到政府政策的，提出前要獲得行政長官的書面同意。（第 74 條）

　　至於行政長官和立法會選舉的模式，由於“普選”的目標已經確定，只能在“循序漸進”上做調整，爭議集中在立法會直選議席與功能議席的數量分配這些技術性問題上。香港社會各界提出了各種不同的方案，而在這個問題上，又需要中英兩國達成平穩過渡的政治共識，港英時期的立法局直選要與香港回歸後的立法會直選實現“銜接”。在“鐵路警察，各管一段”的情況下，只有雙方談判達成妥協，才能在 1990 年制定的基本法中將 1997 年以後立法會的直選情況規定下來。由此，中國政府與英國政府、內地草委與香港草委、工商派與民主派、香港民主運動與內地的自由化思潮等等交織在一起，使得行政長官和立法會選舉經過非常複雜的爭論才最終達成共識。（參見第八章）

　　無論是香港與中央之間的政治協商，還是中英兩國的談判，一部基本法歸根到底就是一部中央與特區關係法，就是在香港保留原有資本主義制度不變的情況下重新建構國家主權的憲法性文件，其目的既要保證香港人原有的生活方式不變以實現“兩制”，但也要保證“愛國者治港”以確保實現“一國”。它把“一國兩制”從政治政策變成了實實在在的、可以具體運作的法律制度。在這個意義，我們可以說，“一國兩制”和基本法的核心在於主權，而主權的政治保障在“愛國者治港”。“愛國者治港”是基本法的活的靈魂。香港回歸之後，圍繞香港政制發展的爭論實際上在於確定“誰是愛國者”以及如何保障“愛國者治港”。

七、尾聲：基本法的想象力

> 你們經過將近五年的辛勤勞動，寫出了一部具有歷史意義和國際意義的法律。說它具有歷史意義，不只對過去、現在，而且包括將來；說國際意義，不只對第三世界，而且對全人類都具有長遠意義。這是一個具有創造性的傑作。

1990 年基本法起草完畢之後，鄧小平特意會見了全體基本法草委。和 1987 年初的那次會面的長篇談話不同，這次會見只講了短短這麼幾句話，對基本法作了高度評價。"一國兩制"從構想、到談判再到制定成法律，無疑傾注了鄧小平的大量心血。基本法可以當之無愧地稱之為"鄧小平基本法"，它屬於中華人民共和國八二憲法的有機組成部分。而八二憲法本身也是"鄧小平憲法"，它和港澳基本法結合在一起，反映了鄧小平對中國憲制的完整想象。

作為一部憲制性法律，基本法的制定引發一個法理問題。中華人民共和國憲法在香港有效嗎？憲法是國家的根本大法，香港既然屬於中國的一部分，豈能在香港無效？然而，如果說把憲法關於社會主義制度的條文適用於香港，恐怕香港資本家在 1980 年代就已經跑得差不多了。憲法規定中國政體是在民主集中制基礎上的人民代表大會制，全國人大代表中固然有香港代表，可香港特區政府並不是按照人民代表大會制組織起來的，而是按照基本法確立的三權制衡、行政主導體制組織起來的。憲法規定最高人民法院是國家最高審判機關，行使對案件的終審權，可香港訴訟案件卻無需上訴到最高人民法院。憲法中的這些內容之所以不適用於香港，是由於"兩制"之中憲法中所規定的社會主義這一制的內容不能適用於資本主義的香港。

如果順著這個思路，我們就要從憲法中辨別哪些內容屬於"一國"，哪些內容屬於"社會主義"，前者適用於香港，後者不適用於香港。但"一國"是"兩制"的前提，"兩制"是"一國"之下的"兩制"，而這個

"一國" 顯然是社會主義國家，我們怎麼可能從憲法中把 "國家" 和 "社會主義" 這兩個要素徹底剝離呢？比如說中國共產黨領導下的多黨合作制度既是建構憲法體制中 "一國" 的部分，同時也是國家採取 "社會主義制度" 的一部分。那麼，憲法中確立的中國共產黨作為國家執政黨的地位在香港是否有效呢？中國共產黨可否在香港按照基本法的規定經過選舉執政呢？其實，這些問題在基本法起草的時候就爭論過，當時有草委提出這個問題要在基本法中加以明確規定，甚至要專門規定一章，可最終因無法用明確的文字說清這個問題而作罷。

在港英政府統治時期，中國共產黨曾以新華社香港分社這個新聞機構的名義在香港活動。1949 年之前無疑處於 "地下" 狀態；1949 年之後英國提出中國在香港設立領館，企圖讓中國默許英國對香港統治的正當性，這自然被中國政府所拒絕，但新華社香港分社在香港的地位無疑具有更濃厚的代表中國政府的官方色彩。尤其在香港回歸過程中，新華社香港分社積極宣傳 "一國兩制" 方針，緊密團結愛國愛港人士，組成愛國愛港統一戰線陣營，與港英政府展開了針鋒相對的鬥爭，被香港社會看作是僅次於港英政府的另一政治權力中心。香港回歸後，為了穩定香港人心，落實 "一國兩制"、"港人治港" 和高度自治的承諾，中央採取了 "馬放南山"、"刀槍入庫" 的隱退戰略。新華社香港分社不僅機構和人員縮減，而且從原來的高調變得低調，以免被看作是干預香港的高度自治。2001 年，香港立法會議員劉慧卿為了挑戰新華社香港分社在香港的法律地位，故意提起訴訟，新華社香港分社也是採取低調應訴的方式打贏了官司，並由此正式更名為中央人民政府駐香港特別行政區聯絡辦公室，成為名正言順的中央政府駐港機構，主要職責是聯絡香港社會各界。這意味著香港回歸之後，中國共產黨的色彩在香港逐漸淡出，代之而起的是中央政府的形象。由此香港不斷有人追問，既然基本法容許政黨存在，為什麼共產黨不在香港名正言順地參與立法會和行政長官選舉呢？

用這種法律形式主義的方式來思考這些問題固然符合憲法和基本法的規定，但不符合 "一國兩制" 的精神實質，不符合香港的實際情況。"一國兩制" 產生於香港人 "恐共"、"拒共" 的背景之下，社會主義與資本主義的"兩制"分野在當時不僅是"計劃經濟"和"市場經濟"的分野，而且是共產黨執政與非政黨的行政主導體制的分野，這意味著"一國"之下的"兩制"本來就沒有考慮共產黨在香港通過選舉執政。由此，香港反對派對中央在香港的統戰工作極其敏感，甚至連港區全國人大代表在香港的活動也都小心翼翼，以免被看作是干預香港內政。比如 2008 年初，香港大律師公會主席袁國強被委任為廣東省政協委員，立刻引起香港社會和部分大律師的強烈反彈。其實香港大律師中不乏各級政協委員和全國人大代表，這次大律師公會主席成為廣東政協委員，除了公民黨起源於大律師公會這個深層政治背景，一個重要理由就是內地的政協是中共的統戰機構，大律師公會主席若擔任政協委員就具有了政黨背景，與大律師公會堅持的獨立、公正傳統會發生角色衝突。而在 2008 年香港立法會選舉之後，又引發了要求立法會主席曾鈺成表態自己是否共產黨員的事件。這種充滿麥卡錫色彩的荒誕事件也只有放在香港的特定歷史背景下才能理解。但我們不能由此得出結論說，憲法中規定的中國共產黨領導的多黨合作制度在香港無效，也不能說中國共產黨就不是香港根本意義上的"執政黨"。2006 年公民黨成立的時候將其目標確定為成為香港的執政黨。劉兆佳教授當時就敏銳地指出，中國共產黨才是香港的"執政黨"，理由是 2004 年的中共十六屆四中全會明確提出保持香港、澳門長期繁榮穩定是中國共產黨在新形勢下治國理政的"嶄新課題"，這分明是從執政黨提高執政能力的角度來處理香港問題。在中國十七大報告中這個問題又變成"重大課題"。十九大之後，習近平總書記又從治國理政的角度明確提出"既要把實行社會主義制度的內地建設好，也要把實行資本主義制度的香港建設好"。這都說明中國共產黨才是香港的"執政黨"，只不過是在"一國兩制"條件下的執政，是在行政長官和立法會都要實行普選的條件下的執政。

　　法律形式主義遭遇的憲法與基本法關係的難題就在於，法律形式主義強調憲法高於基本法。基本法雖然是由全國人大制定的"法律"，但它不是一部普通的法律，它是一部在香港建構國家主權的憲法性法律。它之所以被稱為"小憲法"，是由於它在香港這個局部地區建構了國家主權，因此，無論是香港的政治體制，還是行政長官和立法會普選，就不單單是香港內部的權力配置問題，而是關係到中央與特區的關係，關係到愛國者治港原則，關係到中央在香港的主權能否有效落實。正是基本法的主權建構，使得中國對香港的主權權利才變成了實實在在的主權行使。因此，基本法引出了中國國家主權建構的獨特憲制安排。憲法與基本法不僅共同構成香港的憲制基礎，而且共同構成中華人民共和國的憲制基礎。如果我們僅僅從憲法的角度考慮憲法在香港有效（valid）或者無效（ineffective），或憲法的哪些條款在香港有效，哪些條款在香港無效，實際上忽略了基本法對中國憲政體制的特殊貢獻，看不到"一國兩制"和基本法給中國憲政體制帶來的革命性變化，忽略了中國憲法體系所具有的"不成文憲法"特徵。在香港回歸後的"憲政第一案"——馬維騉案（*HKASR v. Ma Wai-Kwan*, CAQL/1997）中，特區上訴法庭對基本法有一段生動的描述：

> 基本法不僅是《中英聯合聲明》這個國際條約的產兒，它也是全國人大制定的國內法和香港特別行政區的憲法。它將載入《中英聯合聲明》中的基本政策翻譯為更為可操作的術語。這些政策的實質就是香港目前的社會、經濟和法律制度將會 50 年不變。基本法的目的就是要保證這些基本政策的貫徹落實，以及保持香港特別行政區的繼續穩定和繁榮。因此，主權變化之後保持連續性是至關重要的。……基本法是一個獨一無二的文件。它反映兩國之間簽訂的一個條約。它處理實施不同制度的主權者與自治區的關係。它規定政府不同部門的機關和職能。它宣佈公民的權利和義務。因此，它至少有三個維度：國際的，國內的和憲法的。人們必須認識到它不是由普通法的法律人所起草的。它是用中文起草的並附帶了一個官方的英文本，但發生分歧時中文本優先於英文本。[41]

這段文字反映了基本法的特殊性，只不過香港法律界人士普遍強調基

41　*HKASR v. Ma Wai-Kwan*, CAQL 1/1997.

本法來源於中英聯合聲明，而忽略了基本法來源於憲法及其與憲法的關係；強調基本法是香港特區的憲法，而忽略了基本法也是全國人大制定的法律，也是國家憲法的有機組成部分；強調基本法保護香港的經濟、社會和法律制度"不變"，而忽略了基本法處理"主權與自治權的關係"給香港帶來的變化。

香港回歸之後，經濟、社會方面的"兩制"並行不悖，甚至日益靠攏，可在"人大釋法"、"23 條立法"以及處理香港政制發展問題上卻產生出緊張和衝突。表面上看這是"兩制"之間的差異，可實質上是"一國"的建構問題，即要在香港原來的基礎上增加"一國"的要素。由此引申的問題是：難道我們的"國家建構"（state-building）依然沒有完成？難道我們經歷了 1949 年第一次建國之後，還要經歷"第二次建國"？如果這是第二次建國，那麼基本法就不能只看作香港特區的"小憲法"，而應當看作是國家憲法的一部分。如果將港澳回歸看作是"第二次建國"，那麼將來臺灣統一必然會迎來"第三次建國"，必然要在更大的範圍內重建社會契約，開闢出"一國兩制"的臺灣模式。

可見，全國人大制定基本法不能簡單地從形式主義法律觀來理解，而必須理解為一種"前憲法"的制憲活動或建國行動。在此，我們必須區分"政治建國"與"憲制立國"，前者是政治共同體的建構，後者是給這個政治共同體披上合法的外衣，以鞏固該政治共同體。1949 年新中國的成立意味著建構政治共同體的建國任務已經完成，其中包括了對港澳臺的主權建構，即港澳屬於歷史遺留問題，最終要實現回歸；而臺灣屬於內戰割據的局面，最終要實現統一。而其後的 1954 年憲法直到 1982 年憲法都是在不同的時代為國家賦予不同的憲制形式，港澳基本法的制定也是在符合"愛國者治港、治澳"這個政治共同體建構的前提下進行的局部的"憲制立國"，因此基本法起草的廣泛社會動員實際上是通過"憲制立國"的行使來補上未完成的"政治建構"過程。因此，"愛國者治港"才是真正使香港回歸中國這個政治共同體的絕對憲法，它是基本法的靈魂，並賦予基本法真正的生命。

"憲政立國"的角度看，我們國家經歷了從《共同綱領》到 1982 年憲法的四次從原則到結構的重大修改，還有後來的港澳基本法的制定。然而，無論憲法怎麼變化，中華人民共和國並沒有出現法蘭西式的從第一共和國到第五共和國的更迭，其原因就在於中國共產黨領導下的多黨合作制度所建構的政治共同體並沒有改變。因此，幾部憲法的修改乃至基本法的制定都是在不同的歷史條件下以不同的憲法形式來鞏固捍衛這一政治共同體。因此，基本法制定過程中關於香港政治體制以及普選模式和普選步伐的爭議，實際上都是圍繞著如何確保"愛國者治港"這個"絕對憲法"展開的，而這恰恰是鞏固政治共同體的關鍵所在。全國人大制定基本法來肯定資本主義制度的合憲性依據，恰恰在於憲法序言中所描述的政治建國過程中所確立的中國共產黨在國家中的領導地位。而"一國兩制"解決港澳臺問題的思路原本是中國共產黨的政策，也是鄧小平提出的"中國特色社會主義"理論體系的一部分。可見，從法律形式主義的意義上區分憲法中關於"一國"要素和"社會主義"要素本身就是不可能的，從法律形式主義的意義上討論中國共產黨在香港是否合法、是否執政也是沒有意義的。中國共產黨的執政地位是"政治建國"中所確立的，"憲制立國"只能完善其法律形式而已。因此，中國共產黨毫無疑問是香港特區的執政黨，只不過由於基本法的存在，使得共產黨在香港的執政方式不同於其在內地的執政方式。在內地是通過"黨的領導"，由黨委統領政府來執政，而在香港則是通過"愛國者治港"來執政，具體而言，就是依據基本法所確立的中央與特區關係以及特區政府的三權制衡、行政主導體制來執政。

但是，我們必須認識到，從共同綱領到憲法的每一次徹底修改，都使得國家的形式和面貌發生了重大的改變。基本法的制定無疑改變了國家的面貌。從此，中國不再是單一的社會主義國家，而是以社會主義為主體同時包容了資本主義制度在內的混合型國家；它不再是傳統意義的單一制國家，而是包含局部"高度自治"的單一制國家。因此，今日中國的面貌實則不再是 1982 年憲法修定之初所反映的面貌，而是它和香港基本法結合在一起所反映出的面貌。如果再考慮到內地實行的民族區域自治，再考慮到澳門基本法，再考慮到將來解決臺灣問題而進行的憲政建構，那麼"中國"的面貌已完全超出了歐洲的民族國家範疇，恢復到了古典的"多元

"一體"的文明中國的風貌。（參見第六章）而這樣一個"新中國"是通過1982年憲法、民族區域自治法、香港基本法、澳門基本法以及未來處理臺灣問題的法律所共同建構起來的。在這個意義上，中國雖然有一部嚴格意義上的成文憲法，但卻不是成文憲法國家，而是不成文憲法國家，即它的憲法是通過不同的憲法性文件構成的。香港基本法與其說是香港的"小憲法"，不如說是國家不成文憲法體制中最重要的憲法文件之一。

由此，我們才能理解為什麼鄧小平像拿破崙對法國民法典的自信那樣，毫不謙虛地給予這部"鄧小平基本法"以最高的評價。在我看來，這部創造性傑作的歷史意義就在於通過現代法律技藝來提升了中國的邊疆治理水平，將古典文明的中國重新納入到現代民族國家的中國之中，從而展現出其不同於西方帝國憲制的魅力。拿破崙透過法蘭西把現代民族國家的政治想象發揮到了極致，而鄧小平通過"一國兩制"所復活的、關於"中國"的政治想象才剛剛開始，給後代拓展邊疆治理方式提供了足夠的想象空間。這也許就是它對人類文明的長遠意義。

第八章

帝國落幕：
從循序漸進到激進革命

　　1992 年 7 月 9 日，末代港督彭定康攜帶家人抵達香港的皇后碼頭。港英政府專為殖民地官員建造的碼頭經歷了歷任港督上任和離任，包括 1975 年伊麗莎白女皇到訪和 1997 年 7 月 1 日查爾斯王子黯然離去，都是經由皇后碼頭。2007 年特區政府出於建設需要拆遷皇后碼頭，引發了青年一代的抵抗行動。他們要保護的不是簡單的歷史古跡，而是香港的集體記憶。這種集體記憶對於年輕一代如此重要，一方面是由於內地經濟崛起和香港的相對邊緣化，致使香港人喪失了對內地的優越感而變得敏感又脆弱；另一方面是由於文化認同的阻隔，在"兩制"區別日漸模糊之時，國家認同又很遙遠，從而變得焦慮且迷惘。在這種情況下，往日的集體記憶似乎變成了年輕一代精神成長中的成人禮。就像軒尼斯道、德輔道街、駱克道和皇后大道等這些充滿歷史記憶的街道名稱，皇后碼頭與帝國司令勳章、十字勳章、騎士勳章等香港精英當年取得的榮耀一樣，成為往日輝煌的記憶。

　　和過往港督上任一樣，香港的達官顯貴和普通市民自然要到皇后碼頭列隊歡迎自己的主人。然而，讓港人驚訝的是，這位末代港督一改殖民統治傳統，沒有佩戴《殖民地規例》明確規定的裝飾有羽毛的帽子、肩章和佩劍等這些象徵帝國榮耀和威嚴的符號，而是身著便服，一臉微笑輕鬆地與市民們招手，一點不像過往的港督總是保持威嚴的神色。正當香港人對港督新鮮的出場方式議論紛紛時，上任第二天的彭定康就以民選政客慣用的親民姿態，坐地鐵，擠人群，搭火車，走山路，逛"女人街"，在街頭小店喝茶，接近市民。整個香港轟動了，就像神仙下凡一樣，在香港一百多年歷史上，港督第一次像普通人一樣走在市民中間。而經過選舉訓練的彭定康，不僅善於用幽默的語言吸引市民，而且善於利用身體語言，舉手投足都成了媒體捕捉的對象。

　　當然，彭定康很清楚，民意是由傳媒塑造的。於是他的就職典禮就變成在總督府後花園會見記者，通過傳媒問答大會傳播其施政理念。這種類似美國總統在白宮玫瑰園會見記者的現代政治小技巧，對香港新聞界卻是破天荒第一次。而在彭定康隨行人員中就有來自倫敦的新聞統籌官員，他是營造"民意"的高手，負責每天在最短的時間內將香港新聞媒體關注的問題整理出來，並制定新聞宣傳計劃和策略，告訴彭定康應如何回應這些問題。而這樣的新聞統籌官員屬於唐寧街民選政客的一部分，而不屬於職業外交家或殖民地的總督。由此，傳媒以及傳媒引導的民眾就被彭定康一系列眼花繚亂的舉動完全吸引住了，如崇拜演藝明星一樣關注其表演。香港人暈倒了，彷彿沉浸在童話世界中。後來，彭定康每次來香港都能引起不大不小的波瀾，直至如今，香港人依然津津樂道彭定康的政治表演，念念不忘往日的眩暈。

為什麼一個殖民總督一反傳統，以街頭鼓動家的方式，把自己塑造成一個民選政治家的形象呢？進一步而言，為什麼英國一反由殖民地官員或職業外交官擔任港督的傳統，而要任命一個民選政治家擔任港督呢？我們唯有在香港政制發展和中英談判的歷史中，在結束冷戰的全球政治鬥爭中才能理解大英帝國如何抓住機遇成就在香港 "光榮撤退" 的奇跡。

一、香港憲制轉型：主權與治權的"銜接"

1979 年底，麥理浩訪華獲得中國政府準備收回香港的信息之後，港英政府於 1980 年 6 月 6 日即發佈了《香港地方行政模式綠皮書》，這是按照二戰後 "楊慕琦計劃" 推動賦予香港居民更大自治權的思路，在 1960 年代戴麟趾推行的地方行政改革的基礎上，首先從地區層面引入代議制度。（參見第四章）從此到香港回歸這近二十年的時間裏，大英帝國開始正式部署撤出香港的計劃，即通過推進代議政制的方式將香港政權逐漸交到自己培養出來的 "小英國人" 手中，從而使香港以獨立或半獨立政治實體的形式繼續保留在大英帝國的 "無形帝國" 體系中。為此，大英帝國在香港問題上始終採用兩種戰略來推動香港 "獨立" 或完全自治的政治目標。其一是外交策略，通過與中國政府的外交談判給香港自治或實質獨立爭取最有利的外部條件，這一點我們從聯合聲明的簽署和基本法的制定過程中就可以清晰地看出來。（參見第七章）其二是內政策略，利用英國擁有管治權的機會，運用政權力量來推動香港政治的民主化，通過代議制改革把香港政權盡可能地交到親英的港人手中，促成香港事實上的 "獨立化"。這無疑是大英帝國慣常的撤退戰略（參見第四章），也是撒切爾夫人為中英談判所設定的目標規劃："我們的談判目的，是以香港島的主權，換取整個香港的長期管治權。……我們建議談判如果沒有進展，便應在香港發展民主架構，我們的目標是在短時間內讓香港獨立或自治，仿如我們以前在新加坡的做法。這將包括在香港建立有更多華人參與的政府和管治架構，令華人越來越多地為自己作主，英國人則逐漸退居二線。"[1] 她甚至明確表示，"我們一定要發展香港的民主架構，以在短期內完成自治或獨立的目標，如像我們在新加坡所做的那樣。"[2] 從此，在香港回歸不可避免的大背景下，大英帝國與中國在香港展開短兵相接的正面交鋒。中國運用愛國主義和民族主義的感召力，運用九七之後在香港的主權和管

1 　《戴卓爾夫人回憶錄》，香港：博益出版集團有限公司 1994 年版。
2 　轉引自李後：《回歸的歷程》，香港：三聯書店（香港）有限公司 1997 年版，第 187-188 頁。

治權，以"一國兩制"的方案爭取香港各界尤其是香港工商界的支持，從而維持一個繁榮穩定的香港，使其順利回歸中國；而英國則以自由、民主作為社會動員的政治理念，運用九七之前擁有的香港管治權，以民主普選的代議政治方案爭取香港各界尤其是新興的中產專業界的支持，從而維持一個實質上獨立或半獨立於中國的"自治"實體，使其繼續維持大英帝國在香港的無形統治和重大利益。

1984 年 7 月 18 日，港英政府趕在 9 月 26 日中英草簽聯合聲明之前，率先發表了《代議政制綠皮書》，宣佈要"逐步建立一個政制，使其權力穩固地立根於香港，由充分權威代表香港人的意見，同時更能較直接向港人負責"，並"使各行政部門向立法機構更為負責"。[3] 這也就意味著港英政府一方面要把香港的政權移交給香港本地人，使得香港政權"立根於香港"，以至於香港回歸之後中央政府獲得的可能只是空洞的主權形式，而現實的管治權則掌握在其培植的香港精英手中；另一方面要將香港政治體制從行政主導體制改為立法主導體制，建立起行政機關向立法機關負責，而立法機關再向香港市民負責的代議體制。這樣的體制無疑是為了避免未來特區政府向中央負責，將香港打造為獨立或半獨立的政治實體。港英政府為這個複雜的改革計劃提供了一個簡潔明瞭的動員口號——"還政於民"，而實現這一政治目的的手段就是引入政治選舉。由此，港英政府一改立法局議員由港督任命的傳統，引入了功能界別選舉傳統。這個做法主要有兩個考慮：

其一，港英最初在香港政制發展（constitutional development or constitutional reform）問題上秉持尊重傳統和秩序的英式自由主義，對傳統制度採取循序漸進的改革。在過往"行政吸納政治"的模式中，港督一般是在"按地區和社會功能劃分的選民組別中"，挑選非官守議員。其中包括兩類，一類是由居住地區相近的區域組織，比如市政局、鄉議局、區議會等；另一類是由工作性質相似而產生的職業團體，比如工商界、法律界、財經界、教育界和工會等。正是這種傳統的基礎上，《綠皮書》提

3　《綠皮書：代議政治在香港的進一步發展》，載強世功編：《香港政制發展資料彙編（一）：港英時期及起草〈基本法〉》，香港：三聯書店（香港）有限公司 2015 年版，第 261-262 頁。

出，要在立法局中增加兩類選民議員，前者構成"選舉團選舉"，後者就稱為"功能選舉"。這樣既符合香港的傳統，又引入了選舉政治的要素，在保持港英政府政治穩定的前提下推進政治選舉，增加香港人對選舉的認識，增加香港政治體制的代議制性質。正如《綠皮書》所言，"本港現行政制最重要的特色，是徵詢民意和以民意大致所歸，作為施政的基礎；而不是一個以政黨、派別和反對派系構成的政制。⋯⋯這個制度最可貴之處，就是能夠使香港長期以來，經濟得以繁榮，社會得以安定。"[4]

其二，但更重要的是，功能選舉制度有利於鞏固港英政府與香港工商專業精英階層的政治同盟，防止香港愛國左派通過直接選舉奪權。在當時的政治格局中，中共支持的香港愛國左派始終是一股強大的政治力量，這股政治力量由於 1967 年港英政府的鎮壓走向衰落，但在當時依然保持著僅次於港英政府的強大社會動員能力。而當時的"民主派"還沒有出現，若貿然引入直接選舉制度，其結果必然是香港左派進入政府，成為港英政府的反對派。對此，《綠皮書》直言不諱地指出：

> 直選選舉並不是一種放諸四海而皆準的辦法，足以確保能夠選出一個穩定的代議制政府。有些時候，人民的政治意識上直接選舉未有充分的準備；有些時候，則由於社會風俗習慣不同，這種選舉方式未能深為人民所接受。⋯⋯我們必須負責本港的特殊政治環境，財經界及專業階層對建立本港前途的信心和繁榮至關重要，他們必須獲得充分的代表權。推行直接選舉，可能使本港迅速陷入一個反對派系參政的局面，以致在這個關鍵時候，加上一種不穩定的因素。[5]

在中英聯合聲明簽署之後，港英政府隨即於 11 月 21 日發表了《代議政制白皮書：代議政制在香港的進一步發展》，公佈了港英政府的正式改

4　《綠皮書：代議政治在香港的進一步發展》，載強世功編：《香港政制發展資料彙編（一）：港英時期及起草〈基本法〉》，香港：三聯書店（香港）有限公司 2015 年版，第 264 頁。

5　《綠皮書：代議政治在香港的進一步發展》，載強世功編：《香港政制發展資料彙編（一）：港英時期及起草〈基本法〉》，香港：三聯書店（香港）有限公司 2015 年版，第 265 頁。

革方案，其內容主要集中在 1985 年的立法局選舉中。但是與《綠皮書》中的規劃相比，《白皮書》中增加了選舉議員的數量，原計劃選舉團選舉和功能組別選舉分別為 6 人，到 1988 年才增加到 12 人，可白皮書正式公佈的選舉團選舉和功能選舉的議員分別增加到 12 人。可見，港英政府意圖加速香港民主化的發展。港英政府的政治目的很明確。用當時行政局首席議員鍾士元的話說，中國政府講的 "五十年不變"，不是指 1997 年的香港情況五十年不變，而是希望 1984 年簽署中英聯合聲明時香港的政治格局五十年不變。而港英政府恰恰希望要從根本上改變這種局面，讓 "五十年不變" 成為 1997 年香港回歸後的格局五十年不變，這就需要在 1984 年到 1997 年這十三年時間中，加速推動代議制改革，將香港改造為一種扎根本土的民主政制，從而使這個體制在 1997 年之後保持不變。這就是港英政府推動政制改革的 "十三年大變，五十年不變" 的基本思路。

對於港英政府推動政制改革的目的，北京瞭然於胸。時任香港新華社社長許家屯在《綠皮書》發表後不久就在香港大學畢業同學會上發表了 "歷史的重任" 的演講，指出 "九七年以後的香港，既不是英國的屬地，也不是什麼 '獨立的政治實體'，而是中國政府管轄下的一個享有高度自治權的特別行政區。" 他甚至直接點出港英政府通過政制改革試圖將香港改造為一個 "獨立政治實體" 的目的，明確提出 "'高度自治' 是中國政府的一部分，而 '獨立政治實體' 是獨立於中國以外的。這一個問題，有一個意見和傾向，值得你們注意的" [6]。中國外交部也表示，"中國政府對香港英國當局的代議政制白皮書不予置評，1997 年以後香港的政治體制將由中華人民共和國全國人大代表大會制定的《香港特別行政區基本法》來決定。" [7] 這意味著中英之間關於香港政制發展的鬥爭會轉移到香港基本法制定的問題上來。中國政府掌握著通過基本法來規定 1997 年之後香港憲制的決定權（主權），而港英政府掌握著 1997 年之前香港憲制改革

6　轉引自鄭宇碩：《代議政制的發展以及基本法的銜接》，載鄭宇碩編：《香港政制及政治》，香港：天地圖書有限公司 1987 年版，第 249 頁。

7　轉引自袁求實：《香港回歸大事記（1979-1997）》，香港：三聯書店（香港）有限公司 1998 年版，第 27-28 頁。

的決定權（治權），這兩種權力變成了雙方討價還價的籌碼。若兩國政府都希望香港政權平穩過渡，那就必須在彼此妥協的合作基礎上解決這個問題，否則雙方的鬥爭必然危及到香港政權的平穩過渡。

為了推動香港的政治選舉和憲制轉型，英國政府和港英政府通過一系列法律將立法局從港督的諮詢機構逐步變成代議機構，而且變為最高權力機關。比如 1985 年 5 月通過《宣誓及聲明（修訂）法案》，規定立法局議員在宣誓時，可以選擇原來的宣誓效忠英女皇，也可以宣誓效忠香港市民。而隨後通過的《立法局（權力與特權）條例》賦予立法局一些絕對的權力。比如立法局可以下令傳喚任何人提供證言和說明等，並勒令交出任何文件，除了軍事、防務及與英國政府的關係外，被傳人必須如實回答有關問題，違者以犯罪論處，虛假回答即可論罪，若拒不出場，立法局主席可以下令逮捕，強迫提供有關的文件和證言。對立法局議事內容進行誹謗或刊登或歪曲報道，要按罪論處。在做好這一列準備之後，港英政府就著手通過選舉，既賦予香港市民政治決定權，又最終將這種權力匯集在立法局。

然而，在長期的殖民統治下，尤其受"行政吸納政治"模式的影響，香港人已經被安排在等級秩序中，並不習慣於民主選舉，以至於 1985 年的立法局功能選舉選民只有七萬人，參加投票的只有兩萬五千人。儘管如此，港英政府推動的代議政制改革已經激發了年輕一代香港人的政治熱情，尤其是 1970 年代香港學生運動中的"社會派"力量成了 1980 年代議政參政政團的中堅力量。更重要的是，中國政府以重建社會契約的思路啟動基本法起草，推動香港社會各界參與到基本法諮詢委員會，開始諮詢香港各界的意見，並由此催生了香港社會形形色色的政治團體。在這個意義上，香港的民主政治是由港英政府的代議制改革與中國政府起草基本法的制憲運動共同推動的，而歸根結底是由中國政府以"一國兩制"思路結束香港殖民統治的政治決斷所推動的。在這個意義上，中央毫無疑問是香港最大的民主派，無論是 1960 年代反殖民主義的政治運動，還是 1970 年代香港本土左翼政治運動，與 1980 年代的香港回歸運動一樣，就是以人民當家作主的民主方式來結束大英帝國對香港百年來的殖民統治。正是在這股民主浪潮的推動下，1988年港英立法局的選舉改革引發了社會各界的廣泛關注，其爭論的焦點已不再是增加間接選舉議員的數目，而是要引入直接選舉立法局議員。如果說在1984年之前的中英談判時期，香港人圍繞主權歸屬問題在爭論究竟是"主權"回歸中國的"還政於中"，還是港英政府提出的"還政於民"，那麼1988年的民主直選爭論就變成了"民主回歸"還是"民主拒共"的分歧，而這種分歧可以上溯到香港1970年代"認識祖國、關心社會"運動中"國粹派"與"社會派"的分歧。這種分歧既有代議民主與直接民主兩種民主理論與民主道路的分歧，也有國家民族統一與本土高度自治的分歧，這些不同的主張在不同的時期以不同的方式呈現出來並進行組裝轉化，最終轉化為基本法起草過程中關於特區政府體制和立法會直選議席的爭議。（參見第七章）

英國政府必須趕在基本法制定之前推動香港代議制改革，才能在基本法的起草中利用中國政府試圖和平過渡的政治考慮，以"銜接"作為壓力，來影響基本法的制定。然而，"銜接"問題是一柄雙刃劍，英國政府可以利用它來影響中國政府關於基本法的制定，中國政府也可用它來制約港英政府的政制改革。由此，在中國政府、英國政府和港英政府之間形成了一個相互制約的連環關係。為此，在中英兩國專門成立的中英聯絡小組中，實現"銜接"就成為重要的討論內容，這意味著英國政府深度捲入基本法的起草過程，而中國政府也介入到港英政府的政制改革中。中國政府通過外交談判對英國政府和港英政府施加壓力，港英政府關於代議政制的任何改革都必須服從英國政府與中國政府的政治談判。此時，蘇聯的戈爾巴喬夫用"新思維"來推動改革並力圖結束冷戰，而中國的改革開放在加速並推動中美關係的升溫，在這種背景下，中英兩國政府處於友好合作狀態，共同致力於香港政權的平穩過渡。[8]1987年港英政府推出的《一九八七年代議政制發展檢討綠皮書》正是在中英兩國密切合作的背景下發表的，其宗旨就是："致力於維持現有代議政制的穩定和使它更趨鞏固"，"不建議考慮一些將會嚴重擾亂已確立的政制發展模式或損害現有

8　關於起草基本法中關於直選問題的爭議，以及中英兩國政府就這個問題展開的談判，參見 Mark Roberti：《出賣：1997香港經驗》第13-17章，涂百堅等譯，臺北：勝智文化事業有限公司1995年版。

法定代議組織的運行以及行政安排的選擇。"[9] 因此，港英政府總的傾向是不主張 1988 年進行直選，在"審慎衡量"了直選帶來的社會後果後，主張"避免出現對抗政治，而以務實的方針去處理問題"[10]。

港英政府諮詢社會意見的《綠皮書》發表後，港英當局收集到 13 萬份意見書，最後公佈有 67% 的意見認為不應在 1988 年進行直選。儘管"民主派"強烈質疑這些民意收集的結果，但港府決策總算找到了合理的理由。而在這背後是中英兩國就政制改革的"銜接"問題經過談判達成了共識，即 1988 年不採取直選，1991 年之後可直選部分議員，具體數目應當與基本法規定的數目相銜接。後來，雙方溝通達成的具體數目為：1991 年直選 10 席，1995 年 18 席，通過"直通車"成為 1997 年第一屆立法會的 18 席，1999 年 24 席，2007 年 30 席。這不僅規定了港英政府推動民主普選的進程，也規定了香港回歸之後十年內的民主普選進程。而這個共識既要港英政府遵守，也要中國政府寫入到基本法之中。正是由於中英兩國政府之間在"銜接"問題上保持默契。港英當局於 1988 年 2 月發表的《代議政制今後的發展白皮書》中明確主張：

> 為了保持穩定，香港代議政制的發展應該繼續是循序漸進而不是突變。……這些演變也必須有助於 1997 年政權的順利交接。……在考慮 1997 年前進一步發展香港的代議政制時，必須顧及中英聯合聲明的有關規定，和基本法起草委員會對 1997 年後怎樣執行這些規定的商議。……政府在衡量上述所有因素後所作出的結論是：1997 年以前立法局內加入若干名由直接選舉產生的議員，將會是香港代議政制發展進程中的一個合理和可取的步驟。……至於實行直接選舉的時間，政府的結論是：鑒於社會人士在這個問題上有十分明顯的分歧，在 1988 年實行這樣重大的憲制改革將不會是正確的做法。……政府因此決定在 1991 年採取直接選舉選出若干名立法局議員。[11]

9　《綠皮書：一九八七年代議政制發展檢討》，香港政府印務局印，1987 年 5 月。

10　《綠皮書：一九八七年代議政制發展檢討》，香港政府印務局印，1987 年 5 月。

11　《白皮書：代議政制今後的發展》，香港政府印務局印，1988 年 2 月。

　　然而，1989 年北京發生了政治風波，英國政府迅速改變對華政治戰略，雙方從合作轉向了鬥爭。原來兩國基於"銜接"而確定的直選議席也不得不重新調整。由於當時兩國缺乏互訪，1990 年初中英兩國外長為此以通信的方式討價還價，並最終達成了新的一致意見，即 1991 年直選議席增加 8 席而達到 18 席，1997 年的第一屆立法會的直選議席增加 2 席而達到 20 席，第三屆立法會直選議席達到一半 30 席的原定方案則依然保留。正是根據這個"銜接"原則，全國人大於 1990 年 4 月 4 日通過了香港基本法。然而，隨著東歐劇變以及緊接出現的蘇聯解體，整個冷戰似乎以西方世界的勝利而告終。在這個背景下，英美改變了對華戰略。中國成了整個西方世界實現和平演變戰略的最後目標，而香港就成為首當其衝的主戰場。

二、為"銜接"而鬥爭：協商與政黨政治

　　在最廣泛的意義上講，"一國兩制"的要旨就是在於"銜接"，即讓曾經的大英帝國的憲制秩序與未來的中國憲制秩序相互"銜接"以保持憲制秩序的內在連續性，讓西方的資本主義制度與中國的社會主義制度相互"銜接"以保持香港的繁榮穩定，讓全球海洋秩序與大陸秩序實現"銜接"，從而構想出一個相互關聯的、統一的全球秩序。美國人稱之為"全球化"，中國人稱之為"面向世界"。從"銜接"的角度看，"一國兩制"的重要內容就是強調"保持不變"，當年鄧小平給撒切爾夫人解釋"一國兩制"的時候，形象地稱之為"馬照跑，股照炒，舞照跳"，這種保持不變的思想後來甚至發展為"能不變的就不變"。

　　然而，香港回歸涉及到主權和治權的重塑，涉及到冷戰以來兩種社會制度的根本分歧，涉及到近代以來西方文明秩序與中國文明秩序的差異，這種憲政秩序轉型必然包含著內在的革命性。這種革命性不僅體現在主權行使上北京全面取代了倫敦，更重要的是主權的政治內涵發生了改變，即用現代民主制度取代了港督專制制度。在這個意義上，圍繞"銜接"展開的鬥爭自然包含著在香港如何落實民主普選的政治鬥爭。中英在"銜接"問題上的合作，恰恰展現為彼此之間的激烈鬥爭提供了前提條件，從而使得這種鬥爭會產生制度性的客觀效果。假如沒有這種"銜接"，那麼雙方也就無需鬥爭，彼此都會等待在 1997 年 7 月 1 日發生的革命性斷裂。更何況，圍繞"銜接"的鬥爭不僅在中英兩國之間展開，而且在香港社會內部展開，因中央重建社會契約而推動的民主政治第一次讓香港人產生了把握自己命運的感覺和意識。如果說在 1960、1970 年代，香港本土文化和香港本土意識開始催生了"香港人"這個概念，那時的"香港人"不過是一個地理概念，最多是一個文化主體概念，那麼 1980 年代以來，隨著中央提出"一國兩制"、"港人治港"和高度自治的方針政策，特別是"港人治港"這個概念被反復強調，"香港人"的身份認同從一種文化主體轉向了政治主體，從文化認同轉向了政治認同，即香港人要積極主動地參與

到香港政治中，來把握自己的命運。

從中英談判以來，我們首先看到香港工商界不斷在倫敦與北京之間奔波，甚至希望作為“三角凳”加入到中英談判中。然而，隨著中央公佈“一國兩制”政策以及中英聯合聲明的簽署，香港工商界獲得了遠遠超過其預期的更大利益。中央“保持不變”的政策不僅保證了他們在港英時期就已經獲得的經濟利益，而且通過“港人治港”和高度自治讓他們獲得了港英時代不敢奢望的政治利益——成為香港真正的管治者，這就是香港回歸之後人們所說的“商人治港”。並且更重要的是，他們率先進入內地開放的龐大市場，不僅獲得巨額的經濟收益，而且通過全國人大和全國政協的渠道大規模進入到國家政治體系。儘管如此，他們清醒地認識到，中央對香港恢復行使主權就意味著香港的命運不可能完全掌握在香港人手中，而是由中央主導著香港的命運。無論是基於地緣政治現實，還是香港回歸之後的政治現實，香港的繁榮穩定依賴於中國改革開放的成功，因此要保持香港長期繁榮穩定，就必須依賴中央支持以及香港與中央建立起良好的合作關係。正因為如此，他們對港英政府推動的民主普選以及香港民主派的興起心懷憂慮。他們甚至更希望由中央政府來委任行政長官，而不希望通過民主選舉產生行政長官。一方面，他們擔心大眾民主選舉會導致福利主義的興起，出現所謂的“免費午餐”，從而危及到自己的利益，另一方面，他們更擔心民主選舉會刺激“反中亂港”政治勢力的崛起以及由此引發香港對國家的離心力加劇，從而影響到中央與香港之間的良好關係。因此，在基本法起草過程中，香港工商界在政制發展問題上反對加快直選步伐。此時，儘管香港工商界人士也開始組織政黨，比如組織了“啟聯中心”（自由黨的前身），但他們並不準備完全投身於選舉，或者說他們並沒有打算成為選舉型政黨。他們的思路實際上是對“行政吸納政治”思維的自然延伸，以前寄希望於港英政府，現在則寄希望於中央的改革開放政策和統一戰線政策。他們作為“擁護祖國統一的愛國者”，積極投身到“一國兩制”事業和內地改革開放事業中，名正言順地成為香港的真正管治者。

“勞心者治人，勞力者治於人”。政治從來都是屬於勞心者的事業，因為他們為勞力者的生活賦予了意義。全世界的基層民眾的想法大體一樣，莫過於追求飲食男女、生活溫飽。然而，恰恰是勞心者通過教化賦予他們生活的意義和追求，由此形成不同的文明秩序。他們一旦接受了勞心者賦予的生活意義，他們就很容易被這種意義符號所左右，廣作動員，從而作為一股力量參與到政治生活中。古典時代的各種宗教信仰，現代的自由主義、民族主義之類的諸神之爭都是動員社會大眾最強有力的力量。雖然人們經常將香港看作是 "移民社會"，但不同的是，美國這樣的 "移民社會" 是由來自不同文化、民族、國家和宗教的人們在這裏找到共同的底線價值，即屏蔽掉所有這些文化意義世界而變成類似自然狀態的赤裸 "自由"，而香港的移民則絕大多數來自內地，他們共同分享中國人的身份認同和價值觀念，因此香港雖然是移民社會，但 "愛國主義"、"民族主義" 始終是香港社會的核心價值。這就是為什麼 1970 年代以來以港臺為核心的離散華人群體能夠共同激發出 "龍的傳人" 和 "我的中國心" 這樣的 "回歸" 心聲。

　　然而，香港形成 "移民社會" 恰恰是由於 1949 年新中國成立，一個具有明確國籍的公民身份的民族國家取代了過去王朝乃至混亂的民國時代遺留下來的帝國邊疆地帶居民跨境自由流動的局面。因此，也就是從 1950 年 5 月 1 日開始，新中國採取了新的邊境出入境管理制度，內地公民到香港來，必須先領到內地公安局發出的旅行證明書。與此同時，港英政府也規定內地居民來香港，還需要獲得港英政府的批准。然而，隨著內地持續不斷的政治運動的展開，尤其是 "大躍進" 以來不斷的饑荒，很多移民香港的內地人是通過偷渡方式進入香港的。而這一批又一批逃難香港的內地居民很大程度是對內地的計劃體制和政治運動心懷不滿和恐懼，他們成為自我流放的邊緣人而融入到邊陲地帶的香港。在經歷了 1960 年代的反英抗議運動之後，他們在 1970 年代逐漸成為在香港安居樂業的 "香港人"。他們認同中國歷史文化傳統，但絕大多數不認同內地計劃經濟下的社會主義制度，從而在香港形成了 "文化中國" 與 "政治中國" 的分歧。（參見第三章）而在港英殖民統治下，他們在香港沒有政治奢望，最多在經濟上渴望發財致富，這就是關於香港人作為 "政治冷感的經濟動物"的來源。在這個意義上，香港工商界就代表了香港社會的絕大多數，以至於在 1980 年代前期，香港工商界主導著香港社會民意。

然而，政治作為精英的事業，正如孫中山所說的那樣，總是由少數先知先覺者喚醒後知後覺者，然後帶動不知不覺者。1967 年反英抗議運動就是希望結束殖民統治的先知先覺者發起的政治運動，它雖然失敗了，但播下了香港左翼政治的種子。雖然整個 1970 年代香港底層社會（內地移民）的大多數埋頭在商業社會中發家致富，但他們後代中的少數人，也就是自認為屬於"香港人"的專上學生，開始不斷發起各種社會運動，試圖在"認祖關社"中以不同的方式來把握自己的命運和香港的命運。這種社會運動在 1980 年代香港回歸這場"人民出場"的主權政治運動中，被"港人治港"的政治理想所喚醒，在代議政制選舉中接受政治的洗禮，香港人的政治意識急劇膨脹，政黨政治開始興起。他們不僅要作為香港人治理香港，而且要作為中國人以"民主回歸"的理想致力於推進國家邁向政治民主化的"偉大事業"。而此時，香港正在作為"亞洲四小龍"之一迅速崛起為一座世界城市、一座全球矚目的國際化大都市，香港人自認為具備了一種世界意識，一種世界公民的感覺，試圖通過香港向內地播撒新的福音，即西方世界帝國結束冷戰、推動"歷史終結"的自由民主的福音。

由此，香港工商界與香港民主派在港英政制改革和與基本法相"銜接"的問題上，立場可謂水火不同。工商界希望盡可能推遲直選，而民主派則希望加快直選，香港社會的民意就是在兩派的爭奪中不斷被動員、不斷被引導、不斷被塑造。在 1986 年基本法草委會第三次全體會議上，無論是保守溫和的方案，還是民主激進的方案都被列出來，供大家參考討論以凝聚共識。（參見第七章）然而，此時社會的關注點已經集中在"八八直選"的進展以及由此引發的北京與倫敦之間的外交戰。雙方的爭議焦點依然在於港英政府政制改革與基本法之間究竟誰向誰靠攏的問題。北京與港英政府為了獲得對自己有利的形勢，都在爭取民意。此時，經過基本法起草過程中的民意動員，民主派在香港的政治動員能力大大增強。當年曾經為港人爭取權益的工商界以及建制派人士，已經看到"一國兩制"政策有利於維持香港的繁榮穩定，也不再擔心北京會剝奪他們的利益，相反倒是擔心民主派的激進舉動會破壞香港的穩定繁榮。比如鍾士元公開反對"八八直選"，他認為英國政府要"還政於中國"，而不是還政於民，由此香港政制發展的方向應該由中國來確定，既然香港政制改革要與基本法"銜接"，那也要等到基本法制定之後再根據基本法來確定香港政制發展的方向。香港新華社也動員愛國愛港社團向港英政府提意見，反對 1988 年引入直選。最後，連港英政府進行的民調也顯示，贊成八八直選的佔 13.5%，而反對直選的佔 22%，總體民意形勢有利於北京和香港工商界。

就在北京與倫敦的外交鬥爭進入白熱化狀態時，基本法草委會內部的分歧也到了白熱化的程度，1987 年 8 月在廣州舉行的政制小組第十次會議上，李柱銘炮轟基本法政制小組就行政長官和立法機關產生辦法遲遲不能定案是北京故意拖延，而政制小組內地方面負責人蕭蔚雲反唇相譏，說有人在會上發言太長，一個"負責"概念要講五十分鐘，這顯然是指李柱銘。基本法草委會最初的和諧相處不見了，在最關鍵的政治問題上，雙方的爭奪必然是寸步不讓。"革命不是請客吃飯"。香港憲制制度的轉型也是一場不流血的革命，基本法起草過程其實也是一場沒有硝煙的戰爭，甚至在關鍵時刻連鄧小平也要親自出馬，為基本法起草的核心問題定調。（參見第七章）不過，不同於基本法草委會中的"中央與特區關係小組"，在"政制小組"中，主要是民主派與工商界的分歧，中央和內地委員很少直接參與，往往處在居中調解的位置上。然而，中央基於內地政治協商的經驗和想象，似乎過分追求"達成共識"的政治民主效果，以至於面對香港民主派提出的普選主張，中央不斷推動香港工商界向民主派妥協。為此，1988 年 6 月工商界對"八十九方案"進行修改，改變"大選舉團"偏重工商界的色彩，適度增加了基層勞工和中產專業界別的代表。正是為了追求達成共識，中央和內地草委在最根本的問題上作出了妥協，同意行政長官和立法會最終達至普選，從而在基本法起草中引入了中英聯合聲明中根本就沒有規定的"普選"問題。在中央的推動下，1988 年 9 月，工商界對"八十九方案"又做出進一步的修改，提出了"引發點"的概念，即 1997 年第一屆行政長官由"大選舉團"選舉產生，此後當立法機關選舉投票人數達到合資格選民數目一半時，可經由一人一票普選產生行政長官。但是，在實現這個邁向普選的"引發點"時，必須有立法局三分之二成員通過，行政長官同意，方可引入普選。這個方案無疑是工商界作出的最大妥協，因為這意味著行政長官選舉可以從大選舉團選舉循序漸進邁向民主派主張的普選。與此同時，各種中間力量的協調方案也紛紛出籠。其中最引人矚目的方案是1988年8月，傳統愛國左派工會工聯會提出的協調方案，即行政長官選舉第一屆、第二屆採用大選舉團的方式選舉產生，從第三屆行政長官開始，由一個提名委員會提名，然後一人一票普選；至於立法會選舉則建議40%的議員由直選產生。由於工聯會的愛國背景，而該方案中又提出普選行政長官的"時間表"，這意味著中央在推動循序漸進邁向普選的思路。至此，香港社會各界開始接受一個關於"普選時間表"的概念，即從保守方案逐步邁向普選方案的具體時間進度。無論是支持基本法納入"普選"規定，還是提出"普選時間表"這樣循序漸進達至普選的思路，都是中央為了推動香港工商界向民主派妥協而做出的巨大努力。在這個意義上，中國政府不僅是香港最大的民主派，而且也是香港政制邁向普選的最強有力的幕後推動者。

為了推動達成共識，基本法諮委會的政制小組也推動雙方協商，討論各種協調方案。到1988年10月14日，工商界和民主派在諮委會政制小組內部達成三項共識：一是行政長官最初由一個具有充分代表性、有民主成分的選舉機構產生，例如其成員要包括由普選產生的立法局、兩個市政局以及區議會議員。二是此後行政長官須按照循序漸進程序（比如若干年後某種"引發點"）由全港市民一人一票普選產生。三是立法機關最初由"混合選舉"產生，用循序漸進方式朝向有更多普選成分的選舉模式發展。儘管達成了這些原則共識，但雙方對於循序漸進的具體方案，依然難以達成妥協。就在工商界不斷妥協、修改的時候，以李柱銘和司徒華為首的民主派不做任何妥協和讓步，他們把向工商界妥協看作是出賣民主理想，堅持一種"民主原教旨主義的立場"，主張行政長官和立法會盡快採取一人一票普選，以至於連民主派陣營中主張部分妥協的人也被民主派主流所拋棄，民主派變了"死硬派"。然而，在香港大多數民意有利於工商界、有利於推動循序漸進發展普選的大背景下，民主派不得不表現出參與協調對話的姿態。1988 年 10 月，鬆散的政團聯盟"民促會"選出 6 名對話團代表與其他團體展開對話。然而，由於立場根本不同，這些對話、共識也隨之破裂。在 1988 年 11 月，民促會與工商界的對話宣佈破裂，民促會認為不能接受諮委會政制小組達成的三點共識，"八十九方案"發言人羅康瑞認為"民促會"只是進行對話，但不進行協調和妥協。1988 年 11 月 12 日，諮委會召集了十個提出政改方案的代表人物，進行了一次最大規模的協調。由於會議由查良鏞主持，這次大會被戲稱為"武林大會"。但最終由於民主派團體難以協調，大會達成的共識也就變成空洞的原則。

在諮委會和香港社會均無法達成協調的時候，人們等待著草委會來解決這個問題。1988 年 11 月基本法草委會召開會議，首先解決中央與地方關係問題，中央對此做出了最大可能的讓步，在香港社會獲得了很高的評價。而在政制發展問題上，查良鏞首先提出一個"三個階段，循序漸進"的協調方案，即每個階段十五年，每個階段的進展都由全民投票決定。具體而言，在第一階段，行政長官由 1000 人組成的選舉委員會選舉產生，選舉委員會的構成為，工商金融界、專業團體界、勞工、宗教、社會服務界各佔四分之一，餘下四分之一由立法機關議員、區議員、公務員代表組成；第二階段上述四大界別規模縮小一半，將餘下 50% 的名額由地區直選產生；第三階段這個千人委員會變成"提名委員會"，選出三名行政長官候選人，全港一人一票普選產生。至於立法會，則由 80 人組成，第一階段地區直選佔 25%，其餘議席為功能選舉（其中工商金融界佔 30%，專業界佔 25%，勞工、宗教、社服佔 20%）；第二階段地區直選議席增加到 50%，與功能界別一樣；第三階段立法機關全部議席由直選產生。該方案提出後引起了香港社會的爭議，因為這比工商界的保守方案要更為保守。民主派完全不能接受，中間派也認為不理想，連工商界也認為要修改，甚至港澳辦的官員和內地草委也認為這個方案太保守。在港澳辦官員和內地草委的相勸下，查良鏞提出了修改方案，即將原來的三個階段變成兩個階段，如果全民投票通過的話，行政長官在第四屆開始普選，立法會在第四屆全面普選。這個修改方案成為草委會政制小組討論的藍本。然而，即便如此，民主派的李柱銘和司徒華表示難以接受。他們看到自己方面的力量在草委會內大勢已去，就不怎麼參與草委會內的討論了，而是將精力放在媒體評論上，參與到公眾討論和社會運動中。這樣，基本法草委會內討論的阻力反而減少了。很快，基本法草委會政制小組以表決方式通過了主流方案，即行政長官前三屆由選舉委員會產生，然後由全民投票的方式決定第四屆行政長官是否普選產生。立法會的直選議席第一屆增加到 27%，第三屆增加到 50%。在第四屆之後經過全民投票決定第五屆是否採取全部直選。而行政長官選舉委員會的人數由 1000 人減到 800 人，這純粹是由於"千人"在廣東話者有"老千"的負面聯想。這個方案採用"全民投票"的方式來推進，意味著政制發展問題完全操在香港手中，中央沒有發言權，一旦香港全民投票通過支持，全國人大只能批准通過。而這樣的方案竟然在基本法草委會的小組投票中通過了，足以看出當時內地草委在民主普選問題上的立場。

　　儘管如此，基本法草委會政制小組提出的這個主流方案並沒有起到協調作用，反而讓雙方的對立升級。查良鏞在《明報》上一口氣發表七篇社論闡述"沒有一個國家的行政首長直選產生"，然後在"平心靜氣論政改"的倡議中詳述提出方案的原因。這個方案之所以被當時的人們，甚至連工商界都看作是保守方案，主要原因是在 1980 年代中後期，整個香港乃至北京的部分港澳事務官員以及基本法內地草委，均在民主普選問題越來越趨向於激進。事實上，無論是鍾士元，還是林行止和查良鏞，他們心目中理想的香港乃是被稱之為"港式繁榮"的香港，經濟上的"自由"與政治上的"穩定"完美結合起來，前者用查良鏞的話來說就是"完全不受管制、不受干擾的自由經濟"，後者就是高效廉潔的權威法治政府來讓整個社會生活井井有條，司法獨立，人人平等，從而保障經濟自由。查良鏞甚至作了一個比喻："如果把香港的自由經濟比作是牛是馬，可以對中國作出貢獻，那麼得讓牛馬吃草，草是港式的自由與法治。"[12] 從這個意義上說，中央著眼於"保持香港的長期繁榮穩定"來確立對香港的基本方針政策，無疑把握住香港大多數人所信賴的英國治理下的"港式繁榮"或

12　查良鏞：《若要馬兒好，須讓馬兒吃草》，1983 年 7 月 7 日，載查良鏞：《〈明報〉社評選之一：香港的前途》，香港：明報有限公司，第 137 頁。

"港式資本主義"的精髓，即將經濟上的自由主義與政治上的權威主義結合起來，從而與法國大革命激進的政治自由主義形成截然對比。事實上，查良鏞已經意識到香港引入民主政治的最大風險就是產生法國大革命的黨爭："法國大革命前夕的法國議會，一派議員代表貴族，一派議員代表教士，一派議員代表平民，終於平民派議員發動大革命，將貴族派和教士派議員一一送上斷頭臺，自己又鬧分裂鬥爭，再將大部分平民議員也送上斷頭臺。"因此，他主張"為求香港長期的繁榮穩定，本港內部派系鬥爭、政治鬥爭越少越好，將來香港不宜成立政黨，也不宜實行西方式的議會民主。"[13] 在這一點上，他和經歷了"文革"的"大民主"的鄧小平的想法是完全一致的。然而，香港民主派的主張不是"保持不變"，而是要"大變"，首先就主張在結束殖民統治後要追求政治自由，這不僅表現在言論自由、結社自由、集會遊行的自由，更重要的是一人一票普選行政長官和立法會議員為目標的民主政治，相反他們在經濟上恰恰主張改變香港不受節制的自由經濟導致的貧富分化，主張政府應當限制資本而保障底層勞工的利益。可以說，當內地經歷了人人平等和"大民主"的左翼社會主義之後向右轉向市場經濟自由時，香港民主派恰恰希望在香港的資本主義體制中注入民主和平等的社會主義要素。因此，查良鏞的方案和言論引來民主派的不滿和批評。這個時候民主派已經不滿足於在體制內進行民主協商和對話，而開始走向街頭運動。他們策劃了一系列在新華社香港分社門前的絕食、靜坐、遊行、焚燒基本法政制發展部分等活動。當工商界與民主派在這些根本分歧上無法妥協並達成共識時，基本法起草一開始所設想的民主協商機制也就無法發揮效應，任何協調必然變成工商界單方面的讓步。面對這種無法達成共識的紛爭，需要有一個機制做出最後的拍板決斷，從而終結這場注定無休止的、無效果的協調對話。這無疑需要代表人民的"主權者出場"。

儘管如此，香港社會各界依然盡力協調。程介南在其"三十八方案"的基礎上，聯合其他一些中間派團體於 1988 年 12 月召開"武林大會"，

13　查良鏞：《"三三制"與民選政府》，1984 年 1 月 23 日，載查良鏞：《〈明報〉社評選之一：香港的前途》，香港：明報有限公司，第 265-267 頁。

通過了新的中間方案，對主流方案加以修改，主要是把主流方案關於決定行政長官普選的全民投票提前了一屆，放在第二屆行政長官內舉行，來決定第三屆行政長官的產生辦法；把立法會首屆普選議席提高到三分之一，並不遲於第三屆半數議席普選產生。然而，新的中間方案拿到基本法草委會作為修改方案進行表決時，未能獲得三分之二草委通過，甚至連半數都不到。為此，查濟民提出對 "全民投票" 程序進行修改，即全民投票前要獲得立法機關成員多數通過、行政長官同意和全國人大常委會批准，才能進行，而且全民投票時要有百分之三十的合資格選民贊成才能通過。這樣，這個新的修改方案獲得了基本法草委三分之二多數的通過。1989 年 2 月，全國人大常委會將按照上述 "雙查方案"（從查良鏞提出到查濟民最後修改）修改後的主流方案作為基本法（草案）的內容正式對外公佈，並開始徵求意見。基本法草委會專門到香港聽取意見，港澳辦主任魯平苦口婆心地做民主派的工作，希望他們提出具體的修改建議，草案還可以進行修改，務求形成一致意見。[14]

但自從李柱銘和司徒華把目光從基本法草委會轉向香港社會後，他們對協商已經不感興趣。此時北京的學生運動正在急速發展中，香港民主派對協調、甚至對基本法都不感興趣，而是全身心投入到支持北京學生運動中，不僅給學生運動提供物質、輿論上的支持，而且在香港進行政治動員，甚至動員出百萬人上街遊行的場面。而北京的政治局面讓港英政府也從中看到了機會，乘機加快政制發展的步伐。兩局議員中即使是代表工商界利益的議員也開始支持 1997 年立法會議員全面直選。1989 年 5 月，港英政府行政、立法兩局議員就基本法中的政制發展問題通過了 "兩局共識方案"，即 1997 年後首屆立法機關議席半數由直選產生，到 2003 年第三屆全部由直選產生。由此基本法中關於政制發展問題的協商，已經不僅是香港工商界與民主派之間的協商，而且變成北京與港英政府或倫敦之間的協商問題，而這種協商也不再是基本法草委會、諮委會這些體制內的協商或中英兩國外交談判的協商，而是香港的遊行運動、北京天安門的學生運

14　關於基本法起草中的各種政制方案，參見張結鳳：《不變，五十年？中英港角力基本法》，香港：浪潮出版社 1991 年版。

動與中央政府之間的協商問題。而這種協商根本不可能有結果，因為香港民主派、內地民主派以及他們共同支持的北京學生運動所提出的政治協調的目標就是通過"和平演變"方式，讓中央政府宣佈放棄中國共產黨的領導。這已經不是"兩制"下香港的政制問題，而成為"一國"的政制根本問題。事實上，鄧小平在 1987 年對基本法草委的講話中，已經闡明了協商的政治基礎，即堅持走中國特色社會主義道路的"一國"這個政治前提不變，以及香港不能成為顛覆"一國"的反華基地。然而，香港的民主派以及內地民主派提出的政治協商目標已經突破了這條政治協商的底線，變成了不妥協的政治鬥爭。就像香港民主派在起草基本法中被李柱銘和司徒華的不妥協所左右一樣，天安門廣場的學生運動也被激進的不妥協所左右，而這種不妥協的革命運動只能用另一種不妥協的革命方式來解決，"主權者出場"成為必然的結果。

三、"主權者出場"：基本法中的決斷與延遲決斷

從長時段的大歷史看，1840 年代以來西方現代文明從海洋上進入中國內陸，從根本上逆轉了幾千年來中國文明從內陸中心向邊緣地帶以及東南亞海洋地帶的傳播景象，由此地處陸地與海洋接壤地帶的香港就成為西方文明通過海洋世界對中國內地進行思想傳播乃至思想啟蒙的邊疆前哨，並因此成為中國內地"睜眼看世界"的"窗口"。（參見第二章）這一歷史途徑實際上是世界歷史進程的一個縮影，即非西方文明無一例外被地理大發現以來西方崛起所塑造的現代文明所摧毀，從而被納入到全球資本主義的世界帝國體系中。（參見第四章）這就引發了非西方文明在邁向現代化進程中面臨的普遍難題：要麼接受其在世界帝國體系中被殖民的（無論老殖民主義還是新殖民主義）的邊緣地位，要麼選擇擺脫這種被支配的邊緣地位。而後者不僅要求有強大的革命意志並取得國家獨立的成功，而且要求具有邁向現代化並對抗全球資本主義和世界帝國體系的能力。可以說，面對世界帝國體系推進的普遍世界歷史進程，每個國家和民族都必須面對並給出自己的回答。二戰中德國和日本戰敗，根本就在於無力對抗世界帝國體系，以至於戰後的歐洲和日本都被納入世界帝國體系中。二戰後很多民族雖然擺脫了殖民體系並建立起法律上獨立的民族國家，但最終在經濟、政治乃至文化上不可避免地落入到新殖民主義的陷阱中。1980 年代香港迅速崛起為國際大都市，讓香港人瞬間具有了一種高高在上的世界意識，殊不知香港崛起乃至整個"亞洲四小龍"的崛起，不過是利用了西方科技革命推動勞動力密集型產業轉移的機會而已，無論在政治上、經濟上和文化上始終還是處於世界帝國體系的邊緣位置。在這個意義上，1980年代以來臺港澳乃至海外華人的這種自我滿足的世界意識不過是一種幻覺，很大程度是基於內地的"他者"想象建立起的（就像香港電影中的阿燦），在西方世界中，華人始終未能擺脫歷史上被污名化的"黃禍"形象，未能擺脫被歧視的二等公民地位，就像今天華人乃至黃皮膚的東亞人在美國的地位甚至要遠遠低於黑人一樣。

　　相較於中國陸地邊緣地帶的臺港澳地區的這種獨特歷史境遇，中國內地選擇了一條艱難的道路，那就是與西方資本主義世界帝國體系決裂對抗的道路。經過五四運動以來民族主義的主權國家建構和 1949 年新中國確立的計劃體制的社會主義道路，中國內地終於構築起一道強化國家主權、抵禦世界帝國擴張的堤壩，來防止隨著海洋世界資本主義而來的帝國主義和殖民主義對中國展開的經濟掠奪和文化滲透。然而，這種自我保護的堤壩也成為西方世界帝國體系進行經濟封鎖的鎖鏈，這就意味著中國現代化的啟動只能依賴內部的有限資源，這導致內地的現代化發展始終處於資源匱乏和高度內捲的內鬥狀態。從 1971 年尼克松訪華到 1979 年鄧小平訪美，改革開放的中國成為美國打贏對社會主義陣營的"冷戰"的重要力量，尤其為美國的經濟發展提供了廣闊的市場。然而，改革開放也意味著要拆除在經濟上乃至文化觀念上的堤壩，由此導致了海水倒灌內陸的局面。香港的歌曲、電影、小說等流行文化隨著資本、技術和管理經驗迅速湧入內地並風靡全國，以至於在內地有一句流行的說法就是"白天聽老鄧（鄧小平），晚上聽小鄧（鄧麗君）"。這種"白天"與"晚上"的對比始終是文學作品中左翼的革命理想與右翼的私人情感、"一大二公"的社會主義理想與自私自利的資本主義現實之間的隱喻，其實質是人性中理性引導下的激情（天理）與激情支配下的欲望（人情）這兩種最基本的力量在人類歷史中貫穿始終的拉鋸，從而導致人類歷史精神的變遷呈現出波浪起伏的辯證循環狀態。

　　在偉人隱退的時代，革命理想失落，為公共利益服務的激情也隨之衰退，整個社會文化在不斷推動私欲的膨脹。從基於個人私情來解構革命理想的"傷痕文學"，到探索個人自由和解放的"朦朧詩"和其他藝術表達，無不推動個人主義成為社會的普遍價值；從《醜陋的中國人》的暢銷，到解構歷史文化傳統而在國際上頻頻獲獎的電影乃至文學作品，無不暗合西方對中國人的野蠻的"黃禍"想象；從解構革命政治而編造的各種領袖秘聞著作，到解構理性主義的各種非理性主義乃至後現代思想的興起，無不昭示著"新文化"的形成。1980 年代被看作是一場破舊立新的"新五四運動"、"新啟蒙運動"，而這場思想運動的理想就以香港作為模範，以至於可以喊出連香港人都不敢公開表達的“讓香港再做一百年殖民地”的謬論。而這一切最終匯聚為《河殤》中告別黃土文明而擁抱海洋文明、臣服於資本主義世界帝國體系的歷史終結圖景。這就是新一代中國主流知識分子的精神風貌，其精神狀態基本上接續了五四運動時期胡適所代表的右翼知識分子，這意味著美國贏得了這場“文化冷戰”，在“失去中國”幾十年後又重新“贏得中國”。曾經在港臺展開對華文化冷戰的各種美國乃至歐洲的非政府組織，現在紛紛進入中國內地，獵取他們想要資助的對象，正如傑克·倫敦的小說《前所未有的入侵》的結尾那樣，當西方人用病毒徹底清除中國人之後開始遷居中國：“大批興高采烈的各個國家民族在1982年和隨後的幾年裏共同落戶中國，成為一個巨大的且成功的民族混合實驗。並產生了在機械、智力和藝術方面的輝煌產出。”（參見第三章）

然而，如果說1980年代以來的改革開放與晚清以來的救亡圖存有什麼不同，那就是中間橫亙著一個新中國，一個奠定了政治自主獨立性和奠定了社會主義制度基礎的新中國，那就是鄧小平反復強調的“改革開放”必須堅持的“四項基本原則”。因此，鄧小平反復強調改革開放的要義在於探索並建構中國特色的社會主義，而不是走資本主義的道路。因此，在發起改革開放的同時，鄧小平早在1983年就推動“清除精神污染運動”。然而，面對海水倒灌的歷史浪潮以及黨內的不同聲音，“清除精神污染運動”不了了之。這場圍繞文化價值觀念展開的“政”（the political）必然指向權力支配的“治”（politics）。“堅持黨的領導”、“堅持社會主義制度”、“堅持馬列主義毛澤東思想”依然寫在中國憲法文本中，可是在這場“新啟蒙運動”所塑造的民情風尚中，在知識分子所奠定的人心憲法上，在“摸著石頭過河”的體制改革爭論中，一切都處在“改革”的不確定性中。與香港的“民主回歸”相呼應，內地也探索政治民主化。雖然鄧小平早在1986年9月的中共十二屆六中全會上提出“反對資產階級自由化”，並且在1987年4月16日會見香港基本法草委時明確強調內地的社會主義制度不能變，甚至香港的民主發展也不能搞西方普選的那一套。（參見第七章）然而，在1987年10月召開的中共十三大上，“政治體制改革”被正式提上重要日程。十三大報告提出了諸多具體的改革目標，包括"實行黨政分開"，"進一步下放權力"，在國家、地方和基層三個不同的層次上"建立社會協商對話制度"，改革完善選舉制度，推動"基層民主生活制度化"等。由此，中央自上而下的政治體制改革與自下而上的"思想啟蒙運動"的自由化、民主化訴求之間，內地政治體制改革與香港政制改革之間，內地建立協商對話的民主進程與基本法起草中的協商對話以及香港的民主選舉運動之間，形成相互促進的同頻共振。而在更大範圍內，蘇聯在"新思維"下推動的政治民主化改革運動、中國的改革開放運動與西方世界推動的"歷史終結"的全球化運動之間，也形成這種相互促進的同頻共振。這就是鄧小平所強調指出的"國際大氣候"與"國內小氣候"之間共同推動了1989年北京天安門的政治風波。唯有在這個歷史大背景下，我們才能理解為什麼在基本法起草中，中央和內地草委在香港政治體制問題上贊同三權分立的主張，在選舉問題上不但突破聯合聲明中的規定承諾普選，而且不斷推動工商界在普選問題上向民主派妥協，同樣，也才能理解為什麼香港民主派早就不滿足於爭取香港普選，而是致力於推動內地的政治民主化，並深度捲入到1989年北京天安門政治風波中。

1989年北京迅速平息了政治風波，意味著西方以香港作為基地對內地進行和平演變的戰略遭遇到最大挫折，也意味著港英政府提出的"兩局共識"宣告破裂，因為那是工商界與民主派在北京學生運動背景下達成的共識。現在這個共識的政治背景不存在了，共識也就出現了危機。為此，在港英政府的背後協調下，"兩局共識"改為1991年20個直選議席，1997年達到一半直選議席。而此時，民主派由於這場運動獲得香港社會的廣泛支持，並正式組建了"香港民主同盟"這樣的政黨組織，其社會力量遠遠超過了工商界。因此他們不但不放棄一開始提出的"一九零方案"，而且提出更激進的"新一九零方案"，即立法機關成員在1991年即實行半數直選，到1997年實行全面直選。在民主派更激進的同時，香港工商界也在分化，但主流意見認為要把北京的政治風波與香港政制發展區分開來，在香港政制發展問題上對民主派採取不妥協的立場。他們在羅德丞、梁振英等人的組織下成立了"新香港聯盟"，脫離了"八十九方案"，而提出了"一會兩局"的方案，即立法會由"地區選舉局"和"功能選舉局”組成，所有法案、法律均要分別通過兩局半數以上票數的同意方可通過。這意味著普選議席最多只能佔立法機關的一半，且立法機關四分之一少數不同意，法案、法例就不能通過。這樣的方案無疑不可能獲得民主派的同意。和北京的政治分歧一樣，香港政制發展的分歧也需要“主權者出場”。

北京天安門的政治風波之後不久發生了東歐劇變，之後整個西方資本主義世界對中國實行了嚴酷的經濟制裁和政治圍堵，撒切爾政府從中看到了資本主義全面勝利的“歷史終結”景象，看到了壓垮中國政府的可能性。為此，她以香港民意作為理由向中國政府施壓，要求增加 1991 年和 1995 年的立法局直選議席，加快香港的政制發展步伐。1989 年 12 月 6 日，江澤民在會見英國首相特使時，拒絕了英國政府這個要求，他反駁了英國政府主張根據民意推動香港政制發展的觀點，認為“中國始終信守一個信條：每個國家的社會制度都是歷史形成的，要由它的人民來選擇”。“根據香港長期以來的歷史文化和居民表達意見的方式，香港實行政治民主化要循序漸進。”撒切爾夫人所說的“民意問題，要看究竟是民眾真正自發表達的意願還是有人操縱。……香港有人說代表‘民意’，我看他就不能代表民意，一是他有一定的個人目的，二是他惟恐天下不亂。香港不穩，對港英當局、對中英雙方都沒有好處，只會危害香港的穩定繁榮”[15]。江澤民隨後在與新加坡議員吳博韜的談話中也明確指出，“英國為什麼忽然要更多的‘民主’呢？……港督長期集大權於一身，現在卻大叫特叫‘民主’。他們這樣做，沒有別的解釋，就是覺得國際氣候有利，可以‘敲打’中國。”[16] 撒切爾夫人“突然提出要大幅度增加直選議席。我覺察出這裏面暗含著一股壓力，英方似乎是想要我方在壓力下接受某種條件，同意增加直選議席，作為英國取消‘制裁’的先決條件，這是辦不

15　江澤民：《香港必須有一個平穩的過渡期》，1989 年 12 月 6 日，載《江澤民文選（第 1 卷）》，北京：人民出版社 2006 年版，第 81 頁。

16　江澤民：《保持香港穩定繁榮是我們的基本國策》，1990 年 3 月 20 日，載《江澤民文選（第 1 卷）》，北京：人民出版社 2006 年版，第 118 頁。

到的"[17]。而英國政府之所以施壓，是因為他們"覺得中國不行了，可以乘人之危、趁火打劫了"[18]。為此，江澤民特別對撒切爾夫人的特使指出：

> 中國與東歐國家很不一樣。第一，我們黨從成立起就同人民群眾保持密切聯繫，是在艱苦鬥爭環境中成長起來的，而東歐一些國家的共產黨是由其前身社會民主黨演化而來的。第二，我們軍隊久經考驗，是鋼鐵長城。第三，我們是通過長期武裝鬥爭取得政權的，不同於東歐一些國家是由蘇聯軍隊解放的。第四，中華民族有著自己的優良傳統，重視民族氣節，決不會屈從於任何外來壓力。……國際上有些人錯誤估計了形勢，認為有些社會主義國家亂得差不多了，中國也只要推一下就倒了。然而，他們不知道，一個有十一億多人口、九百六十萬平方公里的國土、五千多年文明歷史的國家，是那麼容易被推倒的嗎？！[19]

正是訴諸於中國共產黨（人民群眾）、中華人民共和國（軍隊與政權）和中華文明五千年的歷史（民族氣節）所有這些使中國人獲得政治認同或身份認同的基礎性契約，江澤民不僅有力量在與英國人的談判中堅守國家主權原則，而且名正言順地對香港人提出了愛國主義的政治要求："中國人應該有民族氣節。香港畢竟在英國人統治下很長時間了，有些人從小受英國教育，對一些問題有疑慮可以理解。但是，今後要講清楚，香港是中國領土，香港同胞都是中國人。"[20]

如果我們把江澤民的這兩次談話與鄧小平和撒切爾夫人及鍾士元等人的談話相對照，就會發現江澤民訴諸的理論元素與鄧小平完全一致，對英

17　江澤民：《保持香港穩定繁榮是我們的基本國策》，1990 年 3 月 20 日，載《江澤民文選（第 1 卷）》，北京：人民出版社 2006 年版，第 117 頁。

18　江澤民：《保持香港穩定繁榮是我們的基本國策》，1990 年 3 月 20 日，載《江澤民文選（第 1 卷）》，北京：人民出版社 2006 年版，第 117 頁。

19　江澤民：《香港必須有一個平穩的過渡期》，1989 年 12 月 6 日，載《江澤民文選（第 1 卷）》，北京：人民出版社 2006 年版，第 82 頁。

20　江澤民：《保持香港穩定繁榮是我們的基本國策》，1990 年 3 月 20 日，載《江澤民文選（第 1 卷）》，北京：人民出版社 2006 年版，第 118-119 頁。

國人外講國家主權，對香港人內講中華民族。而就在此之前不久的1989年11月，江澤民在北京接見了基本法諮委會的執行委員，其中著重講的就是"河水不犯井水"——當然不僅是"河水不犯井水"，而且"井水也不犯河水"，強調"兩制"之間互不侵犯。如果我們把這個思想與鄧小平接見基本法草委的講話相對比，就會發現鄧小平強調"一國"的重要性，尤其是中央對香港事務的適當干預，而江澤民則在這個特殊的歷史條件下在鄧小平的立場上向後退了許多，著重強調中央不會干預香港事務，而且第一次在講話中明確將"一國兩制"、"港人治港"和高度自治這十二個字連在一起，確定為中央對香港的基本方針政策。而在此前，這三個詞雖然在不同的地方出現，但中央從來沒有連起來講，至少在鄧小平的講話中始終強調的是"一國兩制"這個概念，當他講"港人治港"和高度自治的時候，都是對這些概念做出限制，前者強調是"愛國者治港"，後者則強調不是自治或獨立。顯然，經過八九政治風波之後，香港人對"一國兩制"的信心降到低谷，中央要緩減香港人對香港前途的憂慮，不得不做出這樣的承諾。但是，在這個"河水"、"井水"互不侵犯的背後，就是在強調香港不能成為顛覆社會主義中國的基地，這正是鄧小平當年所擔憂的。正是在這個背景下，中央開始不斷強調絕不能允許有人利用香港作為顛覆中央人民政府的基地。《人民日報》的文章直接指出，民主派以"民主"為幌子來"抗共"、"拒共"，意圖挾香港"民意"來對抗中央。在這種背景下，涉及國家安全的基本法第23條也被規定在基本法之中。而此時，民主派的司徒華和李柱銘由於"八九風波"而宣佈退出基本法草委會，連中間溫和的查良鏞和鄺廣傑也宣佈退出草委會。

由於"八九風波"使得香港工商界與民主派的分歧變成了"親中派"和"抗中派"，香港政制發展問題變成了中央特區關係問題。"親中派"聯合傳統愛國左派和工商界的"新香港聯盟"支持"一會兩局"方案，"抗中派"則支持"兩局共識"，雙方都在動員社會輿論為自己爭取優勢。在這種背景下，在中間派程介南的推動下，工商界"八十九方案"的羅康瑞與民主派"一九零方案"的司徒華逐步走在一起，折中形成了"四四二方案"，即首屆立法會選舉的40%議席由直選產生，40%議席由功能選舉產生，20% 議席由大選舉團選舉產生。然而，在 1989 年 9 月諮委會政制組會議上，有人把支持 "一會兩局方案" 看作是 "迎共"、"媚共"，認為這個方案是北京的陰謀，有人則把 "兩局共識方案" 的看作是 "反共"、"抗共"、"親英"，認為 "四四二方案" 是港府的陰謀，因為這個方案與修改後的 "兩局共識" 基本一致。此時，儘管工商界與民主派存在分歧，但大家都意識到基本法（草案）的諮詢期快要結束了，如果大家不拿出協調一致的修改方案，很可能就是保守的 "一會兩局" 方案。無論是工商界還是民主派，在最後關頭大家都意識到自己是坐在同一條船上的，在 "一國兩制" 下他們都是坐在 "資本主義制度" 這一頭的。於是，中間派、部分工商派和民主派基本上認同了 "四四二方案"，交給基本法諮詢委員會。這樣基本法諮詢委員會就要在 "兩局方案" 與 "四四二方案" 之間進行選擇。

1989 年 11 月，基本法諮委會決定在基本法草委會召開各專題小組會議之前與草委們展開閉門會議，進行內部交流，避免受到 "親中"、"反中" 這些政治情緒的影響。比如程介南一直在左派培僑中學任教，有人認為他是共產黨員，有人則在他推動 "四四二" 方案時質疑他 "親英"。會議主要聽取 "四四二方案" 的陳述，強調這個協調對於解決香港因為八九風波而產生的信心問題的重要性，反復剖析 "一會兩局" 方案不利於香港行政效率，反而可能激化社會矛盾。可是，出席諮委會的諮委多數贊成 "一會兩局" 方案，反對 "四四二方案"。而羅德丞也在利用機會，幕後行動推銷其 "一會兩局" 方案。然而，在中央的視野中，處理香港問題始終關注的是大局，中央意識到 "一會兩局" 方案難以被香港主流社會接受，甚至連羅康瑞等工商界人士乃至程介南等中間派人士都不能接受。中央之所以推動香港內部協調，就是希望形成大多數人支持的主流方案。最後，基本法草委會政治小組對政制安排綜合各方觀念，形成三點意見：一是吸取 "一會兩局" 的思路，可以考慮分開計票；二是立法會人數不超過 60 人，第一屆直選議席不超過三成即 18 人，這顯然是針對 "銜接" 問題，針對 "四四二方案" 和 "新兩局共識"；三是考慮 1997 之後留十年穩定期，這顯然考慮到了行政長官和立法會邁向普選的 "引發點" 可能放在兩屆行政長官之後。

　　可見，分歧依然在"銜接"問題上。對基本法草委的這個提議，港英立法局堅決反對，兩局議員李鵬飛認為無需考慮銜接問題，港英政府可以直接推動政治發展。英國政府和港英政府紛紛訪問北京，施加最後的壓力。香港人也希望港英能夠給中央施加壓力，迫使中央在政治發展問題上讓步。然而，中央在香港問題上堅持鄧小平路線，主權問題上決不讓步。於是，雙方談判一度陷入僵局。英國人的要價不是"兩局共識"，而是修改後的"四四二方案"，可北京認為港英政府已經宣佈 1988 年有 10 個直選議席，可現在提出要增加到 24 席，如此出爾反爾，是藉八九風波搞"小動作"，向中國施壓，中國政府絕不能低頭。在經過一系列協商後，中英雙方都意識到"銜接"才是根本，雙方的分歧不過是幾個直選議席而已。1990 年 2 月，中英兩個就"銜接"達成了協議，基本法起草確定了最後的內容：一是第一屆立法會直選議席由 18 席增加 2 席達到 20 席；二是分組計票機制保留，但限於對議員的議案和議員對政府議案的修正案通過時採用；三是立法會中非中國籍成員由 18% 增加到 20%。與此同時，港英政府也公佈了政制發展的步伐，1991 年直選議席增加到 18 席，1995年增加到不少於 20 席，這顯然是為"直通車"做準備的"銜接"方案。基本法起草中最複雜、最激烈的爭論終於畫上了最後的句號。這就是基本法最初的附件一和附件二的由來。然而，這樣一部基本法依然一部"未完成的基本法"，是主權者延遲決斷的基本法，它將行政長官和立法會普選這個最複雜的問題留待香港回歸十年之後來決斷，由此引發了香港回歸之後圍繞"雙普選"問題展開的漫長爭論，並引發"佔中"運動、"港獨"思潮蔓延、逐步走向暴亂的局面，迫使"主權者再次出場"。

四、"後冷戰"：英國戰略調整與香港民情變化

　　1992 年 6 月 19 日，就在彭定康出任港督前 20 天，英國上議院摩斯會議廳舉辦了一場題為"香港之未來"的研討會。與會發言者包括英國議會和外交部中負責香港問題的官員以及學者和專家。英國議會外交委員會主席侯威爾在題為"英國與香港：外交政策目標"的主旨演講中提出，整個世界情勢在當時發生了根本性改變。如果說 1989 年之後英國雖然加入到對中國的制裁行列，但始終在觀察世界格局的演變，並在選舉問題上與中國合作完成了"銜接"任務，那麼在等到 1991 年 12 月蘇聯宣佈解體之後，美英為首的西方世界終於贏得了漫長的"冷戰"，形成前所未有的單極世界。為了實現世界帝國的最終目標，西方世界將下一個目標轉向中國，而英國統治下的香港就成為針對中國的入手點，即通過加快民主運動來推動香港成為一個"國家"：

> 　　我認為在 1992 年這個時候，我們可以說，世界各地人民所期望的民主標準比我們十年前所敢期望的還要高。我覺得我們現在看到了一種真正的可能性，那便是自由民主不僅在世界各地戰勝專制，而且那些實行非自由非民主制度的國家也逐漸認清歷史不是站在他們那一邊，歷史是跟他們作對的，而各地人民也開始以更高的民主標準來衡量他們的生活方式和他們的希望。因此，現在也許是新總督彭定康針對民主標準的程度以及人民工作、經營、發展和鄧小平所謂的'發財'等事項所需要的品質，對北京和其他國家發出一些較強烈訊息的適當時機。我相信彭定康以它所具有的政治能力、溝通技巧和行政能力，非常適合擔任這項職務。
>
> 　　我認為我們需要將一九八四年所有的措辭加以修正。我並不是指要改變基本法中的細節，改變他的文字，我是指改變語氣，改變有關一九九七年所將發生的一些事情的措詞。……香港覺得自己是一個國家，一個與周圍其他地區的人民有十分密切文化關係的國家。然而，

它有自己的見識和聲音，有權利表達它的見識和聲音，有權利不讓自己的命運任人擺佈。彭定康抵達香港履新時，不僅須認清與贊許一切審慎的民主運動，而且要帶頭推動這些衝勁。我的意思是什麼呢？我是指他必須逐漸讓香港民眾參與香港的治理工作。我是指他必須以明智而不具挑釁性的方式重新討論香港立法局選舉的民主時間表。我認為，由於世界情勢的進展，這些情勢將有進行的必要。[21]

這段演講再清晰不過地預示著"冷戰"後彭定康主政下的香港在國際政治格局和世界歷史上的特殊意義。冷戰的勝利不僅是"歷史終結"意識形態的勝利，而且也是美英世界帝國在地緣政治中的勝利。蘇聯解體意味著中國原來在國際"大三角"格局中幫助西方世界瓦解社會主義陣營的意義已不復存在。而中國此時作為西方世界最後的意識形態敵人，或"文明衝突"的敵人，成為西方在地緣政治體系中最後一個需要肢解並戰勝的對象。如果說整個 1980 年代，由於中美戰略夥伴關係使得中國在香港問題上處於主動態勢，那麼在蘇聯解體後，英國在美國支持下試圖扭轉原來的被動局面，採取主動攻勢，即改變中英聯合聲明的"措詞"，改變它的"語氣"，把香港理解為"國家"，並通過民主化的政制改革，將香港變成一個獨立或半獨立的政治實體，在中國的內部培植出反對和分裂的政治力量。因此，"冷戰"結束通常被西方世界理解為"自由的勝利"，可在英國對港政策修辭中，卻被渲染為"民主的勝利"。

彭定康正是在這種背景下推出其政改方案的。正如他在推出政改方案之後，到英國下議院尋求支持的發言中所指出的："由於歷史、地理及國際條約的現實，我們不能很快地建立像其他獨立國家的民主。香港市民會明白這一點。"[22] 而要向這個方向努力，就是要通過民主普選把香港基本法中確立的行政主導體制改變為立法主導 (making the Legislative Council sovereign)，因為港督不是選舉產生的，香港回歸之後的行政長官自然沒有直選的基礎，而且中央政府也不會很快放手讓行政長官直選，但港英政

---

21 《香港之未來：倫敦研討會實錄》，臺北，1992 年，第 12 頁。
22 《信報》1992 年 11 月 19 日。

府可以推動立法局直選，讓他們所扶持的代理人名正言順地通過選舉進入立法局。若香港回歸後的政治體制變成立法主導，他們的代理人也就自然獲得了香港管治權。這其實是大英帝國一貫的撤退戰略，就像它一貫採取均衡外交，反對歐洲形成一個獨立的強國或出現強國支配的局面一樣。只不過在 1980 年代的中英談判中，英國和西方世界都希望與中國保持良好的關係以贏得冷戰，而在 1992 年這個世界歷史的轉折點上，這種妥協已經喪失了意義，西方世界需要的是進攻，通過加速香港的民主化來分化、瓦解中國。由此，我們才可以理解，為什麼英國政府一改委任殖民地官員或外交部官員出任港督的傳統，而選擇委任在英國下議院選舉中失敗的保守黨黨魁彭定康擔任最後的總督，這也是香港歷史上政治地位最高的總督，即由"準首相"出任香港總督。我們也才能理解，為什麼彭定康選擇拋開港督的傳統政治風格，以一個選民政治家的形象出現在香港市民的面前。因為此時，香港已經不再是英國人要繼續進行治理的殖民統治地區了，而是英美西方世界選作與中國進行意識形態和地緣政治較量的試驗場，已經成為對中國進行"和平演變"的基地。

一旦明白了英美的政治目的，我們就能明白為什麼彭定康會把動員和塑造香港民意的支持看作是頭等重要的政治大事，就能明白為什麼彭定康從到香港的第一天起，就徹底拋棄了過時的殖民統治模式，而採取了傳媒時代政客們贏取民心的慣常舉動。彭定康本人及其政改方案的民意支持度越高，他與中國進行政治賭博的籌碼就越大，由此造成香港內部的社會分化就越大，香港對中國和內地的離心程度也就越大。英國人撤走之後，自然就在中國內部播下了分裂的種子。而在英國政府看來，只有彭定康這種老練的民選政客才有能力提高港人的民主期望值。正如英國的《每日郵報》在一篇以"彭定康在香港的一場賭博"為題的社論中指出的："潛在的危險是香港人的希望可能被刺激得過高，招致一九九七年後中共的反彈。但彭定康知道香港人願意賭這一手，雖然有點冒險，但值得一搏。"[23] 可見，英國做出這樣的政治決斷不僅源於對"後冷戰"時期美英

23　賴其之：《彭定康政改方案面面觀》，香港：廣宇出版社 1993 年版，第 102 頁。

政治戰略佈局的理解，更重要的是源於他對香港民情變化的冷靜把握。在他們看來，香港社會的民情因為八九政治風波發生了根本性的變化，現在需要的不僅是利用香港現在的民情，而且要進一步煽動香港民情，來實現其戰略目標。

對於社會大眾而言，香港根來就是一個"移民社會"，不少人對香港前途抱著觀望和冷漠的態度，他們更希望通過移民來表達自己對國家政策的不信任感。加上港英政府採取"行政吸納政治"的治理模式，加深了香港普通市民對政治的冷漠。並且，港英政府統治香港的政治策略逐漸變為培養香港人的自我認同，從而試圖從心靈上將其與中國內地割裂開來。因此，除了傳統的左派，不少在香港出生的本地人並不關心內地發生的事情，就像他們並不關心英國發生的事情一樣，因此 1970 年代的"認祖關社"運動更多推動的是對"香港是我家"的本土關注。以至於 1980 年代香港的社會學研究中將香港理解為政治冷感的經濟城市，缺乏公民社會的基礎，他們更多地體現為市民，而不是公民。（參見第三章）因此，他們對香港民主派的支持並不是基於政治理念的認同，而是對香港前途和中央承諾缺乏信心，他們只是希望民主派能夠保護他們的利益。隨著中央的改革開放政策、"一國兩制"的對港政策以及中央對香港展開的統戰工作，不少香港人逐漸走出了內地"文革"和香港 1967 年反英抗議運動的陰影，對中央政府寄予了新的希望。因此，1984 年以來香港代議制政發展並沒有引起廣泛的社會參與，雖然民主派全力以赴動員，但政治選舉始終集中在中產專業人士和少數基層群眾之間，甚至在"八八直選"問題上也沒有爭取到多數市民的支持。

不幸的是，這一切都因為 1989 年天安門的政治風波而發生了根本性改變。就像 1982 年香港人比英國人更關心馬島戰爭一樣，1989 年香港人其實比內地人更關心北京的學生運動。內地人在重大問題上可以相信黨和政府，依靠黨和政府，可是在這場直接影響香港命運的重大事件中，香港人能信任誰，能依靠誰呢？香港的傳統左派可以依靠中央，可大多數香港市民只能依靠在香港政制改革運動中不斷崛起壯大的民主派。而在"冷戰"格局中，港英政府以及香港民主派長期煽動的意識形態話語就是對中國共產黨的敵視、仇視和對中央政府的不信任。因此，香港人要保持自己的生活方式不變就必須排除中央對香港的干預，而限制中央在香港行使權力的根本手段就是通過民主普選將香港管治權牢牢地掌握在香港人手中。然而這還不夠，在香港民主派的話語中，要免除中央對香港的干預，終極方案就是推動內地"民主化"並結束中國共產黨的領導。由此，在他們看來，香港人的愛國主義不僅是愛一個文化中國，更要愛一個"自由民主"的政治中國。這一套針對香港市民的冷戰話語通過學術著作、論文、媒體宣傳的系統建構，已經變成了一套環環相扣、邏輯自洽的"話術"，被香港民主派在各種場合"年年講、月月講、天天講"，最終變成了多數香港人的"意蒂牢結"（ideology）。正是由於香港民主派長期的政治宣傳，不少香港人將自己的命運投射到中國政治民主化的命運上。因此，1989 年香港社會各界對天安門學生運動的支持，就變成一場決定香港命運的深度政治動員。香港的右派，甚至包括香港左派，都對這場學生運動寄予了真摯的愛國熱忱和無限的理想希望。

希望越大，失望也越大。從 1949 年建國以來，香港的移民很多就是內地的逃難者，對內地政策的不信任就像地層一樣，隨著源源不斷的移民偷渡形成了層層累積的效應。改革開放以來，中央通過"一國兩制"的動員統戰所苦心經營起來的人心回歸基礎，又因這場悲劇而遭受到重大衝擊，港人的"恐共"、"懼共"心理進一步加深。1967 年香港人遭遇反英抗議運動之後，香港人在港英政府那裏獲得庇護，而如今香港人意識到港英政府肯定要離去，他們必須尋找新的庇護屏障。此時，除了左派的愛國愛港陣營的主張，他們唯一能夠依靠的就是民主派的承諾：通過推動普選來避免中央對香港的干預。1989 年之後，經歷了長期政治教育所培養起來的內地人總是以一種世界大局觀和大歷史觀來看待全球發生的大事，大家很快意識到如果沒有鄧小平的政治決斷來平息這場政治風波，這場"和平演變"在中國所引發的就是政權崩潰，國家重新陷入晚清以來四分五裂的內戰局面，而東歐劇變和蘇聯解體的悲劇就是眼前活生生的例子。因此，隨著鄧小平"南巡講話"加速了中國改革開放和經濟繁榮進程，內地很快就從 1989 年的政治陰影中走出，以更加自信的姿態探索中國特色社會主義道路。如果說香港人與內地人有什麼區別，那麼最大的區別就是香港人缺乏這樣的世界觀和大局觀，香港雖然是國際化大都市，但在長期的殖民教育下，香港人缺乏對近代全球史和近代中國史的理解，缺乏對殖民主義和帝國主義的認識，也缺乏對內地社會主義建設和現代化探索的客觀理性的研究，對人類文明史和全球政治演變的理解非常單薄，只能重複民主派長期灌輸的自由民主信條。普通市民長期與內地的隔離，導致兩地的文化差異越來越明顯，港英政府乃至民主派對他們的灌輸導致他們對內地的無知、誤解和恐懼不斷加深。他們以前希望獲得港英政府的庇護，現在除了移民就只能支持民主派政團的選舉。在這個意義上，香港代議政制的發展似乎給了他們免於恐懼的微弱希望，儘管他們知道這種防禦力量是微弱的，但似乎總比沒有好。

政治環境的變化和整個民情的改變，加速了香港政黨政治的發展。1990 年，原來的"太平山學社"、"匯點"和"民協"三個政團組織中的激進派組成了香港民主同盟（即"港同盟"），其目標就是 1991 年立法局開放 18 個直選議席以及功能界別選舉。1989 年香港市民的悲情再加上隨後的東歐劇變和蘇聯解體導致的民主樂觀，香港似乎要變成"民主抗共救中國"的基地，香港人不僅要成為香港的主人，而且要成為中國的主人。在這種民情左右下，民主派在 1991 年的立法局直選中大獲全勝，在立法局 18 個直選議席中，民主派輕而易舉獲得 16 席，其中"港同盟"就取得 11 席；而三個"親中"的愛國愛港派在直選中全部落敗。即使在工商界人士佔優勢的功能選舉中，民主派也取得 2 席。整個立法局被民主派力量所佔據。從此，香港政治力量第一次從原來不明顯的政治分歧變成了路線分明的兩大陣營。以前基於職業社會利益而形成的工商界、中產專業界和基層力量的社會分歧，讓位於"民主回歸派"與"民主拒中派"兩大政治分歧。這種明顯的政治格局，尤其是民主派在直選中佔據立法會多數的政治格局，無疑加深了中央對香港的疑慮。香港人普選是害怕中央對香港的直接干預，而中央則擔心香港成為西方敵對勢力顛覆國家、分化瓦解中國的和平演變"基地"，尤其是香港民主派人士在 1989 年之後成立的"香港支援民主運動委員會"（即"支聯會"）明確地將推翻中國共產黨統治作為其政治綱領，而"港同盟"中有幾個領導人擔任著"支聯會"常委。"港同盟"在 1991 年直選中大獲全勝，無疑加深了中央對香港推行代議政制的憂慮。在這種情況下，如果"港同盟"主導的香港立法局以"直通車"的方式與回歸之後的特區立法會相互"銜接"，就意味著香港特區政府的管治權至少部分已落入試圖"推翻中國共產黨"的民主派手中，這必然危及到中央與特區的關係，危機到"一國兩制"。"和平演變"這個曾經在 1949 年後出現於中國政治話語中的概念，如今在 1989 年之後，又重新出現於中國政治話語中。而隨著彭定康的到來，香港民主派正在通過行動變成西方勢力顛覆中國的代言人，中央對香港政制發展的擔憂變成了必須面對的事實。

五、民主的籌碼：香港人與內地人的心靈分裂

假如彭定康僅僅會爭取民意支持的政治表演，那不過是一個二流的政客。彭定康之所以成為政治家，是因為他有政治家的眼光、謀略和政治手腕。他不僅有強烈的政治理念、完整的政治計劃，而且知道如何貫徹落實。他在媒體和民眾面前的隨和一面與他在港英政府內的專斷嚴厲一面形成了明顯的對照，前者為他贏得了民意的支持，後者使得他迅速完成了政治力量的重組。為此，他對行政局和立法局進行了大刀闊斧的改革，毫不猶豫地拋棄了以前的戰略盟友，即通過 "行政吸納政治" 而進入港英體制的工商精英，他們都是原來港督倚賴的主張循序漸進發展民主的兩局議員（如自由黨前身的 "啟聯" 成員），後來在基本法起草過程中已經成為中國政府的盟友。同時，彭定康與李柱銘為首的 "港同盟" 以及民主派結成政治聯盟，而且把自己新的政治盟友吸納到政治體制中，比如委任主張推動直選的民主派人士陸恭蕙等出任兩局議員。經過一年多的民意鋪墊和對政治權力格局的精心安排之後，彭定康終於在 1993 年拋出了他的殺手鐧——"政改方案"。

1992 年 10 月 7 日，上任不到三個月的彭定康在做足了民意鋪墊之後，一改港英政府發表《綠皮書》和《白皮書》進行漫長公眾諮詢的慣例，迫不及待地在其 "施政報告" 中就直接提出了政改方案。內容包括三方面：其一，改革立法與行政關係。徹底取消港英政治體制中強化行政主導的 "雙重委任制"（即立法局議員擔任行政局議員），行政與立法徹底分家，其目的是要強化立法局主導的 "代議政制"，以發揮政黨的作用，使得 "各政黨和執政團體將來亦可在本局內自由發揮他們的計劃和政綱，而不會受到因兼任行政局議員而必須遵守的約束所掣肘"。其二，改革選舉制度。將選民年齡從 21 歲降到 18 歲；採取有利於 "民主派" 的 "單議席單票制"；改革功能組別，除了取消原有功能界別的團體票外，在新設立的九個功能界別（即 "新九組"）中，實現所有從業人員每人一票，從而將功能界別的選民基礎由原來的近 20 萬人擴大到 270 多萬人，這樣新

設立的九個功能議席基本上就相當於直選。其三，改革地區組織。將區議會從地區諮詢組織改為負有一定管理職能的組織，擴大其職權；同時區議會取消委任議員，全部區議員由直選產生。其四，改革選舉委員會（即1984年綠皮書中所說的"選舉團"），將全部或大部分直選區議員納入選舉委員會。

上述政改方案的根本方向是推動代議政制，擴大立法會議員的直選成分，將功能界別議員的間接選舉制度變成直接選舉制度，從而變相擴大立法會直選議員的議席。立法局選舉儘管在表面上與基本法的規定相"銜接"，可實際上已經完全無法"銜接"了。

當然，增加立法局的代議制基礎僅僅是彭定康改革的第一步，與其相配套的改革是將港英時期的行政主導體制改變為立法主導體制。1993年2月，彭定康又在立法局內成立了與政府對策科室相對應的委員會，對有關政策進行監督，以增加立法局對政府的制衡作用。同時，英國政府還修改了《英皇制誥》和《皇室訓令》的有關條款，取消了總督擔任立法局主席的作法，由立法局議員互選產生立法局正副主席。這一系列改革的目的是將立法會由隸屬於行政的民意諮詢機構變為獨立的代議機構。與此同時，彭定康還對政府的運作架構進行改革，推行政府部門的公司化、獨立化，使其脫離政府的架構。比如成立了房屋委員會、廣播事務管理局和醫院管理局，使相關工作部門以公司化的方式運作，擺脫了政府的直接管制。後來又陸續成立金融管理局，以承擔起央行的職能，雖然該局要向財政司負責，但在行政、財政和人事招聘方面擁有相當大的自主權。此外還將臨時機場管理委員會改組為機場管理局，完全脫離政府架構運作。總之，彭定康對港英政府體制的改革就是按照既定的撤退戰略部署，盡可能地擴大立法局的權力和社會的權力，削弱並限制行政權力。而在這些改革中，影響最大的無疑是推行變相直選的政改方案。

不同於港府此前就政制發展發表《綠皮書》進行公眾諮詢，並發表《白皮書》闡述政府立場的慣常做法，彭定康擔心在諮詢過程中受到民眾攻擊而被迫收回，故採取先斬後奏的辦法，在《施政報告》中直接公佈了政改方案。這個方案一公佈，當即獲得英國首相梅傑（Sir John Major）

和外相赫德（Douglas Hurd）的支持，赫德讚揚彭定康"透過有技巧性的途徑加快和伸延香港的民主步伐"[24]。而彭定康在公佈政改方案的當天晚上，通過港府表示，政改方案僅僅是一種"建議"，有商討的餘地。這意味著彭定康已經把這個公開的政改方案作為與中國政府"磋商"的籌碼。然而，這種"建議"或者"磋商"不過是外交辭令，彭定康很清楚北京不會接受這個方案。

其實，彭定康並沒有準備讓北京接受這種方案，這個方案是經過英女皇批准的英國方案。中英兩國又開始漫長的談判，中國政府也做了一些讓步，但英國政府和彭定康並未妥協。當彭定康將政改方案刊憲並使其成為香港法律從而失去談判空間的時候，當時的港澳辦主任魯平痛心疾首，將彭定康斥之為"千古罪人"。其實，從大英帝國著眼於"後冷戰"來針對中國的戰略挑戰開始，香港就已經不再是需要交給中國的殖民統治之地了，而是成為西方世界與中國展開較量的賭注和籌碼，是西方與中國展開意識形態和地緣政治較量的戰場。這次政改中，英國政府的目的從一開始就不在於北京是否接受，而在於香港人是否接受。只要香港人能夠接受，那麼這個方案就能夠成為既定的事實；只要這個方案播種在香港人的心靈中，一旦北京以"銜接"為由最終推翻這個方案，那麼香港人心目中理想的政改方案與九七後特區政府按照基本法實施的政改方案之間就會形成一個巨大的心理落差，從而使得基本法乃至中央管治香港的正當性大打折扣，從而塑造出一個不信任、不接受中央統治的香港，培養出一個不信任、不接受中央主權，甚至挑戰中央主權的香港精英階層，從而在中國的內部加入不和諧的音符，甚至播下分裂的種子。這就是彭定康和英國政府從香港"光榮撤退"的最後使命，也是丘吉爾發表"鐵幕"演說以來西方世界發起和平演變的政治使命。這其實是大英帝國在殖民撤退中的慣用伎倆，中東問題、印巴問題和新馬問題無一例外都是大英帝國光榮撤退的傑作。曾經經歷了大英帝國撤退戰略安排下獨立的新加坡建國之父李光耀就明白無誤地告誡香港人：

24　袁求實：《香港回歸大事記（1979-1997）》，香港：三聯書店（香港）有限公司1998年版，第120頁。

英國政府預備把英國在香港及中國的利益作賭注。香港只是棋盤上的一隻棋子，交手的是美國與中國。……我相信有更大的地緣政治目標，就是一個"民主的中國"，那是對美國和西方非常重要的。香港只是一隻棋子。

英國在香港搞民主立法，實際上是國際上大國的陰謀，他們目睹中國經濟改革開放後的進步，認為中國這樣發展下去，對他們是危險的，所以香港問題出現了。

中英就香港的爭拗，完全由於英國政策改變所致，而英國的轉變是為追隨美國對付中國的戰線。英美聯手企圖促使中國改變集權制度，當中所帶來的政治意義，遠遠超過為香港帶來一點點民主。[25]

李光耀說得沒有錯，但他忽略了一點。英美聯手並不是要改變中國的"集權制度"，因為英美曾經在中國不遺餘力地支持過國民黨的集權制度，在韓國也支持過李承晚政府的集權制度，甚至專門在南美洲、中東、東南亞和非洲扶持獨裁統治。換句話說，英美要的其實不是"民主的中國"，而是"依附的中國"。英美在全世界推行民主制度往往是希望產生表面上用選票裝點、實質上依附於英美勢力的上層精英民主甚至寡頭民主，而它們要顛覆的恰恰是真正植根於人民大眾的民主政體。美國在南美洲赤裸裸地暗殺不聽話的民選總統甚至公然出兵顛覆其民主政體。只不過，中國不是美國的後院，所以才需要"和平演變"。中國的人民民主體制剛剛建立，無疑有許多弊端，需要不斷地完善和改進，但它之所以能夠在"熱戰"和"冷戰"中保存下來並成長起來，恰恰是因為它是植根於人民大眾的，是真正民主的。而在這場地緣政治的較量中，"民主化"往往扮演的是分裂中國、肢解中國、使中國陷入內亂或產生依附於英美的寡頭民主的最有力且冠冕堂皇的武器。後冷戰以來，配合美國為建立世界帝國而在全球展開的反恐戰爭，美國在中亞、中東、北非展開了一系列"顏色革命"，以民主、人權的理念建立起西方主導的"人權帝國"或"民主帝

25　袁求實：《香港回歸大事記（1979-1997）》，香港：三聯書店（香港）有限公司 1998 年版，第 237-239 頁。

國"。[26] 由此，我們在 2004 年以來烏克蘭推進的民主化進程中就會清楚地看到烏克蘭如何淪為美國的附庸、成為北約東擴遏制俄羅斯的工具，以至於在如今這場毀滅性的俄烏戰爭中，淪為美國消耗俄羅斯力量的炮灰。正是在"國家要獨立，人民要解放"的國際政治格局的背景下，"民主化"問題在中國變得尤為敏感而複雜。

當然，這並不意味著我們忽略或漠視香港人的愛國熱忱和政治理想，其意義在於我們要明白在民主化所展現的個人自由、個人私有權利背後，還有更高的國家利益和民族獨立自由，在"人權"背後還有更高的"國權"，"人格"背後還有更高的"國格"，"個人尊嚴"背後還有更高的"民族尊嚴"。說到底，人是城邦的動物，個人只有在家國天下的共同體秩序中才能獲得全部的生活價值和意義。虛幻的自由人權民主理念必然要落實到一個具體國際秩序之中，落實到一個具體政治共同體之中。只有政治共同體破滅之後，人們才會在喪失家園的絕望中或寄情山水或轉而尋求宗教的安慰，但這終究不過是微不足道的補償。因此，無論是 1950 年代海外新儒家在"花果飄零"中尋求"靈根自植"的安慰，還是香港人在 1980 年代產生的"世界城市"或"世界公民"的幻覺，都是無法認同新中國、靈魂無法回歸神州的痛苦補償。（參見第三章）

因此，對於彭定康而言，他的全部政治努力就是刺激香港人的民主化期望，從而把香港人捆綁在自己的政改方案上，作為與北京進行政治較量的賭注。彭定康清楚地知道，香港人的民主期望越高，最後香港人對中央的不信任就越深，中國人（當然包括香港人）輸得就越慘，而英國人在這場賭博中就賺得越多。為此，彭定康在發表施政報告的第二天，就馬不停蹄地向香港市民推銷其政改方案。從早上七點半一直到晚上十一點二十分共安排了四場活動，早上是出席電臺節目，回答市民的提問，下午是參加立法會問答大會，傍晚是與市民進行對話，晚上九點多是在電視節目上與專業界人士進行對話。香港媒體將這一天彭定康的活動報道如下：

26　強世功：《文明終結與世界帝國：美國建構的全球法秩序》，香港：三聯書店（香港）有限公司 2021年版，第二章。

　　縱觀港督昨日出席的四個回應施政報告質詢的場合，最輕鬆的可說是早晨電臺的節目。雖然電臺節目有聲無畫面，但彭定康在七十五分鐘的節目內，仍一副演說家的本色，輕鬆地利用手勢配合以加強語氣，仿如出鏡般慎重，已不時用筆記下市民的問題，回答時則常以"我的責任是……"開始，意味著向港人負責。

　　昨日可謂港督施政報告問答的"表演日"，下午到立法局回答議員的質詢，也是一場"秀"，議員只是大配角。

　　港督昨日有備而戰，揮灑自如，有機會便表現幽默，並藉議員的問題發揮他要講的話。他開場白說得很漂亮，擺明沒有偏見，希望政黨不是為求表現而造成對抗，議員果然也沒有什麼特別刁難的提問。比較有趣的是詹培忠的問題，他問港督既是從英皇制誥委任出來的人選，這是否與他的民主意念有違？又問他是否拿港人當賭注？港督沒有被詹氏難倒，開玩笑說他視自己為進化過程的一部分，希望不會太難接受。他拿出基本法，說其規定消除立法局的委任制，相信各人不會反對基本法。至於賭注，港督沒有正面回答，只說那是他的一個判斷及看法。

　　彭定康在首個施政報告問答大會上，也盡顯政治魅力。他的應付和幽默一次又一次贏得市民的熱烈掌聲，現場氣氛不斷高漲，到後來，幾乎每一問每一答都有掌聲襯托。[27]

　　彭定康的推銷無疑是成功的。他趁熱打鐵，接著在沙田大會堂接受市民的問答，再次展現一個民選政治家操控問答的技巧和能力。如此一連三天的密集推銷，彭定康利用自己的個人魅力將政改方案的民主理念深深地植入香港市民的心中。此時的彭定康已不再是一個英國政府委任的港督，而是香港市民的代言人，成了香港市民的精神領袖。正如李光耀所言，"施政報告規劃藍圖就像一個國民領袖制定出一個行動時間表，策動民眾從殖民地手中爭取獨立，不僅僅是一個即將淡出的殖民地港督的告別計

27　轉引自文希：《彭定康這個人》，香港：明窗出版社1993年版，第96-98頁。

劃，與自己扮演的角色背道而馳。"[28] 確實，彭定康不是一個殖民統治的官員，而是一個勇往直前的政治鬥士，一個準備為西方世界的理念和榮耀獻身的烈士。他在 1993 年 10 月發表的第二份 "施政報告" 中強調，英國政府的目的不是建立機制、制度和達成協議，而是要把 "自由的思想" 植根於港人心間，使港人 "堅持正確的路向"，"緊抱信念"。因此，他的目的不只是 1997 年後香港要 "協助" 中國變得更繁榮，而且要把香港變成中國管治下堅持 "自由制度" 的 "優良典範"，要把香港的獨特生活方式 "延至下一世紀"，其歷史意義 "不亞於法國大革命"。[29]

然而，在這場 "法國大革命" 式的戰鬥中，最終犧牲的不是彭定康本人，也不是西方人，而是香港人和內地人。政改方案的成功推銷，使得彭定康將香港人作為西方世界的賭注押在政改方案上，由此，英國與中國的政治較量，就被彭定康成功地轉化為香港市民與中央政府的較量。無論如何，這場較量的結果已定，真正的贏家是光榮撤退的英國人，而真正的輸家是我們中國人。當英國人最終滿載榮耀撤退的時候，它給香港人留下的除了精神上的挫敗感，更多的是短時期內難以消弭的分歧、不信任以及由此產生的冷漠、敵視、對抗甚至仇恨。香港最終輸掉了關於 "民主" 的理念和希望，回歸後不僅按照基本法的規定修改了功能界別選舉，而且立法會普選要到 20 年以後才可以進行；而中央則輸掉了好不容易才在香港建立起來的權威、信譽和信任，由此香港人的國家認同建設一直進展緩慢。香港回歸之後，政制發展的每一步都是在這種港人的悲情以及香港與內地相互猜疑和不信任的政治氣氛中緩慢、曲折前行，不少香港精英人士因為彭定康的政改方案而對中央產生的悲情，至今都沒有完全消除。

28　轉引自賴其之：《彭定康政改方案面面觀》，香港：廣宇出版社 1993 年版，第 237 頁。

29　袁求實：《香港回歸大事記（1979-1997）》，香港：三聯書店（香港）有限公司 1998 年版，第 151 頁。

六、"背信棄義"：現代政治的道義基礎

就在彭定康發表"施政報告"的第二天，國務院港澳辦發言人就政改方案發表了談話，表明了中國政府的立場，即中國政府一貫主張在香港發展民主，但這種民主發展一要循序漸進，二要與基本法銜接，保證香港順利過渡。彭定康的政改方案對香港政制發展做出了"重大的變動"，導致無法與基本法相銜接。且彭定康未經與中方磋商，就單方面公佈所謂的"建議"，"蓄意挑起一場公開爭論"，不符合聯合聲明強調的中英兩國在過渡期的合作原則，不利於香港政權的順利交接。如果香港在後過渡期出現與基本法不銜接的情況，中央將按照基本法的規定另行成立特區政府。

這是一個理性的、有節制的聲明，也是充滿政治智慧的聲明。其政治智慧就體現在把香港政制發展所關注的民主化問題轉化為兩國的外交問題，即"聯合聲明"所確立的、需要中英兩國外交協商解決的香港過渡期問題。由此，彭定康的政改方案的實質就不再是香港要不要發展民主的問題，而是中英兩國要不要合作，甚至要不要遵守"聯合聲明"的問題。這實際上為中國政府反擊彭定康的政改方案奠定了政治基調。當彭定康試圖挑起中央與香港之間的矛盾時，中央則把矛盾轉化為中英矛盾。而恰恰在中英兩國的政治鬥爭中，要不要遵守"聯合聲明"，要不要使香港"順利過渡"，承認不承認中央對香港的政治主權，這些具體問題就成為衡量香港的政治精英是不是"愛國者"的試金石。由此，"愛國者治港"就不再是一個抽象的概念，而是一個在特定歷史條件下包含具體內容的政治概念。

彭定康的政改方案的出籠是英國政府精心策劃的突然襲擊。該方案在 1992 年 10 月 7 日公佈，而英國外相是在 9 月 25 日聯合國開會時才給中國外交部長錢其琛透露了有關內容，直到 26 日才將有關文本交給國務院港澳辦。儘管如此，中央對於彭定康政改方案的目的瞭如指掌，早在彭定康於 10 月 20 日訪問北京前，北京已經確定了基本立場。鄧小平對此明確指示，對英方背信棄義的做法必須堅決頂住，絕不能讓步，要質問他們

中英協議還要不要，如果英方一意孤行，我們就另起爐灶。他還說，我在1982年同撒切爾夫人講的話，今天仍然算數。[30] 因此，將彭定康政改方案問題導向中英兩國的外交問題，不僅是出於現實政治鬥爭的需要，而且包含了更為深遠的政治哲學思考，即主權國家要不要信守"諾言"？主權國家要不要講"信義"？

在這個問題上，現代西方政治哲學與中國古典政治哲學之間存在根本的分歧。基於國家理性學說的馬基雅維利主義和霍布斯利維坦的政治自由主義，現代西方政治強調政治權力的行使不受道德約束，權力（power）就是力量（force）的行使，只有權力才能制約權力，野心才能對抗野心。這種政治理論導致了在國際政治中赤裸裸的現實主義，國際秩序依賴於強權或力量均衡，即國際法的塑造與其說是用來約束權力，不如說是為權力的行使提供合法性，因為支撐國際法的依然是權力。而在這種現代自由主義的哲學邏輯中，無論是自由人權，還是法治民主，其哲學根基無非是不受約束的個人激情和欲望，整個政治秩序就是基於理性利益計算所達成的契約法律秩序。由此，自由主義的規範理論就和現實主義的實力政治完美地結合在一起，達至利益計算下的長期均衡狀態。然而，現代中國政治依然繼承了古典政治哲學傳統，即強調政治建立在道義和信義基礎上（即所謂"王道"政治），而反對基於赤裸裸暴力的霸道政治或霸權主義。它不是從撒切爾到彭定康等政治人物對香港人宣誓的"我的責任是……"之類的選舉政治下的口頭禪，而是一種更為基礎的、更為深層的道德責任和政治倫理，即信守諾言。它不僅是政治家對自己的承諾所承擔的責任倫理，而且是國家在國際社會中信守諾言的政治倫理。在香港問題上，中國對香港有兩個重大政治承諾：其一，用"一國兩制"來解決香港問題。儘管基本法的制定權和修改權在中央政府，但基本法第159條對中央的權力行使做出了自我約束，即基本法的修改不得與中央既定的對港方針政策相抵觸，這種自我承諾就像自然法的律令，對國家的最高權力構成約束。其二，保持香港的長期繁榮穩定。這也是中國堅持在香港循序漸進發展民主

30　袁求實：《香港回歸大事記（1979-1997）》，香港：三聯書店（香港）有限公司1998年版，第122-123頁。

的重要原因。香港回歸之後無論是遭遇金融危機，還是遭遇美國制裁，中央始終堅持在經濟上扶持香港，不僅給香港"送大禮"，而且將香港納入國家發展戰略，藉助內地的資源來推進粵港澳大灣區建設。因此，香港人往往按照自由主義的思路希望將聯合聲明作為國際法來約束中國的對香港的承諾，而中央政府則表示自己對香港的承諾不是基於國際法的外在約束，而是中央對香港的基本方針政策本身所包含的內在的自我約束，換句話說，中央對香港的方針政策不是英國人強加給中國的，而是中央主動提出來公佈的。而這個承諾有一個基於儒家倫理的道義基礎，即香港人是中國人的一部分，香港是祖國大家庭離散回歸的兒女，中央對香港就像父母對離散的兒女一樣，包含了更多的愧疚與責任、關愛與寬容。在這個意義上，就不能把中央對香港的政策簡單地理解為實用主義的權宜之計，而要看到中國對香港的道德責任。因此，我們才能理解，中英聯合聲明簽署之後，鄧小平接見撒切爾夫人的談話的標題就是"中國是信守諾言的"。這意味著執行聯合聲明的真正力量不是英國人所強調的國際監督，而是中國人信守諾言的道德倫理和政治倫理。

也許人們想象不出，鄧小平在痛斥英國"背信棄義"時，包含了怎樣的道德憤怒。當年李鴻章在日本含辱簽訂《馬關條約》時也曾表達過類似的道德憤怒。這實際上是中華文明對現代西方文明的道德譴責。在西方主導的全球化世界中，這樣的道德譴責似乎顯得有點迂腐，可它展示了一個古老文明對人類的道德前景和政治的道德基礎的深切關懷，展現了一個崛起、復興中的文明應該具備的道德尊嚴和道義力量，展現了中華文明剛毅、堅韌而高貴的品質。當然，鄧小平在譴責英國"背信棄義"時，他和李鴻章一樣清醒地認識到政治道義和信義需要政治實力的保障。鄧小平之所以敢說在香港問題上我們不能再做李鴻章，恰恰是因為新中國結束了晚清以來任西方列強宰割的民族命運，具備了捍衛民族尊嚴的能力。鄧小平很清楚，英國人之所以敢背信棄義，是因為中國在國際格局中依然是一個弱國。如此，鄧小平強硬出手解決 1989 年的政治紛爭，正是為了平息政治分歧可能引起的內亂，以便集中力量發展生產力，增強中國的實力或捍衛政治道義的能力。"發展才是硬道理"，這個道理是近代中國人在內憂外患的政治處鏡中領悟到的。而鄧小平之所以是偉大的政治家，恰恰在於他能在歷史處於迷亂狀態的岔道處，深刻地體察到上天賜予中國人的機遇，並在這個關鍵時刻緊緊把握這個命運，勇敢地承擔起歷史的使命和責任，從而徹底扭轉中國的命運，把中國推到不可逆轉的崛起道路上去。由此，我們看到，從 1990 年到 1993 年，鄧小平在不同場合九次強調 "機遇" 的重要性，強調中國人要抓住 "幾百年難得的機遇"，"一心一意謀發展"。其中，相對完整的一次是在 1990 年 6 月 11 日會見香港 "船王" 包玉剛時闡述的，從中也可以看出鄧小平對香港未來的關切：

> 現在中國遇到一個難得的發展機遇，不要喪失這個機遇。許多人不懂得這是中華民族的機遇，是炎黃子孫幾百年難得遇到的機遇。鴉片戰爭一百多年來，中國在世界上沒有起到應有的作用。……放棄社會主義，中國就要亂，就喪失一切。如果亂起來，中國什麼事也做不了。不要看現在有人孤立我們，日子難過一點，但現在確實是一個機遇，不要喪失機遇。

正是面對這個千載難逢的歷史機遇，鄧小平在 1989 年之後定下對內 "穩定壓倒一切" 和對外 "韜光養晦" 的基本國策。就在彭定康發表政改方案之前，鄧小平仍然強調，"我們再韜光養晦地幹些年，才能真正形成一個較大的政治力量，中國在國際上發言的分量就會不同。"[31]（1992 年 4 月 28 日）在改革開放三十週年之際，人們往往喜歡問："鄧小平究竟做對了什麼？" 人們給出的答案大體是經濟學家們所理解的符合自由主義經濟學的改革政策。對這個問題，可以有 "人問"，也會有 "天問"。在最根本的意義上，恐怕在於他能夠在事關國家和民族命運的關鍵時刻，體察到上天賜予的機遇，洞悉歷史發展的規律，並握住這種瞬息即逝的歷史機遇。現代政治自由主義試圖用技術來把握或克服命運，甚至由此消解作為技術 "座架"（Gestell）的命運，也許是意識到 "現代" 不可避免地處於 "末

31　上述鄧小平談話的內容，參見中共中央文獻研究室編：《鄧小平年譜（1975-1997）》（下），北京：中央文獻出版社 2004 年版。

人"（last man）時代，難以產生高貴的"偉人"。無論這種理解是否把握到了現代的真理，但這種理解無疑會消解政治家自身的道德倫理責任，因為只有觸動大本大源的高貴德行，而非技術本身，才有可能在紛亂的歷史和嚴酷的政治生活中體察到命運透出來的一絲微光。中國古典政治哲學中強調的"以德配天"就是抓住了這個打通天道與人道的根本法則。正是在中國古典政治哲學的基礎上，鄧小平首先責問英國政府要不要信守國際諾言。曾經香港人和西方世界都擔心中央政府不信守"一國兩制"的諾言，鄧小平就訴諸中國古典政治中"講信義"的傳統加以回應。可今天，英國人會如何回答這個問題呢？

　　"講信義"問題涉及到在基本法起草過程中就九七之前立法局的直選議席與九七之後立法會直選議席的"銜接"問題。在 1989 年之後，由於中英兩國缺乏談判的政治環境，兩國外長就通過信函往來相互協商並達成共識，基本法正是根據這個共識明確了香港回歸之後前三屆立法會議席的分配方案。從國際政治的角度看，秘密談判的內容一般不宜公開的；而且在香港問題上，中央的基本立場是合作，而不是對抗，因為對抗只會對香港人不利，對中國人不利；且中國作為禮儀之邦，希望保持國家外交的體面，不想讓英國政府在全世界面前出醜。因此，中國政府一再呼籲中英雙方拿出誠意，合作解決問題。當時的新華社香港分社社長周南在彭定康訪京之前表示："希望中英雙方都能夠打出八二至八四年高瞻遠矚的政治家風度，來處理當前的某些困難、某些問題"[32]，"只要雙方拿出誠意，為了共同的利益，也是為了香港居民的利益，進行很好的合作與磋商，我們就沒有解決不了的問題。"[33] 而當時的港澳辦主任魯平在彭定康訪京毫無成果後，依然表示，"雙方分歧的實質不是什麼要加快民主步伐問題，而是究竟要合作，還是要對抗。"[34] 然而，彭定康根本就不承認中英兩國的協議，並要求公開兩國關於政制發展的往來信函。在這種背景下，中國政府不得不公開兩國外長的外交信函。然而，英國駐華大使、英國外交部

32　轉引自賴其之：《彭定康政改方案面面觀》，香港：廣宇出版社 1993 年版，第 45 頁。

33　賴其之：《彭定康政改方案面面觀》，香港：廣宇出版社 1993 年版，第 44 頁。

34　賴其之：《彭定康政改方案面面觀》，香港：廣宇出版社 1993 年版，第 20 頁。

和港英政府卻一致認為，中英雙方並沒有就 1995 年立法會選舉達成任何協議。確實，這些信函並不是兩國政府正式簽署的協議，可在當時整個西方試圖孤立中國的背景下，中英兩國不可能舉行正式的會談，也不可能簽署正式的協議。誰都明白兩國外長在信函中達成的共識的性質和意義，信函也將雙方磋商的過程清楚地展示出來，雙方就 1995 年立法局直選議席以及基本法附件二規定的立法會議席的直選議席的討價還價過程以及最後達成的共識（即所謂 1995 年立法局 "直通車" 為特區政府第一屆立法會），也是在這些信函中確定的。英國政府在國際政治中竟然把這種可恥的律師式的狡辯作為政治信義的道德基礎，顯然忘了英國文豪莎士比亞在《亨利六世》中的名言："第一件該做的事，是把所有的律師全都殺光"，因為他們 "在羊皮紙上亂七八糟地寫上一大堆字，就能把一個人害得走投無路"。當年，李鴻章在與伊藤博文關於馬關條約的辯論中就訴諸了政治的道義問題，痛斥伊藤 "豈非輕我年耄，不知是非？" 而如今，英國政府的態度顯然是欺負天下人無知了。英國政府利用律師式的狡辯或許能否定這些信函在國際條約上的約束力，但卻無法否認英國政府違背了自己的承諾。既然英國政府一口否認這些信函中雙方承諾的約束力，那麼 "直通車" 的安排自然也就失去了法律效力，"另起爐灶" 就成為中國政府唯一的選擇。

七、原則衝突與陣線劃分：香港的分裂

　　中英兩國外長七份信函的公佈引發了香港社會乃至國際輿論的爭論。儘管英國政府不承認中英兩國達成協議，但公開的信函中雙方的磋商和討價還價的過程清清楚楚，其中也包括 1995 年立法局 "直通車" 為特區政府第一屆立法會的安排。英國政府的政治誠信受到了國際社會和香港各界的質疑，連民主派也有人攻擊英國政府在起草基本法時關於立法會選舉的問題上 "出賣" 了香港人的利益。於是，香港掀起了一場批評彭定康政改方案 "三違反"（即違反中英聯合聲明、基本法和中英兩國外長達成的協議）的輿論戰。在中英政治分歧之間，香港人不得不表明自己的立場。支持北京立場的被稱之為 "親中派"，支持彭定康的被稱之為 "親英派"，香港社會就此進一步分化。基本法草委廖瑤珠認為彭定康推出政改方案是 "獨攬大權、罔顧信義、形式民主、騙取民心" [35]，徐四民也認為彭定康推出政改方案是英國撤出殖民統治地區的策略，企圖搞亂香港。而被彭定康委任為立法局議員的陸恭蕙則認為，"銜接論是香港市民的敵人" [36]。"港同盟" 主席李柱銘也認為民主派應當不要怕被說成 "親英"，應全力支持政改方案。他認為 "基本法並非永恆不變的真理"，是在 "緊張的政治氣氛上通過的"，"如果九七年前後銜接的是一種對香港不好的制度，如果我們坐上的直通車是載我們往地獄去，我們是否還要贊成銜接，還要繼續坐直通車呢？" [37] 正如劉兆佳教授所說的，彭定康的政改方案已經造成了社會的兩極分化：

> 精英之間，精英與市民之間及市民之間，相互摩擦的狀況正日顯嚴重；持中間立場的政治力量不得不在 "親中"、"親英" 二者間做出一個選擇，激進力量之間則衝突不斷。……政改之爭正侵蝕著港人

35　賴其之：《彭定康政改方案面面觀》，香港：廣宇出版社 1993 年版，第 97 頁。

36　賴其之：《彭定康政改方案面面觀》，香港：廣宇出版社 1993 年版，第 175 頁。

37　賴其之：《彭定康政改方案面面觀》，香港：廣宇出版社 1993 年版，第 172-173 頁。

治港的基礎和條件，港督若不及早恢復自然之道，則光榮撤退只是一個夢想，而港人卻要承擔未來"中港"不合、內部分化等"後遺症"。[38]

除了政治立場堅定的左派和右派，或"親中派"和"親英派"，大多數香港人對這場爭議抱著複雜的心情。一方面他們希望香港回歸祖國，結束殖民統治，但另一方面他們也擔心中央的對港政策走回頭路，擔心中央干涉香港的自由。尤其是在 1990 年代初，這種憂慮成為整個香港市民的基本民情，而這種民情恰恰奠定了彭定康政改方案的民意基礎。然而，當彭定康真的要與北京搞對抗的時候，他們又會站在北京的立場上，畢竟香港的穩定和繁榮依賴於北京的支持，而不是英國的保護。正如當時的立法局議員、香港工業總會主席張鑒泉所言：

> 十分明瞭港人抱對中國複雜的民族情意結，即希望國家富強，各種政策完善無瑕，又害怕中國走向回頭路，令本港喪失自由、繁榮和穩定。市民不應迴避本港本來是中國的國土的事實，中國富強與否，其發展孰優孰劣，對本港影響，不能靠民主外殼將之隔離，民主是條漫長的路。眼光不只限於四年半，而是更遠的將來。一些對一國兩制不信任和一知半解的人士，以為只要盡快加速本港民主，便可抵抗中國九七後干預本港，建成一堵民主圍牆，但其實是盲目帶領群眾走向一條狹窄的死胡同。[39]

面對這種形勢，就連 1989 年之後退出基本法草委會的查良鏞也在《明報》上連載文章，闡述了對當時香港政治的看法。他回顧了中央對香港政策的歷史，認為從毛澤東和周恩來確定的"長期打算，充分利用"，到鄧小平的"一國兩制"，都是貫徹了"保持現狀"的思想，因此，中英聯合聲明並不是英國強迫中國接受的，而是中國政府自己的承諾。"如果沒有這些條款和保證，難道英國就能不交還香港？如果中國不願在聯合聲

---

38 賴其之：《彭定康政改方案面面觀》，香港：廣宇出版社 1993 年版，第 127-128 頁。
39 賴其之：《彭定康政改方案面面觀》，香港：廣宇出版社 1993 年版，第 122 頁。

明中如此具體地在自己的身上加上許多的約束，提出許多將來必須遵循的承諾，難道英國能強迫中國簽字遵守，並公佈於世？"[40] 既然這是中國政府的 "主動承諾"，而這個承諾的前提是 "保持現狀"，那麼，這就是制定基本法的原則，這就意味著港英政府不能急劇改變香港的政治制度，使得基本法的規定變成 "空頭支票"。他認為中央對香港巨變的擔心來自兩方面：一是香港的社會主義化，不利於香港資本主義自由經濟的發展，二是香港政治的西方民主化，使香港與中央鬧 "獨立"，甚至向內地推廣西方民主制度。因此，他認為 "港人治港" 的前提就是香港 "保持不變"。"既然英國人不可以強迫中國接受聯合聲明，難道可以強迫中國接受彭定康改變的制度？" 這大概就是查良鏞的潛臺詞。

這種理性、持平的看法其實代表了當時香港工商界和中產專業界的普遍立場。為此，李鵬飛率領 "啟聯" 的工商界代表團於 1993 年 1 月到倫敦訪問，向英國政府表示香港工商界人士的擔憂，希望英國政府修改彭定康的政改方案，恢復中英雙方的會談。但是和當年鍾士元等訪問倫敦不同，倫敦對待這次訪問極其冷淡。當年鍾士元等爭取的是他們也能參與中英談判的 "三腳凳"，而目前倫敦雖然繼續堅持 "三腳凳"，但這一 "腳" 已經不是香港的工商界人士了，而是作為西方政治盟友的香港民主派人士。"沒有永恆的朋友，沒有永恆的敵人，只有永恆的利益。" 這是英國人的政治格言，或者說西方現代政治基於馬基雅維利主義而形成的政治格言，政治不存在友誼，不存在信義，一切都是基於實力較量和利益計算。如果說此前港英政府通過 "行政吸納政治" 成功地將工商專業界的上層精英團結為政治盟友，那麼彭定康此刻由於找到了更有利的政治盟友而徹底拋棄了工商專業界。這也迫使工商界專業界更加堅定地站在支持香港回歸的立場上來。正是在鍾士元的支持下，工商界在 "啟聯" 的基礎上成立了自由黨，成為香港重要的愛國愛港政團。

香港社會的分化恰恰是英國人希望看到的，因為對英國人而言，這場鬥爭本來就是以香港人做賭注的。正如英國保守黨下議院議員畢爾頓所

40　轉引自文希：《彭定康這個人》，香港：明窗出版社 1993 年版，第 169 頁。

言，中國（內地）對政改方案的不滿情緒傷害的只會是香港，而不是英國。如果英國與北京交手，且以大英帝國利益為大前提，則如何保護夾在中間的香港，的確是一個難題。[41] 此時的香港已經成了彭定康、英國政府對付中國的賭注。在這場賭博中，英國政府手上有兩張王牌，一張王牌就是香港民意，尤其立法會的支持，另一張王牌就是國際輿論的支持。1992年 11 月 11 日，彭定康不顧中國政府的反對，堅持在香港立法局投票，最後以 30 票贊成、21 票反對、1 票棄權原則上通過支持彭定康提出的 1995年立法會選舉方案。與此同時，彭定康連續訪問加拿大、日本等國尋求西方世界的支持。因為在彭定康看來，香港問題不再是中英兩國的問題，而是整個西方世界的問題。且不說西方世界的民主理念，更重要的是，香港是全球最大的金融商業中心之一，整個西方世界在香港有巨大的經濟利益。他聲稱英國考慮的不單是未來的四年半，而是未來的五十四年半，英國會在中英聯合聲明簽署後的五十年內繼續關注香港的制度。[42]

彭定康在立法局表決通過 1995 年立法會選舉方案，為中英兩國的分裂邁出了關鍵性的一步。為了防止這種分裂繼續擴大，1993 年 1 月，新華社社長周南接受了《鏡報》的專訪，就彭定康的政改方案發表了公開談話。周南認為，政改爭議的核心不是要不要民主的問題，而是要不要守信義的問題。因為按照循序漸進的原則逐步實現民主，不僅是中英聯合聲明的內容，也是基本法起草過程中香港社會各界達成的共識，也是中英兩國政府交換信件而達成的諒解。問題在於，為什麼英國人不遵守達成的協議？原因在於英國人認為蘇聯解體後，中國也將發生類似的變化，因此有必要推翻過去的中英協議，在九七之後通過他們扶植的代理人變相延長英國的殖民統治，把香港搞成半獨立的政治實體，進而影響中國的政局發展。這個思路與中英談判之初英方首先提出的 "三個不平等條約有效論"，以及隨後提出的 "主權換治權" 思路一脈相承，而且這並不是一個偶然的孤立事件，而是西方世界肢解中國戰略的一部分。面對這種國際局

41　轉引自文希：《彭定康這個人》，香港：明窗出版社 1993 年版，第 216-218 頁。

42　參見袁求實：《香港回歸大事記（1979-1997）》，香港：三聯書店（香港）有限公司 1998 年版，第 130 頁。

勢，周南認為：

> 一個主權的國家，一個自主的中華民族，在原則問題上怎麼能讓？一寸也不能讓，折衷也辦不到。如果我們在原則問題上退讓，就是賣國的行徑、民族的敗類，人民有權推翻這樣的政府。[43]

周南的談話公開點出了中英分歧的來龍去脈和問題的實質。這是中英兩國甚至中國與英美之間的原則分歧，涉及到國家的根本利益。為了這場不妥協的鬥爭，英國首相梅傑於 1993 年 2 月 25 日訪問美國，美國總統克林頓在會面梅傑後表示，他將全力支持彭定康的政改方案。也許是因為有了美國的國際背書，彭定康於 1993 年 3 月 12 日將立法局選舉條例刊登憲報，使其成為香港法律，意味著彭定康不會做出任何妥協。隨後不久，彭定康親自訪問美國，獲得美國總統克林頓、副總統戈爾以及參眾兩院的高度讚賞。正是由於西方世界的支持，彭定康將政改方案看作是 "歷史終結" 處所作的最後鬥爭，"其意義不亞於法國大革命"。

彭定康將立法局選舉方案刊登憲報後，港澳辦主任魯平痛心疾首，譴責彭定康為 "千古罪人"。這意味著中國政府不得不面對最不願意看到的局面，香港政權的順利交接受到了影響，和平過渡的 "直通車" 難以維繫了。這個時候，正是中國的 "兩會" 期間。儘管中國與英國之間依然進行著緊張的外交談判，但就在政改方案刊憲後的第二天，江澤民接見港區人大代表時表示，"中國在原則問題上絕不讓步"[44]；而李鵬總理在與港澳地區人大代表和政協委員的座談中也明確指出，"中國在香港問題上不會拿原則作交易"。這句話也被寫入了李鵬總理的 "政府工作報告" 中。而這個 "原則" 就是 1997 年中國對香港恢復行使主權的原則，就是香港將按照基本法的規定踐行 "一國兩制" 的原則。就在中國政府堅持原則毫不退讓的時候，彭定康也於 10 月 6 日發表了其第二份施政報告。在報告中，他強調中英爭議的焦點不在於民主發展的步伐，而在於 "確保民主發展是

43　轉引自齊鵬飛：《鄧小平與香港回歸》，北京：華夏出版社 2004 年版，第 201 頁。

44　賴其之：《彭定康政改方案面面觀》，香港：廣宇出版社 1993 年版，第 4 頁。

公平和公開的"。港英政府"不會為了簽署一紙協議而放棄原則"。彭定康認為，英國政府的目的不是建立機制、制度和達成協議，而是要把"自由的思想"植根於港人心間，使港人"堅持正確的路向"，"緊抱信念"。因此，正如前文所述，他的目的不只是 1997 年後香港要"協助"中國變得更繁榮，而且要把香港變成中國管治下堅持"自由制度"的"優良典範"，要把香港的獨特生活方式"延至下一世紀"。[45] 主權原則與帝國原則之間的衝突，意味著中英之間難以達成妥協。隨後中英兩國進行了十七輪的漫長談判，都沒有取得任何實質性協議。[46] 不過，此時的中國政府已經做好了"另起爐灶"的準備。

45　袁求實：《香港回歸大事記（1979-1997）》，香港：三聯書店（香港）有限公司 1998 年版，第 151 頁。

46　關於談判的情況，參見李後：《回歸的歷程》，香港：三聯書店（香港）有限公司 1997 年版，第 218-226 頁。

八、"另起爐灶"：最後的較量

在近代中國與西方列強殘酷的政治較量中成長起來的中國政治家們以其敏銳的政治直覺和政治本能，意識到香港民主化演變的後果。尤其在歷經近代以來西方列強支配的軍閥混戰、國共內戰、朝鮮戰爭和越南戰爭之後，他們對這種國際鬥爭的國內化或更為極端的國際戰爭的內戰化（international civil war）有著深刻地認識。他們意識到，在國際政治不平等的格局中，後發達國家內部政治派系之間的民主爭端很容易演變為發達國家對其進行政治支配的工具，演變為國際政治力量之間的代理人鬥爭。

事實上，18 世紀以來，海洋帝國（如英國）與大陸帝國（法國、德國等）在歐洲的政治較量中，海洋帝國的一個秘密武器就在於透過全球商業化以及由此引發的自由思潮向歐洲大陸君主國的商業階層和知識分子滲透，最終在這些國家掀起民主化的革命浪潮。在這個過程中，興起於英國的共濟會迅速滲透了歐洲大陸國家，法國的著名思想家如伏爾泰、孟德斯鳩、狄德羅、孔多塞等都是共濟會成員。共濟會成員在歐洲宮廷、商界和知識分子的活躍程度從歐洲大陸啟蒙思想家們對英國自由憲政體制的高度讚美就可以看出來，而歐洲大陸的天主教會對共濟會進行了嚴格限制，由此我們就明白共濟會實際上承擔了海洋帝國對大陸帝國，或新教國家對天主教國家的"和平演變"使命。一些關於共濟會的陰謀論甚至認為，法國大革命、美國獨立戰爭和俄國革命都是由共濟會促成的，共濟會一開始藉助於大英帝國的力量對全世界實行"和平演變"，後來又藉助美國的力量對世界實行"和平演變"。

近代中國的民主革命興起於西方列強對中國長期的殖民支配，由此"啟蒙"與"救亡"、"民主"與"獨立"往往因為"和平演變"問題而變得異常複雜。中國民主革命的啟蒙主題由此也必然要從屬於國家救亡和民族獨立的主題。從辛亥革命到無產階級專政下的繼續革命，近現代中國革命無不以民族的獨立解放為旗幟，演化為越來越激進的民主革命。所謂推翻"三座大山"，歸根結底就是推翻西方帝國主義對中華文明的支配，實現民族的自由和解放。正因為如此，毛澤東在"進京趕考"之前的七屆二中全會上，就對全黨同志提出警惕"糖衣炮彈"的警告；而在此前 1948年，當國內的精英知識分子對美國依然抱有最後幻想的時候，毛澤東連續發表了四篇著名的社論，對未來可能出現的"和平演變"提出了警告。而這樣的警告在 1989 年差點要變成現實。1989 年，新華社重新刊登了毛澤東的這四篇著名社論，因此，"和平演變"這個曾經於 1948 年出現在中國政治中的概念，重新出現在 1989 年之後的政治語彙中。反對西方的"和平演變"、反對依附於西方勢力的民主化運動、保持民族的獨立性就如同政治慣性一樣，成為中國政治家思考問題的基本方式，甚至成為中國政治家的天然本能。正如鄧小平在 1989 年事件面對嚴峻的國際局勢所指出的：

> 國家不分大小強弱都相互尊重，平等相待。西方有一些人要推翻中國的社會主義制度，這只能激起中國人民的反感，使中國人奮發圖強。人們支持人權，但不要忘記還有一個國權。談到人格，但不要忘記還有一個國格。特別是像我們這樣第三世界的發展中國家，沒有民族自尊心，不珍惜自己民族的獨立，國家是立不起來的。……如果中國不尊重自己，中國就站不住，國格沒有了，關係太大了。[47]

中國政治發展不依附於西方的獨立性既體現了中華文明的內在力量，也體現了中華民族的內在精神，正是這種獨立性使得中國對西方的民主制度保持著深刻的警惕，尤其近代以來中國內戰的歷史使得中國的政治家們總是擔心民主化會成為分裂國家的重要力量。而在"大民主"旗幟下的"文化大革命"進一步加深了從民主革命的血雨腥風中成長起來的政治家對民主化前途的憂慮。在人權與國權、個人權利與國家統一、個人自由與民族獨立、民主政治與國際地緣政治之間相互糾纏的複雜關係成為中國人必須面對的政治問題。面對 1989 年的這個政治難題，鄧小平作出了果敢

47　鄧小平：《結束嚴峻的中美關係要由美國採取主動》，載《鄧小平文選（第 3 卷）》，北京：人民出版社 1994 年版。

的決斷：

> 中國的問題，壓倒一切的是需要穩定。沒有穩定的環境，什麼
> 都搞不成，已經取得的成果也會失掉。中國一定要堅持改革開放，
> 這是解決中國問題的希望。但是要改革，就一定要有穩定的政治環
> 境。……中國正處在特別需要集中力量發展經濟的進程中。如果追求
> 形式上的民主，結果是既實現不了民主，經濟也得不到發展，只會出
> 現國家混亂、人心渙散的局面。我們是要發展社會主義民主，但匆匆
> 忙忙地搞不行，搞西方那一套更不行。如果我們現在十億人搞多黨競
> 選，一定會出現 "文化大革命" 中那樣 "全面內戰" 的混亂局面。民
> 主是我們的目標，但國家必須保持穩定。[48]

北京看到了民主可能帶來的亂局和禍害，但這些問題顯然不是香港人
需要考慮的問題。對於香港人而言，他們首先要考慮的是希望通過民主化
來保護自己的財產和自由免受侵害。我們必須理解，香港僅僅是一個商業
城市，而且又在殖民統治的長期支配下，大多數香港人關心的是安穩的生
活，而不會去思考中西對抗中的 "民族獨立" 或文明自主性這樣的宏大問
題。畢竟，在中西文化衝突的背景下，爭奪文化領導權屬於大國政治的範
疇，只要中國是一個統一的大國，就一定有復興中華文明的心氣，而這股
來源於中國內地的心氣恰恰是本地香港人所不能理解的。正是由於本地香
港人甚至臺灣人無法理解內地人身上不經意間流露出的 "大一統" 觀念、
捨我其誰的自由信念以及由此滋養的復興中華文明的心氣，他們很容易按
照西方的政治修辭，把中央與彭定康的鬥爭理解為民主與專制的鬥爭，而
不大容易理解這種鬥爭的背後是文明自主性和文化領導權的鬥爭。疆土遼
闊的內地人與島嶼地帶的香港人和臺灣人，其眼界、胸懷和人格氣質的差
異不僅體現在其地理差異，更體現在漫長的文化教育和政治教育所培養起
來的兩種不同的生活風格和精神追求的差異。內地人總是以一種 "大一

48　鄧小平：《穩定壓倒一切》，載《鄧小平文選（第 3 卷）》，北京：人民出版社 1994 年版。

統”的視野將構成差異的港臺乃至海外世界看作是構建多元一體的有機組成部分，然而港臺人乃至海外華人往往從海洋視角出發將內地看作是一個需要克服的外在對象，充滿懷疑和敵意。（參見第五章）當中央希望抑制民主化來保持香港穩定和發展時，香港人似乎沒有意識到，一個穩定的內地是香港繁榮的保證，而一個動盪的內地恰恰是香港的災難。正是看到了這一點，具有國際戰略視野的李光耀在 1989 年就對香港的民主化運動乃至香港支持內地的民主化運動提出了警告。他所擔心的，恰恰是西方政治勢力通過 “和平演變” 來顛覆內地政權之後，會給整個東南亞、東亞乃至世界帶來深重的災難。[49] 世界大格局中的地緣政治角力與香港特定環境中的民情變化之間，就這樣陰差陽錯地交織在一起。儘管 1989 年 12 月 6 日，江澤民在會見英國首相特使、首相外事顧問柯利達時明確表示，中央對香港的政策是 “井水不犯河水，河水不犯井水”，即中央不干涉香港自治範圍內的事務，香港也不要干涉內地的事務，尤其是內地的政治制度，並強調香港要有一個平穩的過渡期，[50] 然而，這一切因為彭定康的到來，使得中央對香港政制發展的擔憂變成了必須面對的現實。面對彭定康的政改方案引發的國際反響，新華社香港分社社長周南於 1993 年上半年以各種方式向香港各界陸續披露鄧小平關於香港政改問題的幾次 “黨內” 談話內容，表明中央在原則問題上決不退讓。在這種情況下，中央按照鄧小平的指示做好了 “另起爐灶” 的準備，即原來中英協議中的 “直通車” 計劃流產，中方將按照中英聯合聲明和基本法的規定，單方面籌組第一屆特區政府。

其實，“另起爐灶” 的問題早就在鄧小平的腦子裏思考過很多遍了。鄧小平思考香港問題，抓的就是關鍵。“這種解決辦法的關鍵，在於過渡時期是否保持穩定。” [51] 在 1982 年與撒切爾夫人的談話中，他就明確把香港問題歸結為主權、政策和過渡三個問題。其中，主權歸屬只要中國立場

49　參見《李光耀看六四後的中國・香港》，新加坡：聯合早報、勝利私人出版公司 1990 年版。

50　江澤民：《香港必須有一個平穩的過渡期》，1989 年 12 月 6 日，載《江澤民文選》，北京：人民出版社 2006 年版。

51　錢其琛：《外交十記》，北京：世界知識出版社 2003 年版，第 322 頁。

堅定就不會有問題；中央對港政策也符合香港實際；而唯有過渡期的主動權掌握在英國手中，這也是小平最擔憂的。親身經歷了近現代革命歷史，鄧小平對西方帝國從來不抱有任何空洞的幻想，始終保持著現實主義的冷靜態度。他深知英國人不會自動交出香港，就像毛澤東所說的，反對派不會自動退出歷史舞臺，因此香港回歸的關鍵不在於九七之後的治理，而是九七之前的過渡。所以，他在談話中特別指出："我擔心的是今後十五年過渡時期如何過渡好，擔心在這個時期中會出現很大的混亂，而且這些混亂是人為的。這當中不光有外國人，也有中國人，而主要的是英國人。"[52] 為此，小平曾特別提醒英國人，如果在過渡期製造混亂，不排除提前收回香港。（參見第七章）

那麼，英國人在過渡期，會做哪些不利於香港回歸的事情呢？在鄧小平腦子裏，始終縈繞著的問題之一就是，"希望港英政府不要在過渡時期自搞一套班子，強加於未來的特行政府"[53]。由於香港回歸不是"砸碎舊的國家機器"，而是"和平過渡"，保留了原來的政府機構，而在"港人治港"的條件下，香港人不可能在 1997 年突然接管香港，而必須在過渡期參與管理，熟悉港英政府的運作。問題是英國人肯定不會讓真心擁護中央主權的香港人或中央信任的香港人參與管理，必然會培養親英勢力，或讓反對中央擁有香港主權的香港人參與管理，這樣就製造了中央與香港特區的內在矛盾，為香港回歸後中央對香港的管治增加了困難。可見，小平提出的 "愛國者治港" 就是針對這個問題而來的。為此，早在 1982 年，他就明確提出愛國愛港的政治人才的培養問題："一般的方法，是培養不出領導人才的。領導人才要在社會裏培養。最好要有一個社會團體來擔負這個任務。我們說，將來的香港政府是以愛國者為主體。他們應該有自己的組織。我們要著眼於培養人才。要找年輕一點的人將來管理香港事務。這些人必須是愛國者。"而在 1983 年 4 月中央政治局擴大會議會上討論

52　鄧小平：《我們對香港問題的基本立場》，1982 年 9 月 24 日，載《黨和國家領導人關於港澳問題的重要講話》，北京：中國民主法制出版社 2011 年版，第 3 頁。

53　鄧小平：《我們非常關注香港的過渡時期》，1984 年 7 月 31 日，載《黨和國家領導人關於港澳問題的重要講話》，北京：中國民主法制出版社 2011 年版，第 15 頁。

"解決香港問題的基本方針政策"時，小平就提出為了"保證香港不出亂子"、"保證繁榮、穩定和順利交接"，要創造條件讓香港人在過渡時期逐步參與管理：

> 香港的愛國者要逐步參與行政上的管理，要參加到立法機關、司法機關、行政機關裏去。當然，現在首先還是那些大資本家、大學的頭頭、文化界的人士，或者他們推薦的人。……我們的工作是要考慮如何培養幹部的問題，要考慮用什麼方式來逐步參與管理，參與管理的只能是香港人，不能是港澳工委的人，這種人可能基本上是中國人，但還有一點英國味。要研究如何培養一些年輕人，……我曾經提過，港澳工委要想法在香港搞些社團，實際上就是政黨，英國人搞了一些社團，我們也要搞，可以從中鍛煉一批政治人物，沒有政治人物不行，這工作不能抓得太晚。[54]

此後，他在接見香港各界人士的時候，反復強調這個問題，要求他們儘早參與特區政府的管理。在 1984 年 6 月 22 日會見香港工商界人士訪京團的時候，他進一步指出：

> 1997 年 7 月 1 日才一下子換了牌子，那不造成混亂嗎？造成順利接管條件的核心是港人參與。……聽說英國人準備搞代議制，找些人來參與政務、法律，他們找些什麼人？能否體現中國的主權？能否維護中國的主權？真正保持香港的安定繁榮？這不能由英國安排。香港人要自己安排，中央政府要幫助香港人作出這樣的安排。[55]

可見，在中央看來，彭定康突然加速推動直選無非是希望通過"直通車"，讓所謂的"親英派"掌握未來特區政府的管治權，從而給回歸後的中央與特區關係製造事端。這其實早就在鄧小平的預料之中。他在 1985

54　轉引自齊鵬飛：《鄧小平與香港回歸》，北京：華夏出版社 2004 年版，第 188-189 頁。
55　轉引自齊鵬飛：《鄧小平與香港回歸》，北京：華夏出版社 2004 年版，第 191 頁。

年就指出，"英國人是要搞一些把戲的，這一點我們要清醒。"[56] 而對於英國人的這些把戲，鄧小平也早有清醒的準備。因此，當彭定康將立法局選舉法案刊憲後，中國政府公開發表了 1982 年鄧小平與撒切爾夫人的談話，因為在這篇談話中，鄧小平明確指出：

> 我們還考慮了我們不願意考慮的一個問題，就是如果在十五年的過渡時期內香港發生嚴重的波動，怎麼辦？那時，中國政府將被迫不得不對收回的時間和方式另作考慮。如果說宣佈要收回香港就會像夫人說的 "帶來災難性的影響"，那我們要勇敢地面對這個災難，做出決策。希望從夫人這次訪問開始，兩國政府官員通過外交途徑進行很好的磋商，討論如何避免這種災難。[57]

當然，鄧小平在 1982 年談話時，是針對英國不準備歸還香港這種極端情況而言，而在聯合聲明簽署和基本法制定之後，香港回歸大局已定，彭定康的政改方案製造的僅僅是小麻煩。此時通過發表鄧小平關於 "中國政府將被迫不得不對收回的時間和方式另作考慮" 的談話，最多是一種立場的表示，不過是要表態 "要勇敢地面對這個災難，做出決策"，給英國政府和港英政府施加政治壓力。1993 年 10 月，就在中國政府公開發表鄧小平 1982 年與撒切爾夫人的談話後不久，撒切爾夫人的回憶錄《唐寧街的歲月》也在剛好在倫敦出版。香港的媒體第一時間摘譯了其中關於中英談判的內容。撒切爾夫人在回憶錄中寫道：

> 我們的談判目的，是以香港島的主權，換取整個香港的長期管治權。……我們建議談判如果沒有進展，便應在香港發展民主架構，我們的目標是在短時間內讓香港獨立或自治，仿如我們以前在新加坡的做法。這將包括在香港建立有更多華人參與的政府和管治架構，令華

56　轉引自齊鵬飛：《鄧小平與香港回歸》，北京：華夏出版社 2004 年版，第 194 頁。

57　鄧小平：《我們對香港問題的基本立場》，1982 年 9 月 24 日，載《黨和國家領導人關於港澳問題的重要講話》，北京：中國民主法制出版社 2011 年版，第 3 頁。

人越來越多地為自己作主，英國人則逐漸退居二線。[58]

也許這僅僅是一個巧合，不過在這個時候，這種巧合具有了特別的意義。這意味著中英之間關於香港自由和民主的鬥爭，包含著更大的地緣政治的味道。而鄧小平在與撒切爾夫人談判的時候，早就預料到英國人的這個政治目的。為此，鄧小平提出兩手準備，一是積極參與；二是"另起爐灶"。前者著眼於人，培養擁護中央的管治者，後者著眼於制度，為培養擁護中央的管治者創造條件。

此後，鄧小平就在思考愛國愛港政治人才的培養，尤其關注其組織形式。他清醒地意識到，英國人控制著香港政府建制的力量，而要培養愛國愛港的治港人才，必須依賴建制外的力量，而建制外培養、鍛煉政治人才的重要手段就是組織政黨。尤其在立法會和行政長官最終要實現普選的前提下，政黨不僅是未來特區管治人才的培養基地，而且更重要的是選舉機器。在組織政黨的問題上，必須依賴傳統的愛國愛港組織，如"工聯會"等，然而，由於港英政府的政治打壓以及 1967 年反英抗議運動的極左包袱，這些組織在香港社會被邊緣化，即使重新發展這些組織也"遠水不解近渴"，難以適應香港回歸的工作重心，即通過穩定香港的大資本家來保持香港的繁榮穩定。在這種情況下，中央必須做兩手工作，一方面通過外交談判並利用與基本法的"銜接"問題，遏制港英政府推動政制發展的步伐，從而為愛國愛港政團的發展壯大爭取時間；另一方面就是全力糾正歷史上形成的"一左二窄"的工作局面，著力拓展對香港社會上層精英（如資本家和中產專業人士）的統戰工作，使香港愛國愛港力量從原來純粹的基層左派組織發展為包括工商界和中產專業界的最廣泛的統一戰線。比如起草基本法時成立的"新香港聯盟"就推動了基本法草委在政制發展問題上形成共識。由此，香港的愛國愛港陣營也被稱之為"統一戰線派"，與所謂的"民主派"陣營形成對峙。正是在這個統一戰線的基礎上，無論在中英談判中，還是在基本法制定過程中，工商界人士和部分中產專業人士

58　轉引自袁求實：《香港回歸大事記（1979-1997）》，香港：三聯書店（香港）有限公司 1998 年版，第152 頁。

都成為香港回歸的堅定擁護者，成為中央可以信任和依賴的愛國管治者。

然而，1989 年的北京政治風波和 1992 年的彭定康政改方案徹底打亂了愛國愛港人才的發展計劃，其損失不比 1967 年反英抗議運動激進化的損失小。1982 年以來逐漸聚集起來的愛國愛港政治精英發生了分化。部分愛國愛港派投向民主派陣營，許多統戰對象也脫離了統一戰線組織，而愛國愛港政治精英則被扣上各種政治帽子，再次陷入困境。在 1991 年立法局直選中，愛國愛港力量慘遭失敗。新華社香港分社痛定思痛，認為愛國愛港派在選舉中失敗的原因除了政治大環境的不利影響，更重要的在於愛國愛港力量單打獨鬥，力量分散，缺乏強有力的政團組織，而原來成立的組織，如新香港聯盟，缺乏地區的支撐，無法適應選舉的需要。在這種背景下，新華社香港分社調整了重統戰、輕選舉、忽略發展地區組織的思路，加強了地區組織的建設：1992 年代表地區力量的 "民主建港聯盟"（即民建聯）成立，1993 年代表工商界利益的 "自由黨" 成立，1995 年代表中產專業界人士的 "香港協進聯盟"（即港進聯）成立。就在愛國愛港陣營凝聚力量的時候，民主派陣營也加強了力量整合。1994 年，"港同盟" 與 "匯點" 合併，成立民主黨。兩大陣營就圍繞 1994 年的區議會選舉和 1995 年的立法局選舉展開了較量。在 1994 年的區議會選舉中，民主黨雖然是區議會第一大黨，所佔議席的比例卻有所下降了；相反，"民建聯" 打正愛國愛港的旗號，成為區議會的第二大黨。這是香港愛國左派在 1967 年反英抗議運動之後第一次正面登上香港政治舞臺，對香港政局的發展具有深遠意義。

愛國愛港政團在港英立法局選舉中擁有的政治力量對彭定康的政改方案構成了一定的制約，自由黨在立法局中對彭定康提出的政改方案提出了修正案。彭定康為了使其政改方案在立法局中順利通過，不惜透過英國政府對在香港立法局中擁有一票的英國大商家施加政治壓力，迫使其投票否決自由黨的修改案。1994 年 6 月 30 日，在彭定康的全力遊說下，港英立法局通過了對立法局選舉條例的修訂，並以一票之差否決了自由黨提出的修改方案。這意味著彭定康的政改方案具有了法律效力，中英兩國政治談判的大門徹底關上了。英國人之所以敢做得絕情，就在於看到中國不會採取非和平的方式提前收回香港，且中國會努力保持香港的經濟繁榮。在這種情況下，中英兩國的較量其實是英國拿中國的香港與中國進行較量，英國人做的是無本生意，而中國人則處於"投鼠忌器"的被動局面。比如在新機場和貨櫃碼頭的建設中，中央考慮香港的經濟發展，不得不允許港英政府大興土木，英資公司自然大獲其利。中國政府能做的就是利用九七恢復行使主權之機"另起爐灶"，將港英政府建立的制度"推倒重來"。但無論如何，大英帝國取得了它所需要的勝利果實——共榮撤退，並在香港播下反對中央政府的種子。

就在彭定康將立法會選舉方案刊憲之後，第八屆人大第一次會議於1993年3月31日決定授權人大常委會設立香港特別行政區籌組委員會的預備工作委員會（即預委會），為"另起爐灶"工作著手準備。所謂"另起爐灶"，並不是中國政府拋開中英聯合聲明，單方面宣佈收回香港，而是宣告原來中英協議中的"直通車"計劃流產，按照中英聯合聲明和基本法的規定，由中國政府單方面籌組第一屆特區政府。在1994年6月30日，彭定康全力遊說立法局否決了自由黨對選舉條例的修訂後，中國政府隨即在1994年8月31日八屆人大第九次常委會上做出決定，港英最後一屆立法局、市政局和區域市政局、區議會於1997年6月30日終止，並決定由"籌委會"籌組第一屆特區政府立法會。而在彭定康看來，這無疑是給香港的民主化改革下達了"死亡通知書"。[59]

1996年1月26日，全國人大香港特別行政區籌備委員會（即籌委會）正式成立，它既是一個權力機構，也是一個工作機構，其主要任務就是籌組第一屆特區政府。這是一個按照鄧小平提出的"愛國者"標準所組成的廣泛的愛國統一戰線，其中最主要的力量就是工商界，其次才是中產專業人士和傳統左派的基層力量。就在中央政府通過統一戰線將工商界人士團結在自己的周圍，另起爐灶籌組特區政府的時候，彭定康在1996年5月訪問美國和加拿大的演講中，猛烈抨擊香港的工商界人士是為中國政府"擦鞋"，不能代表香港人的利益。他甚至諷刺工商界人士，"若非他們在

59　〔英〕彭定康：《東方與西方：彭定康回憶錄》，蔡維先、杜默譯，烏魯木齊：新疆人民出版社1999年版，第173頁。

後袋中插著一本外國護照，他們才不會這樣做。"他認為未來的治港人才應該是民主黨黨魁李柱銘，民主黨是愛國人士，象徵著香港的未來。[60] 彭定康的言論無疑遭到了工商界人士的強烈質疑，令他在香港的政治中更加孤立。

此時，經歷了 1992 年鄧小平"南巡講話"之後，中國的改革開放進一步加深，經濟持續增長。中國非但沒有瓦解，反而在徹底走出了 1989 年的政治陰影後，變得更加穩定和自信。國際局勢在變，香港的形勢也在變，香港人也開始逐漸相信中央會按照中英聯合聲明和基本法的規定貫徹"一國兩制"，港人對中央的信任度開始上升。1996 年 11 月 2 日，"籌委會"選出了 400 人的推舉委員會，並於 12 月 11 日差額選出 3 名行政長官候選人，其中董建華以 320 票當選特區政府第一屆行政長官。1996 年 12 月 21 日，推舉委員會又選出 60 名第一屆立法會議員，在這些議員中，11 人有外國國籍或外國居留權，33 人為當時的立法局議員，8 人為前任立法局議員。由於這些議員不是按照基本法產生的，因此香港回歸之後的這個立法會也被稱之為"臨時立法會"。在當時的情況下，無論行政長官，還是立法會議員，的確代表了香港最廣大市民的願望。香港市民對"一國兩制"下的新生活充滿了好奇，而民主派也基本上被主流社會所拋棄，英國政府則失去了對籌組新政府的參與權。

英國政府這才感覺到若有所失，開始檢討對華政策以及彭定康政改方案的得失。其外交部中"中國通"們的聲音重新佔了上風，他們從一開始就指責彭定康的做法缺乏遠見，既不瞭解中國，也不符合英國的長遠利益。隨著 1997 年 5 月英國大選後工黨取代保守黨執政，新任首先布萊爾表示願意加強與中國的合作，中英就香港回歸儀式的安排順利達成了協議。香港回歸儀式在新落成的香港會展中心如期舉行。是夜，傾盆大雨。迷信的香港人說，老天有靈，一洗中華民族百年恥辱。可在這歡喜中，難以掩飾一個民族內心的悲痛，那就是英國人臨走時留給中央與香港之間在政治上的互不信任、敵意甚至仇恨。在英國人撤離之後，中英之間的矛盾

60　袁求實：《香港回歸大事記（1979-1997）》，香港：三聯書店（香港）有限公司 1998 年版，第 283-286 頁。

無形中就變成了中央與香港民主派之間的矛盾，這就為以後的特區政府施政埋下了陰影，英國人設定的政制發展主題始終困擾著回歸後的香港。

在彭定康時代，儘管英國政府著力培養陳方安生成為未來的行政長官，可命運和機緣卻與她擦肩而過。假如彭定康在政制改革問題上對中國不是採取法國大革命式的激進對抗，而是採取英式的循序漸進和妥協合作，那麼香港回歸可能是對英國人和香港"民主派"更為有利的另外一幅圖景。可歷史是不能假設的。特區政府成立後，中央著眼於香港的穩定，讓港英政府的公務員也全部過渡，陳方安生繼續作為"公務員之首"輔助行政長官董建華，這既是香港順利回歸的前提，也為香港後來的政治分歧埋下伏筆。從此，香港就在包括行政長官在內的中央政治任命官員、港英政府培養起來的公務員隊伍、英國普通法系統下的司法隊伍（包括法官與大律師）和立法會中的愛國愛港派與民主派這五股力量之間，在回應中央、香港市民和西方世界的不同需求和期待的過程中，拼湊出複雜交錯的政治圖景。

九、尾聲：香港政制轉型與 "活的基本法"

> 歷史大部分由悲慘和苦難構成，而這悲慘與苦難是由驕傲、野
> 心、貪婪、復仇心、淫欲、叛亂、虛偽、無節制的熱情和所有一連串
> 混亂的欲望帶給世界的。[61]

在目睹了法國大革命的慘烈之後，英國思想家柏克寫下了上述文字。
這不僅是對法國大革命的反思，也是對現代的反思，更是對人性的反思。
這種保守主義思想之所以具有意義，就在於它洞悉了現代的弊端，即把
古典政治思想中貶斥和摒棄的激情（passion）和欲望（desire）看作是現
代政治的起點，而馴服欲望最好的工具就是利益（interests），由此，政
治的全部目的就是將人們的激情和欲望導向利益的最大化計算。無論是
亞當・斯密（Adam Smith）的 "看不見的手"，還是孟德維爾（Bernard
Mandeville）的 "蜜蜂的寓言"；無論是通過社會契約的理性計算來建立
政府，還是通過野心制約野心來 "馴服君主"，都是按照現代的邏輯來理
解經濟、政治、社會和道德。法國大革命之所以是一場不同於古典的 "現
代" 災難，就在於人們可以冠冕堂皇為 "驕傲、野心、貪婪、復仇心、淫
欲、叛亂、虛偽、無節制的熱情和所有一連串混亂的欲望" 進行辯護，由
此使得政治的正當性問題不再是德性問題，而變成了 "意識形態政治"。
彭定康以法國大革命為修辭，根本就不具有古希臘羅馬政治修辭中那訴諸
人心和理念的辯駁力量，而成為赤裸裸的意識形態宣傳。

如果說法國大革命因為展現了人類的自由精神而開闢了新的歷史時
代，從而使得其中的罪惡因為 "理性的狡計" 而獲得了寬恕，那麼彭定康
把自己在香港推動激進的民主革命比擬為 "法國大革命"，固然意在進行
一場 "歷史終結" 的最後革命，然而這一廂情願的虛妄和迷夢只能給英國

---

61 〔英〕埃德蒙・柏克：《法國革命論》，何兆武譯，北京：商務印書館 1998 年版。

撤退戰略的禍心以及由此給香港帶來的災難蒙上一層喜劇色彩而已。英國統治香港一百多年，如果說真正對香港有所貢獻，那就是在 1967 年反英抗議運動後港英政府不斷完善的英式政治體制，其中包括有利於鞏固政治權威的行政主導體制、公務員體制和普通法體制。這種政體反映了英式自由主義，也是柏克所理解的自由主義，即秩序乃是自由的前提，權威和信仰是權利的前提，而這一切造就了傳統，使得自由和權利不再是激情和欲望的彰顯，而是一種符合自然之道的、擁有德性和高貴品質的生活風格和精神氣質。這樣的自由帶給人的不是利益，而是尊嚴。

然而，大英帝國出於其可恥的撤退戰略的考慮，不僅通過激進民主改革帶來中央與香港人之間以及香港人內部之間的政治分裂，而且將構成香港政治傳統的英式體制改變為美式體制，即將行政主導體制改為三權分立體制，將精英政治改為大眾民主，將強調政制改革循序漸進的英式自由主義改為激進革命的法國式的自由主義。而這種美式體制的弊端在於無法形成有效的政治權威，因此美國政體必須依賴選舉人團這種特殊的政黨選舉體制才能維持。然而，香港既不是古希臘時代的雅典，也不是文藝復興時期的威尼斯，它從來不是某個時代經濟、政治和思想文化的中心，它一直是中西政治、經濟和文化相互交織且相互鬥爭的商業大都市，而且注定是要納入中國主權治理之下的大都市。由此，香港的政治無法自足，激進民主只能誘發香港社會的分化，並加劇中西政治和文化之間的鬥爭。在這種內部和外部分化的局面下，香港政黨的碎片化以及選舉中的比例代表制導致難以產生具有凝聚力的政治權威，從而使得特區政府施政必須依賴中央的強力介入才有可能形成愛國愛港陣營。這與其說是 "一國兩制" 的難題，不如說是彭定康改革之後的香港政體留給香港管治的難題。彭定康的政改方案本來希望創造出與中央對抗的政治力量，從而強化香港的 "獨立性"，然而，正是這種分化和對抗的力量迫使中央深深地捲入到香港政制發展過程中，並進一步強化了 "愛國者治港" 思路，由此在經濟和政治上進一步將香港整合進內地。這種權力作用的相互性顯然是彭定康當年所沒有想到的。

至於中央 "另起爐灶" 設立了一個基本法上沒有規定的 "臨時立法

會"，在香港回歸之後的"憲制第一案"馬維騉案中就遭到司法審查，意味著中央與香港民主派的鬥爭已經轉變為基本法之下的法律鬥爭。在這起針對"臨時立法會"有效性的案件中，特區上訴法院的陳兆愷法官在判決中明確指出：

> 基本法的目的是清楚的。我們的法律和法律制度沒有變化（與基本法抵觸的除外）。這就是我們社會的構造。連續性是穩定的關鍵。任何斷裂都將是災難性的。任何片刻的法律真空都會導致混亂。所有與法律和法律制度相關的（與基本法抵觸的規定除外）不得不繼續有效。現存的制度必須在 1997 年 7 月 1 日的時候就緒。這一定是基本法的意圖。
>
> 嚴格說來，臨時立法會不是按照基本法第 68 條產生的立法會。它不是基本法的產物。基本法也沒有打算這麼做。它只是籌委會依據全國人大 1990 年和 1994 年的決定組織的一個臨時機構。它從來沒有打算成為基本法所明確規定的那種類型和組成的立法會。
>
> 臨時立法會的組建是出於緊急狀態的臨時措施。主權者無疑有權力這麼做。它也無意於破壞基本法。這麼做意在履行基本法和全國人大決定的條款。

陳兆愷法官承認，在法律形式主義的意義上，"臨時立法會"並非基本法的產物，但從基本法的政治目的看，它試圖實現香港憲制秩序的穩定過渡。當基本法試圖建立的憲制秩序轉型的連續性出現危機的時候，主權者必須把香港憲政秩序從緊急狀態中拯救出來。因此，"臨時立法會"是主權者拯救基本法的政治決斷，是香港憲制革命的產物。它不是基本法的產物，而是中國憲法的產物，它體現的不是憲制秩序的和平過渡，而是憲制革命，即中英兩國就彭定康政改方案對基本法可能造成的衝擊而展開的政治鬥爭。由此，對香港憲政秩序的理解必須放在中華人民共和國憲法的背景下來理解，因為"臨時立法會"是中國憲法的產物，是全國人大行使國家主權的產物。由此，對此次香港的憲制秩序變革而言，其真正的憲制基礎並非香港基本法，而是中華人民共和國憲法。

正是訴諸緊急狀態的主權學說，陳兆愷法官宣佈，特區法院沒有權力來審查國家主權者的政治決斷。上訴法院的這個判決遭到香港自由派大律師們的批評，當然批評的要點不再是"臨時立法會"是否符合基本法，而是特區法院宣佈放棄了對國家主權者的行為行使司法管轄權或司法覆核權（judicial review）。終於在兩年後的居港權案中，終審法院徹底推翻了馬維騉案中的推理，主張香港法院可以對主權者的行為行使違憲審查權，由此引發了一場不可避免的法律鬥爭。在這一系列爭奪基本法解釋權的過程中，倫敦培養出來的普通法大律師們逐漸邁向香港政壇。香港的政制發展從此變成了圍繞基本法展開的政治鬥爭。[62] 而這種圍繞基本法解釋的鬥爭，將中央與特區的政治分歧轉化為基本法問題，使得基本法真正變成了活的、成長中的憲法（living tree），而中央與特區也因此深深地嵌入到基本法的構造（constitution）中來。正是由於香港大律師們不屈不撓的法治精神，才使得中央在治理香港的過程中，不得不認真對待基本法，從而發展出一套不同於內地的治理風格和執政方式。而這恰恰預示著中國香港政治發展的未來走向。

62　強世功：《司法主權之爭：從吳嘉玲案看"人大釋法"的憲政意涵》，《清華法學》2009 年第 5 期。

第九章

"一國兩制"新篇章：
香港民主的政治邏輯

　　2007 年 12 月 29 日，香港回歸十年之後，全國人大常委會做出了關於香港政制發展問題的決定，明確香港可以在 2017 年普選行政長官；待普選行政長官之後，可以普選立法會。當天晚上，時任全國人大常委會港澳基本法委員會主任喬曉陽等中央官員就一路風塵，連續在香港召開兩場座談會，就人大決定向香港社會各界釋疑解惑、聽取意見。這實際上是喬曉陽等人第三次與香港社會各界就政制發展問題進行座談交流。

　　第一次是在 2004 年 4 月，當時全國人大常委會做出關於香港特區 2007 年行政長官和 2008 年立法會兩個產生辦法修改的決定之後，喬曉陽等人向香港社會各界解釋全國人大委會否決了 07/08 行政長官和立法會 "雙普選" 的理據，其核心思想是中央的決定著眼於香港的經濟繁榮和政治穩定。因為立法會普選涉及到功能界別選舉制度的出路，會直接影響到香港工商界和專業界的政治利益；而行政長官普選無疑會影響到中央與香港特區的關係，於香港的政治穩定尤為重要。正是基於這些考慮，中央強調香港政制發展的基本原則是 "循序漸進向前發展"。因此，喬曉陽特別指出人大決定的關鍵點在於 "立牌指路"，即明確香港特區 2007 年行政長官和 2008 年立法會產生辦法可以做出符合循序漸進原則的適當修改。

　　第二次是在 2005 年 11 月，當時特區政府根據人大決定的精神，提出了 07/08 行政長官和立法會兩個產生辦法的修改方案，這個政改方案由於大幅度增加民主成分，獲得了香港社會各界的廣泛支持，但立法會內的反對派議員以政改方案沒有提出 "普選時間表" 為由，試圖採取 "捆綁" 辦法，否決該方案在立法會通過。在這種背景下，喬曉陽等人一行與香港社會各界進行溝通，提出 "兩個民意都尊重" 的主張，即中央既尊重反對派議員要求 "普選時間表" 的民意，也尊重香港社會各界支持政改方案的民意。這其實主要是對反對派議員說的，希望反對派議員以大局為重，尊重社會各界支持政改方案的民意，使香港的民主發展邁出一大步。然而，反對派的大佬們一意孤行，堅持彭定康開闢的激進路線（參見第八章），自以為否決政改方案之後，就可以站在爭取 "普選" 的道德高地上，再次掀起大遊行，打擊特區政府和中央的民意支持度，迫使中央再次更換行政長官或給出 "普選時間表"。然而，事與願違，反對派議員在立法會 "捆綁"

否決了政改方案之後，不得不承擔"致使香港政制發展原地踏步"的歷史責任。反對派的政治誠信和道德感召力也由此破產，社會動員能力也大大下降。

中央向香港社會各界就政制發展問題進行解釋、溝通和對話的背景是香港的反對派堅持 2007 年和 2008 年行政長官和立法會實行"雙普選"，而 2004 年 4 月的人大決定意味著主權者對這個問題作出了具有憲法效力的決定。然而，反對派並沒有接受主權者的決定，反而一直以爭取 07/08 "雙普選"作為政治旗幟進行社會動員，這顯然是以政治民主來衝擊香港憲制或法治，使得香港的民主發展不再是"憲制民主"（constitutional democracy），而成為前憲法的"政治民主"（political democracy）。反對派發起的否決特區政府提出的政改方案的大遊行以及在立法會否決政改方案的舉動，表面上是針對特區政府，可是事實上卻針對的是中央的政治主權者。由此，香港民主政治的首要問題就成為要不要遵守基本法的問題，要不要尊重憲法和基本法賦予的中央對香港政制發展擁有決定權的主權權威問題。

因此，喬曉陽在 2007 年 12 月 29 日晚上與香港社會各界關於人大決定的座談會的開場白中，首先給大家講了一段生動幽默的"關公戰秦瓊"的故事，意指中央和香港社會各界對話、溝通與協商需要一個共同的平臺，而這個共同的平臺就是基本法，就是基本法所確立的國家主權，具體而言就是中央對香港的政制發展具有決定權。如果香港有人連這一點都不承認，那就沒法進行對話，就會出現"你在隋朝我在漢，咱倆交戰為哪般"的荒謬局面。這個歷史典故太文雅，喬老爺怕香港人聽不明白，又特別舉了股票交易的例子，"就像 A 股和 H 股，不同交易所，沒法交換"。這一下，估計香港人都聽明白了。

一、政制發展的政治邏輯：經濟繁榮與政治穩定

　　從 1984 年港英政府推動代議制改革一直到人大決定中明確的普選時間表，香港大約用了不到 20 年的時間就從殖民專制政體轉變為民主政體。如果從 1967 年反英抗議運動算起，到 2017 年允許行政長官普選，剛好整整半個世紀。在這半個多世紀中，香港憲制轉型的動力始終來自中央，尤其是 1980 年代以來中央做出收回香港的政治決斷，才刺激港英政府推動了代議制改革。如果沒有中央推動的香港回歸，顯然不會有後來的香港政制發展和民主改革，最多只是開放行政吸納的範圍。更重要的是，1984 年中英聯合聲明中只規定行政長官和立法會由選舉產生，連英國人也沒有強烈要求規定普選問題。行政長官和立法會普選是全國人大制定的基本法中明確規定的，而且港英政府推動代議制改革也是與中央協商並經過中央同意的。（參見第八章）在這個意義上，我們無法否認中央政府才是香港最大的民主派，是推動香港民主發展的第一推動力。

　　然而，悖謬的是，香港一些精英人士從來不認為香港的民主普選是來源於北京推動的香港回歸，而認為是來源於英國人的恩賜。香港法律界普遍認為香港普選的法理基礎不是基本法，而是英國政府加入、後來被基本法確認的《公民權利和政治權利國際公約》。遺憾的是，他們都很清楚，英國政府在加入這個公約時，曾經明確宣佈這個公約中關於普選的規定不適用於香港。香港精英階層中普遍存在的這種民主認同的荒誕，無疑是中國近代歷史悲情中最令人傷感的一頁。長期的殖民教育使得香港部分精英以臣服的心態對西方世界全盤認同，喪失了對香港歷史進程的判斷力、反思力和批判力。他們在自由、平等和民主這些文化價值上，認同香港屬於英美西方世界的一部分，而不是中國的一部分，因為他們（包括他們背後的西方世界）根本就抹煞了中國革命對人類平等解放事業做出的巨大貢獻，不承認中國革命在全球範圍內對推進民主進程的巨大貢獻。換句話說，在文化價值和政治認同上，不少香港精英內心中其實認同的是英國或美國，而不是中國。香港雖然以"一國兩制"的方式回歸祖國，可這個

"一國" 概念在他們心目中，僅僅是一個空洞的符號，缺乏實質的內容。所以，在 "愛國" 問題上，他們經常會說，他們愛的是祖國的河山和歷史文化，愛的是 "文化中國"，而不是 "政治中國"，"愛國" 並不包括對國家主權在內的政治實體的認同和忠誠。（參見第三章）這樣的愛國曾經是我們在港英殖民統治下提出的愛國標準，顯然而不能成為香港回歸之後的愛國標準，否則，香港人與海外華人的愛國有什麼分別呢？正因為如此，在鄧小平提出的 "愛國者" 標準中，明確要求任何價值都可能容納，但必須擁護香港回歸，認同 "一國兩制"，認同中央對香港的恢復行使主權，認同中央在香港的主權權威。

從法律上看，香港回歸意味著在中央對香港擁有的主權從 "主權權利" 變成 "主權行使"（參見第七章），意味著要將 "一國" 從一個歷史文化的建構變成法律主權的政治建構，使其在 country 與 state 之間盡可能多地增加 state 的要素（參見第六章）。這恰恰是基本法的重要意義所在。基本法之所以作為中國憲法的有機組成部分，就是因為它是一部主權建構的法律。由此，中央恢復行使主權意味著香港必然要經歷 "去殖民化" 的陣痛，即在一定程度上要抹去英國在香港殖民統治過程中給港人心中留下的印跡；而同時，中國在對香港恢復行使主權的過程中，必然要給香港人的心靈打上新的烙印。由於香港人的國家認同沒有建立起來，這必然是一痛苦的過程。香港回歸以來接連不斷的政治紛爭，無論是人大釋法、23 條立法，還是政制發展紛爭、"佔中" 運動、修例風波等，都是由於觸及到了香港的 "去殖民化" 問題，觸及到了香港的政治認同和國家主權建構問題。在香港完成 "去殖民化" 之前，或者說香港的國家認同沒有確立之前，如果沒有完成國家安全立法，推動香港政制發展不可避免地會陷入到政治認同所引發的爭議和衝突中去。

香港的政制發展其實就是如何落實基本法所規定的普選行政長官和立法會的問題。這個問題固然是英國撤退戰略的產物，但也是中央積極回應香港市民民主化訴求的產物（參見第四、八章）。在這個問題上，中央秉持的乃是英式自由主義的政治傳統，主張循序漸進地發展民主，將自由與秩序完美地結合起來，最終達至普選。然而，香港反對派則繼承了彭定康推動的法國大革命式的自由主義傳統，主張立即實行最徹底、最開放的民主普選。應該說，在香港民主普選的問題上，中央與香港反對派的分歧是"穩健民主派"和"激進民主派"的區別，是中央主權之下的地方政府的民主（即中央決定並參與到香港政制發展之中）和不顧及中央主權的追求獨立政治實體的民主的區別，而絕非"專制"與"民主"的區別。然而，在"後冷戰時期"的全球意識形態較量中，由於香港反對派以及其背後的西方世界掌握了"民主話語"的定義權和主導權，它們出於政治策略的考慮，將這種民主發展的速度和方式上的分歧轉化為"民主"與"專制"的分歧，從而想當然地認為中央之所以不主張香港急速實現普選的根源在於中國本身就是"專制"政權而非民主政權。由此，香港政制發展問題在反對派的話語中就被建構為"中央 vs 香港"和"專制 vs 民主"的問題。而香港反對派的這種話語建構策略，不僅成功地將中央置於政治上的不利地位，而且巧妙地遮蔽了自己在國家認同問題上面臨的道德困境，有效地掩蓋了香港在推進民主時所面臨的繁榮穩定問題和主權建構的政治認同問題——繁榮穩定問題涉及到香港內部如何應對"民粹主義"問題，香港反對派由此發展下去必然會蛻變為"民粹主義者"；政治認同問題則涉及到民主化的香港是否挑戰中央主權，是否認同中央的政治權威，在這個意義上，香港反對派不免會蛻變為主張"港獨"的"分離主義者"。因此，香港政制發展最後蛻變為"港獨"和"暴亂"，這是不以人的意志為轉移的，是由香港在"一國兩制"下反對派不斷推動激進的政制發展道路的內在政治邏輯所決定的。相反，中央推動在香港發展民主政治，始終強調經濟繁榮和政治穩定，恰恰是抓住了問題的政治本質。

二、香港民主三波：工商與基層的利益分配

　　香港的民主化處理的首要問題就是工商精英與基層大眾的關係。"行政吸納政治"使港英政府的統治方式從單純軍事鎮壓變為吸吶工商精英參與的精英政治。1925年中國共產黨推動的省港大罷工則是基層群眾反對資本家的政治鬥爭，它實際上開啟了香港民主化的第一波。這一波民主化直到1967年反英抗議運動達到了高潮，前後都被港英政府殘酷鎮壓了。（參見第一、二章）1980年代港英政府在部署撤退計劃中推動的政制發展問題可謂民主化的第二波。這一波民主化從開放工商專業界的功能界別選舉開始，到彭定康代議制改革推動的1994/1995年立法局和區議會直選時達到了巔峰。香港回歸之後，從2003年以來，香港社會針對金融危機導致的經濟蕭條、網絡泡沫以及SARS的打擊，提出了反對"官商勾結"、"利益輸送"的口號，應當說這是民主化的第三波。它以2003年7月的大遊行為起點，一直到2014年"佔領中環"運動中的"雨傘革命"達到了高潮，其餘波一直延宕至"修例風波"乃至今天。

　　香港的民主化過程無疑包含了工商精英與基層大眾的政治利益分配，可由於香港處在中英兩國較量的國際關係中，以及香港回歸祖國這個更大的結構性變遷的背景下，工商精英與基層大眾的民主化問題不可避免地與反對殖民主義的"反英抗暴"問題、"民主抗共"和"踢走保皇黨"、反對"官商勾結"等更大的主權政治問題聯繫在一起。這意味著香港的民主化從來都不可能是單純的香港內部利益關係的調整，香港內部的利益分配也會不可避免地演變為中央與特區的權力分配，從而不可避免地涉及到中國的國家主權建構問題。其根源在於香港從來不是一個獨立的政治實體，始終是中國的一部分。

　　在香港回歸初期，中央在香港可依靠的政治力量只有傳統左派。為了改變由於1967年反英抗議運動導致的香港工作"一左二窄"的被動局面，中央在1980年代的主要工作就是統戰工商界，其目的是防止資本家撤資，影響香港的繁榮和穩定。應當說，1980年代中央的香港政策有兩

個最高目標：一是香港必須回歸，二是要在保持繁榮穩定的前提下回歸。"一國兩制"這個獨特的國家憲制設計正是為了服從這兩個最高的政治目標。在中央的決策思維中，對"繁榮"的理解，就是要確保"兩制"下香港的資本主義制度不變，而資本主義制度的核心就是要保證資本家的利益；至於"穩定"，就是理順香港社會內部的政治關係，理順中央與香港的政治關係，前者要照顧工商界的政治利益，後者要確保國家主權和"愛國者治港"。經濟"繁榮"是政治穩定的前提，政治"穩定"是經濟繁榮的保證。因此，在中央保持香港長期繁榮穩定的政治責任中，香港工商界無論在"繁榮"問題還是在"穩定"問題上，都具有舉足輕重的地位。因此，中央對香港工商界的政策不是為了香港順利回歸的權宜之計，也不是簡單的政治利益盤算，而是著眼於"保持香港長期繁榮穩定"這個最高的政治目標。

應該說，香港工商界在 1980 年代初期對中央的香港政策持觀望懷疑態度，直到中英聯合聲明簽署之後他們才有所放心，然而每次中央的政策變動或者內地的社會波動都會引發他們對"一國兩制"的信心問題。在基本法起草過程中，關於香港政制發展最大的爭議就是立法會普選。當時工商界與基層民主派的矛盾激化到難以達成共識的程度，而中央基本上處於超脫的位置上。民主派主張馬上普選以便"民主抗共"，而工商界則主張放慢普選。他們不僅是擔心民主派，其實也擔心中央支持香港左派改變香港的資本主義。在這種背景下，再加上當時中英兩國的合作局面，英國人乘機向中國推薦了其保護工商界利益的功能界別選舉制度，即由工商、專業界的團體投票人在界別內選舉議員，獲得了中央的首肯，並將"功能界別"改名為"功能團體"，意在強調選民為團體而非個人。（參見第七章）因此，基本法附件二（舊）中明確規定了三種立法會議席的選舉模式：地區直選議席、選舉委員會選舉議席和功能團體選舉議席，並規定前三屆立法會議員在 2008 年之前循序漸進地廢除選舉委員會選舉議席，相應地擴大地區直選議席，最終達至第三屆立法會中功能議席和直選議席各佔一半的比例。至於 2008 年第四屆立法會選舉模式如何改革，基本法並沒有給出實體規定，而僅僅給出了一個修改程序，即"二〇〇七年以後香港特別行政區立法會的產生辦法和法案、議案的表決程序，如需對本附件的規定進行修改，須經立法會全體議員三分之二多數通過，行政長官同意，並報全國人民代表大會常務委員會備案。"（基本法舊附件二第 3 條）類似地，基本法附件一（舊）也規定了香港回歸之後前兩屆行政長官的選舉模式，對於 2007 年行政長官的選舉模式也沒有作出實質規定，只規定了與立法會選舉模式類似的修改程序。

香港回歸之後，中央不折不扣地執行了鄧小平定下的"一國兩制"的方針政策，承擔起維護香港長期繁榮穩定這一主權者的政治責任。"一國"就是要維護國家主權，確保"愛國者治港"，"兩制"就要維護香港的資本主義不變，從而照顧香港工商界的利益。然而，在香港經濟低迷、SARS 打擊和特區政府施政失誤以及香港"去殖民化"帶來的陣痛背景下，香港社會出現了強烈的反對"商人治港"、"官商勾結"和"利益輸送"的聲音，反對派趁機打出了 07/08"雙普選"的口號，要求實行 2007 年行政長官普選和 2008 年第四屆立法會選舉廢除全部功能議席並實現全部議席由地區直選。由於經濟低迷和施政失誤導致的社會普遍不滿，反對派提出的 07/08"雙普選"有效地動員了 2003 年的大遊行，而且在 2003 年底的區議會選舉中取得了近半數的區議會直選議席，反對派由此希望乘勢而上，在 2004 年第三屆立法會選舉中控制立法會的過半數議席，進而實現 07/08"雙普選"的目標。

在這個時候，香港的工商界根本沒有為直選做好準備，工商界對反對派推動的激進普選持反對態度，擔心走"民粹主義"路線的反對派上臺之後實現"免費午餐"，將香港變成高福利的社會主義。尤其需要注意的是，在起草基本法的時候，考慮到香港作為國際大都市的地位，對於如何保護工商界在香港政制中的應有地位有過不同的考慮。其中一種思路就是採取"兩院制"，但基本法起草委員會放棄了"兩院制"的主張，保留了"分組計票"機制，即對於部分法案和議案由直選議員和功能議員分別過半數之後方能通過。這個機制實際上把立法會變成了一種"隱蔽兩院制"的憲制結構。由此，立法會普選的問題就變成了要不要廢除基本法所規定的立法會的憲制性架構問題。這顯然已經不是一個選舉問題，而涉及到憲制改革的問題。同樣，行政長官普選更涉及到中央任命行政長官的權力問題。對於這兩個問題，由於涉及到國家主權和中央權力，中央顯然不可能置身事外。面對當時的憲制考驗，全國人大常委會於 2004 年 4 月 26 日果斷作出決定，否決了 07/08 "雙普選"，並指出 07/08 行政長官和立法會兩個產生辦法可以做出符合循序漸進原則的修改。之所以否決 2008 年普選立法會，就是考慮到了香港工商界的利益，考慮到香港的長期繁榮和穩定。正如喬曉陽所言：

> 沒有工商界就沒有香港的資本主義；不能保持工商界的均衡參與，就不能保持香港原有的資本主義制度。……如果在既沒有兩院制又沒有能夠代表他們界別的政黨來保證均衡參與的情況下，就貿然取消功能團體選舉制度，勢必使均衡參與原則得不到體現，使賴以支撐資本主義的這部分人的利益、意見和要求得不到應有反映，那原有的資本主義制度又如何來保持呢？工商界的利益如果失去憲制上的保護，最終也不利於香港經濟的發展，如此，也就脫離了基本法保障香港原有的資本主義制度不變的立法原意。[1]

由此可見，在香港立法會的普選問題上，中央考慮的核心問題是香港的長期繁榮和穩定，考慮的是功能團體選舉的發展前途和出路問題。在這個問題上，中央所堅持的政治原則與美國共和黨所堅持的保守主義的政治原則具有驚人的一致性，難怪當年里根對鄧小平有惺惺相惜之感，鄧小平也因此幾次出現在美國《時代》雜誌的封面上。當香港的反對派把中央堅持的循序漸進發展香港民主看作是中央的 "專制" 對香港的 "民主" 的扼殺時，不僅從根本上忽略了中央對香港長期繁榮穩定所承擔的政治責任，也忽略了中央對這種政治責任的道德誠意和政治決心。

1　喬曉陽：《以求真務實的精神探求香港政制發展的正確之路》，載強世功編：《香港政制發展資料彙編（二）：1997-2015 的政制發展》，香港：三聯書店（香港）有限公司 2015 年版，第 99 頁。

三、香港民主化：政治認同與國家安全

　　香港的民主化問題除了與香港商業大都市的定位，尤其是工商界階層的特別利益有關，也與"一國"的建構有關。可以說，香港的民主化問題也是國家建構的核心問題，我們必須面對香港的"後殖民政治"（post-colonial politics）問題。在這塊"沒有英國人統治的英國殖民地"上，彭定康政改在中國人（包括香港人）心靈上烙下的傷痕，使得國家建構中的政治認同變得異常敏感脆弱，香港政制發展的每一步似乎都在加深西方與中國的對立，都在衝擊"一國兩制"中"一國"的建構。基本法雖然規定了香港直轄於中央人民政府的特別行政區，但香港精英人士並不認同共產黨中國，也不完全認同中央的政治主權，以至於法律上的國家建構雖已完成，但心靈上的建國或政治認同上的建國並沒有完成。而香港作為直轄於中央人民政府的特別行政區，其民主化無疑要以"一國"的建構為前提。由此，在香港政制發展問題上，中央堅持的基本原則就是："一國"是"兩制"的前提，香港的民主政治是中央管轄下的地方區域的民主，而非獨立國家的民主。由此，香港的民主發展進程必須要有中央的參與並由中央主導，以確保基本法所規定的中央對香港的主權行使。若香港的民主化衝擊到基本法的權威性，衝擊到中央的主權，中央必然運用其主權權威來遏制香港激進的民主發展。

　　強調國家認同和心靈上"一國"的建構之所以如此重要，恰恰是由於法律建構的"一國"本身不完全是 state，而更多地是 country。（參見第六章）換句話說，恰恰是由於基本法所建構的"一國"不足以維持正常的國家治理，中央才被迫採用政治手段和文化認同來彌補國家建構的不足。從法律上看，基本法按照"一國兩制"原則規定了中央與香港特區的關係，但基本法賦予中央的主權權力與它要承擔的政治責任之間不相匹配。中央對香港的政治責任是保持香港的長期繁榮穩定，可要維持繁榮穩定，光靠駐軍和外交這些權力是不夠的，而必須具有一些日常性的監督管理權。可中央並不直接掌握香港的財政、稅收和司法主權，無法對香港行使日常的治理。基本法賦予中央兩項間接的監督權，即對基本法的解釋權和行政長官及主要官員的任命權。可基本法的解釋權本身不能用於日常的治理，況且又要受到香港法律精英的強烈抵制，而行政長官的任命權又由於行政長官的普選目標而受到衝擊。

面對這種憲制體制設計本身所帶來的困境，行政長官就成為鞏固中央與特區關係最重要的紐帶，中央不得不牢牢把握住對行政長官和特區政府主要官員的任命權，而且確保特區的行政主導權掌握在"愛國者"手中，否則香港就有可能變成一個"半獨立的政治實體"。然而，正是在這條涉及到中央與特區關係的中樞紐帶上，基本法的規定本身充滿了張力：一方面規定行政長官最終由一個具有廣泛代表性的提名委員會經過民主程序提名之後，再由全港合資格的選民一人一票普選產生；另一方面規定普選產生的行政長官候任人必須經過中央政府的任命之後方能成為正式的行政長官。可在香港未完成"去殖民化"的前提下，在香港社會對中央權威的政治認同不足的情況下，激進的普選很容易產生這樣的問題：如果試圖在政治上挑戰中央權威的人通過普選成為行政長官候任人，中央政府要不要拒絕任命？如果中央拒絕任命，又如何處理由此產生的"憲制危機"？如果普選產生的行政長官採取去中國化的施政措施或採取公投等行動推動修改基本法，削弱中央的主權，甚至推動香港實行自治或更極端的"獨立"，怎麼辦？一句話，還是當年鄧小平抓住的核心問題，普選就一定能夠選出中央信任的行政長官嗎？（參見第七章）正是在香港反對派試圖通過民主普選來改變基本法設立的香港政治體制，進而挑戰中央權威的背景下，喬曉陽在 2013 年就香港政制發展與香港立法會部分議員的座談會上，將中央所說的"愛國者治港"的標準更加直白地明確為不能是"與中央對抗的人"：

> 愛國愛港是一種正面的表述，如果從反面講，最主要的內涵就是管理香港的人不能是與中央對抗的人，再說得直接一點，就是不能是企圖推翻中國共產黨領導、改變國家主體實行社會主義制度的人。……不能允許與中央對抗的人擔任行政長官，是成功實施"一國

兩制＂的一項基本要求，從一開始就是明確的。……行政長官作為香港特區首長和政府首長，最重要的一項職責就是維護好香港特別行政區與中央的關係，如果是一個與中央對抗的人，不僅難於處理好這個關係，而且還會成為中央與香港特區建立良好關係的障礙，這種人在香港執政，國家安全就沒有保障，＂一國兩制＂實踐可能受到重大挫折。……行政長官必須由愛國愛港的人擔任，是一個關係到＂一國兩制＂和基本法能否順利實施的重大問題，講得重些，是一個關係＂一國兩制＂成敗的重大問題。[2]

這個問題絕非空穴來風。香港回歸之前，民主派提出的＂民主抗共＂主張就是希望通過選舉獲得香港的管治權，如果不能實現獨立，也希望最大限度地削弱中央對香港的主權行使，甚至希望以香港為基地對內地進行民主化的＂和平演變＂。如果說這是香港回歸之前特定歷史條件的產物，那麼香港回歸後情況是不是有所改變呢？人們不會忘記，當最高國家權力機關做出否決 07/08＂雙普選＂的人大決定之後，香港反對派竟然準備學習和模仿臺灣經驗，公然推動＂全民公投普選＂計劃，試圖以所謂＂香港民意＂來推翻國家主權者的決定。這不僅很容易被理解為陳水扁推動的＂臺灣公投制憲＂的香港版，而且手法也類似彭定康推行政改方案，以＂普選＂的名義挾持香港市民與中央對抗。人們也不會忘記，2007 年，反對派推出的行政長官候選人梁家傑在競選行政長官時公佈的政綱中明確宣佈，行政立法關係要變成議會制和內閣制，取消行政長官不得有政黨背景的限制，行政長官要從民選的立法會議員之中選任他們的大部分內閣成員，問責局長由行政長官任命，取消中央對問責局長的任命權。更重要的是，隨著爭取雙普選的運動推動本土運動興起，街頭政治運動日益取代議會政治，香港民主已經逐漸脫離以基本法為前提的＂憲制民主＂，發展成為拋開基本法而呼喚＂人民出場＂的政治民主運動。這就在 2014 年的＂佔領中環＂運動中達到高潮，這場＂雨傘革命＂與臺灣的＂太陽花運動＂遙

2　喬曉陽：《在香港立法會部分議員座談會上的講話》，載強世功編：《香港政制發展資料彙編（二）：1997-2015 的政制發展》，香港：三聯書店（香港）有限公司 2015 年版，第 565 頁。

相呼應，“港獨” 主張不斷膨脹，試圖與 “臺獨” 勢力相互勾結，成為美國為遏制中國崛起而精心策劃的兩場 “顏色革命”。

在這種背景下，香港的政制發展問題就不再是以基本法作為平臺的 “常規政治”（convention politics），而是試圖修改基本法、重建社會契約的 “憲法政治”（constitutional politics）。其目的很明確，就是將中央對香港的主權行使排除出香港。再加上反對派對人大解釋基本法權力的否定，其基本政治構思就是將香港變成 “獨立或半獨立的政治實體”。這實際上是 1980 年代以來香港民主政治鬥爭始終不變的核心主題。從香港開啟回歸進程以來，香港 “民主派” 與 “愛國愛港者” 的立場對立差不多始終圍繞這個政治的根本問題展開：“誰是我們的敵人，誰是我們的朋友，這個問題是革命的首要問題。”

當然，人們都相信，即使出現這種局面，香港反對派也不可能取得成功。但這意味著中央不得不長期直接介入香港政治，進行一場沒完沒了的政治鬥爭。這意味著中央對香港難以採取常規政治下的有效治理，而需時刻處於應對危機狀態的局面。中央在香港政制發展問題上採取循序漸進、審慎理性的態度，恰恰是著眼於保持香港的 “政治穩定”，防止急速的民主化引發香港民主的 “臺灣化”，避免香港陷入政治上的緊急狀態，避免中央不得不依照基本法中關於緊急狀態的規定，宣佈中止實施基本法，直接將內地的法律適用於香港，這無疑會危及 “一國兩制” 本身。由於香港在一百多年來中西地緣政治和文明衝突的背景下成長起來，香港內部的左派和右派之間，以及香港民主派與中央之間糾纏著難以解開的恩怨情仇，這無疑需要時間來消化和包容，而激進的民主化只能誘發人們內心中陰暗的仇恨與毒怨，加劇香港內部之間以及香港與中央之間的裂痕。因此，在香港政制發展問題上，必須考慮林肯當年擔憂的 “房子裂了” 的問題。香港回歸以來，中央在各種場合突出基本法的憲制地位，強調依法辦事，採取克制、隱忍、寬宏大量和自我約束的態度，甚至以比在內地對待憲法還要嚴肅的態度來對待基本法，可謂用心良苦。

正是由於香港歷史上形成的國家認同不足，再加上基本法中國家建構不足，尤其缺乏國家安全的制度保障，任何一個有責任的政治家在思考香港民主化問題時，都不能不考慮香港民主化過程中可能引發的憲制危機，進而危及國家的主權和安全。換句話說，香港政制發展的困局一方面來源於香港特定背景下形成的國家認同不足，另一方面也來源於香港在"一國兩制"條件下建構的"國家"徘徊在 country 與 state 之間，未能有效構築起維護國家主權和安全的法律屏障。如果我們把問題倒過來思考一下，假如中央按照現代國家建構（state-building）的基本原則，將授予香港在實際中行使的貨幣主權、財稅主權和司法主權全部收回中央政府，或者完成基本法 23 條立法，建立起對國家安全的制度保障，那麼，早日放開香港普選既不用擔心傷害工商界的利益，衝擊到香港的經濟繁榮，也不用害怕會出現危及國家主權和安全的"房子裂了"的危機。假如完成了這種國家建構，國家認同也就比較容易解決。例如，人們經常說香港法律界普遍存在著國家認同不足（當然，可能的問題是人們對香港法律界的認識也不足），假如我們設想一下，香港司法訴訟的終審權在最高人民法院，香港的大律師們要最終在最高人民法院打贏官司，我們還用擔心這個問題嗎？如果對香港的政治官員，包括法官的任命都能展開國家安全審查，我們還用擔心這些問題嗎？

　　可見，若要保持香港在"一國兩制"下的高度自治，同時又要實現行政長官和立法會普選，就需要在"一國"與"民主"之間達到一個適度的平衡點。小平在設計"一國兩制"時，早就定下兩個大的政治原則，來彌補國家建構和政治認同的不足。其一就是積極發展壯大愛國愛港力量，充分發揮統一戰線的政治功能，用政治手段來彌補法律手段的不足，使得中央對香港的主權行使轉化為愛國愛港者對香港的治理。其二就是循序漸進地推進民主發展進程，用時間來彌補政治認同的不足，使得香港市民的政治認同隨時間推移和代際更替而不斷加強。無論是發展壯大愛國愛港力量，還是加強國民教育，都不是自動發生的，都需要中央政府、特區政府和香港社會各界一道做出艱苦的努力。然而，"樹欲靜而風不止"，在香港特定的政治生態環境中，選舉不斷撕裂香港社會，愛國愛港力量的發展壯大面臨難題。在香港反對派將政制發展引向"顏色革命"、"港獨"和"暴亂"的情況下，中央必須主動承擔起維護國家主權、安全和發展利益的憲制責任。正是面對這種緊迫的政治形勢，十八大之後，中央治港方針政策進行了大調整，在原來確立的保障香港長期繁榮穩定的基礎上，增加維護國家主權、安全和發展利益的表述並將其確定為中央治港的首要宗旨，更重要的是，在香港展開落實基本法的制度建構，展開維護國家主權、安全和發展利益的制度建設。2020 年 6 月 30 日全國人大常委會通過《中華人民共和國香港特別行政區維護國家安全法》，2021 年 3 月 11 日全國人大通過《全國人民代表大會關於完善香港特別行政區選舉制度的決定》，該法律和決定從法律制度上彌補了基本法的不足，一勞永逸地解決了香港推動政制發展所面臨的 "愛國者治港" 難題，以及由此而來的政治分裂或國家分裂問題。

四、"民主" 與 "選主"：民主在中國

在《民主在美國》（*Democracy in America*）這部經典著作中，托克維爾特別強調，所謂民主就是促進人與人 "身份平等" 的歷史進程，因此他將人類社會從等級社會邁向身份平等的民主社會看作是歷史的天命，只不過在不同的國家由於地理、歷史環境和文化傳統的不同，民主展現為不同的形態。比如，民主在英國就以 "光榮革命" 的形式展現出來；在美國雖然經歷了獨立戰爭和南北戰爭，但總體上歷史進程平和穩定；然而在法國則變成了暴力的法國大革命並不斷反復；在俄國變成了 "十月革命"；在中國則變成了晚清以來漫長的中國革命。在論述上，英美民主因階級之間相互妥協而經常受到推崇，而法國、俄國乃至中國則因為暴力革命而遭到批評。正是從托克維爾的視角出發，不少學者認為中國在隋唐時代就摧毀了魏晉門閥士族的等級秩序，並用科舉制度來促進社會階層的流動，從而使得中國社會成為一個平民社會，比歐洲更早地進入現代。如果追溯歷史，就會發現中國根本就沒有歐洲意義上的奴隸制和封建農奴制，更沒有中世紀黑暗的神權政治，中國古代社會始終是一個農耕和商業相互結合的自由流動的社會，而且中國文化中具有深厚的 "民本思想"，"當官要為民做主"（for the people）的 "民主" 觀念深入人心。如果說 "民主" 挑戰的是貴族等級制度，那麼無論儒家還是法家都 "譏世卿"，主張賢能政治，這無疑與民主觀念相吻合。當然，我們不是說中國古代就有西方意義上的 "民主"，畢竟中國文化與西方文化是兩個不同的理解和安排生活方式的秩序，在此點出這些基本的常識恰恰在於強調，在理解和解釋中國的問題上，不能不加反思地陷入西方中心主義的思維模式，削足適履地理解中國的歷史傳統和社會現實。

托克維爾在比較民主在美國與法國的不同境況時，發現民主穩步發展有賴於三個要素：自然地理、法制和民情（mores），其中法制比自然地理更重要，而民情比法制的貢獻更大。這裏所說的 "民情" 就是整個社會的文化價值觀念、政治認同、社會風尚、宗教信仰等等。因此，他明確指

出："我決不認為，我們應當照抄美國提供的一切，照搬美國為達到它所追求的目的而使用的手段，因為我不是不知道，一個國家的自然環境和以往的經歷，也對它的政治制度發生某種影響；而且，如果自由要以同樣一些特點出現於世界各地，我還覺得那是人類的一大不幸。"[3] 如果我們以此作為關照，就會發現香港這個商業大都市的自然環境有利於民主的發展，香港內部成熟的法制環境也有利於推動人人平等，然而香港民主面臨的最大問題則在於"民情"。一方面，香港的商業文化中有一種資本崇拜，而在港英殖民統治下又形成一種精英崇拜，無論在政府公務員體系中，還是在大學、公司等社會生活中，等級秩序森嚴，由此也形成商業世家豪族把持香港的格局。另一方面，作為中央直轄之下的地方行政區域，香港的民主政治直接影響到如何處理特區與中央的關係問題。在這個問題上，長期殖民統治以及兩地文化教育的不同，導致香港人對內地和中央缺乏認同和信任。1989 年的天安門政治風波和此後彭定康的和平演變戰略，進一步加深了中央與香港之間的不信任。香港回歸之後左派與右派的惡鬥，激化了香港歷史上的舊怨新仇。香港的和平過渡並沒有完成"去殖民化"的政治任務，導致香港居民的國家認同進展緩慢。香港自認為與西方世界連為一體，在"歷史終結"的世界帝國時代，被西方看作是對中國進行"和平演變"的基地。近代以來中國與西方的衝突遭遇，使得香港處在比內地更為"現代"、更為"西方"、更為"世界"、從而更為優越的觀念體系中。這些基本的民情成為妨礙香港民主化走向健康道路的因素，若不加以穩妥應對，香港的民主發展無疑會加劇中央與特區關係的緊張。

香港回歸之後，為了彌合彭定康的激進政改在中國人內心中造成的撕裂傷痛，中央採取政治上隱退的策略，對香港內部事務採取不干預的措施。這樣的措施成功地建立了香港人對中央實施"一國兩制"的信心和信任，戳穿了西方世界當時流行的"香港死亡"的謊言。然而，這種袖手旁觀的不介入導致了香港內部左派與右派的內鬥，最終引發 2003 年的大遊行。這又迫使中央不得不調整不干預政策，積極回應香港社會主流民意，

3　〔法〕托克維爾：《論美國的民主（上卷）》，董果良譯，北京：商務印書館 1989 年版，第 366-367 頁。

採取一系列積極有效的措施來維持香港的政治穩定和經濟繁榮，推動特區政府發展經濟、改善民生，並實行大統戰的戰略，建立最廣泛的愛國愛港統一戰線，著力推動香港社會和諧。這一度取得了顯著的成效。

正是在這種背景上，在香港回歸十週年之際，中央明確了香港的"普選時間表"，力圖鞏固並深化中央與香港之間的政治互信。這不僅體現了中央對香港市民的政治信任，也展現了中央自己的政治自信。但我們不要忘記，就在這一年，香港媒體特別關注中央領導人的兩段講話。7月1日，胡錦濤主席在慶祝香港回歸祖國十週年大會上的講話中，全面總結了香港回歸以來成功落實"一國兩制"的經驗，可香港媒體的興奮點不是這些經驗的總結，而是胡錦濤主席前一天在特區政府歡迎晚宴上講話中提出的要重視對青少年進行國民教育。而在此之前，吳邦國委員長在6月6日紀念香港基本法實施十週年座談會上的講話中，全面闡述了如何認識、準確把握和實施基本法，但香港媒體只關注其中關於香港特區的高度自治權來源於中央的授權、不存在所謂"剩餘權力"問題的論述。新聞媒體截取隻言片語進行放大報道是現代傳媒的基本特徵，但香港媒體對這些問題的特別關注，恰恰以其職業敏感性準確把握住了香港在"一國兩制"下存在的關鍵問題。在香港回歸十週年之際，中央兩位最高領導人的講話，以及國家最高權力機關關於香港普選問題的決定，第一次集中展現了國民教育、中央主權與民主普選之間三位一體的內在關聯。這也許是巧合，然而也是必然。

2003年以來，中央治理香港採取新機制，採用新思維，取得了有目共睹的顯著成效。香港市民對中央的信任度和對中央權威的認同程度也不斷上升。期間，香港經歷了一系列接連不斷的選舉。中央也在游泳中學習游泳，領悟到了選舉遊戲、法律遊戲、傳媒遊戲等等這些現代政治的基本法則，提高了在"一國兩制"條件下的執政能力。面對邁向普選的政治挑戰，不僅要增強愛國愛港陣營在選舉中的政治實力，更重要的是要採取行之有效的文化戰略，發揮軟實力，逐步改變香港民情，爭取人心回歸，尤其是爭取香港中產專業精英的人心回歸。然而，正是在人心回歸問題上，正是在文化軟實力問題上，正是在解決香港社會對國家和中央政府的政治認同問題上，中國陷入難以釋懷的憂鬱之中。在建國初期，毛澤東和周恩來等新中國第一代領導人曾經以何等的政治自信，將香港作為內地通向西方世界的跳板，並對西方世界的政治正當性發起了意識形態的挑戰。然而，幾十年之後，斗轉星移，香港卻成為西方世界對中國進行"和平演變"從而顛覆中國的基地，中國在香港問題上被迫採取"河水不犯井水"的守勢。這種攻守異勢，既有國際局勢的轉變，也有國家實力的轉變，更有文化領導權的轉變。

說到底，整個冷戰話語就是社會主義陣營的"民主"原則與資本主義陣營的"自由"原則之間的較量。毛澤東、周恩來這一代領導人的自信，不是來源於國家的經濟實力，而是來源於政治正當性的正義原則——即共產主義信念所支撐的"民主"原則和"平等"原則，來源於中國革命的實踐，由此不僅能凝聚人心，而且始終掌握著話語主導權。中國革命的每一步都在邁向人人平等的民主政治，尤其是中國共產黨開展的婦女解放、土地革命、民族平等等，無不是一場推動身份平等的民主革命。二戰後在國際共產主義運動影響下的第三世界民族解放運動，都是在這種"民主"和"平等"原則下展開的，而美國則因為種族隔離，歐洲列強則因為殖民統治的歷史而喪失了政治正當性。為此，英國步入了"非殖民化時代"，而美國為了打贏這場"冷戰"而被迫宣佈種族隔離違憲，以至於1960年代美國興起的人權運動被稱為"冷戰人權"（cold war rights），即美國為了回應國際上社會主義陣營以民主平等原則對美國的種族壓迫、階級壓迫和性別壓迫提出的批判，而不得不容忍推動平等的人權運動。可以說在"冷戰"前期，資本主義陣營高舉"自由"的旗幟，自稱為"自由世界"或"自由秩序"，而社會主義則高舉"民主"、"平等"的旗幟，致力於推進人人平等的偉大事業。為了改變西方資本主義陣營在"民主"問題的被動局面，西方思想家一方面在政治哲學上極力詆毀法國大革命、俄國革命和中國革命的民主原則，將民主等同於"多數人暴政"、"極權專制"和"通往奴役之路"，並把英美自由主義推向神壇，另一方面，更重要的是，西方思想家對民主原則進行技術化處理，將民主原則等同於代議制選舉，並化約為"競爭性選舉"，將"民主"這個人民當家作主的政治哲學概念變成了"選主"的法律技術概念，由此逐漸奪得在民主話語上的主導權。而"民主"政治蛻變為"選主"政治，恰恰是由資本主義民主的本質所決定的。資本主義民主政治雖然是多黨政治，但最終都屬於"資本黨"，資產階級"選主"政治就像資本家在賽馬場上下注賭馬一樣，選來選去都是資產階級的代言人。因此，一旦喪失了區別資本主義與社會主義的理論體系和話語體系，那麼就無法看清楚資產階級"民主"蛻變為"選主"的進程，就會被西方所謂的"民主"理論和話語牽著鼻子走。

比較而言，毛澤東這一代人所訴諸的"民主"、"平等"和"革命"理念之所以能取得如此巨大的成就，主要依賴於毛澤東及中國共產黨人鋼鐵般的政治意志和天才的政治智慧，尤其是革命政治所培養起來的主人意識，他們不會被任何理論話語牽著鼻子走，始終堅持"中國化"的原則，尋找適合解釋中國實踐的理論。如果我們把新中國放在近代中國瀕臨亡國滅種的境地中，則不能不為單憑人的意志和智慧竟能締造出如此新中國且對人類歷史產生深遠影響的這一人類政治奇跡而感到驚歎，不能不讓我們對人的意志和智慧背後所隱匿不見的神力和天意產生敬畏。然而，這樣的政治意志和話語體系由於缺乏經濟、軍事力量和文明資源的支持，無法持久下去，也無法與西方經濟、軍事和文明集團進行持久的意識形態話語權的較量。毛澤東對此很清楚，他不僅研究蘇聯的政治經濟學教科書，而且研究農民如何養豬、如何積肥、如何種田，研究生產小隊的工分計算方式等等，但這一切都是為了加快中國的現代化步伐，以"只爭朝夕"的努力來"趕英超美"，這無非是要服從於關於社會主義的意識形態爭論，證明中國道路的優越性。鄧小平則清楚地看到毛澤東的努力方向及其在方法上的誤區，所以他果斷地結束了意識形態爭論，集中力量進行經濟改革和現代化建設，以增加經濟、軍事和政治力量，這無非是要增強在"國際上說話的分量"，以強化毛澤東這一代人所奠定的政治意志的自主性。

然而，改革開放以來，與西方世界努力爭奪對"民主"話語的主導權不同，中國內地在政治意識形態上首先採取了"硬著陸"，徹底否定了"文化大革命"中的"大民主"，在倒髒水的時候不小心連孩子也倒了出去，從而喪失了對"民主"概念的解釋權。更重要的是，弱化了社會主義與資本主義對立的整個話語體系，並以"與國際接軌"的心態大規模引入西方的理論和話語體系，喪失了自我建構理論體系的決心、意志和動力，導致中國知識精英迅速在"告別革命"中擁抱了英美自由主義，完全用西方資本主義的理論和話語體系來解釋和評價中國特色社會主義的制度實踐。與此同時，又以"不爭論"的實用主義方式來處理政治正當性問題，致使中國政治喪失了政治正當性原則的是非辯論，窒息了中國政治的生命力和意識形態活力，整個社會陷入到庸俗的市儈主義中去。新中國努力奠基的社會主義、人民民主、社會平等等這些政治正當性原則由於缺乏理論和話語體系的支撐，在口是心非的政治實用主義中喪失了生命力。社會主義傳統所樹立起來的集體主義、團結友愛和無私奉獻的倫理思想，也在自由主義和商業社會的衝擊下所剩無幾。中國由此陷入了前所未有的思想迷茫和精神空虛。新興的精英階層在全球化的經濟生活中享受著短暫的和平和私人的快樂，既不知政治為何物，也不知"公共意志"意味著什麼，而以一種非政治化的天真在全球化的空洞許諾中喪失了政治意志、政治獨立和文化自主，喪失了對生活意義的界定權和對生活方式的辯護權，最終只能以尾隨者的心態努力追求被西方世界承認。

　　從 1982 年香港回歸談判到 2003 年大遊行這二十多年，恰恰是中國在意識形態上陷入最低谷的歲月。香港在政治上和地緣上處在神州大陸的邊緣，可在經濟上和意識形態上卻處於西方世界主導的中心地帶。隨著內地經濟的崛起，香港在經濟上開始出現邊緣化傾向，但在意識形態上依然佔據著民主、自由和法治話語的中心地帶，使得經濟和政治上擁有巨大實力的中央多少顯得有些手足無措。這樣一種中心與邊緣、主體與客體之間的錯位與反差，恰恰是香港問題的癥結所在，也恰恰是近代以來中國的憂鬱所在。中國的憂鬱就在於，中國人即使在最為困頓的時代，內心中從來沒有放棄過對文明中心的高貴追求，從來沒有放棄過對天下的思考，可在實際的國際政治環境中，卻不得不淪為被支配的邊緣地帶，難以為自己的生存方式進行辯護。這恰恰是中國人生活越來越富裕，可內心越來越不開心，幸福感越來越低的根源所在。這樣一種理想與現實之間的差距，很容易因為過分自尊而產生孤立主義的民粹傾向，也很容易因為過分自卑而產生普適主義的投降傾向，這兩種傾向又往往以極左和極右的方式展現出來，二者之間的相互鬥爭和張力不斷拷問著中國人的心靈，使得近代以來的整個中國史不斷經歷著"成長中的陣痛"。與臺灣問題和西藏問題一樣，香港歷史上的風風雨雨，尤其是回歸道路上以及回歸以來的一幕幕悲喜劇，不過是這種陣痛的一部分而已。而中國要從這種憂鬱的情緒中解脫出來，擺脫在全球政治和文化中被支配的邊緣位置，恢復中華文明應有的尊嚴，無疑需要有比解決香港普選問題更長的時間、更大的耐心、更強的政治意志和更強的文明自信，需要有更大的胸懷、更大的氣魄和更大的包容，更需要有一份從容、一份淡定和一份超越。

五、尾聲：面向新時代

要使一個事件有偉大之處，必須匯合兩個東西：完成它的人的偉
大意識和經歷它的人的偉大意識。[4]

尼采認為這些"不合時宜的沉思"是寫給未來的。康熙皇帝在駁回重
修萬里長城的那一刻，根本沒有意識到這種"一國多制"的國家建構模式
是面向超越西方民族國家建構這個未來的，但他觸及到了這樣一種偉大的
意識，即政制必須建立在人心之上，且將人心導向高貴的境界可能有多種
途徑，因此，真正富有生命力的政制或文明必須能夠容納不同文化形態所
蘊藏的將人心導向高貴的多種可能性。只有堅持這種對各種可能性的尊重
和包容，才有可能真正實現"天下大同"。因此，真正的天下大同不是羅
馬帝國的同一性擴張形成的永久和平，不是普遍的均質性全球國家，而是
"和而不同"。（參見第六章）當毛澤東晚年自稱"秦始皇加馬克思"時，
他的意識早已超越了萬里長城，觸及到了"共產主義"這個天下大同的境
地。然而，這個境地究竟是同一性的均質狀態，還是"和而不同"？當年
毛澤東關於"一分為二"、"一分為三"或"合二而一"的哲學論辯絕非
形而上學的概念遊戲，而是觸及到探求至善真理的偉大意識。正是在郡縣
與封建、國家與帝國、一與多的偉大意識中，從毛澤東到鄧小平所提出的
"一國兩制"背後的"和平共處"思想才回歸到了中國古典傳統之中。

如果說在中西意識形態較量中，中國在民主問題乃至整個文明的正當
性問題上處於被動局面，恰恰是由於我們還沒有能力去發掘中國革命、社
會主義建設和改革開放背後的偉大意識。尤其是改革開放四十年來，我們
既沒有探求它們背後的"儒教倫理"，沒有探究它們背後的民本觀念，也
沒有以政治意志將經濟的力量導向明確的政治方向和文明創造，反而在非

---

4 〔德〕尼采：《不合時宜的沉思》，李秋零譯，上海：華東師範大學出版社 2007 年版，第 345 頁。

政治化的社會科學軌道上，將改革導向了最低俗的拜金的貪婪、物欲的膨脹、實力的炫耀，由此導致人心的敗壞和偉大意識的淪喪。由此，如何收拾人心、凝聚人心，將政制奠基在人心之上、奠基在偉大的政治意識之上，這是「中華民族偉大復興」的應有之意。十八大以來，中國正在步入新時代，而這個新時代的根本意義就在於，它超越了五四運動以來困擾中國的古今中西之爭，積極推進馬克思主義不僅與中國實踐相結合，而且與中國文化傳統相結合，推動中國傳統文化的創造性轉化和創新性發展，將中國古典傳統、社會主義新傳統和西方自由主義傳統有機結合起來（即「通三統」），重塑現代中國的政教體系，推動建構中國特色的哲學社會科學體系、知識體系和話語體系。中華民族的偉大復興必然會推動中華文明秩序的復興，必然會以中國為中心展開人類命運共同體的建設。然而，中華文明秩序的復興必然對西方文明所建構的世界帝國秩序構成挑戰，這就意味著中國人必須繼承和發揚革命精神的傳統，來面對這場新的偉大鬥爭。

如果從亨廷頓的觀點看，臺港澳地區毫無疑問處在「文明衝突」的「斷裂帶」上，中西方文明的較量必然在這裏引起驚濤駭浪。從「佔領中環」的顏色革命到「修例風波」引發暴亂以及西方對香港的制裁，無疑是美國遏制中國崛起的一部分，而在美國的主流話語中，當下的中美競爭和較量要麼被看作「文明的衝突」，要麼被看作「新冷戰」。面對這場衝突較量，中央堅定不移地維護國家主權、安全和發展利益，堅定不移地支持特區政府止暴治亂，堅定不移地支持愛國者治港，通過國安立法和選舉法修改來穩定香港政治秩序，推動香港實現由亂到治的歷史性轉變，使得「一國兩制」重新回到正確的航向，推動「一國兩制」走進新的篇章。

正是在香港回歸後「一國兩制」五十年不變的中期節點，習近平主席於 2022 年 7 月 1 日在紀念香港回歸 25 週年暨香港特區政府就職典禮上發表了重要講話。講話將香港和「一國兩制」納入到整個中華文明史的歷史敘事中，鄭重宣佈「一國兩制」制度「沒有任何理由改變，必須長期堅持」。之所以強調「一國兩制」長期堅持，就在於中華文明傳統中沒有「文明衝突論」，我們始終堅持文明共存、相互借鑒的「文明互鑒論」。從這個角度看，香港獨特的地緣戰略意義並非在於它處於"文明斷裂帶"上，而在於它處於"文明互鑒帶"或"文明融合帶"上。中國人始終以海納百川的開放胸懷來對待外來文明，始終以主人的心態擇善而存、為我所用，從而不斷豐富、發展和壯大自己。中國文化不僅成功吸納融合了來自印度的佛教，也在不斷消化和吸納西方文明的有益要素，不斷推進馬克思主義的中國化和中國傳統文化的"創造性轉化"。正因為如此，習近平主席在講話中特別指出，"中央政府完全支持香港長期保持獨特地位和優勢，鞏固國際金融、航運、貿易中心地位，維護自由開放規範的營商環境，保持普通法制度，拓展暢通便捷的國際聯繫。中央相信，在全面建設社會主義現代化國家、實現中華民族偉大復興的歷史進程中，香港必將作出重大貢獻。"

香港的"獨特地位和優勢"就在於它處在大陸文明與海洋世界的交匯處，因此中央對香港的戰略定位始終著眼於全球戰略。從新中國成立以來，中央對香港就確立了"長期打算，充分利用"的戰略，充分利用香港作為內地社會主義與全球資本主義的"通道"來服務於國家戰略，改革開放後採取"一國兩制"方針來解決香港問題，也是這種大戰略的一部分。隨著改革開放以來中國在經濟上不斷融入全球資本主義體系，中國內地逐漸掌握了駕馭全球資本主義市場經濟的能力，積累了大量的對外交往經驗。深圳、廣州、上海等內地城市在經濟發展的某些領域中已經超過了香港，甚至和香港形成了競爭關係。在這個意義上，香港在國家經濟戰略中的"窗口"地位不斷下降，而香港又面臨自身的經濟問題，需要融入國家發展戰略。從中央推出的 CEPA 到粵港澳大灣區的戰略規劃，推動內地與香港的經濟融合，不僅是在利用內地的資源來支撐香港的發展，更是在利用香港的優勢來帶動內地的發展；利用香港的獨特地位和優勢，不僅要推動國際經濟力量"走進來"，而且要推動中國經濟"走出去"。

雖然香港在國家經濟戰略中的地位發生變化、面臨挑戰，但它在國家戰略中的政治定位和文化定位越來越凸顯出來。伴隨中國的全面崛起，中國的國家利益已經從本土向全球延伸，中國需要全球的資源和市場，世界也需要中國的產品和市場，中國已經成為全球經濟發展的引擎，成為推動全球化的最強有力的力量。然而，經濟發展始終需要政治的保護，中國推動經濟全球化必須有一個有利於推動經濟全球化的全球政治環境，這就意味著中國在推動經濟全球化的同時，必須承擔起全球治理進而建構人類命運共同體的責任，成為國際秩序的"責任承擔者"。這就意味著中國不僅要具有駕馭全球資本主義經濟體系的能力，而且要具有掌握駕馭全球資本主義政治體系的能力，並在此基礎上開展人類命運共同體建設。中國內地採用的是中國特色社會主義政治制度，而世界上絕大多數國家屬於資本主義的自由民主政體（liberal democracy），而且目前的全球秩序也是在這個制度基礎上建立的。開放的競爭性選舉、司法獨立的法治秩序和市民社會的自由言論，已經成為資本主義政治體系運作的基本邏輯。在這種背景下，中國要積極推動全球治理，就不可能像當年的蘇聯和今天的美國那樣，將自己本國國內的制度強行推向全球，而只能在保持中國實現中國特色社會主義制度的前提下，在全球治理中學會駕馭全球資本主義的自由民主政治，在全球自由的輿論環境中掌握國際話語權。這對於不斷崛起並走進世界舞臺中央的中國而言，無疑是一項必須完成的、重大而緊迫的任務，就像改革開放之初中國面臨如何駕馭全球資本主義經濟體系的難題一樣。

如果總結改革開放以來中國學習駕馭全球資本主義經濟的成功經驗，其中最重要的一條就是善用香港的"一國兩制"，"在游泳中學習游泳"。如果從這個角度看，香港的競爭性選舉制度、司法獨立和司法覆核的法治體系以及自由開放的輿論環境，實際上為我們學習如何駕馭全球資本主義政治提供了絕佳的訓練場。而隨著未來臺灣問題解決，在"一國兩制"下，臺港澳地區無疑會成為中國邁向世界舞臺的不可或缺的重要階梯。這就意味著香港在國家戰略格局中的重要性，就要從改革開放以來單一的經濟戰略定位轉向雙重定位，即不僅要強調其經濟戰略定位，而且要開啟其政治戰略和文化戰略的新定位。唯有在這種百年未有之大變局的背景下，我們才能理解習近平總書記對全黨提出的"兩個建設好"的偉大號召，即中國共產黨"既要把實行社會主義制度的內地建設好，也要把實行資本主義制度的香港建設好"。要把資本主義的香港建設好，就意味著不能簡單地用內地治理社會主義的方法來治理港澳的資本主義，而必須用資本主義的遊戲規則來解決香港問題。同樣的道理，我們也無法用中國特色社會主義的方法來展開全球治理，而必須學會如何駕馭全球資本主義的政治體系和文教體系。

在這種全新的戰略定位中，香港的重要意義就在於不僅能為我們駕馭資本主義制度積累知識、經驗和技巧，更重要的是能為中國培養儲蓄了一批具有資本主義管治經驗的新型治理團隊，包括政治人才、法律人才和傳媒人才，為中國積極參與全球治理、駕馭全球資本主義體系提供人才儲備和經驗儲備。在這個意義上，香港在國家戰略格局中的定位就不應僅僅是國際經濟中心，而應利用香港的普通法優勢推動其成為國際商業仲裁中心、國際司法中心，利用香港不同文化交流的自由輿論環境推動其成為國際傳媒中心、國際文化交流與會展中心，利用香港各方面的國際化優勢推動香港精英人才積極參與到國際組織和全球治理事務中，使其成為我國積極參與全球治理的重要階梯。更重要的是，應充分利用香港毗鄰的東南亞、澳大利亞和新西蘭的地緣優勢和移民歷史傳統，展開爭取海外華人的“大統戰”，實現習近平總書記提出的“真正把不同黨派、不同民族、不同階層、不同群體、不同信仰以及生活在不同社會制度下的全體中華兒女都團結起來”的戰略目標，使得海外華人群體成為中國發展海外關係並與這些國家建立友好關係的重要力量，從而積極推動 RECP 的落實，使其成為在海上絲綢之路上推動互聯互通、合作共贏的區域治理典範，為中國積極參與全球治理積累經驗。如果從這個角度看，香港積極融入國家發展戰略絕不是將香港“內地化”，而是要在新的歷史條件下進一步發揮其他內地城市所不具有的獨特優勢。由此，推動粵港澳大灣區的建設不僅是著眼於“內循環”，更重要的是用港澳來帶動內地整個粵港澳大灣區實施更大範圍的改革開放，從而用整個粵港澳大灣區的經濟力量來推動海上絲綢之路的經濟發展和區域治理的“外循環”——這不僅是經濟上的“外循環”，而且是政治上和文化上的“外循環”。

如果從這個戰略高度看，“兩個建設好”戰略和“雙循環”發展格局就會逐步建構起一個內部為中國特色社會制度、而外部為資本主義制度的新型世界體系。這既不同於當年蘇聯在全球推廣的共產主義體系，也不同於當前美國以"歷史終結"為目標推進建設的世界帝國體系，而是將中國古典的天下主義與西方的世界主義和國際主義相結合，在文明共存、文明互鑒的基礎上，推動古典天下體系的"創造性轉化"，為全球治理提供中國智慧或中國方案。由此，香港不僅是西方文明輸入中國從而推動中國實現現代轉型的重要通道，也是推動中國文明從大陸邁向海洋從而惠及更廣大區域的跳板，就像歷史上鄭和下西洋所推動形成的東方貿易圈或早期全球化一樣，如今的香港正經歷著革命政治之後靜悄悄的第二次遠航。香港不僅是我們展現給臺灣的"一國兩制"樣板，也是我們鞏固東盟的基礎，更是我們透過東盟與大洋洲、印度洋地區、伊斯蘭地區乃至歐洲建立互惠互信、合作共贏關係的紐帶。若能善用香港，善用香港發達的資本主義商業、市民社會和多元文化這些"社會性力量"，善用香港與周邊地區的關係，則香港可以繼續成為中國撬動西方世界的支點。在這樣的歷史大變局中，中國香港又將經歷怎樣的歷史命運？香港精英又會作出怎樣的政治抉擇？

簡體初版後記

這本小書記載了我對香港以及通過香港對中國問題的思考，我想追問的是："中國"究竟意味著什麼？書中的部分內容曾經在《讀書》上連載，這次結集出版恢復了原來由於篇幅而刪除的內容和沒有刊載的內容，書中的部分內容也曾在香港結集出版（《中國香港：文化與政治的視野》，香港牛津大學出版社 2008 年版）。在該書的後記中，我提到自己的寫作初衷，即希望香港內部左派和右派能夠超越自身的歷史和利益，面對中華民族偉大復興的未來達成相互的寬容和諒解。這其實也是許多人對兩岸四地的所有中國人以及全球華人的期望。為此，我將後記中的有關內容摘錄如下：

> 香港的主流敘事要麼從西方看香港，要麼從香港看香港，或者從香港看中國，很少從中國看香港。如果有，也往往從歷史上的中國，而非從當下的中國或未來的中國看香港。殖民統治不僅意味著領土的割佔，也意味著由此造成心靈的割佔，而心靈的割佔導致自我認同的變化慢慢地將領土的割佔正當化了。在這個過程中，文化與政治交織在一起，牽動了香港故事中的悲歡離合。

> 由於這種視角和關注內容的不同，對香港的理解也自然不同。在寫作過程，我時時將這些不同記在心上，並盡力去理解和體會各種敘事角度，不僅試圖理解香港傳統左派的幽怨，也試圖體會鍾士元的焦慮和林行止的傷痛。由於香港特定的語境，我略去了許多人所熟知的、浮在社會表面上的歷史現象，而突出一些被普遍忽略的內容，而這些內容恰恰是香港問題的根本所在。因此，本書希望開啟一個對話，激起不同角度之間的相互傾聽和理解。這種不同有視角和方法的差異，也有背景和生活經驗的差異，還包括教育和政治認同的差異。我希望這種對話是理性的、建設性的，既不糾纏於歷史的細節，也要拋開個人生活的歷史恩怨，共同面向我們這個民族的未來。

　　儘管我從中國來思考香港，但我並沒有把香港看作是中國的區域問題，或不重要的局部問題，這恰恰是內地學者忽略香港問題或者把香港問題簡單化的原因。而我希望把香港作為中國的中心問題來思考，將其看作是理解中國的鑰匙，因為它一方面生動地展示了近代以來中西文化與政治之間的較量，另一方面也暗含著中國文明與西方文明最根本的不同。當然，理解香港問題不僅要放在中西之爭的背景下，同時也要放在古今之爭的背景下，尤其是毛澤東和鄧小平從現代國家建設入手，按照現代化思路對古老的中國進行史無前例的改造，使中國從大陸躍向海洋。當然，我們也要看到古典傳統與社會主義新傳統之間內在的關聯性和一致性，尤其是"一國兩制"構想本身就來源於中國古典思想中處理邊疆問題的智慧。

　　然而，由於殖民統治的歷史背景，許多香港人並沒有直接捲入這場現代化建設中，或者是以間接的方式甚至另一種令人傷感的方式參與了這場現代化建設，以至於絕大多數香港人能夠認同古典中國，但對現代新中國和社會主義傳統有相當大的保留，甚至懷著深深的怨恨和敵意。這不僅來源於殖民統治下冷戰意識形態的政治偏見或西方中心主義的文化偏見，也來源於我們現代國家成長中錯綜複雜的愛恨情仇，畢竟香港為一波又一波內地現代化建設的受害者提供了生存的空間。如果我們能夠對自己的文化偏見或政治偏見有所反思，並能拋開狹隘的個人恩怨，從文明、民族和歷史的角度看待中國的近代和現代史，看待中國近代以來曲折的現代性探索，包括中國革命、新中國建立、社會主義建設、"文化大革命"、改革開放、八九年政治風波以及中國的崛起等等這些前後繼承的歷史事件，我相信大家都會對"中國"這個概念有所感悟。這也是我為什麼一開始強調不同角度之間的相互理解，強調對自我生活經驗的反思，這其實是我們每個人應當完成的自我教育。

　　在此後香港《文匯報》的採訪中，我又對有關問題以及香港的生活工作背景作了澄清，採訪中由於篇幅的要求，刪去了個別內容，現補充並輯錄有關內容如下：

問：從您思考回溯香港問題上來看，我們覺得歷史對您的影響很大，您的文章中常常從制度史、疆域史來求證"一國兩制"的邏輯，這和您治學與個人閱讀有怎樣的關聯？

答：我的專業是法理學和憲法學，對法律史有所瞭解。倒是香港問題刺激我更深入地去閱讀歷史。比如，我因為探究港英政府的管治，就開始閱讀大英帝國史，進而閱讀羅馬帝國史和希臘史。恰恰帶著對西方的理解，我開始重新審視中國文明。望眼全球，羅馬帝國、土耳其帝國、蒙古帝國、大英帝國這些歷史上的偉大國家都已解體，只有中華帝國差不多以歷史的原始風貌保留下來。歷史上的四大文明古國目前只有中國文明依然展現出生機勃勃的活力。僅就這一點，就足於讓我們對中國文明和中國政治充滿敬畏之心。

在這個過程中，我也試著閱讀儒家的經典，試圖理解我們作為中國人究竟意味著什麼，我們當下的生存意義是什麼。我們的生活方式的價值何在？我越來越覺得中國文明最深的地方就在於對"情"和"理"的看法。西方文明從古希臘開始，就把家庭以及人的自然情感看得很低，而儒家把家庭和自然情感看得很高，因為這情感背後包含著深刻的"理"。中國文明其實就是用這種"情"和"理"凝聚起來的。

邊疆問題表面上是一個制度設置，可這制度設置的背後，包含著神聖的自然情感，就是對少數民族發自內心的尊重。由此，我們才能理解1949年之後中國共產黨為什麼要搞民族區域自治，保留、發掘甚至創造少數民族文化；也才能理解為什麼要在香港搞"一國兩制"，且發自內心來維持香港的繁榮穩定。這都是圍繞"情"和"理"兩個字展開的。這種政治哲學和歷史學的思考，給了我一個縱深的且更為超越的視角。說實話，我對香港的理解，也是"用心"來體會和理解的。

問：您的書裏提到一個核心觀點：香港問題不僅是一個區域問

題，也是中國問題。這個觀點中，您提到了 country 和 state 的區別，提到了當代國家正當法理體系和政治哲學的重要性，以及與政治實體的矛盾，提到了古典國家和現代國家的區別，提到了"公民"的深層含義。這是否包含了您對中國怎樣把自己建立為完善的現代法治國家的思考？

答：只要略微熟悉西方現代政治哲學和法理學說，就會發現"一國兩制"不符合西方現代政治理論中關於"國家"的定義，因此我說它是一種"反現代國家的國家理論"。但是，如果我們把"一國兩制"放在中國歷史的脈絡中，從明清的邊疆治理到新中國的民族區域自治，一切是如此自然、貼切。由此，我們自然可以引申出，現代中國表面上是一個現代民族國家，可實際上並不是西方意義的現代民族國家，它必須放在中國古典政制中來理解。

在這樣的背景上，中國未來要建立一個完善的現代法治國家，應從根本上超越西方對法治國家的理解，重新界定中國的國家形態。目前，中國兩岸四地屬於三個法域，如何在此基礎上建構中國未來的法治模式，理應成為我們思考的問題。如果說中國的崛起對人類歷史有貢獻的話，不僅是其經濟增長，而且是建構一套不同於西方現代文明的政治體制以及與這套政治體制相匹配的政治哲學思想。我們中國人應當有這個雄心和信心。在這方面，香港恰恰為我們研究中國政制的未來提供了活生生的範例和強有力的刺激。

問：從我目前看到的片斷來推測，您對香港問題的思考，可以反映到對中國政治發展的思考。是否可以以之推測，您認為對西藏問題，對香港問題，中國的處理方式——從不成熟到成熟，從挫折到成功——的變化，是中國自身發展變化的反映？

答：我在書中運用了"封建"和"郡縣"兩個概念來描述兩種國家治理模式，後者強調統一性、均質性和原則性，而前者強調差異性、多樣性和靈活性。49 年之後我們主要採取"郡縣"思路，78 年之後又增加了"封建"思路。這兩種治理原則的組合運用，反映了國家治理技術的逐漸成熟。在香港問題上，中央的治理思路也有一個不斷摸索的過程。不過，直到目前，還沒有人認真總結中央治理香港的成功經驗和不足教訓。

我特別看重中央治理香港的經驗，它有雙重意義：其一，這是中央在現代民主法制環境下執政，要面對司法覆核、言論自由和民主選舉等，這種環境下執政的經驗有利於在內地執政中面對未來的挑戰。其二，這是中央在非直接管治的情況下執政，往往要"以外交方式辦內政"，這種經驗的積累有利於中央處理未來的臺灣問題，也由此積累處理國際區域問題的經驗。目前，許多人注意到了前者，但忽略了後者。中國在經濟上已成為世界大國，但要成為政治大國，就要有能力處理國際上類似印巴問題、富爾達問題、巴以問題等政治難題。中央把港澳問題提升為"治國理政的重大課題"，強調執政能力建設，就是看到了治理香港的特殊意義，也意味著中央在有意識地為未來的民主化和崛起為政治大國作準備。

問：圍繞"香港問題不只是區域問題，也是中國問題"這個觀點，您是如何規劃《中國香港》的論述脈絡的？

答：中央處理香港問題的至高境界就是爭取人心回歸。而要爭取人心，就要打開港人的兩個心結。一個是 1967 年的反英抗議運動，一個是 1989 年的政治風波，前者針對香港左派，後者針對香港右派，這是目前香港政治分化的重要原因。而這兩個問題，必須放在 20 世紀全球政治史的範圍內來理解，必須放在中西文明較量的背景上來理解，必須放在中華民族的崛起和中國文明的復興中來理解。我在書中從 1967 年反英抗議運動講到 1992 年彭定康的政改風波，就試圖從大歷史的深度和政治哲學的高度來處理這些問題。

問：從這本書的介紹得知，您是中聯辦借調到香港做研究的。您在香港生活了多久？工作是怎樣的？

答：我在香港生活了 4 年多一點。在中聯辦從事研究工作。我很喜歡香港，對中聯辦也懷有很深的感情。大家離開家庭，在香港一工作就是幾年，靠的就是對國家奉獻的精神。古人講，"忠孝不能兩全"，我們現在講，"捨小家，顧大家"。這就是我們中國人的精神所在。

問：也許因為工作責任和學術背景，您的著述是以政治哲學和法理學為主，很宏觀。但您對香港的日常生活——例如衣食住行——有哪些個人體驗？您比較喜歡香港的什麼餐館，或哪個景點？

答：香港有太多我喜歡的東西。比如叮叮車，在這個繁忙的商業城市中，有這麼一份獨特的悠閒，既讓你觸摸到悠久的歷史，也能讓你感受到生活中最樸質的東西。再比如傍晚風景，海水、小島、停泊的貨船以及天邊色彩變幻的雲，具有一種油畫般的質地感。還有新界的郊野，也是我喜歡的。至於游泳池、網球場和圖書館，也是相當方便的。

問：香港和內地的關係一直變化，有關於居留權問題的人大釋法，有〇三年的大遊行，有自由行和 CEPA，有奧運金牌明星訪問香港的風靡，有內地學生來香港讀大學引起的內地教育問題反思，有內地孕婦來港產子給香港社會帶來的困擾。您覺得這些後九七問題給中國內地，給香港，帶來些怎樣的新課題？

答：最主要的新課題就是使"一國兩制"中的"一國"常規化。這涉及到：一是國民待遇，即香港市民作為中華人民共和國憲法中的公民理應享有和內地公民同樣的公民權利，比如教育、公務員考試和國家榮譽等領域；二是政治認同，即香港人，尤其政治精英，要認同中央的政治主權，尊重和認同中央依法行使其政治權力；三是自然情感，即逐漸打破內地人和香港人之間的人為隔離，在日常互動中建立起相互親愛的自然情感。而這幾方面都需要時間，需要耐心。

這本小書也可以看作是我在香港中聯辦幾年工作的小節報告。我要感謝香港中聯辦、全國人大常委會港澳基本法委員會、國務院港澳辦和香港特區政府的有關領導、同事、學長和朋友給予的指點、鼓勵、支持和幫助。我也要感謝甘陽、賈寶蘭、林道群和馮金紅為這些文字的發表和出版所付出的心血。最後，我還要特別感謝我愛人孫酈馨在這幾年的艱難歲月中為全家付出的心血，感謝文玥、維昱、書琛和琦晟在這幾年成長中的驚喜變化給我帶來的幸福。

強世功

2008 年 11 月 15 日於海淀寓所

增訂版後記

　　《文明終結與世界帝國》出版之後，原打算整理出版 "文明復興三部曲" 的第二部。可健偉建議藉香港回歸 25 週年之際修訂出版《中國香港》。沒有想到著手修訂之後，工作量越來越大，新增加的篇幅超過原來內容一倍以上，接近於重寫一本書。之所以陷入如此繁重的寫作，是由於香港問題不斷在刺激我思考 "帝國—文明" 的問題。從香港回到燕園之後，我通過開設課程、培養學生、組織學術活動和學術出版等努力推動形成一個跨學科的 "帝國—文明" 研究的學術共同體。在這次修訂《中國香港》的過程中，就會不由自主地將自己這些年一些新的想法寫下來。

　　為此，我對原書的內容進行擴充和整合，使得各章之間相互照應。第一編的前三章內容試圖從文化政治的角度來把握香港的 "深層次問題"，而這個問題又鑲嵌在地理大發現以來全球 "帝國—文明" 秩序互動的歷史結構中。第二編的第四、五、六章（是對原書第七、八、九三章的重組擴充）用 "帝國—文明" 的理論範式來理解香港在古今 "帝國—文明" 體系的衝突和交融中的歷史命運。比如中國古典天下朝貢體系與英國在現代威斯伐利亞體系中建構起來的殖民帝國體系的衝突，美國建構的新型世界帝國體系與蘇聯在沙俄基礎上建立起來的共產主義帝國體系的冷戰競爭，大陸心臟地帶與海洋地帶之間的空間博弈，傳統文明秩序與現代文明秩序之間的博弈，不平等的帝國主義秩序與理想平等的國際秩序之間的競爭，這一切通過香港這個邊疆地帶構成了理解中國近現代轉型的基本框架。第三編的第七章（原書第六、九章的重組擴充）、第八章（原書第十一、十二章的重組擴充）、第九章（原書第十三章的擴充）在 "帝國—文明" 的大背景下，生動展現了香港這個新邊疆作為能動的主體，在文明衝突和帝國秩序轉型的背景下塑造著香港的 "一國兩制"。

　　全書修訂完成之後，又專門撰寫了緒論，以總領全書的理論。我之所以強調用 "帝國—文明" 的解釋範式來理解中國香港，不僅僅意在批評主權國家／民族國家範式在理解和解釋歷史問題和當下全球問題上的局限性，更重要的是想強調威斯特伐利亞體系的現代文明秩序本身就是一個現代帝國體系。西方崛起所推動的現代秩序的轉型，必須將其與非西方的關係聯繫起來才可以理解。西方在現代的崛起恰恰是以其對非西方世界的殖民帝國體系的建立作為前提條件的。這就意味著我們必須反思西方思想家為解釋西方現代崛起而創造的形形色色的"西方中心主義"的理論話語，而從"帝國—文明"的理論視角，從全球不同"帝國—文明"秩序之間的衝突和交融角度，去理解西方的崛起和現代社會的形成。唯有從"帝國—文明"這些更大的、整全的歷史圖景和問題意識出發，我們才能看到 19 世紀以來西方建構起來的哲學社會科學體系與其建構的全球帝國體系之間的內在關聯。同樣，中國崛起又必須以建構新的全球秩序作為想象，這無疑會推動中國建構新的哲學社會科學體系、話語體系和知識體系。在本書的增訂過程中，除了補充關於帝國和文明的論述，更加集中於從"跨文明"的理論視角出發，提出"將邊疆（香港）作為方法"。此之邊疆，爾之中心，此之中心，爾之邊疆，邊疆的居間性和革命性不僅推動中心的發展，更重要的是，文明和野蠻、中心和邊疆會形成質文互動的歷史演化。為此，本書的副標題也作了修改，以更符合本書的理論關切。

今年是香港回歸 25 週年，很多朋友問我對香港問題的看法，我通常用"大局已定，待開新局"來回答。香港國安法頒佈和選舉辦法修改之後，香港的民主發展步入正軌。這意味著 1980 年代以來日益政治化的香港終於恢復到它原來的樣子，一個國際化的商業大都市應該具有的樣子。

從 2008 年離開香港之後，我對香港的研究和關注也有所下降。從"佔中"運動到"修例風波"這段驚心動魄的動盪期，面對很多內地和香港朋友們的焦慮，我反而比較淡定。這些都在意料之中，而我更關心香港背後的中美較量。2008 年回到北京之後，我開始系統跟蹤中國的政治決策和公共政策，關注中國崛起所引發的中美關係走向和世界格局變化。特別是十八大以來中國進入新時代，我從中美關係經歷的"關鍵十年"的走向中，也看到了香港今天的格局。從此，香港的民主選舉必然會在社會中不斷降溫，選舉問題不再會成為香港的中心議題，曾經以看劇的心態關注香港選舉的人們必然會因為喪失革命熱情之後的平庸而感到失望，而這恰恰是生活的本來面目。此時，全世界的目光又轉向了臺灣。我相信臺灣也終究會像香港一樣，將來也會在"一國兩制"下回到生活的庸常。如果說香港問題包括臺灣問題依然具有理論思考的意義，那就需要將目光透過臺港澳海上新邊疆投向更大的遠方。在 2008 年寫作本書時，我帶著難以釋懷的"憂鬱"，對香港未來心懷更大的期許，而今天修訂本書作結之時，我期待香港能開出"新篇章"。

本書的修訂不禁讓我回憶起在香港工作的歲月。那時候關於香港的文獻和資料非常有限，而最近這些年則有大量的著作和評論湧現。遺憾的是，由於時間匆忙，未能閱讀這些文獻，許多新的研究未能被吸收到書中。本書採用以史帶論的寫作方式，盡可能將複雜的理論簡單化，因為最好的政治教育乃是歷史教育。香港人愛讀報紙上的小文章，而不喜歡這樣的長篇大論，然而惟有如此系統的閱讀思考才能培養起一個偉大文明應有的深沉博大的精神氣質。

最後，我要感謝香港中聯辦、全國人大常委會港澳基本法委員會、國務院港澳辦、中央統戰部和香港特區政府的有關領導和朋友給予的持續鼓勵和支持；感謝香港和內地的諸多朋友在持續討論中帶給我的思考和感覺；感謝侯明、顧瑜的盛情和蘇健偉的不斷督促，才將這些想法付諸文字。最後，我還要特別感謝我愛人孫酈馨，她經常提醒我再寫一本新的香港著作，雖然未能如願，但如此大規模的增訂也算是一本新書了。

2022 年 8 月 3 日於陝北上郡仁和居
2022 年 10 月 13 日於北京大學陳明樓

策劃編輯	蘇健偉　顧　瑜
責任編輯	蘇健偉
書籍設計	吳冠曼

書　　名	**中國香港（增訂版）** 文明視野中的新邊疆
著　　者	強世功
出　　版	三聯書店（香港）有限公司 香港北角英皇道 499 號北角工業大廈 20 樓 Joint Publishing (H.K.) Co., Ltd. 20/F., North Point Industrial Building, 499 King's Road, North Point, Hong Kong
香港發行	香港聯合書刊物流有限公司 香港新界荃灣德士古道 220-248 號 16 樓
印　　刷	陽光（彩美）印刷有限公司 香港柴灣祥利街 7 號 11 樓 B15 室
版　　次	2022 年 11 月香港第一版第一次印刷 2023 年 10 月香港第一版第二次印刷
規　　格	16 開（170 × 240mm）576 面
國際書號	ISBN 978-962-04-5101-0

© 2022 Joint Publishing (H.K.) Co., Ltd.

Published in Hong Kong, China.